U0895951

北京教育科学研究院志

（1996 — 2015）

光明日报出版社

图书在版编目（CIP）数据

北京教育科学研究院志 ： 1996——2015 / 北京教育科学研究院编著. -- 北京 ： 光明日报出版社，2016.8
ISBN 978-7-5194-1704-8

Ⅰ. ①北… Ⅱ. ①北… Ⅲ. ①教育科学－研究院－概况－北京－1996-2015 Ⅳ. ①G40-242.1

中国版本图书馆CIP数据核字(2016)第192059号

北京教育科学研究院志（1996 — 2015）

编　　著：北京教育科学研究院

责任编辑：史宁　　责任校对：张薇
封面设计：华文出书网　www.hwcsw.com　　责任印制：曹诤

出版发行：光明日报出版社
地　　址：北京市东城区珠市口东大街5号，100062
电　　话：010-67021037（咨询），67078870（发行），67078235（邮购）
传　　真：010-67078227，67078255
网　　址：http://book.gmw.cn
E - mail：gmcbs@gmw.cn　shining@gmw.cn
法律顾问：北京德恒律师事务所龚柳芳律师

印　　刷：廊坊市安次区团结印刷有限公司
装　　订：廊坊市安次区团结印刷有限公司
本书如有破损、缺页、装订错误，请与本社联系调换

开　　本：889×1194　1/16
开　　本：430千字　　印　张：33.75
版　　次：2016年8月第1版　　印　　次：2016年8月第1次印刷
书　　号：ISBN 978-7-5194-1704-8

定　　价：150.00元

《北京教育科学研究院志（1996—2015）》

编纂委员会

主　　任：方中雄　马谊平

副 主 任：吴晓川　桑锦龙　褚宏启　张　军　熊　红　刘占军
　　　　　耿　申

委　　员：（按姓氏笔画排序）

王晓燕　王勤增　王　磊　吉　利　刘丽霞　苏　婧
李子恒　杨德军　何耐铭　张婷婷　张　熙　张　毅
郃汉强　周春红　鱼　霞　赵学勤　赵福江　柳燕君
高　兵　姜丽萍　贾美华　钱　伟　郭秀晶　郭冠伟
商发明　谢春风

《北京教育科学研究院志（1996—2015）》

编纂顾问

马叔平　朱全俊　季明明　时　龙　唐亦勤

《北京教育科学研究院志（1996—2015）》

编纂人员

主　　编：方中雄

副 主 编：熊　红　耿　申　郃汉强

责任编辑：孟　佳　管庆智　梁雅珠　马德良　王桂英
　　　　　苏效民　佟　德　郑　锋　倪永娟　张力天

序

2016年之春，北京教育科学研究院迎来建院20周年。

“百年大计，教育为本。”二十世纪九十年代，伴随我国经济社会的改革与发展，教育领域也进行着大调整和大变革。如何适应经济社会前进步伐、加强教育科学研究和政策研究、推动北京教育发展，是北京市委、市政府十分关心的问题。1995年底，北京市委常委第123次会议决定，为加强对教育科学、教学研究的领导和管理，提高北京教育综合研究的能力和北京教育科学研究的总体水平，为北京市教育决策和管理提供依据，在成立北京市教育委员会的同时，组建北京教育科学研究院（以下简称“教科院”）。提出教科院的主要职责是“进行教育科学应用、基础理论、教育发展战略、教育教学等方面的研究，为提高教学质量、教育管理和决策水平服务”。

“崇德守正，为学强教。”从1996年2月15日挂牌至今，教科院走过了20年的发展历程。20年来，在市委、市政府及市委教育工委、市教委的领导下，教科院历届领导班子和全院职工坚持党的教育方针，坚守学术道德，以服务北京教育发展为宗旨，本着“团结、敬业、求实、创新”的精神，勤于科研，甘为人梯，积极进取、锐意改革。在教育发展规划与政策研究、课程教材与教学研究、学校发展研究、教育研究信息服务、教育科学规划课题管理等方面取得了一系列重大成果，为首都率先基本实现教育现代化作出了重要贡献，提供了有力的智力支撑。

“盛世修志，义莫大焉。”修志是中华民族重要的文化传统，志书的编修具有存史、资治、教化的功能。为了回顾教科院不平凡的发展历程，反映广大职工的辛勤劳动成果，梳理教科院丰厚历史遗产，汲取改革和发展中的经验和成绩，我们特在建院20周年之际，举全院之力，编写了这部《北京教育科学研究院志（1996—2015）》，作为向院庆20周年的献礼。

“鉴于往事，资于治道。”院志是教科院建院至今历史足迹的忠实记述和客观反映，反映着教科院不断与时俱进、强化自身队伍建设的进程；也是北京教育发展的缩影，从中反映出北京教育的发展变化。记录这样的历史，是对一批又一批教科院人艰苦奋斗、无私奉献教育事业的尊重。回顾这样的历史，不只是再次品味教科院发展历程中许多值得我们骄傲和自豪的东西，也是对办院经验、规律和不足的一次总结。借鉴这样的历史，是为了更好地面向未来，在全面深化教育综合改革，全面推进教育现代化，全面提高教育质量的时代背景下，进一步明确发展定位，强化服务功能，梳理发展思路，改革创新，努力建成一流的教育智库。

“修志为用，资政育人。”院志严格坚持了“志”的写作体例，客观反映了教科院建院至今的发展历程。院志为教科院留下了一部真实、珍贵的历史记录，是我院一部启迪人、教育人、鼓舞人的教材，是教科院一份宝贵的精神文化遗产。我们可以从中了解教科院不平凡的昨天，从而更加珍惜来之不易的今天，并满怀信心地去创造更加美好的明天。同时，我们也相信，本志书将为政府及其教育行政部门的科学决策以及为全国有关教科研院所的发展提供一些借鉴。

在此，我们真诚感谢所有为院志编纂提供支持、付出努力的院内外同志，真诚感谢全院所有退休和在职职工。一年半来，编纂组成员牺牲了许多节假日，加班加点，认真收集、整理、汇编资料，多次与离退休老同志和在职职工进行访谈，收集了大量的活的资料，反复核实、查证，互相对比参证，力求院志资料完整、可信、客观详实。他们的工作态度和敬业状态让我们感动。当然，由于教科院长年分址办公、搬迁动荡、历史资料缺失不全等多方面原因，必定有很多不足之处，敬请指正，以便不断修改完善，为以后修志奠定更好的基础。

希望教科院广大职工读志用志，把握教育科研内在规律，在上级领导的大力支持和关怀下，继往开来，深化整合，为师为学，成人成事，进一步提升教科院在教育决策、教育实践、教育学术等方面的影响力，在未来的教育改革与发展中不断谱写教育科学研究的新华章！

北京教育科学研究院院长 方中雄

凡 例

一、本志依据2010年北京市地方志编纂委员会颁发的《北京市第二轮修志指导手册》等规范性文件进行编写，全面客观记述北京教育科学研究院（以下简称“教科院”）事业发展史实。

二、《北京教育科学研究院志（1996—2015）》记事上起1996年2月教科院成立之时，下迄2015年12月31日止，共20年。

三、本志依据教科院机构设置篇目，前列概述，后列大事记，以统摄和归汇全书；全书总体结构包括序、凡例、彩页、目录、概述、篇目、附录和后记。正文篇目设篇、章、节、目四个层次，横排门类，纵述史实；采用规范语体文记述，行文力求朴实、简洁、准确、通畅，述而不论；全书共3篇35章。

四、本志记述教科院的基本功能、主要任务、管理体制与领导班子构成及全院工作情况，各部门的历史沿革、科教研任务、工作开展、研究成果和成果奖励，各处室的职责和工作开展情况。有的部门在设置前已有相关部门在履行这个部门职责，则这个相关部门被视为这个部门的前身，这个部门在“沿革”等项中将其情况和工作加以记述。内容取舍详近略远。

五、本志各所（中心）、处室机构依据建院之初市编办批复及建院后机构成立先后排序，机构名称采取2015年12月31日名称。本志力图记述完整，同时又突出重点，记述各部门在发展历程中的重要情况和重要工作。各部门建院前领导干部在沿革中用文字记述，教科院任命的中层干部用列表形式。

六、本志的记述以文字为主，辅以图表。

七、本志材料主要来自各部门的历史资料、院档案室、人事档案室以及各部门查阅的大量材料、走访老同志和知情者，资料参阅了《北京教育年鉴》、市委教育工委提供的有关资料等，文中不再注明出处。为突出《院志》的资料性，对有参考价值的资料尽量加以保留。在对大量材料进行筛选、核实、查证基础上编写本《院志》。

领导关怀

1997 年时任北京市副市长胡昭广出席我院学术报告会

1999 年时任中共北京市委副书记李志坚(右二) 到我院观摩教研活动

领导关怀

1999年时任中共北京市委常委、市委教育工委书记、市教委主任徐锡安到我院指导工作

1999年时任北京市市长助理、市教委主任袁贵仁（左二）出席我院“北京市落实面向21世纪教育振兴行动计划专家座谈会”

领导关怀

2002 年时任中共北京市委副书记龙新民到我院指导工作

2002 年时任中共北京市委常委、市委教育工委书记朱善璐参加我院活动

领导关怀

2002 年时任北京市副市长林文漪到我院指导工作

2003 年时任中共中央政治局委员、中共北京市委书记刘淇视察我院“空中课堂”

领导关怀

2003 年时任国务委员陈至立（左三）、教育部部长周济（右一）视察我院“空中课堂”

2004 年著名教育家陶西平出席我院活动

领导关怀

2006 年时任北京市副市长赵凤桐到我院指导工作

2015 年时任教育部副部长刘利民(左二)出席我院“全国高等教育质量监测评估研究基地”挂牌仪式

领导关怀

2015年时任中共北京市委常委、市委教育工委书记苟仲文到我院作报告

1996 年 2 月 15 日北京教育科学研究院揭牌仪式

建院初始

1996 年 6 月首次庆“七一“文艺汇演

1997 年 1 月顾问委员会成立会议

1997 年 3 月中共北京教育科学研究院委员会选举大会

1997 年 4 月共青团北京教科院第一届总支委员会成立大会

建院初始

1997 年 5 月首届职代会、工会代表大会

1997 年 10 月首届运动会

1998年1月首届学术年会

1999年2月老教育工作者协会成立大会

建院初始

北京教科院西长安街 7 号院旧址

北京教科院劲松811楼

北京教科院前门西大街 109 号院旧址

北京教科院北四环 95 号院

科研教研

建院初期深入课堂教学视导

建院初期基础教育专家研讨会

1997 年高等教育研讨会

1998 年第一次“环境、科学、健康教育促进可持续发展”国家讲习班

1998 年课程标准招标发布会

1999 年“北京市 21 世纪基础教育课程改革”课题研讨会

科研教研

1999年北京市中等职业教育教学理论与教学改革研讨会

2000年数学教育、数学史与教学文化史信息学及学习障碍国际研讨会

2000年中国高等教育发展模式高层学术研讨会

2001年北京市中职文化课教材出版协议签字仪式

2002年教育研究与北京学前教育发展学术研讨会

2002年学习宣传《民办教育促进法》首期高级讲习班

科研教研

2003 年学前教育咨询活动

2004 年学习贯彻《民办教育促进法实施条例》高级讲习班

2004 年北京市中小学教学方式专题课例研讨会

2004 年全国产学研合作教育实验基地挂牌仪式

2004 年“学习型乡镇”示范研究基地合作共建签字仪式

2005 年到房山区进行课堂视导

科研教研

2005年到石景山区开展小学数学教学培训

2005年北京市基础教育科学研究表彰暨研讨会

2005年中国民办教育发展问题与建议座谈会

2005年第二届可持续发展教育国际论坛

2005年北京市基础教育课程教材实验教材培训会

2006年北京市初中建设重点项目学校教学研讨会

科研教研

2006年中职学校实训基地标准研制工作会

2007年北京市普通高中新课程学科骨干教师研修大会

2007年职业院校教师工程第一批集中培训启动

2007年北京市中小学家长参与学校教育的途径研究课题研讨会

2008年“吴正宪小学数学教师工作站”大课堂

2009年到四川什邡市开展支教工作

科研教研

2009 年北京市新农村建设成人教育师资培训班

2009 年翱翔计划启动会

2009 年地理领域基地学校教师与翱翔学员共同架设 hobo 小型气象站并调试仪器

2009 年京津冀区域教育合作专项调研

2009 年北京市中长期教育规划研讨会

2010 年“北京市特级教师提升计划”项目启动会

科研教研

2010年"北京市中小学骨干教师发展研修"项目开题会

2011年北京市教育督导与教育质量评价研究中心成立暨揭牌仪式

2011年"北京民办教育发展年度报告"项目工作会

2011年《教育快报》工作研讨会

2011年终身学习国际研讨会

2011年北京市小学规范化建设工作推进会"特色建设"校长论坛

科研教研

2011 年“城镇优秀教师赴农村学校任教的政策研究”座谈会

2012 年德育课堂观摩

2012 年“北京市初中生道德赋能教育实验”研讨会

2012 年北京市中等职业学校技能比赛工作研讨会

2012 年探索优秀班主任成长的途径与方式研讨会

2013 年“雏鹰展翅天地”活动

科研教研

2013 年北京市教育系统节能减排文艺作品展演

2014 年深化教育领域综合改革研讨会

2014 年教育质量监测与评价专家咨询研讨会

2014 年小学生综合素质评价手册专家咨询会

2014 年教育督导机制创新研讨会

2015 年北京市中小学课程教材资源网上线及应用研讨会

科研教研

2015 年东城学区教育品牌化监测评估方案专家咨询会

2015 年全国中小学班主任工作状况调研项目研讨会

2015 年北京市“十三五”教育规划前期研究项目专题研讨会

2015 年到幼儿园调研

1985 年《班主任》发刊

1990 年《教育科学研究》发刊

2002 年《教育快报》发刊

实验学校

1999 年北京教科院实验学校（基地）授牌仪式

2001 年北京教科院北京十中实验学校挂牌仪式

2012 年北京教科院丰台实验小学落成典礼

2015 年北京教科院附属石景山实验学校揭牌仪式

2015 年北京教科院旧宫实验小学揭牌仪式

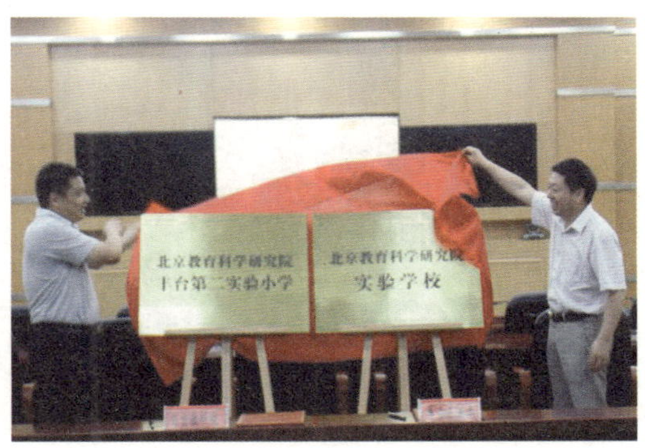

2015 年北京教科院丰台第二实验小学揭牌仪式

学术交流

1997 年全国六省市教科院院长座谈会

1997 年首届北京素质教育研讨会

1998 年海峡两岸现代化建设与成人教育学术研讨会

1999 年与俄罗斯教育科学研究院签署合作意向书

2000 年时任院长马叔平当选俄罗斯教育科学研究院外籍院士

学术交流

2005 年普及义务教育的现状、挑战与前景国际研讨会

2005 年义务教育项目组访问埃及教育部

2007 年学术报告会

学术交流

2007 年第二届学术委员会成立大会

2008 年可持续发展教育项目第九次国家讲习班

2009 年赴香港大学学习培训

2010 年北京青少年公民教育国际论坛

2010 年北京教科院青年专项研究课题结题鉴定会

2011 年赴联合国教科文组织统计所访问

学术交流

2013年基础教育质量监控与评价国际研讨会

2013年院学术年会

2014年与澳大利亚弗林德斯大学召开首届学术研讨会

2014年第一届北京教育论坛

2014年与丰台区签署合作协议

2015年第二届北京教育论坛

党建工作

1997 年“新形势下我国教育科学院所党的建设促进科研工作发展的研究”课题组部分成员合影

2000 年北京教科院“三讲”教育总结大会

2000 年党委理论中心组参观天津周恩来邓颖超纪念馆

2000 年北京教科院领导干部警示教育培训班

2001 年庆祝建党 80 周年文艺汇演

2003 年抗击“非典”先进事迹报告会

党建工作

2003 年新党员宣誓

2003 年入党积极分子赴西柏坡学习培训

2003 年学习“三个代表”重要思想动员部署大会

2005 年“保持共产党员先进性”教育实践活动党支部组织生活会

2006 年中共北京教育科学研究院委员会换届党员大会

党建工作

2007 年学习贯彻党的十七大精神报告会

2009 年参观团河监狱

2009 年庆祝建党 88 周年座谈会

2009 年学习实践科学发展观解放思想大讨论

2010 年学习型党组织建设工作交流会

2010 年党支部书记到山东莱芜钢铁集团学习考察

2010年党支部书记瞻仰高君宇石评梅墓

2012年庆“七一”暨“创先争优”表彰大会

2013年党的群众路线教育实践活动处级干部培训班

2015年到井冈山开展“三严三实”专题教育学习

管理服务

2001年“加强党风建设推进改革创建一流教科院”座谈会

2002年北京教科院内部管理体制改革动员大会

2005年北京教科院国有资产管理委员会第一次会议

2000年北京教科院西长街7号院食堂

2007年北京教科院固定资产政府采购工作会议

2015年教材及教师用书发书现场

2014年电网安全检查维护

文化建设

建院初期北京教科院足球队与北师大女子足球队友谊邀请赛

1997 年庆“七一”文艺汇演

1997 年运动会拔河比赛

1997 年迎香港回归文艺汇演

1998 年为灾区献爱心募捐活动

文化建设

2005 年迎新春联欢会

2007 年院团总支换届暨首届青年论坛

2007 年迎奥运联欢会

2007 年青年演讲比赛

2008 年迎新春联欢会

2010 年运动会旋风跑项目

文化建设

2010 年迎新春联欢会

2010 年职业道德标兵表彰会

2011 年合唱队演出

2011 年青年职工向密云山区不老屯小学捐赠衣物和书籍

2015 年北京教科院第十届职工运动会

文化建设

2012 年听取民主党派人士意见

2015 年看望吴正宪小学数学工作站团队

2010 年离退休老干部新春团拜会

2015 年离退休老干部活动

2009 年老干部合唱团

目　录

序……I

凡　例……III

概　述……1

第一篇　组织机构

第一章　行政业务工作……8

第二章　党的工作……45

第三章　职工代表大会……60

第四章　顾问委员会和学术委员会……62

第五章　机构设置……64

第二篇　业务部门

第一章　教育发展研究中心……67

第二章　基础教育教学研究中心……83

第三章　基础教育科学研究所……107

第四章　高等教育科学研究所……118

第五章　职业教育与成人教育科学研究所……130

第六章 职业教育与成人教育教学研究中心……146
第七章 教育信息中心……160
第八章 基础教育课程教材发展研究中心……168
第九章 民办教育研究所……181
第十章 早期教育研究所……191
第十一章 可持续发展教育研究中心……200
第十二章 德育研究中心……214
第十三章 期刊部……227
第十四章 教师研究中心……237
第十五章 北京青少年科技创新学院办公室……245
第十六章 北京市教育督导与教育质量评价研究中心……254
第十七章 社会团体……271
第十八章 转出和停办机构……280
第十九章 实验学校建设……285

第三篇 管理部门

第一章 院办公室（党委办公室）……288
第二章 宣传统战部……294
第三章 组织人事处……304
第四章 财务处……323
第五章 对外合作交流处……326
第六章 科教研管理处……338

第七章　北京市教育科学规划领导小组办公室……354

第八章　基建行政处……362

第九章　纪检监察审计处……369

第十章　工会、共青团工作……374

第十一章　院属企业……381

附　录

附录一 大事记……393

附录二 先进评选情况……407

附录三 业务成果……417

附录四 北京教科院人员名单……484

后　记……489

概　述

1996年1月，根据北京教育发展的需要，中共北京市委员会、北京市人民政府宣布，在成立北京市教育委员会的同时组建北京教育科学研究院（以下简称“教科院”），目的是“建立健全教育行政决策和管理的支持机构，充分发挥直属事业单位和研究机构的作用，将教育决策的前期研究工作和教育教学业务性、技术性、辅助性较强的工作转移到相关的事业单位和机构”，“为加强对教育科学、教学研究的领导和管理，提高北京教育综合研究的能力和北京教育科学研究的总体水平，为北京市教育决策和管理提供依据，成立北京教育科学研究院”。

教科院的职能是：“通过开展教育决策研究、教育实践研究和教育理论研究，为政府教育行政决策及学校管理提供服务，为提高学校教育教学质量提供服务。”

一、机构设置

1996年8月，市委教育工委、市教委根据市委第123次会议精神，提出“将原一办三局下设的教育发展研究中心、教学研究部、教育科学研究所、职教中心、高等教育研究所、成人教育科学研究所、成人教育教学研究中心、《教育丛书》办公室、北京市教材编审部等单位合并组建北京教育科学研究院”。10月，北京市机构编制委员会办公室（以下简称“市编办”）批复教科院内设机构18个，其中党政机构9个：党委办公室（挂纪检监察、工会牌子）、组织部（挂老干部牌子）、院长办公室、人事处、财务基建处、合作交流处（挂培训中心牌子）、科教研管理处（与市教育科学规划领导小组办公室合署办公）、行政处、产业管理办公室；科学、教学研究及辅助机构9个：教育发展研究中心、基础教育教学研究中心、基础教育科学研究所、高等教育科学研究所（挂高等学校领导干部培训中心牌子）、职业教育科学研究所（挂职业教育教学研究中心牌子）、成人教育科学研究所（挂成人教学研究中心牌子）、教育信息中心、《北京教育丛书》编委会办公室、教材编审部。挂靠单位5个：北京市教育史志编修委员会办公室、教育学会、高等教育学会、成人教育学会、职业教育学会。批复文件同时规定：“该院为相当正局级全额拨款事业单位，业务归口北京市教育委员会。”2014年12月，根据《关于明确第一批市属事业单位类别的通知》（京编办发〔2014〕31号），确定教科院为公益二类事业单位。

20年来，随着事业发展，机构不断调整充实。至2015年12月，设置管理部门10

个：院办公室（党办）、宣传统战部、组织人事处（老干部处）、财务处、对外合作交流处、科教研管理处、北京市教育科学规划领导小组办公室、基建行政处、国有资产管理委员会办公室、纪检监察审计处。临时机构1个：院志编纂办公室。业务部门16个：教育发展中心、基础教育教学研究中心（内设儿童数学教育研究所、北京数字学校管理办公室）、基础教育科学研究所、高等教育科学研究所（全国高等教育质量监测评估研究基地）、职业教育与成人教育研究所（学习型城市研究中心）、职业教育与成人教育教学研究中心（职成教材办）、教育信息中心（国际教育信息中心）、基础教育课程教材发展研究中心（北京市基础教育课程教材建设领导小组办公室）、民办教育研究所、早期教育研究所、可持续发展教育研究中心、德育研究中心、期刊部（班主任研究中心）、教师研究中心、北京青少年科技创新学院办公室、北京市教育督导与教育质量评价研究中心。挂靠单位4个：北京市教育学会、北京市高等教育学会、北京市成人教育学会、北京市职业教育学会。成立教科院国有资产管理委员会，下设办公室。有院属企业8家：北京教科苑投资管理中心、北京市宣武振兴教育书店、北京市远达教育服务公司、北京市希望兴达教育书店、北京育新《班主任》杂志综合服务中心、北京金帆实业总公司、北京市金帆宾馆、北京教育科学研究院培训中心。

二、人员队伍

建院之初，全院人员总数为338人，其中业务人员263人（包括在科研、教研、信息和编辑岗位的人员），占全体人员的80%；管理人员39人（包括院领导、院部及各单位管理岗人员）；企业与后勤人员36人。正高级职称2人、副高级职称126人，其中硕士25人。至2015年底，在编人数383人。其中业务人员258人、管理人员91人、企业与后勤人员34人。正高级职称25人、副高级职称155人、中级108人。博士及以上60人，硕士157人，本科及以下152人。

2015年，全院在职人员中有：入选国家百千万人才工程1人，入选北京市新世纪百千万人才工程1人，享受政府特殊津贴专家2人，北京市有突出贡献的科学、技术、管理人才1人，入选北京市中青年社科理论人才“百人工程”1人，入选北京市跨世纪优秀人才工程2人，全国模范教师2人，全国优秀教师2人，北京市人民教师1人，北京市先进工作者（市劳模待遇）1人，北京市优秀教师7人，北京市优秀青年知识分子2人，北京市特级教师14人，北京市幼儿园、中小学、中等职业学校骨干教师11人，学科教学带头人22人。

三、院址分布

1996年2月15日，教科院在前门西大街109号大院正式挂牌成立。办公地址分别为西长安街7号院、劲松811楼、北四环95号院，前门西大街109号七层，租用四川饭店部分房间。总占地面积14450平方米，建筑面积22603平方米。

1998年，租用四川饭店人员迁至天峰宾馆。2009年7月，西长安街7号院人员迁至南礼士路头条3号北楼和中核宾馆。2011年，租用中核宾馆人员迁至真武饭店，基教研中心、教师研究中心迁至首都体育学院高德写字楼。是年，确定北京电子科技职业学院翠微路校区（翠微路 4 号院）为教科院新址办公区。至 2015 年，新址办公区正在建设中。

四、业务开展

服务教育决策。参与教育部有关政策文件编制工作的前期研制和专家咨询工作。承担来自市委、市政府、市委教育工委、市教委、市政府教育督导室、市委组织部、市发改委和市财政局等党政部门委托的研究项目，以教育中长期发展战略与热点、难点问题研究为重点，开展综合性、前瞻性研究，形成一批对北京教育发展有影响的政策咨询报告。参与全市教育领域综合改革顶层设计和相关具体教育政策方案的研制，参与北京市教育领域重要文件的制定。开展教育教学与学校管理变革研究，提出改进策略、制定工作方案、编写指导手册，组织研讨、展示和交流活动。协助教育行政部门制定学前教育、义务教育和高中教育课程方案与教学管理制度，为教材审定与选用工作提供全面支持与服务。开展北京职业教育改革发展策略研究，为政府行政部门统筹规划中等职业教育专业布局、合理调整专业设置提供决策参考。全面参与北京市“九五”、“十五”、“十一五”、“十二五”、“十三五”教育规划的制定，系统收集基础教育发展的相关数据、国内外情况以及北京近年的改革动态，不断丰富政策报告体系，完成一批教育各领域质量研究报告。

支持教育实践。服务区域教育发展，接受北京各区委托，开展发展规划的研究和编制工作，为谋划区域教育发展蓝图提供智力支持。以素质教育为核心，促进学生、教师的全面发展，促进学校的特色发展，逐渐成为各级各类学校建设与发展的研究中心与咨询服务基地。持续加强对院实验学校的管理与指导，定期开展实验学校联盟的互动交流，教科院实验学校联盟基本形成。在学校发展评价理论和实践研究、德育和可持续发展教育研究以及区域合作等方面做出积极探索。开展北京市学习型城市建设规划研究，梳理学习型城市发展经验，深化终身教育研究。有效推进创新人才培养项目，实施“翱翔计划”、“雏鹰计划”。高等教育理论与实践研究更加深入，积极推进京津冀区域高等教育协同发展、学科建设、产学研合作教育的理论研究和实践探索。深化省际之间优质数字教育资源合作。

开展专业指导。持续开展教学视导工作，加强对远郊区县中小学校的教学支持，进行教学视导，持续开展对边远、贫困、少数民族地区的教育对口支援工作。开展对各区县教研机构领导、学科教研员、新任职教研员、班主任、乡镇成人学校干部教师及职业学校各类教师的培训。组织全市基础教育教师教学基本功、基本技能竞赛与展示活动。总结推广先进教学、教改经验，评选优秀教学设计并结集出版，推选优秀教师到各远郊区县农村作示范课，开展中小学教师研究课展示和交流活动。推进名师、名校长和名园长发展工程的实施。推动教育信息化，空中课堂、网络研修、北京数字学校等开展的网络课程、在线服务、网上活动、教研信息、教师研修、教学资源库等，促进学科教学与技术整合，形成对教师和学生服务的“线上线下联动”。监测教育质量，开展国内外教育督导发展前沿与动态研究和督导调研，推进北京教育督导舆情监测平台和信息化管理及应用平台的建设和教育发展数据监测。全面建立并不断升级义务教育教学质量的测评体系，提高系统的信息化程度。开展创新中等职业学校综合督导模式和工具的探索。探索本科院校督导评价、民办高等职业院校督导评价。完成学前教育督导评估指标体系监测点的研究与修订及北京市学前教育发展数据监测。实施中等职业学校部分学科学业水平测试。完善北京市创建学习型城市示范区指标体系，实施学习型区县建设平和社区教育监测。开展教育政策评价研究。与教育部高等教育教学评估中心合作，在教科院成立全国高等教育质量保障与监测评估研究基地，参与教育部组织的高校合格评估和审核评估。

持续深化建设课程教材体系。承担全市学前教育课程研究及开发工作，完善0—3岁亲子课程、幼儿园课程及学前班课程体系。承担北京市中小学课程方案研制工作，全面支持课程改革工作。承担国家课程北京版教材、地方教材、教学辅助材料的编写、审查、管理工作。参与修订国家中小学各学科教学大纲，参与北京市21世纪中小学学科《课程标准》的研制工作。组织编写北京市九年义务教育教材。承担北京市中小学各学科补充教材、乡土教材、实验教材以及辅助教学材料等的编写任务。建院以来，组织编写适合首都学前教育发展实际的新课程教学用书，教师用书8册、儿童用书40册。编写北京市0—3岁儿童早期教育《快乐亲子园实用教材》。承担北京市马芯兰小学数学实验教材、三算结合的教材、北京市小学1—3年级自然实验教材、北京市小学1—6年级科技活动实验教材等编写任务。陆续编写初中语文等9个学科的练习册，编写和修订小学数学、语文、英语及初中各学科的寒、暑假作业。对北京市中小学教材的编写、审查和管理扩展到三级课程、国际课程、传统教材和数字课程资源等研究领域。按照“北京市21世纪基础教育课程改革方案”和各学科《课程标准》组织编写中小学教材，完成北京市义务教育实验教材16个学科共计147册教材的修订，组织编写高中8个学科的实验教材，完成10个区县18个学科52册乡土教材的修订与审查工作，完成6部地方教材，共计138册的编写。完成国家课程电子教材307册。持续开展成人教育教学研究，开展农民学历教育课程开发、农村成人教育课程改革研究、成人教育教材开发与教学资源建设、社区教育课程建设研究，推进北京市优质社区教育课程资源的建设。职业教育与成人教育课程改革和教材建设。形成多元选择课程模式、职业能力核心课程模式、主轴并行课程模式、资格导向开放式课程模式，制定17个专业教学指导方案和232门专业核心课程标准，组织编写与新课程配套的理实一体化教材135册，指导学校自编讲义500余册，出版47门专业核心课程教材，组织编写职业教育与成人教育公共基础课教材120册。

开展学术研究。“九五”期间，承担各级各类研究课题共计76项，其中全国教育科学规划课题8项、北京市哲学社会科学规划课题2项、北京市教育规划课题38项、教育部委托课题4项、市教委指令课题8项、市教委招标课题16项。“十五”期间，承担各级各类研究课题共142项，其中国家社会科学基金课题2项、全国教育科学规划课题25项、北京市哲学社会科学规划课题7项、北京市教育科学规划课题41项、两委委托课题67项。“十一五”期间，共承担578项研究任务，其中国家社会科学基金课题2项、全国教育科学规划课题7项、北京市哲学社会科学规划课题6项、北京市教育科学规划课题61项、财政专项257项、招标立项的两委委托研究课题27项、市政府及两委委托的研究任务158项。自主开展与《北京市2020年教育改革与发展纲要》相关的研究28项，承担横向课题10项（含国际项目2项）、院级课题6项、院内青年拓展课题16项。“十二五”期间，承担681项研究任务，其中国家社会科学基金课题2项、全国教育科学规划课题14项、北京市哲学社会科学课题8项、北京市教育科学规划课题51项、专项项目555项、院级课题51项。在研究工作基础上提交大量研究报告，出版学术专著180部、编辑编著511本、教材教参382种，发表论文2000余篇。建院以来，共获得全国教育科学研究成果优秀成果奖11项、高等学校科学研究优秀成果奖1项、北京哲学社会科学优秀成果奖18项、北京市教育科学研究优秀成果奖25项；国家级教学成果奖5项、北京市基础教育教学成果奖41项、北京市高等教育教学成果奖2项、北京市职业教育教学成果奖1项、教育部基础教育课程改革教学研究成果奖7项。

五、学术交流

开展对外合作与学术交流。建院以来，派出因公团组238个、计1000余人次，覆盖30多个国家和地区，与相关教育部门、学术机构建立合作关系，就教育改革与发展、教育科研、基础教育、职业教育、成人教育、高等教育、国际教育、人力资源管理与开发、应用信息技术教学等方面进行专项考察。合作培训机构涉及8个国家以及中国香港及台湾地区。通过开展国际合作项目的形式与联合国教科文组织、联合国儿童基金会、世界银行、英国国际合作与发展署等国际组织开展教育领域的改革与探索。先后主办和承办各类国际会议、国际学术研讨会40余场。接待国（境）外来访团组54个，涉及20多个机构，共计百余人次，覆盖20多个国家和地区，与相关教育部门、学术机构建立合作关系。举办六届北京可持续发展教育国际论坛、五届北京素质教育研讨会，邀请市委教育工委、市教委领导，国内外知名专家学者来院作专题学术报告百余场。与中国教育科学研究院合作，参与对方组织的学术活动。先后与北京师范大学、国家教育发展研究中心联合举办北京教育论坛。1998年–2015年，举办全院学术年会16次。

六、信息服务

推进教育信息资源整合与共享。编辑出版公开刊物《教育科学研究》《班主任》，编印内部刊物《北京教学研究》。《教育科学研究》入选全国中文核心期刊，出刊249期。《班主任》强化选题，质量保持稳定，出刊277期。以“专业性、战略性、前瞻性”为宗旨创办《教育快报》，编发《教育快报》研究版377期、动态版422期。编发《两委学习参考》31期、《普教信息参考》36期。相继编发《教育信息参考》《教育文摘》《教育研究参考资料》等信息资料。建成北京教育科研网（暨院网）、中国义务教育科研网、北京教育发展与政策研究资源库、首都义务教育科研资源库、数字图书馆、网络数据库。

进行北京市教育科研规划管理。在北京市教育科学规划领导小组领导下，1996 年至 2015 年，共接受全市近 1.3 万项教育规划课题申报，经过专家评审共计 2550 项课题立项。北京地区的教育工作者和相关研究机构研究人员近 3 万人次实际参与规划课题的研究工作，产生大量研究报告、著作、论文、课件、教具、数据库等多种形式研究成果。

七、内部管理

教科院实行院长负责制、党委发挥政治核心和保证监督作用、职工代表大会参与民主管理与民主监督、学术委员会参与院重大学术事务审议咨询的管理决策体制。

党组织的政治核心和保证监督作用不断加强。1997 年 3 月、2006 年 6 月，先后选举产生两届院党委、纪委。1997 年、2003 年、2007 年，党总支、直属党支部进行三次换届选举。在市委教育工委领导下，党委坚持“围绕中心抓党建，抓好党建促发展”的方针，发挥各级党组织的政治核心、战斗堡垒作用和党员先锋模范作用，不断加强思想政治建设、组织建设、制度建设、党风廉政建设，做好统战工作、老干部工作。坚持科研工作正确导向，积极开展宣传思想政治工作，支持工会、共青团按照各自的章程开展工作。

加强干部队伍建设。教科院以提高执政能力和管理水平为目标，不断完善干部选拔任用机制、强化管理监督，制定干部选拔任用制度、干部管理办法和离任审计制度，开展干部教育培训工作，进行后备干部队伍的充实和培养。1996 年建院之初任命第一批处级领导干部 26 名。2002 年，全院中层干部第一次公开选拔竞聘上岗。2006 年、2009 年、2013 年，进行中层干部任期届满聘任。截至 2015 年底，处级干部 50 名。1997 年至 2015 年，先后 6 次进行处级后备干部的民主推荐工作。截至 2015 年底，有处级后备干部 64 名。2002 年至今，实行全员聘任、竞聘上岗，建立和完善选人、用人以及分配制度。

发挥职代会、工会、共青团作用。相继成立三届教科院职工代表大会暨工会会员代表大会。每年职代会代表听取院长工作报告和院财务工作报告，研讨重大问题以及涉及职工切身利益的问题，并提出意见和建议。成立工会、共青团等群团组织，充分发挥群团组织的桥梁纽带作用，反映群众呼声，维护群众合法权益。贯彻落实职代会制度，推动民主管理。

顾问委员会和学术委员会参与重大决策。建院初期成立教科院顾问委员会。至 2001 年，顾问委员会每年召开一次会议，研究教科院重大改革和发展问题，提出建议。1997 年、2007 年、2013 年相继成立三届教科院院学术委员会。学术委员会对教科院的重大学术问题、科教研工作发挥咨询、指导和审议作用。

制度建设不断完善。制定《北京教育科学研究院会议制度》《北京教育科学研究院实施院长负责制的意见》和《北京教育科学研究院党政联席会议事规则》，制定党委工作制度、职工代表大会制度、学术委员会条例等。持续进行内部管理体制改革，完善职能。理顺院与所（中心）、院与企业的关系，各项规章制度日趋完善。在科研管理、人事管理、财务管理、外事管理、后勤管理、企业管理等方面不断完善制度，形成资产资金保障体系。全院逐步建立起集中统一规划和分散管理相结合的运行机制。

院属企业稳步发展。院属企业紧密围绕教科院中心工作，发挥教科院教研科研业务优势、人力智力优势，以科教研成果转化和咨询服务为主，开展企业经营活动，加强教科院与区县教育行政部门和学校的联系，服务教育教学改革，取得较好的社会效益和经济效益。

20 年来，教科院在教育理论研究、教育政策研究、教育实践研究方面已成为一支重要力量，产生一批对北京教育发展有影响的研究成果，为解决教育发展热点难点问题、推动教育事业科学发展作出突出贡献。

未来，教科院将秉承“崇德守正、为学强教”的院训，培育组织文化，围绕实施国家及北京市中长期教育改革和发展规划纲要战略部署，坚持立德树人，落实“创新、协调、绿色、开放、共享”发展理念，按照“创新教育理论的思想库、支持教育决策的智囊团、服务教育实践的设计师、引导教育舆论的宣传队”的要求，坚持“深化整合、成人成事、提升影响力”的办院思路，将教科院建设成一个科研服务能力更强的有特色的“教育智库”，持续为北京教育决策提供有力服务，为基层教育实践提供有效指导，为繁荣教育科学研究事业作出积极贡献，为北京教育现代化和国家教育改革发展发挥应有作用。

执笔人：张力天、邰汉强

审核人：方中雄

责任编辑：耿申

第一篇　组织机构

教科院实行院长负责制、党委发挥政治核心和保证监督作用、职工代表大会参与民主管理与民主监督、学术委员会参与院重大学术事务审议咨询的管理决策体制。需要院长办公会和党委会共同讨论研究决定的事项，采用党政联席会的会议方式。建院以来，相继以“院常务会—党委会—职代会”、“院长办公会—党委会—职代会”和“院长办公会—党委会—职代会—学术委员会”等管理体制形式进行决策管理，并明确相应的职责和议事规则。党政联席会主要决定院中层干部的任免，根据形势和事业的发展，不断调整和充实业务机构、管理部门和基层党组织。

第一章　行政业务工作

第一节　第一届行政领导班子

（1996 年 1 月—2001 年 9 月）

1996 年

组建领导班子，明确办院意义和任务，建立院长负责制的工作制度，开展教科院组建工作。

组建领导班子。1 月，市委宣布任命院领导班子成员。2 月 6 日，领导班子召开各组建单位党政领导干部会议，向全体干部阐明教科院办院意义和主要任务，指出组建教科院是为了适应北京教育改革和发展的需要，符合北京作为政治、文化中心的特殊地位，有利于充分发挥首都科研的优势，有利于提高教育综合研究能力和整体水平，有利于促进教育管理和教育决策的科学化、民主化，有利于开展国内和国际交流。北京要成为全国精神文明建设的“首善之区”，教育工作必须全国一流，科研工作必须全国领先。结合组建工作，提倡“讲大局、讲团结、讲纪律”。

建立决策工作制度。4 月，根据教科院实行院长负责制情况，出台《北京教育科学研究院会议制度》（京教科院办〔1996〕010号），明确教科院行政实行常务会议制度，规定院常务会议由院长、书记、副院长、副书记、副局级调研员、院办主任和党办主任参加。会议由院长主持，主要任务是：研究决定行政工作中的重大问题；研究审定全院召开的重要会议；以院名义发布重要文件和规章制度；讨论全院的年度工作计划和总结以及半年工作小结和修订补充工作计划；讨论决定经主管院领导同意，由处（室）、组成单位提议的重要事项和工作汇报；研究落实上级机关布置的各项工作；重点科研项目的立项、进展情况等；讨论决定院党委会议研究，需要由院常务会议研究的各项工作；讨论决定人事任免工作。认真贯彻民主集中制原则，重大问题集体讨论决定。院常务会每两周召开一次。制定院理论中心组学习制度、会议制度、领导干部生活会制度及人事、财务、审计、行政等各项制度与规定等近30项。

教科院组建工作。上半年，按照“统一方案，分步实施，逐步到位”的工作步骤，提出“从思想工作入手，从组建队伍开始，从培养作风上下功夫，以科研、教研工作为主兼顾其它”的工作思路，完成组建工作。10月，市编办批准教科院机构编制，根据机构编制方案开展干部考察和调配，对处、科级干部进行考察；进行科研、教研人员队伍建设规划；聘请专家学者在教科院兼职或合作完成课题研究；组建教育信息中心；进行院内房屋安排及环境治理。12月底，教科院任命中层领导干部，完成二级部门领导班子的调整和配备。

教育决策服务。参与市政府交办的《北京教育事业“九五”计划和2010年长远规划》等文件制定；参与市教委制定《北京市关于进一步实施素质教育的意见》《北京市十大教育工程实施意见》。参加市教委关于普通高校函大、夜大评估指标体系和民办高等面授学校综合管理水平评估体系的制定和修改、评估工作。

教研科研工作。配合市教委视导8所基础薄弱校。基础教育各学科在各区县举办教学现场会或研讨会，举办各类培训班109次。获全国第一届中学地理教学论文一等奖1篇、二等奖1篇，4份教案获优秀教案奖。获北京市普教科研“八五”奖励，一等奖1项、二等奖5项、三等奖3项。《北京高校教师队伍建设若干问题的研究》论文获北京市第三届哲学社会科学优秀成果二等奖，《新时期党的思想建设研究》获北京市第四届哲学社会科学优秀成果二等奖。开展职高校长岗位培训，与各区县职教中心实现计算机信息联网，举办全市电化教材教法展。承担国家教委组织编写的全国成人教育管理干部培训教材和理论专著部分内容撰写。开展乡镇教育、高等学历文凭考试的理论与实践等5个方面的研究。举办成人教育理论培训班3期。发行内部刊物《成人教育文摘》12期。第二个一百本《北京教育丛书》首批出版11本。《教育科学研究》《班主任》《教育评价》等刊物质量稳步提高。全院申报课题47项。

科研规划与教育信息。面向市委、市政府、市人大、市政协、市委教育工委、市教委和教科院编发《教育信息参考》。在北京市教育科学规划领导小组指导下，统筹全市各类教育的科研工作，制定“九五”规划课题指南，开展“九五”课题申报、评审、立项工作。编印《北京教育科研公报》和《北京科研通讯》。举办教育科研学术报告会。

内部管理和基本建设。在原教科所科研奖励基金会基础上成立北京市教育科研优秀成果奖励基金会。完成北京教育信息网的筹备建设。颁发《北京市教育科学规划课题管理办法》，起草《北京教科院学术委员会条例》《北京教科院课题管理办法》《北京教科院经费管理办法》《工作人员考核规定》《调配工作管理办法》等文件。对教科院西长安街7号院办公区1号楼5层、3号、4号楼进行装修，改建部分客房餐厅，修缮浴室、中院砖地等，整顿7号院环境。对院部物资设备等财产进行清查、登记造册。院内供电、供暖、供水正常化，出租西长安街7号院办公区1号楼门厅及地下室。对各组成单位的创收单位或企业进行初步调研。

1997年

党政领导班子以北京市总体奋斗目标为导向，从北京教育发展要求和实际出发，进一步明确办院宗旨、办院方针、中心工作任务和奋斗目标，并提出院风建设要求，初步形成完整的管理体制和工作机制。

3月7日，召开教科院党员大会。党委书记朱全俊作《加强党的工作，为把我院建成全国一流的教育科学研究院而努力奋斗》报告，院长马叔平受院常务会委托，向大会作《努力开创北京教育科研新局面，为把我院办成全国一流教育科学研究院而奋斗》报告。大会提出办院宗旨：“为首都教育改革和发展服务，为提高教育教学质量服务，为提高教育管理和决策水平服务，为繁荣教育科学服务，为首都经济建设和社会发展服务”；建院方针：“小实体、大网络、多结合、广辐射”。明确全院工作中心任务：进行教育科学应用研究、教育基础理论研究、教育发展战略研究、教育教学研究。提出奋斗目标：以马克思主义、毛泽东思想和邓小平建设有中国特色社会主义理论为指导，根据北京经济建设、社会发展和城市功能以及北京教育事业“九五”规划和2010年长远目标，高标准、高水平地开展教育科学应用、教育基础理论、教育发展战略、教育教学的研究；建设一支素质优良、结构合理、专兼结合、高效精干、适应21世纪教育科学研究需要的研究队伍；经过四年的努力，把我院办成全国一流的综合性教育科学研究院。经过全院反复讨论，从实际出发，确立了分阶段、分部门实施争创一流教科院的奋斗目标。奋斗目标分三个阶段：第一阶段，1998年—2000年，用三年时间全面打好创全国一流教科院的基础，部分所（中心）的工作和部分科教研成果处在全国前列并有一定影响；第二阶段，2000年—2005年，达到一流教科院的标准；第三阶段，2005年—2010年，巩固地位，科教研成果在全国乃至国际上产生影响。

根据教科院奋斗目标和主要任务，党员大会提出“团结、敬业、求实、创新”为教科院院风：“团结”就是凝聚人心，团结就是力量，团结就是树立全局观念，以党的事业为重，一条心、一股劲儿，为了一个共同的目标，密切协作，合作共事；“敬业”就是忠诚于党的教育科学研究事业，对本职工作兢兢业业，刻苦钻研，视事业为生命，一心扑在工作上，坚忍不拔，勇于奉献；“求实”就是勇于探索，对真理孜孜以求，求真、求是，实实在在，不尚空谈；“创新”就是创造革新，就是善于在新形势下解放思想，更新观念，发现新情况，研究新问题，提出新思路，开拓进取。

完善组织制度与决策机制。党员大会选举产生第一届中共北京教育科学研究院委员会和纪律委员会。召开首届职工代表大会暨工会会员代表大会，选举产生首届工会委员会、经费审查委员会、首届职工代表执行委员会，形成院常务会制度、党委会制度、职工代表大会制度的管理体制。1 月成立北京教科院顾问委员会，对教科院的建设和科研等工作进行指导、咨询。12 月成立北京教育科学研究院学术委员会，对教科院的重大学术问题、科教研工作发挥咨询、指导和审议。逐步形成“集中统一规划与分级管理相结合，发挥主体综合优势与调动各方面积极性相结合”的运行机制。

教育决策服务。参与 1997 年北京教育工作会议文件起草，参与制定《北京市十大教育工程实施意见》《北京市教育事业“九五”计划和2010年长远规划》《小学教师“九五”期间继续教育学科指南》等。为市教委起草《教育规划实施进展情况监测指标（试行）》《关于进一步推进中小学素质教育的实施意见》《北京市实施素质教育调整九年义务教育部分学科教学内容与教学要求的意见》《北京市中学青年教师基本功达标方案》《从现在到 2000 年北京市成人中等教育教材建设的实施方案》等。承担市教委“北京市小学生管理规程研究”等一批指令性课题。

科教研活动。主办来自 9 个省市、300 名代表参加的北京素质教育研讨会。举办来自北京、天津、上海、辽宁、吉林、浙江 6 省市教科院院长参加的首届六省市教科院院长座谈会。启动北京教育科学研究院教育教学试验基地的筹备工作。承担或参与国家“九五”规划课题 3 项、国家教委“九五”规划课题 11 项，完成“九五”规划课题的开题论证。承担或参与市政府、市教委十几个重要文件的制定和起草工作。继续开展国内外学术交流和互访，组团赴美国、加拿大、俄罗斯、日本、澳大利亚等国家学习考察。推广“八五”课题科研成果。

教研和教材编写。贯彻“三个教学文件”，配合市教委对部分区县基础薄弱校集体视导。开展对中专、成人高中基础学科的教研活动。协助市教委完成 1997 年各类考试命题、阅卷工作。举办讲座、研讨会、培训班、研究课、教学大赛等活动，提高教师业务素质。开展“北京市 21 世纪基础教育课程改革的研究”、“北京市高中教学内容改革的研究”，出版 9 种教材。组织编写成人高中 1998 年秋季教材，完成职业高中

11种教材的编写任务。《北京教育丛书》出版10本。完成《1997年北京教育年鉴》。

内部管理。建成多功能计算机房，建立中国高等教育网、基教所局域网、职教信息网。健全50多项制度；对财务管理进行改革；完成1997年职称评定、教师资格认定工作；综合治理办公环境；7号院办公区食堂实行承包制；梳理院属企业，将12家原隶属于有关所（中心）的企业转为院属统一管理。

1998年

工作思路是："高举旗帜、振奋精神，抓住机遇、整合力量，发挥优势、统筹管理，开拓进取、争创一流。"

规划发展、充实队伍。制定1998年—2000年三年发展规划，确定全院各业务部门重点研究方向。各部门领导班子得到调整和充实。本着"双高"原则接收博士生、硕士生，引进高级教师，硕士以上学历研究人员占科研人员的比例由1997年的25%上升到1998年的31%，45岁以下具有副高级以上职称的科教研人员占全院科教研人员的比例由1997年的19%上升到25%。补充专兼职队伍，从中央教科所和在京高校聘请特约研究员2人、兼职研究员2人，各业务部门聘请兼职研究员56人。

教育决策服务。承担教育发展战略及决策咨询课题，完成《北京市教育发展战略研究》等研究报告10篇。向市政府提交《首都经济与人才的培养、使用、吸引的研究报告》《北京教育产业发展研究报告》等，向市教委提交《由择校现象引起的思考》咨询报告，起草《北京市中小学各学科在课堂教学中实施素质教育的若干意见》《关于加强北京市中小学计算机教学的实施意见》，提交《北京高等教育定位和发展方针研究》论文。完成教育发展战略及决策咨询性课题研究，为市政府、市委教育工委、市教委起草文件、会议报告、调研报告100余项。

科研教研工作。全院承担的38项课题通过"九五"规划课题中期检查。部分科研成果得到推广应用。建立3所实验学校和一批实验基地，选派5人到实验中学参与教学和教育科研工作，50多人到实验学校和实验基地参与教育科研。承担马芯兰小学数学教学整体改革实验，全市23万名学生参与实验。完成教材编写、审定任务，出版成人高中教材和教参5册，完成各学科实验教参172种184册。《北京教育丛书》出版21册。完成《1998年北京教育年鉴》《北京市普通教育志稿》。出版专著或编著59部，发表论文415篇，撰写咨询性文章52篇，编写教材220册。

学术交流活动。1月，召开教科院首届学术年会。组织16个省市、120多位代表参加第二届北京素质教育研讨会。组织7次青年学术论坛活动。组织第四次国际教育与产业合作研讨会、1998亚太地区合作教育会议、1998年海峡两岸现代化建设与成人教育学术研讨会。承办北京与港台地区高校师资管理探讨会。组团赴国外学术交流41

人次，接待俄罗斯、加拿大、美国的教育专家来院学术交流。上半年成立合作交流处。

整合力量，发挥科研优势。各业务部门围绕重点研究方向对内部机构进行调整和充实。4月，北京市教育信息工作领导小组办公室设在教科院信息中心，负责北京教育信息网的筹建和维护工作。5月，将各业务部门主办的《教育文摘》《教育信息参考》等参考资料合并为《教育文摘》和《教育研究参考资料》，组建院刊编辑部。市教委成立北京市职教、成教教材建设领导小组，办公室设在教科院，统筹北京市职成教材编审工作。成立《北京教育科学研究文库》编委会。建立中国学术期刊文献检索咨询站。

完善制度，加强管理。在1997年建立的制度基础上制定《北京教育科学研究院科教研人员工作指标》《北京教育科学研究院岗位工作职责及管理办法》《加强和规范外事工作的意见》《关于我院人员承担临时性研究任务的备案办法》《北京市教育科学规划课题档案管理办法》等。编发建院以来的规章制度汇编。完成院属企业主办单位变更，拟定院属企业统一管理办法草案，进行自收自支管理改革试点工作。进行后勤改革，成立文印中心、物业管理中心，基建维修工作统一管理。推进财务管理体制改革，取消各组建单位预内外全部账号，建立全院统一的预内外账户。经费预算加大对业务经费的倾斜力度。

1999年

以中共中央、国务院《关于深化教育改革，全面推进素质教育的决定》和第三次全国教育工作会议精神为指导开展业务科研工作。

教育决策服务。组织力量深入研究国务院颁布的《面向21世纪教育振兴行动计划》，研究提出的“构建首都现代化教育体系，加快首都教育现代化进程”和“率先实现首都教育现代化”思想，被确定为北京市教育改革与发展核心内容。参与《中共北京市委、北京市人民政府关于贯彻全教会精神，全面推进素质教育的意见》《深化教育改革，全面推进素质教育，加快实现首都教育现代进程》等文件起草工作。参与起草《北京教育信息化发展规划》《北京远程教育发展规划》等文件。参与市政府“发展北京教育产业”和“加入WTO对教育改革发展的影响”课题研究。提交咨询报告57篇：教育部11篇、市政府5篇、市教委41篇。

科研教研工作。教科院支持或参与的13项国家级、部委级教育科学“九五”规划课题、38项北京市教育科学“九五”规划课题进入结题阶段，部分研究成果得到应用推广。规划课题有4项科研成果获全国第二届教育科学优秀成果二等奖，7项科教研成果获北京市基础教育首届教学成果奖。修订《北京市实施素质教育深化课堂教学改革的意见》，编写及修订九年义务教育教材和教参，参与有关单位的实验教材编写，开发北京市职业与成人教育市级自编教材，承担全市成人院校师资的培训任务，举办6期学术专题讲座。产学研合作教育试点实践列入世行贷款的重点资助项目。扩大研究领域，成立民办教育研究咨询服务中心，研究北京市民办教育如何发展；建立9所实验学校（基地）。设立院内青年立项课题35项，出版专著和编著143部，发表论文或文章477篇：核心刊物85篇、公开刊物294篇、内部刊物98篇。

教育信息工作。1月，院刊更名为《教育科学研究》（双月刊）。完成市教委委托的北京教育信息网和北京科技教育信息网建设工作，北京科技教育信息网获评为1999年全国十大优秀科技教育网站。6月14日，教科院承建的北京市远程教学网络怀柔喇叭沟门乡网站开通。7月8日，教科院局域网"北京教育科研网"开通。进行院图书馆建设，增加图书资料，建立期刊杂志计算机检索站。承担《北京教育丛书》《北京教育年鉴》编写工作。7月开始，与北京教育报社合作主办《科教研试点》专版，每月出版一期。

开展学术交流活动。1月召开教科院学术年会，5月组织召开全国教育产业研讨会，7月组织召开第三届北京素质教育研讨会，11月召开面向21世纪的中俄教育改革和发展研讨会、北京市落实面向21世纪教育振兴行动计划专家座谈会。各教育学会还开展课题研究，组织各种研讨会、培训班、比赛等活动。组团赴加拿大、英国、法国、德国、澳大利亚参加国际会议或随团进行学术交流及考察52人次。与俄罗斯教育科学研究院、加拿大尼亚加拉地区教育局、德国国际发展基金会职业促进中心签署2000年合作意向书。

内部管理工作。实行每月一次常务会制度，各处室、各单位负责人参加院常务会研究业务工作，及时了解各单位的工作情况，解决各单位提出的问题。完成本年度职称评审工作。一批科教研人员深入基层学校学习和锻炼。制定出台《北京教育科学研究院科辅人员科研工作指标（试行）》《北京教育科学研究院关于实施专业技术人员继续教育办法的意见》《北京市教育科学规划课题成果鉴定办法》《北京教科院产业管理办法》等多个管理办法，修改完善财务制度。各企业人员与原部门分离，由产业管理办公室统一管理，后勤服务实行企业化管理。完成95号院和劲松811楼装修改造，对西长安街7号院大门、西配楼装修改造。

2000年

围绕"提高认识，统一思想，坚定信心，团结奋斗"主题，提出"研究领先决策半步之遥"服务思想开展工作。

教育决策服务。参加教育部和市教委《中小学教师信息技术培训指导意见》《关于加快中小学信息技术课程建设的指导意见（草案）》等文件起草工作。承担市教委"关于小学升入初中择校收费问题的研究"、"北京市小学及初中办学规模和布局调整的调查研究”、“北京市小班教育研究”、“德育规律和经验的研究”等5个研究项目。开展“北京市中小学学校事故处理的法律问题调查研究”等7项院级青年专项课题研究。完成“北京中等职业学校创业教育实施方案”的子课题任务。主持或参与的13项国家级、部委级教育科学“九五”规划课题、38项北京市教育科学“九五”规划课题进入结题阶段，部分课题研究成果开始应用推广。

教研科研工作。开展北京市21世纪基础教育课程改革和中小学教材、职成教教材的编、审、管、研工作，修订北京市21世纪基础教育课程标准，编写、修订年度《普通高中毕业会考考试说明》，制定初中毕业、升学考试试题评价方案。开展高质量的专题研究和课题研究，探索体现素质教育要求的课堂教学模式和教学策略，举办报告会、教学研讨会、教师培训会，开办观摩课、研究课、录像课等。宣讲全国九年义务教育教学大纲，举办各种类型的研讨会。以深化课堂教学改革为重点，树立典型，推广经验，各学科对各套北京市九年义务教育教材进行修改，开展实验工作。组织编写适用于中专、职高、成人中专、成人高中的文化基础课语文、数学、英语、计算机等教材。组织对现行教材的审读工作。对中小学、中等职业学校、成人学校教师的教育教学进行指导。开展中共中央党校北京市委机关分院教科院函授站的工作。聘请北京市教委副主任兰宏生、教育部高教司副司长朱传礼、国家教育委员会专职委员、中国教科文组织全国委员会秘书长于富增为教科院特约研究员。

学术交流。5月组团赴俄罗斯教育科学研究院参加第二届面向21世纪中俄教育改革和发展研讨会，俄罗斯教育科学研究院院长尼康德洛夫宣布院长马叔平当选俄罗斯教育科学研究院外籍院士，并授予外籍院士证书。7月承办数学教育、数学史与数学文化史、信息学及学习障碍国际研讨会。8月举行海内外基础教育研讨会。9月与联合国教科文组织教育研究所签订合作协议书。10月与北京师范大学联合举办终身学习国际研讨会。10月组织第四届北京素质教育研讨会。11月与俄罗斯教育科学院就2001年—2003年合作事宜签署协议。组织中国高等教育发展模式高层学术研讨会。特聘著名高等教育家潘懋元、杨德广为北京教科院顾问。

教育信息建设。起草并制定北京教育信息化发展“十五”计划和十年发展目标。召开全市中小学信息化工作会议，举办全市区县领导干部信息技术培训班。参与制定《中小学信息化工作意见》《校园网建设意见》《落实校校通工程意见》。对各区县教育局长、信息办主任、电教馆馆长进行集训。为10个远郊区县提供远程教育服务，12月29日，北京市远郊区县远程教学网正式开通。完成为市委、市政府、市计委、市信息办、市政府督查室、市信息协会等提供教育信息化报告任务。实现图书计算机管理。成立北京教育科研网编委会。编辑发行《教育文选专辑》12册、《教育文摘》和《教育研究参考资料》各40期。《班主任》杂志由双月刊改为月刊，获评全国教育类核心期刊。

完成《北京教育年鉴(2000年卷)》的编辑出版工作。

机构改革试点工作。分别在两个单位进行改革试点。一个是新组建的职业教育与成人教育研究所进行新体制、新机制的改革试点：实行全员岗位聘任，以岗定薪，岗变薪变；实行岗位职责、考核标准、岗位工资三位一体的岗位责任制；建立相应规章制度，坚持依法治所。二是在基教研中心进行内部管理体制改革试点：基教研中心制定《内部管理体制改革方案》，在定岗定责的基础上实行两级聘任，月考核与学期考核相结合，突出过程管理，初步实现任职资格、岗位职责、考核标准、岗位工资有机统一，为全面进行内部管理体制改革奠定基础。

内部管理工作。明确和完善院学术委员会的职责和任务，完成院学术委员会的换届工作。建立科教研成果奖励制度。进行优秀科教研成果评选与奖励工作。试行课题组长负责制，建立项目招标制度。7月底形成《北京教科院五年队伍建设规划》的初步意见，把没有实践经验的青年研究人员安排到基层锻炼，淡化“身份”管理、强化“岗位”管理。物业管理中心和文印中心实行企业化管理。加强院属企业统一管理，寻找新的经济增长点，制定产业管理的系列文件，确立产业管理的体制和机制，制定企业奖金分配办法，对企业进行年审。

1996年—2000年，教科院共计承办四届北京素质教育研讨会、两届中俄教育改革与发展研讨会、四次联合国教科文组织委托项目——“环境、健康、教育促进可持续发展”国家讲习班、全国教育产业研讨会、中国高等教育发展模式高层学术研讨会等重大学术活动。科教研人员共计200多人次赴俄罗斯、加拿大、美国、英国、德国、瑞士、法国、澳大利亚、日本等10多个国家、地区进行学术交流，并与俄罗斯、美国、加拿大等国教育部门及联合国教科文组织建立友好合作关系。

第二节　第二届行政领导班子

（2001年9月—2005年11月）

2001年

实施“十五”计划的第一年。教科院依据第三次“全教会”和北京市委、市政府关于北京市新时期教育改革和发展的要求，制定教科院“十五”发展规划。9月完成院级领导班子新老交替调整。

教育决策服务。上半年完成《构建首都现代教育体系》研究报告。《关于落实国务院基础教育工作会议精神的意见》和《以“三个代表”重要思想为指导大力推进首都基础教育现代化》两个报告的主要思路与结构框架分别被市政府、市教委领导采纳。

提交的《关于抓住关键环节，实现全市素质教育突破性进展的工作报告》主要内容成为市教委有关决策的依据。提交咨询研究报告 114 篇，《北京地区高等教育布局结构调整方案的研究》和《北京地区高等教育布局结构调整几个重大问题研究报告》为制定“十五”期间北京地区高等教育发展规划提供参考。为北京市高中课程改革提供咨询。

科教研工作。开展对各区县“十五”课题申报指导工作。确定 10 所学校为教科院科研成果推广实验基地。为民办教育发展决策提供新的思路和依据。完成《北京市高考、中考以及高中毕业会考改革调查》《在学科教学中实施素质教育经验调研》。完成市教委 3 项委托课题研究任务，编写书籍 43 本。与中央教科所等单位共同主办 21 世纪中国成人教育发展论坛，与北京教育考试院共同主办 2001 北京教育考试研讨会等。参与基础教育新课程实验，与 11 个区县共同完成 21 世纪基础教育课程方案及 16 个学科课程标准的研制、教材开发工作，完成 12 册职业与成人教育教材出版任务。出版专著 4 部、编著 10 部、编辑书籍 48 本、编写教材 41 册，发表文章 404 篇，提交学术会议文章 87 篇。《北京市 21 世纪基础教育课程改革研究报告》获市第六届哲社成果一等奖，《主体教育概论》和《北京教育产业发展研究》获市第六届哲社成果二等奖。3 月聘请市委教育工委常务副书记尹栋年为教科院特约研究员。

教育信息工作。各教育科研网站逐渐缩短信息更新周期，院局域网不断改进服务，分期分批完成院内计算机普查登记和更新调配。出版 17 本《北京教育丛书》《北京市教育文件选编》和 4 期《北京市教育委员会政报》，印发《北京教育信息》《北京教育工作》，完成《建国以来北京基础教育档案选萃》计 320 万字。

学术交流合作。先后与联合国教科文组织教育研究所、加拿大尼亚加拉地区教育局、俄罗斯教育研究院、联合国教科文组织驻华代表处签定项目合作意向书。接待美国等 9 个国家和地区的专家学者来院学术交流。与联合国教科文组织教育研究所等机构合作，成功举办有 40 余个国家、近 200 位代表参加的国际终生学习研讨会。“环境、人口与可持续发展教育”项目扩大到全国 300 多所学校，成为我国中小学领域规模最大的联合国教科文合作项目。先后组织 35 批 71 人次赴 20 个国家和地区进行业务考察交流。利用外国知名教育专家来访之际，多次举办学术报告会或专题讨论会。

内部管理。院常务会改为院长办公会，党政领导参加院长办公会。下半年广泛开展调查研究，提出以改革求生存、以质量求发展的“创建一流工程”工作思路。按照中共十五届六中全会《决定》关于“树立强烈的创新意识”的要求，提出在全院树立“大局意识、整体观念、改革精神、创新理念”的十六字方针。

2002 年

以邓小平理论和“三个代表”重要思想贯穿始终，以为北京教育工作大局作出更大贡献为基本出发点，明确教科院“三大研究”、“两项服务”的定位，提出“创建一流工程”的目标、七项措施和一个根本保证，进行内部体制改革。

明确改革思路。1月24日，召开北京教科院2001年寒假工作会议，院长兼党委副书记季明明作《以邓小平理论和“三个代表”重要思想为指导，与时俱进、深化改革、为创建国内一流水平的教科单位而努力》大会报告。提出树立“急政府所急，想学校所想”的思想，阐明“三大研究”、“两项服务”的基本定位。“三大研究”包括开展教育宏观决策前期研究、教学研究、教育理论研究，着力点是及时把握教育改革与发展中的重大热点、难点问题，开展具有全局性、战略性、先导性的教育宏观决策前期研究，努力成为政府及教育行政部门推进首都教育现代化的“思想库”、“智囊团”。“两项服务”包括为市、区两级政府教育行政部门制定发展战略和宏观决策提供前期成果和业务咨询服务；为提高广大学校尤其是中小学校的教育教学质量、科研能力及管理水平提供各种有针对性、实效性的服务，贴近基层、服务学校，办人民满意的教育。明确奋斗目标：“全面推进以邓小平理论和‘三个代表’重要思想为指导，以调整业务结构为主线，以改革创新为动力，以创建全国一流水平教育科学研究机构、为首都教育现代化事业作出更大贡献为目标”的“创建一流工程”，并提出“七项重要措施”和“一项根本保障”的基本战略。“七项重要措施”：大力加强重点研究领域与信息化建设、大力推进内部管理体制改革与创新、大力加强管理坚持“依法治院”、大力推进有首都特色的教育科学研究新体系建设、大力建设高素质高水平业务人员队伍、大力加强对外合作交流工作、大力加强企业和教育产业开发工作。“一项根本保障”：以“三个代表”重要思想为指导，加强党的建设，为“创建一流工程”提供强有力的思想和组织保证。提出年内实现三个到位：“内脑”“外脑”相结合，攻关人才队伍到位；人财物资源向重点研究领域倾斜到位；外聘人员到位。完成院科研结构调整、研究力量重组等项任务。进一步明确院长负责制基本内涵：“院长对院内工作全面负责，院长办公会议议定重大事项；党委发挥政治核心与监督保障作用；学术委员会行使学术指导与学术审议职能；职代会参与民主管理与民主监督”。

根据院领导班子关于大力推进改革的工作思路，在广泛开展调研的基础上，3月底制定出院内部管理体制改革初步方案，5月上报有关部门批准。上半年完成院“十五”发展规划，确定教科院“十五”期间具体工作任务。制定《北京教育科学研究院关于内部管理体制改革的实施意见》及8个附件，教科院第一届第五次职工代表大会审议一致通过，进入实施。

内部体制改革。8月底至11月底，完成机构改革和全员聘任。改革的基本内容为机构改革、用人制度改革和分配制度改革。机构改革：党政管理部门从9个职能处室调整为7个。保留原有的业务机构，新增内设民办教育所和早期教育所，业务机构充实为 13 个。另设按新机制运行的业务机构，包括可持续发展教育研究中心、学习障碍研究中心、潜能教育研究中心、家庭教育研究与指导中心、中小学心理健康咨询研究中心，并探索新的教育研究组织形式，启动 6 个重点研究领域和 10 个重点研发项目扩展研究领域。用人制度改革：按照公开、平等、竞争、择优的原则，建立“人员能进能出、职务能上能下、待遇能高能低”的竞争机制。中层干部全部竞聘上岗，实行任期目标责任制。向院内外公开招聘重点研究领域首席研究员。全员聘任采用两级聘任的方式。通过双向选择促进人员流动。分配制度的改革：以岗定薪，岗变薪变，逐步形成向优秀人才和有突出贡献人员倾斜的分配激励机制。全院职工 223 人竞聘到位，轮岗交流比例达 21%。44 名中层干部竞聘上岗，其中新提拔的占 64%，正处级干部交流比例达 68.4%。中层干部队伍平均年龄由 51 岁降至 45 岁；本科学历以上占 86%，有硕士、博士学位包括在读博士生 13 人，占 30%。新提拔干部中副高以上人数比例达到 75%。党外干部由 4 人升至 6 人（正处 3 人），女干部由 10 人增至 16 人，比例达 36%。

教育决策服务。组建教科院近百名科研人员参加的“北京教育发展战略思想研究”专题组，开展首都教育发展战略大调研。专题领导小组由院长、党委副书记季明明任组长，各副院长、院长助理担任领导小组成员，分别启动“教育创新—实施首都教育先导发展战略”、“率先实现首都教育现代化思路研究”、“北京基础教育发展战略思路研究”、“北京高等教育发展战略思路研究”、“北京职业教育、成人教育发展战略思路研究”、“北京民办教育发展战略思路研究”、“北京教育信息化发展战略思路研究”、“北京教育奥运行动计划方案研究”8 个专题研究，11 月底提交 40 多万字的研究报告，为推进首都教育现代化决策提供详实可靠的决策依据与建议。编纂完成《21 世纪首都教育发展蓝图》。

科教研工作。申请获批“十五”课题 58 项：全国教育科学规划课题 20 项（含国家级课题 2 项，教育部重点 12 项）、北京市哲社课题 7 项、北京市教育科学规划课题 31 项。市教委委托课题 11 项。各所、中心将教育宏观决策研究列入本部门重要议程，与教育行政部门密切配合，主动为教育行政决策提供前期研究成果，各级各类课题分别开题并进入研究阶段。建立开题论证报告制度。获得 15 个奖项：北京市哲社课题 4 项、北京市教育科学规划课题 11 项。完成北京市 21 世纪基础教育课程改革方案的修订和送审工作；就教科书质量、课堂教学评价方案、课改实验等多项问题开展大量调研，形成书面意见及时反馈到出版社及教育行政部门以保证课改教材质量。通过视导进一步明确课程改革的根本目的是培养学生创新精神和实践能力，关注学生的整体发展。中职文化课教材按计划完成编写、出版工作，启动新教材质量监测工作及新教材教师培训工作。教育史志全面完成各项工作任务。各教育学会先后进行“北京市中小学外语教育现状”、“农村中小学教师队伍状况”、“城区青年教师队伍状况”等项目调研。开辟与多个国家的合作研究项目，多次举行国际项目系列讲座。全国民办教育联谊会秘书处设在教科院，聘请柳斌、陶西平为教科院顾问。与首都师范大学等单位签定合作协议。

内部管理。着手制定并逐步实施首都教育科研资源建设总体规划。加大信息建设人财物的投入力度，按照先进性、开放性、标准化技术原则拟定院局域网宽带改造方案。纪委和审计部门全过程监督重大经济活动。组织完成全员聘任和职称评审，进行工资调整。委托社会中介审计机构对院属19个企业进行审计并对企业资产进行评估，院属企业进行初步改革，组建北京教育科学研究院资产经营有限责任公司。

2003年

全体职工团结一致，经受抗击“非典”斗争的严峻考验，坚持改革创新，扎实推进“创建一流工程”。

“首都教育发展战略”研究。2002年下半年调研的基础上，分析、概括影响当前北京市教育发展中的重点问题、主攻方向，确定专题研究13项，承接市教委主要领导交办的专题研究6项，完成19份研究报告，约40余万字。根据“新北京、新奥运”战略与首都率先基本实现现代化的新形势，深入开展调研，为搞好教育决策、教育理论研究以及教研创新掌握第一手资料，完成各类教育调查研究报告149篇，共计156万字，各级各类教育改革创新的决策咨询报告、文章等54篇，约100万字；组织21个小组，对百名著名专家、相关领导、企业界人士及大中小学校长作访谈，完成访谈报告35万字。以上成果为制定首都教育发展战略作了铺垫。注重“内脑”“外脑”相结合，先后邀请全国人大教育室、中科院国情研究中心、国家教育发展中心、香港大学、北京师范大学、北京科技大学、北京市政府信息资源中心教育、经济、信息领域专家担任顾问或课题组成员，承担部分研究工作。温家宝总理对教科院EPD项目作出重要批示。高中新教材有5本获得立项并投入编写，编写职成教教材26本。产学研合作教育领域受到社会关注。召开北京市及全国性教研创新会议。院刊发行达到100期，《教育快报》动态版刊稿61期49篇，《两委中心组学习参考》出刊10期。北京教科院通州区第一实验小学正式成立。

“空中课堂”与科研工作。在抗击“非典”期间，院党委、行政领导班子发挥坚强有力的领导核心作用，一手抓防治“非典”，一手抓业务工作，在困难时期继续把各项业务工作抓上新水平。先后创办基础教育、职成教育以及学前教育“空中课堂”。基础教育“空中课堂”共录制电视教学节目1115节，组织各区县1150名教师参与电视、广播授课，2000名教师参加备课、监听工作，300多人参与课堂在线工作，平均每天100多万人次的点击率，有力稳定全市170万中小学生及其家长的人心。职成教“空中课堂”组织参与工作人员近200人。早期教育“空中课堂”开通15个栏目。中央和北京市领导多次来院视察“空中课堂”，各大媒体多次予以报道。承担的58项各级“十五”规划课题，多数取得阶段性研究成果，发表研究论文或报告67篇、约62万字，研究报告87篇。《教育科学研究》杂志在全国1300多种教育刊物转载类排名中位居第十五。

学术活动与对外合作交流。先后主办、承办或协办多个全国性、国际性大型论坛，主要有首届北京奥运教育论坛、全国民办教育高峰论坛、国际职成教分论坛、高等教育国际论坛、中国教育创新论坛、首届EPD国际论坛、职业技术教育与职业资格证书专题论坛。举办研讨会、报告会、座谈会、项目谈判会等专题交流活动35次，参与筹备组织三次国际研讨会。来教科院访问的境外官员、学者近200人次，组织若干团组赴境外参加国际会议、考察与进修。完成中文版《国际教育纵横》与英文版《中国教育展望》，并引进多个国际项目。

内部管理。在抗击“非典”时期，明确提出“不惜代价，严防死守”工作要求，确保抗击“非典”实现“零感染”目标。实施网上办公，保证指挥畅通，维护全院正常工作秩序。修改和制定涉及到党务工作、行政管理、业务管理以及企业管理等管理制度。对已有固定资产重新登记造册，对闲置固定资产进行调配。建立院档案室。做到经费向重点业务项目倾斜。设立老干部活动基金。根据全院设备老化、设施落后情况，完成近百万元的设备采购任务，完成5个会议室及学术报告厅的装修和设备改造。成立有企业人员、业务人员、相关处室负责人及院主管领导参加的国有资产管理委员会，参与对全院重大经济问题的决策，参与解决企业历史遗留问题，为深化院属企业改革奠定基础。

2004年

北京市教育大会召开，关系到“新北京、新奥运”战略和率先基本实现首都教育现代化的宏伟目标，教科院以落实市教育大会精神作为重要机遇和重大历史责任。

教育决策服务。以多种方式参与首都教育大调研和筹备全市教育大会。为贯彻落实教育大会精神，参与承办或协办全市高教工作会议、基础教育教学工作会议、职成教会议、德育工作会议、民办教育周、首都青少年“情系奥运文明礼貌伴我行”活动。开展关于首都发展教育服务贸易若干问题的答复、京沪2010年教育发展战略比较研究、北京市教育资源电子地图、首都城区危旧房改造与教育布局结构调整现状与对策等系列课题研究。协助市教委制定《北京市依法治校示范校评估标准》，并开展第一轮评估工作。汇总教育大会筹备过程中产生的主要科研成果。9月出版《北京教育发展研究报告·2003 年卷——开创首都教育现代化新局面》。落实市教育大会精神，参与市各委办局及区县对教育大会两个文件的反馈意见汇总工作，参与《首都教育 2010 发展纲要》的会后意见总结和文件最后定稿工作。为落实市委领导对《教育快报》的重要批示，2004 年 6 月，增加教育动态版，包括部委之声、各地教育动态、国外教育动态、专家论教育等栏目。

科教研工作。各业务部门承担的 58 项各级“十五”规划课题取得阶段性研究成果，发表研究论文 67 篇、研究报告 87 篇。完成北京市国民经济和社会发展“十一五”规划前期研究课题“‘十一五’期间北京教育规划研究”开题论证报告。组织编写北京市第一套儿童及教师用书 33 本。北京市启动高中课改 5 科教材的编写，教科院为全面推进全市中小学新课程改革和落实素质教育提供业务支持，承担市中小学教材编制的任务，全院 68 人参与全市课改实验教材的编写与修订工作。受理北京市中小学地方教材立项及编写申请，组织审查课程改革实验教材，协助市教委编制中小学自编和实验教材目录等。开展调查研究，完成涉及 23 个学科教师队伍、教研员队伍的调研报告。向市教委提交《北京市早期教育办园体制改革现状和教师水平情况》等调查报告。确定 7 个职成教育调研专题开展调研，在密云县石城镇建立学习型乡镇示范研究基地。经教育部批准，教科院成立全国产学研合作研究与推广中心。

对外合作交流与学术交流。与联合国教科文组织、儿童基金会、欧盟、OECD、福特基金会、世界银行等国际组织建立全面开展合作关系或沟通机制。5 月受 DFID 委托，由教科院、全国人大教科文卫委员会教育室和香港大学三方合作的中国义务教育发展研究项目正式启动，获得英方 25 万英镑、香港大学 100 万港币、福特基金会 3 万美金资助。相继主办或协办职业教育国际论坛、国际高等教育论坛、博鳌论坛北京教育亚洲民办教育分论坛、EPD 国际论坛和与香港合作的国家讲习班。受世界银行和教育部委托承担“中国农村普及义务教育与消除贫困”专题研究。与联合国儿基会合作开展“孩子们说的好老师”项目，与澳大利亚 ACER 进行教育评价合作研究，与芬兰开展课程比较研究项目，与美国开展学习障碍合作研究项目。承担福特基金会产学研合作教育研究项目。受世界银行委托，完成为孟加拉国教育部副部长率领的高级访问团的培训任务。到院访问的境外官员、学者达百余人次，一批研究骨干出国访问或研究。承办的“促进教师专业发展”系列论坛在市教委正式立项。承办“我们喜欢的学校德育”中小学生主题论坛、北京基础教育教学研究工作创新研讨会、全国教学研究创新研讨会，主办中国职业教育学会管理委员会成立大会暨管理创新论坛。12 月全国课程改革教学经验交流与工作研讨会在北京会议中心召开，教科院在会上展示 4 个专题课例，为大会组织并指导 16 节现场研究课。

内部管理。对全院发展总体规划、用人分配等内部管理体制改革的重大方案等推行院务公开，在用人、提干、评优等方面建立公示制度，形成院班子向职代会报告年度工作和年度预算执行情况的制度。成立有院办、财务、纪检、信息等相关部门负责人组成的集体采购领导小组，实行采买、管理分开的管理办法。全面清理固定资产、房产。完成7号院、95号院的变压器增容和811楼的线路改造。制定突发事件紧急预案。深化企业改革，实现按资本属性运作，从管企业转变为管资本，11月组建北京教科苑投资管理中心。12月29日正式启动北京教育科研网和北京教育科学研究院网的建设。

2005年

进一步调整完善业务结构和服务方式，推进“三制”创新，实施“人才强院”战略，深入开展保持共产党员先进性教育，构建“和谐教科院”，全面推进“创建一流工程”。11月完成领导班子调整，组建新一届领导班子。

教育决策服务。开展全国人大委托的“中国义务教育发展研究专项课题”研究，完成市发改委、市教委下达的“十一五”北京市教育事业发展规划前期研究，提交《“十一五”期间北京教育发展规划研究》报告，策划编辑并出版《北京教育发展研究报告·2004年卷——实施首都教育发展战略》，承担“首都率先基本实现教育现代化研究与评估体系建设”专项研究。开展教育现状调研，主持或参加北京市中小学生课业负担调研、北京市全面实施素质教育调研、北京市基础教育课程改革专项调研、北京市“十一五”教育发展规划专项调研。对北京市义务教育新课程计划的落实情况进行调研，向市教委提交报告，为普通高中课程改革实验作前期准备工作。《教育快报》《两委学习参考》《普教信息参考》通过制度和机制的建设，形成立体化的信息服务体系。承担中国义务教育科研网的建设和维护，中国义务教育科研网整理自1990年—2004年的全国教育统计数据、联合国国际教育统计局（IIS）的全球教育统计数据等资料，存有来自全球176个国家、地区和国内各省市自治区的义务教育信息。不断充实全国最大的基础教育资源库，继续整合全国优质教育资源，合作引进美国国家地理10000多分钟的Discovery节目。

基础教育研究。全面推进基础教育课程改革，进行义务教育教学质量监控与评价的尝试，完成2004年监控与评价相关报告，开展2005年义务教育教学质量监控与评价，探索新课程改革教学方式研究的新模式。协助市教委起草《北京市中小学课堂教学评价方案》《关于进一步加强中小学学科教学中德育的工作意见》等，推进考试与课堂教学评价的研究与改革。开展基础教育均衡发展研究、城市流动人口子女义务教育专项调研。出版《北京市基础教育课程改革论文集（2004—2005学年度）》《基础教育改革探索》《北京市全面实施素质教育调研报告》等。完成市教委委托的基础教育课程改革、初中建设工程、区县科研人员研究能力培训及其专项研究与培训任务、中小学教材评价研究、现代化的中小学教材管理制度研究，制定并试用《中小学教材评价方案》。组织北京市义务教育课程改革实验教材的编写和修订，组织修订早期教育《北京市贯彻落实〈纲要〉实施细则》，主持召开学前教育研究会第八届学术年会和全国第二届幼儿园园长峰会论坛。

职成教育研究。开展“北京市推进学习型城市建设的研究”、“学习型组织的理论与实践研究”、“北京市职业教育近期发展规划研究”、“职业教育与职业资格证书制度的研究”，参与教育部职业教育与职业资格“双证沟通”研究。承担北京市中等职业学校专业课教师继续教育的指导实施工作。参与全国职教工作会《2020年中国职业教育发展纲要》《2020年中国成人教育纲要》《北京市职业教育建设实施规划》等文件起草。完成市教委《北京市创建学习型机关评价指标体系》《北京市创建学习型学校评价指标体系》等文件的修订或起草工作。

其它教育领域研究。就首都高等教育的发展规划和市属市管本科院校的发展定位等问题进行调研，举办教育部高等职业教育产学研结合骨干教师培训班、北京高等职业教育“十一五”发展论坛。完成《北京市民办教育“十一五”发展规划研究》报告，组织召开中国民办教育发展问题座谈会。全程参与全国人大、北京市人大和市教委有关《义务教育法》修订和《北京市实施（民办教育促进法）办法》前期研究与咨询论证工作。筹备北京市未成年人德育国际研讨会，起草《北京市“十一五”德育规划课题纲要与课题指南》。参与起草由北京奥组委、教育部制定的《北京2008中小学生奥林匹克教育计划》，开展“同心结”学校国际交流项目的筹备和实施工作，筹备并召开北京市奥林匹克教育工作会议。主持北京奥运会部分通用培训教材的组织编写工作，参与成立北京市奥林匹克学院和北京市奥林匹克教育研究中心筹备工作。

对外合作与交流。组织29个团组122人次赴外学术调研、参加国际学术研讨会、讲学、培训、学术交流等，覆盖22个国家和地区。引进并参与福特基金会资助的与民进中央合作的中国少数民族地区义务教育发展研究项目，联合国儿童基金会资助的“国际儿童伤害预防”、“中英基础教育合作”研究项目等。承办第二届国际可持续发展教育研讨会，承办“普及·质量·均衡”第二届国际义务教育研讨会。举办芬兰基础教育课程改革报告会、澳大利亚私立职业教育研讨会、中伊高等教育研讨会及中英基础教育小型研讨会等。

内部管理。进一步规范内部管理制度，制定出国（境）管理办法和工作流程，严格出国（境）审批制度。出台《北京教科院机动车管理办法》《北京教育科学研究院关于研究成果及业务工作奖励办法》《北京教育科学研究院涉外活动管理办法》《北京教育科学研究院外事经费管理办法》等。成立北京教科苑投资管理中心董事会。完成院社科系列职评委员会换届，产生院新一届社科系列中级评审委员会。为有关科教研人员和办公室、会议室配备各类设备，完成北四环 95 号院和基教研中心报告厅、办公室、卫生间、楼道的装修改造任务。

搬迁安置。2 月 21 日，参加市政府办公厅召开的西长安街 7 号院搬迁工作协调会，会议要求：为落实市委、市政府做好“四个服务”，支持中宣部建设新闻应急中心、改善办公条件，西长安街 7 号院的几家单位须腾退出来。3 月，市政府《关于西长安街 7 号院办公用房有关问题的协调意见》及具体实施方案提出：“教科院临时租用办公楼，最终迁入市教委现办公用房。临时过渡租用办公楼相关事宜由市教委牵头解决，教科院自己也要主动寻找房源。”院长办公会研究决定成立北京教科院搬迁工作办公室（设在院办）。9 月，市发改委同意教科院 2005 年 12 月 30 日前迁出 7 号院，租用位于广安门内大街的港中旅写字楼办公。经市政府同意，10 月，与港中旅大厦草签办公用房租赁协议。11 月接到市政府通知暂停搬迁工作。

第三节　第三届行政领导班子

（2005 年 11 月—2013 年 1 月）

2006 年

工作主题是“基础与发展”。

明确工作思路。6 月 8 日，召开中国共产党北京教育科学研究院党员大会。院长时龙致开幕词，党委书记胡晓松代表党委作题为《贯彻落实科学发展观，为建设“基础扎实、服务有效、发展创新业绩一流”的教育研究机构而努力奋斗》的工作报告。提出今后一个时期，北京教育科学研究院发展的指导思想是：以邓小平理论和“三个代表”重要思想为指导，以科学发展观统领各项工作，贯彻落实科教兴国战略和人才强国战略，在市委、市政府的领导下，在市委教育工委、市教委的直接指导下，为教育行政决策服务，为北京教育发展服务，为全面提升首都教育质量、在全国率先基本实现教育现代化作出应有的贡献。大会提出“到 2010 年北京教育科学研究院的奋斗目标是：经过‘十一五’期间的努力，进一步提升教科院的教育研究综合服务能力，提升教科院人员的研究等业务能力和综合素质，建设‘基础扎实、服务有效、发展创新、业绩一流’的教育研究机构，把教科院建设成为首都教育发展与政策研究中心、首都教育教学与课程教材研究基地、北京各级各类学校建设与发展的研究中心与咨询服务基地、首都教育研究信息服务中心和推动首都教育科学事业不断繁荣的阵地，使教科院的教育研究等业务工作与成果在首都教育发展全局中发挥重要作用，在全国形成重要影响”。12 月形成《北京教育科学研究院“十一五”时期发展规划纲要》，强调服务首都教育发展的宗旨，明确系统布局、统筹安排、重点突出、加强基础、提升水平的工作思路，提出构建教育发展与政策研究、教学与课程教材研究、学校发展研究、教育研究信息服务、教育研究规划管理5个研究系统的思路和架构。在此基础上制定院领导班子任期目标报告书，明确任期内的工作任务。

教育决策服务。开展“未来十五年北京教育发展趋势和基本建议”、“人均GDP5000美元后教育发展特征与首都教育发展对策”等涉及高等教育、民办教育、农村地区幼儿教育、北京中小学生课业负担状况、北京中职师资队伍等方面的调查研究，提交相关报告7篇。开展“北京市‘十一五’教育发展规划专项调研”等3项教育现状调研和立项课题研究，完成6项市教委委托的调研并起草有关文件条例、实施办法。完成《北京教育发展研究报告2005年卷——首都教育发展回顾与前瞻研究》（蓝皮书）的策划、编辑与出版工作。接受两委任务约150项。

教学与课程教材研究。起草《北京市基础教育课程改革实验工程实施方案》（义务教育阶段2006—2010年），撰写《北京市义务教育新课程计划实施状况调查报告》。开发的“幼儿园快乐与发展”配套课程及教材通过初审。与区县合作共同开展“北京市基础教育课改实验监控与评价”等多个研究项目。完成《北京市基础教育课程改革专项调研报告集》等3个调研报告。开展“北京市中等职业学校引进国外先进课程模式的实践研究”等工作。

学校发展研究。开展“节约型社会建设——中小学节约型学校建设”等5项研究，参与组织北京市中小学廉洁文化进校园教育读本的编写工作及相关思想道德教育对策研究，参与制定《北京市中小学班主任工作规程》。组织全市18个区县开展校本研究的试点工作。促进奥林匹克教育与学校发展工作相结合。编写《北京市初中建设工程实施方案》，出版《北京市中小学教育科研促进学校发展成功案例研究》等3部著作。建立首都重点高等教育研究机构联席会制度。完成“北京市属市管本科院校发展定位研究”等8项课题研究。对职业学校进行全面调研。召开校企合作研讨会，共同研讨计算机专业校企课程。

教育信息服务。调整充实《教育快报》动态版编辑力量，增加直接从国外媒体编译的教育信息和教育、科技、社会重要信息的专题综述。根据市教委领导要求开发北京民办教育网。《教育科学研究》获“北京优秀出版物奖”。引进有关专业资源，举办美国学习型城市建设报告会、中芬高中课程改革研讨会、中澳基础教育评价研讨会、国际学生评价项目报告会、英国音乐教学经验培训会、英国英语教学经验培训会等。受市教委委托，编译《世界教育概览》和若干篇国际教育发展最新动态。

教育研究规划管理。制定《北京市“十一五”时期教育科学研究规划纲要》《北京市教育科学“十一五”规划2006年度课题指南》《北京市教育科学研究“十一五”

规划》，修订《北京市教育科学规划课题管理办法》。拓展教育研究领域和资源，委托研究50余项课题，合作研究成为研究工作的新模式。与北京市教育网络信息中心合作建设课题管理信息库，扩充北京市教育科学规划专家库，北京地区高校、科研院所及区县教科研入库专家670人。

为两委服务的有关工作。筹办北京2006年青少年学生公民教育国际论坛，完成《北京市中小学各科德育指导纲要》《北京市初中建设工程实施方案》编写工作，修订出版《贯彻幼儿园教育指导纲要实施细则》，协助市教委制定《北京市中等职业学校实训基地建设标准》。启动奥林匹克教育"同心结"交流项目"金色种子"工程。开发"农家院"系列教材7本。完成"北京市民办学校特色建设"、"首都全口径高等教育规模研究"、"北京高校高层次人才队伍建设状况调研"专项任务。此外，向国务院、全国人大、教育部等提交研究建议汇报材料4篇。完成市发改委委托课题2项。

内部管理工作。完成干部聘任和全员聘任，进行全院职工档案整理工作。组织全院45岁以下的业务人员和中层干部进行综合素质测评。以委托研究的方式同北京地区十余家机构开展合作研究。按照市教委要求，对已经注销或连续三年未产生利润的不良资产进行核销，需要继续追索的对外投资及欠款责成专人负责追索。对安全检查中发现的安全隐患下发整改通知，限期整改。

搬迁安置。3月征得市教委同意，终止与港中旅大厦写字楼租赁意向。4月将租赁港中旅大厦写字楼交还港中旅大厦。

2007年

围绕"提升服务能力，充实研究基础，加强内部建设，构建和谐环境"工作主题，倡导并坚持"服务是职责、服务是价值、服务是发展、服务是政治"的服务理念。

教育决策服务。根据市委领导指示，集中全院优势研究力量着手组织实施2020年首都教育发展战略综合研究。提交《北京十次党代会报告给首都教育提出了哪些问题》等研究报告11篇。开展"首都率先基本实现教育现代化研究与评估体系建设"等5个专项研究。举办普及化的首都高等教育发展论坛。参与《首都教育系统高层次人才培养教育实施方案》等3个文件的起草和修订工作。开展决策前期调查研究，提交《当前我国教育发展基本状况》等7篇调研报告，撰写并发布《2007年度北京高等职业教育年度发展报告》。策划并开始编辑《首都教育一本通》。承担来自市委、市政府、市委教育工委、市教委、市发改委和市财政局各级各类教育教学研究专项和委托研究课题110余项。

教学与课程教材研究。配合市教委启动并实施高中课程改革，参与制定《关于进一步加强幼儿园教研工作指导意见》《北京市普通高中课程改革实施方案》及20多个试验工作指导性文件。创新工作模式，实施教师培训，启动少年科学院研究项目。深化九年义务教育课程改革，提交《2006—2007学年度北京市中小学实施素质教育专项调研报告》。编辑出版《北京2006年青少年学生公民教育国际论坛文集》《北京市中小学廉洁教育读本》。开发国外幼儿学习汉语课程、幼儿园美术欣赏课程。编制北京市中等职业学校专业课程开发指导手册，开展中等职业学校成人学历教育教学模式改革试点工作；编写出版新农村建设“农家院”系列培训教材。

学校发展研究。在基础教育、职业教育、高等教育领域有针对性地开展调研，推广成功办学经验，推进校本研究和学习型学校建设。建立北京市初中建设工程学校、区县、全市三级形成性评价数据库，完成区县及学校形成性评价报告集。开展市幼儿园办园体制、中小学教师流动制度、北京市教师队伍现状、中小学德育实践活动条件和环境、义务教育均衡发展现状等研究。提交《首都高校人才工作情况分析》；开展高等学校办学特色、高等教育发展战略规划和高等学校发展定位专题调研。启动160个校本研究和学校发展项目。参与《北京市中小学可持续发展教育指导纲要》《北京市教委关于开展“节能减排学校行动”工作计划》等文件起草工作。提交《北京市高校“人才强教”工程实施情况分析》《关于继续实施北京市属高校人才强教计划的意见》。开展北京市义务教育均衡发展督导评价研究、义务教育阶段择校及入学办法研究。拓展奥林匹克示范校的辐射功能，交流奥林匹克教育示范校经验。参与朝阳区民办教育机构评估工作。

教育研究信息服务。构建研究成果共享机制，整合教育研究资源。研究制定《2007年〈教育快报〉撰稿指南》。完成建院以来教育研究成果的征集入库，开通北京教育发展和政策研究资源库，累计入库信息达12000余条。《班主任》杂志增设特色栏目，《教育科学研究》获得第二届北方优秀期刊奖，并入选中文社会科学引文索引（CSSCI）来源期刊。开展学术年会、学术演讲等多种学术交流活动。

教育研究规划管理。发布《北京市教育科学“十一五”规划2007年度课题指南》，组织北京市“十一五”规划2007年度课题申报评审工作，面向全市中小学组织校本研究专题系列培训报告会。建立健全课题档案，加强课题资料信息管理。开展课题成果评审会，印发研究成果纪要。扩充北京市教育科学规划专家库。开展第五届北京市教育科学研究优秀成果征集、评审工作，受理申报369项。

内部管理。加强内部建设，提升组织化程度。制定院长办公会议事规则。组建教科院职业与成人教育教学专家指导委员会，着手组建院基础教育教学研究专业指导委员会，制定院学术委员会章程和有关规定。完善教科院《2006—2010年人才队伍建设规划》。制定和完善办公管理制度、院财务工作制度，修订行政后勤工作制度，加强研究工作的月报统计工作。加大对重大设备、物资等采购活动及重要修缮工程的全程监督力度。完成企业改制工作。

搬迁安置。8月接到《北京市人民政府办公厅关于印发2007年对外联络服务工作重点事项的通知》，奥运期间搬迁工作未启动。

2008年

提出“顾全大局、加强沟通、统筹安排、敬业守则”的工作要求。

教育决策服务。参与教育部《国家教育中长期改革和发展规划纲要》部分专题研究。承接市委、市政府研制北京教育中长期改革与发展规划纲要的任务，开展7个专题调研。围绕首都教育改革与发展中的主要问题提交研究报告2篇，出版《北京教育发展研究报告2007年卷·新视野新问题》，开展“改革开放30年首都教育改革与发展回顾研究”等3项自主研究。承担政府财政专项或市委组织部委托的21项专题研究；参与两委主要领导主持的5项专题调研。

教学与课程教材研究。成立北京市基础教育学科教学指导委员会，成立小学数学特级教师工作站——“吴正宪小学数学工作站”。启动青少年拔尖创新人才的“翱翔计划”。建立北京教育科学研究院职业教育教学研究基地。配合市教委研制《小学教师教学基本功培训展示方案》等3个文件。完成“高中校本课程开发与实施研究”等3项两委委托研究任务，提交《课改进程中的北京市义务教育教科书管理制度建设与发展》等6篇研究报告。围绕北京市中等职业教育课程改革开展3个实验项目、2个课题的研究。制定10个专业实训基地建设投资标准，开展农民培训模式的试点研究，编写《北京创建学习型组织工作丛书》。

学校发展研究。参与研究《北京市义务教育均衡发展督导评价方案》，研发北京市幼儿园快乐与发展教育课程。举办第二届北京青少年学生公民教育国际论坛。完成“北京市中小学网上家长学校”等8项市教委委托项目。开展可持续发展教育实施资源包研制工作。完成“高职高专院校人才培养工作水平评估绩效分析研究”等3项教育部委托专项及“北京职业教育发展战略研究”等13项市政府财政专项研究。承担“首都人才队伍建设中长期规划纲要战略专题研究”等3项研究任务。

教育研究信息服务与学术交流。扩大信息采集范围，编印《北京教科院数字图书馆简明使用指南》手册。《教育科学研究》成为全国中文核心期刊。着手进行国际改革发展趋势的文献研究工作。加强国内外学术交流，派出17个团组、74人次赴14个国家和地区开展专项考察。邀请来自清华大学、国务院研究室、全国教育科学规划办、中国社科院等单位专家开展学术交流活动，推动“美德在我心——儿童美德发展工程”中外合作项目深入进行。

教育研究规划管理。完成全国教育科学规划“十一五”课题2008年申报组织工作，发布《北京市教育科学“十一五”规划2008年度课题指南》，组织北京市“十一五”规划2008年度课题申报评审工作。组织奥运教育研究领域立项课题研讨，组织全国和北京市德育类课题负责人研讨会。完成第五届北京市教育科学研究优秀成果评奖工作，组织编辑出版《北京市第五届教育科研优秀成果集》。

内部管理。建立院党政联席会议制度，研究审议需要院长办公会和党委会共同讨论决定的事项。印发《北京教育科学研究院实施院长负责制的意见》《北京教育科学研究院党政联席会议事规则》，修订《中共北京教育科学研究院委员会工作制度》。修订《北京教育科学研究院行政公文管理办法》等8项规章制度，修订后勤管理规章制度10余项。修改完善《北京教育科学研究院学术道德规范》《北京教育科学研究院委托课题管理办法》《北京教育科学研究院学术成果奖励办法》。制定《北京教育科学研究院网站管理办法》《北京教育科研网暨北京教育科学研究院网管理细则》《北京教育科学研究院〈教育快报〉信息发布制度》，制定《北京教育科学研究院岗位设置方案》等。实现平安奥运的目标。组织青年拓展课题研究。建立干部信息资源库。

搬迁安置。2月3日参加郭金龙市长主持召开的专题会议，听取市发改委关于西长安街7号院搬迁实施方案，会议要求确保2008年底全部迁出。9月搬迁工作再次启动。市政府有关部门拟将和平门新壁街部分规划用地作为教科院西长安街7号院和基教研中心搬迁后新建业务楼用地。11月选定位于公主坟东北角的海育大厦作为周转用房。

2009年

以开展学习实践科学发展观活动为契机，以“改进工作，深化研究，提升队伍”为主题，在成果创新、工作改进、队伍提升上开展工作。

教育决策服务。根据两委的要求，开展《北京市中长期教育改革和发展规划纲要》调研和文本编制工作。完成《北京教育发展研究报告2008年卷·新机遇新挑战（蓝皮书）》的出版工作。开展首都基础教育均衡发展创新策略、国际基础教育质量政策发展及趋势、北京市义务教育、北京民办高等教育发展宏观政策、高等教育对首都发展贡献研究、北京市人力资源现状和发展、职业教育改革与发展、职业教育体系建设与学校发展、学习型城市建设等研究。完成职业教育质量评价体系研究。

教学与课程教材研究。开展义务教育实验教材教研员及骨干教师培训、小学教师教学基本功培训、高中各年级教师全员培训，培训教师1.2万人次。开展“社会大课堂”课程化的研究和实践。完成四川什邡对口教学支援任务。着手研究国家教材、地方教材、校本教材三级课程整体建设。启动培养青少年拔尖创新人才的“翱翔计划”，着手“雏鹰计划”的准备工作。完成职业教育教学基本建设案例研究，着手“友善用脑”在中职学校教学中的应用研究。举办全市中职公共基础课程教师教学设计（说课）比赛。

开展中职学校公共基础课程新教学大纲、新教材教研活动。出版专著 11 部、教材 6 套、编辑编著 6 本。

学校发展研究。开展课改背景下中小学科研人员专业发展研究、北京市义务教育均衡发展督导评价研究，建立义务教育阶段区县教学质量分析、评价与反馈系统。开展首都经济发展与本科专业结构布局调整研究。开展京津冀区域教育合作研究。开展北京市中等职业学校学生素质状况研究，完成中高职教育衔接模式研究。组织编写《北京市创建学习型组织工作丛书》，拓展“农家院”系列教材。开展全市早期教育教研员培训、捐资举办民办学校实践中的政策与管理制度研究。编制北京市中小学德育指导纲要。举办第四届可持续发展教育国际论坛。开展中小学骨干教师和北京市特级教师成长研究工作。承担各级各类课题 22 项、专项研究 87 项。18 项教学成果获得奖励，发表论文 79 篇。

教育研究信息服务。《教育快报》动态版信息采集范围涉及社会、经济、科技等方面的内容，追踪重要国际组织和重点国家的教育新政。北京教育发展和政策研究资源库新增文献资料 5 类、年鉴 6 种，年度报告、统计公报类 7 项。数字图书馆新增图书共计 3.5 万余册。《教育科学研究》获评“中国北方优秀期刊”。

教育研究规划管理。北京市教育科学规划办公室被评为“全国教育科学规划课题管理工作先进单位”。筹建北京市教育科学规划课题管理信息系统，起草并发布《北京市教育科学“十一五”规划 2009 年度指南》。在 18 个区县开展北京市第五届教育科研优秀成果奖及第三届北京市基础教育教学成果奖优秀成果推广活动。定期组织学术报告，开拓研究视野。

内部管理。修订和完善《北京教育科学研究院实行院长负责制的意见》，制定党政联席会议事规则，明确院内工作体制和机制。研究制定《关于规范在编在职人员岗位津贴的实施方案》和《关于规范离退休人员院内补贴的实施方案》。多种形式开展学术道德和科研规范学习教育活动。制定《北京教育科学研究院固定资产管理办法》，进一步规范院属企业经营行为。搬迁周转工作实现“思想不乱、队伍不散、财产不丢、工作不断”的预期目标。

搬迁安置。1 月 12 日教科院参加市政府会议，会议建议教科院结合建设规模、现有人员、所需资金等方面实际提出购房方案。4 月市发改委同意购买崇文区鼎泰大厦作为教科院新办公楼。6 月接受市政府提供的周转房（南礼士路头条 3 号），办公用房不足部分租用中核宾馆部分客房作为补充。7 月 3 日至 13 日完成搬迁工作。7 月底与中宣部进行西长安街 7 号院所属房屋实物交接。

2010 年

围绕“重视基本问题研究，聚焦发展战略重点，提升服务专业程度，凝聚团队研究资源，提高管理工作水平”的工作主题，推进各项工作。

教育决策服务。参与国家中长期教育改革和发展规划纲要高等教育专题规划研制。参与完成《北京市中长期教育改革和发展规划纲要（2010—2020 年）》调研和文本编制工作，开展北京市“十一五”时期教育发展规划实施情况评估，“十二五”时期首都教育发展的经济、社会与人口背景研究，“十二五”期间北京市教育发展思路及政策研究。开展“十二五”期间北京市职业教育设施布局、中等职业教育规划、“十一五”职业院校教师素质及“十二五”期间职业教育投资规划前期调研。推出《首都教育一本通（2009）》。配合市教委参与援疆前期调研和教育援助方案制定工作。制定《北京市 2012 年来京务工人员随迁子女义务教育发展规划》。承担 137 项重要课题和项目的研究任务。发表论文 101 篇。

基础教育研究。通过义务教育教学质量监控评价与反馈系统为 18 个区县学生进行学业情况诊断分析，提供研究报告 174 份。开展第二批 10 个区县社会大课堂资源课程开发、33 项地方教材的审查工作及系列反馈工作和可持续发展教育融入学校课程的实际能力培训。启动“雏鹰计划”、高中教师教学基本功的培训与展示活动、北京市“国家级教育体制改革实验基础教育项目”，实施北京市中小学课程改革样本校建设项目。组织高中课改学生论坛、北京青少年翱翔科学论坛和第三届北京青少年公民教育国际论坛。承担“十二五”期间北京市中小学教育家名师名校长培养工程设计与文本撰写任务。开展首都基础教育国际合作与交流的成效指标研究、留学低龄化的发展趋势与对策研究等。帮助各区县制定并落实三级课程整体建设的实施意见。研发北京市高中课改新一轮实施调整意见。设立北京市教育督导与教育质量评价研究中心，开发研制教育督导评价工具，开展教育督导理论研究。7 项成果获全国基础教育课程改革教学研究成果奖，1 项 成果获第十一届北京市哲学社会科学优秀成果二等奖。

高等教育研究。参与教育部新建本科院校评估方案制定、全国高校本科教学工作水平评估、全国高等职业教育发展与改革工作会政策调研、文件起草工作、北京市职业教育分级制改革研究等工作。启动“全国高职院校综合实力评价”研究，制定高等职业院校综合评价指标体系。开展京津冀区域高等教育合作与发展研究、北京高校产学研合作教育人才培养模式创新实践研究、高校质量工程实施检测与评价研究、首都高等职业教育发展研究、市属高校特色建设与首都经济良性互动的综合研究等工作，举办中国高等教育区域发展理论与实践研讨会。

职业教育与成人教育研究。开展职业教育改革发展规划及政策制度等 3 项研究。

参与“十二五”北京市职业院校教师素质提高工程实施意见制定工作、2010 年度国家中等职业示范学校建设工作、第二批标志性学校评估工作。参与教育部委托的中等职业学校科学管理能力建设等 8 项研究工作。承担“北京市中职学校和谐校园建设的实践与理论研究”专项。开展北京市推进终身学习和学习型城市建设案例、职业教育体系建设、社区教育资源整合机制、学习型乡镇建设、老年教育、学习型城市建设实验、农村办学实体专业建设、农村成人学校建设与评价、北京市社区教育督导评价指标体系等研究。研制北京市行业企业教育督导检查方案、北京市社区教育随访督导评价方案。组织编写《北京市创建学习型组织工作丛书》培训教材。

其它业务领域与对外交流。开展面向全市 1200 多所幼儿园的课程现状调研、“幼儿园园长课程指导力”专项研究。参与市教委开展的对幼儿园视导及质量监控与评价工作，承担陈鹤琴教学思想研究会工作，开展智力援疆，启动幼儿园“双语”教育师资培训项目需求调研。开展民办教育财政资助政策及配套制度研究、民办学校营利性与非营利性分类管理研究、民办学校举办者退出机制研究等。与学校共同成立班主任工作研究室。《教育快报》动态版加大编译力度，定期编写《国际教育视野（电子版）》，为全市相关教育部门提供及时有效的国际教育信息。接待上级领导调研和十多个教育团组来院学习考察。共派出 16 个团组（71 人次）赴 15 个国家和地区开展专项考察、学术交流，参加国际会议与专题研修。

内部管理。加强对领导干部出差请假的管理工作，进一步明确院级及中层干部离京请假程序。修订《北京教育科学研究院出国（境）管理办法》。研究制定《岗位设置管理实施方案》《岗位设置与聘任实施办法》《破格聘任实施办法》。规范机要文件和档案管理，规范公文管理。2010 年北京市教育科学规划课题实现网上申报和网上评审试运行。建立安全责任制，组织安全员集训和消防演练。协调搬迁周转期间集体户口管理工作。制定企业经营业绩考核与利润分配及奖励办法，落实国有资产保值增值责任。

搬迁安置。1 月 21 日成立院搬迁安置工作领导小组。6 月教科院专题研究搬迁安置及安全稳定工作，制定院安全稳定应急方案。12 月接到中核宾馆即将拆迁通知，年底终止与各租赁单位包租协议。教科院准备选择新的周转用房。

2011 年

“十二五”开局之年，教科院以“做好谋篇布局、夯实发展基础、提升研究水平、促进专业服务”为主题，推进各项研究工作。聚焦教科院的研究定位、队伍建设、科研布局、发展策略，形成“十二五”规划基本框架文本。

教育决策服务。参与《北京市“十二五”教育改革和发展规划》研制工作。制定

“十二五”时期北京市社区教育督导评估方案、学习型城市建设规划、职业教育改革与发展规划。开展“十二五”期间北京市职业教育投资规划前期调研，开展面向世界城市建设的首都教育对外开放战略研究、北京市“十一五”时期教育发展规划实施状况评估研究，策划、编写并出版《北京教育发展研究报告 2011 年卷》和《北京教育一本通（2010 年）》。对北京市随迁子女未经审批自办学校进行考察和调研等。研制北京市中小学教师专业发展标准、职务水平评价标准，开展城镇优秀教师赴农村学校任教的政策研究。为教育行政部门“十二五”期间加强班主任队伍建设寻求对策、提供依据。共承担 138 项重要课题和项目的研究任务。发表论文 98 篇，著作类成果 17 本。2 部专著和 1 篇论文获第四届全国教育科学研究成果三等奖。

学前教育与基础教育研究。承担教育部任务，制定全国学前教育三年行动计划督导标准，提出北京市学前教育三年行动计划方案。开展“幼儿园教师的半日评优”活动，开展幼儿园快乐与发展课程培训，完成“援助新疆和田地区幼儿双语教育”各项工作任务。开展义务教育学校均衡发展等 6 项研究。北京市中小学课程改革样本校建设研究等 4 项研究。北京市义务教育阶段学生情感态度价值观发展状况研究等 3 项研究。开展对全市各级各类教育的督导服务与质量监测评价、中小学学科课程资源建设与应用研究。修订北京市义务教育阶段学科德育指导纲要。完成对义务教育阶段各版本教材的系列调查和研究。研发高中人生规划特色课程。“翱翔计划”和“雏鹰计划”初步形成高中阶段创新人才培养机制。探索北京市廉洁文化进校园的方式。研制《北京市教育系统节能减排“十二五”行动计划》《文化遗产促进学校发展指导纲要》。召开第五届北京可持续发展教育国际论坛。

高等教育研究。开展“2011 北京高等职业教育发展年度报告”的组织、撰写和编辑工作。承担教育部“高等教育质量分类国家标准研究”课题、《新建本科院校教学质量报告》研制工作，开展北京高校质量工程项目监测与评价研究、我国高等职业院校综合实力评价研究、北京高校产学研合作教育创新人才培养模式实施与推进研究、北京高校研究生专业学位教育的结构布局、北京市专业学位研究生教育调研及对策研究。编辑出版《北京高等职业教育发展报告（2011 年度）》。参与修订 2011 年《北京市民办高等教育机构办学状况评估方案与指标体系》，完成民办高校法人治理结构的内涵等基础性研究。

职业教育与成人教育研究。围绕职业教育发展的重点问题，开展我国现代职业教育体系等 10 项研究。开发中高职课程衔接实验专业教学指导方案、中高职课程衔接实验专业核心课程标准。开展以工作过程为导向的课程改革实验，开展行动导向教学的理论研究和实践探索。组织中等职业教育学生技能比赛，以比赛促教学的长效机制逐步形成。开展首都学习型城市建设指标体系等 5 项研究。开展社区教育督导评价工作调查研究，完成社区教育督导评价调查报告。开展成人中等职业教育办学模式改革实验，开发农村成人培训课程和教材。

教育信息服务与对外合作交流。编发《教育快报》（研究版、领导版、普通版、动态版）。北京教育发展和政策研究资源库新增文献资料近2000条。建立完善的家长培训网络体系，探索指导家庭教育的新模式。以公开招标方式开发建设北京教育科研综合信息服务系统。《教育科学研究》和《班主任》开辟决策参考和教书育人等栏目。组织6个出访团组和1个培训团组共计57人次赴6个国家学习考察。组团赴英国牛津大学开展教育研究方法与教育管理效能培训。接待广东教育厅及4个教科院所来访调研，赴上海、浙江、江苏、重庆等地开展考察和工作交流。编制、发布北京市"十二五"期间教育科学研究规划纲要和2011年度课题指南。组织集中开题5次、中期检查1次、集中结题7次，召开培训会1次。与在京相关高校和区县教育科研机构建立紧密合作关系。

内部管理。根据上级对院领导班子成员的调整，相应调整院领导分管工作内容。规范在职在编人员值班补贴办法、职工困难补助及慰问标准。召开学术年会1次、学术委员会1次、学术报告16次，开展"十一五"期间财政专项检查5次。修订学术成果奖励办法，设立院级课题。人才引进方面强调研究人员的专业性、工作经历、实践经验和较高专业技术职称、实干精神和实际工作能力。组织实施业务部门两次搬迁工作，保证各项业务工作正常开展。完成院属企业"小金库"专项治理复查工作，建立防止"小金库"长效机制。

新址建设。1月6日，市委副书记、市委教育工委书记王安顺，市委常委、常务副市长吉林召开专题会议，研究北京教育科学研究院搬迁安置问题。会议议定：原则同意教科院迁入位于海淀区翠微路4号院的北京电子科技职业学院翠微路校区。3月租用中核宾馆的业务部门迁入真武饭店，同时落实新办公地点的产权过户工作。4月启动海淀区翠微路4号院加固装修改造工程前期准备工作。

2012年

根据"坚持提升质量导向，继续深化研究基础，注重拓展研究领域，加强内部管理服务"的工作主题推进各项工作。

教育决策服务。围绕《北京市"十二五"时期教育改革和发展规划》提出重点工作及发展思路，深化教育规划实施监测研究与机制建设的探索。参与北京市重大教育决策研究任务"异地高考"的研究，开展来京务工人员随迁子女融入教育等5项研究。编辑出版《北京教育发展研究报告》和《北京教育一本通（2011年）》，完成《北京高等教育质量年度报告》等5篇报告。接受国家部委和北京市各委办局委托，开展多领域跨学科的行政决策研究。完成北京市教育科学规划课题指南的编制、全国教育科学规划课题和北京市规划课题的申报和立项课题的管理工作、两委委托课题管理工作。完成对新疆和田地区幼儿教师远程培训的任务。

基础教育研究。推进北京数字学校课程资源录制工作，组织1000余名学科专家学者、市区教研员、3000余名学科骨干教师，完成21个学科、9500节课程录制。开展“基础教育阶段学校评价与数据库建设”项目研究。深化普通高中特色发展研究，推进“翱翔计划”和“雏鹰计划”。开展社会大课堂课程开发常态应用研究，开展学生课业负担研究、教育督导与教育质量评价研究，开展义务教育、普通高中课程改革实验工作监控与评价，参与学前教育督导和义务教育均衡发展督导等工作。与在京6家出版社合作，开展京版义务教育所有学科教材编写修订工作。与丰台区教委签署协议，合办北京教育科学研究院丰台实验小学。

高等教育研究。开展高等教育质量分类及其标准研究。参加教育部高等学校教学评估工作，开展首都高等教育质量监测与评价。完成全国新建本科院校教学质量监测年度报告。开展市属高校全日制专业学位研究生教育状况调研及分析，开展高校创新人才培养模式研究。深入开展产学研合作教育研究与推广，深化本科人才培养北京模式的理论与实践探索。

职业教育与成人教育研究。组织实施北京市职业教育分级制改革试验，开展职业教育集团投入模式等5项研究。修订中等职业学校全面实施素质教育评价指标体系。完成中等职业学校工作过程导向课程改革实验项目，开展教学模式研究、信息化教学资源建设及实践研究。完成专业设置和质量监控系统建设研究。开展创建学习型组织评估工作，开展北京市学习品牌、学习基地、学习资源建设、成人学校特色课程和教学资源建设研究。探索适合新型农民培养的多样化教育资源和办学模式。

教师发展研究与民办教育研究。开展中小学教师队伍现状研究、教研员专业发展研究、北京市民办中小学教师队伍建设及待遇研究、职业院校教师队伍基本现状与发展策略研究。研制中学教师专业发展标准，开展中小学教职工编制管理现状调研。培养幼儿教育市级学科带头人，培训民办幼儿园园长。创新班主任研究的新机制，总结和推广优秀班主任班集体建设的经验。参与11部委起草关于促进民办教育发展的意见，参与教育部和北京市关于鼓励和引导民间资金进入教育领域的实施意见制定，参与完善民办高校法人治理结构实施意见制定、民办高等教育机构评估研究。

科研成果。共承担139项重要课题和项目研究任务，发表论文81篇，出版学术著作17部。2项成果获教育部第四届全国教育科学研究优秀成果三等奖，1项成果获中国教育发展战略学会教育发展战略优秀科研成果一等奖，1项成果获北京市第十二届哲学社会科学优秀成果二等奖，1项成果获北京高等教育教学成果奖一等奖，1项成果获北京职业教育教学成果奖一等奖。

教育信息化建设与对外合作交流。《教育科学研究》入选中国人民大学书报资料中心《复印报刊资料》重要转载来源期刊，刊发的多篇文章被《新华文摘》和人大《复印报刊资料》全文转载。北京教育科研网（院网）新增直接访问量 110 万人次。实现义教课程网建立市、区、校三级资源共建共享机制。积极实施国际合作项目，派出 16 个团组、63 人次赴 14 个国家和地区开展专题培训、专项考察与学术交流及参加国际会议。与埃及、俄罗斯有关机构签署合作意向书，与联合国教科文组织开展教育评价、课程开发合作研究。邀请联合国教科文组织及澳大利亚专家参加学术年会作报告，并开展教育统计与评价专题培训。

内部管理。制定《北京教育科学研究院关于全面推行干部任免票决制的意见》，进一步完善领导班子议事规则，细化工作流程。1 月 1 日起实施医保卡。制定出台《北京教育科学研究院"十二五"时期科研管理与成果推广实施办法》等 14 个管理办法文件。落实资产管理及车辆、修缮、卫生、食堂、会议等各项保障工作制度。加强院属企业经营管理，完善并严格执行规章制度，规避经济风险。12 月 3 日院长办公会议决定，按照上级要求教科院从 2013 年 1 月 1 日起实行公务卡，以实行公务卡为契机健全财务内控制度和机制，成立密码工作领导小组，组长刘登宽。

新址建设。5 月初，新址建设工作小组迁入翠微路 4 号院开展工作。6 月北京市建筑设计研究院完成初步设计方案及公共部分精装修方案。

第四节　第四届行政领导班子

（2013 年 2 月—）

2013 年

2 月初，院行政领导班子调整，形成新一届领导班子。

明确工作思路。3 月 5 日，院长方中雄在中层干部会暨职代大会上作题为《夯实基础、凝聚力量、走向未来》工作报告。阐明工作主题是"加强队伍建设，夯实发展基础，提升研究水平，服务教育改革，不断增强教科院的影响力"。制定领导班子任期目标报告书，明确未来五年发展思路、目标任务和重点发展方向。围绕进一步提高研究水平与影响力，提出科研工作"五个统一"和"五个聚焦"：坚持实践研究与战略研究相统一、业务工作与学术研究相统一、跟进服务与前瞻研究相统一、服务北京与影响全国相统一、全面推进与重点发展相统一，聚焦"成人成事、承担重大课题、培育品牌项目、培育优势领域、完善科研机制与合作网络"。提出"不断朝着业绩一流、成果显著、服务有效、国内领先、在国际上具有影响力的教育智库迈进"的发展目标。

教育决策服务。承担“北京市教育规划纲要三周年监测评估”和“北京市‘十二五’时期教育改革和发展规划中期评估”等任务，推进“首都教育改革和发展新形势新任务研究”等3项研究。完成“来京务工人员随迁子女的融入教育”等6项课题研究。参与《北京市基本公共教育服务行动计划（2013—2015年）》《来京务工人员随迁子女接受义务教育后在京参加升学考试方案》《关于进一步促进民办教育发展的若干意见》等政策文件起草。编辑出版《面向世界的首都教育》《北京教育发展研究报告2012年卷》《北京教育一本通（2012年）》。完成北京市教育科学规划2013年度课题指南和两委委托课题的常规管理工作。举办优秀成果推广会18场，推广97项。

基础教育研究。完成北京市国家级教育体制改革基础教育项目的结题。围绕落实市政府提出教育均衡发展、中高考改革制定工作草案，实施教学培训。开展学校特色研究，研制指导学校发展的工具。启动院实验学校联盟建设。完成京版教材修订，报送除语文、历史、思想品德外所有学科教材并通过教育部审定，开展地方教材开发和培训。研究建立基于移动终端、即时学习分析、碎片式学习、微课程开发及云学习的数字学习方式实验模式。成立北京数字学校管理办公室。建设北京市义务教育教学质量分析与评价数据及结果反馈系统。初步形成对外合作服务整体规划方案。建立翱翔学员培养工作机制和结业评价工作机制，“雏鹰建言行动”建言9000余条。完成《北京市中小学德育指导纲要》《综合实践活动教学指南》《北京中小学可持续发展教育指导纲要》研制。实施学前教育专项督导，研制《幼儿园课程综合评价标准》。

高等教育研究。承担北京市本科院校、高职院校高等教育质量报告和全国新建本科院校教学质量监测报告。首次开展北京高校专业建设方面的专项调查和深入研究，确立首都高等教育发展若干重大问题的专题性研究，启动京沪苏浙粤高等教育比较研究。协助北京市高等教育学会和中国高等教育学会产学研合作教育分会完成换届工作，牵头召开首都高等教育重点研究机构联盟2013年年会。

职业教育与成人教育。完成国家中职改革发展示范校项目，承担国家中职示范校建设质量监测系统的指标体系设计、系统运行监测及数据分析，开展北京市对支援新疆和田地区职业教育发展研究。推进课程改革，完成68本课改教材的审议。建立职业院校专业建设质量监控评价体系。制定首都学习型城市建设指标体系和北京市建设学习型城市的监测指标，完成《北京市学习型城市建设发展报告》。完成首届国际学习型城市大会组织筹划。

教师发展研究。研制北京市中小学教师专业发展标准，完成教师幸福指数和青年教师思想政治生活现状调研、工资收入和供给质量研究。开展促进教育均衡的教师流动机制研究、城镇优秀教师赴农村学校任教政策研究。中小学名师发展工程正式启动实施。组织对教研室主任、新入职教研员、农村地区教研员的指导和培训。改进教师基本功培训与展示方式。制定北京市中小学班主任校本培训指导意见，成立 7 家班主任工作研究室。

科研成果。共承担 222 项重要课题和项目研究任务：各级各类规划课题 87 项、两委委托项目 107 项、自身发展项目 28 项。承担教育部、两委一室等上级部门临时性委托任务 150 余项。15 项成果获北京市第四届基础教育教学成果奖，1 项成果获北京市高等教育教学成果一等奖，1 项成果获北京市中等职业教育教学成果奖。发表学术论文 150 篇，出版专著、编著等著作类成果 56 本，修订、出版各类教材 270 余册。

教育信息化建设与对外合作交流。开展北京教育科研综合信息服务系统应用建设，北京教育发展和政策研究资源库新增文献资料 150 个文件。《教育科学研究》组织策划 9 篇专稿、3 期专题研究和 1 期特别关注。实施国际合作项目，派出 11 个团组、42 人次赴 7 个国家和地区进行专题培训与交流。与俄罗斯教育科学研究院签署机构合作备忘录，探讨多领域、多主题的合作。与丹麦奥尔堡大学合作成立“造梦空间”——中—丹学习与创新联合实验室，与美国加州考试中心、澳大利亚弗兰德斯大学、香港、台湾地区教育机构进行专题合作。召开第六届北京可持续发展教育国际论坛、首届国际学习型城市大会。

内部管理。进行新一轮中层干部聘任和职员聘任。制定《北京教育科学研究院加强风险防控完善领导班子“三重一大”决策制度》，修订《关于北京教育科学研究院实施院长负责制的意见（修改稿）》和《北京教育科学研究院院长办公会和党政联席会议议事规则》。印发《北京教育科学研究院规章制度选编》，制定《北京教育科学研究院关于女性高级专家延长退休年限暂行办法》。修订《北京教育科学研究院学术委员会章程》。调整项目管理机制，建设和完善科研管理制度和流程。完成企业人员聘任和法定代表人变更。调整经费审批权限，规范审批程序。简化取暖费报销程序。完成 OA 办公系统、短信平台、邮件系统、新版网站等各子系统的功能、性能和安全测试，完善网上办公流程，初步实现网上办公。

新址建设。4 月成立新址建设办公室，隶属于基建行政处。4 月 18 日举行新址建设启动仪式。10 月 8 日新址建设正式开工。

2014 年

以“夯实发展基础，提升科研水平，服务教育领域综合改革”为主题推进各项工作。

教育决策服务。参与市教委深化首都教育领域综合改革实施意见、北京市落实《国务院关于加快发展现代职业教育的决定》的实施意见等 6 个文件的起草。参与北京市“十三五”教育规划的前期研究。开展教育治理体系与教育治理能力研究，提出建设策略，梳理出北京市教育治理均衡发展路线图。开展教育机构发展方向与工作格局的研究。确定小学生连环画阅读活动第一批推荐书目，完成“百部优秀少儿影片进校园”推荐影片目录工作。实施国家教育体制改革试点项目“推进中小学德育内容、方法和机制创新”。开展“学科指导意见和促进学生学科能力发展的教学指南”研究与实验，起草《北京市中小学语文学科教学改进意见》等3个文件。

优势领域和品牌研究项目建设。出版《北京教育发展研究报告》《北京高等教育质量报告》《北京高等职业教育质量报告》《北京职业教育发展报告》《北京高中教育发展报告》《北京民办教育发展报告》。完成新京版教材语文、历史、思想品德三科6个品种、30册送审。启动北京市中小学生核心素养评价体系建构与实施研究。研制北京市义务教育阶段学生综合素质发展水平督导评价指标框架。完成北京市区县教育工作满意度调查。启动北京市政府教育基本公共服务水平评价研究。建立创新人才培养协作体，推动京台优势资源共享。录制2300余节学科微课程，全面开通数字学校网站和手机APP渠道，开展在线作文批阅试点工作。参与教育部组织的高校合格评估和审核评估，完成《全国新建本科院校教学质量监测报告（2013年度）》。提出我国学习型城市建设基本结构和发展阶段划分的意见，对北京市学习型城市建设现状进行全面评估和分析、提出建议。构建各层次职业教育课程衔接模式，提出招生考试制度综合改革基本方案。开展北京市中职学校专业设置和产业结构适应性研究，总结分析京津冀一体化背景下北京市中职专业设置的优势与问题并提出政策建议。配合教育部完成参加联合国世界可持续发展教育大会准备工作。主办亚太可持续发展教育工作会议，启动国家可持续发展教育实验区建设。

开展各类教育服务。完成教育部委托促进教育均衡的教师流动机制等3项文本研制任务，承担北京市幼儿园教师专业发展标准等11项文件修订工作。承担昌平区、朝阳区委托的区域“十三五”教育发展规划文件草拟与讨论修改工作。与顺义、东城、通州、丰台、大兴、海淀等区签署合作办学协议，形成专家下校指导、参与名师工作室等机制。开展区县学前教研员培训、拓宽名校长和名园长的研究域。启动北京市第二届小学教师、中职教师基本功培训与展示活动。与部分区县建立名师工程市级教研员工作站。建立北京市中小学心理健康教育教研制度。深化德育和大课堂等研究。开发北京市中职学校教学质量监测数据采集平台，研制北京市中职26个专业实训基地装备标准，推进农村成人学历教育课程体系开发及资源建设。

科研成果。共承担148项重要课题和项目研究任务：各级各类规划课题17项、两委委托项目109项、自身发展项目项22项。承担教育部、两委一室等上级部门临时性委托任务170余项。获国家级基础教育教学成果奖7项，获北京市第十三届哲学社会科学优秀成果二等奖2项。发表论文237篇，出版专著、编著72本，修订、出版各类教材90余本。

教育信息服务与对外合作交流。首都义务教育科研资源库完成10000余条资源的收集整理和上传。《教育快报》改研究版和动态版为“教育决策参考”和“国际教育动态”。《教育科学研究》组织策划11个专稿、专题研究和特别关注栏目文章，《班主任》部分专题和专栏成为学校校本培训重要内容。派出14个团组（自组团9个、随团5个）36人次赴10个国家和地区交流。与加拿大教育机构、联合国教科文组织终身学习研究所等境外机构新建合作交流关系。与德国弗伦斯堡大学共同成立中德职业教育教学合作研究中心。完成北京市教育科学规划2014年度课题指南和立项评审工作。完成《第四届北京市基础教育教学获奖成果集》《北京市第六届教育科学研究优秀成果集》的出版和发放工作。11月下旬，以“教育现代化”为主题举办首届北京教育论坛。

内部管理。在现有相关机构内设立国际教育信息中心、儿童数学教育研究所、班主任研究中心，对部分行政机构进行调整。制定《北京教育科学研究院昆玉学者奖励计划实施办法（试行）》《北京教育科学研究院青年英才奖励计划实施办法（试行）》《学术著作出版资助基金实施办法》。建立基础教育研究团队和国际教育研究团队。适当调整全院职工的岗位津贴。从9月开始不涉密的院文件及部分审批流程统一通过OA办公系统进行。组织召开5次学术委员会议。规范各类经费申请审批要求与程序，简化手续。补充配备专职审计人员。通过公开招投标完善物业服务、安保服务的社会采购。调整各办公区午餐补助方案，统一标准。改革职工体检方式。规范院部机关工作用车的管理和使用，成立车队。制定安全网格化建设文件。院属企业与基教研中心等业务部门合作，拓宽经营业务范围。

新址建设。新址建设按照施工计划推进，完成分项工程招标。幕墙安装施工全面开展，完成热力接入施工。ABC三栋建筑开始内部装修。起草新址的物业运行方案及办公用房分配方案。

2015年

按照“深化整合、成人成事和提升影响力”的发展思路开展工作。

教育决策服务。参与北京市《深化教育督导体制改革的意见》等3个文件制定。开展学校管理变革研究。完成《北京教育发展研究报告2015年卷》等涉及北京各类教育领域的10项研究报告。完成《京津冀职业教育协同发展政策与实施方案研究》和《京津冀协同发展背景下北京职业教育改革发展策略研究》两个报告。完成《“十三五”时期北京市教育事业发展的思路及对策研究》等3个文本编制工作。承担《2016年度教育部门预算重点投入方向与项目指南（草稿）》等9个文件及有关实施办法的起草和制定。参与《国务院关于鼓励社会力量兴办教育促进民办教育健康发展的若干意见》起草、修改和专家咨询工作。开展教育部委托的“促进教育均衡的校长教师流动政策实施效果评估”等2项研究。完成全国中小学班主任现状调研、高等院校评估工作等8项实施意见的咨询和起草。完成《北京市“十三五”期间教育科学规划纲要》编制。完善《北京市教育科学规划课题管理办法》。完成北京市教育科学规划2015年度课题指南编制和立项评审工作。

对外教育服务。开展对密云、昌平、石景山、丰台等区委托的“十三五”时期教育发展规划研究和编制工作。完成《北京市丰台区中职教育发展调研报告》和《北京市丰台区职业教育“十三五”时期发展规划》，开展“北京市朝阳区职业教育‘双师型’教师队伍建设研究”与培训方案制定。研究制定东城区中小学职业生涯教育评价体系。协助石景山、通州、昌平完成可持续发展教育示范区建设方案，形成区域推进策略。与通州、丰台、海淀、大兴等区签署合作办学或扩大办学协议，教科院实验学校联盟基本形成，提出“学校加速器计划”（SAP），开展相关实验。北京数字学校在中小学因雾霾红色预警两次停课期间，网络平台和歌华有线电视平台总访问量突破1000万人次，日访问量达236.4万，成为落实“停课不停学”要求的主平台。开通数字学校与唐山共享平台。

专业指导服务。实施百部优秀少儿影片及连环画进校园活动。举办北京市首届青少年创意市集和小创客培育推进现场会。深化新京版教材建设机制，开展数字教材开发和学习方式变革研究、“互联网+”环境下数字化学习资源建设的初步探索。开展集体调研和指导近30次，开展同课异构、录像课分析、等组前后测准教学实验等研究。基于十年课程改革形成研究报告。开展国内外教育督导发展前沿与动态等4项研究。首次开展教育政策评价研究，完成学前教育督导评估指标体系监测点的研究与修订，研制北京市中等职业学校语文、数学课程学业成就评价标准。开展幼儿教师教育教学评优活动、心理健康教育教研活动。出版《首都高等教育发展若干问题研究》。形成《中高等职业教育衔接办学模式理论与实践探索》研究成果集。完成北京市学习型城市建设“十二五”总结和“十三五”规划研究任务，实施学习型区县建设评估和社区教育监测。

科研成果。共承担147项重要课题和项目研究任务：各级各类规划课题70项、两委委托及自身发展项目77项。承担教育部、两委一室等临时性委托任务200余项。发表论文312篇，其中核心期刊76篇，在《中国教育报》《现代教育报》等报纸上发表文章49篇；出版专著、编著30本，修订、出版各类教材和教师用书33本。1项成果获教育部高等学校科学研究优秀研究成果奖，12项成果在各级教育学会、科研机构评选中获奖。

学术交流与信息服务。举办第二届北京教育论坛和2015年学术年会。为落实京津冀协同发展国家战略、探索京津冀教科院合作机制，加强与天津教科院、河北省教科所的联系，达成协同发展共识，提出建设京津冀教育发展研究中心的设想。各部门以合作研究和项目共建为载体拓展合作网络。借助外部资源拓展学术交流平台，派出 14 个团组、68 人次赴葡萄牙等 9 个国家及中国台湾地区交流。与联合国教科文组织终身学习研究所、台湾铭传大学、国家北卡罗来纳大学教堂山分校教育学院 3 家机构建立合作交流关系。与加拿大曼尼托巴省合作开展可持续发展教育学术互访及姊妹校合作研究。组团赴台湾科研管理培训、美国国际课程培训。北京教育科研网访问量达 32 万余人次，入库信息量 10292 条。《教育科学研究》2014 年度全文转载量和综合指数均位列教育学学科期刊第 7 名。

内部管理。全面核实处级领导干部“三龄两历一身份”。实施第一批 10 名昆玉学者的奖励。出台《北京教育科学研究院自主研究团队建设实施细则》。以“互联网 + 科研管理”模式完善科研管理信息系统，学术委员会先后完成 2015 年学术研究类院级课题立项评审等 4 项评审活动。实施院《内部财务信息公开工作方案》《经济合同管理办法（试行）》等多项制度或预案。对数字学校项目、课程资源建设项目进行审计。对基建工程的全部合同、协议、招投标文件、经费开支情况进行清理。调整 2 个院属企业法人代表。完善安稳制度和应急预案，修复消防自动报警系统和视频监控系统。对北四环 95 号院传达室、中控室及劲松 811 楼水管、门窗等进行维修改造，封存所用企业产权车辆，局部调整车辆配置使用。通过北京高校“平安单位”检查验收。12 月成立院保密工作委员会，下设秘书处，秘书处设在院办公室（党办）。12 月 17 日开通并启用教科院公众微信号。12 月 31 日，党政联席会议研究决定，以“崇德守正，为学强教”为教科院院训。

新址建设。1 月新址建设工程按照北京市统一安排和受信访影响停工。9 月 10 日新址建设工程项目复工。自 2013 年 10 月开工至 2015 年底，新址建设工程整体进度已完成 60%。

教科院历任行政领导班子成员任职一览表

职务	姓名	任职时间	备注
院长	马叔平	1995 年 12 月—2001 年 9 月	市教委副主任兼
	季明明	2001 年 9 月—2005 年 11 月	
	时　龙	2005 年 11 月—2013 年 1 月	
	方中雄	2013 年 2 月—	
副院长	文　喆	1995 年 12 月—2002 年 4 月	市教委委员兼
	陈锡章	1995 年 12 月—2002 年 1 月	
	仉　琨	1995 年 12 月—2001 年 2 月	

副院长	张　定	1995 年 12 月—2001 年 9 月	副局级调研员
	时　龙	2001 年 2 月—2005 年 11 月	
	张铁道	2001 年 9 月—2011 年 4 月	
	吴　岩	2001 年 11 月—2012 年 4 月	
	刘登宽	2006 年 4 月—2013 年 1 月	
	吴晓川	2007 年 9 月—	
	方中雄	2011 年 4 月—2013 年 1 月	
	桑锦龙	2013 年 1 月—	
	马　波	2013 年 1 月—2015 年 10 月	
	褚宏启	2013 年 11 月—	
	张　军	2014 年 9 月—	
	刘占军	2015 年 11 月—	
院长助理	耿　申	1999 年 12 月—	
	张铁道	2000 年 2 月—2001 年 8 月	

教科院历任党委、纪委领导成员任职一览表

职务	姓名	任职时间	备注
党委书记	朱全俊	1995 年 12 月—2001 年 8 月	市教工委副书记兼
	胡晓松	2005 年 10 月—2009 年 2 月	
	唐亦勤	2009 年 2 月—2015 年 8 月	
	马谊平	2015 年 8 月—	
党委副书记	李凤琴	1995 年 12 月—2005 年 7 月	
	季明明	2001 年 8 月—2005 年 10 月	主持党委工作
	唐亦勤	2005 年 7 月—2009 年 2 月	
	甘北林	2009 年 12 月—2014 年 4 月	
	熊　红	2014 年 8 月—	
纪委书记	李凤琴	1997 年 2 月—2005 年 7 月	
	唐亦勤	2005 年 7 月—2009 年 12 月	
	甘北林	2009 年 12 月—2014 年 4 月	
	熊　红	2014 年 8 月—	

执笔人：邰汉强
审核人：邰汉强
责任编辑：邰汉强

第二章　党的工作

第一节　党员大会和党的委员会

1997 年 3 月 7 日，教科院召开党员大会，选举产生第一届中共北京教育科学研究院委员会和第一届纪律检查委员会。全院共有正式党员 239 名，应到会党员 216 名，实到会 199 名。李凤琴主持大会，介绍党员大会筹备情况并致开幕词。中共北京市委教育工委书记、市教委主任徐锡安，市委教育工委常务副书记尹栋年到会祝贺并讲话。党委书记朱全俊作《加强党的工作，为把我院建成全国一流的教育科学研究院而努力奋斗》报告；院长马叔平受院常务会委托向大会作《努力开创北京教育科研新局面，为把我院办成全国一流教育科学研究院而奋斗》报告。

大会产生党委委员 9 人（按姓氏笔画为序）：马叔平、仉琨、朱全俊、朱铭、李凤琴、陈锡章、张定、郝淑仪、荣培秀。党委书记：朱全俊。党委副书记：李凤琴。纪委委员 5 人（按姓氏笔画为序）：马德良、卢笛、李凤琴、董凤雏、管庆智。纪委书记：李凤琴。纪委副书记：马德良。

2006 年 6 月 8 日，召开教科院党员大会。中共北京市委教育工委副书记、市教委副主任线联平应邀出席会议，教科院民主党派代表、无党派高级知识分子代表、非中共党员的处级干部应邀列席会议。266 名党员出席大会，大会由党委副书记唐亦勤主持。线联平代表市委教育工委对大会表示祝贺并发表讲话。院长时龙致开幕词。党委书记胡晓松作《贯彻落实科学发展观，为建设“基础扎实、服务有效、发展创新业绩一流”的教育研究机构而努力奋斗》工作报告。大会听取和审议中共北京教育科学研究院委员会工作报告、中共北京教育科学研究院纪律检查委员会工作报告，提出修改建议。胡晓松代表新当选的党委委员致闭幕词。

大会选举产生中共北京教育科学研究院新一届委员会。党委委员（按姓氏笔划为序）：时龙、吴岩、张铁道、赵宝军、胡晓松、耿申、唐亦勤。党委书记：胡晓松。党委副书记：唐亦勤。大会选举产生中共北京教育科学研究院新一届纪律检查委员会。纪委委员（按姓氏笔划为序）：杨德军、唐亦勤、梁威、谢春风、蔡雁。纪委书记：唐亦勤，纪委副书记：谢春风。

第二节 宣传思想政治教育

一、党委理论中心组学习

1996年，建立院理论中心组（以下简称“中心组”）学习制度，党委书记为中心组组长，由党委办公室兼任秘书处工作。学习制度确定“三固定”：成员固定为院级领导和各部门党政一把手，时间固定为隔周一次，内容固定为年度学习计划。学习方式采取“三结合”：自学与集体学习相结合、读书与看视频听报告相结合、重点发言与即兴发言相结合。1998年，中心组学习在“三固定”、“三结合”基础上，在内容上更加紧密结合本职工作实际。2000年，学习时间由隔周一次、每次半天改为每月一次、每次一天。坚持“三有”：有主题、有研讨、有中心发言人。2001年，完善党委中心组制度，以自学和集中研讨相结合的方式及时调整学习内容，中心组成员为全体处级以上领导干部、党委工作部兼任秘书工作。2004年9月，由隔周一次、每次半天改为每月一次、每次一天。中心组成员调整为院领导、党委委员、纪委委员，各所、中心、部门党政一把手，院国资委正、副主任，年终提交学习体会文章。2007年，建立两级中心组学习制度，按照每月集中一次原则，中心组学习分为院级和所（中心）级两级。院级中心组由院领导班子成员、党委委员组成，党委职能部门负责人列席。党委办公室兼任秘书处工作。根据具体学习情况，党委中心组理论学习扩大到二级中心组集中学习。至2015年，党委中心组理论学习有时扩大到中层干部，有时扩大至更大范围。既有理论务虚，又有联系实际工作研讨，努力丰富学习内容和形式，增强学习实效性。

二、日常宣传思想政治教育

根据中央、市委精神，按照市委教育工委安排，每年有主题、有计划组织实施宣传思想政治教育。主要工作如下：

1996年，以学习贯彻党的十四届六中全会精神为主题，结合办院宗旨和主要任务开展宣传教育。1997年，以迎接党的“十五大”召开为主线开展学习教育活动，确定“团结、敬业、求实、创新”为教科院院风。1998年，学习邓小平教育理论及党的方针政策，重点进行职业道德教育，国内外形势教育，世界观、人生观和价值观教育。1999年，开展唯物主义、无神论教育，开展“三讲”专题教育活动。2000年，进行理想信念教育，突出形势政策教育、爱国主义教育、社会主义教育。2001年，重点开展党的基本路线教育、爱国主义和社会主义教育。2002年，重点学习宣传贯彻“十六大”精神。2003年，以学习实践“三个代表”重要思想为重点开展教育活动。2004年，以加强党的执政能力建设为主线开展学习教育活动。2005年，开展“保持共产党员先进性”主题教育活动。2006年，以落实《中共北京市委关于推进基层党建工作创新的意见》为契机，重点加强组织文化建设。2007年，以学习党的“十七大”报告精神为主线，组织全院学习党的“十七大”报告和北京市第十次党代会精神。2008年，以迎接奥运会成功举办为契机，以建设和谐教科院为重点，推进全院精神文明建设。2009年，开展科学发展观教育实践活动。2010年，围绕学术道德建设开展读书活动。2011年，以纪念建党90周年“学习党史、坚定信念”为主线，开展“创先争优”教育实践活动。2012年，以开展基层组织建设年工作为主线，重点抓基层党支部建设。2013年，以学习贯彻十八大精神为主线开展党的群众路线教育实践活动。2014年，以学习党的十八届三中、四中全会精神为重点，组织全院职工学习。2015年，开展“三严三实”专题教育。确定院训为“崇德守正、为学强教”。

三、专题教育

按照中央、市委部署，在市委教育工委领导下，先后开展“三讲”教育活动、“保持共产党员先进性”教育活动、“学习贯彻科学发展观”教育实践活动、“党的群众路线”教育实践活动、“三严三实”专题教育。

“三讲”教育活动。1999年10月15日—2000年1月20日，开展“讲学习、讲政治、讲正气”主题教育活动（简称“三讲”），院成立“三讲”教育活动领导小组，历时3个月，分学习动员，自我剖析、听取意见，思想交流、开展批评与自我批评，总结整改四个阶段。之后开展“回头看”工作。

“保持共产党员先进性”教育活动。2005年9月至12月，开展“保持共产党员先进性”主题教育活动，成立教育活动领导小组和办公室。教育活动分工作部署、学习动员，学习理论、查摆问题，边学边议、边整边改三个阶段，历时半年，之后开展“回头看”工作。

“学习贯彻科学发展观”教育实践活动。2009年4月至7月，以学习贯彻科学发展观为主题开展教育实践活动，成立教育活动领导小组和办公室。学习实践活动共分学习调研、分析检查、整改落实三个阶段，历时4个月。

“党的群众路线”教育实践活动。2013年7月至12月，以为民、务实、清廉为主要内容开展党的群众路线主题教育实践活动，成立教育活动领导小组和办公室。教育实践活动分学习教育、听取意见，查摆问题、开展批评，整改落实、建章立制三个阶段，历时半年。

“三严三实”专题教育。2015年5月至12月，以“严以修身、严以用权、严以律己，谋事要实、创业要实、做人要实”为主要内容，开展“三严三实”专题教育活动。主要开展三个阶段主题教育活动：一是“严以修身，加强党性修养，坚定理想信念，把牢思想和行动的‘总开关’”，二是“严以律己，严守政治纪律和政治规矩，自觉做政治上的‘明白人’”，三是“严以用权，真抓实干，实实在在谋事创业做人，树立忠诚、干净、担当的新形象”。重点抓专题党课、学习研讨、专题民主生活会和组织生活会、强化整改落实和立规执纪四个关键环节，历时7个月。

第三节　干部队伍建设

教科院以提高执政能力和管理水平为目标，以提高干部队伍素质为主题，以调整和优化干部队伍结构为主线，大力加强干部队伍建设。不断完善选拔任用机制、强化管理监督，开展干部教育培训工作，全面提高干部队伍整体素质和管理水平。不断完善后备干部选拔和培养机制，进行后备干部队伍充实和培养。实施“人才强院”战略，为全面推进教科研专业发展提供组织保证。

一、干部选拔任用

干部选拔任用坚持党管干部原则，德才兼备、任人唯贤原则，群众公认、注重实绩原则，民主集中制原则和依法办事原则。努力建设德才兼备、开拓进取、勇于创新、廉洁奉公、结构合理、群众公认、奋发有为，推动教科院各项事业发展的干部队伍。

1996年建院之初，党委组成考察小组深入各单位，对全院处、科级以上干部进行全面考察，全面了解科级以上干部德、能、勤、绩情况，年底任命干部26名，成为组建教科院后的第一批处级领导干部。2000年，在由职教所、成教所合并组建的职业教育与成人教育研究所的干部聘任中，经过民主推荐、民意测验和民主评议等程序，采取院长聘任所长、所长聘任副所长方式进行干部聘任。2002年，教科院实施内部管理体制改革，根据《党政领导干部选拔任用工作条例》制定干部选拔任用方案，全院中层干部第一次公开选拔竞聘上岗。此后以公开竞聘、考察任命为主要形式进行干部选拔聘任。2006年底、2009年底、2013年5月，中层干部任期届满，进行处级干部聘任。

截至2015年12月，有处级干部50名（含挂职干部1名），男29名、女21名，平均年龄46岁。硕士及以上学历32人（其中博士11人、硕士21人），占64%；高级职称36人（其中正高13人、副高23人），占72%。

二、干部管理与考核

1996年，建立同干部谈话制度。1997年—2001年，每年6月—7月间党委组织相关职能部门组成考察小组，分别到各部门了解干部工作情况和职工对干部的评价。1998年，出台《关于处级干部的管理办法》。2001年制定《北京教育科学研究院处级干部考核测评标准》。2002年，按照市委组织部要求，对处级领导干部学历、学位进行核实，整理干部学历档案。干部年度考核与年终总结一并进行。2003年，制定《北京教育科学研究院关于中层领导干部职责及工作规则的暂行规定》。2004年，修订《北京教育科学研究院干部选拔任用和管理的有关规定》。建立处级干部出国备案信息库，制定干部出国政审工作规程，完善干部出国政审制度。2007年，修订《北京教育科学研究院中层领导干部年度考核办法》。2013年开始，采取中层干部述职总结报告上网公布，院党政领导、中层干部阅读后填写测评表评议，取消召开全院中层干部述职大会。

三、干部教育培训

建院以来，举办培训班是干部教育的基本形式，主要有召开干部工作会议、寒假暑期干部培训班、党的重大方针政策学习专题培训班等。主要方式有主题报告会、考察参观、学习交流等。1996年—2003年，根据市委教育工委《关于加强和改进高校干部教育培训工作的建议》有关要求，贯彻落实《北京高校干部教育培训“十五”规划》，开展干部教育培训工作。2004年，制定《北京教育科学研究院2003年—2007年干部培训工作实施方案》。2006年，制定《北京教育科学研究院2006年—2010年干部培训工作实施方案》。自2007年起，按照市委教育工委部署，建立干部网络在线学习。截至2015年12月，按照市委组织部、市委教育工委要求，共派出局级干部54人次、处级干部119人次参加学习培训。先后派出4人到崇文区教委、河北大学、北京职业技能培训指导中心、延庆县教委挂职锻炼。

四、后备干部队伍

1998年，制定《关于处级干部的管理办法》，明确处级后备干部的管理要求，对后备干部实施有计划培养和锻炼。2005年，制定《中层后备干部管理办法》。2007年，根据《党政领导干部选拔任用工作条例》和市委教育工委对后备干部培养要求，建立后备干部人才库，制定《北京教育科学研究院关于民主推荐处级后备干部工作的意见》。1998年、2001年、2003年、2006年、2009年、2015年，协助市委组织部、市委教育工委推荐选拔局级后备干部。1997年、1998年、2001年、2005年、2007年、2014年，按照市委教育工委关于选拔后备干部的有关要求，结合院干部队伍实际，先后开展处级后备干部的民主推荐工作。截至2015年底，共有处级后备干部64名，其中正处后备干部27名、副处后备干部37名。

第四节　基层党组织建设

一、组织建设

全院党组织设置有三级：院党委、党总支、党支部。党委下辖有党总支、直属党支部。党总支、直属党支部选举产生后，由院党委审批任命。党总支下辖党支部的选举，由党总支审批，报党委备案。全院党组织适时进行换届和调整，1997 年 3 月、2006 年 6 月选举产生两届院党委，1997 年、2003 年、2007 年党总支、直属党支部进行三次换届选举。期间，根据工作需要适时进行补充调整。

1996 年，建院时有党总支 2 个、直属党支部 7 个，党总支：基教所党总支、基教研中心党总支。直属党支部：高教所党支部、职教所党支部、成教所党支部、教育发展中心党支部、教育信息中心党支部、教材编审部党支部、院部党支部。共有党员 239 名，其中离退休党员 73 名。

1997 年，院党委成立后，全院基层党组织于 4 月—5 月进行改选，建立第一届党总支、直属党支部。凡党员三人以上的单位建立党支部，不足三人的建立联合党支部。是年有党总支 2 个、党支部 18 个，其中 10 个直属党支部。党总支 2 个：基教所党总支、基教研中心党总支。直属党支部 10 个：高教所党支部、职教所党支部、成教所党支部、发展中心党支部、教材编审部党支部、教育信息中心党支部、院办财基处产管办联合党支部、行政处党支部、人事处科管处联合党支部、党委办公室党支部。共有党员 255 名，其中退休党员 84 名。

2003 年，全院各直属支部进行第二届换届改举，23 个党支部换届改选。其中党总支 2 个：基教研中心党总支、资产经营有限责任总公司党总支。直属支部有 17 个：院办财基处联合党支部、党委工作部人力资源开发与管理处联合党支部、科管处规划办对外合作交流处联合党支部、发展中心党支部、基教所党支部、课程中心党支部、职成教所党支部、信息中心党支部、早教所党支部、职成教材办党支部、民教所杂志社联合党支部、培训中心党支部、物业管理中心党支部、教育史志办党支部、教育学会可持续发展研究中心联合党支部、家教中心党支部、高教所党支部。共有党员 290 名，其中离退休党员 111 名。

2007 年，部分直属党支部进行第三届换届。党总支 3 个：基教研中心党总支（含 3 个业务支部）、院部机关党总支部（含 3 个院部机关支部）、离退休党总支（含 6 个离退休党支部）。直属支部 13 个：发展中心党支部、基教所党支部、课程中心党支部、职成教所职成教材办联合党支部、信息中心党支部、早教所党支部、民教所期刊部联合党支部、奥运办党支部、后勤服务中心党支部、教育学会可持续发展研究中心联合党支部、高教所党支部、德育研究中心党支部、企业联合党支部。共有党员 345 名，其中离退休党员 165 名。

2015 年 12 月，全院有党总支 3 个、直属支部 15 个。党总支：院部机关党总支、基教研中心党总支、离退休老干部党总支。直属党支部：发展中心、基教所、职成教所、职成教研中心、课程中心、高教所、早教所、信息中心、民教所、德育可持续、企业联合、期刊部、教师中心、少科办、督评中心。共有党员 469 名，其中离退休党员 197 名。

1996 年—2015 年党组织基本情况统计

年份	党员总数	其中		入党积极分子	党组织		
		在职	离退休		党总支	党支部	其中直属党支部
1996 年	239	166	73		2		7
1997 年	255	171	84	26	2	18	10
1998 年	270	180	90	30	2	19	12
1999 年	277	189	88	29	2	19	12
2000 年	285	191	94	23	2		13
2001 年	290	186	104	21	2	24	15
2002 年	291	165	126	16	2	20	17
2003 年	290	179	111	44	2	23	17
2004 年	309	176	133	42	2	23	17
2005 年	320	172	148	42	2	25	20
2006 年	328	169	159	41	2	24	18
2007 年	345	180	165	37	3	25	13
2008 年	360	189	171	33	3	26	13
2009 年	377	201	176	40	3	25	14
2010 年	391	211	180	29	3	27	13

2011年	407	222	185	16	3	27	13
2012年	419	233	186	11	3	27	13
2013年	429	241	188	14	3	31	15
2014年	451	262	189	13	3	32	15
2015年	469	272	197	15	3	32	15

二、制度建设

1996年，制定党员领导干部民主生活会制度，主要包括民主生活会内容、组织、时间和要求。1998年，制定并实施《党支部工作条例》、制定《党支部组织生活制度》，颁发《党支部（总支）工作考核评估办法》，启用《党支部工作手册》，此后各支部每年使用《党支部工作手册》记录本支部工作。2001年9月，颁布《北京教育科学研究院共产党员行为规范（试行）》。2003年完善《党支部工作条例》，增补不同类型党支部结合自身特点履行其工作职责内容。2004年10月，形成《北京教育科学研究院党组织工作规范》。2005年10月，在保持共产党员先进性教育活动中形成《北京教科院共产党员先进性要求》。2007年4月，制定《中共北京教育科学研究院总支部、支部委员会换届工作办法（试行）》。各基层党支部按照上述办法进行换届选举。2011年4月，印发新版《党支部工作手册》。2012年9月，修订《基层党组织的基本生活制度》，并对党课学习制度、党员组织生活和党支部委员生活会制度进行完善。11月编辑《党支部工作指导手册》，内容主要包括党支部地位和作用、党支部设置、党支部的基本任务和职责、党支部组织生活、以流程图形式表述的党支部工作程序、常用文书写作方法和参考范本等。

三、队伍建设

（一）党支部书记、支部委员培训

党总支书记、直属党支部书记参加全院中层干部培训、党委中心理论组学习及党委举办的专门培训班。1996年暑期，组织全院党总支、党支部书记和部分干部参观考察全国文明单位张家港，学习精神文明、物质文明“两手抓、两手硬”经验。2003年9月，参观革命圣地西柏坡。2004年4月，讨论党建《基本标准》。2005年4月，邀请北京科技大学先进党组织介绍经验，形成党建《基本标准》初步修改意见。2007年12月，党支部书记专题研讨党建《基本标准》评估细则。2009年，重点学习党支部工作规范和入党积极分子培养方法。2010年—2011年，开展学习型组织系列活动并举办党支部委员培训班。2014年，开展“围绕中心服务大局做好基层党支部书记工作”主题培训。2015年，专题学习《北京教育科学研究院发展党员工作程序》。

（二）党员教育

党员在参加全院职工集体学习的同时还参加民主生活会、党员民主评议、党内学习等教育活动。2008年，通过组工专网建立党员信息库。全院党员分别于2000年、2005年、2012年进行党员民主评议。

1996年，按照市委教育工委统一部署，开展学习邓小平建设有中国特色社会主义理论和学习《党章》的“双学”活动。1997年，学习市第八次党代会精神。1998年，进行理想信念教育、反腐教育。1999年，传达教育部党组织和北京市委关于处理法轮功问题的系列文件精神。2000年，开展民主评议党员工作。2001年，纪念建党80周年系列活动。2002年，组织党员结合院“创建一流工程”，学习江泽民总书记“三个代表”重要思想。2003年，开展“兴起学习实践‘三个代表’重要思想新高潮”的教育活动。2004年，组织党员学习教科院《共产党员行为规范》。2005年，开展“保持共产党员先进性”主题教育实践活动。2006年，开展“教科院人核心价值观”讨论和交流活动。2007年，组织参观“复兴之路”大型展览。2008年，组织抗震救灾特殊党费的捐献工作。2009年，开展深入学习实践科学发展观的主题教育活动。2010年，以建设学习型党组织为主线，开展“创先争优”活动。2011年，开展庆祝建党90周年系列活动。2012年，开展党员民主评议。2013年，开展党的群众路线教育实践活动。2014年，开展教科院组织文化建设研讨。2015年，开展“三严三实“主题教育。

（三）入党积极分子培养

建院之初，有入党积极分子20余人，以后每年入党积极分子队伍约有30—40名。1998年、2003年、2010年进行三次入党积极分子队伍调整，至2015年入党积极分子有18名。党委本着“坚持标准、保证质量、改善结构、慎重发展”方针，充分发挥基层党支部作用，各党支部将表现突出的同志列为重点发展对象，参加党委组织的集中培训，严格要求、强化管理，明确入党积极分子培养程序，规范学习教育培训内容，开展教育培训。党委定期举办入党积极分子集中培训班，党委职能部门具体负责组织实施。1997年至2008年，每隔2—3年举办一次，每次1—2天。2009年起，将集中培训内容采取专题系列培训方式进行，持续教育活动1—2个月。截至2015年底共举办9批集中培训班，发展中共党员59名。

四、党建研究、表彰先进、党建评估

党建研究。1997年10月，党委副书记李凤琴牵头承担市级“九五”规划重点立项

课题“新形势下我国教育科研院所党的建设促进科研工作发展的研究”。2001年6月出版研究成果《教育科研院所党建工作研究》。2002年4月，党委副书记李凤琴牵头承担北京市“十五”教育科学规划课题“我国教育科研院所队伍建设研究”。2007年5月，出版研究成果《教育人才专业化发展策略》。2012年7月，党建工作部在《北京支部生活》2012年第7期发表《教科研院所党建工作存在的问题和对策》文章。2013年7月，党建工作部撰写的《风清气正，营造组织文化氛围；心齐劲足，塑造教科研人形象》一文入选《求是先锋——领导干部提高文化发展力的理论与实践》丛书。

表彰先进。自1998年起，每两年一次，在“七一”前夕组织“争先创优”评选表彰活动。1998年，召开“争先创优”表彰大会，评选出先进基层党组织1个党总支，表彰优秀党员14名。2000年，3个党支部评为先进基层党组织，表彰优秀党员19名。2003年，开展抗击“非典”评优表彰活动，评选出3个先进基层党组织、8名先进党员和2名党外先进个人。基教研中心党总支评为高校系统先进基层党组织，梁威、刘铁君评为北京市抗击“非典”先进个人，梁威评为北京高校优秀党员。2005年，共评选出17名优秀共产党员和4个先进基层党组织，梁雅珠评为北京高校优秀党员。2008年，评选出6个先进基层党组织、43名优秀共产党员，桑锦龙评为北京高校优秀党员。2010年6月，召开“创先争优”动员暨庆“七一”表彰大会，对6个先进基层党组织、43名优秀党员、6名优秀党支部书记进行表彰，王云峰被评为北京高校育人标兵。2011年，召开纪念建党90周年党建创新表彰大会，7个党支部获优秀主题活动奖、4个支部获创新项目优秀奖。贾美华评为北京高校优秀党员。2012年，对6个先进基层党组织、29名优秀党员进行表彰，赵福江评为北京高校优秀党员。2014年，表彰8个先进基层党组织、37名优秀党员和6名优秀党支部书记，刘卫珍评为北京高校优秀党员。

党建评估。2004年，根据《北京普通高校党的建设和思想政治工作基本标准》要求，制定教科院基层党组织工作评估标准。2007年初至2008年4月，完成“迎检”达标任务。2012年3月，贯彻落实党建《基本标准》情况，总结经验，查找不足，提出整改措施并认真组织实施。10月30日完成党建评估任务。

第五节　党风廉政建设

1996年，制定《北京教育科学研究院关于不准接受可能影响公正执行公务的宴请和不准参加公款支付的营业性娱乐活动的具体规定》《北京教育科学研究院关于重大决策、重要干部任免、重要项目安排、大额度资金界定范围的规定》等。对处级以上干部进行廉洁自律教育。1997年，建立处级以上干部廉洁自律档案，制定《北京教科院贯彻厉行节约、反对奢侈浪费的若干规定》《北京教科院党员干部廉洁自律规定》，落实中纪委八次全会精神。1998年，严格控制各种会议和庆典活动、严禁利用公款大吃大喝、清理通讯工作三项具体工作。以《廉政准则（试行）》、《党纪处分条例（试行）》为教材，对广大党员干部进行党风党纪教育。1999年，制定《北京教育科学研究院贯彻党风廉政责任制实施细则》。2000年，制定和完善5项党风廉政建设责任制相关配套制度和规定，开展反腐败系列教育，进行电脑配备清理工作，推进院务公开。2001年，制定《北京教科院党风廉政建设责任制考核及责任追究办法（试行）》《北京教科院党风廉政建设责任制责任分解》和《落实党风廉政建设责任制对党政一把手、领导班子、牵头单位和协办单位的要求》，开展党风廉政宣传月活动。2002年，按照中纪委第七次会议和市纪委会议要求进行全心全意为人民服务宗旨教育和反腐败教育。2003年，围绕业务、企业发展和“内改”等各项工作实际，健全党风廉政建设责任制和经济责任追究制度，推进院务公开。从2002年起，学习贯彻中央《建立健全教育、制度、监督并重的惩治与预防腐败体系实施纲要》《建立健全惩治和预防腐败体系2008—2012年工作计划》和《北京市建立健全惩治和预防腐败体系2008—2012年实施办法》等党风廉政建设重要文件，进一步建立与完善院党风廉政建设惩治和预防腐败体系，加强院党风廉政建设和反腐倡廉建设，落实党风廉政建设责任制。维护党的章程和其它党内法规，对党员进行党风廉政教育和遵纪守法教育。抓好反腐倡廉建设，制定反腐倡廉建设规划及规章制度，抓好党风廉政建设责任制落实，对反腐倡廉建设状况进行调查研究，提出加强反腐倡廉建设的建议。建立中层党员领导干部廉政档案，组织开展领导干部廉洁自律工作。2013年4月，贯彻中央“八项规定”意见，结合“党的群众路线教育”活动，出台《北京教育科学研究院领导班子关于改进工作作风实施办法》。2015年，结合“三严三实”教育，贯彻中央“全面从严治党”要求，加强廉政教育和制度建设。

至2015年，每年根据上级要求、结合本院工作实际确定主题，开展“党风廉政教育宣传月”活动。通过讲党课、组织专题报告会、参观廉政警示教育基地等多种形式，组织院级领导、党委委员、纪委委员、处级干部、各单位和部门党组织负责人、企业法人、财务人员参加集体教育。下发《从政提醒——党员干部不能做的150件事》《十八大以来党风廉政建设和反腐败法规制度汇编》和《党政领导干部新规图解》等学习材料。通过学习教育，党员和领导干部的廉洁自律意识进一步强化。

第六节　统战工作

统战工作坚持以邓小平理论、“三个代表”重要思想、科学发展观和党的“十五大”、“十六大”、“十七大”、“十八大”精神为指导，按照“长期共存、互相监督、肝胆相照、荣辱与共”的方针，充分发挥协调关系、化解矛盾、凝聚人心的特点，紧密围绕中心工作，调动一切积极因素建设和谐教科院，为实施人才强院战略服务，为教科院改革、发展和稳定服务。积极主动与民主党派人士广交朋友，密切联系、听取意见、尊重民主党派的权利和义务，协助民主党派搞好自身建设。党委主动了解民主党派人士工作、生活、思想情况，听取意见和建议，每逢重大节假日到党外代表人士家中走访慰问。

一、党外人士队伍建设

1996年建院初期，全院民主党派人士共21人：民革成员3人、民进成员13人、民盟成员5人。在职人员16人、离退休5人。

1996年—2015年，先后任命8名党外人士任实职处级干部。

截至2015年底，全院民主党派总人数40人：在职22人、退休人员18人。包括民革成员5人、民进成员23人、民盟成员11人、农工党员1人。有民进支部1个，归属于西城区民进组织领导。

二、开展交友联谊活动

建院后，按照中央和市委有关要求，及时向民主党派负责人、无党派人士传达中共中央和北京市委有关文件及会议精神，及时通报党和国家大政方针及社会生活中重大事项，在政治上与中共中央保持一致。主要采取座谈会、走访慰问、个别交流、参观考察等形式进行交友联谊。1997年党委决定建立每年中秋节召开一次民主党派、无党派人士、港澳台胞座谈会制度。1997年至2015年，每年中秋节、教师节之际组织慰问和联谊活动，院党政领导通报教科院各方面工作，听取大家意见。

三、参政议政

1997 年—2005 年，在涉及群众切身利益的重要改革和发展问题、制定“十五”发展规划、“三讲”教育活动、内部管理体制改革、保持共产党员先进性教育活动等工作中，征求民主党派人士意见。2002 年，邀请民进成员作为党外人士代表参与“内改”工作干部聘任考评小组评委。2005 年，结合先进性教育活动整改工作，组织民主党派、无党派人士代表组成监督小组开展工作。

2006 年—2015 年，落实“四会两评一调研”制度。每年全院大型重要会议、寒暑期中层干部学习培训会、院领导班子民主生活会征求意见、“三最”问题调查活动、院级领导干部考核考察工作，邀请民主党派代表、无党派人士代表参加。在党委换届、党建评估、院领导班子整改方案、群众路线教育实践活动、“十一五”与“十二五”发展规划、机构调整、干部职工聘任工作、干部考核测评会议和职代会等重要会议、新址建设、学术研究、青年人成长、制度建设等方面向民主党派人士征求意见。

四、制度建设

2005 年，全市统战工作会议和高校统战工作会议都一再强调要认真学习领会中央 5 号文件精神，党委加强民主党派、无党派人士联系制度建设。2006 年，落实《中共北京市委统战部关于进一步加强党外代表队伍建设的意见》，建立健全联系制度，明确联系人、明确联系计划和内容。2007 年—2008 年，相继制定《中共北京教育科学研究院委员会新世纪新阶段进一步加强统一战线工作的实施意见》《北京教育科学研究院党外代表人士推荐办法》《北京教育科学研究院关于让信仰伊斯兰教的少数民族职工过好开斋（尔代）节的意见》《北京教育科学研究院院领导与党外人士交朋友制度》《北京教育科学研究院向党外人士通报情况和征求意见的规定》《北京教育科学研究院党外人士意见、建议的回复办法》。

第七节　老干部工作

1996 年，成立北京教育科学研究院关心下一代工作委员会（以下简称“关工委”）。1997 年 5 月，院成立老干部工作领导小组，院老干部工作实行院、所（中心）两级管理。1999 年 2 月，成立北京教育科学研究院老教育工作者协会（以下简称“老教协”）。1997 年 5 月，有离退休老干部 102 人。2015 年底，有离退休老干部 295 人。

建院以来，相继制定《北京教育科学研究院离退休人员管理工作若干规定》《北京教育科学研究院党委老干部工作领导负责制度》《北京教育科学研究院老干部工作领导责任及目标考核责任制度》，老干部处、离退休党总支、老教协、关工委实行四位一体工作机制。

一、落实待遇

依据上级有关规定落实老干部各项政治待遇和生活待遇，组织老同志政治学习、理论研讨、时事讲座、参观工农业改革成果。坚持每年新春团拜会制度，院领导向老同志拜年祝贺新春，通报一年党政工作。为老干部订阅《北京老干部》《老教育工作者之友》《新天地》《健康时报》等报刊资料。落实困难和慰问补助标准，为患重病者发放困难补助。每年组织一次体检和健康休养。教师节、中秋节、春节等重大节日坚持走访慰问制度。对生病、生活困难、高龄的老干部进行走访慰问，给老同志集体过生日。

二、开展活动

认真落实中央、北京市委老干部工作精神，引导老同志“政治坚定、思想常新、理想永存”。工作中发挥各离退休支部自我教育、自主管理功能，推进各项学习活动，开展有益于老同志身心健康的活动。

学习活动。开展以学习贯彻党的“十五大”、“十六大”、“十七大”、“十八大”精神，“喜迎建国 60 周年”，“学党章、忆党史”，“学习北京精神”，“中国梦”等为主题的知识答卷活动。组织老同志参加院党委“在党旗下”、“纪念建党 90 周年”、“中国梦我的梦”等主题征文活动。内部出版老同志回忆录《峥嵘岁月》。

主题党日活动。离退休党总支每年组织有特色的党日活动，相继赴延安、房山霞云岭、井冈山、瑞金、沂蒙山、海尔集团、河北白洋淀及霸州革命老区、东北抗日联军教育基地等地开展活动。

社团活动。老教协每年组织丰富多彩的社团活动，组织合唱队、舞蹈队、书画摄影组和乐龄金帆艺术团男生小合唱队，参加市老教协文化艺术节活动、北京市教育系统书画摄影展、北京市老干部局举办的“祖国在我心中”歌咏比赛等活动。组织“迎奥运促和谐牵手万米走”、九九重阳节登山及健步行活动，组织参加“创意生活共筑梦想”手工作品展。

春游秋游。每年定期组织春游、秋游，先后组织参观建国50周年成就展、中央电视塔、顺义农业高科技园、国际雕塑园和明城墙遗址、天津杨柳青明清大院和杨柳青年画展、首农集团智能化三元牛奶生产线和牛奶博物馆、中国电影博物馆、中国印刷博物馆、抗日战争纪念馆，游览奥运场馆、奥林匹克森林公园、昌平香堂新村和门头沟赵家台民俗文化村、北京园博园和中国园林博物馆等。

三、发挥余热

2010年至2015年，先后组织王宝祥、闵乐夫、杨忠健、冉乃彦4名老同志分别赴顺义百汇演艺学校、顺义区木林小学、房山区、昌平职校、平谷区、通州新城职业学校举办讲座。2014年7月，国家教育体制改革领导小组发文，季明明被聘为国家教育咨询委员会第二届委员，国务院副总理刘延东颁发聘书。

执笔人：郤汉强、陈厚林、曹斌

审核人：郤汉强

责任编辑：郤汉强

第三章 职工代表大会

1997 年 5 月 30 日，召开北京教育科学研究院首届职工代表大会暨工会会员代表大会，建立职工代表大会制度。截至 2015 年底共召开三届，其中首届职代会共召开 6 次代表大会；第二届职代会共召开 8 次代表大会，职代会闭会期间共召开 12 次执委会会议；第三届职代会共召开 9 次代表大会，职代会闭会期间共召开 8 次执委会会议。每年召开职工代表大会，会上职工代表们听取院长工作报告和院财务工作报告，研讨重大问题以及涉及职工切身利益的问题，并提出意见和建议。

一、执委会

首届执委会讨论通过院分房领导小组、分房委员会名单、《北京教育科学研究院分房机构的职责和纪律》《北京教育科学研究院 1998 年分房工作若干办法》。

第二届执委会讨论通过《北京教育科学研究院院务公开的意见》《北京教育科学研究院重要院务公开目录》《北京教育科学研究院绩效工资增长方案》《北京教育科学研究院岗位设置管理实施办法》《北京教育科学研究院岗位津贴调整方案》，评议《学习实践科学发展观院领导班子分析检查报告》，讨论通过第三届职工代表名单，第二届工会工作报告及第三届工委、执委建议名单，审议换届大会相关文件和代表名单。决定在新一届执委建议候选人名单中增加 1 名工人代表、1 名企业职工代表和 1 名后勤职工代表。

第三届执委会通过《北京教育科学研究院岗位设置与聘任实施办法（征求意见稿）》《北京教育科学研究院岗位设置与聘任争议调解办法（征求意见稿）》《北京教育科学研究院破格聘任办法（征求意见稿）》《北京教育科学研究院岗位设置与聘任实施办法》《北京教育科学研究院岗位聘任争议调解办法》《北京教育科学研究院关于核增在职人员绩效工资实施办法》《北京教育科学研究院 2011 核增年绩效工资发放办法》《北京教育科学研究院党政联席会议关于调整部分津贴的建议》《北京教育科学研究院职工考核办法》。

二、职工建议

1999 年首届二次职代会前夕，院工会组织开展“我为教科院改革与发展献计献策”活动，共收到献计献策 34 份。2000 年“三讲”教育中，职代会代表填写院征求意见表，参加征求意见座谈会。2001 年 12 月，院领导召集部分工会干部、职工代表座谈会，征求关于加强院党风建设、深化改革、争创一流教科院的意见和建议。2002 年 5 月至 7 月，结合院“十五”期间工作思路，就院内部管理体制改革提出 24 条合理化建议，反映职工的呼声、维护职工的合法权益。2009 年 6 月，部分职工代表对《北京教育科学研究院学习实践科学发展观领导班子分析检查报告》提出意见及建议。2012 年 2 月，12 名职工代表参与讨论院“十二五”规划，提出修改建议。2013 年 10 月，来自所、中心、各部门的 15 名职工代表参加院党的群众路线教育实践活动征求意见会，职工代表就教科院存在的问题提出意见和建议，并对教科院未来的发展献计献策。2013 年 11 月 14 日，结合党的群众路线教育实践活动， 16 名职工代表参与巡视新址建设。2014 年 12 月，职工代表参加对院领导班子民主生活会征求意见座谈会。

三、提案工作

院工会根据相关规定在召开职代会前开展提案征集工作。在年度职代会上对提案办理结果进行通报，做到件件有回声。2007 年，院工会出台《北京教育科学研究院职代会提案工作委员会工作条例》和《北京教育科学研究院优秀提案奖、提案工作优秀组织奖评选条例》。

2005 年—2009 年，教科院第二届职代会共收到 10 名职工代表建议和提案 19 份，主要涉及改善办公环境、提高伙食标准、加强对司机和机动车管理、组织职工培训考察、职工职称评定等方面。

2009 年，三届一次职代会共收到 17 名职工代表提案 24 件：人事工作 7 件、科研工作 3 件、后勤管理 7 件、工会工作 2 件、管理工作 5 件。

2011 年，三届四次职代会共收到 4 名职工代表提案 4 件：行政管理 1 件、后勤管理 3 件。

2012 年，三届五次职代会共收到 6 名职工代表提案 6 件：人事管理 1 件、行政管理 2 件、后勤管理 1 件、福利待遇 2 件。

2014 年，院 OA 系统启用，开始提案电子化、常态化。共收到 2 名职工代表电子提案 3 件，全部为后勤管理方面提案。

执笔人：郭冠伟

审核人：熊红

责任编辑：郤汉强

第四章　顾问委员会和学术委员会

北京教育科学研究院学术委员会和顾问委员会是教科院学术发展和科教研工作的指导、审议、咨询机构。

一、顾问委员会

教科院顾问委员会于 1996 年 9 月成立，9 月 13 日院常务会研究聘任教科院顾问事宜，聘请李志坚、胡昭广、陶西平、陈大白、关世雄、樊恭烋、廖叔俊、王浒、姚幼钧、庞文弟、侯维城、史文炳、陈忠、尤文、郝克明、顾明远、阎立钦、李卓宝、闵维方、林培黎、袁贵仁、郝守本为北京教育科学研究院顾问，确定议事内容，建立会议制度。至 2001 年，顾问委员会每年召开一次会议，研究教科院重大改革和发展问题，提出建议。

二、学术委员会

第一届、第二届学术委员会由院长聘任院内外教育科学各领域有影响的学术专家组成。第三届学术委员会是由院内各基层部门民主推荐方式产生的学术委员会委员，学术委员会成员由院内在职研究人员组成。至 2015 年共成立三届学术委员会。

（一）第一届学术委员会

1997 年 12 月 8 日，北京教育科学研究院学术委员会正式成立，委员会由院长聘任院内外教育科学各领域有影响的学术专家组成，制定《学术委员会条例（试行）》。

第一届学术委员会成员名单

名誉主任：左铁镛

主任：马叔平

副主任：文喆、王浒

委员：王炳照、王善迈、尤文、仉琨、方明、史根东、陈锡章、陈金赞、吉多智、李铁铮、贺乐凡、郭德俊、耿申、董宝华、朱全俊

（二）第二届学术委员会

2007 年 9 月 25 日，召开北京教育科学研究院学术委员会成立大会和学术报告会，通过《北京教育科学研究院学术委员会章程（草案）》。

第二届学术委员会成员名单

学术委员会顾问：顾明远、陶西平、张力、谈松华、朱小蔓

学术委员会委员：

教育理论与教育政策学科组：

王善迈、史静寰、时龙、张斌贤、耿学超、桑锦龙、曾天山、韩民、景体华

基础教育学科组：

王云峰、陈如平、张铁道、张景斌、张熙、钟作慈、康健、梁雅珠、程凤春

高等教育学科组：

王孙禺、王晓燕、杨东平、陈学飞、吴岩、秦惠民、雷庆

职业及成人教育学科组：

马仲良、马叔平、吉利、余祖光、吴晓川、柳燕君、姜大源、蒋小雄

教育管理与教育评价学科组：

王健、申继亮、李方、邢永富、吴正宪、鱼霞、耿申、高峡、赵学勤

德育、体育与美育学科组：

任海、刘惊铎、杨立梅、杨永善、杨铁黎、胡晓松、谢春风、蓝维、檀传宝

教育信息及信息技术学科组：

丁兴富、安宝生、张虹波、高利明、商发明

民办教育学科组：

王文源、王家骏、朱全俊、张有声、洪成文

（三）第三届学术委员会

2013年6月，成立第三届学术委员会，通过《北京教育科学研究院学术委员会章程》。

第三届学术委员会成员名单

主任：桑锦龙

副主任：吴晓川

副主任兼秘书长：耿申

副秘书长：周春红

委员：王文源、吉利、吴正宪、张炼、张熙、鱼霞、赵学勤、贾美华、商发明、谢春风

执笔人：姜继军

审核人：周春红

责任编辑：郑锋

第五章 机构设置

1996 年 2 月 15 日在前门西大街 109 号院北京教育科学研究院正式挂牌。

1996 年 10 月，市编办批复教科院内设机构。管理部门：党委办公室（挂纪检监察、工会牌子）、组织部（挂老干部牌子）、院长办公室、人事处、财务基建处、合作交流处（挂培训中心牌子）、科教研管理处（与市科研规划领导小组办公室合署办公）、行政处、产业管理办公室。业务部门：教育发展研究中心、基础教育教学研究中心、基础教育科学研究所、高等教育科学研究所（挂高等学校领导干部培训中心牌子）、职业教育科学研究所（挂职业教育教学研究中心牌子）、成人教育科学研究所（挂成人教学研究中心牌子）、教育信息中心、《北京教育丛书》编委会办公室、教材编审部。挂靠单位：教育史志编修委员会办公室、教育学会、高等教育学会、成人教育学会、职业教育学会。

1997 年 3 月，教育史志编修委员会办公室更名为北京教育志编纂委员会办公室。1998 年 6 月，成立职业教育与成人教育教材建设领导小组办公室。2000 年 9 月，成立职业教育与成人教育研究所。2001 年 11 月成立《教育科学研究》杂志社。

2002 年，进行教科院内部管理体制改革，进行机构调整和设置。管理部门：院办公室、党委工作部（组织部、纪检监察、工会、老干部处）、科教研管理处、对外合作交流处、人力资源开发与管理处、财务基建处、北京市教育科学规划领导小组办公室。业务部门：教育发展研究中心、基础教育教学研究中心、基础教育科学研究所、基础教育课程教材发展研究中心（北京市基础教育课程教材建设领导小组办公室）、职业教育与成人教育研究所（职业教育与成人教育教学研究中心）、高等教育科学研究所、民办教育研究所、教育信息中心、《北京教育丛书》编委会办公室、北京市职教成教教材建设领导小组办公室、《教育科学研究》杂志社、培训中心、早期教育研究所、可持续发展教育研究中心、学习障碍研究中心、潜能教育研究中心、家庭教育研究与指导中心、中小学心理健康咨询研究中心。挂靠单位：北京市教育志编纂委员会办公室、北京市教育学会、北京市高等教育学会、北京市成人教育学会、北京市职业教育学会。院属企业进行改制后，组建资产经营有限责任公司。

2003 年 3 月，北京教育科学研究院资产经营有限责任公司更名为教科院国有资产管理委员会（简称以下“管委会”）。管委会下设办公室，设在北京希望教育开发中心。

2004 年 3 月，培训中心纳入企业性质管理。4 月成立学习型社会研究中心，挂靠在职成教所。后勤管理服务中心由企业定为管理职能部门。9 月成立德育研究中心、北京奥运教育办公室。10 月北京市教育科学规划领导小组办公室（规划办）与科教研管理处合并（两块牌子一套人马），家教中心并入德育研究中心。成立全国产学研合作教育研究与推广中心暨北京教科院产学研合作教育发展研究中心（两块牌子一套班子），挂靠在高教所。12 月《北京教育丛书》办公室划归到北京教育学院。 2005 年 3 月成立期刊部，职成教材办更名为职成教研中心（挂职成教材办牌子）。2005 年，北京市教育志编纂委员会办公室调整到北京市教育委员会。

2007 年，结合中层干部届满考核和聘任，进行机构设置。管理部门：院长办公室、党委办公室（组织部、纪检监察、工会）、科研管理处（规划办）、对外合作交流处、财务基建处、干部人事处（老干部处）、行政后勤处、后勤服务中心。业务部门：教育发展中心、基础教育教学研究中心、基础教育科学研究所、基础教育课程教材发展研究中心（北京市基础教育课程教材建设领导小组办公室）、职业教育与成人教育教学研究中心（职成教材办）、职业教育与成人教育研究所（北京教育科学研究院学习型城市研究中心）、高等教育科学研究所、教育信息中心、民办教育研究所、早期教育研究所、德育研究中心、可持续发展教育研究中心、期刊部、教师研究中心、奥运办。挂靠单位：北京市教育学会、北京市高等教育学会、北京市成人教育学会、北京市职业教育学会。

2008 年 9 月，成立北京青少年科技创新学院办公室与基础教育课程教材发展研究中心合署办公（2013 年 6 月独立办公）。2008 年 11 月，撤销奥运教育办公室。2009 年 12 月院长办公室更名为院办公室（党委办公室），设立党建工作部（组织部、纪检监察、工会）。2010 年 2 月成立北京市教育督导与教育质量评价研究中心。2013 年 3 月，撤销院行政后勤处、财务基建处，设院基建行政处、财务处。4 月成立新址建设办公室，隶属于基建行政处。6 月科教研管理处与北京市教育科学规划领导小组办公室独立办公。在基教研中心设立北京数字学校管理办公室。2014 年 6 月，党建工作部更名为党委宣传统战部，干部人事处更名为组织人事处（老干部处），成立院志编纂办公室，成立纪检监察审计处。2014 年 11 月，在基教研中心设立儿童数学教育研究所，在期刊部设立班主任研究中心，在教育信息中心设立国际教育信息中心。2015 年 1 月，在高教所设立全国高等教育质量监测评估研究基地。

至 2015 年 12 月机构设置，管理部门：院办公室（党委办公室）、宣传统战部、组织人事处（老干部处）、科研管理处、北京市教育科学规划领导小组办公室、财务处、对外合作交流处、基建行政处、纪检监察审计处、企管会办公室、院志编纂办公室。业务部门：教育发展中心、基础教育教学研究中心（内设儿童数学教育研究所、北京数字学校管理办公室）、基础教育科学研究所、基础教育课程教材发展研究中心（北京市基础教育课程教材建设领导小组办公室）、职业教育与成人教育教学研究中心（职成教材办）、职业教育与成人教育研究所（北京教育科学研究院学习型城市研究中心）、高等教育科学研究所、教育信息中心（国际教育信息中心）、民办教育研究所、早期教育研究所、德育研究中心、可持续发展教育研究中心、期刊部（班主任研究中心）、教师研究中心、北京青少年科技创新学院办公室、北京市教育督导与教育质量评价研究中心。挂靠单位：北京市教育学会、北京市高等教育学会、北京市成人教育学会、北京市职业教育学会。教科院国有资产管理委员会含院属企业：北京教科苑投资管理中心、北京市宣武振兴教育书店、北京市远达教育服务公司、北京市希望兴达教育书店、北京育新《班主任》杂志综合服务中心、北京金帆实业总公司、北京市金帆宾馆、北京教育科学研究院培训中心。

执笔人：郃汉强

审核人：郃汉强

责任编辑：郃汉强

第二篇　业务部门

第一章　教育发展研究中心

教育发展研究中心（以下简称“发展中心”）主要职责：为北京市教育改革与发展重大决策提供决策咨询与建议；进行北京宏观教育发展战略研究与规划研究；开展教育现代化理论与实践研究；会同有关部门开展构建首都终身教育体系与学习化社会建设研究；开展国内外教育发展战略与规划的比较研究。

第一节　沿革

1994 年 4 月，北京市教育发展研究中心成立，是北京市人民政府文教办公室直属研究机构，是中共北京市委、北京市人民政府 1993 年为首都教育办的十件实事之一。期间蓝天柱任主任，仉琨任副主任。1996 年 2 月前，曾在该中心工作的人员有：蓝天柱、仉琨、高书国、张世安、王桂英、张立立、宋彬、王文源、吕晓丽、张建京、张平、于志涛、丁秀涛、史东方、史陈新、潘上行、吕丽。

1996 年 2 月，北京市教育发展研究中心并入北京教育科学研究院，更名为北京教育科学研究院教育发展研究中心，在职人员 7 人。

截至 2015 年底，发展中心在职职工 11 人，其中研究员 1 人、副研究员 4 人，博士 7 人。中共党员 11 人。

发展中心干部任职一览表

姓名	职务	任职时间	备注
高书国	副主任	1996 年 12 月—1998 年 8 月	

王桂英	副主任	1996年12月—2002年9月	
	党支部副书记	1996年12月—2002年9月	
史根东	主任	1998年8月—2002年9月	
邢　晖	副主任	2000年9月—2002年9月	
张世安	党支部书记	2002年9月—2006年12月	
桑锦龙	副主任	2002年9月—2008年7月	主持工作
	主任	2008年8月—2013年1月	
	主任	2013年1月—	副院长兼
	党支部书记	2006年12月—2008年1月	
李祖超	副主任	2003年9月—2004年4月	正处级
郭秀晶	党支部书记	2008年1月—2013年7月	
李　政	副主任	2013年6月—2015年9月	主持工作
	党支部书记	2013年9月—	
高　兵	主任助理	2015年10月—	主持工作

发展中心成立以来，先后参与涉及首都教育改革与发展中具有全局性、综合性、战略性重大问题和社会公众关注的热点、难点问题研究，基本形成以教育发展战略研究、教育规划研究、教育体制改革与法律研究、教育发展环境与效益评估研究为特色的研究格局。至2015年，发展中心共完成委托调研报告、决策咨询报告及文件起草和领导讲话250余件。承担64项重要课题和项目研究任务：全国教育科学规划课题5项、北京市哲学社会科学规划课题3项、北京市教育科学规划课题15项、招标立项的两委委托研究课题28项、北京市优秀人才培养资助项目3项、横向课题5项、院级课题及青年拓展课题5项。发表论文195篇，出版著作23本，其中学术专著6部。获全国及北京市教育科研优秀成果奖5项。

第二节　首都教育发展战略研究

在首都经济社会发展的不同历史时期，发展中心围绕首都教育发展的战略主题和目标开展持续研究，并提供重大决策先期研究和实施阶段问题对策研究，同时参与两委重大教育活动的组织服务工作。

一、报告撰写与文件起草

1994年，根据市政府领导李志坚、胡昭广、陶西平指示，开展北京市教育发展战略、北京市教育事业“九五”计划、北京市2010年教育展望三项研究。出版研究成果《北京市教育跨世纪展望（1997）》《21世纪首都教育发展蓝图（2002）》和《北京教育发展战略研究（2003）》。

1996年，参与市政府文件《北京市十大教育工程实施意见》研制起草工作。

1998年，完成“北京教育产业发展研究报告”、“建立首都人才资源开发体系，为首都经济发展服务”、“首都经济与培养、吸引、使用人才研究报告”、“北京市专业人才状况及需求趋势研究报告”、“国际上发达地区有关面向21世纪教育发展思路和战略情况的研究”5项任务。完成市政协委托任务“实施科教兴国战略与发展首都教育”，完成市教委委托《“择校现象”引起的几点思考》研究报告，完成市委教育工委委托《北京市普教系统党组织和党员在推进实施素质教育中发挥作用调查》研究报告。

1999年，起草市教委领导在教育部纪念中华人民共和国建国五十周年大会上的讲话稿《全面贯彻党的教育方针开创首都教育发展的新纪元》。承担课题“首都教育发展战略规划决策支持系统（DSS）的应用研究”第一期工程研究任务。

2001年，参与起草《北京市人民政府贯彻国务院关于基础教育改革与发展的决定的意见》等文件。

2002年，完成市委教育工委委托的两项研究报告《世界主要教育资源中心研究》和《北京教育的国际比较研究——以人均6000美元时有关国家的教育发展状况为例》。

2003年，完成两委《首都教育发展战略》调研报告，承担教科院提交两委的《首都教育创新战略纲要（征求意见稿）》初稿草拟和后期修改工作，完成《首都现代化对教育的要求》研究报告，完成两委领导指令性研究任务关于“教育对经济增长的贡献”的说明和“北京与部分省市教育发展状况简要比较”等。

2005年，完成市委教育工委指令性研究任务《人均GDP5000美元国家和地区教育发展研究报告》和《关于未来几年北京教育发展宏观形势的初步分析》两份决策咨询报告。完成《抓住机遇，努力工作，为推进我国教育现代化建言献策——在中国教育发展战略研究会上的讲话（代拟稿）》。

2006年，参与院承担市委领导下达的“关于未来几年北京教育发展宏观形势的初步分析”研究任务。

2007年，承担市委、市政府领导决策咨询服务4项：3—5月，承担副市长赵凤桐和市委教育工委书记朱善璐的指令性研究任务“‘二代移民’高中阶段教育问题”以及“农民工子女高中阶段教育问题的研究”，提交研究成果《关于北京地区流动人口子女接受高中阶段教育问题的研究报告》。9月初，根据两委务虚会议上提出的要用2—

3 年时间认真进行首都中长期发展战略研究的要求，提交《首都教育中长期发展战略研究项目工作方案（2007—2008 年工作计划）》，报两委领导审阅。11 月下旬，收集整理 1949 年—2007 年北京市“学龄儿童入学率”、“小学阶段儿童升学率”、“高等教育毛入学率”等教育发展基本情况数据工作。12 月，对人均 GDP6000—10000 美元阶段若干国家教育发展状况开展研究，提交《人均 GDP6000—10000 美元阶段若干国家教育发展状况对首都教育发展的启示》研究报告。

2007 年，提交《关于首都教育发展基本态势的初步分析》研究报告。

2008 年，根据院领导要求完成《关于我市教育中长期发展态势的基本认识》《深入学习实践科学发展观，推进首都教育现代化的思考》研究报告。

2009 年，参与北京市有关《国家中长期教育改革和发展规划纲要（2010－2020）》意见征求工作。根据两委领导指示，代拟北京市教委向教育部提交的《有关〈国家中长期教育改革和发展规划纲要十一个战略专题调研报告（初稿）〉的意见》《关于〈国家中长期教育改革和发展规划纲要（讨论稿）〉的意见反馈》。

2010 年，完成两委领导参加全国人大教科文卫委员会召开的“十二五”期间教育经费投入专题调研会议的书面材料《“十二五”期间我国教育经费投入分析与展望》，完成院领导交办的《关于首都教育“引领”作用的初步思考》研究报告。

2011 年，参与由市委教育工委干部处、市教委人事处牵头的《首都教育人才中长期发展规划纲要》的调研和起草工作。作为市教委教育体制改革试验项目领导小组办公室成员，参与由市教委主要领导主持召开的“教育现代化试验城市”建设推进方案研讨会。

2012 年，参与北京市重大教育决策研究任务——北京市关于落实国务院办公厅转发教育部等部门《关于做好进城务工人员随迁子女接受义务教育后在当地参加升学考试工作的意见》实施方案调研和起草工作，承担研究报告、汇报材料、文件、宣传稿件等草拟和修改工作。

2013 年，参与《北京市基本公共教育服务行动计划（2013—2015 年）》《深化首都教育领域综合改革意见》等政策文本的编制及其它 20 余项指令性教育决策研究和服务工作。

2014 年，完成《深化首都教育领域综合改革实施意见》《加强市级政府教育统筹的意见》《推进教育管办评分离的意见》《深化首都教育督导体制改革的意见》《促进京津冀教育协同发展的意见》等文件与方案的研制、起草工作。参与起草市委教育工委、市教委、市政府教育督导室领导在全市中小学校长书记培训会等会议和论坛的讲话素材。

2015 年，承担起草研究报告、讲话稿、文件、意见反馈等工作近 40 项，主要包括：

向市发改委提交“十二五”教育终期评估，“十三五”时期北京市教育改革发展重要问题、建议、重大项目、区县指标设置等报告 7 项，代拟向市人大、市政府汇报的“十三五”时期教育改革和发展规划研制情况、有关指标设置文稿 2 项，向市教委提交“十二五”教育终期评估、“十二五”经济社会背景分析、“十三五”首都学位预测的政策研究报告、人口平均受教育年限基本定位、教育发展的若干问题分析和基本发展思路、指标数据监测等研究报告 6 项，向教育部提交北京市贯彻落实《国家中长期教育改革和发展规划纲要（2010—2020 年）》中期总结、经验、重点和难点问题、改革思路等报告 3 项。

二、北京市教育大会文件起草与服务

1996 年下半年开始，参与北京市 1997 年教育工作会议有关文件和领导讲话稿起草工作。

1999 年 6 月，全国教育工作会议召开之后，组织开展全国教育工作会议提出的重大理论问题和实践问题专题研究，并对北京市贯彻第三次全教会精神的总体思路提出五方面建议：整体上贯彻全教会精神（区别其它省市文件所提贯彻《决定》）；实施首都教育先导发展战略；创建新型人才培养模式，全面推进首都素质教育；实施八项工程，全面构建首都现代教育体系，加快首都教育现代化进程；进一步发挥北京作为全国教育中心作用，开创首都教育发展新纪元。1999 年 12 月召开的全市教育工作会议采纳上述 5 项建议，作为北京市新世纪首都教育发展总体思路的主要内容。为教育工作会议起草《中共北京市委、北京市人民政府关于贯彻全教会精神、全面推进素质教育的意见》和徐锡安所作报告《深化教育改革，全面推进素质教育，加快实现首都教育现代化进程》。

2001 年，承担北京市基础教育工作会议市政府领导和市委教育工委领导讲话稿撰写工作。

2003 年 10 月—2004 年底，参与北京市教育大会相关工作：参与组织筹备，承担会议文件的调研、起草等任务，承担大会文件征求意见稿组织和撰写，大会结束之后会议材料的整理、会议精神宣传等工作。

2004 年 1 月—3 月，承担北京市民对未来北京教育发展的建议调研，对北京市中小学（包括小学、普通初中、普通高中、职业中学）的 1600 名家长和 1067 名教师进行问卷调查，调查结果以《教育快报》等方式反馈给两委领导和教育大会筹备组。3 月，承担本院“百名领导、百名专家”访谈工作秘书组和联络组的工作，撰写编辑完成《“百名领导、专家”访谈报告主要观点汇总》《百名领导、专家访谈录》。2 月—4 月，承担《中共北京市委、北京市人民政府关于实施首都教育发展战略率先基本实现教育现代化的决定》第七条“扩大教育对外开放，提高首都教育的国际竞争力”的调研和起草工作。

完成《关于当前教育工作的汇报——向市委常委会汇报稿》《扩大教育对外开放工作意见的汇报》等文件的调研和起草工作。3月—4月，参与《首都教育2010发展纲要》的框架设计和起草工作；4月，参与《教育部北京市人民政府关于共同推进教育现代化实验城市建设的决定》起草工作。5月，完成《北京教育科学研究院关于对<北京市教育大会会议文件>的修改意见》起草工作，在教科院内开展"进一步繁荣发展教育科学，为首都教育现代化服务"建议的论证工作。该建议最后为大会筹备组接受，并在《决定》第七条增加关于"紧密结合教育改革与发展的实际，加强教育科学研究，为推进教育创新提供科学的理论指导和支持"的内容，《纲要》第四部分第3条也相应增加这项内容。7月，参与《首都教育2010发展纲要》会后意见总结和文件定稿工作。会议结束后，教科院以各所、中心参加研究首都教育战略、筹备教育大会取得的主要成果为内容，编辑出版《北京教育发展研究报告·2003年卷·开创首都教育现代化新局面（2004）》。先后前往东城区教委、通州区教师进修学校、首钢工学院等基层单位与干部和教师座谈学习教育大会主要精神，并参与东城区、首钢工学院落实教育大会精神主要文件的修改工作。

2010年7月，参与草拟市教委领导在全国教育工作会议上的交流稿《推动教育事业科学发展，提高教育现代化水平》。11月起参与筹备北京市教育工作会议，承担市委主要领导讲话稿的起草工作。12月，参加2011年北京市高校领导干部寒假工作会议文件的筹备工作，具体承担市委教育工委主要领导讲话稿起草任务。

三、委托研究任务

1996年，完成《北京市区县以教育科研为先导，高标准推进素质教育调查报告》，提交市教委。8月，参与起草市政府《北京市关于进一步加强中小学素质教育的意见（讨论稿）》。同时，参与组织对各区县教育局领导干部有关素质教育工作的培训工作。

1998年，研究制定北京市落实《面向21世纪教育振兴行动计划》方案。完成研究报告《北京市落实国家教育部"面向21世纪教育振兴行动计划"实施意见》，建议将"构建首都现代化教育体系，加快首都教育现代化进程"作为北京市贯彻国家"教育振兴计划"总体思路的核心部分。为深化教育现代化研究，完成《构建首都现代化教育体系专题调研报告》和《京沪基础教育比较研究专题报告》，提交市教委。同时，组织召开在京高等院校、科研院所负责人高层座谈会，就北京市推进教育现代化建设问题进行专题研讨，推动市教委吸收采纳并全面推进首都教育现代化的工作，进而以此为基础把"率先实现首都教育现代化"确定为全市教育改革与发展的主要任务和总体思路的核心内容。承担联合国教科文组织委托项目"环境、健康教育和可持续发展研究（EPD项目）"的组织、实施、指导工作。至2000年，该项目组织召开4次国家讲习班，全国6个省市、120多所学校参加实验研究。

1998年—1999年4月，承担《朝阳区教育发展战略》研究与制定工作，完成《北京市朝阳区教育发展战略（总报告）》《北京市朝阳区教育发展战略——社区教育改革与发展行动计划》《北京市朝阳区教育发展战略——职业教育改革与发展行动计划》《北京市朝阳区教育发展战略——校长、教师队伍建设行动计划》《北京市朝阳区教育发展战略——成人及高等教育发展行动计划》《北京市朝阳区教育发展战略研究背景材料——朝阳、海淀、西城教育改革与发展比较研究》等报告。

1999年，完成市教委委托“‘转制’学校若干问题研究”、“1998年初中入学办法改革的社会评价及分析”、“素质教育与教育机会均等问题研究”、“北京市经济社会发展战略及产业结构调整对教育事业提出的需求研究”等研究任务。

2000年，围绕参与起草《北京市教育事业发展“十五”计划和2015年远景规划》开展系列教育发展战略研究。参与撰写报告《北京市教育发展战略研究》，完成“北京市实施科教兴国战略研究课题”子课题“北京教育发展战略与构想”、“北京职业教育发展战略研究”。参与国家社科“九五”课题并完成《推进实施“科教兴国战略”，实现北京社会经济的可持续发展》研究报告。完成《加强和改进教育工作，进一步推动素质教育的研究》，提交市教委。

2002年，完成两委调研领导小组协调办公室下达的“党的十五大以来首都教育改革与发展的成就”课题研究。完成院领导主持的“北京教育发展战略研究”总课题组下达的“教育创新——实施首都教育先导发展战略，率先实现教育现代化思路研究”课题，形成《实施首都教育先导发展战略，率先实现教育现代化思路研究》《京沪苏浙经济与教育发展比较研究与政策建议》《世界主要发达国家教育发展战略的比较研究》《十三届四中全会以来首都教育改革与发展的成就》4份研究报告。5月，承办第二届首都“全球化背景下的首都教育现代化”教育论坛会，并首次纳入第五届中国北京国际科技产业博览会（中国北京高新技术产业国际周）“北京教育周”。

2005年—2006年，承担“首都率先基本实现教育现代化研究与评估体系建设”专项研究工作，形成《“十五”期间京沪苏浙粤教育事业发展比较研究》《“十五”期间京沪苏浙粤教育投入和效益比较研究》《“十一五”期间京津沪苏深教育事业发展规划比较研究》《“十一五”初期我市区县教育事业发展状况比较研究》《北京“十一五”时期区县教育事业发展规划比较研究》《北京市基础教育现有水平的国际比较研究》6项研究成果。

2008年11月—2009年5月，参与市教委《北京市中长期教育改革和发展规划纲要》调研方案设计，承担专题之一“首都教育总体发展战略专题”调研工作。完成《加强京津冀都市圈教育合作势在必行》研究报告，受到市教委主任刘利民关注，专门听取教科院领导和相关研究人员汇报。

2009 年—2010 年，承担完成财政专项“构建首都现代化公共教育服务体系研究”、“首都全面实现教育现代化指标体系研究”和“京津冀区域教育合作战略研究”。

2010 年，完成“首都教育与建设世界城市研究”，形成课题研究报告《建设与世界城市相适应的教育之都》。部分研究成果根据委托方要求，以北京市教育委员会课题组名义在《北京日报》2010 年 10 月 26 日第 4 版整版发表。

2011 年，完成财政专项《面向世界城市建设的首都教育对外开放战略研究》报告。

2012 年，完成两委招标委托课题“未来 10 年首都人口变化趋势对各级教育需求影响与对策研究”和“北京市高中中外合作办学状况调查研究”。

2013 年，承担市教委规划处《北京市基本公共教育服务行动计划（2013—2015 年）》编制工作和“就教育部教育现代化评估指标体系的征求意见稿提供指标体系修改意见和所有指标的权重值设置意见”研究任务。

2014 年，承担财政专项“首都教育现代化水平评估研究”。承担市教委委托的《促进京津冀教育协同发展的意见》起草研制工作。承担两委委托课题“围绕首都城市战略定位研究首都教育功能定位”。

2015 年，承担财政专项“京津冀教育协同发展与机制建设研究”。承担两委委托课题“北京教育现代化水平督导评价研究”。

第三节　教育发展规划研究

自 1995 年起，承担北京市历次教育发展“五年规划”的前期研究、中期评估、草案编制、实施监测等系列工作，形成稳定的研究团队，建立相应数据库，发表一系列研究成果。

一、“九五”计划研制及实施监测

1995 年—1997 年 6 月，参与研制《北京市教育事业“九五”计划和 2010 年长远规划》，北京市政府以京政办发〔1997〕34 号文件予以颁布实施。开展区县教育规划试点研究，形成《区县教育规划理论与方法研究》报告。

1996 年—1997 年，参与制定《北京市教育规划实施进展情况监测指标（试行）》，并开展“北京市教育规划监测指标执行情况研究”工作。

1998 年，组织年度规划实施监测工作，完成《北京市 1997 年教育规划情况监测报告》，提交市教委规划处并上报教育部。

1999年，完成《北京市1998年教育规划情况监测报告》提交市教委。形成《北京市经济社会发展战略及产业结构调整对教育事业提出的需求研究》报告。

二、“十五”计划研制

1999年—2000年，承担《北京市教育事业发展“十五”计划和2010年规划纲要》研制工作，2000年8月形成草案，提交市教委。是年，参与起草《北京市教育事业发展“十五”计划和2015年远景规划》。2002年，整理关于“十五”教育规划研究成果，编辑出版《北京市“十五”教育发展规划》。

三、“十一五”规划研制及实施监测

2004年，承担市发改委和市教委共同委托的北京市国民经济和社会发展第十一个五年规划前期研究课题“‘十一五’期间北京教育规划研究”。

2005年4月—12月，参与完成市教委《北京市“十一五”时期教育发展规划》文本编制工作。相关研究成果结集出版，包括一个总报告和十多个分报告。

2007年，承担“北京市‘十一五’时期教育发展规划执行状况研究与监测机制建设”专项研究。完成市级、区县和学校三个层面“十一五”时期教育发展规划监测研究工作，初步建立首都教育发展规划研究资源库。完成《北京市“十一五”时期教育发展规划监测研究报告（2006年）（征求意见稿）》。

2008年3月—8月，开展《北京市教育“十一五”发展规划中期监测报告》征求意见工作，先后两次召开市教委主要业务处室征求意见会。该研究报告经市教委修改后，于10月6日报送教育部。

四、中长期教育改革和发展规划纲要与“十二五”规划研制与实施监测

2009年3月—2010年10月，开展《北京市中长期教育改革和发展规划纲要（2010—2020年）》的先期调研和征求意见稿起草工作。并承担《规划纲要》支撑项目“首都全面实现教育现代化指标体系研究”和“京津冀区域教育合作战略研究”专项工作。2010年3月，代拟市教委向教育部提交的《关于〈国家中长期教育改革和发展规划纲要（讨论稿）〉的意见反馈（初稿）》。参加座谈会并根据市教委领导要求总结和起草相关汇报材料。2010年10月13—20日，《北京市中长期教育改革与发展规划纲要（征求意见稿）》公开发布，根据规划纲要编制工作小组要求，具体负责相关电子邮件意见分析工作，提交公众反馈意见分析并撰写相关分析报告。

2010年9月—2011年12月，全程参与由市委教育工委干部处、市教委人事处牵头的《首都教育人才中长期发展规划纲要》调研和起草工作。参与《北京市“十二五”

时期教育改革和发展规划》修改工作。承担《北京市“十二五”时期教育改革和发展规划》研制工作，主要负责“十一五”总结、“发展目标”、“提升首都教育的国际竞争力”和“加强教育科学研究”等板块内容。向规划纲要编制工作小组提供《北京市中长期教育改革和发展规划纲要（征求意见稿）相关指标的解释》《关于〈纲要〉中“每10万人口在校大学生数”指标调整的建议》《北京与上海市、江苏省、国家中长期教育改革与发展纲要之教育事业与人力资源发展主要指标的比较》等研究报告。《关于〈纲要〉中“每10万人口在校大学生数”指标调整的建议》被纲要正式文本采纳。

2010年，完成“面向2020年我国发达地区教育改革与发展政策述评”、“‘十二五’期间首都教育发展的经济社会科技背景研究”、“对接·自主·创新——北京市‘十二五’时期教育发展思路及政策研究”。

2011年，参与市教委牵头的领导干部培训教材《贯彻落实〈规划纲要〉，全面推进首都教育现代化》的编写。以该材料为基础形成的市委教育工委领导讲座视频，作为北京市“十二五”时期经济和社会发展问题热点讲座，由北京电子音像出版社出版。

2013年，参与完成《北京市教育规划纲要三周年监测评估》《北京市“十二五”时期教育改革和发展规划中期评估》《北京市基本公共教育服务行动计划（2013—2015年）》等研制工作。

五、“十三五”规划前期研究

2014年—2015年，承担并完成市发改委委托的“‘十三五’时期北京市教育事业发展的思路及措施研究”工作，参与市教委编制《北京市“十三五”教育改革和发展规划》前期研究工作。

2015年，完成《北京市中长期教育改革和发展规划纲要（2010—2020年）》实施情况中期评估工作。完成市发改委委托的“十三五”规划研究课题“‘十三五’北京市教育事业发展的思路与措施研究”。承担财政专项“北京市‘十三五’教育规划前期研究与编制”，完成其中3项专题研究。完成《北京市“十二五”教育规划实施终期评估研究》。提交市教委《“十三五”时期首都教育发展的若干问题分析和基本发展思路》。参与丰台区《丰台区“十三五”时期教育事业发展规划》研制工作。为朝阳区《朝阳区深化教育综合改革的实施意见》《朝阳区“十三五”时期教育发展战略研究报告》《朝阳区“十三五”时期民办教育发展规划前期研究报告》《朝阳区“十三五”时期全面实现教育现代化战略研究报告》提供专家评议。参与“密云县‘十三五’时期教育改革和发展规划编制研究”工作。受市教委规划处委托，对《北京市顺义区教育设施建设项目储备规划》及昌平区“十三五”期间各类民生事业发展研究提供评审意见。

第四节　教育体制改革研究

一、报告撰写和文件起草

1997年—1998年，完成市教委委托的“北京教育结构调整研究”，包括5个子课题：“北京市职业教育改革与发展对策研究”、“北京市中小学实施素质教育的改革实验研究”、“北京市师范教育布局结构调整研究”、“北京市卫生布局结构调整研究”、“构建首都现代教育体系，优化教育结构和教育资源配置背景研究”。

1998年6月，参与起草《社会经济变革和基础教育改革》领导讲话稿，完成《中小学内部管理体制改革调研报告》提交市教委。12月，完成市教委“国内经济发达地区教育发展战略及教育结构布局调整情况”、“北京市职业教育改革与发展调研报告”、“两个根本性转变与北京市教育事业发展”等5项研究任务。

1999年1月—2月，起草《关于面向21世纪北京市中小学教育改革和发展的若干意见》，提交市教委。

1999年3月，完成《“转制”学校若干问题研究》和《1998年初中入学办法改革的社会评价及分析》，提交市教委。8月，参与起草《改革育人模式，深化教学改革》。12月，完成《北京市经济社会发展战略及产业结构调整对教育事业提出的需求》研究报告，提交市教委。

2000年，完成《北大附中创办四年制高中实验方案研究报告》《北大附中创办四年制高中构建新型育人模式论证报告》《重点中学实施素质教育途径与方法研究》基础教育改革系列研究报告，均上报教育部。

2002年，参与两委调研工作领导小组协调办公室和综合调研组工作，参与综合组调研活动，承担撰写调研报告工作。

2003年，参与两委领导交办的“对校长高研班若干问题的答复”研究，完成《关于当前教育工作的汇报——向市委常委会汇报稿》《扩大教育对外开放工作意见的汇报》等文件调研和起草工作。

2004年，参与市教委政策法规处制定北京市依法治校示范校评估标准工作，并参与第一轮评估工作。

2005年，参与教育部基础教育司主持的《农村中小学管理意见》起草和意见征求工作。参加“北京市教育行政部门职能调整”研究工作。

2006年，参与首都教育对外开放工作会议相关文件的起草修改工作。协助两委领导起草高校校长座谈会上《关于北京市高等教育投资体制改革问题》报告。

2008 年，参与北京市独立学院调研和北京教育督导队伍建设问题的调研，完成调研报告《提高质量、推进创新是首都高等教育科学发展的重要内涵》。参与“市属高校投融资体制改革”课题的前期论证和研究工作。

2010 年，起草市政府教育督导室领导交办的京津沪渝和华东六省一市教育督导协会年会交流发言材料《推进北京教育督导专业化，全面提高教育督导水平——北京市教育督导专业化的理论与实践探索》和第二届北京教育督导评价国际论坛领导主旨演讲《如何对学校教育质量进行有效的督导评价——北京市学校教育质量督导评价的探索与面临的挑战》。

2011 年，参与北京市教育体制改革试验项目的相关工作，被吸纳为北京市教育体制改革领导小组成员单位，承担《首都教育决策咨询委员会章程》起草工作。

2012 年 10 月，参与市教委政策法规处筹办 2012 年京津沪渝教育政策研究与法制工作研讨会有关工作。

2013 年，承担市领导交办的“关于北京市基础教育改革和发展方面存在问题的初步认识”研究工作，承担市教委政策法规处《深化首都教育领域综合改革的实施意见》文件调研起草工作，承担院领导《北京市中高考改革研究报告》撰写工作。

2014 年，承担市教委政策法规处、规划处委托的《深化首都教育领域综合改革实施意见》《加强市级政府教育统筹的意见》《推进教育管办评分离的实施意见》和《深化首都教育督导体制改革的意见》等文件起草工作。

2015 年，承担市教委委托的对教育部《关于推进管办评分离提高教育治理水平的若干意见（征求意见稿）》修改任务，院领导交办的《“十三五”时期北京市实施 12 年免费基础教育的政策分析》。完成北京市贯彻落实《国家中长期教育改革和发展规划纲要（2010—2020 年）》中期总结报告，提交教育部。完成关于教育改革的系列领导讲话稿及文章前期研制工作，包括《以新常态下的教育民生观引领首都教育综合改革——在教育机关领导干部工作会上的讲话》《实现首都教育治理现代化，如何做到“管办评分离”》《推进管办评分离，提高首都教育治理能力》《谋划首都教育新跨越，助力京津冀协同发展》《深化教育督导改革，全面推进首都教育现代化》等。

二、完成财政专项任务和委托研究课题

1998 年—1999 年，承担市教委委托的“北京市中小学内部管理体制的改革与发展研究”。在北大附中、景山学校分部建立现代教育发展研究实验基地，合作开展“创建现代学校育人模式指导思想和实施途径”研究。开展“北京民办中小学（幼儿园）现状与对策研究”。

1999 年 1 月，完成市教委委托的《九十年代世界职业教育改革与发展综述》《北京市民办职业教育的现状调查及分析》研究报告。

2000 年，完成联合国教科文课题“北京农村‘科教兴村’的实践个案研究”。

2004 年，完成市教委委托的“北京市中小学教育人口现状、发展趋势及对教育布局结构影响的初步研究”。

2005 年，完成市教委招标委托课题“北京市教育行政管理机构设置若干问题研究”，参与起草市教委提交市计生委“‘十一五’期间北京市人口文化素质规划”课题研究的子课题“北京市人力资源开发的现状及对策”。

2006 年，参与两委领导牵头的市教委委托课题“北京市‘十一五’期间教育经费使用方向研究”。

2007 年，承担两委领导牵头的“北京市高等教育投资体制改革研究”和“‘十一五’期间北京教育投资的主要方向”研究，并提交相关研究成果。

2008 年 2 月—9 月，完成教育部“教育改革和发展战略与政策研究”重大课题的子课题“北京市促进教育公平的阶段性目标和政策措施研究”的综合问题研究任务以及总报告的起草工作。3 月—6 月，参加市委研究室牵头的“国外大城市公共服务”课题研究，完成“国外大城市公共教育服务研究”子课题。

2010 年，完成两委一室机关调研课题“督学任职资格制度研究”和“北京市教育督导战略研究”。

2011 年，完成市委教育工委、市教委有关教育改革方面的招标委托课题 3 项：“‘十二五’初期北京市教育与人力资源状况分析”、“2011—2015 年适龄儿童人数变化对义务教育资源配置影响的研究”、“现代教育督导评估的理论与实践研究”。

2012 年，完成市教委和市政府教育督导室交办的 6 项指令性研究任务，包括：“北京市教育督导战略研究”课题总报告修改工作，《关于建立和完善督学责任区制度的意见》文件的起草和研讨工作，国家社科基金教育科学规划重大项目的子课题“与教育科学发展要求相适应的教育督导制度研究”开题报告、调查问卷和研究报告的起草和研讨工作，对县级政府教育工作督导评估方案的修订工作，《教育督导条例》《教育督导暂行规定》和《北京市教育督导条例》比较研究工作，北京市教委工作绩效评估指标修订工作等。

2013 年，完成财政专项“深化首都教育体制改革若干问题研究”，并提交《深化首都教育体制改革若干问题研究》报告。完成市委教育工委、市教委招标委托课题“北京市高中中外合作办学状况调查”，并提交研究报告。

2014 年—2015 年，完成财政专项“教育规划实施监测研究与机制建设”工作。承担两委委托课题“推进首都教育管办评分离的研究”、“深化首都教育综合改革研究”、

“首都高校创新型人才培养模式改革研究”。

2015 年，承担“首都教育改革若干重大政策的跟踪研究”专项研究工作。

第五节　教育发展政策法规及评估研究

1998 年 6 月，完成市教委委托的《由“择校现象”引起的几点思考》咨询报告，完成《中外合作办学规范管理研究》报告。

2002 年—2003 年，承担市教委招标课题“学校章程研究”，完成《北京市学校章程建设研究报告》。

2003 年，完成《北京教育与人力资源状况初步分析》和《1996—2001 年北京教育经费投入分析》研究报告。

2004 年 5 月，完成市教委招标委托课题“北京市依法治校研究”，参与市教委政策法规处制定北京市依法治校示范校评估标准的工作。6 月，完成招标委托课题“关于教育服务贸易若干问题的答复”。12 月，完成《北京市中小学教育人口现状、发展趋势及对教育布局结构影响的初步研究》，提交市教委。

2005 年，完成市教委招标委托课题“北京市教育土地校舍资源现状与需求调查”和北京市发改委委托项目“北京市市属市管高等学校发展规模和建设投入情况的报告”两项研究任务。11 月，参与起草教育部基础教育司主持的《农村中小学管理意见》和意见征求工作。

2006 年，参加市教委成立、两委领导任组长的关于《北京市实施〈中华人民共和国义务教育法〉实施办法》的修订起草小组，承担第一章《总则》和第七章《教育督导制度》的修订和起草工作。完成市教委招标委托课题“北京市教育土地校舍资源现状调查”。

2007 年—2008 年，承担教育部《国家中长期教育改革与发展规划纲要》第七专题“教育公平与协调发展研究”的子课题“促进教育协调发展”研究，分别就“促进各级各类教育协调发展”和“合理配置公共教育资源”问题进行专门的研究。

参加北京市哲社规划项目“关于流动人口子女义务教育及相关问题研究”，完成研究报告《北京市流动儿童义务教育现状、趋势与对策研究——一个基于人口承载力的分析视角》。

2009 年—2010 年，完成市教委委托的《关于首都教育“引领”作用的初步思考》研究报告。

2011 年，参加北京市统计局普查中心、北京市第六次全国人口普查部门横向合作课题“北京市教育与人力资源状况分析”，提交研究成果。

2012 年 1 月—6 月，完成由市教委委托的“‘十二五’初期北京市教育与人力资源状况分析”；完成市教委委托的“北京教育行政执法现状调查及对策研究”、“2011 — 2015 年适龄儿童人数变化对义务教育资源配置影响的研究”。

2013 年，完成市政府教育督导室修订《北京市区县政府教育工作评价指标体系》和《北京市区县教委教育管理工作评价指标体系》，完成《北京市“十二五”教育改革和发展规划》实施的中期评估工作。

2014 年，承担财政专项“北京市义务教育资源承载力研究”。

2015 年，完成《北京市“十二五”时期教育改革和发展的经济社会背景数据分析报告》，编制《2016 年度教育部门预算重点投入方向与项目指南》。为两会提案《解决中小学教师编制》和《财政教育经费保障问题》提交相关素材和依据说明。

第六节　北京教育发展研究报告（蓝皮书）

2000 年 4 月，策划《首都教育发展研究报告》，经院领导批准，开始蓝皮书编写工作。2001 年 4 月，以“构建首都现代教育体系”为主题的第一本蓝皮书由北京教育出版社出版，《北京教育发展研究报告》正式创刊。

2002 年 5 月，以 2001 年市教委委托课题中部分专题阶段性研究成果为主要内容，对 2001 年首都教育现代化发展过程中重要问题进行比较全面的回顾与研究，以“积极推进首都教育现代化进程”为主题，出版第二本蓝皮书《北京教育发展研究报告·2001 年卷》，确立基本内容框架，此后按年度编辑出版。

2010 年，《北京教育发展研究报告·2009—2010 年卷》改版，采取“设计主题、组织研究、形成专题研究报告”的新模式。一方面结合首都各级各类教育近年来的发展情况，强调以科学精神和科学方法研究教育发展基本问题；另一方面坚持理论联系实际，立足首都教育实践，强调对首都教育改革与发展中重大实际问题的解决，形成相对体系化的内容和成果。

第七节　北京教育一本通

2008 年，开展《北京教育一本通》编辑工作。《北京教育一本通》是反映北京教育发展基本情况的年度数据资料手册，主要目的在于为各级领导和研究人员快速便捷地把握首都教育发展基本状况提供最新、权威数据资料。手册内容共分五个部分：中央精神、首都概况、教育市情、数据比较和专题荟萃，从不同角度反映北京教育发展的外部环境、基本状况和重点、难点问题。《北京教育一本通》中的国内数据主要源自国家统计局、教育部发展规划司和财务司、北京市统计局、相关省（市）统计局公布的各种统计资料，国外数据主要依据世界银行、OECD 等公布的相关资料。同时汇集若干领导人讲话、调研报告、学术论文中的相关研究数据以及部分政府网站发布的有关数据。至 2015 年底，《北京教育一本通》已编辑 7 册。

执笔人：刘继青

审核人：李政、高兵

责任编辑：郑锋

第二章　基础教育教学研究中心

基础教育教学研究中心（以下简称“基教研中心”）主要职责：研究教育思想、教学理论、课程设置、教学内容、教学方法、教学手段、学科教学评价等，探索教学研究和学科教学业务管理的规律；开展中小学教学研究、中小学教育科学应用研究、中小学学科教学现状调研；为市政府、市教委提高教学质量、实施素质教育的决策与实施策略提供业务支持；组织实施市政府、市教委委托的课程改革专项；帮助教师执行课程计划，掌握教学大纲、课程标准和教材，为区县和学校提供教学工作指导和专业化服务。组织开展专题研究和教改实验，总结推广先进的教学、教改经验；组织教学视导活动和学科教学的检查及质量评估；编制全市初中、小学和高中毕业会考的考试说明；承担中考、高中会考的命题和阅卷指导任务；研究并编写教材、补充教材和教学参考资料等。

第一节　沿革

基教研中心的前身是北京市教育局教学研究部（简称“教研部”），于 1986 年 7 月 7 日由北京教育学院二部改建，隶属于北京市教育局。主要承担中小学、职业教育、师范和学前教育的教学研究和学科教学业务研究、指导及管理，对区县级的教研部门起业务指导作用。曹福海任教研部主任，董宝华、靳爱香（兼任市教育局师训处副处长）、李铎任副主任，刘东任党总支书记，工作人员有 90 余人。

教研部内设中学语文、数学、物理、化学、生物、地理、历史、政治、外语、艺术等中学教研室 11 个，职业教研室 1 个，师范教研室 2 个，小学语文、数学、自然（含史地）、品德（含英语、写字）4 个小学教研室，幼教教研室 1 个及教研部办公室。后陆续增设体育教研室、计算机教研室、劳动教研室、教育测量教研室、教育理论教研室、北京教研编辑部、教务处、总务处，并成立远达教育服务公司和振兴书店。

1992 年，职业教研室因职教中心成立而撤销。

1995 年，师范教研室因中等师范学校的撤销而终止。

1996 年 2 月，教研部并入北京教育科学研究院，更名为北京教育科学研究院基础教育教学研究中心。基教研中心主要承担中小学和学前教育的教学研究和学科教学业务研究、指导及管理，对区县级的教研部门起业务指导作用。基教研中心内设中学政治、中学语文、中学数学、中学物理、中学化学、中学生物、中学地理、中学历史、中小学外语、中小学艺术、中小学体育、中小学信息技术、教育测量、小学思想品德、小学语文、小学数学、小学科学、小学社会、综合实践、通用技术、网络教研与信息传播的教研室。同时设有综合事务办公室、教科研办公室、党政办公室、资料阅览室。

1996年2月前曾在教研部工作的有：曹福海、刘东、董宝华、靳爱香、李铎、王占元、刘嘉琨、陈捷、宗福衡、郭立昌、王燕春、刘美伦、乔根惠、王维翰、吴振麟、祝德海、张克刚、杨帆、李子恒、黄儒兰、张景林、翟燕丁、马胜利、李时毓、张立言、马瑶质、李彩群、赵育民、查良珍、张永昌、马雪鸿、莫家瑁、张彬福、孙荻芬、徐兆泰、史志敏、郑志侠、时静琪、韩光莹、陈泽西、徐文龙、单先健、孟雁君、李媖、沈玲娣、杨国新、俞唐、张玲棣、真炳侠、李南、郭正权、李岩梅、钟作慈、李淑敏、孟广恒、张桂芳、张静、杨蒙、祁乃成、裘伯川、杨震滨、赵宝军、刘文利、王文辉、周美瑞、陈星火、谢维、王振强、张磊、刘英杰、龚小红、王凯、孙伟、田晶、朱丽蓉、葛维桢、马兆秋、贾宝林、杨进、于润发、吴广玲、李荣芬、平士芳、王永英、鲁若曾、沈一民、王双有、祝庆武、杨广馨、闵乐夫、王玲、徐振淑、鲍国舒、王丽、胡玲、王侠帼、陈起鑫、曹侠、奎兆禄、张义华、郭为民、吕敬先、陈春瑞、刘光华、王新梅、李春旺、宁德琮、冯捷、李爱莲、帅学芬、王春明、康静涵、苏效民、王大光、李廷水、贾美华、张慧、冯树基、王鸿莲、朱化痴、黄文选、梁楚才、唐建华、马汝驯、韩树德、陶礼光、刘凤翥、姚庆丰、刘宇新、王礼新、刘嘉敏、季魁华、吴庚、李志清、李家琳、左淑清、马辉霞、王玲莉、梁雅珠、姚兵岳、汪荃、刘丽、蒋小雷、荣培秀、徐德临、王光华、王玉镯、张光惠、潘雪蓉、石惠英、于景玲、刘家英、叶露生、李清俭、王润太、刘守朴、范宏、刘东、攸景法、薛仁寿、张建国、齐妮、李光荣、张炳学、叶振铭、廉明亮、康丽敏、卢士杰、王秀梅、肖志仲、丰金兰、黄小芬、刘鹏、赵连柱、宋东、宋炜、马世士、刘玉花、陈静华、肖华、丁哲、朱栋、顾军、侯立明、康健、周振林、李晓明、赵宝生、刘世海。

2013年6月，成立北京数字学校管理办公室，挂靠教科院基教研中心。

2014年12月，在原小学数学教研室基础上成立儿童数学教育研究所。

截至2015年底，基教研中心在职职工76人：教研人员60人、行政管理人员16人，研究员1人、教授1人、特级教师11人、高级教师55人，博士3人。中共党员49人、民主党派7人。

基教研中心干部任职一览表

姓名	职务	任职时间	备注
曹福海	主任	1996 年 7 月—2001 年 4 月	
	党总支书记	1999 年 11 月—2002 年 3 月	
董宝华	常务副主任	1996 年 7 月—1999 年 11 月	
	党总支书记	1996 年 7 月—1999 年 11 月	
钟作慈	副主任	1996 年 12 月—2001 年 4 月	
	主任	2001 年 4 月—2002 年 9 月	
宗福衡	副主任	1997 年 5 年—2002 年 9 月	
荣培秀	副主任	1997 年 4 月—1998 年 4 月	
	党总支副书记	1997 年 5 月—1998 年 4 月	
朱丽蓉	副主任	1998 年 4 月—2002 年 8 月	
	党总支副书记	1998 年 4 月—2002 年 8 月	
梁　威	主任	2002 年 9 月—2007 年 3 月	
赵宝军	副主任	2000 年 6 月—2002 年 9 月	
	党总支书记	2002 年 9 月—2013 年 9 月	
王燕春	副主任	2002 年 9 月—2011 年 4 月	
	主任	2011 年 4 月—2013 年 4 月	
贾美华	副主任	2002 年 9 月—2013 年 4 月	
	常务副主任	2013 年 5 月—2014 年 6 月	
	主任	2014 年 7 月—	
王云峰	主任	2007 年 3 月—2011 年 4 月	
朱立祥	副主任	2009 年 9 月—2015 年 4 月	
李子恒	副主任	2013 年 4 月—	正处级
	党总支书记	2013 年 10 月—	
李卫东	副主任	2013 年 6 月—	
王建平	副主任	2013 年 6 月—	
詹伟华	副主任	2013 年 7 月—	

至 2015 年底，受市教委相关处室的委托开展学科类调研工作，完成 55 个文件起草和调研报告。承担全国教育科学规划课题 3 项、北京市哲学社会科学规划课题 2 项、北京市教育科学规划课题 29 项。发表论文 319 篇，出版学术专著 16 部、编辑和编著 245 本、教材教参 117 种。获全国及北京市教育科研和教育教学优秀成果奖 38 项。

第二节 课程教材改革

课程教材改革包括制定与修订教学大纲、编写教材和教学辅助材料、学科课程标准和教材培训等。

一、修订与制定教学大纲

1987年暑假前后，受国家教育委员会基础教育司委托，承担研究修订国家中小学各个学科教学大纲的任务，规定各个学科对基础知识和基本技能的要求，提出各个学科在思想教育方面的具体要求。这套中小学教学大纲一直沿用到2001年《课程标准》颁布为止。

1998年，参加北京市21世纪中小学学科《课程标准》研制工作。

二、编写教材

自1986年起，承担北京市中小学各学科补充教材、乡土教材、实验教材以及辅助教学材料等编写任务。

（一）国家课程北京版教材

1996年，依据国家教委颁布的九年义务教育全日制教学大纲，组织编写北京市中小学使用的九年义务教育教材。2000年，参加北京市中小学课程改革新教材、教辅材料等研究与编写工作，部分教研员担任北京版教材和国家版教材主编、副主编和编委，负责教材框架设计、组织和编写等任务。

2000年，参与义务教育阶段小学品德与生活等19个学科的北京版教材建设。2011年9月，随着《义务教育课程标准（2011年版）》颁布，参与北京版各套义务教育阶段教材修订。2013年11月，启动品德与生活、品德与社会、思想品德、初中历史、中小学语文京版教材的修订和送审工作。

（二）地方教材

1986年—1996年，根据市教育局部署，承担北京市马芯兰小学数学实验教材、三算结合的教材、北京市小学1—3年级自然实验教材、北京市小学1—6年级科技活动实验教材等的编写任务。

1989年—1999年，承担北京市教育局、天津市教育局和人民教育出版社合编小学品德和自然教材，供全国各省市小学1—6年级使用。

2008年，组织编写《北京市中小学综合实践教师指导手册》。2012年修订《手册》，出版《北京市中小学综合实践活动教学指南》。

2009年，编写《我爱北京》，受市教委委托编写《学做志愿者——小学生志愿服务手册》《践行志愿者——中学生志愿服务手册》。组织编写3—11年级《研究性学习实践与评价》丛书，从人与自然、人与社会、人与自我三个维度选取与学生联系紧密的主题设计活动，为教师和学生提供教学内容参考示例，2013年7月在北京市中小学进行教材实验。

2012年，组织编写《北京精神》地方教材。受市教委委托，编写《北京情中国心》读本。

（三）教学辅助材料

1988年起，编写和修订小学语文、小学数学寒暑假作业，编写和修订初中各学科的寒、暑假作业，编写的初中语文9个学科练习册沿用到2001年。1998年与清华大学光盘国家工程研究中心合作推出《思想政治课计算机辅助教材》，1999年9月在全市推广使用，并获胡楚南优秀中学教育成果二等奖。2013暑假起，继续编写和修订小学数学、语文、英语，初中各学科的寒、暑假作业。

2014年，受市教委委托编写初一、初二年级学生用《北京市初中开放性科学实践活动项目手册》。2015年9月，出版初一、初二两本手册，内有100个科学实践活动。

三、教材培训

2001年，北京市启动21世纪课程教材改革。按照市教委和市课程改革领导小组关于做好基础教育课程教材改革实验工作的要求，承担小学、初中和高中各学科、各版本教材骨干教师培训工作。

（一）义务教育课程改革教材骨干教师培训

2000年，承担北京市中小学21世纪课程标准与教材和国家颁布的中小学课程标准教材的培训工作。

从2001年起，对实验区内小学一年级、初中一年级使用实验教材的教师进行每年2次的集中培训。2001年举办新课标、新教材的培训。2002年组织春季中小学11个学科、16个版本的教材培训。2003年因“非典”的原因，采用电视播出的方式，对参加北京市基础教育课程改革的中小学教师进行培训，将教材介绍、教学课例等事先录制成光盘发到学校进行培训。2004年6月加入实验教材的培训，进行通识培训、课程标准培训和新教材介绍。2008年，对各学科优秀案例整理，出版26个学科主题案例集，同时出版《义务教育课程改革研究报告》。

至2014年，完成义务教育全部学科课程标准与教材的培训工作，共组织两轮44个版本教材的集中培训19季，每季2—4期，每期约500人参加培训，共计46200人次。

（二）高中课程改革教材全员教师培训

2007 年，启动高中课程改革实验教材培训，面向全市 18 个区县高中教师全员培训。培训内容包括课程标准解读、课程实施指导意见、模块教材介绍、单元教学设计、考试评价等涉及新课程实施的主要问题。至 2011 年，组织完成高中 3 个年级、3 轮次、15 个学科的教师培训，近 3 万人次。

2007 年秋季，北京市普通高中高一年级进入全面新课程改革实验阶段，2008 年，组织实施北京市新课程改革通用技术学科全员教师培训共计 4 次。

2009 年 9 月—2015 年 12 月，组织以通用技术学科相关专业技能实际操作训练为重点的全市通用技术教师实操和重点训练，组织以教学专题研究、知识技能专题研究和讲座等为重点的教学设计培训活动，建筑、服装、电子技术、机器人、家政、现代农业等相关讲座。以信息技术远程互动教学方式为手段，进行全市教师网络教研培训等多种多样的培训。

（三）其它教材培训

2002 年 2 月，参加教育部组织的《全日制普通高中课程计划（实验修订稿）》中学数学、外语、物理、化学、生物、历史、地理 7 个学科的国家级培训。7 月，组织北京市实施普通高中学科的新课程计划及教学大纲培训班，涉及中学语文、数学、外语、物理、化学、生物、历史 7 个学科。

2014 年，小学数学、小学英语学科组织开展对非起始年级教师的培训。8 月在东城区光明小学广渠门校区，分年级组织北京版小学英语 3—6 年级教材培训活动 4 场。

第三节　课题研究

一、重点课题研究

1990 年 9 月—1995 年底，曹福海主持全国教育科学“八五”规划重点研究项目“中小学各科教学中的德育研究”。课题组专题研究与市、区县、学校三级教学研究相结合，422 人参加课题研究，包括德育研究人员、教学研究人员、有关学校领导和优秀骨干教师。研究成果主要有：中小学 21 个学科的德育示范课例录像、中小学 19 个学科的德育指导用书 94 册、中小学 21 个学科的《课堂教学评价方案（试行）》、课题研究总报告、子课题论文等。1996 年，该课题获北京市哲学社会科学优秀成果奖二等奖。

2002 年 6 月—2006 年 5 月，钟作慈主持开展全国教育科学“十五”规划教育部重点课题“现代信息技术与中小学各学科教学整合的研究”。该课题设中小学各学科29个子课题组，并有29个实验学校基地。课题组确定“信息技术与教师专业发展、信息技术与教学方式转变、信息技术与学生学习方式转变”三个年度主题，采取专题研究引领、分学科依托实验校的形式，推进信息技术与各学科教学整合的理论与实践研究。2003年—2005年期间，组织市级研究课987节，培训教师242批次，课题组共发表论文1706篇。

2002年6月—2006年4月，曹福海主持全国教育科学“十五”规划重点课题“基础教育课程改革实施中的中小学各科教学方式研究”。课题组共有中小学各学科27个子课题组和198个实验基地校。围绕教学方式研究，各学科采取报告、讲座、课例、观摩等形式开展教师培训活动、组织教学研究课。完成684节优秀课例与评析的研制、录制与刻录工作，构成各个学科专题课例资源库。

2006年9月—2008年12月，开展北京市教育科学“十一五”规划课题“中小学教学有效实施学科德育的研究”。该课题在“八五”德育课题基础上，依托小学、初中、高中共42个学科开展课题研究工作。

2011年—2015年，王燕春主持北京市教育科学规划重点课题“首都义务教育阶段学生学业标准的研究与实践”。该课题选择比较有代表性的中学语文、数学、地理学科，小学品德与社会学科，从中小学、文理科、综合与分科课程的特点出发，寻找共性与个性，逐渐形成具有首都特色的学生学业标准。

2012年—2014年，开展北京市教育科学规划重点课题“城乡均衡教育背景下指导农村中小学教师教学提升研究”。27个学科的教研员作为核心研究成员，共赴北京远郊农村学校听评课383节，举办研究课36节，举办各类讲座50多场次。课题研究过程中，出版《农村教师反思录》《城乡教育均衡发展背景下优秀课堂教学设计集锦2011—2012年》《城乡教育均衡发展背景下优秀课堂教学设计集锦2012—2013年》《城乡教育均衡发展背景下优秀课堂教学设计集锦2013—2014年》。

2014年12月，开展北京市教育科学规划重点课题“北京市义务教育阶段基于证据的课堂教学改进研究”。该课题主要以录像课分析、现场观察、教学实验研究为主要实证手段，针对各学科教学中的关键问题进行教学改进研究。

二、学科专题研究

根据时代发展和教学实践产生的问题和需要，通过承担研究项目、系列研讨、教师培训、举办现场会、主题教研等方式，相继组织20余个学科开展学科教学专题研究，提升教育教学质量，开展全市范围的教研工作，推广教研成果。

20世纪80年代末至今，历史教研室每年结合中心工作和学科研究的重点召开年度现场会，围绕课堂教学改革和促进学生发展进行研讨。2002 年—2014 年，召开全市新课程下历史义务教育课改实验现场会、探究教学研讨会，通过展板、现场课、大会介绍和总结展示课改实验成果。开展“中学历史学科主体探究教学实验”，发表相关论文 20 多篇。研究成果获 2004 年北京市第二届基础教育教学成果一等奖、2010 年教育部基础教育课程改革教学研究成果一等奖，出版专著《历史学习方略》。开展“新课程下历史教学评一体化研究”，发表 26 篇论文，出版《初中历史主题教学案例》。

2001 年—2004 年，美术学科进行课堂教学策略实验研究，以教材培训为突破口加深教师对新课程基本理念、美术课程标准和新教材的理解认识，开展滚动递进式的市级、区县级、校本教研三级培训。以问题研究为突破口转变教与学方式。通过“发现提炼问题——生成课题——深入研究与实践”过程开展专项研究。相继开展“中小学美术教学中民族民间美术的研究”、“中小学美术教学中非物质文化遗产的研究”等。

2003 年—2015 年，地理学科针对中学地理教学实际需要，开展系列主题性课例研究和展示活动。召开地理实践活动展示与评价研讨会，举办初中地理课程改革课例展示与评价活动，进行地理教学实效性课例研讨。针对不同教材版本进行主题教研。组织全市性研究课观察展示活动。在北京市教师研修网开展网上研讨。针对初高中地理课堂教学中的实际问题，先后在北京十中等 24 所学校开展主题教研活动。

2004 年—2015 年，物理学科以实验为突破口，在实验教学方面进行研究与探索。举办现场系列教学，研讨初中物理低成本实验的途径和方法。举办中学物理教师实验技能的比赛和展示活动，研讨课标中规定的实验技能、实验教学、实验探究及自选实验主题、实验创新作品等。以“物理教学的基本特征”、“实验改变课堂”、“探究性教学”、“实践探究教学改变学习方式”等为主题举办高中系列现场会，探讨提升物理教学质量的教学策略。

2006 年—2015 年，中学语文教研室开展“课堂教学与中考改革”主题研究活动。研究如何将《义务教育语文课程标准》规定教学内容与中考做恰当对接。举办讲座，通过分析中考试卷和组织研究课方式强化教师对教学与中考关系的认识，丰富学生的语文积累、语文素养，提高语文能力。

2007 年开始，综合实践活动教研室受市教委委托，承担“有效推进综合实践活动课程的研究与实践”项目。在梳理和总结全市中小学校开展综合实践活动课程的现状、经验与问题，并对国内外相关领域做法与实施情况进行文献分析的基础上，研制北京市统一的课程制度，提供教学内容参考示例，开发和建设课程资源，开展多层级教师培训。先后编写、修订《北京市普通高中新课程综合实践活动教学指导意见》《北京市中小学综合实践活动课程指导意见》，出版《教学指南与案例评析：中小学综合实践活动》及《研究性学习实践与评价》地方教材。完善“有效推进综合实践活动的研究与实践项目”。

2007 年—2015 年，为落实国家课程标准的要求、构建学科教学和评价体系，小学英语学科先后组织市、区、校研究人员以阅读教学、故事教学、会话教学、语言知识教学、同课异构等专题研究推进学科教学研究工作。

2009 年—2015 年，初中英语学科开展以“课堂教学实效性”为主题的系列教研活动，相继进行“提高学生活动设计的实效性”、“提高阅读课的实效”和“提高复习课的实效性”专题教研。采取研究课和专题讲座相结合、现场研讨与网络教研相补充的形式，该系列教研活动有 7 个区县协助承办。

2009 年开始，小学语文学科进行学习内容整合、生成与教学行为整合的专题研究，阶梯式地推进“听说读写整合研究系列活动”、“生成研究与教学行为整合”研究。相继明确的重点有：从读到写的模式引领、借用文本语言形式形成学生语言发展引领、笔头运用的多重功能的实践引领、教学中如何为学生的表达提供相应的知识材料和语言材料等。2013 年—2014 年，开展“关注生成、有效教学”研讨活动。

高中通用技术教学引入职业教育“项目教学法”，开展通用技术教学的实践与研究。完成北京市教育科学“十一五”规划重点课题“北京市普通高中通用技术必修课程教学研究”、北京市教育科学“十二五”规划课题“北京市普通高中通用技术课程实施中存在的主要问题及对策研究”，承担北京市教育科学“十二五”规划一般课题“北京市普通高中通用技术课堂教学策略实践研究”。

第四节　教学评价

教学评价包括研制课堂教学评价方案，承担义务教育教学质量监控与评价，起草小学毕业考试说明，以及初中毕业会考、中考、高中毕业会考、高考等的命题、审题、阅卷等工作。

一、课堂教学评价方案

1994 年—1995 年，受北京市教育局委托，教研部开展《课堂教学评价方案》等 3 个教学文件的研制。

2001 年起，参与北京市新课程中小学课堂教学评价方案的研究工作。2003 年提交课堂教学评价方案，一直沿用至今。

二、义务教育教学质量监控与评价

2003 年—2012 年，承担北京市义务教育教学质量监控与评价项目，提供北京市学生 31 万人次、教师 1.4 万人次、4100 校次的实证资料服务。采用测验与调查相结合的测查方式，对五年级和八年级语文、数学、历史（社会）、体育学科教学质量进行测评，对影响教学质量的因素进行调查，结合教学视导、教学研究成果评析以及校本教研分析等方式，评价教学质量现状及影响因素，发布北京市教学质量报告。2008 年增加预测试环节，开发语文、数学学科的基线水平卷并进行标准划定，实现市级、区级、校级和学生四级反馈体系。2009 年更名为北京市义务教育教学质量分析与评价反馈系统项目。开发信息技术学科、英语学科网上测试系统，增加班级报告单，实现市级、区级、校级、班级、学生五级教学质量反馈系统。2010 年在语文和科学学科首次开展现场实践测试同时开发形成具有自动组卷功能的电子题库系统，开展基于测评结果的学科教学改进实验研究。2011 年首次开发网上报名系统，与北京市中小学生电子化学籍管理系统对接。开发北京市义务教育阶段学科学业标准。研究社会经济地位指数、学业负担指数，提供教育政策研究领域专题报告。

至 2012 年，重新建构系列背景问卷框架，采用多题本调查设计方式。开发质性研究系统中的课堂教学评价（含录像课编码系统）信息技术平台，加大质性研究力度，在市级、区级现场反馈的基础上开展报告单解读工作。

三、小学毕业考试说明

1995 年，受北京市教育局委托，教研部研制并下发《北京市 1995 年小学毕业考试数学考试说明（试用）》《北京市 1995 年小学毕业考试语文考试说明（试用）》《北京市 1995 年小学毕业考试英语考试说明（试用）》，之后每年出版一本。《考试说明》对小学毕业考试的性质、范围、目标、方式、试卷结构等方面作出明确规定，并附有命题指导、题型示例和参考试卷。小学毕业考试说明主要供各校领导及教师在组织总复习和命题工作中使用。

2004 年—2012 年，根据学科课程标准的修订，多次修改小学毕业考试说明。2012 年，根据义务教育小学数学、语文和英语学科《义务教育课程标准（2011 版）》，对小学毕业考试说明进行修订。2013 年，根据课程改革推进中的问题，改进部分题目示例。

四、初中毕业会考

1999 年，开始编制初中 14 个学科的初中毕业会考说明。根据教育部《关于初中毕业、升学考试改革的指导意见（1999）》，按照北京市教委《北京市建立初级中学毕业会考制度及改革高级中等学校招生考试制度的意见 (1999）》，北京市所有区县将初中毕业考试与高级中等学校招生考试分开进行，也可合并进行。若分开进行，初中毕业考试均统一使用由基教研中心制定的初中毕业会考考试说明。2003年该考试说明根据《全日制义务教育课程标准（实验稿）》进行全面修订。2012年根据《义务教育课程标准（2011年版）》进行全面修订。

五、中考命题

1995年—2000年，北京市初中毕业、升学考试（以下简称“中考”）由市教委和市招生办公室统一组织，基教研中心负责编制考试说明、命题和统一阅卷。基教研中心派6个学科的教研员担任命题组长和阅卷负责人，命题为期约1个月，并负责统一阅卷。

2000年—2002年，全市统一命题考试改为由区县命题。2003年恢复市统一命题和考试。2003年受“非典”影响，考试科目为语文、数学和英语，阅卷由区县组织完成，命题组进行阅卷指导。2004年—2006年，21世纪课程改革进入实验阶段，全市命题分为非实验区（大纲卷）仍由基教研中心负责，实验区（如海淀，课标卷）单独由北京教育考试院组织完成。2007年，北京市全部区县进入课程改革实验，由北京教育考试院负责所有中考工作。2008年—2014年，全市中考科目为语文、数学、物理、化学、外语，基教研中心部分学科教研员参与考试命题工作，同时担任对考试说明审读、中考专家审题等工作。

1999年9月，与北京教育考试院合作，进行中学语文、数学、英语、物理、化学、思想政治6科北京市初中中考题库建设。2002年3月，北京教育考试院、基教研中心及所属中学政治、语文、数学、物理、化学、外语及教育测量与评价教研室对市初中考试题库进行补充和终审工作。2011年，承担体育中考考试方案和考试项目标准研制，参加现场考试巡视和调研工作。

2014年9月—2015年3月，语文、数学、英语、物理、化学、生物、历史、地理、思想品德和体育10个学科开展关于中考与学科教育教学关系的教师问卷调查，共发放问卷7239份，撰写完成10个学科研究报告。

六、高中毕业会考

1992年开始，负责高中毕业会考14个学科考试说明编写、9个学科的统一命题和阅卷工作。2001年，根据教育部《关于普通高中毕业会考制度改革的意见》，市教委对高中毕业会考调整为每年的第一学期末和6月下旬。高中会考从2008年1月—2010年进入过渡期，命制“大纲”和“课标”两套试卷。2011年—2014年，高中会考命题成为统一的“课标卷”，仍保持每年2次会考。

七、高考

2004 年，北京市实行自主高考命题，由北京教育考试院负责。基教研中心 9 个学科的教研员参与高考命题。2005 年—2014 年，部分学科教研员参与高考命题、审题、试卷评价和研讨等工作。

2005 年—2015 年，应公安部和市教委要求，基教研中心负责组织骨干教师依据教学大纲或课程标准，为全国英烈子女高考命制语文、数学、英语试卷，并负责阅卷和分数登统。

第五节　骨干教师培训

骨干教师培训包括教研员培训、教师基本功竞赛和展示、优秀课堂教学设计征集与评选、教师队伍调研、教师专业发展培训等。

一、“金色种子”教研员培训

从 2006 年 4 月—2012 年 5 月，对市教研员、各区县教研机构领导、学科教研员包括新任职教研员分五期进行全员培训，内容包括通识培训和学科培训两部分。

二、教师教学基本功培训与展示活动

负责编写培训指南和展示活动说明，规范培训和展示工作程序。各区县在开展全员培训的基础上推荐教师参加全市集中展示。市级教师教学基本功竞赛与展示活动，包括笔试、实验与信息技术操作、现场说课与答辩三部分。小学教学基本功在说课环节增加学科教学技能。根据三项活动的总成绩评出最终奖项。选出优秀教学设计结集出版，推出优秀教师到各远郊区县农村进行示范课展示。

1996 年，组织初中教师教学基本技能竞赛。2007 年，承办第一届北京市初中教师教学基本功展示活动。2009 年，承办第一届小学教师教学基本功培训与展示活动。

2011 年，组织第一届高中教师基本功培训与展示活动。2013 年，承办第二届北京市初中教师基本功培训与展示活动，2.8 万余名教师参加问卷和笔试测试，653 名由区县推荐的教师参与现代教育技术展示和微格教学展示与答辩，各学科撰写问卷调查报告和笔试分析报告。

2014 年 11 月—12 月，科学教研室参与市教委和教学设备公司主办的小学科学教师实验技能比赛，负责命题和组织评比等工作。

三、优秀课堂教学设计的征集与评选

2005 年起，承担优秀课堂教学设计征集与评选的专项工作。2005 年，课堂教学设计评比要求上交文本的教学设计。2006 年，要求附 15 分钟教学片段。2007 年，在整理优秀教学设计、出版文集和光盘集的基础上，要求各学科总结本年度研究成果。2008 年，要求附 40 或 45 分钟完整一课时的课堂教学实录。强调教学设计与实施效果的反馈以及教学反思。2009 年，优秀课堂教学设计评选活动实现会场全程完全开放和部分会场网络开放的方式。2010 年，增加地方和校本课程教学设计的评比。

四、教研员和教师队伍调研

2003 年 2 月，启动北京市教研员和教师队伍调研项目研究。23 个学科分别编制符合本学科特点的调查问卷。到 2004 年底，共组织核心组和全体项目组成员研讨活动 20 余次，召开教师及学校领导座谈会 100 余次。2004 年完成《北京市中学语文学科教师队伍调研报告》和《北京市中学语文学科教研员队伍调研报告》等 23 个学科调研报告，完成《北京市中小学教师队伍调研报告》和《北京市中小学教研员队伍调研报告》总报告。

五、华东师范大学专项培训

2014 年 3 月，组织市级教研员和区县部分学科教研员以及教科院通州、丰台两所实验学校教师共 50 人，赴华东师范大学进行为期一周的北京市第一期中小学教研员高级研修班培训。2015 年 3 月 22 日—28 日，组织 11 个单位的市、区两级教研员及部分实验学校教师共计 67 人，赴华东师范大学进行北京市第二期中小学教研员高级研修班培训。

六、政治教师教育考察与社会实践

自 1985 年以来，市政府决定每年组织百名优秀中学政治教师外出参观考察，提高政治教师的基本素养。1996 年—2015 年，每年 9 月—10 月组织外出考察，分 7—10 个团。考察后召开总结交流会，每两年将考察报告编辑成书《考察与思考》。

七、小学数学教师专业发展培训

2011 年—2014 年，市教委人事处、北京广播电视大学及小学数学教研室依托“吴正宪小学数学教师工作站”，设计、开发小学数学教师网络学习课程和名师在线工作坊，加工、传播具有推广价值的教育教学资源，构建交互式、体验式的教师专业发展网络学习环境和学习共同体。2011 年—2012 年，两期培训 600 人；2012 年—2013 年，两期培训 1581 人；2013 年—2014 年，三期培训 4389 人。

八、历史教师专业发展培训

2012 年—2013 年，举办 5 届中青年历史教师“读书促教学”系列读书会活动。

2014 年 3 月 21 日，历史教研室与海淀区教师进修学校合作，在清华大学附中举办中学历史教师“史学素养与课堂教学”专题研讨活动。10 月 31 日，历史教研室、北京数字学校管理办公室，进行口述史资料在历史课堂上的应用及学生家族史撰写成果交流研讨活动。

九、地理教师专业发展培训

2003 年，建立北京地理教学资源网。2010 年—2015 年，先后组织区县教研员和骨干教师，到山东青岛、内蒙古阿尔山、乌兰布统草原、北京区县进行自然地理和人文地理考察活动。2012 年 12 月 18 日—20 日与教育部、水利部合作，进行全国首届节水辅导员培训，参观北京市节水博物馆，到密云水库大坝进行实地考察。2015 年 2 月 9 日—10 日，与北京市地震局联合举行防灾减灾知识培训活动。2015 年 6 月 11 日，与中国地图出版社合作召开数字地理课堂教学培训会，对优课数字化教学应用系统、全球 30 米地表覆盖数据等数字教学产品进行培训。

第六节 网络教研

网络教研包括空中课堂、网络研修（例如发布教研信息、启动教师研修网、建立教学资源库）、数字学校（例如网络课程、在线服务、网上活动）等。

一、“空中课堂”

2003 年“非典”期间，从 5 月 6 日起，市教委委托基教研中心等单位联合开办由“课堂在线”、“电视课堂”和“电台课堂”三部分组成的北京市教育委员会中小学“空中课堂”。在“空中课堂”开通的 72 天里，“课堂在线”学习论坛共开设 17 个学科的 27 个专栏，覆盖从小学到高中的主要课程。在论坛中累计注册学生网络会员 82737 人，学生提出问题 112465 个，学生和教师共发布帖子 945329 个，教师共解答学生问题 22653 个。除注册会员外，还有总数约 50 万网络游客浏览问题帖子，浏览总数达千万次。41 位学科教师参与直播答疑，回答学生问题 400 余个，接听电话 300 余个，收到手机短信 200 余条，共完成 54600 分钟的广播节目。“空中课堂”电视教学分不同学科、不同年级，共录制教学录像课 1115 节。此外，5 月 26 日—6 月 11 日北京电视台（BTV—8）播出对初三、高三学生现场答疑直播节目，共计 780 分钟。以上三部分工作，有近 2000 名教师参与。

二、网络研修

2000 年—2014 年，北京教研网由信息技术教研室负责维护，各教研室信息员提供教研信息。随着教科院院网和北京教育科研网功能的完善，逐步将发布教研信息的渠道转移到北京教育科研网，负责信息的采集、编辑、上传。

2007 年，启动北京市教师研修网。市教委统一领导对网站的建设和使用，基教研中心负责网站资源的搜集、发布及市级网络研修活动。北京市教师研修网设立博客、论坛、问与答等交互模块。

2007 年—2009 年，与多家网络会议公司合作，共同进行视频网络研修尝试。两年间开展网络教研活动 150 余次，参加教师人数约 5 万人次。2009 年北京市优秀课堂教学设计终评会开通网络观摩通道，组织多次主题网络研讨活动。

2010 年，与北京联想传奇信息技术有限公司合作，建立基教研中心多媒体资源管理系统，将中小学研究课的视频及其相关教学设计、PPT 等材料贮存、整理，供教师浏览或下载。

至 2015 年，已经汇集容量约 3T，包括中小学各学科研究课 1590 节，并有大量图片、音频、文本等资源。

三、北京数字学校

2012 年，市教委成立北京数字学校，2013 年 6 月在基教研中心设立北京数字学校管理办公室，为社会提供网络课程、在线服务、网上活动、研究共同体等服务内容。

2012 年—2015 年，北京数字学校先后征集、开发涵盖小学、初中、高中全学科的国家课程精品课例 13000 节，地方课程、校本课程、主题班会课程、心理健康课程 1000 余节，特级教师录制专题课 1000 余节、微课 2300 个主题。这些课程通过北京教育信息网、歌华有线数字电视免费向全市中小学师生开放。

2013 年—2014 年，北京数字学校开展网上夏令营、冬令营、主题教育系列教育、教学活动。至 2014 年底，北京数字学校拥有实名学生用户 122 万人、实名教师、家长用户 9 万人，3000 多名市区教研员、4 万一线教师、65 万中小学生建立实名网络空间。两年间共有学生及家长约 100 万人次参与系列网络活动。

2014 年，北京数字学校通过在线网络平台、手机应用客户端向用户进行学习信息推送、提供写作课程、名师在线作文辅导、作文批阅点评、学科答疑等大规模个性化学习服务。在 25 所中小学建立学科研究基地，在 76 所薄弱中小学校建立名师同步课程应用模式研究学校，开展 7 种应用模式研究。并与湖北、河南、云南、湖南、贵阳、四川什邡等省市签署合作意向，共享北京数字学校优质教育资源。

第七节 学科教学行政管理

学科教学行政管理包括研制学科改革和指导性文件、调整教学内容与安排、教学视导、教学成果奖评审、初中校建设工程、高中示范校评估等。

一、研制教学改革和指导性文件

1995 年 10 月，受北京市教育局委托编写《北京市中小学学科教学文件汇编》。将《北京市进一步加强与改进学科教学的意见》《北京市学科教学常规（试行）》《北京市学科课堂教学评价方案（试行）》进行文件汇编，按照中小学 22 个学科单册印发。

1995 年，全国实行每周 40 小时工作制。按照国家教委和北京市教育局要求，教研部按照调整后的教学计划和教学大纲，分别编制中小学各科教学调整意见，对教学要求、考试要求和各单元教学时间安排进行调整。

2005 年—2007 年，受市教委委托起草《关于加强学校体育工作确保体育安全的通知》。研究《关于加强中小学体育课程教学的意见》，参与市委、市政府《关于加强青少年体育增强青少年体质的实施意见》起草工作。

2007 年，组建北京市高中课程改革 14 个学科专家教学指导组，编制《各学科教学指导意见和模块学习要求》。协助市教委高中课程改革领导小组完成 16 种系列文件的研制工作，每年对学科教学文件进行修订。组织制定《北京市普通高中通用技术（必修）教学设备配置标准（试行）》。参与起草《北京市教育委员会关于加强中小学综合实践活动课程的实施意见（试行）》《北京市义务教育阶段 3—9 年级学生综合实践活动课程实施要点（试行）》《北京市普通高中新课程综合实践活动教学指导意见（试行）》等指导性文件。

2012 年，受市教委委托，承担义务教育阶段学科教学指导意见及教学标准的研制项目。依据国家课程标准研制北京市义务教育阶段中小学 27 个学科的教学指导意见和教学指南，主要有《北京市加强与改进学科教学的指导意见（征求意见稿）》和《北京市义务教育阶段学科能力标准及教学指南》。2012 年—2013 年，修改完善以上 2 个文件，形成手册在实验学校试用。

2013 年 11 月，受市教委委托，中小学语文和英语教研员针对学科教学的问题研制学科教学改进意见。2014 年 6 月，研制初中物理、化学学科教学改进意见。

二、教学视导

1986 年—2002 年，赴远郊区县视导。每学期安排 1 次，每次时长为 1 周，每天到 1 所学校听课、与教师交流并向校领导反馈学科和整体情况。

2002 年 9 月—2015 年，赴远郊区县视导，时长改为 3 天。根据视导对象（区县或学校）的实际需要设立专题，与教师就中考复习、减负、课时目标制定与落实、小学课堂教学中发挥学生主体性的策略、学生实效性等专题进行研讨和指导。至 2015 年，共组织教学视导 40 余次，赴 400 多所学校听评课 9000 多节，组织研究课 600 多节、教学讲座 550 余场。

2003 年—2008 年，市教委牵头，由教科院、北京教育学院、北京教育考试院和首都师范大学等单位组成课改联合小组对区县和学校进行视导，每年 2 次。

2014 年 6 月，参与市教委组织的中小学培育和践行社会主义核心价值观教育的联合视导活动。

三、主持或参与北京市基础教育教学成果奖评审

2003 年 5 月，承担第二届北京市基础教育教学成果奖评选工作的成果收集，共收到各单位推荐的教学成果 382 项；10 月，进行成果奖的受理及其整理和分类工作；11 月—12 月，组织 27 位专家对成果进行多轮次评审，评出获奖成果 34 项，其中特等奖 1 项、一等奖 8 项、二等奖 25 项。2004 年，评选工作领导小组对成果奖评审工作进行全面总结，撰写《北京市基础教育教学成果的回顾与思考》。编辑出版北京市第二届基础教育教学成果奖项目集萃《共同的追求》。

2009 年 7 月，承担北京市第三届基础教育教学成果奖申报材料的收集和整理工作，与科教研管理处共同对 155 项成果约 78 万字进行文字编辑和修改，9 月出版《第三届北京市基础教育教学成果奖优秀成果集》。

四、参与初中校建设工程

2005 年 7 月，承担“北京市初中建设工程”中的课堂教学视导及学科指导专家工作。9 月，对密云县初中学校进行专项教学视导。12 月，对宣武区 140 所中学进行专项教学视导。

2006 年，市级教研员与北京市城八区 32 所初中建设重点项目学校建立联系。3 月—4 月，对宣武区广安中学等 8 所初中建设重点项目校进行专项教学视导，将集体教学视导的情况上报给各位联系学校的市委教育工委和市教委的领导。11 月，编辑出版《初中学校专项教学视导报告集》。

五、参与高中示范校评估

2003 年 11 月，参加由市教委组织的北京市第三批高中示范校评估工作，共有 20 位教研员参加课堂教学评估组工作。

2005 年 4 月，参加市教委基教处主持的第四批示范性高中评估工作。对 24 所申办示范性高中学校进行评估，并对各学科的教师教学、教研组活动及学生学习等方面进行调研。8 月，完成《2005 年第四批示范性高中评估工作总结》专辑，收录 12 个学科的工作报告。

六、支持实验校发展工作

自 2014 年 9 月起，启动教研支持实验校发展工作，到北京三中、育英中学集体调研 2 次，举办学科复习专题讲座 50 余场，参与其它院级实验校集体调研 2 次。参与实验校展示交流活动和丰台区实验校教师招聘工作。组织小学实验校教师教学设计评比与展示活动，教科院 4 所实验校共 13 个学科的 93 名教师参加教学设计的展示与答辩。

第八节　特色项目

特色项目包括校本教研、学科联动、特级教师工作站、外语实验校、社会大课堂、体育专项、专门学校、北京市学校非物质文化遗产研究与继承等。

一、校本教研

2004 年，承担“创建全国以校为本教研制度建设基地”项目研究工作。基教研中心作为北京市校本教研基地建设秘书处，负责协调各个实验区、校的工作。项目组赴顺义一中、延庆一中、潞州中学调研，从校本教研的理念、原则与网络探索促进教师合作研究的校本教研模式、加强学科校本教学研究、推进课堂教学改革三个方面进行系统探讨，撰写专题报告《深入进行校本教研，不断推进基础教育的课程改革——在新课程下对教研创新的再认识》，并在福建、上海召开的全国性“以校为本”研讨会上进行交流，同时作为“校本教研”经验交流材料报送教育部。

二、学科联动

2007 年 3 月，受区县教委和教研部门委托，启动与大兴区语文、数学、英语、科学、品德与社会、音乐等学科教研员联动教学研究工作。大兴区教研员到基教研中心“挂职学习”，逐渐实现挂职—合作—联动的教学研究方式。2008 年—2009 年，大兴、通州两个区县分别以选派学科骨干教研员及全学科联动的方式与基教研中心的相关学科教研员共同研究教学、开展活动，通州区小学各学科加盟。2010 年—2013 年，房山区、怀柔区及燕山教研部门的相关学科纳入“学科联动—合作共赢—共同发展”的机制。2008 年—2015 年，对联动区县学科教研员指导获得北京市及全国奖项有 80 余人次；市区教研员对教师指导获得北京市及全国奖项的有 150 余人次。公开出版成果集 3 本。

三、特级教师工作站

2008 年，先后成立小学数学吴正宪、小学科学彭香、小学美术（写字）杨广馨 3 个特级教师工作站。2014 年，成立中学数学王燕春、中学物理陶昌宏、中学语文李卫东、中学生物荆林海、中小学体育马凌 5 个特级教师工作站。

2014 年 12 月 8 日，儿童数学教育研究所（以下简称“研究所”）正式成立。研究所隶属于基教研中心，以儿童数学教育思想的收集整理、提炼创生、分享传播为中心，将学科教育的研究、日常教研工作、吴正宪工作站的成果辐射全国，并与北京市小学数学学会的组织服务等工作加以整合。承担北京市教育科学“十二五”规划 2014 年度重点课题“儿童数学教育思想理论内涵与实践创新的研究”。2015 年 5 月，召开课题 16 所基地校的成立大会，搭建研究交流的学习共同体。6 月 18 日—19 日，举办小学数学名师工作室研讨会。12 月召开“儿童数学教育理论构建与创新实践学术研讨会”。在“北京市 2015 年小学数学课堂教学观摩交流会”上增加互动研讨环节，设置课堂观察和课后反馈的环节。完成《小学数学教师专业发展问卷调研报告》，为北京市小学数学教师专业发展，特别是提高教师教学能力提出建议。

2015 年 1 月 25 日，中国教育学会小学数学教学专业委员会第七届理事会扩大会议暨第八届理事会成立大会召开，聘请吴正宪为小学数学学会第八届理事会理事长，张丹任秘书长。吴正宪作《团结合作，凝聚智慧——共同做好小数会工作》的报告。4 月 29 日，北京教育学会小学数学教学专业委员会第一届理事会成立。会议聘任吴正宪为小学数学学会第一届理事会理事长，范存丽任秘书长。11 月 24—25 日，小数专委会理事长、著名特级教师吴正宪领衔全国特级教师团队一行 4 人，赴宁夏回族自治区银川市开展支教活动。

四、外语实验学校

2002 年 4 月—8 月，承担外语实验学校研究项目，开展的工作有：举办专题报告会、不同类型的研究课、实验工作交流、微格教学研讨和评比活动、对实验班学生进行调研测试、学生演讲和辩论活动等。完成论文集、微格教学案例集（光盘版）的出版及测试分析报告。2005 年完成第一轮改革实验，9 月高中 67 所实验校全面启动实验。

五、小学科学“做中学”实验项目

2002年1月，市教委、教科院、市科协有关人员及试点单位负责人组成项目工作小组，启动“做中学”实验项目。同时还成立由中央教科所、北京师范大学等专家组成的专家指导组，负责对实验方案及过程进行指导。

2002年，第一批“做中学”的3所幼儿园和2所小学进入实验。2003年，第二批实验园、小学加入实验。105名幼儿教师和50余名小学教师经过培训，成为“做中学”项目骨干队伍。主要以区县为单位组成研究小组。9个区县的34名教研员成为“做中学”项目区县研究小组负责人。2004年，第三批实验幼儿园、小学加入到项目中，100余名教师参加培训。2005年，市教委将小学科学“做中学”研究项目列为专项工作。2006年2月，小学科学“做中学”研究项目由基教研中心承担实施工作，制定每年“做中学”科学教育实验项目工作要点和计划，并按照计划实施各项实验工作。到2008年，全市有100余所小学的300余名教师参与“做中学”项目实验。

2005年—2014年，“做中学”项目开展18个模块教材的培训，举办市研究课210节、大型研讨会50多次、大型经验介绍交流会24次，组织教学案例评选、外出考察等活动。在该项目的全国实验工作总结会上，北京市“做中学”实验获先进集体奖。

六、北京市学校非物质文化遗产研究与传承

2012年，受市教委委托承担“北京市学校非物质文化遗产研究与传承”项目。主要通过研究与培训工作，全面提升北京市中小学音乐、美术教师对学校非物质文化遗产的传承意识和教学能力。

2012年—2014年，组织大型培训活动18次、大型研讨会22次，参与的学校有1350所，参与的教师有4000余人。向北京市音乐教师发放培训录像和资料光盘1500张、培训资料集3000册。

2014年，项目更名为“北京市学校非物质文化遗产传承活动”。主要目的是继续组织对全市各区县235所中小学艺术教育特色校的300名音乐、美术教师进行学校非物质文化遗产传承方式与教学能力的培训。

七、体育专项

1987年开始，承办每两年组织一次中小学体育教学评优活动。2005年起，将此项活动与参加“全国中小学体育教学观摩展示活动”相结合。2007年起，每一届评选活动均征集课例150余节。

2007年—2014年，参与起草20余个北京市中小学体育工作行政规范性文件、40多个推进日常工作的实施方案，其中包括每天锻炼一小时督导检查制度、初中毕业升

学体育考试制度改革、阳光体育证书制度、中小学体育教师专业技能考核、新的三好学生评选标准、区县阳光体育联赛评估制度、年度国家学生体质健康标准上报工作先进表彰制度等。2008 年 4 月，参与市委、市政府《关于加强青少年体育增强青少年体质的实施意见》调研和起草工作。

从 2007 年开始，负责每年的中小学体育教师专业技能考核工作。2012 年，完成全市所有中小学体育教师专业技能基本功考核。全市 1700 余所中小学的 5500 余名适龄体育教师参加市级考核与培训工作。参与组织 8 届北京市中小学生《国家学生体质健康标准》测试赛，参赛测试的人数最多时达到 10380 人，有 346 所学校参加测试。2012 年，《国家学生体质健康标准》测试结果被列入北京市政府考核区县政府的绩效指标体系。

八、社会大课堂

2008 年上半年，协助市教委研制《北京市社会实践活动基地标准》和《社会实践基地课程化实施方案》，提供中小学各学科教师利用社会资源开展教育教学活动的指导性建议。

2009 年，分两批先后启动区域资源课程化开发试点工作，指导区级层面课程开发与案例研究，确定东城等 9 个区为第一批开展区级层面课程开发与案例研究的实验区。完成涵盖小学、初中、高中各个学段共 542 节课例的设计。2010 年启动崇文等 10 个区县的第二批课程开发工作，共开发 336 节课程案例，形成各区县的社会大课堂开发案例。

2010 年—2014 年，分两批完成 100 家课程教学示范基地课程表的研制，实现基地资源与学校各门各类课程内容之间的“一一对接”。完成 100 家课程教学示范基地课程表和 250 家大课堂基地《课程教学建议书》。研制社会大课堂学生教育计划书 80 本在社会大课堂门户网站共享，并下发到实验学校和各资源单位开展应用。针对不同的场馆资源与实验学校教师合作开展行动研究，围绕农业博物馆、颐和园、古代建筑博物馆、北海公园等单位的资源开发进行合作研究，总结归纳 7 种利用社会大课堂实践学习的主要课型进行推广。

九、奥林匹克学科竞赛

从上世纪 90 年代开始，市教委批准设立奥林匹克学科竞赛项目。该项目是以中学（高中）数学、物理学、化学、生物学、信息学 5 学科奥林匹克竞赛以及中学生英语能力竞赛、科学活动课（英特尔奖项目）等多个学科竞赛为主要内容的拔尖人材培养项目。

基教研中心相关学科负责市级竞赛活动的组织工作。组织竞赛命题制卷，市级决赛、阅卷、颁奖、召开相关研讨会等。组织市级竞赛中的优秀选手进行学科理论知识的强化培训和实验训练，优中选优组成当年的市级代表队参加全国竞赛活动。对入选国家队（或将要进入学科竞赛冬令营）的选手进一步进行强化训练，每年组织有关教练员、专家等进行学习研讨、考察等活动。2013 年停止举办各种学科竞赛。

十、专门学校

2012 年，受市教委委托，承担对北京市西城育华中学等 6 所专门学校学科教师课堂教学指导与培训工作，通过举办学科教师优秀课堂教学设计征集与评选活动，提高教学水平。

2012 年，参加研制北京市专门学校学科教学指导建议，开展对北京市专门学校的联合调研。2013 年 9 月 6 日，举办北京市专门教育学校首届学科教师优秀课堂教学设计征集与评选活动总结交流会。2014 年 5 月，举行 2013 年—2014 年度北京市专门学校教学设计说课及答辩终评会。2014 年 11 月，举办 2014 年度北京市专门学校学科教学设计评优总结交流会，收到教学设计 139 篇。

十一、高中通用技术学生活动专项

2010 年—2013 年，每年组织北京市普通高中通用技术冬令营活动，活动内容有服装类、汽车文化、烹饪、CAD 设计与制作等，每个区有学生和教师参加。

2012 年—2015 年，每年组织北京市普通高中纸服装展示活动，优秀代表队参加世界文化遗产大会的走秀、马来西亚的文化交流等活动。2015 年组织首届北京市中学生创意设计展示活动。

第九节　学术交流

学术交流包括出国、出境交流，对外教育教学支援，创办《北京教研》和《实验工作通讯》期刊等。

一、出国交流

1997 年，组织北京市部分英语骨干教师赴加拿大参观学习，带领在国际中学生英语竞赛中获奖的学生赴澳大利亚参加颁奖大会。

1998 年，组织部分教研室主任赴日本访问大阪教育大学、大阪府教育委员会、大阪府教研中心及大阪教育大学附属中小学。

2000 年，信息技术、劳动技术等学科教研员赴加拿大、台湾进行中小学教育教学、课堂教学评价考察。

2001 年，历史、物理等学科教研员赴法国、德国、澳门、香港等国家和地区就信息技术教育、学科教学等内容进行考察交流。

2002 年，语文、物理、信息技术等学科教研员赴法国、德国、澳门、香港等国家和地区就信息技术教育、学科教学等内容进行考察交流。

2003 年，数学、艺术、历史、英语等学科教研员分别到法国、美国、德国、英国和香港等国家和地区参加学术研讨会。

2004 年，数学、体育等学科教研员赴法国、德国、澳大利亚、新西兰等国家进行基础教育考察。

2005 年，英语学科教研员赴美国进行英语教学内容的考察，组织部分学科教研员赴澳门参加为期 4 天的教育考察与学习交流活动。

2006 年，历史学科教研员赴美国进行文科教育教学等内容的学习考察与交流。应邀赴台湾参加历史的理解与学习国际学术研讨会，并作《对学生历史探究学习的研究》报告。

2007 年，中小学数学等学科教研员赴加拿大、英国、美国等国家进行基础教育考察。小学科学教研室教研员参加由 La main à la pâte 基金会、法国科学院、法国外交部和法国教育部组织的“做中学”项目实验教师培训。

2009 年，通用技术等学科教研员赴德国、瑞典等国家进行技术课程开设等内容的考察。

2010 年，部分学科教研员分别到英国、芬兰、日本、韩国、台湾等国家和地区开展学术交流和考察。

2011 年，中小学数学、历史、语文、地理等学科教研员赴新加坡、英国、新西兰、瑞士、澳门等国家或地区考察交流数学教学、社会资源开发、友善用脑等内容。

2012 年，部分学科教研员分别到新西兰等国家参加教师培训，参加在南非举办的国际评价研讨会并开展学术交流，赴日本、韩国考察交流信息技术在教学中的应用等内容。

2013 年，小学科学教研室参加由 La main à la pâte 基金会、法国科学院、法国外交部和法国教育部组织的第四届“动手做”国际研讨会及项目推广人培训。

2014 年，生物、数字学校、音乐等教研员赴澳大利亚、日本参加信息技术、文化艺术国际研讨会。

二、对外教育教学支援

2005 年—2006 年，应西藏自治区拉萨市政府邀请，陶昌宏、陶礼光等同志先后赴西藏讲学，为拉萨市所辖 7 个区的教研员、中小学校长和骨干教师作《新课程下的校本教研》《信息技术与学科教学整合环境下促进物理教学方式的转变》报告。

2005年—2007年，西藏自治区选派相关学科教研员来基教研中心进行一个学期的跟进式教研学习。

2005年11月—12月，应海南省海口市政府邀请，派两批教研员和优秀教师近100人次进行讲学。

2005年—2006年，受市政府委派，先后3次赴湖北省巴东县进行对口扶贫支援，共45名教研员和优秀教师参加，赠书100余套。

2005年6月，受市教委委托，承担吉林省四平市高中教学管理人员及骨干教师业务培训工作。8月16日—9月29日，培训第一期教师100人。2006年2月—3月，培训第二期教师100人。

2005年—2007年，根据市教委要求，派9人到平谷区、顺义区、延庆县支教。

2008年—2014年，受市政府委派，先后6次对四川省什邡市进行对口支教，近50名教研员和优秀教师参加。

2014年8月，中学美术教研员陶涛赴西藏拉萨，开展为期二年的援藏支教工作。

三、期刊

1990年4月，教研部创办《教研工作简报》杂志。1991年10月，杂志出版创刊号，文喆任主编，曹福海、董宝华任副主编。1992年改名为《北京教研》，获内部刊号（京内资准字9914—L0391），启功题写刊名。《北京教研》有固定栏目和机动栏目，固定栏目有教学研究、教书育人、教材研究、考试研究、教研组建设、教研工作、特级教师谈教学、中间试验、教海拾贝、教研资料、教学理论、劳技教学、继续教育、教具学具研制开发、师范教育、幼儿教育16个。固定栏目占杂志文章总数的89.5%。到2015年，《北京教研》共出版140期。

2001年1月，创办《北京市21世纪基础教育课程教材实验工作通讯》，2013年12月停刊，共出刊83期。

执笔人：杨征

审核人：贾美华、李子恒

责任编辑：苏效民

第三章　基础教育科学研究所

基础教育科学研究所（以下简称“基教所”）主要职责：研究北京基础教育改革和发展中的重大理论问题和实践问题，围绕基础教育阶段重大政策性、实践性问题（包括教育思想、管理体制改革及办学模式等）开展调查研究，为领导前期决策和教育管理改革提供理论参考和对策建议；开展学校发展与教师专业发展的理论与实践研究，通过与区县合作，开展学校发展的个案研究与实验研究，探索学校发展的路径并开展研究型教师与研究型校长的培训；负责对区县及学校进行教科研方法培训，组织基层群众的教育研究活动。

第一节　沿革

1979 年，中共北京市委在《中共北京市委关于提高中小学教学质量若干问题的决定》中提出“建立北京市教育科学研究所”。1981 年 5 月，市编办批准成立北京市教育科学研究所筹备组，由北京市教育局副局长梅克任负责人，负责队伍建设和科研工作，办公地点暂设在北京电化教育馆内。

1982 年 1 月，迁至北京西城区厂桥小学内。筹建时期，筹备和科学研究工作同步进行。1982 年至 1983 年 8 月设有教学理论研究室、教育心理研究室、教育史研究室、图书资料室和办公室。

1984 年 3 月 31 日，北京市教育科学研究所正式成立，梅克任所长、范志兴任副所长。主要任务和职责：研究北京市普通教育事业发展和改革中提出的重大现实问题和理论问题，为领导决策和教育改革提供理论依据，为提高教育质量服务，以应用理论研究为主。贯彻“双百”方针，坚持理论与实际相结合、专职研究人员与兼职研究人员相结合的原则。对北京市及各区县教育科学研究起组织、协调和指导作用。至 1988 年 9 月，设有教育理论研究室、教育与心理实验研究室、德育研究室、教育史研究室、科研组织室、图书资料情报室、《班主任》杂志编辑部、办公室。1989 年 4 月 7 日，迁至东四十三条 53 号，1993 年迁至德胜门内大街金属工艺品厂，1995 年迁入北四环东路 95 号院。

1987 年—1994 年，范小韵任所长兼党支部书记，陈金赞、全景堂任副所长。1988 年 9 月对内部机构进行调整，设教育管理科学研究室、德育研究室、基础教育研究室、学前教育研究室、农村教育职业教育研究室、图书资料情报中心、《班主任》杂志编辑部、《教育科学研究》杂志编辑部、北京教育志研究室、科研管理办公室、行政办公室和基建办公室。北京市教育科学规划领导小组办公室和北京市教育志编纂委员会办公室挂靠在北京市教科所。至 1990 年底全所实有人数 60 人：科研系列专业技术人员 30 人、其它系列专业技术人员 18 人、行政后勤人员 12 人。

1994 年，耿申任所长，朱铭任党总支书记兼副所长，陈金赞、全景堂任副所长。下设教育与心理实验研究室、德育研究室、《班主任》编辑部、教育管理科学研究室、学前教育研究室、教育现状调查研究室。

1996 年，北京市教育科学研究所并入教科院，改称北京教育科学研究院基础教育科学研究所。

1996 年 2 月前，在教科所工作的人员有：梅克、王兆仓、邓清兰、刘宝明、陈蒲琦、范志兴、范玉玺、刘振华、喻秀芳、郝树强、赵亚蘅、赵维贤、纪秩尚、黄世衡、白平、俞汝霖、刘梦华、陈莉、陈秀云、陈燕慈、潘仲贤、印丽雅、方明、张贵玲、徐应隆、张秀媛、王伯英、赵玉茹、李调琴、武建时、张棣华、颜慰庭、范小韵、全景堂、王作敏、吴剀、李吉会、王金月、陈金赞、朱铭、梁威、李铁铮、杨娥、卢军、马桂玲、张凤梅、吴慧艳、齐新民、达桂祥、金雷、肖振霞、刘永玲、李绿宁、王宝祥、苏学恕、李汉生、段桂兰、柳凤金、张农、许志保、武进东、李文敬、龚家军、何芳、赵维贤、叶奕民、陶文中、吕武平、周芳、崔宇澄、王国栋、王瑛、王唯、马莉、赵学勤、王俊英、胡进、周春红、齐孝源、谢春风、李政、魏强、李艳梅、徐友标、王金月、李志敏、冉乃彦、武维萍、唐棣、张学荣、耿申。

截至 2015 年底，基教所在职职工 18 人，其中副高以上职称 9 人，博士 5 人。中共党员 16 人。

基教所干部任职一览表

姓名	职务	任职时间	备注
耿　申	所长	1996 年 5 月—1997 年 9 月	
朱　铭	党总支书记	1996 年 5 月—1999 年 3 月	
梁　威	副所长	1996 年 4 月—1999 年 3 月	
	所长	1999 年 3 月—2002 年 8 月	
刘宝明	副所长	1996 年 4 月—1996 年 7 月	

史根东	所长	1997 年 9 月—1999 年 3 月	
王宝祥	副所长	1999 年 3 月—2002 年 8 月	兼
	党总支书记	1999 年 3 月—2002 年 8 月	
张铁道	所长	2002 年 9 月—2005 年 4 月	副院长兼
卢　笛	党支部书记	2002 年 9 月—2010 年 6 月	
赵学勤	副所长	2002 年 9 月—2008 年 7 月	主持工作
	所长	2008 年 7 月—2013 年 5 月	
	党支部书记	2010 年 6 月—2013 年 5 月	
张　熙	副所长	2002 年 9 月—2013 年 5 月	
	所长	2013 年 5 月—	
	党支部书记	2013 年 6 月—	
程　晗	副所长	2006 年 6 月—2006 年 12 月	
佟　德	副所长	2013 年 6 月—	

至 2015 年，基教所承担全国教育科学规划课题 13 项、北京哲学社会科学规划课题 5 项、北京教育科学规划课题 28 项、两委委托任务 7 项，提供教育决策研究 26 件。发表论文 143 篇，出版书籍 97 本：学术专著 71 部、译著 1 部。获全国及北京市教育教学和教育科研优秀成果奖 14 项。

第二节　教育政策研究

1996 年，成立教育现状调查研究室，任务是以研究北京市基础教育现状为中心，有计划、有步骤地调查北京市中小学教育改革与发展过程中的热点难点问题，逐步积累北京市基础教育发展现状资料进行趋势分析。至 1999 年，完成市教委基教二处指令性课题“北京市小班化教学调查研究”、“学校安全教育与预防措施情况调查”、“北京市计算机教学情况调查”和“北京市中小学师生关系情况调查”等。

2002 年，成立教育政策研究室，主要从事教育宏观、中观决策和教育发展理论研究，为教育行政部门宏观决策以及教育管理科学化提供服务。

一、区域教育规划研究

2006 年，开展“首都各区县 15 年来教育发展状况研究”课题研究，带领区县相关人员研究分析 15 年来的发展脉络，从教育规划视角、北京市教育规划面临的问题及今后教育发展趋势等方面开展预测研究。此后持续开展“区县与学校发展规划制定与实施”项目研究。

2009 年 6 月，市教委基教处与基教所联合召开北京市初中建设工程推进暨规划项目成果发布会，编印《北京市区县初中发展规划制定与实施选编》。

二、义务教育阶段教育资源的合理配置和使用效益研究

2007 年—2009 年，承担财政专项“义务教育阶段教育资源的合理配置和使用效益研究”项目。完成《北京市中小学校办学条件评估指标体系》文件。办学条件达标评价涉及小学、初级中学、九年一贯制、完全中学、高级中学 5 类学校。一级指标为学校规模、教学用房、体育运动设施、教学设备、规范管理 5 项，二级指标 15 项，三级指标设 47 项评价要素。

三、北京市义务教育均衡发展督导评价

2007 年，受两委委托承担“北京市义务教育均衡发展督导评价”研究项目。项目组编制出《北京市义务教育均衡发展督导评价指标》。2009 年 7 月，运用《北京市义务教育均衡发展督导评价指标》对北京市 18 个区县及燕山地区义务教育均衡发展状况进行评价，完成总报告及各区县小学阶段和初中阶段教育均衡发展状况分报告。

四、“减轻学生过重课业负担，促进学生健康成长”研究

2011 年，受市教委委托开展“减轻学生过重课业负担，促进学生健康成长”项目研究。依据问卷调查数据撰写《北京市小学生课业负担问卷调研报告(初稿)》《来自学生的报告》《来自学生家长的报告》等 10 个研究报告。至 2014 年，通过对北京市中小学校开展减轻学生过重课业负担改革的成功经验、案例进行收集、挖掘、提炼，相继组织“作业改革、科学减负、促进发展”、“考试评价、科学减负、促进发展”、“课程整合、科学减负、促进发展”和“智慧课堂、科学减负、促进发展”主题研讨交流活动。开展提高课堂教学效率、促进学生自主学习能力的实验研究。

2013 年，承担市政府教育督导室委托“北京市中小学减轻学生过重课业负担督导评价研究”项目，依据市教委、市政府教育督导室《关于切实减轻中小学生过重课业负担的通知》要求，逐步建立对中小学生过重课业负担常态化督导监测机制，撰写监测报告。

五、“来京务工人员随迁子女融入教育研究与实践”项目

2012 年，承担财政专项“来京务工人员随迁子女融入教育研究与实践”研究。项目组编制北京市随迁子女融合教育调查问卷，包括小学、初中的校长问卷、教师问卷、

学生问卷及家长问卷实施调查。2013年，16个区县及燕山地区市级项目学校申报子项目，围绕“教育教学质量提升”、“家校合作”进行研究，完成项目报告。

六、“北京市小班化教育现状与发展研究”项目

2011年—2013年，承担财政专项“北京市义务教育小班化教育现状与发展研究”。2011年，项目组对全市中小学开展班额与教学管理现状调查，完成《生源扩张背景下的小班化教育现状与趋势》报告。

2012年—2013年，项目组以“学校发展新动向”为主题开展连续调研，挖掘北京市符合小班化教学特征的典型案例。

2014年1月，召开项目总结交流会。

第三节　学校发展研究

2004年设学校发展研究室，2008年改设义务教育阶段学校发展研究室和高中教育发展研究室，以“把握现状，提炼经验，发现问题，总结规律，引领发展”为思路，通过科研引领促进学校发展。

一、初中校建设工程

2005年，承担市教委委托项目“初中校建设工程”，编制《北京市初中建设工程》评价标准，配合市教委基教处召开两次北京市初中建设工程诊断性评价培训会，使学校了解标准、掌握方法。

在全面推进的基础上，项目组以子项目形式发现典型、培养样板。2007年2月，召开“北京市初中建设工程——学校发展规划制定与实施”和“学校发展案例研究”项目专家评审会，对2007年度区县申报以上两个项目的20份子项目申报书进行评审，9个子项目获得批准。

2007年7月，完成关于2006—2007学年度北京市初中学校形成性评价现状的信息采集，完成北京市、区县、学校三级数据库的基本建设。2007年11月，召开北京市初中建设工程“2006—2007学年度学校发展现状形成性评价报告撰写”专题培训会，要求各初中校结合《北京市初中建设工程评价标准》总结两年来学校建设发展情况。

2008年10月，编辑出版《北京市区县初中发展规划制定与实施选编》。

二、课程改革促进北京中小学校发展案例研究

2006年—2008年，承担市教委“课程改革促进北京市中小学校发展案例研究项目”。项目组在区县推荐的基础上确定课程改革促进学校发展案例校，研究人员与案例校一起总结经验。召开“新课程背景下教师技能研究与培训”、“加强课堂设计提高教学质量”专题研讨会，围绕“课改前后校长办学思想变化案例研究”、“提高教育资源使用效益研究”、“课改对学校管理方式变革的影响研究”、“课堂教学设计”等专题组织样本校进行研究。2008年底，出版《新课程与学校发展案例研究》。

三、小学规范化建设项目研究

2008年—2013年，根据市教委、市政府教育督导室《关于实施小学规范化建设工程的意见》，承担“北京市小学规范化建设工作推进项目”。项目组通过组织北京市小学规范化建设工作推进会暨2008年“每一所学校都是独特的”小学校长论坛、北京市小学规范化建设工作推进会暨“如何成为有影响力的学校”2009年北京市小学校长论坛，挖掘、培养典型，为小学规范化建设树立榜样。2010年—2011年，项目组多次组织北京市小学规范化建设工程学校特色建设专家咨询会，研究与讨论北京市义务教育阶段学校特色建设的可行性、类型及要素等，并就规划项目组研制的学校特色发展建设指标征求意见。2012年，围绕“北京市小学规范化建设工程专项经验成果总结推广”总结办学条件与布局调整、教学改革与质量监控、课程建设、德育实践与创新、学校发展、学生发展、特色建设7个专题的市级成果和16个区县及燕山地区成果。

2013年6月，出版《北京市小学规范化建设工程丛书》《规范、均衡、优质、特色——北京市小学规范化建设工程总结报告》《北京市小学课程建设实践研究》《北京市小学德育实践研究》《北京市小学生综合素质评价实践探索》《北京市小学学校发展评价理论与实践》《北京市小学学校特色建设理论、工具与实践》6分册，形成宣传片《北京市小学学校发展评价图解》《2007年—2012年北京市小学规范化建设工程巡礼》《北京市小学规范化建设工程回顾》。

四、义务教育阶段学校特色建设的规划、实施与案例发掘研究

2010年，依据小学规范化建设工程“合格、规范、特色、品牌”的发展要求，在“区域与学校发展规划制定与典型发掘”研究与实践基础上，将工作重心从规范转向特色，开展“义务教育阶段学校特色发展规划制定、实施及典型发掘”研究。3月到平谷、西城、顺义的部分学校进行“学校特色建设的发展规划和特色建设现状”调研。2010年、2011年，分别以“特色之路”、“特色建设”为主题召开校长论坛，邀请上海、重庆、辽宁、湖北、安徽等地教育局及学校校长、华东师范大学杨小微教授及其团队参加交流研讨。

2011年，组织项目学校校长赴重庆北碚区教师进修学院就特色建设工作如何进行

区域推进等主题进行考察，参观谢家湾小学、中山路小学。

2012 年．完成研究成果《特色、评估、超越》《北京市中小学特色建设的模型构建与实践推广》，2013 年 7 月发布，该成果获第四届北京市基础教育教学成果奖一等奖。“枣形模型”等成果推广应用于全市 16 个区县及燕山地区教委，覆盖全市 1000 余所小学和 300 余所初中学校。

五、高中学校特色建设规划、实施与案例研究

2010 年起，承担市教委委托项目“高中学校特色建设规划、实施与案例发掘研究”。项目组确定 39 所市级项目学校和 44 所国家级特色发展项目校，制定并发布《关于制定高中学校特色建设规划文本的指导意见（修改稿）》，指导 39 所项目学校制定学校特色建设规划，对部分学校案例进行挖掘。多次召开专家咨询会，对项目研究定位、项目实施切入点、技术路线等问题提出建设性意见。2011 年，对参与国家级高中特色发展试验项目的 44 所项目学校的试验方案进行专家评审。2011 年—2012 年，召开系列典型案例挖掘研讨交流活动。

2012 年开始，“高中学校特色建设的规划、实施与案例研究”和“国家级教育体制改革试验项目——开展高中特色发展试验”两个项目合并研究。制定“高中特色发展试验项目中期评估方案”，引导学校对照自查。10 月聘请专家对 45 所国家级项目学校进行中期评估。2013 年，协助市教委编写《北京市促进普通高中多样化发展的指导意见》。7 月召开国家级高中特色发展试验项目结题交流会、结题报告征求意见会，在朝阳、东城、延庆、西城、海淀 5 个区组织区级结题系列展示交流活动。12 月召开结题汇报会，出版研究成果《探寻普通高中特色发展之路》4 册。

六、义务教育课程改革样本校建设

2005 年—2012 年，承担“义务教育课程改革样本校建设”项目，通过追踪样本校课程改革过程中的问题、经验，引领全市义务教育阶段学校的改革方向。根据区县推荐意见确定 44 所学校为样本校。

2005 年 4 月—9 月，分别在石景山区古城六小、大兴区魏善庄镇中心小学、海淀区育鸿学校、密云县教委分别召开“我们如何进行教学设计”、“课程改革理念转化为教学行为，创设优质课堂”、“学校教育资源开发与利用”等专题研讨活动。

2005 年—2010 年，多次邀请专家对样本校进行培训，指导项目学校边总结边改进。2011 年 10 月，参加在北京师范大学召开的第一届全球教师教育峰会，项目学校中关村二小、延庆永宁小学、海淀矿院附中、广渠门中学作“教师成长之旅”团队主题发言。

七、高中课程改革样本校建设研究

2007年—2012年，承担“高中课程改革样本校建设”项目，通过“校本研究与教师专业发展”、“学校管理与学校文化”、“教学方式与学习方式的变革”、“课程资源的开发与利用”4个专题调研与交流研讨，推动65所高中样本校进行课程改革。项目组采取样本校申报子项目研究的方式推进。

2009年12月—2012年3月，分别在北京十二中、北京师范大学附属第三中学、海淀区教师进修学校附属实验学校、陈经纶中学、首师大附中围绕“创设综合课程体系，引领文化校园建设”、“高中样本校教学方式变革”、“高中学生领导力的培养”、“学校管理创新与文化建设”、“高中样本校学校文化建设与教师专业发展”等专题进行系列研讨交流。2012年3月，召开“发展自主能力，实现知行合一”专题研讨会，展示国家必修课程、国家选修课程、中美AP课程、校本选修课程等。出版研究成果《追求、探索、创新——北京市高中课改样本校建设项目报告（2009）》《追求卓越——高中课改样本校学校领导力建设实践与探索（2011）》，撰写研究报告《高中样本校践行课程实施的领导力与执行力探索——高中课改样本校项目总结报告（2009）》《北京市高中样本校卓越领域调查报告（2011）》，为市教委起草《北京市普通高中课程改革实验样本校工作指导意见（试行）》。

八、课改背景下中小学科研人员专业发展研究

2005年—2013年，受市教委委托，承担“课改背景下中小学科研人员专业发展研究”项目，为区县、学校培养专兼职教育科研人员。项目以培训、课题研究、交流展示为主要形式，对各区县教科所专职科研人员、学校科研室主任或科研骨干每年进行一次培训。共组织区县教育科研人员专题培训班8个，专家41人次作专题报告，召开研讨会10余次，257篇优秀论文结集出版。

第四节 学生发展研究

1982年，教科所设立教学理论研究室，1996年改设教育理论与教育实验研究室。在“六五”、“七五”、“八五”期间，承担、参与多项部委级和省市级教育科研重点课题研究。

一、中英合作项目研究

2005年—2013年，承担“中英基础教育合作项目”研究工作，分三个阶段推进。

第一阶段：建立沟通渠道。通过组织教师赴英国访问、学习与交流、召开“中英

基础教育合作项目”第一次中英网络视频会议，解决北京与伦敦项目学校之间的沟通渠道、网络联系障碍等问题。

第二阶段：师生交流。2007 年—2009 年，组织北京十四中、北京 125 中等学校与英国伦敦虹桥区项目学校师生围绕“中英文化比较”，利用网络视频交流与讨论。

第三阶段：共享研究。2010 年—2013 年，以“沟通、理解、合作、分享”为指引思想，围绕“中英基础教育合作学习实验与课程资源建设”、“中英课堂教学方式专题研讨”进行探讨。先后在徐悲鸿中学初中部举行“以美会友”中英基础教育研讨会、在朝阳区芳草地国际学校万和城实验小学召开“中英课堂教学方式”专题研讨会、在北京第十四中学召开中英课程共建研讨会，中英双方的教师分别上课。2011 年 6 月，项目组就“如何利用英方课程资源”组织研讨，与会人员对《如何研究历史人物》和《Walking Through the Jungle》两节英国教师例课进行深入研讨，在此基础上研制英国教师授课光盘分析用表，指导教师更好地利用英方教学资源提高教学实效。

二、小学生学业成就评价改革研究

“十五”期间，承担教育部重点课题“小学生学业成就评价改革研究”。邀请澳大利亚昆士兰州教育研究局专家作《关于中小学学生学业成就评价》报告。分 7 个子课题组推进研究。2004 年 8 月—2005 年 3 月，多次就研究成果总结、评价工具开发与检验等内容对课题组成员举行专题培训。

第五节　实验校建设

一、教科院实验学校

基教所作为院实验学校指导委员会秘书处所在单位，从策划谈判到起草协议、从挂牌开学到学校发展规划、从课程开发到教师培训、从亲自指导到聘请专家，全面参与实验校的管理工作。1998 年—2015 年，参与完成北京教育科学研究院附属实验中学、北京教育科学研究院通州区第一实验小学、北京教育科学研究院丰台实验小学、北京教科院大兴实验小学、北京教科院丰台实验学校、教科院育英中学、教科院石景山实验学校、教科院平谷实验学校和教科院丰台第二实验小学、教科院大兴区旧宫实验小学等实验学校的建立工作。

二、基教所实验学校

2002 年，基教所与部分中小学建立双边合作关系，开展教育科研促进学校发展的实践研究，挂牌北京教育科学研究院基础教育科学研究所实验学校。基教所主要任务是：每年组织1—2次学术活动，利用节假日每学期组织两次面向教师的科研普及讲座，组织专家每学期参加两次实验学校教育科研活动。

基教所设专人负责实验学校工作，每学年组织两次工作交流会，不定期组织专家进校指导。签约16所实验学校：海淀区知春里中学、房山区良乡第二小学、海淀区中关村第一小学、顺义区杨镇第一中学、朝阳区新源里第四小学、顺义区牛栏山第一中学、朝阳区望京实验学校、海淀区人大附中附属实验小学、房山区良乡小学、丰台区新发地小学、通州区永顺小学、大兴区第六小学、顺义区南法信中心小学校、朝阳区安慧里中心小学、海淀区上地实验小学、昌平区平西府中心小学。

第六节　德育研究

1983年北京市教科所设德育研究室。1985年德育研究室创建《班主任》杂志。1991年德育研究室与《班主任》杂志编辑部分设。2004年10月德育研究室并入院德育中心。德育研究始终将重心放在中小学生素质状况调查和中小学德育工作改进方面。

北京市中小学德育研究会秘书处设在德育研究室，主持全市群众性德育研究工作。组织以各区县教科所（室）专职教科研人员为核心、以实验学校领导、教师为骨干的研究队伍开展研究。以中小学德育研究会为基础，组织培训、现场研讨、论文评选等群众性、基础性研究活动。

承担北京哲社课题“北京市中小学校德育实效性研究”，市教育科学规划课题“北京市中小学校网络德育研究”、“预防北京市未成年人违法犯罪研究”，市教委委托任务“研制北京市小学生评价手册中品德、身心、劳动等素质的评价标准及说明”、“北京市基础教育课程改革的监控评价”等。出版研究成果《求真、求实、求新——北京市中小学校德育实效性研究》《引领学生做网络生活的主人》《整体构建德育体系总论》等。为行政决策部门提交《北京市未成年人违法犯罪的现状、成因与对策调查研究报告（2004）》《北京市中小学德育工作调研汇编报告集（2004）》《北京市小学生评价手册》及《北京市小学生评价手册说明（1999）》。组织编写的《青少年世界观、人生观、价值观教育小学生读本》获北京市委“十个一工程”优秀读物提名奖（2001），《北京市中小学校德育实效性研究报告》获北京市第四届教育科学研究优秀成果二等奖（2002），《北京市未成年人违法犯罪现状成因与对策研究报告》获北京市教育工作调研一等奖（2004）。

第七节　学前教育研究

1988年9月，北京市教科所设立学前教育研究室，2002年9月并入早期教育研究所。

“六五”期间，方明主持课题“实现幼儿园教育玩具系列化，促进幼儿智力发展的研究”，获全国首届教育科研成果二等奖。

“七五”期间，参加中央教育科学研究所幼儿教育研究室牵头的课题“国际教育成就评价协会学前项目”。北京地区18个区县的100多名幼教工作者参与。

“八五”期间，与中央教育科学研究所幼儿教育研究室合作承担全国哲学社会科学研究项目“适应我国国情，提高幼儿素质的实验研究”，方明具体负责“家园合作，提高幼儿素质”的研究。王俊英主持“幼儿语言素质的研究”和“幼儿教师工作评价的研究”。

“九五”期间，与中央教育科学研究所幼儿教育研究所合作进行“提高我国幼儿教师素质的研究”。1998年，徐明参与市教委学前教育处、市妇联承担的“北京市学前教育社会需求与对策”调查，为市教委学前教育“十五规划”提供支撑。1999年，周芳受市教委学前教育处委托，编写《北京教育幼教科研50年》。

第八节　教育情报资料

1981年北京市教科所设图书资料信息室，负责中外文期刊、图书管理借阅和翻译。编辑《教育信息周报》每周一期，《教育决策参考》《教育文摘》每月一期，《普教信息参考》每两月一期。

1982年创办《教育科学研究资料》杂志，为双月刊。1990年更名为《教育科学研究》，为月刊。

执笔人：佟德

审核人：张熙

责任编辑：佟德

第四章 高等教育科学研究所

高等教育科学研究所（以下简称“高教所”）主要职责：从事高等教育战略规划、高等教育政策、高等教育质量监测与评价、高等教育理论、高等教育区域发展、产学研合作教育等领域的研究，研究范围涉及研究生教育、本科教育、高等职业教育等多层次多类型的高等教育。中国高教学会产学研合作教育分会秘书处和北京市高等教育学会秘书处挂靠高教所，高教所也是首都重点高等教育研究机构联盟牵头单位，教育部高等教育教学评估中心设立的全国高等教育质量监测评估研究基地之一。

第一节 沿革

高教所建于 1987 年 2 月 21 日，同时挂北京市高等学校领导干部培训中心牌子，由中共北京市委教育工作部直接领导。明确高教所工作“要为教育工委、高教局的宏观决策和中心工作服务，为促进北京市高教事业的建设、发展和深化改革服务”。市编办批复高教所的编制暂定为 20 人。高教所依托北京工业大学建立，与北京工业大学高教研究室合署办公，地点位于朝阳区平乐园 100 号（北京工业大学内）。

1987 年 2 月—1994 年 12 月，廖叔俊任所长（市委教育工作部副部长兼）。1987 年 2 月—1995 年 12 月，樊恭烋为名誉所长（北京工业大学校长兼）。1987 年 2 月—1992 年 3 月，姜云任副所长（市高教局副局长兼）。1987 年 2 月—1995 年 12 月，王思敬任副所长（北京工业大学副教务长兼），管庆智任党支部书记。1992 年 3 月—1995 年 12 月，耿学超任副所长、所长（市高教局副局长兼）。1991 年 11 月—1995 年 12 月，陈锡章任副所长，主持工作。

1995 年 9 月，高教所从市委教育工委划归为市高教局直属事业单位。

根据研究任务的需要，高教所组建专兼结合的研究队伍，聘请北京市高教局原局长庞文弟、北京理工大学校长谢簃、北方交通大学党委书记陈箓生、北京邮电大学党委书记李根达、北京化工大学副校长林树森、北京工业大学校长王浒和党委书记郭德远、首都师范大学党委书记何钊、首都经贸大学党委书记吕桓甲、北京建工学院党委书记许秀共 10 名兼职研究员。1996 年 2 月前，曾在高教所工作的人员有陈锡章、管庆智、张炼、王晓燕、单鹰、郃汉强、张虹波、郭庆兰、孙毅颖、郭亮、王琪、廖胤、徐强、刘生。

1996 年 2 月，高教所并入北京教科院，更名为北京教育科学研究院高等教育科学研究所。先后聘请教育部高教司副司长朱传礼、市委教育工委常务副书记尹栋年为特约研究员，到高教所开展高等教育研究。

2007 年、2011 年、2015 年，高教所连续三次荣获由中国高等教育学会在全国范围内开展评选的第二至四届“全国优秀高等教育研究机构”称号。

截至 2015 年底，高教所在职职工 13 人，其中研究员 4 人、副研究员 3 人，博士 4 人。中共党员 12 人。

高教所干部任职一览表

<table>
<tr><th>姓名</th><th>职务</th><th>时间</th><th>备注</th></tr>
<tr><td>陈锡章</td><td>所长</td><td>1995 年 12 月—2001 年 4 月</td><td>副院长兼</td></tr>
<tr><td rowspan="2">管庆智</td><td>副所长</td><td>1996 年 12 月—2000 年 6 月</td><td></td></tr>
<tr><td>党支部书记</td><td>1987 年 2 月—2000 年 6 月</td><td></td></tr>
<tr><td>郃汉强</td><td>副所长</td><td>1996 年 12 月—2002 年 9 月</td><td></td></tr>
<tr><td rowspan="4">吴　岩</td><td>副所长</td><td>2000 年 6 月—2001 年 4 月</td><td></td></tr>
<tr><td rowspan="2">所长</td><td>2001 年 4 月—2001 年 11 月</td><td></td></tr>
<tr><td>2001 年 11 月—2005 年 3 月</td><td>副院长兼</td></tr>
<tr><td>党支部书记</td><td>2001 年 4 月—2003 年 5 月</td><td></td></tr>
<tr><td rowspan="3">王晓燕</td><td>副所长</td><td>2002 年 9 月—2008 年 8 月</td><td>主持工作</td></tr>
<tr><td>所长</td><td>2008 年 8 月—</td><td></td></tr>
<tr><td>党支部书记</td><td>2003 年 5 月—2008 年 1 月</td><td></td></tr>
<tr><td>单　鹰</td><td>副所长</td><td>2005 年 3 月—2006 年 12 月</td><td></td></tr>
<tr><td rowspan="2">刘永武</td><td>副所长</td><td>2013 年 6 月—</td><td></td></tr>
<tr><td>党支部书记</td><td>2008 年 1 月—</td><td></td></tr>
</table>

至 2015 年，高教所承担全国教育规划课题 2 项、北京市哲学社会科学规划课题 4 项、北京市教育科学规划课题 13 项。完成 19 项决策研究、调研报告和文件起草任务，发表论文 128 篇，出版书籍 15 本，其中专著 9 部。获全国及北京市教育科研和教学优秀成果奖 7 项。

第二节　高等教育决策研究

一、培训服务

1989 年暑期开始，高教所承办每年一次的北京市高等学校干部暑期工作会议，共举办 3 期。与市委党校合办两届 6 期高校领导干部读书班，与首都师范大学管理系合办四届分别为一年和半年的高校后备干部培训班。

二、课题研究

由市委教育工委常务副书记尹栋年牵头和指导，高教所兼职研究员何钊任组长，完成市委教育工委“八五”重点课题“新时期高等学校党的思想建设研究”，课题成果《新时期高等学校党的思想建设研究》1995 年 2 月出版，获北京市第四届哲学社会科学优秀成果二等奖。

由市委教育工委书记陈大白、副书记朱全俊牵头和指导，高教所兼职研究员郭德远任组长，完成市委教育工委“八五”重点课题“新时期高等学校领导班子建设研究”，课题成果《新时期高等学校领导班子建设研究》1995 年 5 月出版。

由市高教局局长林浦生、副局长周子寿先后牵头和指导，高教所兼职研究员李根达任组长、陈锡章任副组长，完成市高教局“八五”重点课题“新时期高等学校教师队伍建设研究”，课题成果《北京高等学校教师队伍建设的理论与实践》1997 年 3 月出版，获北京市第三届哲学社会科学优秀成果二等奖、市高教学会优秀科研成果二等奖。

由陈锡章任组长，主持完成北京市教育科学“九五”规划重点课题“面向 21 世纪北京高等学校教师队伍建设研究”。课题成果《永恒的主题——大学教师队伍建设的思考》2000 年 12 月出版。

三、决策服务

2003 年，参与北京市教育大会有关高教部分文件的起草、修订工作，先后提交相关调研报告、政策建议、文件草案等十余篇，累计近十万字。在北京市教育大会召开之前，与北京市教委高教处合作，出版《首都高等学校概览》。

2004 年 4 月，参与教育部《教育部关于以就业为导向，深化高等职业教育改革的若干意见》文件起草工作。

2004 年 11 月，受市教委高教处委托，起草《北京市高职高专教育队伍建设的意见》。

2006 年，先后完成市委组织部、市教委交办的“北京高校高层次人才队伍建设状况调研”，起草《关于加强首都教育系统高层次人才队伍建设的意见（初稿）》。完成“北京高校领导班子建设研究”，研究成果转化为《北京高校领导班子建设 2004—2008 年规划》。

2007 年 5 月—9 月，先后参加市委教育工委组织的 2007 年教育系统人才工作专项调研，提交调研报告《首都高校人才工作情况分析》。受市委组织部、市委教育工委、市教委委托，承担《北京高层次人才培养教育实施方案》研究和起草工作，先后起草完成《首都教育系统高层次人才培养教育实施方案（草案）》《北京高层次人才培养教育实施方案（草案）》等相关文件。

2007 年 9 月—2008 年 1 月，受市教委人事处委托，就人才强教工作实施情况进行调研，并承担《关于继续开展人才强教工程实施意见》起草工作，完成《北京市高校“人才强教”工程实施情况分析》《关于继续实施北京市属高校人才强教计划的意见》总文件、《北京市属高等学校杰出人才引进计划实施办法》《北京市属高等学校高层次人才资助计划实施办法》等 6 个附件的起草。

2009 年，受市教委委托，先后提交《关于制定〈国家中长期教育改革和发展规划纲要〉的几点思考》《首都高等教育发展回顾与展望——纪念新中国成立 60 周年》《推进产学研合作教育发展》研究报告。

2010 年，参与教育部全国高等职业教育发展与改革工作会政策调研、文件起草、会务筹备等工作，参与教育部“卓越工程师培养计划”专家工作组，参加教育部大学生实习实践工作调研并起草调研报告等。

2012 年，完成市教委领导交办的“关于‘十二五’时期北京市属高校发展和建设的意见”，提交研究报告及政策建议。完成《研究生教育国际化问题国内外研究综述》、国内外教育及高等教育督导制度的考察。参与完成中组部下发市委组织部的调研课题“北京市高校党委书记、校长选人工作机制研究”。

第三节　高等教育结构调整研究

一、高等教育布局结构研究

2000 年 9 月—2001 年 1 月，完成“北京地区高等教育布局结构调整方案的研究”和《北京地区高等教育布局结构调整几个重大问题研究报告》。

2000 年 11 月，组织召开中国高等教育发展模式高层学术研讨会，来自北京大学、厦门大学、北京师范大学、北京航空航天大学、北京科技大学、国家教育行政学院、华东师范大学、上海师范大学等多家单位高等教育专家参加会议。

2000 年 12 月，副总理李岚清致信北京市委书记贾庆林和市长刘淇，对北京确定的高等教育发展规模、速度等问题提出质询。按照市委、市政府要求，2001 年 1 月 4 日高教所提交《北京高等教育规模到底多大较为合理》报告。

2001 年底，完成市教委首届教育科研招标课题“北京高等教育专业结构状况及调整方案研究”、“北京市重点产业发展对高级专门人才需求的研究”、“北京市高校领导干部任期责任制考核指标体系研究”。

2002 年，承接市委教育工委和市教委交付的任务，就扩招对首都高等学校带来的影响和存在的问题进行调研，提交《扩招对高等学校的影响和问题》《2002 年首都高等教育发展基本态势分析》等报告。

2002 年—2003 年，就首都高等教育的宏观发展战略进行持续研究，完成《首都高等教育发展战略思路研究》《首都高等教育布局结构调整战略思路研究》《首都高等教育资源状况及整合研究》《首都高等教育对北京率先基本实现现代化作用研究》等多篇报告。

2003 年底到 2004 年初，开展迈入普及化的首都高等教育结构调整问题调研，整理调研资料、调研报告 30 余万字。在院《教育快报》发表有关首都高等教育专业结构、层次与类型结构、投资和管理体制结构等调研报告 5 篇。

2004 年 7 月，受市委教育工委委托，开展“首都高等教育布局结构调整”研究，提交研究报告《积极推进首都高等教育内涵式发展的政策建议》和香港地区、欧洲、北美等地高等教育发展状况的资料分析报告。

2006 年，完成市委教育工委领导交办的“首都全口径高等教育规模研究”。

二、高等教育内涵发展研究

2007 年 1 月，组织召开普及化的首都高等教育发展论坛，教育部副部长吴启迪和市教委主任刘利民等有关领导、大学校长、知名专家学者 60 余人参加。

2009 年，承担市教委委托课题“首都经济发展与本科专业结构布局调整研究”。

2014 年，承担市教委委托课题“北京高校专业群建设合作模式及相关政策研究”，对北京市 2011 年以来开展的北京高校专业群建设状况进行调研分析，对专业群建设的合作模式提出建议。

2014 年，承担市财政专项“北京高校专业综合改革建设状况调研及机制研究”。

第四节 高等教育战略与规划研究

2004 年—2005 年，完成北京联合大学委托的“探索应用型大学发展之路——北京联合大学发展战略规划研究”课题。

2006 年，完成市教委领导交办的“北京市属市管本科院校发展定位研究”，对 21 所市属市管本科院校逐一进行调研分析并提出建设性意见。完成院级课题“北京市中外合作办学问题研究”及院 28 个专题中的“2020 年首都高等教育发展战略及热点难点问题研究”、“创新城市与首都教育问题研究”、“北京市高校发展定位研究”等。

2007 年，受市教委委托开展“北京市高等学校办学特色研究”，完成《对我国高校办学特色研究的文献综述》和研究报告《北京市属市管高校办学特色现状分析》。

2007 年，先后到天津市教委高教处和发展规划处、陕西教育厅开展“高等教育发展战略规划和高等学校发展定位”专题调研。

2007 年 6 月—2008 年 1 月，完成“十五”期间首都高等教育财政专项投入状况及今后三年投入方向研究，提交研究报告《北京市高等教育发展规划——从财政投入角度分析》等。完成《2001 年—2006 年北京市地方教育经费投入及普通高等教育生均预算内教育经费（包括生均教育事业费和公用经费）情况分析》《2004 年—2005 年北京市高校预算内生均经费在全国的排名情况》《2001 年—2004 年北京市高校财政性教育经费来源结构及预算内教育经费拨款及构成情况分析》《2006 年北京市高校专项经费的重点投入情况分析》等研究。

2007 年 11 月，受市委教育工委委托，就“首都高等教育与首善之区文化建设”等问题进行研究，完成《以高等教育为引领，兴起首善之区文化建设新高潮》研究报告。

2007 年 12 月，受市委教育工委委托，开展“首都高等教育发展的基本状况及形势分析”研究，提交《首都高等教育发展的基本状况及形势分析》研究报告和 3 个附件：《高等教育事业发展的基本数据》《首都与全国及国内发达省市高等教育的比较》《世界各国应对高等教育变革的积极行动》。

2008 年，参与教育部教育改革和发展战略与政策重大课题“促进教育公平的阶段性目标及政策措施研究”，先后提交《促进首都高等教育公平的阶段性目标及政策措施研究》等 3 篇报告。

2008 年 11 月—2009 年，完成市教委领导交办的重点研究任务“北京市中长期教育改革和发展规划纲要”之“首都高等教育发展战略专题报告”，完成《首都高等教育改革和发展战略专题报告》及《北京市中长期教育改革和发展规划纲要》高教部分。

2010 年，承担市教委委托课题“北京市属高校特色建设与首都经济良性互动的综合研究”。受市教委规划处委托完成《2010—2012 北京市地方高等教育发展规划》；参与完成市科委项目“首都文化创意产业专业发展规划与区域发展对策研究”，提交相关研究报告。

2011 年 2 月，完成市教委交办的“北京市属高校结构调整研究”，同时开展“北京市属高校综合竞争力评价”和“北京市属高校专业排名”研究。6 月—11 月，受市教委和北京教育考试院委托，参与国家教育体制改革试点项目“改革成人高等教育招生考试制度”研究工作，完成“北京地区成人高等教育定位与发展研究”和“成人高等教育招生考试制度改革政策研究”两项子课题研究，提交《北京地区成人高等教育定位与发展研究报告》及《关于推进北京地区成人高等教育招生考试改革全面，提高成人高等教育质量的若干意见（建议稿）》。11 月，组织召开以“提升研究水平，服务首都高等教育发展”为主题的首都高等教育重点研究机构联盟会议，北京大学、清华大学、中国人民大学、北京师范大学、北京航空航天大学、北京科技大学、北京化工大学、中国传媒大学、北京工业大学、首都师范大学 10 所高校高教研究院所负责人参加会议。

2013 年 11 月 25 日，组织召开以“高等教育综合改革与协作发展”为主题的首都高等教育重点研究机构联盟会议。

第五节　高等职业教育研究

2002 年—2004 年，协助教育部先后在湖南、湖北、江苏三次召开全国高等职业教育产学研结合经验交流会。在宁波职业技术学院建立北京教育科学研究院高等职业教育研究基地，举办“十一五”北京高等职业教育发展论坛。

2004 年 11 月，受市教委委托，参与完成市教委《北京市高职高专教育教师队伍建设的意见》文件起草工作。

2007 年，承担市财政专项“首都高职院校高技能人才培养与培训”，完成《首都高等职业教育发展报告》及《国内外高技能人才培养状况的比较分析》等研究报告。

2010 年，承担教育部全国高等职业教育工作座谈会相关政策文件及部长报告起草工作。参与北京市高等职业院校人才培养评估工作。

第六节　高等教育质量保障研究

2003 年，完成教育部委托的“研究型大学评估框架研究”。

2003 年，受市教委和市司法局委托就首都普通高等学校法学教育和高层次法律人才状况进行调研。获市教委 2004 年度调研报告二等奖。

2005 年，承担全国范围的产学研“九五”试点项目的评估专家组秘书工作、北京市教委高校教学水平评估专家组秘书工作、教育部教学水平评估专家组秘书工作。

2007 年，承担教育部对安徽师范大学、玉溪师范学院、北京体育大学和广东工业大学 4 所高校教学水平评估秘书工作。承担北京市对北京汇佳职业技术学院、北京经济技术职业学院、北京政法职业学院等高职院校教学水平评估秘书工作。

2008 年，参与副院长吴岩主持的教育部和全国高等学校教学评估中心重点课题“高职高专院校人才培养工作水平评估绩效分析研究”。

2010 年开始，参与教育部评估中心新建本科院校评估方案工作，参与完成新建本科院校的办学特点及教学工作评估研究。开展“北京高校质量工程实施监测与评价”项目。启动“全国高职院校综合实力评价”研究，制定高等职业院校综合评价指标体系。

2010 年开始，受教育部高等教育教学评估中心委托，先后完成 2011 年度—2014 年度《全国新建本科院校教学质量监测报告》。受市教委委托，先后完成 2011 年度—2014 年度《北京高等教育质量报告（本科）》编纂工作。

2011 年 4 月起，受教育部高教司委托，开展“高等教育质量分类标准研究”。

2011 年 10 月，受教育部高教司委托，完成高水平大学本科教学质量报告分析。

2012 年，完成“国内外教育及高等教育督导制度的考察”，开展市教委领导交办的“北京高校本科教学审核式评估模式研究”。

2012 年 4 月，组织召开以“教育研究与高等教育质量提升”为主题的首都高等教育重点研究机构联盟会议。

2015 年 1 月 26 日，教育部高等教育教学评估中心与教科院召开全国高等教育质量监测评估研究基地研讨会暨签约挂牌仪式，教育部副部长刘利民出席会议并讲话。会议期间，副部长刘利民、教育部高等教育教学评估中心主任吴岩、市教委委员黄侃、教科院院长方中雄为“全国高等教育质量监测评估研究基地”揭牌，双方签署研究基地建设协议书。

2015 年 9 月 28 日，教育部高等教育教学评估中心、教科院召开全国高等教育质量监测评估研究基地工作研讨会。高等教育教学评估中心主任吴岩、副主任王战军、教科院院长方中雄、副院长桑锦龙出席会议。高教所所长王晓燕代表全国高等教育质量监测评估研究基地北京教科院基地汇报基地建设情况和《全国新建本科院校教学质量监测报告（2014 年度）》研制情况。

第七节　研究生教育研究

2009 年以来，主持 6 项关于研究生教育的研究项目，其中北京市财政专项 5 项，编纂研究报告 5 册:《产学研联合培养及国内外联合培养研究生若干问题研究(2009 年)》《产学研联合培养及国内外联合培养研究生案例研究（2010 年）》《北京市专业学位研究生教育调研及对策（2011 年）》《创新研究生培养模式——聚焦北京高校产学研及国内外联合研究生培养基地建设（2013 年）》《产学研联合培养研究生模式创新研究——基于联合培养基地建设实践（2014 年）》；两委委托课题 1 项，编撰《北京市全日制专业学位研究生教育现状调研及建议（2012 年）》1 册。编纂《北京高校产学研及国内外研究生培养基地建设成果概览》1 册。

第八节　产学研合作教育研究

1989 年 8 月，北京市高等教育科学研究所名誉所长、北京工业大学名誉校长樊恭烋出席在加拿大召开的第六次世界合作教育会议。1991 年 4 月，中国产学合作教育协会在上海成立，会员单位涵盖我国重要产业集团和高等学校。协会第一届会长为樊恭烋教授，协会秘书处设在高教所，副所长陈锡章兼秘书长，管庆智为副秘书长。同年，樊恭烋主持全国教育科学“八五”规划重点课题，由耿学超、陈锡章和北工大副校长沈亦鸣任副组长，国务院有关部委的教育司（局）及全国几十所高校和大型企业参加，按地区、行业下设 9 个子课题。陈锡章协助樊恭烋主持全国教育科学“九五”规划重点课题“产学研合作教育的教育模式和办学模式研究”；高教所管庆智等人牵头，承担北京市教育科学“九五”规划课题“产学研合作教育实践与理论的研究”和“产学研合作教育要素的系统研究”。产学研合作教育研究是高教所最早承担的全国性重大研究课题，也是全国开展产学研合作新教育模式和办学模式试验以来最早在国家教委立项开展研究的课题。

2003 年，承担福特基金会项目“高等职业教育产学研结合研究与推广”，2004 年 7 月出版《必由之路——高等职业教育产学研结合操作指南》。

2004 年 12 月 27 日，经中国高等教育学会批准，成立全国产学研合作教育研究与推广中心暨北京教科院产学研合作教育发展研究中心。

2002 年—2004 年，高教所协助教育部高教司举办三次全国高等职业教育产学研结合经验交流大会。

2007 年，协助产学研合作教育协会先后在上海工程技术大学举办高等学校产学研合作教育骨干教师高级研究班，在湖北荆州召开全国产学研合作教育经验交流暨湖北省高教学会产学研合作教育专业委员会成立大会，在北京石油化工学院举行全国产学研合作教育实验基地揭牌仪式。

2008 年 6 月，举办中国产学研合作教育峰会“2008 名校校长相约张江：产学研联盟与协同创新”。

2009 年 10 月，举办 2009 中国产学研合作教育峰会，会议通过《中国产学研合作教育发展宣言》。

2009 年—2012 年，承担市财政专项系列研究：“北京高校产学研合作教育人才培养创新实验研究（2009 年）”、“北京高校产学研合作教育人才培养模式创新实践研究（2010 年）”、“北京高校产学研合作教育创新人才培养模式实施与推进（2011 年）”、“产学研合作教育人才培养模式北京模式的理论与实践（2012 年）”。

2009 年，“高等职业教育产学研结合中国模式的探索与推广”获北京市教学成果一等奖、第六届国家级教学成果二等奖；

2012 年，“基于四合作的本科人才培养北京模式的理论研究与实践探索”获北京市第七届高等教育教学成果奖一等奖。

2014 年 11 月 28 日—29 日，由中国高教学会产学研合作教育分会主办，教科院、重庆科技学院承办的中国高教学会产学研合作教育分会 2014 年学术研讨会在重庆召开，会议主题为“产学研合作教育与人才培养模式变革”。

第九节　高等教育基础理论研究

一、高等教育史研究

1990 年起，高教所参与《北京高等教育志》的部分组织工作及人物篇、重大事件篇和沿革篇的部分编写工作。2004 年 7 月出版《北京普通高等教育志》（上、中、下三册）。

1997年，以陈大白、廖叔俊为组长的“北京高等教育史研究”课题组成立，高教所作为课题组办公室承担课题研究具体组织工作。课题先后出版《北京高等教育文献资料选编》4期、《北京高等教育纪事》和《中国共产党北京高校历史纪事》。

二、高等教育理论研究

1993年1月和10月，由国家教委高等教育研究中心和北京市高教研究所发起，在北京和杭州先后举办高等教育与社会主义市场经济问题理论讨论会。会后成立以廖叔俊为组长的课题组，负责全国教育科学“八五”规划重点课题“高等教育与社会主义市场经济基本问题的研究”，12月出版论文集《高等教育与社会主义市场经济》，1996年4月出版专著《高等教育与社会主义市场经济基本问题研究》。

“九五”期间，高教所兼职研究员王浒为组长，陈锡章与袁相碗（江苏省教委主任）、胡致本（陕西省教委副主任）、忻福良（上海教科院副院长）为副组长，承担全国教育科学“九五”规划重点课题“社会主义市场经济条件下高等教育改革与发展若干问题的研究”。1999年10月编辑《教育产业论文选编》（上、下册）。2001年1月出版课题成果《社会主义市场经济条件下高等教育改革与发展研究》。

参与国家教委高教司司长周远清课题“建设有中国特色社会主义高等教育理论研究”。北京地区课题组由高教所兼职研究员庞文弟牵头，北京理工大学、北京工业大学、首都师范大学和高教所的专职研究人员参加。1997年10月出版最终成果《建设有中国特色社会主义高等教育理论要点》，获全国教育科学研究优秀成果一等奖。

由兼职研究员王浒牵头组织“教育产业研究”，编辑出版《教育产业论文资料辑》。

2006年，完成市教委委托课题“北京高等学校教学实验室建设与管理”研究。

2007年，完成市财政专项“北京地区高校科技资源调研”工作。

2008年—2011年，参与国家社会科学基金教育学重点课题、教育部哲学社会科学研究重大课题攻关项目、中国高等教育学会重大研究项目“遵循科学发展，建设高等教育强国之十三——做强省一级高等教育”。项目由江苏省教育厅副厅长丁晓昌和教科院副院长吴岩共同主持，召开和参加各类研讨会近百次，先后到上海、天津、重庆、广东、江苏、浙江、湖北、湖南、西藏、澳门等地调研。2009年10月，参加2009年高等教育国际论坛，提出了“三关系、四模式”高等教育区域发展理论。11月参加澳门理工学院组织召开的粤澳高等教育联合发展策略学术研讨会。2010年6月，举办中国高等教育区域发展理论与实践研讨会，在2010中国高等教育国际论坛上作主旨发言。2013年6月，出版《高等教育强国梦——中国高等教育区域发展新论》。

2008年，完成市财政专项“高等教育对首都发展贡献研究”。

三、高等教育资料编辑

建院前，《北京高教研究》刊物由北京高教学会与高教所合办，高教所负责日常编辑工作。1996 年，该刊划归北京教育音像报刊总社。1991 年，中国产学合作教育学会会刊《产学合作教育》（季刊）创刊，由高教所负责编辑和发行工作。其它内部刊物有《高教研究参考资料》（周刊）、《高教研究文摘》（双周刊）。还有一批专题研究资料摘编如《高等教育与社会主义市场经济》《毛泽东教育思想研究》《高等职业技术教育》《面向 21 世纪的高等教育课程体系和教学内容改革》《教育产业》等。此外，还承担北京地区高校高教研究所（室）协作组会刊《高等教育研究期刊论文索引》的日常编辑工作。

执笔人：王新凤

审核人：王晓燕、刘永武

责任编辑：管庆智

第五章　职业教育与成人教育科学研究所

职业教育与成人教育科学研究所（以下简称“职成所”）主要职责：开展职业教育和成人教育发展研究，开展学习型城市终身教育理论与实践研究，为政府和社会提供调研报告与政策建议。在职业教育研究领域，涵盖宏观战略发展研究、院校发展研究、教师发展研究、学生发展研究、督导评价研究等。在成人教育领域，涵盖终身教育与终身学习服务体系的研究、北京市学习型城市创建工作的理论研究与监测评估、社区教育研究、农村成人教育研究等。

第一节　沿革

2000 年 8 月，教科院成人教育科学研究所和教科院职业教育研究所合并组建北京教科院职业教育与成人教育研究所。

一、北京教育科学研究院成人教育科学研究所

1986 年 6 月 27 日，成立北京市成人教育科学研究所，前身是北京市成人教育研究室，隶属北京市成人教育局。尤文任所长，陈光藻任支部书记兼副所长，祝军、莽克明任副所长。

1996 年 2 月，并入教科院，更名为北京教科院成人教育科学研究所。

1996 年 2 月前，曾在北京市成人教育科学研究所工作的人员：尤文、富友仁、张定、张有声、祝军、莽克明、连树德、蔡宝田、陈光藻、杨志文、欧阳璋、张维、马宣、徐逢义、张德文、戴肖培、牟凤英、吴建中、华建宁、刘雍潜、任京珊、钟秋妹、陈伟、汪丽萍、杨志广、任燕丽、马超、沈红梅、赵志中、荣燕宁、董军、刘军、易容、王良娟、陈宏君、魏军、林业、闫军、李树贞、张淑英、鱼霞、张翠珠、吉利、蒋莉、李俊、高卫东、方建华、田国庆、曹斌、徐强、耿俊萍、田芳、董青青、张秀琴。

1991 年 5 月，北京市成人教研室成立，隶属于北京市成人教育学院，主要承担北京市成人教育的教研，编写教材、教学大纲、教参，检查教学质量、组织考试及教学经验交流等任务。王洵任主任兼书记，工作人员有李文秀、张凤清、王君、陈丹辉、

崔春艳、姚素芬。办公地点在北京成人教育局院内。1996 年 2 月并入教科院，更名为北京教育科学研究院成人教育教学研究室。

1997 年 9 月，成人教育教学研究室和成人教育科学研究所合并为北京教育科学研究院成人教育科学研究所，工作人员 25 人。

二、北京教科院职业教育科学研究所

1991 年，北京市职业技术教育中心、北京市职业教育教学研究中心（以下简称“职教中心”）（两块牌子一班人马）成立，隶属北京市教育局。主要职能是教研科研、干训师训、信息收集和发布、编写和推荐各专业使用的教材、教育教学的评估和指导专业实习场地管理工作。主任杨玉民、于洪波，书记范金印，副主任石致玉。职教中心共设置 8 个部门：教科研部、培训部、信息部、教育技术部、《北京职教报》编辑部、办公室、实习场地管理部和金帆实业总公司。1996 年 2 月并入教科院。北京市职业技术教育中心更名为北京教育科学研究院职业教育科学研究所（挂职业教育教学研究中心牌子）。所长于洪波，书记董凤雏，副所长郝守本。2000 年办公地点由教科院朝阳区劲松西口 811 楼迁至北四环 95 号院。北京市职业技术教育中心原有《北京职教报》编辑部划归《现代教育报》，金帆实业总公司归北京教育科学研究院企业管理。

1996 年 2 月前，曾在职教中心工作的人员：杨玉民、于洪波、范金印、石致玉、董凤雏、郝守本、张金声、陈福生、王一元、杨振美、杨朝杰、文秀兰、沈玉清、李树本、李居平、吴玉琨、李春友、曾寿昌、王贻彬、王秀兰、伊长明、张金生、刘志平、王绍增、孟令春、尹晓晴、高和芳、李树魁、李晓玲、张月芬、赵书明、孙印瑞、王彦清、常京生、胡以伦、孙孟侠、孙贺新、孙维民、李焕贵、邢晖、刘卫珍、姜丽萍、刘立、刘菲、杨丹、姚玉宏、高俊、李欣、杨树林、杨艳。

三、北京教科院职业教育与成人教育研究所

2000 年 8 月，成人教育科学研究所与职业教育科学研究所合并组建北京教育科学研究院职业教育与成人教育研究所。负责职成教的科研、教研，职成教科教研的信息建设。办公地点在教科院北四环 95 号院。

2005 年 5 月，职业教育与成人教育教学研究中心职能从职成教所转出，独立设置。

截至 2015 年底，职成所在职职工 12 人，其中博士 3 人、硕士 8 人，研究员 1 人、副研究员 8 人、中学高级教师 1 人。中共党员 10 人。

职成所干部任职一览表

姓名	职务	任职时间	备注
于洪波	主任	1994 年 10 月—1998 年 2 月	职教中心
王　洵	主任兼书记	1991 年 5 月—1996 年 11 月	成教室
	支部书记	1996 年 12 月—1998 年 2 月	成教所
陈金赞	所长	1996 年 12 月—2000 年 7 月	成教所（中心）
尤　文	名誉所长	1997 年 1 月—1997 年 9 月	成教所
张　定	所长	1995 年 5 月—1996 年 12 月	成教所（副院长兼）
蔡宝田	副所长	1993 年 5 月—2000 年 7 月	成教所
	副所长	2000 年 7 月—2002 年 8 月	职成教所（中心）
	副所长	2006 年 12 月—2008 年 7 月	成教所（主持工作）
	支部书记	1998 年 2 月—2000 年 6 月	成教所（中心）
	支部书记	2002 年 9 月—2008 年 7 月	职成教所、联合支部
董凤雏	副主任	1995 年 4 月—1998 年 2 月	职教中心
	所长	1998 年 2 月—2000 年 7 月	职教所（中心）
	支部书记	1995 年 4 月—2000 年 7 月	职教所（中心）
郝守本	副主任	1995 年 4 月—1997 年 5 月	职教中心
陈福生	副所长	1996 年 12 月—1999 年 11 月	职教所（中心）
张金声	主任助理	1991 年 7 月—2000 年 7 月	职教所（中心）
何　引	副所长	1997 年 4 月—2000 年 7 月	成教所（成教中心）
杨志广	副所长	1998 年 2 月—2000 年 7 月	成教所（中心）
邢　晖	副所长	1998 年 2 月—2000 年 7 月	职教所（中心）
	所长	2002 年 9 月—2006 年 12 月	职成教所（中心）
管庆智	所长	2000 年 7 月—2002 年 8 月	职成教所（中心）
	支部书记	2000 年 7 月—2002 年 8 月	
胡以伦	副所长	2000 年 7 月—2002 年 8 月	职成教所（中心）
曾寿昌	副所长	2000 年 7 月—2002 年 8 月	职成教所（中心）
吉　利	副所长	2002 年 9 月—2011 年 3 月	2008 年 7 月—2011 年 3 月期间主持工作
	所长	2011 年 4 月—	
	支部负责人	2008 年 7 月—2010 年 2 月	
	支部书记	2010 年 3 月—	
史　枫	副所长	2013 年 6 月—	

至 2015 年，职成所共承担 159 项重要课题和项目的研究任务。其中：国家社会科

学基金课题 2 项、全国教育科学规划课题 5 项、北京市哲学社会规划课题 1 项、北京市教育科学规划课题 25 项、招标立项的两委委托研究课题 5 项、市政府及两委委托的研究任务 10 项、市级财政专项工作 78 项、横向课题 15 项、国际项目 3 项、教育部委托课题 3 项、北京市财政局委托课题 3 项、市发改委委托课题 2 项、院级课题 7 项。开展决策研究，为教育部、两委、市发改委、市财政局等起草咨询报告、文件、调研报告等共 73 份。发表论文 90 篇，出版书籍 24 本，其中学术专著 3 部。

第二节　职业教育研究

职业教育研究包括宏观战略与规划研究、职业院校发展研究、教师发展研究、学生发展研究、职业教育督导评价研究等领域。开展为政府提供政策咨询建议、为职业院校教育教学改革提供科研支持、为基层提供科研指导等多类型的科研服务工作。

一、职业教育宏观发展研究

职业教育宏观发展研究包括职业教育发展战略、职业教育发展规划、职业教育体系建设、职业教育体制机制等方面，服务于教育部、市委、市政府相关行政部门。1996 年以来，职成所承担并完成数十项涉及北京市职业教育宏观发展问题的研究项目或课题。

（一）职业教育发展战略研究

1998 年，承担马叔平主持的市教委指令性研究课题“北京市职业教育改革与发展对策研究”的子课题“北京市成人中等专业教育改革与发展”研究，完成《北京市成人中等专业教育改革与发展报告》，收入马叔平主编的《北京市职业教育改革与发展对策研究》一书。2006 年该成果获第三届全国教育科学优秀成果三等奖。

2002 年，参与教科院“首都教育发展战略”课题研究，负责“首都职业教育发展战略”研究工作，完成《新世纪首都职业教育的发展思路与创新策略》总报告及若干子报告。

2007 年，参与“首都教育 2020 发展纲要研制项目”研究，负责“首都职业教育与成人教育发展战略和热点难点问题研究”专题研究工作，完成专题报告。

2008 年，受市教委政策法规处委托，承担财政专项“北京职业教育发展战略研究”。完成《北京职业教育发展战略研究报告》，提出包括现代职业教育体系建设战略、职业教育国际化发展战略、职业培训发展战略、区域职业教育合作战略、职业教育产教结合战略和职业教育发展战略在内的六大发展战略。

2010 年，参与起草教育部职业教育与成人教育司主持的《第三届国际职业技术教育大会中国国家职业技术教育发展报告》，并于 2012 年 5 月在上海召开的第三届国际职业技术教育大会上公开发布。

2012 年，承担市教委财政专项“北京职业教育改革发展 30 年编写及运行”，全面梳理总结 30 多年来北京市职业教育发展的成绩、经验和问题，并提出进一步发展的策略建议，出版《北京职业教育改革与发展历史回眸 (1979—2010)》。

2014 年，承担市教委财政专项“首都职业教育改革创新发展的对策研究”。课题对 2010 年—2013 年首都职业教育发展情况进行全面系统梳理，分析首都职业教育发展面临的形势，提出一系列推进首都职业教育创新发展的策略建议。

2014 年，参与教育部职业教育与成人教育司、政策法规司联合主持的职业教育法修订（2014）工作，起草《职业教育法总则、法律责任和附则修订说明》，完成《现代职业教育体系的政策依据与现实需求研究报告》。

（二）职业教育发展规划研究

2004 年—2006 年，受市发改委社会发展处委托开展“北京市职业教育近期专项建设规划研究”，完成《北京市职业教育近期专项建设规划报告》，为北京市制定职业教育建设规划特别是安排重大建设项目提供方案设计和论证服务。

2005 年，参与“‘十一五’时期北京教育发展规划研究”，完成子课题“北京市职业教育发展规划研究”报告。

2009 年—2010 年，参与线联平主持的《北京市中长期教育改革和发展规划纲要（2010—2020 年）》研究工作，完成职业教育部分的起草任务。

2009 年，承担财政专项课题“北京市职业教育发展规划研究”。起草《“十二五”时期北京市职业教育发展规划（建议稿）》。

2010 年，参与线联平主持的《北京市“十二五”时期教育发展规划》工作，完成职业教育部分起草修改任务。

2010 年—2013 年，承担市发改委社会发展处委托课题“北京市中等职业教育基础能力建设规划（二期）研究”，编制《北京市中等职业教育基础能力建设规划（二期）（建议稿）》。开展北京市中等职业教育基础能力建设规划（二期，2010—2015 年）中期评估，完成《北京市中等职业教育基础能力建设（二期）中期评估和规划调整建议报告》。

2010 年—2014 年，受北京国信兴业国际工程咨询有限公司委托，开展“‘十二五’期间北京市教育设施布局和重大项目之职业教育设施布局和重大项目规划研究”，研究编制《“十二五”期间北京市教育设施布局和重大项目之职业教育设施布局和重大项目规划报告》。

2011 年，承担财政专项课题“‘十二五’时期北京市职业教育改革与发展规划制定项目”，完成《“十二五”时期北京市职业教育改革与发展规划报告》，参与起草《北京市职业教育创新发展计划（2011—2015年）》。

2014年，承担财政专项“北京市落实全国职教会相关政策制定工作项目”，编制《北京市职业教育三年行动计划（2014—2016年）（讨论稿）》；参与起草《北京市人民政府关于加快发展现代职业教育的实施意见》和《北京市教育委员会关于开展高端技术技能人才贯通培养试验的通知》。

（三）职业教育体系建设研究

职业教育体系建设的区域探索研究

2005年，受房山区教委委托开展“构建房山区人才成长立交桥”的研究，合作完成《促进各级各类教育融通与衔接，构建农村地区人才成长的立交桥——北京市房山区的初步探索》一书。

职业教育体系建设的系统性理论研究

2009年，承担财政专项课题“终身教育背景下职业教育体系建设与学校发展研究”，提出北京市推进职业教育体系建设的四个行动建议：充分发挥行业企业的职业教育主体作用，推进校企合作；推行教育教学改革，完善职业教育的层次结构，打通升学渠道；实行弹性学制，扩大职业学校教育的招生范围，加强职业培训；在学历证书与职业资格证书之间建立沟通机制。

2009年—2011年，承担“十一五”北京市教育科学规划课题“终身教育背景下首都职业教育体系研究”，2011年出版《职业教育体系建设新视角》一书。

2011年，承担财政专项课题“现代职业教育体系的内涵、特征及政策途径分析”，完成调研报告《中高职衔接在教与学层面的现实状况调查》。

2011年—2014年，参与市教委主任姜沛民主持的国家社会科学基金“十二五”重点课题“我国现代职业教育体系研究”。

2012年，参与教育部“现代职业教育体系建设规划”研究，完成“现代职业教育体系建设的外部条件及主要任务”子课题报告。

现代职业教育体系建设的试验研究

《国家中长期教育改革和发展规划纲要（2010—2020年）》颁布后，北京市承担国家教育体制改革项目“构建职业人才成长立交桥”，开展现代职业教育体系建设的试点研究工作“职业教育分级制试验项目”和“3+2中高职衔接试点项目”。

分级制改革试验项目

2011 年—2014 年，相继承担财政专项“职业教育分级制试验项目”、“北京市职业教育分级制改革试验组织实施”、“国家体制改革项目——探索建立职业人才成长立交桥”等，配合市教委、市财政局、市人力资源和社会保障局等相关部门联合推动“职业教育分级制试验项目”。组织专家评审论证，确定 14 个专业开展职业教育分级制改革试验，共有 26 所学校参加，合作企业包括全聚德集团、首旅集团、首农集团、北京奔驰、用友集团、北大方正等 30 多家。形成一批职业教育分级制改革方案、人才培养标准方案和教改方案。

中高职衔接试验项目

2010 年，承担财政专项课题“北京市中高职衔接的现状分析与模式设计”，研究成果《北京市中高职衔接的现实进展与模式设计》在《中国职业技术教育》发表。

2012 年，配合市教委组织立项第一批 10 个专业的衔接试点，2013 年立项第二批 8 个专业的衔接试点，2014 年立项第三批 32 个专业的衔接试点，并选取第一批衔接效果较好的两个专业开展“3+2”中高职衔接人才培养方案的深化研究，为 2015 年第四批试点项目立项论证提供示范。“3+2”中高职衔接试点项目成为“十二五”期间北京市现代职业教育体系建设实践探索的主体模式。

（四）职业教育体制机制研究

职业教育与就业准入制度互动关系问题研究

2001 年—2007 年，参与马叔平主持的国家社会科学基金“十五”重点课题“职业教育与就业准入制度互动关系研究”工作，研究成果结集出版《职业教育与就业准入制度互动关系研究》。

职业教育财政投入问题研究

2005 年，承担市财政局委托课题“北京市中等职业学校生均公用经费标准及拨款机制研究”，提出新的生均公用经费标准及生均公用经费的拨款机制改进意见，部分研究结论被市财政局采纳。

2006 年，自主开展中等职业教育贫困生资助研究，出版研究成果《职业教育贫困生资助问题研究——以北京市为案例》。

2006 年和 2010 年，受市财政局委托，分别开展“十一五”和“十二五”职业教育投资规划前期调研，研究提出全市职业教育重点项目投资规模预测。

2007 年，开展针对党校以及特殊职业学校财政投入方式的调查研究，完成《党校财政投入方式改革调研报告》。

2012 年，承担市财政局委托课题“北京市中等职业教育财政专项投入调查研究”，对加强职业教育软实力项目建设投入提出政策建议。

职业教育校企合作问题研究

2007 年、2008 年和 2014 年，受市政府教育督导室委托，相继承担“北京市职业教育校企合作问题研究”、“北京市职业学校‘职业人培养——产教结合’专项调研”和“北京市职业教育校企合作研究”课题，三项研究开展大范围调研，完成研究报告，分析北京市职业院校开展校企合作活动情况，提出推进校企合作发展的政策措施建议。

职业教育集团建设问题研究

2009 年、2010 年，相继承担财政专项课题“职业教育集团管理模式及特点研究”和“职业教育集团运行管理研究”，提出一系列完善职业教育集团体制机制、改进职业教育集团运行管理的政策建议。

2012 年，承担教育部职成司委托课题“职业教育集团投资模式研究”，分别就中央政府和地方政府鼓励支持职业教育集团建设的投资方式和途径提出一系列政策建议。

二、职业院校发展研究

2008 年 3 月，受市教委委托开展“市场机制下的职业院校发展研究”专项研究，内容集中于职业院校核心竞争力、功能拓展和效能提升等。

是年 5 月，德国不莱梅大学技术与教育研究所（ITB）鲁德咖 . 戴特玛（Ludger Deitmer）教授和朱安娜（Joanna Burchert）女士受邀来访，同职成所合作开展以质量评价为核心的院校发展研究。确定北京市求实职业学校、北京市商业学校、北京市昌平职业学校、北京市工业技师学院、北京农业职业学院和北京信息职业技术学院 6 所职业院校为项目试点学校，开展院校质量发展、院校授权评价等方面的研究与开发。同 ITB 合作研究开发 HOLAQ 调查工具、院校外部评价的企业问卷和家庭问卷，设计职业院校内部质量评价指标体系。在职业院校实际进行现场评价 12 次，同 ITB 联合举行过 6 次院校质量发展研讨会。2012 年出版合著《职业院校质量发展的工具与方法》。2013 年发表《授权评价法在北京职业院校质量发展中的运用与影响》。

2009 年，承担市教委委托“终身教育背景下北京市职业教育体系建设与院校发展”专项研究，提出职业院校必须功能转型，更多承担面向社区和企业的职业培训及社会服务。2010 年，形成研究成果《技能型人才需求规格调查及对职业院校人才培养的建议》《动态竞争环境下的高职院校战略定位及策略》。

2011 年—2014 年，承担财政专项“国家中等职业教育改革发展示范学校建设组织实施”，在北京市国家中职示范校建设中承担跟踪指导、质量监测、中期检查、交流研讨、项目验收的职能。受教育部职成司委托，承接全国中职示范校质量监测系统的指标设计、运用指导和数据分析。结合项目开展和工作推动，出版《职业院校发展：管理的视角与策略》。

三、职教教师发展研究

2003 年 6 月，根据市教委《关于组建北京市中等职业学校教师“十五”继续教育学科指导组和专业研修中心组的意见》，中职学校教师继续教育工作纳入职成所业务范围。

2006 年 4 月，受市委教育工委、市教委委托，承担“北京市职业教育师资队伍建设现状分析与对策研究”课题，起草《关于实施北京市职业院校教师素质提高工程的意见》。

“十一五”时期，职成所围绕教师工程的开展，在教师培训体系架构、培训内容设计、各项人才选拔计划标准开发等方面进行研究。

“十二五”时期，职成所对职业院校教师素质提高工程的指导思想、目标任务、主要内容、组织领导和实施办法都进行深入研究，成果被市教委采纳转化为《北京市教育委员会、北京市财政局关于实施“十二五”时期北京市职业院校教师素质提高工程的意见》。

2013 年，承担市财政专项“职业院校教师素质提高工程综合管理与研究”，开展特聘专家的选拔与使用、高层次人才的选拔与培养、专业创新团队选拔与建设标准等研究内容。围绕职业院校教师双师素质提升开展教师素质提高工程特聘专家、职教名师、专业创新团队、专业带头人、优秀青年骨干教师培养计划的选拔和验收标准研究，专业教师培训的课程方案研究，以及语文、数学、英语、体育等公共基础课教师国内培训等研究。

2013 年、2014 年，承担财政专项“北京市职业学校师资队伍建设督导评价研究”。项目通过以东城区现代职业学校的试点评价，由区县主管领导和督学、教师、学生等多方主体参与研究，制定《北京市职业院校教师队伍建设督导评价指标体系》和督导评价方案。

四、职教学生发展研究

2000 年，承担全国教育科学“十五”规划重点课题“职业学校学生学习特点研究”。2004 年 4 月，出版《职业学校学生学习准备特点研究》。2006 年 6 月，出版《职业学校学生学习特点研究》。

2008 年—2010 年，与北京师范大学职业技术教育研究所和德国不莱梅大学职教中心合作，共同开展职业院校学生发展研究，探索适合学生职业能力和职业道德发展与评价的科学模式。提出学生职业能力模型，建立具有操作意义的职业院校学生评价方法。

北京市有 10 所中高职院校、100 名专业教师、1000 名学生参与项目。2010 年，与北京师范大学职业技术教育研究所联合出版《职业能力与职业能力测评—KOMET 理论基础与方案》。2012 年发表《北京市部分职业院校学生职业能力测评研究》。

2009 年，承担财政专项“北京市中等职业学校学生素质状况研究”，对北京市中等职业学校学生素养状况、培养机制、评价方法进行梳理和总结。综合分析职业教育多种能力目标的相互关系，针对学生能力素质和道德素质状况，开展实证调研和理论研究，发表《职业道德教育如何走出困境》。

2010 年，承担市教育督导室委托课题“北京市职业学校学生职业道德状况研究”，以北京市商业学校为个案，总结学生职业道德培养体系的主要内容以及行业企业对员工职业道德的能力要求。2011 年 12 月，出版成果《职业教育视野下职业指导研究》和《职业道德研究概论》。

五、职业教育督导评价研究

2008 年 9 月，承担国家教育督导团委托研究任务“中等职业教育督导评价研究”，为国家教育督导团起草文件《中等职业教育督导评估办法》。

2011 年，主要围绕北京市职业教育督导重点工作开展相关研究和调研，研究专题包括：中高等职业教育衔接发展督导调研、中等职业学校质量保障体系调研和内部质量评价体系构建研究、高等职业教育发展质量评价现状调研等，形成《中高职衔接教师与学生调研报告》《北京市中等职业学校教育质量督导评价调研报告》《高等职业院校人才培养督导评价调研报告》等研究成果。

2012 年，参与北京市区县政府、教委、职业院校实施素质教育综合督导评价指标体系修订研究。2014 年完成新版指标修订，对北京市国际艺术学校开展新一轮综合督导。

2012 年，开展专题督导研究，逐步开展行业、企业履行职业教育职责的督导评价研究、职业院校教师队伍建设督导评价研究和实训基地使用效益督导评价研究，分别研制出各专项督导评价的评价指标体系，被市教育督导室采纳用于试点督导工作。2014 年分别开展对北京现代职业学校的教师队伍建设的专项试点督导和对北京市商务科技学校的实训基地使用效益专项试点督导。

2014 年，邀请英国皇家教育督导员来京讲学。

第三节　成人教育研究

1986年—1996年，开展职工教育、干部教育、专业技术人员的继续教育、农村教育、成人学历教育、社会力量办学等研究。在职工教育领域，研究重点问题有职工“双补”的政策研究，岗位培训的理论、政策与实务研究，企业教育与企业教育综合改革研究。先后承担有关岗位培训的全国教育科学规划、北京市教育科学规划重点课题，参与“企业教育综合改革的理论与实践”、“新时期企业教育综合改革研究”等全国哲社重点课题研究，提出“岗位培训”的概念和实施模式。农村教育重点研究有绿色证书培训，以及科教统筹、普职成三教统筹为核心的农村综合教育改革。

1996年—2015年，成人教育研究涵盖终身教育与学习型城市研究、城乡社区教育研究、农村成人教育研究等领域，为教育行政部门提供政策咨询，面向基层开展科研指导，并积极开展同国内外的学术研究合作。

一、成人教育与终身教育研究

1996年—2001年，参与马叔平主持的全国哲社重点课题“终身教育制度研究”子课题“成人教育制度研究”、“跨世纪企业教育综合改革研究”及“妇女教育研究”等，出版《成人教育制度研究》等系列丛书。

2001年—2007年，职成所先后承担教育部、市哲社和市教育科学规划重点课题“现代企业教育制度研究”、“创建学习型企业研究”、“社区教育模式研究”等。完成中国成人教育协会为国际组织撰写的《中国成人教育质量报告》之《企业教育、社区教育和农村教育质量报告》等。先后开展《北京创建学习型城市的构想》《企业教育与创建学习型组织》等学习型城市、学习型组织的基本理论研究等研究工作，出版《城市教育与学习型城市》等书籍。先后起草《北京市创建学习型企业深化企业教育改革》《创建学习型社区大力推进社区教育发展》等报告，主持起草《北京市发展企业教育创建学习型企业先进单位评估指标》《北京市发展社区教育创建学习化社区先进区县指标体系》等文件。受市教委委托，成立并负责管理北京市创建学习型组织专家指导组和创建学习型城市专家指导组。组织专家到区县、企业、社区、学校等开展创建学习型组织的宣传、咨询、指导工作。

二、学习型城市建设研究

2007年2月，市委教育工委、市教委成立北京教育科学研究院学习型城市研究中心暨北京市学习型城市研究中心，挂靠职成所。从全市聘请 10 余位特约研究员，建立北京市学习型城市和学习型组织建设专家队伍。有关成人教育、终身教育研究工作都统筹在学习型城市建设框架下予以研究。

2005 年—2010 年，承担“十五”国家重大课题“跨进学习社会——建设终身教育体系和学习型社会研究”子课题“学习型城市、社区与企业建设研究”。

2007 年—2014 年，先后承担、完成有关终身教育和学习型社会的国家哲社重点课题、教育部重点课题、北京市教育科学规划重大课题 6 项。

2008 年，开展适应首都经济社会发展的学习型城市建设模式研究。

2009 年，承担“十一五”国家重大课题“建设学习型社会”子课题“学习型城市建设研究”、“学习型社区研究”和“学习型组织建设研究”，出版专著《学习型城市建设研究》。

2009 年—2014 年，开展首都学习型城市建设指标体系研究和北京市推进终身学习和学习型城市建设案例研究，出版专著《学习型城市建设指标体系研究》。

2011 年，开展首都学习型城市建设“十二五”规划研究，起草《北京市学习型城市建设工作“十二五”规划》和《北京市教育改革和发展中长期规划（2010—2020）》中“学习型城市建设”一章。

2006 年—2014 年，承担北京市学习型组织建设研究、北京市民学习需求调查研究、北京市民终身学习资源调查、北京市非正规学习成果认证制度研究与实验、北京市“学分银行建设”实验、北京市学习品牌培育研究、北京市民终身学习基地、学习品牌建设及学习之星奖励项目、北京市学习型城市建设监测项目、北京市社区教育监测项目等研究项目。

截至 2014 年，学习型城市研究中心组织专家制定、修订北京市创建学习型城市先进区、示范区以及学习型街道、学习型乡镇、学习型学校等评估指标三版、10 余项，完成对全市 15 个区县、36 个街道、53 个企业、32 所学校、16 个乡镇的创建先进区县或单位的视导、指导和评估工作。指导基层在市民学习成果认证、数字化学习型社区建设以及学习型城市建设评价等方面开展试验。先后出版《北京创建学习型组织工作指导手册》等培训教材、《北京学习型城市建设系列报告集》《北京学习型城市建设案例分析（区域发展篇）》《北京学习型城市建设案例分析（组织变革篇）》等书籍。

三、社区教育研究

（一）现状调研

2002 年，完成市教委招标课题“北京社区教育现状与发展研究”。

2003 年，开展社区教育个案调研，形成《城乡学习型社区典型经验——社区学院在建设学习型社区中的作用》调研报告。

2006年，起草《北京市社区教育“十一五”发展规划》。

2008年，承担北京市教育科学规划青年专项课题“北京市学习型乡镇研究”，完成《北京市学习型乡镇建设研究报告》。

（二）发展研究

2002年—2006年，承担全国教育科学“十五”规划课题“社区教育专职工作者素质与培训研究”。完成研究报告，发表《社区教育专职工作者素质分析》。

2003年，承担“十五”规划重点课题“社区教育与外来工社会流动”，撰写论文《学习型社会与弱势群体教育》。

2007年，承担市教委财政专项“推进学习型社区建设的策略与实验研究”组织工作，组织全市18个区县社区教育工作者共同开展研究，设立调研课题17项、实验课题17项、专题研究15项。发表成果《学习型社区建设研究》。

2008年，承担市教委财政专项课题“社区教育资源整合模式研究”组织工作，组织全市各区县职成科、社区学院、成人教育中心等17家单位共同开展研究，发表成果《北京社区教育资源整合模式研究》。

2014年，承担甘北林主持的北京市教育科学规划课题“北京青少年校外教育立法研究”子课题“北京青少年社区校外教育研究”，完成《北京市青少年社区校外教育发展现状研究报告》。

（三）监测评价研究

2009年，承担市教委财政专项“社区教育学校建设与评价研究”，联合东城、西城、崇文、宣武、朝阳、丰台、石景山等区县社区学院共同开展研究，发表研究成果《北京社区教育学校建设研究》。

2011年，承担市教委财政专项“北京市社区教育发展督导评价指标体系研究”，完成《北京市社区教育发展督导评价指标体系》研制。承担财政专项“北京市社区教育监测研究项目”，形成《北京社区教育监测指标体系的研究报告》。

2012年，承担自主研究课题“社区教育监测的研究”，开发社区教育基础数据网上报送系统，在大兴区、西城区进行数据实测。

2013年，承担财政专项“北京市城乡社区教育监测研究项目”，正式开展对全市16区县、380多个街道、乡镇社区教育基础数据网上报送工作，建立涵盖全市所有街道、乡镇社区教育与农村成人教育的基础数据库，形成《北京市社区教育监测报告（2013）》。

2014年，进一步修订社区教育监测数据表格，完善网上报送系统，并开展2014年度全市社区教育基础数据的报送统计工作。

2015年承担财政专项“北京推进学习型城市建设的水平监测与分析项目（含社区

教育监测）”。

四、农村成人教育研究

（一）现状调研

2003年，承担院级课题“北京农村成人教育现状和发展趋势的研究”，形成《北京农村成人教育现状和发展趋势的研究报告》，发表论文《京郊农村成人教育的需求分析——基于一个村庄人口和就业结构的实证调查》。

2014年，完成市政府教育督导室的委托任务“北京市郊区乡镇成人学校发展调研报告”。

（二）专项研究

自2000年以来，在新农村建设、农村成人教育培训、都市型农业人才培训、学习型乡镇社区教育人员队伍等方面开展专项研究，完成专题研究报告。

2004年—2010年农村成人教育专项研究一览表

序号	时间	专项名称	专项来源
1	2004年	北京市职业教育与都市型农业互动关系研究	北京市“十五”教育科学规划课题
2		北京市农业科技园区人力资源现状调查研究	职成教所立项课题
3	2005年	全国农村劳动力转移培训现状的研究	联合国教科文组织委托课题
4	2006年	北京市农村劳动力素质提高培训行动项目	市财政专项
5	2007年	北京市都市型农业人力资源开发配置的模式与途径研究	市财政专项
6	2008年	北京市农村成人教育机构建制模式及功能发挥研究	市财政专项
7	2008年	“促进首都城乡经济社会一体化问题研究”分课题“促进首都城乡经济社会一体化教育问题研究”	市委副书记王安顺牵头课题
8	2009年—2010年	农村成人学校建设与评价研究	市财政专项

2002年—2006年，承担北京市“十五”教育科学规划课题青年专项“成人学习中认知特点及影响成人学习的相关因素的研究”，研究成果《成人学习的研究——成人元认知能力的研究及成人元认知能力相关因素的研究报告》获中国成人教育协会第五届全国成人教育优秀论文一等奖。

（三）基层指导

2004年，在密云县石城镇设立“学习型乡镇示范研究基地”，指导基层农民开展成人教育培训工作。

2006年，进一步加强对密云县石城学习型乡镇示范研究基地的建设，与镇党委共同制定《创建学习型石城实施方案》，组织有关部门向石城捐款15万元，捐书5万册，组织10名大学生驻村开展中小学课外辅导、调研和群众文艺演出。

五、国际交流与合作

（一）国际合作研究机构

2004年，与联合国教科文组织合作开展“职业院校环境保护案例研究”，出版《职业院校环境保护案例研究》英文版。

2010年—2014年，职成所在成人教育与学习型城市研究领域建立合作关系的国际组织和国外机构有：联合国教科文组织终身学习研究所（UNESCO－UIL）、英国成人与继续教育研究院（NIAECE）、伦敦大学教育学院（University of London，IOE）、爱丁堡大学（University of Edinburgh）、格拉斯哥大学（University of Glasgow）、斯特林大学（University of Stirling）、加州大学伯克利分校（University of California，Berkeley）、加州大学洛杉矶分校（University of California, Los Angeles）等。

（二）成人教育研究网络

2012年，职成所加入ALADIN学术共享网络。该组织是学习型城市网络信息交换的平台，定期交换相关研究成果和学术文献。是年，加入PASCAL International Observatory组织。

2014年，职成所成为亚欧终身学习中心（ASEM—LLL Hub）成员。

2015年3月，联合国教科文组织终身学习研究所和教科院签订合作协议，形成战略合作伙伴。

（三）终身教育学术论坛

2009年起，开展终身教育学术论坛系列活动，至2015年共举办活动5期。论坛相继邀请德国不莱梅大学Pekka教授、英国斯特林大学John Filed教授、苏格兰终身教育委员会主席Jim Gallacher教授、英国斯特林大学教育学院院长Richard Edwards教授、格拉斯哥大学Michael Osborne教授等来京讲学和交流。

（四）国际学术活动

2011年2月，职成所7人赴德国不莱梅大学等地进行终身教育培训21天，学习德国终身教育和学习型城市建设经验。

2013年6月，苑大勇参加在韩国济州岛召开的国际学习型城市高层论坛，作《北京建设学习型城市的经验》主题发言。

2013年9月，受英国文化教育协会（British Council）邀请，苑大勇赴英国伦敦参加职业教育学徒制研讨会，作《北京职业教育分级制改革的经验与学徒制改革》主题发言。

2013年10月，首届国际学习型城市大会在北京召开。职成所出版首部英文专著《Towards The Learning City of Beijing：A review of the contribution made by the different education sectors》，编写英文的北京学习型城市报告等。

2014年10月，苑大勇赴韩国昌原市参加亚太地区全球公民专家研讨会，作《以学习型城市促进全球公民建设》主题发言。

四、学会工作

1986年，中国成人教育协会成人教育科学研究机构工作委员会成立。2003年12月24日经民政部批准，成为隶属于中国成人教育协会的分支机构。秘书处设在职成所，先后由张有声、蔡宝田、史枫担任秘书长。

1986年—1995年，北京成人教育学会挂靠在北京成人教科所，1996年—2013年挂靠在职成所。2000年—2002年，所长管庆智任秘书长；2002年—2006年，所长邢晖任秘书长。2013年学会转出教科院。

1996年，北京市职业技术教育学会挂靠在教科院。2002年，副院长仉琨任会长。2012年，学会秘书处转出教科院。

执笔人：卫宏
审核人：吉利、史枫
责任编辑：倪永娟

第六章 职业教育与成人教育教学研究中心

职业教育与成人教育教学研究中心（以下简称“职成教研中心”）主要职责：开展职业教育与成人教育课程改革、专业建设、实训基地建设、信息化教学、人才培养模式等方面的研究和教材建设工作。职成教研中心以构建首都现代职业教育体系、提高人才培养质量、促进职业教育和成人教育内涵发展为中心，结合首都经济社会发展要求与本市职业教育和成人教育工作目标，通过北京市教委委托财政项目研究、各级各类课题研究和区县、职业学校委托研究等开展工作。

第一节 沿革

1998年6月，教科院组建北京市职教成教教材建设领导小组办公室（以下简称为“职成教材办”），受市教委和教科院双重领导。市教委职教处、成教处参加办公室工作。工作人员4人，从教科院教材编审部、职教所、成教所抽调业务人员组成。

2005年3月，职成教材办更名为职成教研中心，同时保留职成教材办牌子。5月，职成教研中心（职成教材办）从职成教所转出，独立设置。

2008年7月，职成所、职成教研中心联合党支部分别设置，成立职成教研中心党支部。

截至2015年底，职成教研中心在职职工14人，其中高级专业技术职称11人。中共党员9人、民主党派2人。

职成教研中心（职成教材办）干部任职一览表

姓名	职务	任职时间	备注
袁　晓	主任	1998年6月—2003年3月	职成教材办
	党支部书记	2003年3月—2005年3月	职成教材办
蔡继顺	副主任	1998年6月—2002年8月	兼
张有声	副主任	1998年6月—2002年8月	兼

邢　晖	副主任	1998年6月—2002年8月	兼
	主任	2003年3月—2005年5月	兼
何　引	副主任	1998年6月—2002年8月	兼
李　铎	党支部书记	1998年6月—2003年2月	联合党支部
蔡宝田	党支部书记	2005年3月—2008年7月	联合党支部
姜丽萍	副主任	2005年1月—2013年5月	
柳燕君	主任	2006年6月—	
	党支部负责人	2008年7月—2010年2月	
	党支部书记	2010年3月—	
吕良燕	副主任	2013年6月—	

至2015年，职成教研中心承担全国教育规划课题3项、北京市教育科学规划课题4项、两委委托项目3项、财政专项70项、院级委托研究项目8项、国内横向课题10项。完成文件起草3件，发表论文14篇，出版书籍26本，其中学术专著5部，出版教材教参240种。获北京市教育科研和教育教学优秀成果奖2项。

第二节　职业教育教学研究

1998年—2015年，职业教育教学研究的范围与领域从关注文化课教材建设和教学研究拓展到职业教育的课程建设、专业建设、教学模式、学业评价、实训基地建设、质量监控与评价等研究领域。

一、中等职业学校课程改革研究

2001年—2004年，主要开展中等职业教育课程体系整体改革试点工作和北京市中等职业学校文化课新编教材质量监测工作；2008—2014年，主要开展中等职业学校以工作过程为导向的课程改革实验和中等职业学校公共基础课程相关研究工作。

（一）专业课

中等职业教育课程体系整体改革试点实验

2001年，市教委决定在17所中等职业学校开展中等职业教育课程体系整体改革试点工作，职成教材办、职成所部分教师担任课改专家，参与17所项目学校实施方案的评估指导，深入项目学校调研指导，审议指导项目学校改革成果。至2004年，形成多元选择课程模式、职业能力核心课程模式、主轴并行课程模式、资格导向开放式课程模式。

中等职业学校以工作过程为导向的课程改革实验

2008年，市教委决定在动画设计与制作和会展服务与管理2个专业试点的基础上，在17个专业开展新一轮中等职业学校以工作过程为导向的课程改革实验。职成教研中心主要参与课改设计和过程指导，先后有10名教研员担任课改专家。确定32所学校为工作过程导向课程改革实验学校、41个试点专业。课程开发按工科、文科和服务类分成3组，以《北京市中等职业学校以工作过程为导向的课程开发指导手册》为依据同时开展。2008年—2014年，历经专业教学指导方案和专业核心课程标准制定、专业核心课程教学设计和课堂教学改革、课程评价和课程管理的改革、与新课程实施相配套的专业教学资源建设和新课程实施阶段工作总结等阶段，制定17个专业教学指导方案和232门专业核心课程标准，组织编写与新课程配套的理实一体化教材135本，指导学校自编讲义500余本。开展中德职业教育课程模式比较研究，形成20余万字研究报告。

（二）公共基础课程

北京市中等职业学校文化课新编教材质量监测

2001年—2004年，市教委决定在16所中职学校开展北京市自编中等职业学校文化课新编教材质量监测，职成教材办连续4年通过听课、座谈、问卷调查、教材培训、研讨会等形式指导16所学校进行教材质量监测工作。出版《实践与探索——北京市中等职业学校文化课新教材试用论文汇编》。

中等职业学校公共基础课程新教学大纲、新教材培训

2009年—2012年，联合有关出版社和北京市职业技术教育学会德育、语文、数学、英语、计算机应用基础5个单科教学研究会，组织5门课程新教学大纲和新教材培训，每年一次。截至2012年，累计培训中等职业学校公共基础课程教师4000人次。

2013年10月和2014年6月，开展中等职业学校公共艺术课程教学大纲和国家规划新教材培训，共培训教师约300人次。

北京市中等职业学校公共基础课程特色教学模式实验研究

2011年，开展“北京市中等职业学校公共基础课程特色教学模式实验”研究，总结14所实验学校教师在实际教学中使用的先进教学模式，完成《北京市中等职业学校公共基础课程特色教学模式实验研究》总报告和14篇子报告，提炼5种教学模式：以多元智能为基础的主题教学模式、基于友善用脑的思维导图教学模式、任务型教学模式、启发—探究教学模式、案例教学模式。在理论与实践研究基础上对 5 种教学模式的内涵及特征、教学原则、教学策略、教学评价、教学实施进行界定与规范，形成支撑 5 种教学模式的教学设计 21 篇，出版研究成果《北京市中等职业学校公共基础课程特色教学模式实验研究》。

北京市中等职业学校公共基础课教师教学设计（说课）比赛

2009 年，与北京市职业技术教育学会联合举办北京市中等职业学校公共基础课程教师教学设计（说课）比赛活动。比赛主要对参赛选手教案、现场说课和说课课件 3 个环节进行综合评审。来自 68 所中等职业学校的 281 名教师参加德育课程（含职业生涯规划、职业道德与法律、经济政治与社会、哲学与人生、心理健康）和文化基础课程（含语文、数学、英语、计算机应用基础）的比赛。

2014 年，开展第二届北京市中等职业学校公共基础课程教师教学能力竞赛活动。

中等职业学校公共基础课程信息化教学研究与实践

2012 年，以德育、语文课程为试点开展中等职业学校公共基础课程信息化教学设计实践研究。2013 年 7 月，完成《中等职业学校公共基础课课程信息化教学设计实践研究报告（以语文、德育课程为例）》，同时完成中等职业学校语文课程语文（上）和 德育课程职业道德与法律全册教学内容的信息化教学设计。2014 年出版研究成果《北京市中等职业学校公共基础课程信息化教学实践研究》。

2013 年，根据各学科特点探索信息技术与学科整合策略与途径，开展信息技术与公共基础课程整合研究与实践。2014 年 5 月，完成“信息技术与中等职业学校公共基础课程整合的研究与实践”项目总研究报告和 5 门公共基础课程研究报告，出版研究成果《北京市中等职业学校公共基础课程信息化教学研究与实践》。

2013 年 4 月—6 月，开展全市公共基础课程教学与信息化教学现状调研，完成《北京市中等职业学校公共基础课程教学的调查与分析》报告。

2013 年—2014 年，开展 8 次北京市中等职业学校公共基础课程信息化教学培训会，全市 16 个区县职成教研中心（教研室）、40 所中等职业学校、1000 余人次公共基础课程负责人和教师参加。

中等职业学校英语、语文、数学课程学业成就评价标准研究

2014 年，以英语课程为试点启动中职公共基础课程学业成就评价研究，搭建符合中职英语课程特点的学业成就评价标准的框架，制定《北京市中等职业学校英语课程学业成就评价标准》。2015 年开展语文和数学课程学业成就评价标准研究，制定《北京市中等职业学校语文课程学业成就评价标准》和《北京市中等职业学校数学课程学业成就评价标准》。2015年在全市13所中等职业学校开展英语课程学业水平测试工作。

二、中等职业学校实训基地建设研究

2005年—2014年，主要开展北京市中等职业学校实训基地装备标准研究，完成20个专业实训基地装备标准并进行修订，启动6个新兴专业实训基地装备标准研制工作。开展实训基地建设模式和运行模式研究，承担实训基地项目评估工作与规划研究。

（一）北京市中等职业学校实训基地装备标准研究

2005年11月，市教委职成处、教科院职成教研中心、市职教学会联合组织召开北京市中等职业学校专业委员会工作会。2006年10月，完成数控技术应用、电子与信息技术、机电技术应用、汽车运用与维修、计算机技术、物流管理、金融事务、饭店服务与管理、烹饪、美容美发与形象设计10个专业实训基地装备标准，形成《北京市中等职业学校实训基地装备标准》文件。

2008年，继续开发完成园林、工业与民用建筑、电气运行与控制、电气设备安装（楼宇智能技术专门化）、旅游服务与管理、航空服务、动画设计与制作、会计、国际商务、服装设计与制作10个专业实训基地装备标准。

2014年，修订20个重点专业实训基地装备标准，结合首都经济发展和新兴专业建设需要启动城市轨道交通运营管理、城市轨道交通车辆运用与检修、学前教育、电子商务、产品质量监督检验（食品安全）、物联网技术应用6个新兴专业实训基地装备标准研制工作。编印《北京市中等职业学校26个专业实训基地装备标准(2014年版)》上、下册，供各级职业教育主管部门和中等职业学校进行实训基地建设时参照执行。

（二）实训基地建设模式和运行模式研究

2007年，组织北京市建筑材料工业学校、北京市自动化工程学校等5所学校针对数控技术应用专业核心课程开展实训基地建设项目研究，完成《北京市中等职业教育数控专业核心课程实训项目指导手册》。

2008年，选择北京电子科技职业学院等12所职业学校分专业开展实训基地建设和管理案例研究，提炼出“校办企业型”、“教学工厂型”、“校企共建企业型”及“引企入校型”4种职业院校实训基地运行模式，成果汇编为《北京市中等职业教育实训基地建设管理研究》。

（三）中等职业学校实训基地项目评估工作与规划研究

2009年，开展“北京市中等职业学校实训基地效益评价指标体系实践研究”，研制中等职业学校实训基地效益评价指标体系及统计软件。

2010年，配合市教委开展实训基地建设视导、检查和评估工作，对118个实训基地项目中的97个中等职业学校实训基地项目进行评估。撰写《北京市中等职业学校“十一五”规划重点建设实训基地项目报告》，编辑《北京市中等职业学校实训基地建设交流文集》，编印《北京市中等职业学校实训基地建设画册》。

2011年，起草《北京市中等职业学校“十二五”实训基地建设规划报告》，出版《北京市中等职业学校实训基地建设发展研究》。

三、中等职业学校信息化教学资源建设研究

2012年，启动5所试点学校信息化教学资源建设工作，在5个专业进行信息化教学资源开发，依托学校已有校园网平台进行资源深入整合，并逐步研究制定北京市中等职业教育信息化教学资源的基本规范，确定信息化教学资源库的基本结构、资源类型和标准，初步形成校企合作团队开发信息化教学资源的工作流程与方法，进一步探索共享机制。

2013年，全面启动北京市中等职业教育工作过程导向课程改革教学资源建设项目。指导17个专业的组长学校牵头完成本专业资源平台和有关资源，并进行远程审核与验收。开发建设服务17个课改专业发展的教学资源库，以“专业建设+课程学习”为主要内容进行资源开发。根据专业教学资源的内容、形式、标准、所需存储空间等特点，遵循通用网络教育技术标准将专业教学资源集成为资源库，建设资源管理平台。

2014年，在17个课程改革专业选择优质特色课程，建设以微课为主要形式的信息化教学资源。

四、中等职业学校质量评价研究

（一）学生学业质量评价专题研究

2010年，开始探索与工作过程导向课程相配套的评价方式与方法。2012年，确定北京市外事学校、北京市对外贸易学校等7所中职学校作为实验学校，开展中等职业学校学生学业评价专题研究。2013年，审议各实验学校相关研究成果，撰写完成评价专题研究总报告《中等职业学校学生学业评价体系研究》。

（二）教学质量监测研究

2011年—2013年，参与市教委中职示范专业评估工作，承担评估指标体系的设计制定和评估组织工作。

2014年，启动常态监测，从专业与课程、资源条件、过程管理、质量绩效四个维度构建评价中等职业学校教学质量的关键指标体系，开发北京市中职教学质量监测数据采集平台，采集15所试点学校教学质量监测数据，诊断中职学校专业教学质量，完成《北京市中职试点学校教学质量评估报告》。

2015 年，修订指标体系，完善北京市中职课程教学质量信息采集平台，建立北京市中等职业学校人才培养状态数据采集制度，召开全市公办及民办中专、职高 200 余人的工作会和培训会，收集全市 62 所学校提交的 40 万个数据。

五、中高职衔接研究

2008 年，以北京市 9 所职业院校的汽车检测与维修专业、模具设计与制造专业、数控技术应用专业、市场营销专业、航空服务专业 5 个中高职对口专业为试点，对“3+2”中高职教育衔接模式的适合专业范围、培养目标衔接、课程设置衔接等方面进行研究，完成《“3+2”中高职教育衔接模式研究》总报告和 5 个试点专业研究报告及人才培养方案。

2011 年，以数控技术应用、学前教育、物流管理 3 个专业的核心课程衔接为研究对象，从中高职衔接课程开发模式、专业课程结构设计、专业教学指导方案制定、衔接课程标准制定、课程衔接模式构建等方面进行一系列理论和实验研究，创建“双目标、双主体”和“能力递进、纵横拓展、模块化设置”的中高职课程衔接模式。研究成果在北京市“3+2”中、高职衔接实验中被广泛应用，并获北京市第一届中等职业教育教学成果一等奖。

2014 年，开展中职、专科高职、本科高职衔接的人才培养模式和课程体系研究。

2015 年，进一步开展德国、英国、美国、澳大利亚和台湾的职业教育体系、课程衔接的国际比较研究，以数控、电商、烹饪 3 个专业为例，构建中、高、本三个层次课程体系和专业核心课程标准，出版成果《现代职业教育体系人才培养模式的创新研究——中职、专科高职、本科高职人才培养模式的整体设计》。

六、教材开发

（一）专业课教材开发

1998 年 7 月，与全国宝玉石专业委员会联合组织编写中等职业学校宝玉石专业课教材。1999 年 7 月，出版专业课教材《宝玉石地质基础》，供北京、昆明、青岛、武汉等地中职学校使用。

2004 年，成立机加工等工科专业教材研发小组，成员有职成教材办教研员和部分中职学校校长。2005 年—2007 年相继出版《电加工技能训练》《车工技能训练》《铣工技能训练》《电工技能训练》《电子技能训练》《传感器应用技能训练》《气压与液压传动控制技能训练》《电工与电子应用技术》《数控铣床和加工中心操作与编程技能训练》《钳工技能训练》《CAD/CAM 建模与操作技能训练》《PLC 编程技能训练》《机械基础（附光盘）》《机械基础学习指导与练习》《Auto CAD 2007（初级工程师）（附光盘）》《机器人》16 本教材。

2012 年，启动北京市中等职业学校以工作过程为导向的课程改革实验项目专业核心课程教材编写工作。17 门专业 135 门核心课程教材建设分三批开展，截至 2015 年底，共出版 47 门专业核心课程教材。

（二）公共基础课程教材开发

1999年6月，开始组织编写公共基础课教材。2000年6月，出版《创业教育（通用型）》教材。2001 年，出版《小企业创业指导（专业型）》教材 6 册：《小餐饮业创业指导》《小花店创业指导》《小美发厅的创业指导》《小商店的创业指导》《小企业的会计实务与税收实务》《小商店的创业指导》，同时出版《创业教育・教学案例选》。

2000 年，启动北京市中等职业学校文化基础课教材编写，至 2006 年共有 120 本文化基础课教材（含第一版和修订版）出版发行。

七、中等职业学校竞赛组织与管理

（一）北京市中职技能大赛

2007 年，市教委开始举办北京中等职业学校技能比赛，技能比赛领导小组办公室设在职成教研中心。每年技能比赛分为校级比赛、市级比赛和全国大赛三个阶段。比赛内容从 5 个专业、21 个赛项逐步扩展为 11 个专业、67 个赛项，比赛承办单位由最初 6 家发展至 22 家。每年在市赛基础上选出获奖选手，组队参加全国技能大赛。截至 2015 年，共举办 9 期比赛活动，参加全国大赛获奖牌 563 个。

2007 年—2015 年北京代表队参加全国大赛获得奖牌数量统计表

奖项 年份	一等奖	二等奖	三等奖	奖牌总数
2007 年	5	5	9	19
2008 年	5	18	13	36
2009 年	16	18	15	49
2010 年	15	29	18	62
2011 年	24	21	29	74
2012 年	20	27	30	77
2013 年	14	34	30	78
2014 年	19	25	41	85
2015 年	16	26	41	83
合计	134	203	226	563

2014 年 4 月 13 日，首次举办北京市中职技能比赛开幕式，同期举办全市职业教育专业技能教学成果展。30 余家新闻媒体参与活动报道。

2014 年，成功申办全国职业院校技能大赛中职模特表演赛项和城市轨道交通车辆运用与检修赛项。

2015 年，申办全国职业院校技能大赛中职组物联网技术应用与维护、民乐表演、戏曲表演三个赛项。

（二）中等职业学校“文明风采”竞赛活动

2010 年—2012 年，受市教委委托开展中等职业学校“文明风采”竞赛活动展示项目，根据全国“文明风采”竞赛活动总体要求，分设计征文、设计、摄影、FLASH 动漫、展示五大类。每年全市有万余名中职学生参加该项竞赛活动，经过校级初赛、市级复赛选出获奖作品，参加全国中等职业学校“文明风采”竞赛活动。

2010 年—2012 年北京市参加全国中等职业学校“文明风采”竞赛成绩统计表

奖项 年份	一等奖	二等奖	三等奖	优秀指导教师奖（人）
2010 年	200	360	203	506
2011 年	288	696	242	1372
2012 年	442	845	1092	2668
合计	930	1901	1537	4546

（三）北京市中职信息化教学大赛

2010 年—2015 年，协助市教委连续六年组织北京中等职业学校教师信息化教学大赛，进行信息化教学的实践研究，对教师进行培训、指导，组团参加教育部组织的全国职业学校教师信息化大赛。2011 年起，每年北京市均获最佳组织奖，2014 年和 2015 年全国职业院校教师信息化教学大赛与高职成绩合计位列全国第二名。

2010年—2015年北京市参加
全国职业院校信息化教学大赛中职组获奖情况统计表

年份	一等奖	二等奖	三等奖	参赛数量
2010年	0	1	3	9
2011年	2	4	3	9
2012年	2	4	3	9
2013年	5	3	1	12
2014年	6	3	1	11
2015年	8	2	5	15
合计	23	17	16	65

八、“职成教空中课堂”内容策划与组织指导

2003年，按照市教委要求，职成教材办负责“非典”时期“职成教空中课堂”内容策划与组织指导，内容以学生文化课学习为主，包括中职学生网上学习、在线答疑、电视讲座等工作。“职成教空中课堂”提供网上“中职升高职考前辅导”、“视频”图像资料500分钟（4科14片光盘）。“中职在校生文化基础课学习”、“中职升高职考前辅导”、“中职学校文化基础课水平测试”网上文字材料3科共约200万字。依托“北京职成教网” 在北京市宣武区第一职业学校、北京市汽车工业学校和北京二轻工业学校开展在线答疑工作，共15万人次点击，日平均点击8000人次，解答问题约15000个，投入人力（包括答疑教师、技术人员、管理人员、后勤人员）约300人次。在北京电视台BTV 8频道，分三天播出语文、数学、英语3科各8小时的复习指导讲座。

第三节　成人教育教学研究

一、学历教育

（一）成人学历教育教学模式改革试点工作

2006年9月，按照市教委《关于在我市中等职业学校开展“技能＋基础”成人学历教育教学模式改革试点工作的通知》，指导全市52所中职学校和成人学校开展试点工作，拟定《中等职业学校“技能＋基础”成人学历教育相关工作方案》和《关于做

好北京市中等职业学校“技能 + 基础”成人学历教育相关工作的通知》，明确考试组织管理、成绩认定、证书发放、任课教师培训等。

2006 年，配合市教委组成考试大纲研制小组，编制《北京市中等职业学校 “技能 + 基础”成人学历教育教学模式改革试点文化基础课（语文、数学、英语科目）考试大纲》。2007 年 2 月，经市教委审查，印刷 3 科《考试大纲》发给全市 52 所试点学校。

2007 年，配合市教委开展中等职业学校“技能 + 基础”成人学历教育教学模式改革试点工作，每年 5 月和 12 月安排全市“技能 + 基础”成人学历教育语文、数学、英语考试。截至 2014 年 5 月，共组织 3 科考试各 14 次，累计 15500 余人次参加考试。研制语文、数学、英语试卷各 21 套。

2011 年，开展成人中等学历教育办学模式实践研究。在 10 个远郊区县委托 10 所农村学历教育学校作为试点学校进行实验，采取“分级管理，试点实践，专业指导”工作方式，探索农村成人教育培训新途径与方法。总结出市级政府主导下的 “技能 + 基础”办学模式，学校自主探索的 10 种办学模式： “两校合一”办学模式、“校企协同、三方共赢”办学模式、“项目管理”办学模式、“三结合”办学模式、“三级网络一体化”办学模式、“1+1+3”联动式办学模式、“校 +X”办学模式、“一体两翼”办学模式、“校社联合”办学模式、“连锁超市”办学模式。2012 年和 2014 年分别出版研究成果《北京市农村成人中等学历教育办学模式研究》和《北京市农村成人教育模式改革的研究与实践》。

2012 年，根据生源、学习时间、方式、内容等方面的不同要求，提出“技能 + 基础”教学模式，发表论文《适合生源变化的“技能 + 基础”教学模式》。

（二）农民学历教育课程开发

2013 年，以民俗旅游和中餐烹饪 2 个专业为试点，研发农民学历教育专业教学指导方案和专业核心课程教学大纲，构建新的专业课程体系。

2014 年，研发果树种植、蔬菜种植、农产品市场与流通、休闲农业与乡村旅游、合作社运营与管理等 5 个专业教学指导方案和专业核心课程教学大纲，并制作 180 课时教学视频支持网络学习。

2015 年，研发家庭农场经营管理、林下经济、农村社区管理 3 个专业教学指导方案和 24 门专业核心课程教学大纲，制作教学视频 90 课时。

（三）农民学历教育师资培训

2009 年，开展农民学历教育师资培训工作，培训类型有示范性培训、普遍性培训、试点培训等。截至 2014 年，共开展 20 余次培训，涉及农村成人教育宏观政策、农民培训方式改革、教学方法、论文撰写、教材编写、教学设计、思维导图、项目管理办法等内容，10 个远郊区县 2000 余人次教师参加培训。

二、农村成人教育改革研究

（一）培训方式改革研究

2013年，开展探索农村成人教育培训方式的研究。指导10个远郊区县承担19个关于培训方式改革研究的项目学校，探索农村成人教育培训方式改革，总结现行两类农村成人教育培训方式，即面授典型教育培训方式（田间学校、双师合作、任务驱动）和网授典型教育培训方式（学习平台、网络在线），提出不同的课程内容、农业产业、地区地域要用不同的培训方式。出版研究成果《北京市农村成人教育培训方式改革与课程开发》。

（二）农村成人教育课程改革研究

2010年—2015年，开展一系列农村成人教育课程研究，通过开展优秀教材、教学课件、教学设计和教学论文等评选活动，推广部分地区的农民培训课程新资源、新模式。

2010年—2015年农村成人教育评选活动一览表

年份	评选活动名称	评选内容	评选数量
2010	北京市农村成人培训优秀自编教材（讲义）和多媒体课件评选活动	自编教材（讲义）和多媒体教学课件	12个区县自编教材（讲义）73件、课件21件，共94件
2011	北京市农村成人教育优秀自编教材（讲义）和多媒体课件评选活动	自编教材（讲义）和多媒体教学课件	9个远郊区县自编教材（讲义）60本、多媒体教学课件78份，共138件
2012	北京市农村成人教育特色教材和课件评选活动	特色和多媒体教学课件	10个远郊区县68所学校特色教材70件、课件109件，共179件
2013	北京市农村成人教育特色教材和优秀论文评选活动	特色教材和论文	10个远郊区县78所学校特色教材56件、论文172件，共228件
2014	北京市农村成人教育教师基本能力竞赛活动	教学设计（说课）比赛和教学论文	10个远郊区县107名一线教师参赛
2015	北京市农村成人教育自编教材和微课评选活动	自编教材和微课	10个远郊区县72册自编教材、163件微课作品，共235件

三、成人教育教材开发与教学资源建设

（一）成人教育教材开发

成人学历教育教学模式改革试点文化基础课教材

2007年4月，市教委组织成立北京市中等职业学校“技能+基础”成人学历教育教学模式改革试点文化基础课（语文、数学、英语科目）教材编写委员会。职成教研中心组织部分中等职业学校和成人学校教师、专家组成语文、数学、英语3科教材编写队伍，依照考试大纲编写配套教材。至12月，出版《北京市中等职业学校“技能+基础”成人学历教育试用教材》9册：语文（上、下册）、语文练习册（上、下册）、数学（上、下册）、数学练习册（上、下册）、英语（全一册）。

“新农村建设‘农家院’”系列培训教材

2006年—2010年，组织、指导编写以民俗旅游、乡村手工艺、种植养殖等为主要内容的致富技能培训课程教材，以文化素质、法律法规、卫生健康、社区生活等为主要内容的培训课程教材。出版“新农村建设‘农家院’系列培训教材”14本：《农家致富经（上下册）》《农家服务经》《农家营销经》《农闲手工艺(1—4)》《农家特色菜（1—3）》《巧手做面点（1—2）》《京白梨种植技术》。

在希望的田野上——农民继续教育系列教材

2012年，组织、指导编写“在希望的田野上——农民继续教育”系列教材16本。截至2015年底，出版《农家自制花草茶》《玫瑰花栽培与产品开发》《无公害芹菜、生菜生产技术》《养蜂实用技术》《“巧媳妇”丝网编、绳编工艺品制作》《民俗特色村的创建》《有机蔬菜家里种》《非物质文化遗产——中幡的传承与发展》《幸福的脚印——搬迁农民三部曲》《农家健康凉拌菜》《易拉罐金属画制作》11本教材。《农家厨房150问》《幸福入境》《30天学面点》《果品与健康》《“新市民”心理健康教育手册》5本教材待出版。

新型职业农民培养系列教材

2014年，组织、指导编写新型职业农民培养系列教材，出版《农民合作社百问》《休闲农业开发与经营》《黄芩种植与开发》3本教材。

（二）成人教育教学资源建设

2014年，组织、指导有关区县教师开发并拍摄果树种植、蔬菜种植、农产品市场与流通、休闲农业与乡村旅游、合作社运营与管理5个专业30门课程180学时的教学视频资源。

2015年，组织、指导有关区县教师开发家庭农场经营管理、林下经济、农村社区管理3个专业90课时的教学视频。

四、社区教育课程建设研究

2015 年，面向北京市各区 94 所开展社区教育单位（包括社区学院、教育中心等社会培训机构 83 所，职业院校 11 所）开展社区教育现状调研。组织开展“2015 年北京市社区教育特色课程教学大纲和教材 (讲义、手册) 评选活动”，奖励 72 门特色课程教学大纲、115 本特色课程教材（讲义、手册）。开展北京市社区教育课程建设设计，建立“一个核心，五大系列”课程体系框架，开发 50 门社区教育课程大纲和 10 册社区教育教材。

执笔人：刘卫珍
审核人：柳燕君
责任编辑：倪永娟

第七章　教育信息中心

教育信息中心主要职责：为市委教育工委、市教委提供教育信息服务；为教科院开展的各类研究工作提供信息及技术服务；开展教育信息的研究工作。业务领域涵盖以《教育快报》（含“教育决策参考”和“国际教育信息”）为主要载体的教育决策信息服务；以国际教育研究为特色的教育政策和改革发展研究；以院办公自动化（OA）系统、北京教育科研网、北京教育发展与政策研究资源库为重点的北京教育科研综合信息服务系统建设和维护；以网络维护、计算机技术服务和技术培训为主要任务的技术支持服务；以图书馆、阅览室和数据库为主要内容的科研资源支持服务等五个方面。

第一节　沿革

1996 年 10 月，成立教育信息中心，职责是：负责北京教育信息网（BENET）的设计、建设、运行和管理；负责制定网络的统一规范标准和计算机网络技术培训；负责为教科院提供计算机技术咨询和维修服务；负责教科院图书资料的管理及编发《教育信息参考》。

1998 年 4 月，市教委将北京市教育信息化领导小组办公室设在北京教育科学研究院教育信息中心，负责北京市教育信息工作领导小组日常工作。

2000 年 7 月，教育信息中心部分人员转到市教委组建的北京教育网络和信息中心。

2002 年，教科院内部管理体制改革后信息中心职能是：为领导决策提供信息和情报资源；为研究人员提供优质教育研究信息服务；为社会、学生、家长提供优质教育信息服务；负责全院信息化建设的规划和实施；重点建设北京教育科研资源库；重点开发《教育快报》等信息产品；负责全院图书资料和情报的采研工作；为全院的科研开发和管理提供信息与网络维修服务；组织、协调各业务单位的信息开发工作。

2014 年 12 月 9 日，成立北京教育科学研究院国际教育信息中心，职能是：提供国际教育信息服务，开展专题性国际教育信息的整理和分析，承接有关国际教育的研究项目、课题和任务。

截至 2015 年底，教育信息中心在职职工 16 人，其中副高级职称 5 人，博士学位 2

人。中共党员 10 人，民主党派 1 人。

教育信息中心干部任职一览表

姓名	职务	任职时间	备注
张虹波	主任兼党支部书记	1996 年 12 月—2001 年 4 月	
潘上行	副主任	1996 年 12 月—2009 年 7 月	
何　引	副主任	2001 年 4 月—2013 年 6 月	
曾广平	主任兼党支部书记	2001 年 4 月—2002 年 8 月	
商发明	主任	2002 年 9 月—	
王桂英	党支部书记	2002 年 9 月—2007 年 12 月	
唐　亮	副主任	2012 年 12 月—	
李志涛	副主任	2014 年 9 月—	
	党支部书记	2008 年 1 月—	

至 2015 年底，业务领域包括教育信息服务、网络和技术服务、信息应用系统建设和维护、图书阅览数字资源服务、专项及课题研究工作五方面。共开展 39 项重要课题和项目的研究。其中：北京市哲社规划课题 1 项、北京市教育科学规划课题 5 项、招标立项的两委委托研究课题 8 项、市教委委托专项研究 4 项、财政专项 8 项、自主开展与北京市 2020 年教育改革与发展纲要相关的研究 1 项、国际项目 1 项、院级课题 11 项。提供教育决策研究 15 件。发表论文 168 篇，出版书籍 4 本，其中学术专著 1 部，教学光盘 2 套。获北京市教育教学优秀成果奖 1 项。

第二节　教育信息服务

一、《教育快报》

自 2002 年起，全院各部门参与撰稿，教育信息中心与院科教研管理处联合组织编发《教育快报》。《教育快报》以“专业性、战略性、前瞻性”为办刊宗旨，坚持“求新、求快、求精、求重要”原则，围绕首都教育发展热点、重点和难点问题，为北京市教育改革和发展提供具有实际指导意义、能体现教科院研究实力和水平的教育科研成果和最新国际教育信息。

2002 年 7 月 20 日，《教育快报》发刊，分内参专递、领导参阅、普通版。主要刊登为教育改革和发展提供决策咨询的专题研究报告、专题调研报告、具有前瞻性和创新理念的研究文章等（即研究版）。送阅对象：教育部相关领导，北京市委、市政府、市人大、市政协主管教育的领导，市委教育工委、市教委、市政府教育督导室领导，各区县主管教育的书记、区（县）长，各区县教工委书记、教委主任，市教委有关直属单位领导，教科院聘请的顾问和学术委员，教科院领导、各部门和处室负责人及科研人员。

2003 年 3 月，明确《教育快报》是教科院“为上级部门服务的快捷载体和重要渠道，是加强信息化建设、推进创一流工程的重要组成部分”。2014 年 3 月，明确《教育快报》是教科院“为市、区县领导和教育主管部门提供决策参考、信息服务的快捷载体和重要渠道，是我院建设‘服务有效、业绩一流’教育科研机构的重要工作内容”。

2004 年 6 月《教育快报》增发“教育动态”（即动态版），主要刊登国内外最新教育资讯和专题教育信息。2014 年 5 月，《教育快报》改版，研究版统一为“教育决策参考”；动态版更名为“国际教育动态”，栏目设聚焦世界城市、关注国际组织、直击发达国家、新视野等，专题信息以专刊呈现。发送范围扩展到教育部全体部领导和业务司领导、市人大和市政协专门委员会主管教育的领导以及市发改委和市财政局相关处室领导。调整补充《教育快报》编委会，院长任主任，分管副院长任编委会常务副主任兼主编，院领导任编委会副主任，教育信息中心与科教研管理处负责人任副主编，各业务部门负责人任编委。

《教育快报》先后得到原北京市市长刘淇，原北京市委常委、教育工委书记朱善璐，原副市长赵凤桐等领导的批示；北京市委常委、市委教育工委书记苟仲文，教育部副部长刘利民，原北京市人大常委会副主任陶西平分别通过委托工作人员来电、当面表扬、委托发来电子邮件等形式对《教育快报》给予重视和肯定。

至 2015 年底，共编发《教育快报》研究版（含领导参阅、普通版、教育决策参考）377 期，《教育快报》动态版（含动态版、国际教育动态）422 期。

二、《两委学习参考》

2003 年 4 月，受市委教育工委委托承办编辑《两委学习参考》，市委教育工委宣教处安排北京电化教育馆制作成视频，供市委教育工委、市教委领导理论中心组学习使用。

《两委学习参考》设部委之声、各地教育动态、国际教育视角、教育言论、教育调查等栏目，2003 年为半月刊，编发 16 期。2004 年为月刊，编发 10 期。2005 年编发 5 期。2005 年 5 月停刊，共编发 31 期。

三、《普教信息参考》

2000 年，《普教信息参考》创刊，作为内部刊物，通过文摘的形式及时选编国内外教育改革的新动态、新信息、新经验，荟萃教育科研精华，反映国内外教育改革最新进展。2000 年—2002 年，每年编发 6 期。2003 年《普教信息参考》改版，设教育展望、热点聚焦、北京教育、各地教育、国外教育、考试改革、教育管理、教改研究、课程改革、教材研究、市区县动态等栏目，每月一期，全年 12 期。从 2003 年—2005 年，共编发《普教信息参考》36 期。2006 年印刷版停刊。

1996 年—2002 年，先后编发《教育信息参考》《教育文摘》《教育研究参考资料》等信息资料。

第三节　技术支持

一、网络建设

1999 年 1 月，教科院（西长安街 7 号院）局域网正式开通。2001 年 4 月，将教科院西长安街 7 号院互联网专线速度提高到 128k；8 月，完成北京教育科学研究院“人人通”工程网络实验室（北四环东路 95 号院）建设工作。2002 年底，完成教科院西长安街 7 号院网络改造技术方案论证及施工工程，专线带宽增至 512k。2003 年，开展一、二期院信息化建设方案制定和实施，实现西长安街 7 号院与北四环东路 95 号院内部网络的互联，网络带宽分别增加 16 倍和 32 倍。实现局域网的 24 小时运行；部分办公区域实现无线上网，开通个人电子邮箱，与院办公室合作建设院公共数字办公区。2004 年，西长安街 7 号院接通光纤，Internet 接入带宽达到 2M。2005 年，完成北四环东路 95 号院局域网改造。2007 年，西长安街 7 号院 PCM 专线改为光纤接入，总带宽从 5M 增至 40M；与人事处、财基处共同完成两条专网环境的搭建；完成高中课程网、民办教育信息网硬件环境的搭建与调测任务，实现服务器远程管理。2009 年，完成西长安街 7 号院到地藏庵的机房搬迁工作。2011 年 3 月，完成部分业务单位从中核宾馆迁至真武饭店过程中网络接入方案；协助基教研中心等单位完成迁至首都体育学院后的光纤接入、综合布线和设备安装工作。2013 年，完成北京教育科学研究院翠微办公区的互联网接入线路改造和换址工作。至 2015 年底，将院部互联网接入总带宽从 2012 年的 120M 扩展到 250M。

二、北京教育科研综合信息服务系统建设

办公自动化（OA）系统。2014 年 1 月 1 日，院办公自动化（OA）系统试运行，9 月 16 日正式运行。主要功能：院内各类文件审批流转、公告通知发布、各类文档资料共享、个人日程安排及工作日志记录等。

电子邮件系统。1997 年 3 月，为市教委及教科院领导和信息中心人员租用电子邮箱 30 个（@bjedu.gov.cn）。1999 年，为相关人员租用电子邮箱 20 个（@bjaes.cn）。2003 年 5 月，通过架设 exchange 邮件服务器，为教科院每一位科研人员分配一个专用 E-mail 信箱。2004 年 4 月，完成院电子邮件服务系统更新换代。通过自建红旗 LINUX 邮件系统，重新建立电子信箱 358 个，包括为方便各单位对外联系而建立的大容量公共信箱 39 个。2010 年在中国万网以租用企业邮局的方式为全院每位在职职工设置大容量（1G）的邮箱。2012 年底，北京教育科研综合信息服务系统内的自建电子邮局上线运行，共设置工作信箱、公共信箱 326 个。通讯组的设立实现院内电子邮件组发、群发，并建立院内通讯簿。

短信平台。2014 年 1 月 1 日，院短信平台试运行，共为院机关 10 个处室配置使用账户，9 月 16 日正式运行。截至 2015 年底，为院所有部门配置使用账户。

三、技术培训

1997 年—1999 年，组织开展针对市教委主要领导、各处室工作人员、区县教育行政部门工作人员、高校办公室工作人员、市教委直属单位党办宣传员、各区县和学校统计员（信息员）的计算机及网络技术培训。2000 年 3 月—4 月，承担教科院工作人员计算机技能培训及继续教育中计算机部分的网上电子教学。2007 年，承担全院骨干人员信息技能培训计划的继续教育培训任务，制定《中层干部在线学习辅导》《网站管理及图片处理技能培训》《电脑实用常识及应用技巧普及》《SPSS 软件在教育科研中的应用》和《院领导电脑实用常识及应用技巧辅导》5 个系列的培训方案和内容，举办 11 次培训。2008 年，与相关部门制定《2008—2009 年北京教科院信息技能培训工作计划》，组织编写、印制《北京教育科学研究院计算机应用 60 问》1 册及《常用免费软件 20 个》光盘。2009 年，集中培训 10 次，涉及资源库使用、数据处理方法、网站维护、新闻摄影等；制作《计算机应用小窍门 60 个》视频教学光盘；制作《国外教育网址精选 60 个》上网光盘。2013 年 4 月，召开院新网站推介及培训会。2014 年 2 月，印发《北京教育科学研究院综合信息服务系统培训手册》；3 月，开展院办公自动化（OA）系统使用培训。

第四节　资源建设

一、网站建设

北京教育科研网（暨院网）。1998 年筹备建设北京教育科研网；1999 年 4 月，在院局域网内开通运行。2001 年 4 月改版为北京教育科学研究院网，正式在互联网上开通运行。2003 年抗击“非典”期间，开通院“非典”网上办公频道。2005 年 12 月，北京教育科研网暨院网改版。2014 年 1 月再次改版。至 2015 年底，入库信息 53130 余条，总访问量约 770 万人次。

中国义务教育科研网。2004 年 7 月，为配合由全国人大教科文卫委员会教育室、教科院和香港大学华政中国教育研究中心联合开展的“中国义务教育发展研究项目”设计开通中国义务教育科研网，共入库文献资料 300 余兆。

二、资源库

北京教科研网台。2003 年 9 月，与百年树人集团合资成立百年树人（北京）科学教育有限公司，主营北京教科研网台。至 2006 年 1 月，共拍摄课例 1500 余节、会议 50 个、讲座 80 个；入库资源总量 1000GB，播出文本资源 6000 条、视频资源 3000 条。2007 年终止合作。

北京教育发展与政策研究资源库。2007 年 12 月 14 日，北京教育发展与政策研究资源库开通。共设 11 个一级栏目，分为统计数据、政策法规、院内成果三类。收录 1949—1998 年各级各类教育的统计数据、1949—1999 年中国教育 50 年大事记、1996—2007 年中国统计年鉴的内容、1996—2006 年全国教育事业统计公报、1999—2006 年北京市经济和社会发展统计数据、1952—2004 年中国国内生产总值核算数据、2003—2006 年全球教育统计数据比较、1998—2005 年全国教育经费执行情况统计数据、党的十六大以来发展与回顾系列报告、1996—2006 年北京市教委内部统计数据、北京教育科学研究的有关调查数据等。院内成果由发展研究、基础教育、职成教育、高等教育、民办教育、教师教育、德育、教育信息化共八个分库组成。依各研究领域陆续收录自建院以来我院各业务单位关于政策研究的主要研究成果 1000 余件，包括 5 本专著、2002 年—2007 年《北京教育发展研究报告》、2002 年—2007 年《教育快报》、义务教育项目研究成果等。

2008 年—2013 年，库内新增主要内容有：文献资料、院学术年会论文、《教育快报》

（研究版）、北京市教育统计资料、中国国内生产总值核算资料、欧洲教育主要数据、世界教育一瞥；年鉴、年度报告、统计公报。2011 年新增世界银行全球各国有关发展的中文版数据，涉及 200 余个经济体的 2000 余个时间序列指标。

首都义务教育科研资源库。2013 年启动“首都义务教育科研资源库建设”项目。从政策法规、课程教材、教育教学、考试评价、教育管理、队伍建设、教育投入、农村教育、比较教育、教育公平、统计数据 11 个专题栏目收集、整理、规范并上传各类信息。至 2015 年底，共入库各类资源 1 万余条。

三、图书期刊

1996 年 4 月，接收院内各组成部门的图书并进行分类、整理。1997 年 4 月，图书室正式开放，设在西长安街 7 号院 2 号楼一层，整理上架图书 1 万余册。阅览室分设在西长安街 7 号院和北四环东路 95 号院。2009 年 7 月，西长安街 7 号院的图书室和阅览室搬至南礼士路头条 3 号。到 2015 年，馆藏图书约 5 万册；订阅期刊资料 312 种、报纸 32 种。

四、数字化资源

数字图书馆。2007 年底开始筹建，2008 年底开通。数字图书由《方正 Apabi 数字图书》《超星数字图书》和社科文献出版社的《皮书数据库》三部分组成，首期安装有近 5 万册图书和数万篇经济社会发展专题研究报告。至 2015 年底，共增加方正 Apabi 数字图书 12767 册，包括社会科学总论、文化、科学、教育、体育、政治、法律、环境科学、安全科学、自然科学总论、文学等大类；增加超星数字图书 61980 册，涵盖哲学、宗教和文化、科学、教育、体育、社会科学总论政治、法律、经济、文学、综合性图书等大类；皮书数据库增加 21000 余篇专题研究报告，涵盖中国经济、中国社会、世界经济与国际政治、中国区域、中国产业企业、中国文化传媒等大类。

网络数据库。2002 年起，采用“包库”模式，订置清华同方的“中国知网（CNKI）”数据库，数据库资源包括中国学术期刊网络出版总库、中国博士学位论文全文数据库、中国优秀硕士学位论文全文数据库、中国重要会议论文全文数据库、中国工具书网络出版总库、中国年鉴网络出版总库（含哲学与人文科学、社会科学Ⅰ、社会科学Ⅱ三个专辑）。2012 年增加经济与管理科学专辑。2014 年增加国际会议论文全文数据库、中国重要报纸全文数据库。从 2011 年开始，订置维普外刊资源服务系统（人文艺术与社会科学专辑），包括艺术和人文科学、商业、经营和会计、决策科学、经济学、经济计量学和财政、语言和语言学、法律、心理学、社会和行为科学的相关期刊 3700 种，其中教育、心理类期刊 300 余种。

第五节　国际教育信息中心

2014 年 12 月 9 日，北京教育科学研究院国际教育信息中心作为我院内设机构正式成立。国际教育信息中心致力于开展以《教育快报》（国际教育动态）为载体的国际教育信息服务和以教育政策与教育改革发展为重点的国际教育研究。聘请北京大学国际高等教育研究中心主任马万华教授、中国教育科学研究院国际比较教育研究中心主任王素研究员、教育部职业技术教育中心研究所所长杨进研究员、北京师范大学国际与比较教育研究院院长刘宝存教授为国际教育咨询专家。商发明任国际教育信息中心主任，李志涛任副主任。

国际教育信息中心自成立到 2015 年 12 月底，共编发《教育快报》（国际教育动态）39 期；承担市教委委托专项“发达国家教育发展政策研究”、“主要国际组织教育发展重要报告研究”和北京市教育科学规划课题“小学课后托管政策与实施的国际比较与借鉴”、两委委托课题“发达国家小学生课后教育服务政策研究与启示”等项目和课题研究；在各类学术杂志、学术期刊和出版物上公开发表论文 37 篇。赴上海师范大学国际与比较教育研究院、浙江大学教育学院、浙江师范大学国际与比较教育研究院、东北师范大学国际与比较教育研究所进行学术交流和考察。

执笔人：纪俊男

审核人：商发明

责任编辑：王桂英

第八章　基础教育课程教材发展研究中心

基础教育课程教材发展研究中心（以下简称“课程中心”）主要职责：开展基础教育课程发展研究、教材开发与管理研究、数字课程教材资源建设研究及国际课程研究。具体涵盖北京市义务教育课程方案研制、北京市高中课程方案研制、北京市课改实验教材编写及组织工作、北京市地方教材编写审定的日常业务性工作、北京市特色课程创新实验项目、北京市基础教育课程资源开发及组织工作、北京市国际课程研究及发展、北京市基础教育教学用书的选用等教材管理工作。兼具北京市中小学课程教材建设领导小组办公室和北京市中小学地方教材审定委员会办公室职能。

第一节　沿革

课程中心前身是北京市教育局教材编审部，建于 1990 年。主要承担北京市中小学教材的编写、审查、管理工作。主任陈境孔，副主任原新晓、袁晓、商发明，职工 32 人。

1995 年，教材编审部的工作增加课程研究内容。

1996 年，并入教科院，主要承担北京市课程与教材实验和研究工作。

1996 年 2 月前，曾在教材编审部工作的人员有：陈境孔、袁晓、原新晓、商发明、王序良、曹振宇、苑玉台、胡祖康、于增英、程舟、李淑琴、杨妍梅、李庆文、张杰、李志涛、杨德军、张瑞海、杨黎霞、齐树同、王燕、覃霈文、任重、张万庆、黄继增、王秀云、杜红、于平、李群、赵毓英、应承年、高凤藻。

2002 年，教材编审部更名为基础教育课程教材发展研究中心。内设课程发展研究室、教材开发研究室、教材管理研究室。

截至 2015 年底，课程中心在职职工 17 人，其中研究员 2 人、教授 1 人、副研究员 1 人、高级教师 8 人，博士后 1 人、博士 4 人。中共党员 12 名，民主党派 2 人。

课程中心干部任职一览表

<table>
<tr><th>姓名</th><th>职务</th><th>任职时间</th><th>备注</th></tr>
<tr><td rowspan="3">陈境孔</td><td>主任</td><td>1990 年 6 月—2002 年 8 月</td><td rowspan="2">原市教育局任命</td></tr>
<tr><td>党支部书记</td><td>1990 年 5 月—1998 年 4 月</td></tr>
<tr><td>党支部书记</td><td>2002 年 9 月—2004 年 4 月</td><td></td></tr>
<tr><td>袁　晓</td><td>副主任</td><td>1990 年 6 月—1998 年 4 月</td><td>原市教育局任命</td></tr>
<tr><td>原新晓</td><td>副主任</td><td>1990 年 6 月—1998 年 5 月</td><td>原市教育局任命</td></tr>
<tr><td>商发明</td><td>副主任</td><td>1995 年 7 月—2002 年 8 月</td><td>原市教育局任命</td></tr>
<tr><td>荣培秀</td><td>党支部书记</td><td>1998 年 4 月—2002 年 8 月</td><td></td></tr>
<tr><td rowspan="2">钟作慈</td><td>主任</td><td>2002 年 9 月—2008 年 7 月</td><td rowspan="2"></td></tr>
<tr><td>党支部书记</td><td>2004 年 9 月—2008 年 7 月</td></tr>
<tr><td rowspan="4">杨德军</td><td>副主任</td><td>2002 年 7 月—2011 年 3 月</td><td></td></tr>
<tr><td>主任</td><td>2011 年 4 月—</td><td></td></tr>
<tr><td>党支部负责人</td><td>2008 年 7 月— 2013 年 8 月</td><td></td></tr>
<tr><td>党支部书记</td><td>2013 年 9 月—</td><td></td></tr>
<tr><td>王　凯</td><td>副主任</td><td>2013 年 6 月—</td><td></td></tr>
<tr><td>何莲芳</td><td>副主任（挂职）</td><td>2015 年 9 月—</td><td>新疆教育学院</td></tr>
</table>

至 2015 年，课程中心工作从北京市中小学教材的编写、审查和管理，扩展到“三级课程、国际课程、传统教材和数字课程资源”四大研究领域，不断深化基础教育课程研究和教材建设及管理工作。为教育行政部门决策研究起草方案、咨询报告、研究报告、文件等 13 件，起草书目和学具目录共 50 期。出版各类教材 18 种、242 册，干训教材 12 套。承担全国教育科学规划课题 4 项、北京哲学社会科学规划课题 1 项、北京市教育科学规划课题 11 项、财政专项及其研究项目 18 项。发表论文 180 篇，出版书籍 12 本，其中学术专著 3 部。获全国及北京市教育教学优秀成果奖 6 项。

第二节　教材

北京市中小学课程教材建设领导小组办公室、北京市中小学地方教材审定委员会办公室、首都特色课程教材资源建设领导小组办公室设在课程中心，配合市教委完成教材建设、教材管理、资源建设等工作。

一、教材建设

（一）北京市义务教育实验教材

2001 年—2014 年，完成北京义务教育实验教材编写、实验监控和修订完善工作。2003 年，北京市中小学教材建设领导小组办公室设在课程中心。2004 年，成立北京教科院基础教育课程改革实验教材工作领导小组，制定《关于本院业务人员参加院及所属部门中小学实验教材编写工作的有关规定（试行）》管理规定。

教材编写

1999 年，组织 6 家出版社进行教材编写的招投标，分别聘请国内各学科知名专家担任主编，按照北京市 21 世纪基础教育课程改革方案和各学科课程标准组织编写中小学教材，简称称“21 世纪教材”。

2001 年，完成语文、数学、英语、常识、思想品德、美术、音乐、信息技术、科学、地理、化学、综合实践、劳技、物理、体育与健康、生物 17 个科目、179 册教材、168 册教学指导用书的编写出版。其中科学（北京版和首师大版）和英语（北京版和北师大版）各为 2 个版本，体育与健康为教学用书。针对不同学科要求，各学科配备的教学资源还有图册、光盘、实验活动册、读本、卡片、活动手册、录音带、挂图等。此套教材不包含历史和社会学科。

修订完善

2002 年 3 月，按照国家课程方案和课程标准对北京市 21 世纪实验教材开展第一轮修订。2003 年，各套教材封面统一改由北京教育科学研究院署名。各套“21 世纪教材”通称改为北京市义务教育课程改革实验教材，即“京版教材”。2004 年秋季起，北京各学科实验教材按照国家课程标准进行滚动式修订。思想品德和社会两学科合为品德与生活，重新编写教材。

2011 年，根据教育部颁布的《义务教育课程标准（2011 年版）》，通过对新旧版本的义务教育课标对比研究以及不同版本教材间的比较研究，确定北京市义务教育课程改革实验教材的修订方案，对教材启动第二轮滚动修订。2012 年，修订后的教材改名为“新京版教材”，自 2013 年秋季起作为北京市初中和小学的主体教材投入使用。截至 2015 年底，完成 16 个学科 147 册教材的修订，在全市范围内投入使用。在全市 16 个区县遴选出 38 所实验校，建立起提升教材质量的监控机制。

（二）北京高中实验教材

1994 年底，开始组织编写高中实验教材，分别由北大、清华教授担任主编。截至 1998 年，出版语文、数学、英语、物理、化学、历史、地理、生物 8 个学科的教材及教参，进入部分优质学校开展实验。

（三）组织北京市地方教材编写

1993年，承担乡土教材的编写和审查工作。截至2001年，完成10个区县、18个学科、52册乡土教材的修订与审查工作。

2005年，改编完成《小学生礼仪》《中学生礼仪》两本北京市地方教材，2010年完成修订，并通过在房山区开展委托专题项目“中小学礼仪地方教材的区域建设研究”，促进教材在全市范围内推广使用。

2013年9月，完成《中国梦（小学版与初中版）》《我们的城市》《职业生涯》教材的编写和审查工作。

2014年，完成《中华优秀传统文化教材（初中版和高中版）》《经济学》的编写和审查工作。

2015年，完成《中华优秀传统文化教材》（小学版3—6年级8册）的编写及实验工作。

（四）专题教育教材

2005年—2006年，先后完成《安全应急与人防知识》《中小学生毒品预防专题教育读本》《中小学生预防艾滋病专题教育读本》《环境与可持续发展教育》《写字》《健康教育》6部138册地方教材的编写，包括小学、初中和高中三个学段，供中小学校各年级学生使用。

2009年—2013年，受市教委委托承担“专题教育教材的整体开发与实施”专项，项目包含五方面内容：北京市专题教育课程教材建设和实施常规工作、北京市专题教育与三级课程内容整体推进创新实践、中小学专题教育综合教材送审和修订工作、中小学专题教育综合教材教学指导手册编写工作、中小学专题教育综合教材使用培训工作。

2013年，将环境与可持续发展教育、安全教育、健康教育、禁毒教育等专题教育教材内容合编为《中小学专题综合教材》8册，9月在全市范围内投入使用。

二、教材管理

（一）书目

1994年起，协助市教委基教处编制北京市普通中小学春、秋两季用书目录，并以市教委文件形式下发各区县教委、各相关出版社和中小学教材发行部门。

2004年，根据市教委规定对地方教材经初审通过后列入《北京市普通中小学教学用书目录》，在规定范围内进行实验；实验满一轮的教材经审定通过后可在全市范围内供学校选用。2014 年，开始建立地方教材淘汰机制，对教材征订数量较少、使用效果不佳、未按时提交教材实验报告的地方教材从书目中删除。

截至 2015 年，共完成 42 期《北京市中小学教学用书目录文件》编制工作。

（二）学具目录

2001 年—2005 年，协助市教委基教处编制北京市普通中小学学具推荐目录。2004 年，学具目录由原来每年春季和秋季两个目录变为每年一个目录。截至 2005 年，共完成 8 期《北京市中小学教学学具目录文件》编写工作。

（三）地方教材审查

2004 年 9 月，依据《中华人民共和国行政许可法》，市教委成立北京市中小学地方教材审定委员会，负责北京市普通中小学地方教材立项核准、初审和审定的业务审查。审定委员会办公室挂靠在北京教科院课程中心，研制《中小学地方教材审查标准》和《北京市中小学地方教材审定工作意见》。

审查流程：地方教材报送审批包括立项、初审、审定三个流程。每年 3 月、9 月受理北京市中小学地方教材立项、初审和审定的申请。2013 年 3 月，取消教材编写立项环节。至此，地方教材共计准予立项 65 套。

审查专家库：采取“自荐+他荐”的推荐方式，按照“资质审查+实践考核”的考查程序，分学科、分领域建立起审查专家库。至 2015 年，建成由 200 余名专家组成、涵盖 38 个学科领域的审查专家库。

审查机制与制度建设：2010 年，在全市建立地方教材评优制度。先由各区县推荐 2 套初审通过进入实验的地方教材，经评选后选出优秀地方教材，由北京市基础教育课程改革实验领导小组进行奖励。2011 年，对 2004 年发布的《北京市普通中小学地方教材审定管理暂行办法》进行修订，12 月市教委出台《北京市普通中小学地方教材编写审定管理办法》。2013 年，开展“首都特色北京市精品地方、校本教材建设工程”项目，鼓励校本教材走精品化、多途径实施道路，同时对地方教材采取市级监管和区县自我完善双重机制。

审查结果：至 2015 年，共审查地方教材 26 批，初审通过教材 101 套、审定通过教材 23 套。北京市中小学地方课程教材建设基本构建起涵盖“研究与规划、编写与审批、管理与实施、修订与完善、跟进与推动”五大层面的地方课程教材体系。

三、资源建设

（一）数字教材开发和研究

2011 年，承担市教委“北京市基础教育数字化课程资源开发机制与实验研究”项目。项目主要分为电子教材的数字化课程资源开发和研究两部分。2012 年，开展基于电子教材的数字化课程资源媒体格式种类及标准研究，互动内容呈现方式研究，编写组织模式和编写标准、出版模式和出版标准研究，开发过程中的管理协调机制研究。在研究的基础上，利用北京市义教教材修订契机，滚动开发和完善与纸质教材配套的电子教材课程资源。确立“转换型”（将纸质教材进行数字化转换，保持原版、原饰的电子教材）、“媒体型”（在转换型电子教材中增加多媒体资源，突出直观性、生动性、趣味性，以突破教学重难点的电子教材）、“交互型”（设计有交互探究、交互练习、虚拟实验等内容，突出人机交互，既有助于课堂教学，也有助于学生自主学习、个性化学习的电子教材）三种数字教材开发类型。

截至 2015 年底，完成国家课程电子教材 307 册，包括小学阶段 7 个学科、157 册，初中阶段 12 个学科、150 册。完成地方、校本课程电子教材开发研究 3 个学科、4 册，在 5 个区县 8 所实验校进行实验。

（二）课程资源建设

2013 年，开展课程资源建设工作，包括新京版教材配套辅助资源建设、课程资源网站建设、数字学校排课工作。

新京版教材配套资源建设

新京版教材配套的软件、素材等高端类资源和原创课程辅助资源，分别采取专业定制和征集评优两种模式进行建设。软件、素材等高端类资源，通过招投标组织出版社、资源单位进行专业定制和开发，按照全市的规划，采取市场化与免费供给相结合的方式；面向全市的学校征集来自一线的优质原创课程辅助资源，实现“新京版教材”使用与资源配套同步，课程资源包括教学素材、教学课件、学生活动方案（作业）、教学案例、微课程、教学工具、教育游戏 7 大类资源。

2014 年，市教委成立“首都特色课程教材资源建设领导小组”，办公室设在课程中心。4 月，协同市教委开展北京市第一届首都原创课程辅助资源征集评选活动，在全市范围内遴选已经成熟应用的优质资源。至 10 月，共征集覆盖 7 种类型的资源 5090 份。10 月 27 日—29 日，组织 56 名专家对各项资源进行市级复评与终评，评选出一等奖 855 份、二等奖 1319 份、三等奖 1520 份。

课程资源网站建设

2014 年 9 月，建成课程资源网站，挂靠北京数字学校。10 月开始进入试用阶段。首都原创课程辅助资源评选活动中遴选出来的优质资源全部上传至网站供全市教师使用。

课程录制工作

2012 年，承担北京数字学校地方课程、校本课程、专题教育课程的教学录制工作，共完成 400 余节课程的录制。

北京市数字学校排课工作

2012 年 7 月，成立排课小组，对义务教育阶段 21 个学科 9550 节教学录制课进行统筹排课。排课工作依据《北京市实施教育部〈义务教育课程设置实验方案〉的课程计划(试行)的通知》、市教委《关于进一步落实义务教育新课程计划的若干意见》两个文件中关于义务教育阶段 1—9 年级课程的设置情况、各学科名称及课时量进行，以 7 天为一周期排课，挂在北京数字学校网站上供学生使用。2014 年 9 月，完成两学年的排课工作。

第三节 课程

课程研究工作开发出义务教育课程、高中课程、三级课程、国际课程等课程体系，以推进高中阶段的自主排课实验、自主课程实验与义务教育阶段的遨游计划，建构并实施自主课程的“六位一体”模式。搭建京台教材合作共建研究机制。国际课程方面，对 IB、AP、JA 等课程进行本土化改造实施。

一、义务教育课程

（一）义务教育课程方案研制与实验

1994 年，承担“21 世纪北京市基础教育课程设置改革课题研究”，开始制定《北京市 21 世纪基础教育课程改革方案》（包括课程计划和课程标准），该方案由九年义务教育课程改革和普通高中课程改革方案组成。

1997 年，《北京市 21 世纪基础教育课程改革方案》出台。2004 年，参照教育部的要求，对北京市的方案加以调整。

2001 年 9 月，海淀、宣武、延庆 3 个区的实验学校和实验年级按照教育部颁布的基础教育课程改革《义务教育课程设置实验方案》进行实验，并使用按照国家课程标准编写的实验教材。其它区县的实验学校和实验年级按照市教委颁布的《北京市 21 世纪基础教育课程改革实施方案》进行实验，并使用北京市编写的实验教材。

2004 年秋季，对北京市课改方案进行调整，完成《北京市实施教育部〈义务教育课程设置实验方案〉的课程计划(试行)》并进行实验。

2005 年秋季，北京市义务教育课程改革进入全面推进阶段。全市小学、初中起始年级实行北京义教课程方案，使用依据国家课程标准编写或修订的实验教材。

2006 年，北京市实施《北京市基础教育课程改革实验工程实施方案（义务教育阶段 2006—2010 年）》，地方课程确立市、区两级分层管理、统一与自主开发相结合的基本策略。课程中心组织开发北京市专题教育及写字地方课程，对区县地方课程、校本课程开发进行指导与管理。

2009 年，受市教委委托开展“三级课程整体建设的政策研究”。先后提交《北京市三级课程现状分析》《北京市义务教育阶段学校课程建设发展状况及整体推进的建议》《北京市基础教育课程建设先进单位评选方案》等研究报告，起草《北京市教育委员会关于加强义务教育课程管理推进课程整体建设的意见》，提出进行国家、地方、校本三级课程整体建设要求并开始试验。

（二）义务教育课改项目

基础教育课改管理干部和教务干部培训及年度全市课改总结项目

北京市基础教育课改管理干部和教务干部培训。2001 年，组织对全市 17 个区县校区两级管理干部和教务干部的课程政策、课程建设规划、课程管理、课程实施、课程评价等方面的培训。项目组采用研训一体策略，采取调研、讲授、视听、交流研讨、典型示范、案例研究等培训方法，开展定期和不定期培训。围绕北京市基础教育课程改革实验的年度工作重点和主题，每年春季和秋季完成两次定期培训活动。截至 2015 年，共完成 40 期培训任务。

年度全市课改总结会。自 2002 年起，每年组织召开北京市基础教育课程改革实验工作总结会，主要内容是总结每年度北京市基础教育课程改革工作，表彰在课程改革实验工作中成绩显著单位和人员，部署下一年度基础教育阶段课程改革实验工作。教育部、市教委、教科院、各区县教委及教研部门领导和教研员，小学、初中、高中校长及教师代表等约 500 人参加课改总结会。

北京市义务教育及高中阶段课程建设先进单位和优秀成果评选及推广项目

2004 年，受市教委委托承担北京市基础教育课程改革“精品课程教材建设”工程。主要研制北京市义务教育阶段“精品课程与教材”、北京市高中阶段“精品高中课程”。每年度举办北京市基础教育地方课程与校本课程设计征集评选活动。2007 年，项目更名为北京市新课改地方和校本课程开发及优秀案例评选推广项目，进行首批优秀校本课程案例的评选和推广工作。2005 年—2010 年，在全市连续举办 5 次北京市优秀地方、校本课程设计征集与评选活动，出版《中小学优秀地方课程与校本课程设计选辑》（1—6 册）。2011 年，项目名称再度更名为义务教育及高中阶段课程建设先进单位和优秀成果评选及推广项目。截至 2014 年，在全市范围内连续举办 4 年义务教育及高中阶段课程建设先进单位和优秀成果评优。

2005 年、2006 年，与中国教育学会联合举办 2 次北京市中小学专题教育和写字教学设计与教学案例评选活动，为中小学校出版《北京市中小学专题教育课优秀教学设计案例选辑》（1 — 3 册）。

三级课程整体建设促首都义教课改纵深发展的实验与推广项目

2012 年，承担市教委“三级课程整体建设促首都义教课改纵深发展的实验与推广项目”。项目是以促进首都基础教育课程改革均衡发展和深入推进为目标、以三级课程整体建设为抓手而进行的国家级实验推广项目。2012 年 10 月，成立北京市三级课程整体推进项目核心工作组，确定十大研究主题：课改新理念指引下的三级课程整体建设、基于课程创新的学校改进实践探索、以三级课程整体推进为载体的学校特色建设研究、以三级课程整体推进为载体的首都特色课程体系研究、以三级课程整体推进为载体的学校可持续发展、三级课程整体推进与高效课堂建设（课程公平推进与课堂效率建设）、信息化浪潮与三级课程整体建设、三级课程整体建设与校长依法治校研究、三级课程整体建设与教师专业化发展模式变革研究、三级课程整体建设与学生学习方式变革研究。截至 2014 年，三级课程项目组已有 52 所项目实验校，提交 64 份课题申请，印发《北京市三级课程整体推进暨课程创新促学校改进项目研究报告集》2 册。2015 年初，该项目出版《整合与超越——三级课程整体建设研究的框架、路径与思考》一书。

义务教育课程创新研究——遨游计划项目

2012 年，承担市教委“国家教育体制改革项目——部分中小学承担的课程建设研究项目”——“遨游计划”。“遨游计划”是北京市课程结构创新试点项目，关注小学、初中、高中课程自主排课的整体设计与实施。经双向选择，在全市挑选 28 所实验学校（15 所小学、12 所中学、1 所九年一贯制学校）。2013 年，实验校从 28 所增至 41（+2）所，项目更名为“北京市中小学课程创新实验——遨游计划”。各实验校全部形成并实施本校课程实验方案。

首都基础教育学习方式系统变革项目研究

2013 年，受市教委基教二处委托承担“首都基础教育学习方式系统变革项目”研究。项目确立 6 个研究主题：基于学科本质的适切性学习方式研究；与新课改理念相匹配的合作、探究、自主、基于问题等学习方式研究；基于学生前认知结构的教学设计与实施研究；基于作业设计的学习方式变革研究；基于手持移动终端的云学习方式研究；基于网络的学习方式变革研究。项目组采取“目标分解，研究先行，以点切入，点点联动”的推进策略，选取不同的主题开展小范围的研究。在推进过程中，形成首都基础教育学习方式系统变革实验项目《2014 年度研究指南（数字化学习部分）》，包括主题、任务、研究内容三个层面。2015 年 7 月，形成《信息化条件下北京市中小学学生学习方式变革研究中期成果集（一）》。截至 2015 年底，项目涉及 17 个区县近 200 所项目实验校。

二、高中课程

2007 年 9 月，承担“北京市高中课程计划实施与管理研究”项目，开展学校自主课程创新实验，鼓励有基础的学校积极申报并开展三年为一个周期的实验。2010 年，北京市高中新课程改革进入第二轮实验研究。2012 年，承担 “北京市普通高中自主课程实验项目”，适当扩大自主排课学校实验范围。是年，为落实《北京市中小学建设三年行动计划》，协同市教委完成高中开放式重点实验室工作。2013 年，北京市高中新课程改革进入到第三轮实验，课程中心通过设立课改专项、市级和区县实验学校等方式，推进北京市高中课改区域特色逐步形成。

截至 2015 年，课程中心高中课程实验改革工作主要开展以下几方面研究：

（一）普通高中新课程方案实施与管理研究

2004 年，开展普通高中新课程方案完善研究。开展北京市普通高中课程设置方案等相关文件研制、普通高中课程实验的前期准备和培训、自主安排新课程实验的设计与实施、第一轮实验工作推进、区县和学校实地调研和咨询服务等工作，形成《北京市普通高中新课程实验亟待解决的问题》报告。

2007 年，研究起草《北京市实施教育部〈普通高中课程方案（实验）〉的课程安排指导意见（试行）》文件的征求意见稿，提交市教委。2007 年 7 月，协助市教委研制下发《北京市实施教育部〈普通高中课程方案（实验）〉的课程安排指导意见（试行）》。同时，承担对区县、学校领导的培训任务。建立市—区—校三级工作网络，及时发现区县、学校亮点和有效做法，通过举办市级现场会及研讨会活动、项目组公共邮箱、《课改动态》、北京教育科研网专栏、《教育快报》《高中课改实验工作简报》等展示和分享典型经验。

2010 年，完成《课程安排指导意见》修订，进一步完善课程计划，加大学校课程自主权；承担“普通高中新课程方案完善与实施管理”项目，对高中课程建设先进校和项目实验学校追踪调研，重点研究高中课程建设的“首都特色”。

2012 年，受市教委委托承担“首都特色北京市高中课程改革实施研究及推进项目”，继续开展首都特色高中课程方案的理论研究、选修课为主体的学校课程整体建设推进等工作，推进学校课程整体创新，相继完成国家级体制改革高中课改项目、高中精品选修课程建设等工作。该项目于 2014 年通过教育部验收。

（二）自主课程实验研究

2007 年 10 月，协助市教委遴选、启动学校自主课程创新实验。2008 年 2 月，完成自主排课实验方案的申报、初评和复审组织工作。3 月，市教委批准 10 所学校拥有自主排课和自主会考的资格，包括 8 所普通高中、1 所中外合作办学学校、1 所特教学校。2010 年，出版实践成果《自主与变革——北京市普通高中自主排课实验学校课程建设的行动研究》。

2012 年，市教委决定适当扩大自主排课学校实验范围，增加北京景山学校等 13 所学校。承担市教委委托专项 “北京市普通高中自主课程实验项目”，以项目管理的方式在 23 所自主排课学校进行实验整体的规划、研究、实施、跟踪和监控。

2013 年，初步形成基于课程方案和课程标准的北京市高中课程整体创新模式，即“六位一体”课程创新框架，其基本内涵是“课程目标自主、课程排课自主、课程内容自主、课程实施自主、课程评价自主、课程主体（选择）自主的六位自主和以三级课程整体建设为核心”的整体性学校课程（一体）创新。

2013 年，根据课程标准、学校自主课程实验方案和北京市学业水平考试（会考）要求，组织学科专家对自主课程实验学校拟进行的自主会考学科命题蓝图进行评审，学校依据评审通过的蓝图进行会考试卷命制。截至 2015 年底，共组织 5 次命题蓝图评审，完成 679 份命题蓝图的分析。

（三）普通高中特色实验班的申报评审和规范管理工作

2012 年—2013 年，协同市教委完成高中开放式重点实验工作，研制实验室申报评审标准和暂行管理办法，组织专家进行专题论证。两次分别对 100 所、50 所学校的申报材料进行评审，56 个实验室通过评审。按《开放式重点实验室管理办法》对实验室建设工作进行追踪研究。配合市教委基教二处完成 2012 年特色实验班的申报评审工作。

（四）北京市重点开放实验室建设

2012 年—2014 年，结合拔尖创新人才培养改革试验、翱翔基地学校建设和开设大学选修课程等工作，遴选 30 所优质高中依托学校建成一批市级高中开放式重点实验室，形成具有北京特点的开放式重点实验室建设和运行模式。项目组配合市教委研制《北京市普通高中开放式重点实验室建设与管理暂行办法》《北京市普通高中重点实验室申报评审标准》，先后组织完成两批实验室的初审、现场评审和材料备档。首批 55 所学校申报 106 个开放式重点实验室项目，30 所学校的实验室建设方案通过现场评审。第二批 43 所学校申报 44 个开放式重点实验室项目，26 所学校的实验室建设方案通过现场评审。

三、国际课程

2010年—2014年，开展中外合作办学项目课程审核及高中国际课程实施调研、国际优质课程资源的引进、实施与管理项目研究、学生职业生涯指导课程的开发应用和推广项目研究。

（一）中外合作办学项目课程审核及高中国际课程实施调研

2010年，协助市教委基教二处对中外合作办学项目的课程教材内容进行审核，共审核50余所学校的课程设计。结合“十二五”北京市规划课题研究，开展高中国际课程研究和北京市高中阶段国际课程实施研究。2012年，完成《北京市普通高中中外合作办学项目课程设置审核标准》《北京市基础教育阶段学生国际课程需求的调查分析》《北京市基础教育阶段国际优质课程资源引入与实施现状研究》《高中国际课程引进和实施管理策略》等调研报告。

（二）国际优质课程资源的引进、实施与管理项目研究

2012年，受市教委委托承担“国际优质课程资源的引进、实施与管理研究”项目，通过开展国际基础教育优质课程资源的引入与实验研究，学习借鉴并充分利用国外先进的教育理念和实践经验，探索将国际优质课程资源融入北京市基础教育课程建设中。

2013年，进行本土化教材改编和课程试验。与国际青年成就中国部合作，改编美国原版教材 Our City，定名为《我们的城市》。翻译美国原版教材 JA ECONOMICS，定名为《北京 JA 经济学》。同外语教学与研究出版社联合编写小学、初中、高中三套模拟联合国课程教材。教材通过北京市中小学地方课程教材审查委员会审定后于2013年在北京市实验区县投入使用。

截至2015年底，完成国际课程资源的项目布局、建立项目管理机制、落实实验规模、加强理念培训、国际优质课程资源的本土化开发和实验等系列工作。全市14个区县的77所学校参与“国际优质课程资源研究项目”的国际课程实验。该实验涉及唱歌学英语课程、JA 课程、模拟联合国课程、AP 课程的实验管理与研究、IB 课程的实验管理与项目推进等内容。开展市级培训15次、培训人数2300人次。

（三）学生职业生涯指导课程的开发应用和推广项目研究

2012年—2014年，开展“学生生涯职业指导课程的开发应用和推广项目”研究。2012年3月，在全市范围内征集小学、初中、高中三个学段生涯发展指导课程建设成果，包括辅导案例、课程、班会、实践活动、评价手册等资源，并进行评选。共完成2期资源评选工作，评选成果供中小学生涯指导教师参考。完成《高中职业生涯与规划》《初中职业生涯与规划》以及配套教师用书的编写，其中《高中职业生涯与规划》于2013年9月在全市17区县投入使用。开展市级培训及现场会4次，到13区县培训20余次，

培训人数 2000 余人次，组织学校调研 10 余次。

执笔人：江峰、武泽钰

审核人：杨德军

责任编辑：倪永娟

第九章　民办教育研究所

民办教育研究所主要职责：开展政府委托的民办学校前期论证、评估和政策咨询，为民办学校提供发展规划、教育教学和学校管理指导，组织民办学校开展教育教学研讨、人员培训和国内外合作交流服务，为政府民办教育决策和民办学校发展提供中介服务，为社会各界提供民办教育综合信息服务。

第一节　沿革

1999 年 6 月 12 日，教科院成立民办教育研究咨询服务中心，实行“自收自支”的内部管理体制和运行机制。2000 年 3 月 27 日，成立北京绿田民办教育咨询服务中心，与民办教育研究咨询服务中心合署办公。办公地址为北四环东路 95 号院。

2002 年 9 月，以民办教育研究咨询服务中心为基础组建民办教育研究所，在职人员 6 名。

截至 2015 年底，民办教育研究所在职职工 9 人，其中高级职称 4 人，博士 2 人。中共党员 7 人、民主党派 1 人。

民教所干部任职一览表

姓名	职务	任职时间	备注
王文源	主任	1999 年 6 月—2002 年 9 月	民办教育研究咨询服务中心
	所长	2002 年 9 月—2013 年 6 月	
	党支部书记	2005 年 3 月—2009 年 12 月	联合党支部
	党支部书记	2011 年 1 月—2013 年 9 月	
杨志彬	支部书记	2002 年 9 月—2005 年 3 月	
王　磊	副所长	2013 年 6 月—	
	支部书记	2013 年 9 月—	

至 2015 年底，民办教育研究所承担各级各类规划课题 9 项、人才资助项目 2 项、横向课题 10 项、院级课题及委托任务 27 项、财政专项 19 项。提交调研报告、咨询报告、文件起草 45 件。发表论文 70 篇，出版书籍 8 本，其中专著 2 部。

第二节　民办教育决策咨询研究

民办教育研究所成立以来，一直参与国家和北京市关于民办教育的立法、规划和政策制定调研，提供决策咨询和科研服务。

一、立法研究

2000 年 4 月，民办教育研究咨询服务中心承担全国人大教科文卫委员会资助委托的《中华人民共和国民办教育促进法》立法前期研究项目“民办学校产权归属与权益问题研究”。通过理论研究、广泛调研与专家咨询，课题组形成关于民办学校产权归属的核心观点，完成《民办学校产权归属与权益问题研究报告》，提交全国人大教科文卫委员会教育室。

2003 年—2005 年，承担两委委托课题“北京市实施《中华人民共和国民办教育促进法》立法研究”。课题组全程参与立法调研、座谈、咨询论证以及文本起草工作，完成课题研究报告、立法论证报告和《北京市实施〈中华人民共和国民办教育促进法〉办法（草案）》，提交市政府法制办。

2004 年—2006 年，参与全国人大、香港大学华正教育研究中心与北京教科院三方合作研究项目“中国义务教育发展”，完成《义务教育经费保障专题研究报告》及相关调研报告，参与教师专题研究和国际义务教育发展比较研究。

2006 年 1 月，受全国人大教科文卫委员会委托，就《民办教育促进法》实施情况开展调研工作。提交研究报告《关于贯彻落实〈民办教育促进法〉的意见和建议》。

二、文件起草

2007 年，受市教委财务处委托，参与起草《北京市民办高等教育发展引导性项目管理办法》。

2010 年—2015 年，参与国家《关于进一步鼓励社会力量兴办教育的若干意见》文件起草研制工作。

2012 年，参与起草《教育部关于鼓励和引导民间资金进入教育领域，促进民办教育健康发展的实施意见》。

2012 年—2013 年，承担两委委托课题“民办高校法人治理结构研究”，起草《北京市进一步完善民办高校法人治理结构的指导意见(征询意见稿)》。

2012 年—2013 年，参与起草《北京市关于鼓励和引导民间资金进入教育领域，促进民办教育健康发展的实施意见》。

三、建言献策

2006 年 9 月，受中国民办教育协会会长陶西平委托，起草向国务院汇报材料《当前我国民办教育重要问题与建议》。同时参与筹建中国民办教育协会有关工作。

2007 年，参与市政府教育督导室组织的民办高校督导工作，参与督导方案的编制和 10 所学历民办高校督导工作。

2010 年 8 月，受教育部发展规划司委托，提交研究报告《当前我国民办教育的突出问题与对策思路》。10 月受教育部发展规划司、中国民办教育协会委托，撰写研究报告《我国民办教育的十大问题与对策建议》。

2011 年 5 月 9 日—16 日，参加由全国人大常委会副委员长、民进中央主席严隽琪和全国政协副主席、民进中央常务副主席罗富和带队的民办教育调研活动，参与领导讲话稿和《江西民办教育考察报告》撰写。

2012 年 9 月 5 日—7 日，参加十一届全国政协副主席、民盟中央第一副主席张梅颖带队的河北省民办教育考察团，参与领导讲话稿及《河北省民办教育考察报告》撰写。

2013 年 5 月，承担教育部发展规划司指令课题“民办教育分类管理问题研究”，完成《营利性与非营利性民办学校法人属性与审批登记办法》等 9 个研究报告。

2013 年 4 月—2015 年，参与市教委组织的办理市人大常委会《按照建设全国文化中心要求，发展教育、科技、文化、卫生、体育等领域新兴服务业的议案》相关调研工作，完成《北京市教育领域新兴服务业发展研究》等报告。

2014 年 5 月—2015 年 1 月，参与教育部委托项目“民办教育税收问题研究”。

第三节　民办教育理论与实践研究

一、民办教育发展战略与规划研究

2000 年，编辑出版《北京民办教育发展与展望》。

2003 年，完成教科院“首都教育发展战略研究”子课题“民办教育在首都教育发展格局中的地位及发展策略研究”，形成《首都民办教育发展现状与促进策略研究》

等5篇研究报告。

2005年，参与市发改委、市教委“北京市‘十一五’教育发展规划研究”，负责民办教育发展规划前期研究，完成《北京市民办教育“十一五”发展规划研究》报告。

2006年，完成市教委副主任线联平主持的北京市教育科学“十五”规划重大课题“北京市民办教育发展研究”，编辑出版《北京民办教育发展研究》。

2006年，完成教科院“未来15年首都教育发展趋势与《首都教育2020纲要》研究”系列专题“首都办学体制、运行机制改革及民办教育发展研究”和“首都教育投资体制改革研究”，完成教科院委托课题“‘十一五’时期首都民办教育发展形势与对策”。

2008年，完成教科院专项研究“首都民办教育发展若干重要问题研究”和指令性研究“北京市民办教育发展的基本特征与关键问题”，完成市教委中长期教育改革和发展规划纲要调研专题“北京市民办教育发展战略研究”。

2008年10月—2009年8月，参与教育部、中国民办教育协会组织的国家中长期教育改革与发展纲要调研，完成《改革开放三十年来中国民办教育发展取得的主要成就、主要作用、基本经验与突出特点》。2010年8月，出版《中国民办教育》。2009年1月，《私立教育中的政府资助比较——以OECD国家为例》刊登在《国家中长期教育改革和发展规划纲要工作参考》第73期。

2010年，受市教委民教处委托，完成《关于推进首都民办教育改革和发展的意见（征求意见稿）》文件起草。

2011年，参与《北京市“十二五”时期教育改革与发展规划》前期研究和《办学体制改革》章节文本起草，完成教科院课题“北京民办中小学教育发展形势与发展对策研究”。

2015年，完成《北京市“十三五”教育规划前期研究与编制》系列专题“北京市‘十三五’时期民办教育改革与发展规划前期研究”。

二、民办教育基本理论与制度研究

2002年，完成市教委委托课题“民办学校所有权研究”。

2003年，完成市教委委托课题“民办学校董事会制度研究”。

2004年，完成北京市教育科学“十五”规划青年课题“北京市民办学校经济回报问题研究”。

2005年，完成教科院课题“北京市民办学校评估指标体系研究”。

2006年，承担北京市教育科学“十一五”规划重点课题“北京市民办学校资产与财务监督管理制度研究”。完成季明明主持的全国教育科学“十五”规划教育部重点课题“民办学校社会评估体系研究”，出版《民办学校社会评估体系研究》。

2010年，完成市教委财务处指令性委托课题“北京市民办教育财务管理制度研究”，完成院级课题“民办学校营利性与非营利性分类管理制度研究”。

2013年，完成教育部发展规划司指令研究任务“民办教育分类管理问题研究”。

三、民办教育法律与政策研究

2006年，完成市民办教育协会委托课题“北京地区民办教育法律管理体系研究”。

2007年，完成北京市教育科学规划“十一五”青年专项课题“北京市民办学校税收政策执行研究”。

2008年，完成市教委调研课题“北京市促进民办教育科学发展关键政策研究”、“北京市民办高等教育资助政策与投入方向研究”。

2009年，完成教科院课题“英国布朗政府教育政策研究——以英国提高义务教育年龄政策为中心”，完成市教委调研课题“北京市民办高等教育发展宏观政策研究”。

2010年，完成市委组织部优秀人才资助计划“北京民办高等教育财政投入方向研究”，完成院级课题“民办学校举办者退出机制研究”、“民办教育财政资助政策及配套制度研究”。

2011年，完成教科院课题“‘十一五’时期北京民办普通高等教育的政策反思”。

2014年，完成两委委托课题“北京市促进民办高校优质特色发展政策研究”。

2015年，配合全国人大与教育部《教育法》《高等教育法》和《民办教育促进法》修订工作，多次参与修法调研和专家座谈。完成两委委托课题“北京市促进民办教育发展鼓励政策研究”。

四、民办学校发展与调查研究

2006年，完成北京市哲学社会科学“十五”规划课题“北京市民办学校特色发展的理论与实验研究”，出版《北京市民办学校特色发展的理论与实践研究》。

2006年—2007年，连续两年承担市教委财政专项“北京市民办学校特色建设项目”，对民办学校特色建设的理论与实践进行挖掘和探索，出版《开创首都教育的蓝海——北京市民办学校特色建设研究》和《开创首都教育的蓝海——北京市民办学校特色建设研究（二）》。

2008年，完成市委组织部优秀人才资助计划“首都民办学校特色建设国际比较研究——以英国特色学校建设为例”研究，完成市教委委托调研课题“北京市民办教育行政管理现状调研”。

2010年，完成市教委财政专项“北京市民办高等教育发展引导性项目监测与评价”和“北京市民办高职校企合作典型案例调查研究”。完成朝阳区政府督导室委托课题“朝阳区民办小区配套幼儿园办学状况调研”。

2010 年—2011 年，连续承担并完成市教委财政专项“向基础教育倾斜——课程改革——外来人口子女就学监测与学校规划研究”。

2011 年，完成两委委托课题“北京民办课外辅导机构调查”，完成市教委民教处委托调研课题“北京市民办普通高校师资队伍建设状况调研”。

2012 年，完成两委委托课题“北京民办高校法人治理结构调查研究”。完成教科院课题“北京市学前教育‘政府委托办园’现状分析”，对北京市学前教育领域“政府委托办园”政策实施状况进行调研。

2013 年，配合市教委基教一处随迁子女自办学校调研摸底任务，对全市 56 所政府审批合格自办校开展逐校调研，发放并回收学校、学生和教师问卷 6000 余份，形成专题调研报告。

2014 年，完成市教委财政专项“向基础教育倾斜——课程改革——民办随迁子女学校规范管理实践研究”，完成两委委托课题“北京民办高校章程制定与实施状况调研”，完成市教委委托调研任务“北京民办高校航空服务专业办学情况调研”。

五、教育财政相关研究

2003 年，参与北京市教育大会教育财政专题的问题研究与文本撰写。

2007 年，完成市教委财务处指令委托课题“北京市‘十一五’期间教育经费投入方向研究”。

2010 年，完成市教委财政专项“北京市教育经费年度分析（2009）”，为北京市教育经费投入结构和拨款政策提供基础性数据支持；完成市财政局委托课题“北京市高等教育经费投入问题与政策研究”，对 2001 — 2008 年北京市教育部门决算数据和各公办高校年度项目收支情况进行分析，形成决策咨询报告。

2008 年—2012 年，多次参与对市属公办高校、直属中专、直属事业单位、各区县以及市教委本级业务处室的年度预算投入方向与重点项目投资调研，为编制年度市级教育单位部门预算投入方向与项目指南做好前期调研、文本起草和专家论证及意见反馈工作。

2011 年，完成市教委财政专项“北京市市级教育单位预算重点投入方向研究与项目指南编制 (2011)”，完成市教委财务处指令研究任务“北京市‘十二五’期间教育经费供求预测”，完成教科院课题“北京市‘十一五’时期教育投入回顾”。

2014 年，完成市教委财政专项“北京民办教育投入财政政策研究”。

2015 年，完成教科院委托课题“民办教育经费投入保障机制研究”。

第四节　社会服务

北京民办教育研究咨询服务中心、北京绿田民办教育咨询服务中心和民办教育研究所依托“一刊、一台、一库、两网、两会”（即《民办教育参考》、北京民办教育信息台、民办教育资源库、北京民办教育网与北京教育科学研究院民办教育研究所网、（全国）民办教育工作者联谊会与中国民办教育协会）平台，为教育部、市委教育工委和市教委、区县教委、各级各类民办学校以及广大学生提供相应的研究与咨询服务。

一、主持民办教育行业协会秘书处工作

2002年6月3日，（全国）民办教育工作者联谊会成立，全国人大常委会副委员长许嘉璐任名誉主席，全国人大常委会委员、教科文卫委员会委员柳斌和中国教育学会副会长、北京市社会科学界联合会主席陶西平任联谊会主席，教科院院长季明明任联谊会副主席，秘书处挂靠北京教育科学研究院。2003年1月1日，秘书处设在民办教育研究所，王文源兼任联谊会常务副秘书长，主持秘书处工作。

2006年，在（全国）民办教育工作者联谊会基础上筹建中国民办教育协会。2008年5月17日，中国民办教育协会正式成立，王文源任常务副秘书长兼办公室主任。2011年，王文源任协会秘书长。

2013年12月，（全国）非营利性民办高校联盟成立，王文源任联盟秘书长。

二、为民办学校发展提供咨询与指导

2001年，受北京人文大学、北京市明珠学校、北京黄埔大学、北京光明中医学院、北京现代音乐研修学院、北京体育舞蹈艺术学校等民办学校委托，民办教育研究咨询服务中心为学校发展提供10余篇办学论证报告。

2002年9月，教科院与北科昊月公司签署协议，共建北京科技研修学院，确定该校为教科院民办教育研究实验基地。

2004年，受北京锡华教育集团委托，为北京市二十一世纪实验学校未来发展定位与发展战略提供咨询论证。

2006年—2007年，依托北京市民办学校特色建设项目，先后对20多所民办学校开展实地调研，20余所各级各类民办学校挂牌北京市民办学校特色建设项目试点学校。

三、组织开展民办高校招生考试咨询服务

2000 年—2004 年，民办教育咨询服务中心在月坛公园、地坛公园组织“北京民办高校招生咨询现场会”，每年均有数十家甚至上百家民办学校和数万学生参加现场咨询活动。编辑《2000 年北京民办高校招生指南》《2001 年北京民办高校招生指南》《2002 年北京民办高校招生指南》《民办教育法规政策》《全国民办高校名录》等。

2002 年 6 月—7 月，受市教委高教处委托，组织北京民办高校在《中国教育报》《中国青年报》和《现代教育报》发布整版招生公告。应民办学校要求，组织北京 18 家民办高校开展“诚信办学承诺”活动。

2003 年—2004 年，组织发布《2003 北京民办高校联合招生公告》《2004 北京民办高校联合招生公告》，每年在《中国教育报》《中国青年报》《现代教育报》三种报刊上进行 4 次宣传，同时通过网络发布宣传信息，为社会提供民办高校招生信息和服务。

2003 年—2004 年，受市教委高教处委托，承担《民办学校学历文凭考试教学大纲》的修订、印刷、发行等工作，印制与发放民办高校文凭考试卷合订本及相关法规合订本；同时与北京市自考办合作，为民办高校编印发行高等教育学历文凭《考试大纲》和《文凭考试试卷》等。形成《北京市学历文凭考试民办高校发展问题政策建议》报告，提交市教委。

四、参与民办学校年检、评估和质量认证

1999 年 12 月，组织“北京市民办学校试点 ISO9000 认证”专家咨询活动，北京市 30 余所民办中小学参加。

2002 年，参与北京民办高校教育教学综合质量评估和复评工作。

2003 年，受市教委委托，组织开展北京民办高校教育教学综合质量评估工作。

2004 年 2 月中旬—3 月底，受北京市教委高教处委托，协助高教处完成 2003 年度北京民办高校和中外合作办学机构共 130 所学校的年检材料收集、整理和审核工作。

2004 年 9 月，根据《中共北京市委教育工作委员会、北京市教育委员会关于评选表彰先进民办学校的通知》要求，参加民办中等职业学校和民办中小学入校评估工作。

2005 年 4 月 4 日—14 日，王文源应邀作为美国 CITA 论证专家组成员，分别在北京、贵阳、广州对三所民办学校进行质量保障认证。王磊、丁秀棠作为观察员，参加在北京的论证活动。

2005 年 4 月 13 日—20 日，配合市教委开展北京市中外合作办学机构与中外合作办学项目的复核工作。

2015 年 1 月—3 月，配合市教委和北京市民办教育协会参与北京市民办高校及高等教育机构办学状况年度检查工作。

五、拓展网络与信息服务

2000年，与《中国教育报》《中国青年报》和《北京教育报》等合作开辟民办教育专栏，协助《中国教育报》举办每周一版的民办教育专刊，在《中国青年报》（大教育时代）开办民办教育论坛专栏，在《北京教育报》完成一期教科研视点民办教育专版。

2001年，编辑内部刊物《民办教育参考》（双月刊）。2003年，《民办教育参考》杂志取得内部准印刊号，并确定为民办教育工作者联谊会会刊。2001年—2006年，每年发行6期、共18000册。

2002年，开通北京民办教育信息台，为全国各地的群众提供咨询服务。建设民办教育信息库，收集整理民办教育相关基础信息，加强民办教育宣传。

2007年，配合市教委开通北京民办教育网，并负责网站维护和运营。

第五节　学术交流

一、考察与出访活动

2004年8月24日至9月1日，应澳大利亚政府国际教育部和澳大利亚私立教育与培训委员会邀请并得到澳大利亚政府全额资助，王文源代表（全国）民办教育工作者联谊会出席澳大利亚私立教育与培训委员会在澳大利亚墨尔本市举行的澳大利亚私立教育与培训委员会2004年全国年会，作《中国民办教育发展现状与国际合作教育前景》专题发言。

二、接待境外考察团来访

2003年10月17日，接待日本广岛大学山崎博敏教授来访，围绕中日两国高等教育和私立教育有关问题进行学术交流。

2003年10月20日，与职成所联合邀请美国霍普金斯大学唐兴教授和联合国教科文组织国际教育规划研究所David教授进行学术交流。

2004年1月14日，接待美国乔治华大学国际教育质量认证中心主任Marjorie博士来访。

2007年6月11日，接待日本北海道大学教育学院研究院教授、生涯学习计划研究部长町井辉久和光本滋助教到民办教育研究所进行学术交流。

2014年10月28日，接待世界银行集团国际金融公司（IFC）全球教育主管一行4人来访，就中国民办高等教育发展情况进行交流。

另外，接待来自美国、澳大利亚、德国、新加坡等国有关私立教育机构的专家学者10余人次，就中外私立教育政策及发展开展交流和研讨。

三、主办或参与承办大型民办教育会议活动

2002年6月3日，参与承办（全国）民办教育工作者联谊会成立大会。

2003年3月26日—28日，在北京铁道大厦举办《中华人民共和国民办教育促进法》首期高级讲习班，来自全国20余个省市400余人参加会议。

2003年7月5日，与北京青年报社共同举办以“首都民办高等教育特色与创新”为主题的2003年北京民办高等教育高峰论坛。

2003年10月11日—13日，与中央教育科学研究所、中国村社发展促进会在江苏南京联合举办2003全国民办教育发展论坛。

2004年4月20日—21日，承办《民办教育促进法实施条例》高级讲习班，全国20余个省市教育行政部门领导、民办学校领导和工作人员近200人参加会议。

2004年7月15日，与市教委民办高校党建工作办公室、民办教育工作协调办公室共同组织召开民办高校大学生思想教育工作座谈会。

2004年12月6日—9日，承办北京民办教育周暨2004北京民办教育发展论坛。

2005年5月31日—6月1日，参与协办中国民办教育发展问题与建议座谈会。

2005年12月10日—11日，参与协办2005年北京·民办教育国际论坛，美国、英国等教育专家和国内教育界知名人士、政府官员以及国内民办教育机构负责人等300余人参加研讨。

2008年5月17日，参与协办中国民办教育协会成立大会暨第一次代表大会。

2015年11月29日，参与协办第七届中国民办教育发展大会。

执笔人：吕贵珍

审核人：王磊

责任编辑：梁雅珠

第十章　早期教育研究所

早期教育研究所主要职责：面向北京市0—6岁儿童开展早期教育研究，为学前教育机构及儿童家庭提供专业化的指导与服务；为政府决策提供服务；为教育行政部门发展学前教育提供科学依据；配合市政府，开展学前教育督导与质量评价工作；研究开发学前教育课程；指导区县学前教育研究工作，为提高学前教育质量提供专业化指导；承担市级骨干教师培养工作及学前教师继续教育的相关培训工作；指导全市各类型幼儿园教科研工作；为幼儿园提供专业化信息服务等。北京市教育学会学前教育研究会秘书处设在早期教育研究所内，负责指导全市群众性学前教育研究，开展学术交流。

第一节　沿革

北京教育科学研究院早期教育研究所于2002年7月成立，由原教科院基础教育教学研究中心学前教育研究室、基础教育科学研究所学前教育研究室人员组成。

1995年—2002年，教科院基教研中心学前教研室共有4名教研员，梁雅珠任主任，成员有刘丽、汪荃、姚兵岳。2002年9月合并到早期教育研究所，职责是：贯彻落实国家教委颁布的《幼儿园工作规程》及《幼儿园教育指导纲要》；指导全市18个区县学前教育研究室工作；面向基层开展幼儿园教育教学专题研究；开展幼小衔接实验研究；培训指导全市骨干教师；组织全市教师的业务培训；参与市教委对幼儿园的视导及分级分类验收等工作。

1988年9月，北京市教育科学研究所设置学前教育研究室，职责是：为教育局学前处决策提供科学依据；面向北京市3—6岁儿童开展学前教育研究，为学前教育机构及儿童家庭提供专业化的指导与服务；研究开发学前教育课程；指导全市各类型幼儿园教科研工作。第一任主任方明，成员有周芳、王俊英、徐明、廖丽英。1996年2月，更名为基础教育科学研究所学前教研室。1997年徐明任第二任主任。2002年9月合并到早期教育研究所。

截至2015年底，早期教育研究所在职职工9人，其中副研究员2人、副编审1人、中学高级教师4人，博士2人。中共党员6人。

早期教育研究所干部任职一览表

姓名	职务	任职时间	备注
梁雅珠	所长	2002 年 9 月—2013 年 6 月	
	党支部书记	2008 年 1 月—2013 年 6 月	
刘　丽	党支部书记	2003 年 4 月—2008 年 1 月	
苏　婧	所长	2013 年 3 月—	
	党支部书记	2013 年 9 月—	

至 2015 年底，早期教育研究所负责全市学前教育业务指导工作，负责指导各类幼儿园的教育教学研究，多年来已形成较为完善的市、区、园三级教研网络。开展 30 项重要课题和项目的研究任务，其中：全国教育科学规划课题 2 项、北京市哲社规划课题 1 项、北京市教育科学规划课题 5 项、招标立项的两委委托专项 21 项、院级课题 1 项。共完成委托调研报告、决策咨询报告及文件起草 25 项。发表论文 153 篇，出版书籍 20 本，其中学术专著 11 部，出版教材教参 44 种。获北京市教育科研和教育教学优秀成果奖 3 项。

第二节　政策研究

围绕首都学前教育发展的重点和难点问题，开展学前教育社会需求、农村学前教育发展现状、民办幼儿园发展现状、街道幼儿园发展现状以及办园体制等方面的调查研究，为制定学前教育发展政策提供依据。

一、调查研究

1998 年 10 月—12 月，在全市 16 个区县的家长中进行北京市学前教育社会需求与对策调查。形成《北京市学前教育社会需求与对策调查报告》，为教育行政决策部门制定本市“十五”期间幼儿教育的发展规划提供有价值的参考数据，也为幼儿园园长提供更明确的办园思路。

2003 年—2004 年，开展“学前教育发展战略研究”，通过对国内国际学前教育发展趋势分析研究，对北京市学前教育现状进行调查研究，提出“首都学前教育发展战略的构想”，完成教科院“学前教育发展战略研究”，并撰写调研报告。

2005 年，开展幼儿园办园体制改革调研、学前教育发展现状调研，撰写调研报告，提交市教委领导及有关部门，为政府决策提供依据。

2006 年 4 月，实地考察北京 10 个远郊区县 137 所乡镇的中心幼儿园及分园，完成调研报告《北京农村学前教育发展现状及对策研究》。

2007 年 4 月—6 月，对北京市 44 所民办幼儿园开展现场调研，完成《北京市民办幼儿园发展现状调查报告》。

2008 年 4 月—6 月，开展北京市街道幼儿园发展现状调研，对东城、西城、崇文、宣武、朝阳、海淀、丰台和石景山 8 个区全部 50 所街道幼儿园进行现场调研，对各区学前科进行问卷调研，完成《2008 年北京市街道幼儿园现状调查报告》。

2009 年，开展学前教育体制现状调研，为制定首都 2020 年中长期发展规划献计献策。调研小组到朝阳、海淀、顺义幼教一线，就“首都学前教育体制”以及“农村学前教育事业发展”开展实地调查研究。

二、文件起草

1999 年 7 月—2000 年 4 月，基教所学前室及基教研中心学前教研室参与市教委学前教育处牵头的《北京市幼儿园分级分类验收标准》修订工作。

2001 年 7 月，受市教委学前教育处委托，制定《北京市贯彻〈幼儿园教育指导纲要〉实施细则》。2003 年 10 月，供全市幼儿园试用。2005 年 9 月—2006 年 4 月对《细则》进行修订，2006 年 7 月出版，全市幼儿园使用。

2008 年底—2009 年初，受市教委委托组织北京市幼儿师范学校部分专业课教师编写《北京市幼儿教师教育教学基本功展评活动考纲说明》，为开展全市教师基本功展评活动提供标准。

2010 年，受市教委委托起草《北京市关于进一步加强幼儿园教研工作的指导意见》，提出市、区、园三级教研工作要求，规范各级教研工作。

第三节　课题研究

1995 年—2015 年，结合首都学前教育发展中的实际需求，主持各领域的课题研究，完成关于家庭教育、教师评价、课程实验、园本教研、社区早期教育等 19 项课题研究。

1995 年，北京市家庭教育研究会成员方明在幼儿家庭教育方面进行深入研究，为全市开展幼儿家庭教育实践提供具体建议与指导。

1996 年，王俊英主持北京市教育科学“九五”规划课题“幼儿教师工作评价研究”，成果在北京学前教育杂志出版增刊。

1998年，徐明主持北京市教育科学“九五”规划重点课题“北京市幼儿园课程方案实验研究”的第二部分“幼儿园课程改革实验”，成果应用于北京市幼儿园快乐与发展课程中。

1999年，周芳主持教科院中青年课题“北京城镇家庭幼儿教育投资的现状调查与对策研究”。

2002年，廖丽英主持课题“促进幼儿创造性发展的幼儿数学教育实践研究”。在幼儿数学教育实践中注重儿童数学兴趣、自主体验，强调幼儿学习过程的意义和价值；将幼儿数学教育资源融入创造自主的成分。课题形成《幼儿情境互动式数学》小、中、大三个年龄班的系统课程活动资源。

2002年—2005年，刘丽主持全国教育科学规划“十五”青年专项课题“幼儿自我价值感培养策略的研究”。成果获中国学前教育研究会和北京学前教育研究会优秀课题奖，在学前教育类杂志上发表相关文章数篇。

2003年—2005年，梁雅珠主持北京市教育科学规划“十五”重点课题“开展社区0—3岁儿童早期教育指导研究”。围绕社区0—3岁儿童早期教育现状开展调研并研究开发《快乐亲子园实用教材》，该课题研究成果获北京市第三届基础教育教学优秀成果一等奖。

2004年，汪荃承接市教委委托专项“幼儿园环境建设的研究”，出版《幼儿园玩具配备》，在全市推广使用。

2007年，刘丽承担市教委“以园为本教研制度建设”项目，出版《北京市以园为本教研制度的探索》，该书成为幼儿园、区县教研室教研工作的参考。2007年—2010年，刘丽主持北京市教育科学规划“十一五”重点课题“知识管理与幼儿教师专业发展关系的研究”，为幼儿园教师培训提供了新的视角。2007年7月—2010年7月，孙璐主持了北京市哲学社会科学“十一五”青年专项课题“3—6岁幼儿健康状况研究”，研究报告在《学前教育》上发表。

2010年，开展“北京市注册幼儿园课程与教材使用现状”调研，完成《2010年北京市注册幼儿园课程与教材使用情况》的调查报告在“北京教育发展蓝皮书”发表。

2013年，承接市政府教育督导室委托课题“北京市学前教育督导指南课题研究”。参与全市各区县学前教育三年行动计划专项督导，梳理、总结、反思北京市学前教育督导的理念、程序和方法等，结合国际国内其它地区学前教育督导工作的经验，于2014年完成北京市学前教育督导指南研究工作。

2013年9月—2014年12月，徐明主持完成“北京市幼儿园课程综合评价标准（试行）”研制工作。通过区县调研进行三轮修改，形成《北京市幼儿园课程综合评价标准》。

2013 年 11 月—2014 年，苏婧承担北京市妇联委托课题“独二代家庭教养方式及家园共育策略研究”，完成北京市独二代儿童家庭教养的现状、问题和需求的研究报告，形成幼儿园家园共育有效策略集。

2014 年，孙璐承担北京市教育科学“十二五”规划青年专项课题“幼儿园情绪教育内容与策略的研究”，提出有利于促进幼儿情绪发展的有效策略，编写《幼儿园情绪游戏范例集》。何桂香承担北京市教育科学规划“十二五”重点课题“提高职初期幼儿教师班级管理能力的实践研究”，通过多样化的教研和培训方式为职初期教师班级管理能力提升提供具体可操作的方法，缩短职初期教师专业成长进程。出版研究成果《幼儿园主题活动经典案例》《幼儿园新教师指南》。庄薇承担中国学前教育研究会“十二五”立项课题“幼儿科学探究活动的教育实践研究”，形成《各年龄班幼儿科学探究活动指导手册》和《各年龄班幼儿科学探究活动实践手册》，成为教师开展科学教育活动的参考依据。

2015 年，苏婧承担北京市教育科学规划重点优先关注课题“国际视野下北京市幼儿园课程的实践与创新研究”，从实践调研、国际比较、园本课程经验三方面开展研究。研究设计《北京市幼儿园课程实施情况调查问卷》，分层抽样完成调查问卷，形成北京市幼儿园课程现状调查报告。开展英国、美国、日本、德国等国家幼儿园课程比较研究和陈鹤琴、张雪门幼儿园课程研究工作。开展幼儿园园本课程经验分享交流会，总结梳理幼儿园园本课程经验。

第四节　课程建设

早期教育研究所承担全市学前教育课程研究及开发工作。成立 12 年来，完善 0—3 岁亲子课程、幼儿园课程及学前班课程体系，编写各类教学指导用书及教材。

学前班教材（丛书）。1995 年—2000 年，基教研中心学前教研室在全市 8 个区县开展“幼小衔接”实验成果推广工作，对学前班工作进行指导，对教师进行培训。主持编写学前班课程《我要上学啦》，在全市学前班推广使用。

幼儿园游戏课程。1996 年—2002 年，基教所学前教研室出版《在游戏中成长》《幼儿园小班、中班、大班游戏课程》以及《幼儿园各类游戏玩具配备》等书籍。

幼儿园课程。2004 年，受市教委委托，主持研究开发北京市《幼儿园快乐与发展课程教师指导用书》3 册。2008 年，组织全市优秀教师及教研员编写适合首都学前教育发展实际的《幼儿园快乐与发展课程教师教学用书》，先后完成教师用书 8 册、儿童用书40册、家园联系册8册、挂图96幅的编写出版任务。

0—3岁亲子课程。2002年—2004年，编写北京市0—3岁儿童早期教育课程《快乐亲子园实用教材》，在全市亲子园推广使用。

《幼儿数学教育》。2004年，廖丽英编写的《幼儿数学教育》获北京哲学社会科学优秀成果二等奖。该书是学前教育课程建设课题中的一部分，已经在不同的高职院校使用。

第五节　教师队伍建设及培训

承担全市骨干教师及区县教研员培训工作，与此同时顺利完成援疆、阿联酋等支教任务。

专业能力提升培训项目。2008年1月—12月，开展区县教研员专业能力提升培训，对全市各区县教研员进行全员培训，系统总结教研员专业提升的经验和方法。

名教师工作室。2008年4月，市教委成立11个北京市幼儿园骨干教师培养名师工作室。梁雅珠、徐明分别成为两个工作室指导教师，负责区县学前教育研究室教研员、全市部分骨干教师培养指导工作。2012年12月，梁雅珠名教师工作室出版《“研”之有理》，徐明名教师工作室出版《用环境和活动引导幼儿发展》。

兼职教研员队伍建设。2013年4月，建立市级兼职教研员队伍，完善工作机制，开展幼儿园学科领域的研究。“兼职教研员队伍建设”项目以幼儿园五大领域课程建设为载体，分为健康、语言、社会、科学、艺术、游戏与环境六个领域组，围绕《幼儿园教育指导纲要》《3—6岁儿童学习与发展指南》五大领域中的目标、内容、形式、途径等方面进行观摩、分析、研讨。2014年增加以北京师范大学、中国教育科学研究院等单位专家组成的顾问团队，增加儿童学习故事组和幼儿园管理组。

援疆工作。2010年，承担市政府“援疆——和田幼儿教师双语教学培训”支教任务。带领区县优秀教研员赴和田，开展面向边疆农村地区的幼儿教师培训。2010年—2012年，共派8批教师赴和田培训500名教师及园长，完成40名骨干教师及园长的在京培训。组织北京市和和田地区优秀幼儿教育工作者编写出版幼儿园双语教学教师培训教材，研制教师培训相应多媒体资源，出版《幼儿教育双语教学指导手册》《普通话语音练习册》和《维吾尔族幼儿唱歌学汉语》。

阿联酋支教。2007年8月—2008年6月，受国家汉办和市教委委派，孙璐带领3名幼儿园一线教师赴阿联酋阿布扎比中英双语幼儿园支教，担任幼儿园教学主任，负责 KG1（3—4 岁）和 KG2（4—5 岁）幼儿班汉语课程规划、研发和幼儿汉语教学指导等工作，发表《对外汉语教学的几点经验总结》《趣说阿联酋幼儿学中文》《阿联酋幼儿教育一瞥》等系列文章，对外国幼儿学习汉语规律进行初步总结，开发出一套国外幼儿学习汉语的课程。

培训与讲座。2002 年—2015 年间，早期教育研究所围绕学习贯彻《幼儿园教育指导纲要》《3—6 岁儿童学习发展指南》以及新课程培训、国内外学术交流等内容共举办各类讲座、培训 50 余场，听课人数两万余人次。

第六节　信息及网络服务

学前教育空中课堂。2003 年抗击“非典”期间，开办学前教育空中课堂，通过广播、电话、网络等渠道为广大家长提供早期教育指导。学前教育空中课堂问答集由华东师范大学出版社编辑出版《0-3-6 宝宝养育指南》。

北京早期教育网。北京早期教育网于 2003 年 1 月开通，承担北京教育科学院早期教育研究所网站与北京市教育学会学前教育研究会网站的双重任务。网站开办网上答疑中心，实施百园上网行动，开通早期教育研究者与优秀教师的网上文集平台。组建一支由区县通讯员组成的区县信息交流团队，负责全市早教信息的采集和交换工作，定期在北京早期教育网上更新区县学前教育动态信息。

早教月报。2005 年 4 月编发《早教月报》，反映学前教育发展动态、报道热点问题。2010 起，以免费电子版形式在网上发布。

第七节　评价与督导

学前教育“三年行动计划”督导。2012 年，配合市政府教育督导室对东城等 5 个区的学前教育三年行动计划专项督导。承担“评价指标体系”的研制，负责全市各区县学前教育质量检测及数据收集、统计，问卷结果分析，撰写《北京市区县学前教育发展状况监测报告（2012—2013 学年度）》。2013 年 4 月—2014 年 4 月，配合北京市政府教育督导室进行北京市学前教育三年行动计划专项督导。全程参与海淀等 10 个区县学前教育三年行动专项督导工作。完成北京市教委区县学前教育状况监测统计系统软件开发、调试工作，系统正式投入运行。完成学前教育三年行动计划第三年（2013—

2014）北京市区县学前教育监测统计报表的汇总统计工作。向市政府教育督导室提交调研报告《北京市学前教育资源分布状况调查》。撰写北京教育发展蓝皮书之《北京市学前教育发展数据分析报告（2011—2013）》。

视导、验收与评估。2004年—2015年，参与市教委对全市450余所幼儿园进行视导；1996年—2015年，参与市教委一级一类验收及市级示范幼儿园评审工作，有260余所幼儿园接受验收。

防止和纠正“小学化”现象专项督导。2015年6月—7月，参与市政府教育督导室关于规范幼儿园保育教育工作、防止和纠正“小学化”现象专项督导工作，梳理幼儿园防止“小学化”的相关文献资料，深入北京市16个区县对教育部门办园、民办园、其它类型办园等各类型幼儿园就防止“小学化”现象工作的开展情况、实施效果等进行实地考察与督导，完成《北京市规范幼儿园保育教育工作，防止和纠正“小学化”现象专项督导报告》。

第八节 委托项目与教研活动

《幼儿园工作规程》试点工作。1995年—2002年，受市教委委托，汪荃承担《幼儿园工作规程》试点工作，在北京市第五幼儿园开展实验研究，参与编写《为了孩子发展》。

北京市幼儿教师基本功大赛。2009年4月18日—19日，举办全市第一届幼儿教师教育教学基本功展评活动。来自19个区县198名优秀幼儿教师参赛，活动分为笔试、计算机考试、口试、才艺展示等。此次大赛是对北京市幼儿教师教育教学基本素质的全方位考查。

北京市幼儿园半日活动评优。2011年，完成市教委委托专项任务“幼儿园半日评优”工作。结合《幼儿园教育纲要》的精神及北京市幼儿教育发展实际，制订《2011年北京市幼儿园教师半日评优标准》，针对评优标准进行全市培训，推出101名优秀教师进行表彰。出版《优秀教师半日活动案例集》以及10名特等奖教师的优秀半日活动录像集。

北京市区县教研展评。2013年9月，正式部署教研展评工作，2014年3月—7月进行。17个区县参展，观摩人数约600人次。

北京市优质课程资源征集及评选活动。2014年3月—2015年12月，完成市教委委托的“北京市优质课程资源征集评选和推广”项目，征集语言故事和体育游戏1200

个活动案例，出版《语言故事真美妙》《体育游戏真好玩》。

北京市幼儿教师教育教学评优活动。2015 年 3 月—12 月，完成市教委委托项目“幼儿教师教育教学评优活动”。负责制定项目实施方案、评价标准，召开各阶段工作动员会，部署各区县参赛教师推荐工作，组织市级评审专家组完成市级初评、复评工作，共评选出获奖教师 101 名。

组织召开北京学前教育第十届学术年会。2015 年 6 月 2 日—3 日，与北京学前教育研究会联合举办第十届学术年会。会议总结北京市“十二五”课题研究成果评审及获奖情况，对课题研究的情况、成果及问题进行梳理和分析。20 项“十二五”优秀课题作分论坛重点发言，163 项优秀课题进行展板展示，700 余位课题负责人及课题组成员参加交流和研讨活动。

承办全国第七届儿童健康学术研讨会。2009 年 4 月，配合中国学前教育研究会学前儿童健康教育专业委员会召开全国第七届儿童健康学术研讨会。有 5 个关于幼儿健康教育的学术报告，并分专题进行交流，与会代表还观摩了北京市 4 所有健康教育特色的幼儿园。

承办全国幼儿园园本教研项目培训大会。2007 年，协助市教委承办全国幼儿园园本教研项目培训大会，接待来自全国各地 500 余名参会代表，展示全市 6 个区县 10 所幼儿园的教研活动的历程和经验。

邀请澳大利亚专家学术交流。2015 年 5 月 29 日—6 月 6 日，与北京市学前教育研究会共同接待澳大利亚弗林德斯大学教育学院苏珊教授来京交流活动，并就双方未来合作进行研究与商讨，达成初步合作意向。

执笔人：叶奕民

审核人：苏婧

责任编辑：梁雅珠

第十一章　可持续发展教育研究中心

可持续发展教育研究中心是从事可持续发展教育决策咨询、理论研究、实验研究和成果推广的专业研究部门，同时作为承接联合国教科文组织可持续发展教育项目的秘书处。主要职责：联合北京可持续发展教育协会，将联合国关于可持续发展教育的精神、政策以及国际可持续发展教育理念与中国实际对接，进行中国特色的设计并实施，推进中国可持续发展教育理论体系建设和实践模式创新，开展可持续发展教育跨文化交流，建立广泛的可持续发展教育合作网络。基本内容包括：宣传普及活动；编制科学知识读物和音像资料；总结推广典型经验；进行理论研究、实验研究和决策咨询；开展学术交流与合作；在学校、社区、机关、企业等进行可持续发展方面的培训；组织开展推进可持续发展教育相关活动等。

第一节　沿革

1998 年 10 月，中国联合国教科文组织全国委员会委托教科院牵头组织实施“联合国教科文组织环境、人口与可持续发展（EPD）教育项目”（以下简称“EPD 教育项目”）。项目指导小组办公室设在教科院教育发展研究中心，承担环境、人口与可持续发展教育在中国大陆地区实践探索的组织指导工作。2002 年 1 月，组建 EPD 教育项目全国指导委员会（全国工作委员会）。教科院院长任项目主任，教育发展研究中心主任担任执行主任，秘书处设在教育发展研究中心。

2002 年 9 月，可持续发展教育研究中心成立，办公地点设在西长安街 7 号院。

2006 年 1 月，中国环境、人口与可持续发展（EPD）教育更名为中国可持续发展教育（ESD）。

截至 2015 年底，可持续发展教育研究中心在职职工 6 人，其中研究员 1 人、副研究员 2 人，博士 2 人、博士后 1 人。中共党员 5 人、民主党派 1 人。

可持续发展教育研究中心干部任职一览表

<table>
<tr><th>姓名</th><th>职务</th><th>任职时间</th><th>备注</th></tr>
<tr><td>史根东</td><td>主任</td><td>2002 年 9 月—2005 年 2 月</td><td></td></tr>
<tr><td rowspan="4">钱丽霞</td><td>副主任</td><td>2003 年 9 月—2005 年 1 月</td><td></td></tr>
<tr><td>副主任</td><td>2005 年 2 月—2010 年 2 月</td><td>主持工作</td></tr>
<tr><td>党支部书记</td><td>2006 年 12 月—2008 年 1 月</td><td>联合党支部</td></tr>
<tr><td>党支部书记</td><td>2008 年 1 月—2010 年 2 月</td><td></td></tr>
<tr><td>杨志彬</td><td>党支部书记</td><td>2005 年 1 月—2006 年 7 月</td><td>联合党支部</td></tr>
<tr><td rowspan="5">谢春风</td><td>副主任</td><td>2010 年 3 月—2013 年 4 月</td><td></td></tr>
<tr><td rowspan="2">主任</td><td>2013 年 4 月—2014 年 9 月</td><td></td></tr>
<tr><td>2015 年 11 月—</td><td></td></tr>
<tr><td rowspan="2">支部书记</td><td>2013 年 9 月—2014 年 9 月</td><td rowspan="2">联合党支部</td></tr>
<tr><td>2015 年 11 月—</td></tr>
<tr><td>孟　佳</td><td>支部书记</td><td>2010 年 3 月—2013 年 8 月</td><td>联合党支部</td></tr>
<tr><td>王巧玲</td><td>主任助理</td><td>2010 年 5 月—</td><td>2014 年 9 月—2015 年 9 月主持工作</td></tr>
</table>

至 2015 年底，可持续发展教育研究中心、北京可持续发展教育协会共开展 34 项重要课题和项目的研究任务。其中：全国教育科学规划课题 2 项、北京市教育科学规划课题 3 项、市政府及两委委托的研究任务 11 项、横向课题 14 项（含国际项目 5 项）、院级课题 4 项。为教育行政部门决策研究开展调研 5 项，起草建言书 3 篇、文件 9 件，为中国联合国教科文全委会起草国家报告 3 篇。发表论文 77 篇，出版书籍 28 本，其中学术专著 3 部、合著 1 部、译著 1 部。获北京市教育科研和教育教学优秀成果奖 4 项。

第二节　可持续发展教育理论与实践模式研究

一、理论与实践模式研究

第一阶段，1998 年—2002 年底，环境、人口与可持续发展（EPD）教育研究。1998 年，EPD 教育项目在中国的实践研究开始起步。主要研究项目的指导理念、理论与思想、运行机制、组织方式等，重点研究 EPD 教育项目背景、内容、意义、必要性、重要性、理论及实践假设、项目运行方案顶层设计等基本问题。举办 EPD 教育项目国家讲习班 6 次。研制印发《中国环境、人口与可持续发展（EPD）教育项目实施方案》《中国环境、人口与可持续发展（EPD）教育项目实验章程》等文件。

第二阶段，2003 年—2005 年初，EPD 教育向 ESD 教育发展过渡期相关问题研究。

2002 年 12 月，联合国教科文组织启动实施可持续发展教育十年（2005 年—2014 年），2003 年 4 月颁发《联合国可持续发展教育十年（2005 年—2014 年）国际实施计划》（简称"《十年计划》"），以此为标志从 EPD 教育进入 ESD 教育发展阶段。

翻译《十年计划》，重点研究《十年计划》基本精神、主要内容、推进策略、推进步骤、预期任务、目标，明确 EPD 教育与 ESD 教育关系及 ESD 教育的发展方向。结合即将实施的《十年计划》，提出并论证可持续发展教育的必要性和实施途径。举办首届北京可持续发展教育国际论坛和"环境、人口与可持续发展（EPD）教育"项目国家讲习班 1 次。研制《中国环境、人口与可持续发展（EPD）教育项目实施指南》，并向全国"环境人口与可持续发展（EPD）教育"项目实验学校发送。

第三阶段，2005 年初—2014 年，可持续发展教育 (ESD) 研究阶段。

2009 年 3 月，在德国波恩召开可持续发展教育十年中期世界可持续发展教育大会，通过《波恩宣言》，制定可持续发展教育世界行动计划。2012 年 6 月，联合国"里约 +20 峰会"发表政治文件《我们憧憬的未来》，UNESCO 可持续发展教育边会发布《塑造明日教育——联合国可持续发展教育十年计划 2012 报告》，对国际社会可持续发展教育的形势进一步作出新的评估与结论。与《十年计划》（2005 年—2014 年）同步，可持续发展教育在中国进入全面、逐步深化推进时期。

重点研究《十年计划》）等联合国可持续发展教育的相关文件基本精神、主要内容、基本定义，内容、目标、内涵及外延等基本理念以及相关的政策、机制、制度及实施策略、实践原则、路径、方法、基本质量标准等。举办北京可持续发展教育国际论坛共 5 届（第二届—第六届）和可持续发展教育国家讲习班共 4 次。研制印发《中国可持续发展教育实施指南》《中国可持续发展教育质量评价标准》《中国可持续发展教育实验工作手册》。1998 年—2014 年，发表专著、论文与案例集约 700 万字。研究结论浓缩为《可持续发展教育实施理念图》《中国可持续发展教育路线图》。

第四阶段，后续工作——《全球可持续发展教育行动计划》新阶段

2015 年起，实施"联合国可持续发展教育十年"后续工作——《全球可持续发展教育行动计划》。重点研究《全球可持续发展教育行动计划路线图》《仁川论坛宣言》《2030 可持续发展议程》等相关文件基本精神、主要内容，举办亚太第三次可持续发展教育专家会议、中国可持续发展教育第十二次国家讲习班。印发《塑造我们希望的未来——

联合国可持续发展教育十年（2005—2014 年）监测与评估报告（概要）》《全球可持续发展教育行动计划》路线图、《爱知县名古屋可持续发展教育宣言》等项目指导文件。

二、决策咨询策研究

2003 年，组织北京一零一中学、北京理工大学附属中学、北京市第三十五中学、西城区白云路小学和上海市上海中学、吴淞中学、广州市番禺执信中学、广雅中学等 126 所 EPD 教育项目学校校长联合签名致信温家宝总理，向中办建言：倡议在全国范围内广泛开展环境、健康与可持续发展教育。8 月 4 日，温家宝总理、陈至立国务委员作出批示，认为这项教育“很有必要”，明确要求在全国更大范围内实施环境、健康与可持续发展教育。

2006 年—2007 年，完成市教委委托项目“北京市中小学可持续发展教育指导纲要”研制工作，2007 年 12 月，市教委印发《北京中小学可持续发展教育指导纲要》（京教基〔2007〕41 号），在全国属首次。

2006 年，承担市委教育工委委托调研项目“中小学安全教育研究国内综述研究报告”、“中小学安全教育研究国际比较研究”、“中小学安全教育现状调研报告”、“中小学生安全教育意识调研报告”和“中小学家庭安全教育现状调研报告”。

2007 年 5 月，向市教委主任建言《首都教育的新理念与新思路：关于在首都教育中融入可持续发展教育的建言书》。受市教委学校后勤处委托承担政府文件《北京市“节能减排学校行动”工作计划》《北京市节约型学校建设标准》《北京高校节约型学校建设指导意见（征求意见稿）》《北京中小学节约型学校建设指导意见（征求意见稿）》起草工作。

2009 年，提交《将可持续发展教育列入〈北京市中长期教育改革和发展规划纲要（2010-2020 年）〉》”报告，建议将“开展可持续发展教育试验，建设可持续发展教育示范区”作为《北京市中长期教育改革和发展规划纲要（2010—2020 年）》中进行教育改革实验部分内容。向教育部提交“关于在国家纲要中重视可持续发展教育”相关建议，把“重视可持续发展教育”作为《国家中长期教育改革和发展规划纲要（2010—2020）》中战略主题部分内容。

2008 年—2009 年 3 月，向 2009 年 3 月在德国波恩召开的联合国教科文组织世界首届可持续发展教育大会提交中国报告《培养具有可持续发展意识的新一代公民——中国可持续发展教育十年回顾（1998—2009 年）》。

2011 年 1 月—12 月，协助市教委后勤处研制《北京市教育系统节能减排“十二五”行动计划》。

2012 年初，研制里约峰会可持续发展教育分会提交的中国案例报告《可持续发展教育：优质教育之道》。

2014年受市教委学校后勤处委托，承担《北京市节约型中小学校建设考核评价办法》《北京市节约型高等学校建设考核评价办法（试行）》的研发起草工作。代教育部基础教育二司、中国 UNESCO 全国委员会起草文件《全国中小学可持续发展教育指导意见》，向 2014 年 11 月在日本名古屋召开的联合国教科文组织世界可持续发展教育大会（第二届）提交中国报告《面向可持续未来的教育：人类教育之梦——中国可持续发展教育十五年回顾与未来展望（1998—2014 年）》。

2015 年 2 月，受中国联合国教科文组织全委会委托，承担《可持续发展教育目标咨询报告》撰写工作。受市教委学校后勤处委托，承担《北京市教育系统“十三五”节能减排学校行动计划（试行）》研制工作。

三、专题研究

第一阶段：“十五”（2003 年—2006 年前）期间，着力进行首都可持续发展教育现状及未来发展政策建议研究，研制《北京市中小学可持续发展教育指导纲要》（简称“《ESD 纲要》”）。

第二阶段：“十一五”（2006 年—2010 年）期间，侧重可持续发展教育专题研究、整体区域推进以及可持续发展教育资源整合研究。

2005 年—2006 年，完成市委宣传部、市委精神文明办委托项目“北京市未成年人环境道德现状调查及对策研究”，研究报告获市委宣传部 2006 年度北京宣传系统优秀调研报告一等奖。开展“可持续发展教育现状及未来发展政策建议研究”，完成《北京可持续发展教育现状调研报告》和《京沪穗三地中小学教育工作者可持续发展现状调研分析报告》。

2006 年—2007 年，完成教科文组织亚太文化中心 - 联合国教科文组织（ACCU-UNESCO）亚太地区可持续发展教育革新计划“中国农村中小学可持续发展教育”，通过北京、内蒙古、湖北、湖南等地 30 所实验学校项目实践，探索 ESD 农村中小学师资能力建设有效实践方法。

2006 年—2010 年，开展北京农村中小学可持续发展教育资源开发与利用现状调研，进行可持续发展教育资源开发与利用及整合模式案例研究，出版《农村中小学可持续发展教育资源开发与利用》。

2008 年—2010 年，完成市教委基教二处委托“课程改革中的可持续发展教育”项目，研制《北京市中小学可持续发展教育指导意见》配套文件，开展落实《北京市中小学可持续发展教育指导意见》精神专题培训，开发《北京市中小学可持续发展教育指导意见》专题资源包，编写《在我们的学校引入可持续发展教育》《在学科教学中实施可持续发展教育》小学、初中、高中 3 册。

2006 年—2010 年，完成市教委学校后勤处委托《北京节约型中小学 / 高校学校建设指导意见》《北京节约型中小学 / 高校学校建设考核评价办法》等文件研制，开展北京市中小学节约型学校建设现状调研。每年开展北京市教育系统节能减排专题千人培训；开展“留住一桶水”、“阳光校园建设”、“节能减排知识大赛”、“节能减排优秀作品征集”等专题宣传教育活动。完成首批北京市节约型示范学校评选工作（100 所），撰写、出版可持续发展教育实施指南系列丛书《节约型学校建设的策略》。

第三阶段：“十二五”（2011 年—2015 年）期间，侧重持续开展北京市教育系统节能减排推进、骨干教师专业发展与实践策略、学校可持续发展教育质量标准及评估方法研究、学生可持续发展素养研究，开发学校可持续发展教育评价指标体系以及可持续发展素养指标体系。

世界银行“新能源与可再生能源教育支持”赠款项目。2012 年—2013 年，受市教委委托完成世界银行赠款项目“新能源与可再生能源教育支持”的分赠协议签署工作（50 万美元赠款项目）。2013 年—2014 年，完成新能源与可再生能源示范教室安装，市级 1 个、区级 19 个。2014 年—2015 年，完成新能源与可再生能源教育国际培训及新能源与可再生能源教育平台建设。

北京市教育系统节能减排推进项目。2011 年—2015 年，完成《北京中小学 / 高校节约型学校建设指导意见》等文件研制，连续四年完成北京市教育系统节能减排专题培训，共培训 4000 人次。连续两年开展北京市教育系统节水宣传员培训，完成北京市百所节约型示范学校评选工作，合计评选 300 所节约型示范学校，完成北京市中小学节能减排建设方案及创意征集活动，完成北京市教育系统节能减排应用平台建设，完成《北京市教育系统节能减排知识宣传手册》的编写与修订。开展阳光校园建设、节能减排知识大赛、节水知识大赛、节能减排文艺作品展演、节能环保小卫士评选、节能减排优秀作品征集专题宣传教育活动。

2011 年—2014 年，与北京养生文化学会合作，在部分幼儿园和中小学开展以符合自然规律的生活方式实现儿童青少年可持续发展的教育实验，借鉴中国传统中医养生智慧，运用中医养生理论，以人为本，科学养生，借助改善儿童青少年日常饮食、起居、运动、情志和学习方式的复合处方，帮助儿童青少年形成一种低碳、绿色、积极、健康、高效的生活及学习方式。

2014 年，承接市教委委托专项“首都中小学可持续发展教育骨干教师成长途径与策略研究”。12 月召开可持续发展教育百名“种子教师”成果展示会。

可持续发展教育特色质量标准与评估方法研究。以北京市中小学为代表进行学校可持续发展教育质量评估，科学指导学校教学实践工作，为开展全国可持续发展教育质量评估奠定基础。

第三节 指导地区、学校开展实验和实践探索

一、建设与分步骤培养实验学校与示范学校

对可持续发展教育项目学校实行分层、分类指导。1999 年开始在北京、上海、江苏等地发展一部分 EPD 教育项目成员学校，由当地教育行政部门直接管理，接受 EPD 教育项目培训与指导。2009 年取消成员学校，学校可以直接申报成为中国可持续发展教育 (ESD) 实验学校。2000 年 12 月，对 EPD 教育项目成员学校进行评审，共召开 10 次评审会议。2001 年 3 月，确认 120 余所中小学为全国首批 EPD 教育项目实验学校。2001 年 5 月，向首批实验学校颁发“联合国教科文组织环境、人口与可持续发展（EPD）教育项目实验学校”校牌。2003 年后，每年一次分步、分地区开展年审和资格评审。至 2015 年，参与本项目的中小学校、幼儿园及其它层级、其它类型学校 1000 余所，分布在全国 22 个省市。2008 年评选首批 75 所中国可持续发展教育示范学校，2009 年 10 月评出第二批 33 所示范学校，2010 年 10 月评出第三批 24 所示范学校，2010 年、2011 年、2012 年分别对三批可持续发展教育示范学校进行年检。2010 年，实施国家实验区与国家实验学校建设计划，首批国家实验学校 18 个，主要分布在北京和上海。

适时指导、引领实验学校实践方向，掌握操作路径和方法。2000 年—2001 年，研制印发项目指导文件《中国环境、人口与可持续发展（EPD）教育项目实施方案》《中国环境、人口与可持续发展（EPD）教育项目实验章程》。2003 年—2005 年间，研制印发项目指导文件《中国环境、人口与可持续发展（EPD）教育项目实施指南》。2005 年初—2014 年，研制印发项目指导文件《中国可持续发展教育实施指南》《中国可持续发展教育质量评价标准》《中国可持续发展教育实验工作手册》。

二、指导各地区与学校开展可持续发展教育实践

构建可持续发展教育地方课程与编写教材。2004 年—2005 年，研发黑龙江省中小学《环境教育》地方教材，在黑龙江省中小学使用。2005 年—2007 年，研发北京市中小学地方教材《环境与可持续发展教育》（小学、初中、高中共 4 册）在北京市中小学使用。2009 年，研发云南省红河哈尼族彝族自治州地方教材《哈尼梯田与青少年可持续未来》在云南省元阳县使用。2013 年—2014 年，研发陕西省地方教材《青少年可持续发展教育》（3—7 年级）在陕西中小学投入使用。

进行可持续教学方式实验。2002 年—2014 年，组织指导北京、上海等地一批中小学实验学校运用可持续发展教育基本理念和教学操作建议，坚持“主体探究、综合渗透、合作活动、知行并进（简称“十六字原则”），引导学生课堂学习过程前移，指导学生做好学习探究作业报告，组织学生参与课堂评价与合作讨论，鼓励学生提出可持续发展实际问题解决方案。积累系列实验研究成果，收集、整理数百份有效案例，培养、聘任一批可持续发展教育学科教学兼职青年专家。

培育可持续发展教育特色优质学校。2001 年—2013 年，确定实验学校名单，组织通识培训，制定共建特色学校方案并实施，对实施过程加以诊断评估并提出改进建议，召开特色学校建设现场会。至 2013 年上半年，数百次深入学校指导工作，召开数十次专题现场会，编写在可持续发展教育中创建优质教育学校案例集 10 余册。开展可持续教学方式与学习方式实验研究，建设节能减排特色校园。学校与社会合作建设可持续发展教育青少年活动基地，创建可持续发展教育特色品牌学校。

指导学生参与解决节约资源与保护环境实际问题。

2008 年—2010 年，全国 200 所实验学校参加节能减排与可持续发展学校——社会合作行动项目。先后评出 100 所节能减排示范学校，广泛分布在全国 9 个地区。表彰 100 个节能减排优秀监督岗和优秀建言书，表彰 110 项青少年节能减排科技创新成果，评选出 100 个青少年节能减排创新小队。召开阶段成果汇报会 8 次，编印节能减排教育经验集。印制项目文件 2 册、年度资料汇编 3 册、学校成果集 2 册、青少年成果集 2 册、项目资料画册 1 册、项目总结报告及示范学校名录 1 册。

2010 年，同中国儿童基金会合作在上海举办“少年之声”迎世博中英双语环境保护演讲比赛，组织北京和上海的青少年团队参加比赛活动。与北京市环保局等单位合作，组织 7 届以宣传保护环境、倡导绿色低碳生活方式为主题的中小学中英双语演讲比赛，北京市各区县几百所学校、数万名学生参加活动。与韩国釜山韩中青年交流协会开展合作，举办首届中韩青少年环境论坛。组织北京五十五中、北方交大附中等学校部分学生前往釜山与当地的中学生进行为期一周的环保活动。与全国青联等单位合作在北京举办第二届中韩青少年环境论坛，邀请韩国青少年来北京与北京十二中等学校学生进行为期一周的活动。

2012 年—2015 年，与欧莱雅（中国）合作开展“未来科学家可持续成长行动计划”项目。主要内容有编制面向中小学的《未来科学家可持续成长行动指导手册》，制定面向教师的培训方案、优秀教学案例评选计划、青少年科技创新实践 / 研究优秀成果评选计划，组织开展青少年可持续发展教育科技夏令营等，分两期进行，2015 年 8 月结束。

第四节 专题培训

一、定期召开可持续发展教育国家讲习班

1999 年 1 月—2015 年，共召开 12 次国家讲习班，对全国着手开展 EPD/ESD 教育的中小学实验学校校长、教师代表进行环境人口教育 / 可持续发展教育基础理论与操作方法培训。参与人员：中国教育部官员、中国联合国教科文组织全委会秘书长、大学教授、中科院专家、省市教育行政官员、NGO 代表以及中国 14 个省市自治区 EPD/ESD 教育实验学校校长、教师与学生代表等，总计人数近 10000 人次。

1999 年—2015 年中国 EPD/ESD 教育国家讲习班一览表

届次	时间	地点	主题
第一次	1999 年 1 月 18 日—20 日	北京教科院	环境、科学、健康教育促进可持续发展的内容和途径
第二次	1999 年 5 月 31 日	北京市第 161 中学	环境、科学、健康教育促进可持续发展的内容和途径
第三次	2000 年 3 月 29 日—31 日	北京教科院	环境、科学、健康教育促进可持续发展的内容和途径
第四次	2000 年 10 月 9 日—11 日	北京教科院	贯彻主体参与原则，以学科渗透为主渠道探索在中小学开展环境教育、人口教育和健康教育的有效育人模式和学校发展模式
第五次	2001 年 5 月 24 日—25 日	市教委 房山区良乡中学	在主体教育和可持续发展教育思想指导下实施 EPD 教育
第六次	2002 年 12 月 19 日—21 日	上海	中国环境人口与可持续发展教育的基本理念与操作模式
第七次	2004 年 11 月 24 日—30 日	广州 – 香港	迈向可持续发展教育十年
第八次	2006 年 12 月 14 日—16 日	北京石景山区	可持续发展教育的推进策略和创新实践
第九次	2008 年 12 月 7 日—9 日	北京市东城区	可持续发展教育十年：推广成功经验，推进创新实践
第十次	2010 年 11 月 3 日—5 日	上海市普陀区	在可持续发展教育中创造优质教育

第十一次	2012 年 9 月 19 日—21 日	北京市通州区教师研修中心	可持续发展教育：优质教育之道
第十二次	2015 年 10 月 27 日—29 日	北京德宝饭店	可持续发展教育促进育人模式创新

二、赴联合国教科文组织国际教育局参加 EPD 教育项目培训

2000 年 5 月，首批中国 EPD 教育项目代表团一行 8 人赴瑞士日内瓦参加项目培训，考察瑞士中小学教育和社区教育。2000 年 12 月，以教科院副院长仉珉为团长的第二批中国 EPD 教育项目代表团一行 9 人赴瑞士日内瓦参加项目培训，考察瑞士中小学教育和职业教育。2001 年 11 月，第三批中国 EPD 教育项目代表团一行 13 人，赴瑞士日内瓦参加项目培训，考察瑞士中小学教育。2002 年 6 月第四批中国 EPD 教育项目代表团一行 12 人赴瑞士日内瓦参加项目培训，考察瑞士与法国中小学教育。

三、地区培训

2001 年起，在 EPD/ESD 项目学校数量较多的北京、上海、广东、淮海经济区、香港等地区，进行 EPD/ESD 教育专题培训百余场。

2009 年 9 月，与石景山教委合作，启动“石景山区可持续发展教育校长成长工作室”项目。2012 年起合作举办第二期校长成长工作室。2013 年 11 月，合作举办第三期校长成长工作室暨专家工作室。2015 年 3 月，合作举办第四期校长成长工作室暨专家工作室。先后有 20 余所可持续发展教育实验学校的校长、教科研主任、教研组长以及骨干教师上千人次参加工作室的系列专项培训及现场展示活动。

2010 年—2014 年，与北京教育学院合作开设“春风化雨”可持续发展教育专题培训班，每年培训可持续发展教育骨干教师 30 名，合计 120 名。

2011 年 6 月，在上海普陀区和闵行区分别进行以“中国可持续发展教育示范学校质量标准解读”和“关于示范学校年检工作的基本要求”专题培训，向普陀区授中国可持续发展教育国家实验区牌与证书。培训教育管理者和教师近千人。

2012 年 5 月，与江苏省徐州市教育协会合作在淮海经济区举办可持续发展教育专题培训，来自江苏、山东、安徽、河南的百余所学校的近 400 位校长、教师参加培训。

2014 年，承接市教委委托项目“首都中小学可持续发展教育骨干教师成长途径与策略研究”，集中培训百名可持续发展教育种子教师。

2013 年 4 月—2015 年 12 月，多次到广东省佛山市禅城区进行培训、考察可持续发展教育实验学校建设。并代表中国教科文全委会向禅城区授中国可持续发展教育国家实验区牌与证书，为禅城区可持续发展教育校长成长工作室揭牌。

2014 年 4 月，举办朝阳区白家庄小学校长祖雪媛可持续发展教育特色研讨会，推广可持续发展教育理念和实践经验。

2015 年 11 月，举办第二届北京教育论坛可持续发展教育专题论坛，牛文元、单霁翔等著名专家应邀作学术报告，500 余名教师参加研讨。

第五节 传播推广可持续发展教育理论与实践成果

2000 年 3 月，EPD 教育项目专刊《EPD 教育在中国》创刊。2006 年更名为《中国可持续发展教育》，为内刊、双月刊。至 2015 年底共编发 79 期。2002 年创建中国可持续发展教育网站。

2002 年起新华通讯社、新华网、人民日报、人民网、中国教育报、光明日报、北京日报、中国青年报、北京青年报、中国教师报、现代教育报等 30 余家媒体多次宣传报道可持续发展教育的动向。2002 年 3 月 12 日，《光明日报》首次媒体传播中国 EPD 教育，举行中国 EPD 教育座谈会。2002 年 11 月 6 日，《光明日报》发专论《大力推进可持续发展教育》。2003 年 4 月 27 日，《中国教育报》发表长篇专题报道《EPD 教育在中国》，对中国 EPD 教育项目自 1998 年以来的成功推进、取得的理论与实践成果作较为全面评述，中国 EPD/ESD 教育在多家媒体相关报道数百篇。

2008 年—2013 年，与蟹岛度假村、西城外国语学校、北京市第八十中学、东城一师附小、北京景山学校、北京九中等常务理事单位和学校合作，先后召开北京可持续发展教育协会理事会年会暨春节团拜会 6 次。

2014 年 1 月 10 日，可持续发展教育座谈会暨春节团拜会在教育部举行。

第六节 建立广泛的可持续发展教育交流合作网络

一、召开北京可持续发展教育国际论坛

2003 年—2013 年，北京可持续发展教育国际论坛隔年举办一次，共召开 6 届。主要内容：国际专家介绍联合国关于可持续发展教育重要文件，交流可持续发展教育实践与研究成果，考察并评价中国可持续发展教育学校与地区实践经验，参观中国可持续发展教育成果展览，讨论国际社会可持续发展教育趋势与方向，发表关于国际可持

续发展教育共识文件。主要方式包括主题报告、专题研讨、承办单位展示交流本区域内学校 EPD/ESD 教育经验及有效教学案例等。参与人员包括联合国教科文组织、经济合作与发展组织、联合国儿童基金会、联合国环境规划署及 50 多个国家可持续发展教育官员与专家 100 余名。中国教育部长、司长、中国联合国教科文组织全委会秘书长、大学教授、中科院专家、省市教育行政官员、可持续发展教育实验学校校长与教师、学生以及 NGO 代表近 2000 人次。

2003 年—2013 年北京可持续发展教育国际论坛一览表

届次	时间	地点	主题	会议成果
首届	2003 年 11 月 8 日—11 日	朝阳区	教育与可持续发展	审议通过《可持续发展教育行动建议》
第二届	2005 年 10 月 29 日—11 月 1 日	海淀区	教育促进可持续发展：全球共识与本土实践	审议通过《追求可持续发展呼唤教育再定位》
第三届	2007 年 11 月 14 日—16 日	西城区	可持续发展教育创新实践	审议通过《以科学发展观为指导，大力倡导可持续发展教育》《青少年在可持续发展中的责任”行动倡议书》
第四届	2009 年 10 月 22 日—24 日	房山区	可持续发展教育：国际发展趋势和中国实践模式	审议通过《为了可持续发展的教育理念与教育行动》
第五届	2011 年 10 月 16 日—18 日	石景山区	为了可持续发展的哲学思考与教育变革	审议通过《可持续发展教育：实现优质教育之道》
第六届	2013 年 10 月 22 日—24 日	东城区	可持续发展教育：优质教育之道	审议通过《可持续发展教育：走向明天的教育》《青少年宣言：尽快行动起来，让地球母亲青春永驻》

二、举办中瑞可持续发展教育首届研讨会

2010 年 4 月，与北京市第八十中学合作，召开基础教育中的可持续发展教育——中瑞可持续发展教育首届研讨会。北京部分区县教委领导和实验学校校长参加研讨会，形成基本共识并签署合作协议。

三、举办亚太可持续发展教育专家会议

2013 年—2015 年，每年一次，共召开 3 次。主要内容：通过大会主题报告与代表国别报告，就各国为落实这些文件精神而采取的行动及取得经验进行交流；考察并评价中国可持续发展教育学校与地区实践经验，参观中国可持续发展教育成果展览；讨

论国际社会可持续发展教育趋势与方向，发表关于推进国际可持续发展教育的共识文件。来自联合国教科文组织和中国（含中国台湾地区）、美国、英国、加拿大、澳大利亚、德国、瑞典、日本、韩国、蒙古、秘鲁、老挝、俄罗斯、菲律宾等国家的专家与北京、上海、广东、湖北、江西、河北等省市可持续发展教育实验学校校长、教师代表等共约 500 余人次。

2013 年—2015 年亚太可持续发展教育专家会议一览表

届次	时间	地点	主题	会议成果
首届	2013 年 4 月 27 日—29 日	北京景山学校	可持续发展教育与优质教育	审议通过《可持续发展教育：通向未来教育之路》
第二届	2014 年 5 月 17 日—20 日	北京万商花园酒店	可持续发展教育：优质教育之道	审议通过《向 2014 年世界可持续发展教育大会建言书》《可持续发展教育：优质教育之道》
第三届	2015 年 6 月 2 日—4 日	清华大学	可持续发展教育促进学习创新	审议研究《亚太地区可持续发展教育教育者培训手册》

四、参加国际交流研讨会

1998 年、1999 年，吴岩参加在日本东京举行的联合国教科文组织——日本亚太地区环境教育研讨会。

2000 年 12 月，钱丽霞参加在日本东京举行的第四届环境教育亚太地区研讨会，作《面向可持续发展社会的环境教育——利用网络资源开展中国中小学环境教育》报告。

2001 年 11 月，张熙赴日本东京参加第五届联合国教科文组织 / 日本亚太地区环境教育研讨会，提交并宣读《EPD 在中国》的报告。

2003 年 9 月，钱丽霞参加联合国教科文组织北京办事处和蒙古联合国教科文组织全国委员会在乌兰巴托举办的可持续发展教育国际论坛，作《中国 EPD 教育项目的进程与发展趋势》报告。

2004 年 5 月，钱丽霞赴瑞典哥德堡参加联合国 UNESCO、瑞典教育科学技术部召开的以“学习改变我们的世界”为题的 ESD 国际研讨会，作《中国 EPD 实践经验》报告，参与《联合国可持续发展教育十年的推进计划》修改稿研讨。

2005 年 2 月，钱丽霞赴泰国曼谷参加联合国教科文亚太办事处举办的亚太地区可持续发展教育十年战略国际会议，作《中国实施 ESD 的基础与策略》报告。《中国可持续发展教育有效实践》报告收入 UNESCO 亚太办事处文集中。

2006 年 10 月，胡晓松担任团长的一行 6 人赴英国伦敦，考察英国推进可持续发展教育十年的发展战略、实施可持续发展教育的政策及运行机制。在曼彻斯特教育局参加中英可持续发展教育与基础教育课程改革研讨会。

2007 年—2009 年，王巧玲、姚春生、钱丽霞先后赴瑞典参加环境教育与可持续发展教育高级培训班，完成瑞典可持续发展教育政策与实施调研报告。

2010 年 7 月，史根东赴曼谷参加 ESD 亚太地区国家经验交流研讨会并作了报告。8 月出席在甘肃召开的第二届世界遗产青少年教育联席会暨世界遗产教育论坛并作专题报告。10 月赴莫斯科参加世界学前教育可持续发展教育大会。

2011 年 2 月，史根东赴泰国参加亚太地区可持续发展教育质量标准和检测会议，作《中国可持续发展教育质量标准研究和质量检测评估报告》。5 月，根据中国和瑞典双方协议并受中国教科文组织全委会委派，史根东、王鹏、戴婧晶赴瑞典参加中瑞可持续发展教育第二次合作研讨会。史根东作《中国可持续发展教育研究和实践成果报告》与《中瑞可持续发展教育合作研究工作报告》。

2012 年 4 月，史根东应邀访问香港可持续发展教育学院和香港部分可持续发展教育实验学校，就开展可持续发展教育项目合作与当地相关领导以及学校进行深入商讨；5 月，史根东参加在加拿大多伦多约克大学召开的第七届教师教育与可持续发展教育会议，并就可持续发展教育基本理论问题以及中国中小学可持续发展教育主要经验作主题报告。6 月，史根东应邀参加联合国教科文组织雅加达办事处可持续发展教育理论和政策创新会议并作主题报告。王咸娟赴泰国参加亚太可持续发展教育研讨会。

2013 年 11 月，史根东应邀出席联合国教科文组织曼谷办事处可持续发展教育课程建设与教师培训会议并作主题报告。

2013 年 5 月，与北京景山学校达成协议，发起召开亚太地区可持续发展教育研讨会，加拿大、美国、德国、瑞典、英国、芬兰、泰国、韩国、日本、蒙古等国家 21 位教育专家应邀参会。

2014 年 5 月，与石景山区教委达成合作协议，联合举行第二次亚太可持续发展教育专家会议。来自加拿大、菲律宾、澳大利亚、美国、日本、苏格兰、德国、英国、瑞典、韩国、秘鲁、蒙古等国家的 19 位可持续发展教育专家或官员参加会议。举行亚太可持续发展教育中心(办公地点设在北京教育科学研究院)揭牌仪式，发布《在可持续发展教育中推进优质教育建言书》和《亚太可持续发展教育 2014 年专家会议宣言》。

2014 年 9 月—2015 年 8 月，谢春风赴英国伦敦大学教育学院访学，专题研究英国可持续发展教育政策问题。11 月，史根东、王鹏等赴日参加世界可持续发展教育大会，在可持续发展教育教师教育分会场作专题报告，举行中国可持续教育特色经验与研究成果展览。

执笔人：徐新容　审核人：王巧玲　责任编辑：王桂英

第十二章　德育研究中心

德育研究中心主要职责：负责北京市学生思想道德建设方面的战略性和前瞻性研究工作；负责德育专刊的编辑发行和网站建设维护工作；负责指导并组织区县和各类学校开展德育科学研究工作，推广和应用德育科研成果。随着时代发展和儿童青少年身心发展特点与需求的变化，德育研究立足国家和首都教育大局，注重与国际趋势、实际需求接轨，围绕基本理论、基本问题、基本方法开展研究，积极服务两委决策及基层学校专业发展需求，以德育与公民教育、心理健康教育、家庭教育与家长教育为主要研究领域。

第一节　沿革

2004 年 4 月，德育研究中心经市编办批准，由院内各部门抽调研究人员组建而成，承担学校德育、心理健康教育与家庭教育的研究和实践。

截至 2015 年底，德育研究中心在职职工 11 人，其中研究员 2 人、副研究员 3 人、副教授 1 人、中学高级教师 1 人，博士 4 人、博士后 2 人。中共党员 7 人、民主党派 1 人。

德育研究中心干部任职一览表

<table>
<tr><th>姓名</th><th>职务</th><th>任职时间</th><th>备注</th></tr>
<tr><td>李祖超</td><td>主任</td><td>2004 年 4 月—2004 年 7 月</td><td></td></tr>
<tr><td>杨忠健</td><td>负责人</td><td>2004 年 7 月—2004 年 9 月</td><td>主持日常工作</td></tr>
<tr><td rowspan="2">孟　佳</td><td rowspan="2">党支部书记</td><td>2004 年 10 月—2005 年 6 月</td><td>主持日常工作</td></tr>
<tr><td>2004 年 10 月—2013 年 5 月</td><td></td></tr>
<tr><td rowspan="5">谢春风</td><td>负责人</td><td>2005 年 7 月—2008 年 11 月</td><td>主持日常工作</td></tr>
<tr><td rowspan="2">主任</td><td>2008 年 12 月—2014 年 9 月</td><td></td></tr>
<tr><td>2015 年 11 月—</td><td></td></tr>
<tr><td rowspan="2">党支部书记</td><td>2013 年 9 月—2014 年 8 月</td><td></td></tr>
<tr><td>2015 年 11 月—</td><td></td></tr>
</table>

刘　韬	主任助理	2014 年 9 月—2015 年 9 月	主持工作
		2015 年 10 月—	
朱凌云	支部负责人	2014 年 9 月—2015 年 10 月	主持联合支部工作

至 2015 年，德育研究中心完成 64 项重要课题和项目的研究任务：北京市教育科学规划课题 10 项、市委市政府及两委委托的研究任务 44 项、横向课题 7 项（含 2 项国学项目）、院级课题 2 项、自主开展与北京市 2020 年教育改革与发展纲要相关研究 1 项。为教育行政部门决策开展调研 6 项，撰写咨询报告 18 篇，起草文件 7 份。发表论文 150 篇，出版书籍 46 本，其中学术专著 13 部、教材 6 种、编辑与编著 27 本。获全国及北京市教育科研和教育教学优秀成果奖 5 项。

第二节　德育研究

一、德育理论与政策研究

2004 年 6 月—10 月，受市委教育工委和市教委委托为 2004 年北京市中小学德育大会召开做准备，参与起草《加强未成年人思想道德教育工作行动计划（2005—2010）》，其间召开 9 次研讨会和专家咨询会，对文件修改 12 稿。

2006 年 4 月—2006 年 12 月，承担“未来 15 年首都教育发展趋势与《北京市中长期教育改革和发展规划纲要（2010—2020 年）》研究项目”中第 16 专题“首都未成年人、大学生以及公民思想道德教育状况与对策研究”。设计 3 套访谈座谈提纲和 2 套调查问卷，对北京市政府部门、企业、学校、街道等进行实地调研访谈，回收各类问卷 4100 份，撰写 4 篇研究报告。

2007 年 1 月，受市教委德育处委托对北京市农村学生最喜欢阅读的报纸刊物和课外阅读方面的实际状况与需求进行调查研究，完成调研报告。

2010 年 7 月，受市教委基教一处委托参与“北京市中小学生社会实践大课堂持续发展机制研究”项目，起草《关于进一步加强中小学生社会大课堂工作的意见》，撰写《北京市中小学生社会实践大课堂持续发展机制研究报告》。

2011 年，受市教委政策法规处委托承担“普通中小学法制专题教育课程整合研究”。研制 2 套访谈提纲进行调研，分析北京市中小学实施法制专项教育的方法、师资、课时、效果、问题、需求等状况，编写《普通中小学法制专题教育课程结构框架》（包括小学、初中、高中和实施建议），完成《普通中小学法制专题教育课程整合的研究报告》。

2012年，受市教委基教一处委托承担“北京市中小学独生子女教育问题研究”。调研北京市中小学生中独生子女现状特点及原因，提出“中小学教育伙伴计划”，完成《北京市中小学独生子女教育问题的研究报告》。

2012年，受首都精神文明建设委员会办公室委托承担“来京务工人员子女社会适应与融入现状调查研究”。调查来京务工人员子女学习、生活状况与特点，与京籍学生进行对比研究，完成《来京务工人员子女社会适应与融入现状调查报告》。

2013年，受市教委基教一处委托承担“北京市中小学德育管理干部现状调研”项目。对全市1758名中小学德育管理者进行问卷调研和访谈，完成《北京市中小学德育管理干部现状调查报告》。

2013年9月，承担“北京市青少年学生校外教育立法研究”。研制校外教育立法调查问卷，对全市52家校外教育机构、负责人和管理干部以及校外教育教师进行问卷调查以及校外教育立法的理论和实证研究。完成《校外教育立法理论研究报告》《校外教育立法调查报告》《社区教育发展历史与现状分析报告》和《北京市青少年学生校外教育立法研究报告》。

2014年9月，秦廷国主持北京市教育科学“十二五”规划课题“中学生社会主义核心价值观教育实效性研究”，完成《中学生社会主义核心价值观教育实效性调研报告》。

二、德育理论与实践研究

2004年—2005年，受市教委德育处委托承担“北京市中学行为不良学生的德育实效性研究与实践”项目研究。运用数据分析法研究2002年—2004年未成年人违法犯罪现状及主要特点，访谈西城、东城、延庆、石景山、海淀、通州、丰台区法院和北京市第一、第二中级法院9所法院少年法庭庭长及法官，对54件在校中学生犯罪典型案例进行分析和研究。收集整理19个区县200件不同类别学校教师对不同年龄段学生成功教育转化经验和案例进行研究，提出对策，对各级各类学校、家庭和社区进行教育指导。

2002年—2006年，谢春风主持北京市教育科学“十一五”青年专项课题“北京市小学中年级学生动荡分化特点与对策研究”，在东城、西城、海淀部分小学进行教育实验，探究小学生学习分化的表现特点、成因和应对策略。

2003年—2007年，谢春风主持北京市优秀人才培养工程专项资助项目“儿童动荡分化特点及对处境不利儿童的教育干预研究”（北京市委组织部），针对小学处境不利儿童进行案例研究和学习支持研究。

2006年，王瑛主持北京市教育科学“十一五”规划重点课题“北京市中小学校网络德育研究的深入与推广”。调查北京市中小学网络德育现状，开展系列的理论梳理，包括网络道德的概念界定、网络道德建设与网络德育的意义、现实社会道德与网络社会道德的关系、网络德育的目标定位和网络德育的过程特点、网络德育的教师角色、网络德育评价等，面向学校开展星级校园网站评比活动，出版成果《引领学生做网络生活的主人——北京市中小学校网络德育研究与实践》。

2006 年—2011 年，为落实《教育部办公厅关于在大中小学开展廉洁教育试点工作的意见》文件精神、市委教育工委和市教委关于“廉洁文化进校园”指示，受市教委德育处委托承担廉洁教育进校园系列研究工作。2006 年 3 月－2007 年 12 月，承担“中小学廉洁教育读本编写”项目，完成《北京市中小学廉洁教育读本》小学、初中、高中及教师 4 个分册编写出版。2008 年，承担“为中小学生配备廉洁教育读本”项目，组织《北京市中小学廉洁教育读本》试用实验和教师培训工作。2009 年，承担“中小学廉洁教育读本使用效益监控”项目，总结中小学廉洁教育实验经验，进行实验教师培训、读本使用、师生廉洁教育成果展示。2010 年和 2011 年，承担“中小学廉洁教育实践推进与案例征集”项目，进行全市中小学廉洁教育“十一五”研究成果的征集与评选工作，完成调研报告。

2012 年，承担北京市政府实事工程“北京市义务教育阶段名师同步课程资源暨北京数字学校（BDS）主题班会课程开发与录制工作”。研制主题班会的评价标准和要求，构建中小学主题班会课程内容框架，推出示范课例，开展授课教师培训，共开发和录制主题班会 192 节。

2012 年 3 月－2013 年 4 月，受市教委基教一处委托参与“小学规范化建设工程”总结工作，负责“德育专项”总结，完成《小学规范化建设工程德育经验成果专项总结报告》《北京市小学德育、心理健康教育专题研究报告和优秀案例集》。

2013 年 4 月—2014 年 12 月，受市教委基教一处委托承担“首都中小学德育专家资源库建设与导师制专业培训模式构建”项目，初步建立首都中小学德育专家资源库。与北京市什刹海书院合作，邀请钱逊先生举办《论语》研修班。

2013 年 12 月，受首都文明办委托承担“北京市大中小幼学生文明守则研究”。开展国内外中小学生文明守则的文献收集与整理，征集中小学生行为规范养成教育成功案例，起草《北京市大中小幼学生文明守则》，撰写《大中小幼学生文明守则解读》，由首都文明办印发。

2014 年，受市教委基教一处委托承担“北京市小学开展连环画阅读活动项目”。推荐 274 本适合小学生阅读的连环画，人民美术出版社中标再版连环画，送达北京市各小学。2015 年，受市教委基教一处委托承担“北京市连环画进校园”专项，以“政策保障、专题培训、典型示范、活动推进、调查研究、专家咨询”为思路，完成《第二批优秀少儿影片、连环画筛选与配送方案》，组织两次现场会及四项连环画阅读活动，推进小学生连环画阅读。

2015 年，受市教委基教一处委托承担“中小学数字德育平台活动组织”项目。组织 2015 年市中小学数字德育网网上冬令营活动和网上夏令营活动，进行近万篇学生征文评选，分小学、初中、高中三个学段向中小学生推荐优秀阅读书目 100 册，录制心理健康教育专题视频讲座 20 个。

2015 年 12 月，与北京市禁毒教育基地管理中心合作承担“毒品防治分级教育教材编写及培训计划”项目，研究开发小学 1—6 年级毒品预防教育主题课程，对教师进行培训。

2015 年，受市教委基教一处委托承担“百部优秀少儿影片进校园活动实施与管理”项目，为全市中小学选送第二批优秀少儿影片 463 部：故事片动画片 80 部、纪录片 383 部。召开市级培训会、现场会和研讨会，开展优秀学生微电影和精品电影课程评选活动。

三、德育综合研究

家校合作研究

2005 年起，开展家校合作系列研究，对家长作为个体参与学校教育和通过加入组织参与学校教育进行分阶段研究与实践推进。

2005 年，受市教委德育处委托承担“中小学校与家庭、社会机构合作状况调查研究”。深入中小学和社会机构进行问卷调查和访谈，调研北京市中小学校与家庭及社会机构合作的状况、需求和存在问题，完成《中小学校与家庭、社会机构合作状况调查报告》。

2005 年 9 月—2009 年 12 月，受市教委德育处委托承担“建立和推广家长教师协会项目”。2005 年开展“北京市家长教师协会建立的实践研究”，2007 年开展“组织中小学家长教师协会试点培训”，2008 年开展“中小学家长教师协会建设试点经验总结与推广”，2009 年开展“推广门头沟 PTA 经验专题培训与研究”。2009 年—2010 年，探讨家长教师协会参与家长会的研究，撰写研究报告，出版《家长教师协会手册》和《家长参与学校教育的理论与实践研究》。

2007 年 5 月—2011 年，赵澜波主持北京市教育科学“十一五”规划重点课题“北京市中小学生家长参与学校教育的途径研究——试点建立家长教师协会”。进行市中小学生家长参与学校教育的调查和理论研究及实践推进，研究报告《市中小学生家长参与学校教育的途径研究——试点建立家长教师协会》获市第六届教育科学研究优秀成果奖三等奖。

2012 年—2014 年，受市教委委托承担“国家教育体制改革背景下家长教师协会建立和运行的深入研究”。调研北京市家长教师协会建设和运行情况，总结区县和学校实践经验，参与起草《市教委关于进一步建好家长教师协会的意见和通知》草案，出版题为“家校协作，合力育人”《北京教育》增刊（2013年），修订《家长教师协会手册》。

2015年，赵澜波完成北京市教育科学“十二五”规划重点课题（优先关注）“学校、家庭、社会协同教育研究——家长教师协会的准实验研究”。借鉴国内外家长教师协会和家长委员会经验，构建以北京市家长教师协会运行机制为切入点的指标体系，推动学校教育的改革和治理，实现学校、家庭和社会的协同教育。12月5日—7日，成果“家长教师协会在现代学校制度中的应用”，经中国教育创新成果公益博览会组委会审核，在北京师范大学主办的首届中国教育创新成果公益博览会展出。

推进中小学德育内容、方法和机制创新试验

2011年—2014年，受市教委基教一处委托承担国家教育体制改革试点项目“推进中小学德育内容、方法和机制创新试验”，开展班主任专业发展现状及对策调研，进行社会大课堂建设与德育内容体系构建情况调查和实地调研。完成36个子项目成果验收，完成《项目总报告》及“社会大课堂建设”、“班主任队伍建设”和“中小学德育内容体系构建”3个专题报告，编辑《区县结题报告汇编》和《区县与学校经验汇编》。2014年12月，项目研究成果通过教育部验收。

第三节　心理健康教育研究

一、心理健康教育理论与政策研究

2005年11月－2006年5月，承担市教委委托课题“中小学教师工作满意度调查”。在城区、近郊和远郊区县各选取两个区县60所学校、3600位教师进行调研，完成《北京市中小学教师工作满意度调查报告》。

2006年－2011年，郭喜青主持北京市教育科学“十一五”规划重点课题“北京市中小学心理健康教育目标体系建构的实验研究”。选择城区、近郊和远郊区县各3所小学、初中和高中作为实验基地校开展课题实验。研制“北京市中小学心理健康状况调查问卷”和“北京市中小学生成长需求调查问卷”调查问卷，编写《学校心理活动实验记录册》，完成2篇调查报告，研制《北京市中小学心理健康教育目标体系（草案）》。

2007年6月—10月，受市教委德育处委托承担“北京市中小学生成长需求调查”研究。采用自编《北京市小学生成长需求调查问卷》和《北京市中学生成长需求调查问卷》

对39所德育信息基地学校（小学15所、初中13所、高中11所）19327名学生的个人发展、学校管理等需求状况进行调研，完成《北京市中小学生成长需求调查报告》。

2009年11月—12月，受教育部基础教育一司及市教委德育处委托，承担“北京市中小学心理健康教育工作情况调研”项目。对北京市18个区县的中小学校领导、班主任、心理教师、心理教研员进行抽样调研，完成《北京市中小学心理健康教育现状调查与对策建议》研究报告。

2013年6月—2015年12月，开展中小学德育图书捐赠公益活动，把本机构专业人员出版的德育、心理健康教育和家庭教育类成果及专门购买的部分图书赠送给东城、西城、海淀、石景山、大兴、通州等区县业务研究机构和中小学，累计捐赠图书近5000册。

2014年10月—2015年12月，以定性、定量研究方法为重点，开展教育研究方法系列讲座8次，来自各区县德育研究机构、中小学的近千名研究人员和教师参加。

二、心理健康教育实践研究

2009年，受市教委德育处委托承担“北京市中小学心理健康教育成功案例研究、疑难解答及实践应用”项目。针对北京市中小学心理健康教育实践中存在的难点和热点问题，组织专家和心理健康教育教师撰写出版《心理健康教育专业手册》，包括小学低年级、高年级及初中、高中4个分册。

2012年起，受市教委基教一处委托开展北京市中小学心理健康教育观摩交流周活动。2012年主题是“关爱学生，服务成长”，石景山、海淀和朝阳教育行政部门、教育科研部门以及多所中小学协办，850余名区县相关领导、教研员和心理健康教育教师参加交流周活动。2013年主题是“共享智慧，相伴成长”，东城、西城和丰台的教育行政部门、教育科研部门及多所中小学参与承办与协办，950余名区县相关领导、教研员和心理健康教育教师参加观摩和交流研讨活动。2014年主题是“学习·成长·幸福”，东城、海淀、昌平和大兴等区教育行政部门、教育科研部门及多所中小学参与承办与协办，1100人次教师参加观摩和交流研讨。

2012年，承担北京市政府实事工程“北京市义务教育阶段名师同步课程资源暨北京数字学校（BDS）心理健康教育课程开发与录制工作”。研制心理健康教育活动课的评价标准和要求，构建中小学课程内容框架，推出示范课例，开展授课教师培训，开发和录制心理健康教育活动课192节。

2012年8月，白玉萍主持北京市教育科学“十二五”规划重点课题“校园危机事件后师生心理应激反应评估与干预”研究。组织心理危机干预专题培训，通过访谈和问卷调研，研究校园突发事件发生后心理危机干预、师生需求及师生经历危机事件后心理应激反应，实现学生创伤后的心理成长，对试点学校相关师生进行心理辅导。

2013 年—2015 年，开展三届北京市中小学心理危机干预与生命教育优秀成果征集评选活动。

2014 年，受市教委基教一处委托承担“北京市中小学心理健康教育特色展示与发展机制研究”。就中小学心理健康教育教研机制和活动进行研究，开展“北京市中小学心理健康教育教师需求调查”、“北京市中小学生心理健康教育和危机干预需求调查”、“北京市中小学生学习态度和学习效能调查”、“北京市中小学心理健康教育发展状况调查”和“北京市中小学生涯适应力调查”等多项活动，发放教师问卷、学生问卷和学校主管领导问卷 36100 份。召开中小学心理健康教育教研员系列培训会、现场会和研讨会 9 次。起草《北京市中小学心理健康教育工作纲要（2014）》《北京市中小学心理健康教育教研员聘任办法》，完成《京沪两市中小学心理健康教育教师队伍建设状况比较研究》《北京市中小学生心理危机干预需求》《北京市中小学生涯适应力调查报告》《北京市中小学心理健康教育发展报告》等。出版《北京市心理健康教育优秀成果汇编》《北京市中小学生涯教育优秀实践成果汇编》。

三、心理健康教育综合研究

2003 年 10 月—2005 年 12 月，郭喜青主持北京市教育科学“十五”规划课题“中学生潜能认知与教育个性化实验研究”。选择 10 所初高中校的 800 名学生，采取实验和测量相结合的方法，为学生进行潜能测试并给予《高考生潜能测试与最佳专业选择专家分析报告》，研制学生兴趣、生涯动机、能力优势和个性倾向四个方面测试的《IMAP 潜能测试量表》，出版专著《中学生潜能发展与教育个性化探索》。

2011 年—2012 年，受市教委基教一处委托承担“高中学生生涯规划专题辅导课程开发与实验”、“《北京市中小学校生涯教育实施意见》制定与试用”项目。朱凌云主持北京市教育科学规划“十二五”课题“基于生涯发展需求的北京市中学生涯教育实践研究”。选取具有不同特色的试验校开展试点，2011 年首批试验区包括东城、西城、海淀、石景山、大兴、顺义和怀柔 7 个区县，从每个区县选取部分高中校（包括完全中学）共 19 所，探索生涯教育在学校的途径与方法。2011 年—2013 年，项目组举办 6 次市级专题培训、经验交流和教研活动，到学校进行生涯教育实践指导。构建中小学生涯教育目标与内容框架，部分内容纳入市教委 2014 年 4 月发布的《北京市中小学心理健康教育工作纲要（修订）》中。完成 3 篇研究报告和 2 篇工作报告。

第四节 家庭教育研究

2002 年 12 月，教科院成立家庭教育研究与指导中心，主任为闵乐夫，针对北京市家庭教育开展研究及咨询服务。2004 年 12 月，家庭教育研究与指导中心主任退休后，相关业务并入德育研究中心。

2003 年，受市妇女儿童工作委员会委托，家庭教育研究与指导中心承担“北京市儿童（13 — 15 岁）心理素质发展现状研究”。通过问卷调查，研制 13—15 周岁儿童心理发展指标体系，完成《北京市儿童（13 — 15 岁）心理素质发展现状研究报告》。

2005 年 6 月—10 月，为落实《中共中央国务院关于进一步加强和改进未成年人思想道德建设的若干意见》文件精神，调查北京市未成年人身心发展现状和问题，探索有效教育对策，对北京市中小学生生活、学习、身体健康和家庭环境状况等进行调查研究。完成《北京市小学生文明礼仪和行为习惯现状的调查报告》《北京市中小学生日常生活的调查报告》《北京市中小学生日常饮食状况的调查报告》《北京市中小学生闲暇生活现状调查报告》《北京市中小学生家庭环境调查报告》《北京市中小学生零用钱消费情况调查报告》和《北京市中小学生参与家务劳动与学校劳动情况调查报告》7 份调查报告。

2006年，受市教委德育处委托承担北京市中小学数字德育平台家庭教育栏目建设，9 月中旬开通试运行。

2008 年 1 月，北京市网上家长学校启动，组建由 100 余所中小学参加的实验学校团队，开展班级博客建设与评选。2011 年，北京市网上家长学校被教育部评选为全国中小学德育工作优秀创新案例，在北京市政务网站评比中被评为优秀网上服务项目。2012 年，北京市网上家长学校被中国家庭教育学会评为全国家庭教育实验研究基地。2015 年，结合各年龄段家长的个性化需求，针对入学适应、习惯养成、自理能力、学习指导、安全自护、亲子沟通、情绪管理、人际交往等家庭教育关键点，开发小学 1—3 年级家长专题课程 30 节。

第五节　对外合作与交流

一、北京市青少年学生公民教育国际论坛

2006年—2010年，受市教委委托组织三届北京市青少年学生公民教育国际论坛，来自美国、英国、法国、德国、澳大利亚、新加坡、加拿大、丹麦等国家，我国台湾、香港、澳门地区及各省市专家教师参加交流。三届论坛成果文集以中英文形式由首都师范大学出版社出版。

2006年—2010年北京市青少年学生公民教育国际论坛一览表

时间	会议名称	地点	主题	人数	学术成果
2006年5月18日—20日	北京2006年青少年学生公民教育国际论坛	康铭大厦	诚信教育、奉献精神教育、责任感教育、尊重意识教育以及奥运背景下的青少年学生公民教育	400	《新时期青少年德育的探索与创新——北京2006年青少年学生公民教育国际论坛文集》
2008年10月22日—24日	第二届北京青少年学生公民教育国际论坛	燕翔饭店	公民教育与传统文化、公民教育与奥运实践、公民教育与学科教学、公民教育与青少年学生发展	300	《公民教育：德育发展的前瞻性探索——2008年北京第二届青少年学生公民教育国际论坛文集》
2010年10月20日—22日	第三届北京青少年学生公民教育国际论坛	京民大厦	国内外青少年公民教育的新进展、新经验，北京市近两年青少年德育及公民教育方面的创新实践并推进北京青少年公民教育的国际交流与合作	300	《青少年公民教育的实践策略——2010年北京第三届青少年学生公民教育国际论坛文集》

二、举办积极心理学与教育国际研讨会

经教育部批准，由北京师范大学心理学院主办，德育中心、《中小学心理健康教育》杂志社承办，2010年8月13日—15日在京民大厦召开积极心理学与教育国际研讨会。会议主题是积极心理教育——培养青少年的积极品质和美德，提升青少年心理素质和幸福感。来自21个国家、地区和国内25个省市的专家学者、中小学教师300余人参与会议。

三、儿童青少年美德教育国际合作研究

2010 年 3 月，与香港社会共建研究中心合作，谢春风主持“北京市初中青少年道德赋能教育实验”。实验借鉴伦敦大学教育学院博士、美国哥伦比亚科学应用与传播基金会亚洲顾问苏娜·阿尔卜伯（Sona Arbab）女士（英国籍）的道德赋能理论，以青春期特征明显的初中生为教育对象，注重实验教师的导师制引领和陪伴，开展学校道德赋能行动研究。到 2015 年，有 8 个区县 14 所学校的 100 余名德育干部和实验教师参与项目实验。编辑《德育参考》道德赋能专刊 10 期。

2007 年—2015 年，谢春风主持中外合作研究项目“美德在我心——儿童美德发展工程”教育实验。实验得到儿童美德发展工程奠基人 Karyn Robarts（加拿大）、美德教育专家 Shiva Yan（加拿大）等专家和有关区县教委领导及北京市部分幼儿园、小学的支持。来自东城、西城、海淀、朝阳、大兴等区 1 所幼儿园、8 所小学先后参与该实验。“美德在我心”是为 4—9 岁孩子设计的双语德育课程，分阶段培育 19 种美德：整洁、礼貌、温柔、责任感、诚实、帮助、团结、耐心、服从、快乐、慷慨、善良、勇气、和平、爱心、友爱、感恩、同情、服务。课程适用于幼儿园儿童和小学中低年级学生，重视视觉、听觉、动觉的融合，让孩子在知识学习、游戏、歌曲、活动中学习美德。

四、国际培训项目和国际学术交流活动

（一）国际培训

2001 年 9 月—12 月，谢春风等人赴加拿大安大略省尼亚加拉地区天主教教育局及圣·查尔斯小学进行教育研修活动。

2011 年 7 月中旬—8 月上旬，谢春风参加英国牛津大学教育学院“领导力与公共政策”专题培训活动。

2011 年，刘韬赴香港中文大学进行为期 3 周的教育政策专题研修。

2013 年，郭喜青、朱凌云赴新西兰进行为期 3 周的友善用脑专题研修。

2014 年，秦廷国赴台湾进行为期 2 周的教育研修活动。

2014 年 9 月—2015 年 8 月，谢春风在国家留学基金管理委员会和教科院资助下，赴英国伦敦大学教育学院访学，师从 Alex Moore 教授，开展中英青少年品格问题的比较研究和英国教育政策研究。

（二）国际学术交流

2009 年 2 月 12 日，美国法赞姆·阿尔鲍博博士（Farzam Arbab）应邀到德育研究中心进行学术交流，其道德赋权思想为理解中小学教育工作者道德使命提供启示。

2011 年 11 月中旬，应剑桥大学幸福研究所所长 Felicia Huppert 教授邀请，谢春风出席剑桥大学达尔文学院儿童青少年幸福与教育研讨会，作《学习困难问题对儿童幸福感影响》专题发言。

2011 年 11 月下旬，应伦敦大学教育学院邀请，谢春风出席英国全球视角下的公民教育国际研讨会，作《复杂社会背景下公民积极品质培养》专题发言。

2011 年 12 月 13 日，儿童美德发展工程奠基人 Karyn Robarts 女士、美德专家 Shiva Yan 及 Elisabeth、高茜茜、林一娜访问德育研究中心，商讨儿童美德教育实验下一步计划、项目推进新途径，共同建设儿童美德教育示范学校。

2014 年 1 月 8 日，加拿大儿童美德专家西娃 · 燕（Shiva Yan）应邀到德育研究中心访问，就美德教育重要性、新媒体对青少年影响、青少年社区服务和小组学习、青少年活动整合和成果分享、青少年自我实现和持续学习、青年辅导员作用、家长参与青少年教育进行交流研讨。

2014 年 2 月 28 日，举办首都中小学德育专家大讲堂，邀请英国伦敦大学教育学院资深教授 Alex Moore 博士作《国际视角下的青少年公民教育理念与动向》学术报告，北京师范大学谭传宝教授作点评，市、区县德育研究人员、德育校长、骨干教师 100 余人参加。

第六节　信息及网络服务

一、建设北京德育科研网

2005 年 3 月，北京德育科研网（www.medu.cn）正式开通运行，设有工作动态、焦点透视、新闻评论、专题报道、热点追踪、德育研究、政策解读、理论前沿、专家视点、学术争鸣、网络德育、心理教育、心理咨询、青春热线、专家专栏、心灵视窗、家教园地、图书览胜、海外来风、书评精选、教学课件、论文精选等栏目。截至 2015 年底，发表各类文章 1019 篇。

二、编辑《北京德育参考》

2005 年 10 月《北京德育参考》创刊，以内刊方式不定期发行，全市范围免费交流。办刊宗旨为“国际视野、国内前沿、北京特色、研究成果”，以学术性、前瞻性、实践性、开放性为特征，聚焦当前德育现实问题，服务和引领中小学德育理论研究和学校德育实践，力求成为中小学德育工作者研究交流与实践探索的展示平台。稿件主要为转摘或原创性学术论文、德育调研报告、德育随笔、德育书评等。截至 2015 年底，共印制 56 期。

执笔人：刘韬
审核人：谢春风
责任编辑：孟佳

第十三章　期刊部

期刊部主要职责：编辑、出版、发行《班主任》和《教育科学研究》杂志，开展班主任工作研究等工作。

第一节　沿革

期刊部前身为原北京市教育科学研究所创办的《教育科学研究》杂志编辑部、《班主任》杂志编辑部和北京育新《班主任》杂志综合服务中心。

2000 年 6 月，成立《教育科学研究》杂志社。2002 年 9 月 23 日，赵福江任副社长，主持全面工作。2006 年 12 月 22 日，耿申兼任社长。

2005 年 3 月 1 日，《教育科学研究》杂志编辑部、《班主任》杂志编辑部和北京育新《班主任》杂志综合服务中心三个部门合并成立期刊部。

2014 年 12 月，成立《班主任》研究中心，与期刊部两块牌子一套人马。主要职责：开展班主任工作前瞻性理论研究，为教育行政部门决策提供依据。开展班主任工作实践研究，为全国各省市、区县、中小学校提供专业指导和培训服务。总结与传播优秀班主任经验，提升北京市班主任队伍整体水平；研究与总结班主任成长规律，提升班主任素质水平；研究与总结班级发展与班级管理规律，提升班集体建设水平；建设中国班主任网，促进班主任研究和工作信息化、现代化；搜集整理班主任相关文献、案例等资料，建立班主任研究资源库。

截至 2015 年底，期刊部（班主任研究中心）职工 22 人，其中在职职工 15 人，高级职称 6 人。中共党员 9 人。

期刊部干部任职一览表

姓名	职务	任职时间	备注
赵福江	主任	2005 年 5 月—2013 年 5 月	副处级
	主任	2013 年 6 月—	正处级

魏　强	副主任	2013 年 6 月—	
	党支部书记	2009 年 11 月—	

第二节　《班主任》杂志

《班主任》杂志为 16 开，月刊，国内统一刊号 CN11—1125/G4，国际标准刊号 ISSN1002—560X，邮发代号 82—799。

1985 年，北京市教育科学研究所创办《班主任》杂志，初与光明日报出版社合作，以丛刊形式出版。1986 年改由北京市教育科学研究所独立经营，成为公开发行的双月刊。2000 年改为月刊。1996 年—2000 年、2000 年—2004 年入选全国中文核心期刊。2005 年纳入教科院期刊部管理。

《班主任》第一任主编为北京市教育局原局长、作家韩作黎，副主编为北京市教科所所长梅克、北京师范大学教科所所长李意如。薄一波、陆定一、冰心曾为杂志题词。

《班主任》主要开设理论与实践、全国优秀班主任讲坛、工作笔谈、班级发展与管理、学生教育与转化、心理健康教育、班队活动、家校合作、队伍建设等栏目。

至 2015 年底，《班主任》共出刊 277 期，发文 10000 余篇。

一、选题策划

《班主任》杂志以面向班主任、服务班主任、依靠班主任、提高班主任为宗旨，主要任务是坚持理论联系实际的原则，传播全国各地班主任工作的最新理论、经验、方法、先进事迹，反映班主任心声，为中小学班主任和德育工作干部服务。

《班主任》以理论探索、经验总结、实践指导为办刊宗旨。刊物用稿遵循“深、新、活、实”原则，80% 以上文章由一线班主任撰写，内容生动、文章短小、语言清新。

《班主任》坚持开放办刊理念，通过定期召开办刊工作研讨会、成立班主任工作研究室、确立下校日制度、到学校举办读者座谈会等多种方式了解学校动态，把握班主任需求，有重点、有针对性地设计栏目、组织稿件、编排文章，使刊物达到理论引领、服务学校、服务教师的目的。

2005 年期刊部成立后，根据开放办刊原则，面对教育热点、难点问题以及中小学班主任实际需求，策划班集体建设、班主任成长、我该怎么办等专题和专栏，集中反映班主任工作某一领域研究成果，为班主任面临的实际问题提供经验解决方案。班主任杂志社与教育部基教司合作开设全国优秀班主任讲坛栏目，协助教育部举办“班主任话细节”大型征文活动，先后三次采访教育部基础教育司司长王定华，开展“走近李镇西”专访活动等。

二、栏目建设

《班主任》杂志注重理论引领，开设理论与实践栏目，刊登专家、学者关于德育、班主任工作重大理论和实践问题的指导性、引领性文章，从理论层面对班主任工作及其相关问题进行深入、系统的分析和阐述，以满足不同层次班主任的阅读需求。

2007 年，教育部基础教育司和《班主任》杂志社联合开办封面人物栏目，宣传全国优秀班主任的先进经验，发挥示范引领作用。活动开展 8 年来，魏书生、李镇西、丁榕等 96 名全国优秀班主任成为《班主任》封面人物。该栏目成为本刊最具影响力的精品栏目之一。

2009 年创办“我该怎么办”栏目，针对班主任工作中常见或亟待解决的疑难问题和困惑，由来自一线的普通班主任、优秀班主任、专家、学者从不同角度进行研讨、分析，提出解决问题的思路、方法。至 2015 年底，共发刊 84 期、100 余万字。2010 年 2 月，市新闻出版局专业评审组对《班主任》“我该怎么办栏目”给予高度评价：“可谓精心设计、无微不至，对班主任提出的问题，多方位，多角度，多层次地给以实用性极强的工作指导与解答。每期如此，编者的辛勤、辛苦可以感知。”

三、编校流程

《班主任》施行“编辑——副主编——主编”三级审稿制度。责编完成稿件初编后，以电子稿形式进行审读换编；换编后稿件交副主编审编，副主编审编后交主编审读。

在“三校一读”工作流程基础上，细化审编、说稿、编前会统稿，编后（前）会总结等工作环节。完善“文责编——栏责编——期责编”工作职责和内容。

建立编前会统稿和编后会总结制度。编前会重点统筹本期编辑过程中需要集中研究的问题，编后会重点研讨上期编辑中存在的问题及改进之处。

所有文章在编辑、校对环节都设有互编、互校环节。

四、出版发行

1998 年 9 月 23 日，北京育新《班主任》杂志综合服务中心成立，初址设在平谷县第五小学内，2005 年迁至朝阳区北四环东路 95 号院。该中心为全民所有制企业，实行独立核算，自负盈亏，独立承担民事责任。主营业务为编辑、出版、发行、经营《班主任》杂志，实行主任负责制。

该中心通过固化大客户、发展新客户、发放实体广告、发行日、与各地区、学校联合开展研讨交流活动、及时跟踪培训成效等多种方式推进杂志发行工作。《班主任》

杂志发行量一直保持稳定，2015 年发行量 9 万份。

名誉主编

王宝祥（2003 年 1 月—2007 年 6 月）

主编

韩作黎（1985 年 7 月—1986 年 12 月）
王宝祥（1987 年 1 月—2002 年 12 月）
苏学恕（2003 年 1 月—2005 年 12 年
李汉生（2003 年 1 月—2009 年 7 月）
佟 德（2009 年 8 月—2012 年 4 月）
赵福江（2012 年 5 月—2015 年 12 月）

副主编

李意如（1985 年 7 月—1986 年 12 月）
梅 克（1985 年 7 月—1986 年 12 月）
李汉生 (1987 年 1 月—2002 年 12 月）
陈燕慈（1987 年 1 月—1996 年 2 月）
苏学恕（2000 年 1 月—2002 年 12 月）
何 芳（2005 年 1 月—2007 年 12 月）
周 芳（2005 年 1 月—2015 年 12 月）
佟 德（2008 年 1 月—2008 年 12 月）
赵敏霞（2009 年 8 月—2015 年 12 月）

编辑部主任

杨丙涛（2012 年 7 月—2015 年 12 月）

社长

赵福江（2006 年 1 月——2014 年 12 月）

法人代表

王宝祥（1998 年 9 月—2005 年 8 月）
赵福江（2005 年 8 月—2014 年 12 月）

第三节　《教育科学研究》杂志

《教育科学研究》杂志英文名称 Educational Science Research，大 16 开，月刊。国内统一刊号 CN11—4573/D，国际标准刊号 ISSN1009—718X，邮发代号 2—769。

《教育科学研究》杂志前身为北京市教育科学研究所筹备组于 1982 年创办的《教育科学研究资料》，双月刊，系内部发行的学术刊物。1990 年更名为《教育科学研究》，赵朴初题写刊名。

1996 年 2 月，创办《北京教育科学研究院学刊》季刊。1998 年 8 月，与《教育科学研究》合并，以《教育科学研究》名义出版，双月刊。

2000 年 9 月，经国家新闻出版署和北京市新闻出版局批准，北京广播电视大学主办的《电大学刊·经济版》与《教育科学研究》合并，名为《教育科学研究》，由教科院、北京广播电视大学联合主办。2005 年 5 月，《教育科学研究》纳入教科院期刊部管理。2008—2009 年度，《教育科学研究》杂志入选 CSSCI 来源期刊。2008 年至今，入选全国中文核心期刊 CSSCI 来源期刊（扩展版）。

一、选题策划

《教育科学研究》以立足北京、面向全国，为教育改革和发展服务，为提高教育教学质量服务，为繁荣教育科学服务为办刊宗旨。服务对象为教育教学研究人员、有研究兴趣的一线教师、教育行政管理人员。

该刊坚持学术质量是生命线的办刊思想，选题策划、匿名审稿、编辑加工、校对、印装、出版实行全过程管理，建立 30 人审稿专家团队。通过多种方式向全国知名教育研究专家约稿，通过参与研究项目、参加学术会议、深入学校一线发现作者、发现选题。

《教育科学研究》发展分为三个阶段：

2000 年—2006 年为初创阶段。确立学术质量保障的制度性框架：重点栏目和普通栏目相结合、自然来稿和约稿相结合、个体劳动和集体劳动相结合。

2007 年—2009 年为探索阶段。重新表述“三个服务”：为教育决策服务、为教育实践服务、为教育科研服务，通过强化制度建设探索期刊发展方向，期刊的影响力逐渐凸显。

2010 年至今为特色发展阶段。从规范走向特色，开放办刊的特色愈加明显，在保持学术规范基础上思考特色发展，增强学术生长力，以办好专题类栏目带动期刊整体品质提升。

二、栏目建设

1982 年创刊的《教育科学研究资料》以刊载教育研究领域信息、动态、文摘为主，共出刊 44 期。

1990 年，《教育科学研究》开设理论研究、教育实验、调查报告、科研方法、科研管理、交流与思考、理论与实践综述等栏目，反映北京市基础教育研究最新成果，为首都教育发展、学校和教育教学改革服务。“七五”、“八五”及“九五”期间，《教育科学研究》系统发表北京市教育科学研究的系列重大成果。通过发表优秀科研论文和研究成果，向区县科研人员和一线教师普及教育科研知识和科研方法。

1999 年—2000 年，刊物围绕教育产业、基础教育、民办教育、职业教育发展等问题进行研究探讨，发表有关专家研究论文，并及时反映历届北京素质教育研讨会情况。

2000 年 9 月，改刊后的《教育科学研究》以“评说教育热点，透视教育冰点，探索教育难点，前瞻教育视点”为办刊目标，努力成为一线教师的朋友、科研人员的舞台、行政决策的参谋。

开设的专稿、特别关注、决策参考、名著导读等栏目和一批富有思想内涵、直面现实问题的论文得到教育研究同行认可。

2010 年—2012 年，对栏目结构进行扩容与整合。专题栏目新增专稿、特别关注版块，新增决策参考、名著导读栏目，并将外国教育栏目更名为比较与借鉴。

在专题组稿方面，邀请石中英 、程方平、程斯辉、冯建军、李家成等知名学者、专家围绕新课程、学校管理与评价、学校德育、教育心理等热点、难点问题发表论文。以编辑部名义对 2010 年—2012 年全国教育科学规划立项课题、教育部人文社会科学研究课题、北京市教育科学规划立项课题等进行集中约稿。2010 年第 1 期—2015 年第 12 期，组织和刊发专题类稿件 58 组。

2015 年,《教育科学研究》开设专题、理论探索、决策参考、热点与冰点、管理与评价、调查与实验、课程与教学、德育与心理、比较与借鉴、教师教育、学校科研、名著导读、三分钟教育学、信息互联等栏目。

三、编校流程

《教育科学研究》实行匿名审稿制和三审制度。初审由栏目编辑进行，提出文稿刊用书面意见。复审由审稿人（国内同行专家）对初审情况进行复查，提出复审意见。终审由执行副主编进行。审查复审稿件，签署终审意见后交责任编辑统稿。

稿件编辑前召开编前会，编辑对稿件情况进行汇报交流。稿件完成初编后，以电子稿形式进行审读换编。换编后稿件交副主编审读，副主编审读后交执行主编审读。

该刊采用“三校一读”制。一校由责任编辑负责，二校由同组编辑之间互相校对，三校由本期责任编辑和文字编辑负责。通读稿件由本期责任编辑负责。

编辑部主任、副主编负责稿件通读后的审读工作。

建立编前会统稿和编后会总结制度。编前会重点统筹本期编辑过程中需要集中研究的问题，编后会重点研讨上期编辑中存在的问题及改进之处。

每篇文章都设置互编、互校环节。

四、出版发行

《教育科学研究》自公开出版发行以来，主要通过邮局订阅发行。至 2015 年 12 月，共出刊 249 期，期发行量 10000 份。

主编

汤世雄（1990 年 1 月—1996 年 1 月）

朱全俊（1999 年 1 月—2000 年 12 月）

文 喆(1996 年 3 月—1998 年 6 月)

马叔平（1998 年 8 月—2014 年 9 月）

季明明（2014 年 10 月—2006 年 3 月）

时 龙（2006 年 4 月—2013 年 8 月）

方中雄（2013 年 9 月—）

副主编

刘保明（1991 年 1 月—1996 年 1 月）

刘振华（1991 年 1 月—1994 年 1 月）

文 喆（1996 年 3 月—2004 年 9 月）

耿 申（1997 年 1 月—1998 年 2 月、2004 年 10 月—）

史根东（1998 年 3 月—1998 年 12 月

仉 琨（1999 年 1 月—2000 年 12 月）

高书国（2001 年 1 月—2002 年 12 月）

梁小瑞（2001 年 1 月—）

赵福江（2004 年 10 月—）

韩素玲（2006 年 4 月—2013 年 8 月）

张 蕾（2013 年 9 月—）

编辑部主任

张 蕾（2013 年 1 月—）

社长

赵福江（副社长，主持全面工作）（2002 年 9 月—）
耿 申（2006 年 12 月—）

第四节 专项活动

一、专题研究

《班主任》杂志关注全国班主任科研信息和重大课题研究成果。“七五”期间江苏省无锡教科所承担的教育部重点课题“班集体科学理论研究”，“八五”期间中宣部宣教局承担的国家级重点课题“新形势下中学班主任工作的理论与实践的实验研究”，“九五”期间天津红桥区承担的教育部规划课题“班集体建设激励理论的实验研究”，“十五”、“十一五”、“十二五”期间上海、天津、江苏等地班主任课题研究成果及时在刊物上发表、宣传和推广。

二、课题研究和专题论坛

2012 年起，受市教委委托开展班主任专项课题研究工作，先后开展“北京市中小学班主任专业发展现状调研及对策调研”、“问题驱动式班主任校本培训模式及初任班主任专业成长培养方式研究”、“优秀班主任成长轨迹研究与经验推广研究”、“北京市中小学初任班主任培训内容及途径研究”和“北京市中小学起始年级培养的实践探索”5 项课题研究，形成项目结题报告。

协助市教委完成历届北京市“紫禁杯”班主任评选以及《北京市教育委员会关于进一步加强北京市中小学班主任校本培训工作的意见》等文件的起草工作。

2015 年 4 月—6 月，教育部基础教育一司委托《班主任》杂志社（北京教育科学研究院班主任研究中心）开展“全国中小学班主任工作现状调研”项目。杂志社联合相关高校针对《中小学班主任工作规定》落实情况、经验以及存在问题，采用实地走访（7 省市）、座谈（10 次）、问卷调查（10 省市、12000 份）和研讨等方式，形成《全国中小学班主任工作现状调研报告》。该报告得到教育部袁贵仁部长和两位副部长的高度肯定。

2015 年 11 月，举办首届《教育科学研究》学术论坛，论坛主题为“学校欺负问题及其干预”。近百名教育学者和中小学校长、教师参加论坛，形成《反校园欺凌共识》6 条。

2015 年 12 月，承办第三届中国班主任研究圆桌论坛，以“聚焦班主任政策”为主题，来自华东师范大学、华中科技大学、湖北省第二师范学院等单位专家学者 30 余人参加会议。

三、图书编辑

1992 年—2004 年，北京市教育学会班主任工作研究会与《班主任》杂志合作，聘请部分德育研究人员和优秀班主任编写《小学班主任培训必读》《中学班主任培训必读》《班主任工作全书》《新时期班主任工作等有关班主任工作著作》等图书 15 本。

2008 年—2015 年，与市教委等单位合作编写出版《北京市中小学班主任工作手册》《新时期中小学班主任工作案例评析》《初任班主任的那几年》《学生心目中的好班主任》《优秀班主任的专业成长轨迹研究及实践探索》《北京市中小学起始年级班主任工作实用手册》《北京市起始年级班主任带班策略》《北京市起始年级班主任培养策略案例集》。

四、网站及网络版

2003 年 1 月，班主任杂志社建立官方网站。网站 LOGO“舞蹈的花朵”由青色字母“BZR”变形而成，源自《荀子・劝学》中的名句“青出于蓝而胜于蓝”，寓意广大德育工作者希望学生像花朵一样健康快乐地成长。开设素质教育、名校巡礼、家庭教育、健康教育、法律维权、教育信息化、学生组织、学习与考试、未成年人、班主任论文、班主任工作、班主任视点、心理教育网等栏目 。

2008 年，班主任网站改版，注册中文域名中国班主任网。新网站开设时事新闻、精品导读、全国优秀班主任讲坛、队伍建设、班队活动、班级发展与管理、工作笔谈、心理健康教育、学生教育与转化 、教育随笔、家校合作、E 时代教育、反思与成长等栏目，并设置论坛与读者互动。

2009 年 6 月 5 日，《班主任》杂志建立第一个官方 QQ 群。至 2015 年底，共建立官方群 6 个，成员 2600 余人。QQ 群由杂志编辑主持，并邀请热心读者、作者为辅助管理员。群主要成员为中小学和职业学校班主任、德育工作者、校长主任、学科教师等。群内消息主要围绕如何缓解学生压力、走进学生心灵等 29 项内容进行研讨。

2012 年 11 月 14 日，班主任杂志建立官方微博账号。至 2015 年 12 月 17 日，共发布微博 2859 篇，内容涵盖班主任工作、时事新闻、教育时评、与专家学者及一线教师互动交流等多个方面。

2015 年 10 月 16 日，《班主任》杂志建立官方微信公众订阅号“班主任杂志社”（微信号 banzhurenzazhishe），定期发布班主任工作方面的专业指导文章及教育动态，至 2015 年 12 月 17 日共发布文章 132 篇。

五、北京市教育学会班主任工作研究会

2012 年，北京市教育学会班主任工作研究会将秘书处设在《班主任》杂志社。耿申任理事长，赵福江任常务副理事长兼秘书长，魏强任副理事长。至 2015 年，共举办两届北京市中小学生喜爱的班主任评选活动、3 届研究会年会，举办“初任班主任那几年”、“起始年级带班策略”征文活动和优秀班主任成长及班集体建设经验交流与推广大会。

六、班主任工作研究室

2009 年 6 月，《班主任》杂志社建立班主任工作研究室公益性品牌项目，旨在依托杂志“我该怎么办”选题引领班主任工作研究，宣传和推广全国优秀班主任工作经验，为班主任提供量身定制培训服务，为提高学校核心竞争力提供服务。

至 2015 年底，在北京、江西、新疆等 12 个省市建立班主任研究室 64 家。研究室每年选择《班主任》“我该怎么办”栏目讨论题开展研讨，并向编辑部投稿；开展市级专项课题研究；举办“如何上好一节主题班会”等六届班主任研究室年会；90 余名班主任研究室成员在《班主任》杂志发表文章 180 余篇，为研究室主任开设专栏 1 个。

执笔人：魏强

审核人：赵福江

责任编辑：耿申

第十四章　教师研究中心

教师研究中心主要职责：为两委提供决策咨询服务，开展课题研究，为区教委、大中小学校的师资队伍建设提供指导与服务。主要工作是开展教师教育的理论与政策研究；开展各级各类教师队伍发展规划与发展策略研究；为政府和教育行政部门提供决策咨询服务；推广教师专业发展研究成果与优秀教师经验；指导教师专业发展并为学校教师队伍建设提供咨询服务。教师研究中心主要在教师教育的理论与政策、教师专业发展、教师心理与发展评价三个核心领域开展研究工作，进行理论创新，提供决策咨询，服务政策制定和实践指导。

第一节　沿革

2007 年 1 月 15 日，教师研究中心成立，鱼霞任主任。2009 年 11 月 20 日，成立教师研究中心党支部，鱼霞兼任党支部书记。

2012 年 10 月，教师研究中心设教师理论与政策研究室、教师专业发展研究室和教师心理与评价研究室。

截至 2015 年底，教师研究中心在职职工 8 人，其中研究员 1 人、副研究员 3 人，博士 5 人。中共党员 6 人。

至 2015 年，教师研究中心承担各级各类研究任务 75 项：国家哲学社会科学规划课题 1 项、全国教育科学规划课题 1 项、北京市教育科学规划课题 6 项、两委委托课题 4 项、市委市政府及两委委托项目 21 项、财政专项 19 项、2020 规划纲要前期研究 2 项、院青年拓展课题 3 项、院级委托课题 9 项、国内横向课题 5 项、教育部委托课题 4 项。起草文件和领导讲话 20 件。发表论文 37 篇，出版书籍 30 本，其中学术专著 8 部、合著 6 部、译著 1 部、编辑和编著 15 本。

第二节　教师理论与政策研究

一、中小学教师管理制度研究

（一）中小学教师编制管理研究

2012年6月—2012年12月，受市教委人事处委托承担“北京市中小学编制管理调研”课题。调研北京市公办中小学（含幼儿园）编制与编制管理现状、编制管理中存在的主要问题，完成《北京市中小学教职工编制管理：现状、问题及对策建议》调研报告。

（二）城镇优秀教师赴农村学校任教的政策研究

2011年，受市教委委托承担国家教育体制改革试点项目“城镇优秀教师赴农村学校任教的政策研究”课题。通过调研提出选任城镇优秀教师到农村学校任教的原则、对象、任用方式和性质，完成《城镇优秀教师赴农村学校任教研究报告》，起草《关于城镇优秀教师赴农村学校任教的工作意见（试行）（讨论稿）》。

2012年，承担市教委人事处委托“城镇优秀教师赴农村学校任教的政策研究”项目，进一步完善教师流动机制研究，总结东城、怀柔、密云的经验，提出完善意见和措施。

（三）中小学教师流动研究。

2007年，承担市教委委托“促进北京市义务教育均衡发展的中小学教师流动制度研究”，采用访谈、问卷调查方式到10个区县进行调研，完成《促进北京市义务教育均衡发展的中小学教师流动制度研究》报告。

2010年5月—2010年12月，受市教委人事处委托承担“北京市中小学教师流动调研”课题，到北京市15个区县进行调研，完成《北京市中小学教师流动现状调研报告》和15个区县调研分报告。

2010年10月—2013年5月，郝保伟主持北京市教育科学“十一五”规划重点课题“北京市中小学教师区域流动制度研究”，撰写《北京市中小学教师区域流动制度研究报告》。

2012年12月—2015年3月，郝保伟主持全国教育科学“十二五”规划2012年度单位资助教育部规划课题“促进区域内义务教育均衡发展的教师流动机制研究”，完成研究报告。

2013年2月—2014年6月，受教育部教师工作司委托承担“促进教育均衡发展的教师流动机制研究”课题调查研究工作，完成研究报告《促进教育均衡发展的教师流动机制研究》。

2013年9月—2014年7月，承担起草《教育部、财政部、人力资源和社会保障部关于推进县（区）域内义务教育学校校长教师交流轮岗的意见》（教师〔2014〕4号）文件，并参与征求意见工作。

2015年3月，受教育部教师工作司委托承担“义务教育校长教师交流轮岗政策实施成效评估研究”工作，完成《义务教育校长教师交流轮岗政策实施成效评估报告》。

二、中小学教师工资问题研究

2009年，受市教委人事处委托完成《2009年英国学校教师薪酬条件与指南》翻译工作，作为完善北京市教师工资制度的决策参考。

2011年，赖德信承担国家社会科学基金教育学青年课题“我国普通高中教师收入校际差异研究”。课题以北京市普通高中学校为例，通过编制调查问卷收集教师相关数据，进行教师和学校两层次模型的统计分析，找出教师收入校际差异的关键因素，提出调节校际教师收入差距的政策建议。

2013年，赖德信承担北京市教育科学规划重点课题“北京市中小学教师供给的影响因素研究——劳动力市场分割的验证”。对教师劳动力市场二元分割进行实证分析，探讨影响教师供给存在的问题及其影响因素。提出有效改善中小学教师职业内部劳动力市场差异现状，提高教师经济地位、社会地位以及农村教师职业吸引力的政策建议。

2014年6月，鱼霞承担院长委托课题“北京市中小学教师工资水平研究”。通过宏观数据扫描、微观问卷数据搜集与分析等方式对北京市中小学教师工资水平问题进行研究，对中小学教师工资水平的历史、现状及其存在问题进行深入分析，提出改善中小学教师工资水平、提升教师职业吸引力的政策建议。

2015年6月，鱼霞承担北京市教育科学规划“十二五”优先关注课题“北京市中小学教师薪酬水平研究”。课题组在前期研究基础上，进一步通过在远郊区县的访谈、问卷等方式进行实证数据收集与分析。

2015年6月，与北京师范大学曾晓东教授团队合作发布教师蓝皮书《中国中小学教师发展报告（2014）》，从国内外比较、行业比较、区域比较的视角聚焦北京市中小学教师工资水平。

三、中小学校长职级制研究

2014年1月—2015年1月，承担两委委托课题“北京市中小学校长职级制研究”。课题组赴深圳、广州、中山、苏州、上海、青岛、潍坊等地进行实地调研校长职级制试点情况。对北京市中小学校长队伍、管理现状进行问卷调研访谈，完成《北京市中小学校长职级制研究》报告。

2015年1月，承担教育部委托课题“中小学校长职级制改革研究”，课题负责人为褚宏启。课题组对我国开展中小学校长职级制改革的现实可能性及其制度化因素进行深入分析，通过实地调研、访谈等形式收集数据，研究成果为《深化中小学校长职级制改革的方案》《中小学校长职级制评定标准》《中小学校长职级制评定办法》等政策及其实施技术方案。

第三节　教师专业发展研究

一、优秀教师（校长）成长规律研究

特级教师推广计划（2008—2010）。2008 年—2010 年，受市教委人事处委托连续三年承担“北京市特级教师推广计划”项目。中心全体研究人员及院内外有关专家学者对 20 位特级教师的成长过程、教育教学思想、师德、影响力等进行系统研究。2008 年遴选 5 位特级教师，2009 年遴选出 10 位特级教师，2010 年遴选出 5 位特级教师。项目运用生活史研究方法，采用跟踪深度访谈特级教师职业生涯的重要他人和非参与性观察等方法获取资料。收集整理特级教师的书面资料千余万字、影像资料 4000 兆、访谈录音 1000 余小时，转录成文字后合计 1000 余万字。出版《特级教师研究丛书》20 册。

北京市中小学骨干教师成长与行动研究。2008 年—2010 年，受市教委人事处委托承担“北京市中小学骨干教师成长与行动研究”项目。项目采取“整体设计、点线面层层推进”方式，指导一线中小学教师开展行动研究。2008 年以朝阳区为试点，选择中小学校长、中小学教师、教研员和培训者四类群体协同进行行动研究。2009 年，选取北京市一七一中学、府学胡同小学、北京市第八中学、北京市陈经纶中学、星河实验小学 5 所学校骨干教师群体进行行动研究。2010 年，针对优质资源学校、普通学校不同学校类型骨干群体中的教师个体，选择西城区外国语实验学校、朝阳区高家园中学、东城区史家胡同小学和北京航空航天大学附属小学 4 所学校开展深化研究。通过三年的项目推进，提升骨干教师的研究意识和能力，出版项目研究成果《教师行动研究丛书》10 册。

北京市中小学名师发展工程管理与监控（2012—2020）。2010 年，受市教委人事处委托承担北京市中小学名师发展工程设计与工具研制等筹备工作。2011 年，承担北京市中小学名师发展工程设计与文本研制工作。2012 年，为落实北京市人才纲要和教育纲要精神，北京市启动“北京市中小学名师发展工程”。中心负责该工程的前期调研、设计、文件起草、组织选拔评审，在工程设计过程中承担该工程执行办公室任务，负

责工程实施过程中对北京师范大学、北京外国语大学、首都师范大学、北京教育学院4个培养基地的管理、业务指导和监控评价工作，保障该工程的顺利实施。

北京市中小学名校长（幼儿园名园长）发展工程管理与监控（2014—2020）。2014年，为落实北京市人才纲要和教育纲要精神，北京市启动“北京市中小学名校长（幼儿园名园长）发展工程”。教师研究中心负责该工程前期调研、设计培养方案、文件起草、遴选评审等工作，承担对北京教育学院培养基地的管理、业务指导和监控评价工作，保障该工程顺利实施。

二、特级教师、市级学科教学带头人、市级骨干教师评价指标体系研究

2009年，受市教委人事处委托承担“特级教师指标体系”研究任务。研制“特级教师指标体系”并应用于当年北京市特级教师评选工作，为完善特级教师评选的科学性提供重要支撑。

2010年，受市教委人事处委托承担“北京市中小学教师学科带头人评价指标体系”、“北京市中小学骨干教师评价指标体系”和“北京市中小学教师学科带头人答辩评价指标体系”研究任务。课题组研制三套评价指标体系，应用于当年北京市级学科教学带头人、市级骨干教师评选工作。

三、北京市中小学教师职务水平评价标准研究

2011年，为实施中小学教师职务（职称）改革试点工作，受市教委人事处委托承担“北京市中小学教师职务水平评价标准”研制任务。课题组召开中小学教师、中小学校长和专家座谈会，并与北京市人力资源和社会保障局进行研讨，研制《北京市中小学教师职务水平评价标准》，为西城、朝阳、通州试点中小学职务制度改革工作提供重要支撑。

四、中小学教师专业发展标准（指标体系）研究

2011年—2014年，受市教委人事处委托承担 “北京市中小学专业发展标准”的研究工作。分别研制总标准、中学教师、小学教师和幼儿园教师的专业发展标准。其中2011年承担“北京市中小学教师专业发展标准”项目研究，2012年承担“北京市中学教师专业发展标准”项目研究，2013年承担“北京市小学教师专业发展标准”项目研究，2014年承担“北京市幼儿教师专业发展标准”项目研究。项目组研制7套教师专业发展标准达成度测试问卷、20套访谈提纲，完成各级各类标准17套。

五、中小学教师专业发展研究

2013年4月—2014年5月，受市教委委托承担“北京市中小学教师成长动力及其

影响因素研究”，发放、回收调查问卷 0.9 万份（抽样比例约为 10%），完成《北京市中小学教师成长动力及其影响因素调研报告》。

2009 年 1 月—2014 年 1 月，李一飞主持北京市教育科学规划青年专项课题“北京市中小学教师幸福指数现状”研究工作。采用幸福指数量表在全市中小学回收 2.5 万份调查问卷，召开各类研讨会 20 次，完成《北京市中小学骨干教师幸福指数调研报告》总报告和 4 个分报告。

六、教师促进中心实施意见的研制

2011 年，受市教委人事处委托承担“关于在中小学建立教师促进中心实施意见”的研制工作，课题组充分借鉴发达国家的经验，梳理国内的实践做法，结合理论研究前沿起草文件，提交市教委人事处。

第四节　中小学校长、教师队伍规划与发展评价研究

一、农村中小学教师队伍建设研究

2007 年 9 月—10 月，受市教委委托对全市农村中小学教师队伍建设进行专项调研。调研小组赴顺义、平谷、密云、怀柔、延庆、昌平、通州、房山、门头沟、大兴 10 个区县，对农村中小学教师队伍现状、农村教师工作和生活基本条件、农村教师专业发展和培训情况进行调研，拍摄大量反映教师生活和工作条件的照片及资料，撰写 11 份研究报告。

2015 年 9 月—12 月，为落实国家《乡村教师支持计划（2015—2020）》，受两委委托，承担“北京市农村中小学教师队伍现状调研”课题研究任务，方中雄为课题负责人。研究内容主要包括农村中小学教师队伍建设的基本情况、农村中小学教师师德基本情况、农村中小学教师专业发展基本情况、农村中小学教师生活基本状况四个方面。课题组对顺义、平谷、密云、怀柔、延庆、昌平、通州、房山、门头沟、大兴 10 个区县开展实地调研考察，与区县教育行政管理者、校长和教师三个层面共 140 人进行座谈，对校长和教师两个层面共 80 人进行深度访谈，实地走访 10 个区县 22 所农村学校。撰写《北京市农村中小学教师队伍现状调研报告》，并在研究报告基础上起草《北京市乡村教师支持计划（2015—2020）实施办法》。

二、北京市教育系统人才发展规划研究

2008 年 10 月—2009 年 5 月，受市委组织部委托承担“全面加强教师队伍建设研究”专题，分析首都教育系统人才队伍的总体现状、教师队伍建设的主要经验、存在的主

要问题、未来十二年首都教育人才队伍建设面临的国内与国际形势与任务，提出面向2020年首都教育人才队伍建设的对策与措施。撰写《全面加强教师队伍建设研究》研究报告，并全程参与《首都中长期人才发展规划纲要（2010—2020）》的研制、起草过程。

2009年1月—12月，为制定《首都教育系统人才发展中长期规划纲要（2009—2020）》，受市教委委托开展北京市各级各类教育人才基本状况和专业发展水平现状的研究。项目组应用教师专业发展量表，通过大样本（抽样比例为10%）调查研究分析北京市各级各类学校教师和管理人员专业发展水平以及在年龄、性别、职称、学历、城乡、区域等不同特征的差异特点。项目组发放、回收2.5万份调查问卷，召开各类研讨会20次，撰写72个研究报告，合计270万字。

三、北京市中小学教师队伍发展研究

2007年1月—2007年12月，受市教委委托承担“北京市中小学教师队伍发展研究”任务，研究采取分层与随机抽样结合的方法，应用教师专业发展量表抽取2.5万份样本（抽样比例约为10%），召开10次研讨会，进行北京市各级各类学校教师和管理人员专业发展水平以及在年龄、性别、职称、学历、区域等差异分析，完成8个研究报告。

2012年5月—2013年3月，受两委委托承担“北京市中小学教师队伍现状研究”任务。项目组召开各类研讨会、调研座谈会20次，对全市中小学校长、新任教师、教师培养单位、16个区县教委等进行调研，完成研究报告《北京市中小学教师队伍现状研究——北京市义务教育阶段新教师队伍现状及发展需求预测》。

2013年1月—2013年12月，受市教委委托对北京市幼儿教师队伍的现状作全面调研。项目以北京市16区县公办幼儿园的专任教师、保育员为研究对象，采取分层与随机抽样结合的方法，共调查176名幼儿园园长、4736名幼儿教师，组织召开调研座谈会。分析北京市幼儿教师队伍的整体状况，幼儿教师的工作量、工作压力、流动、专业发展、培训与激励等内容的城乡差异、幼儿园差异和编制差异状况，完成研究报告。

四、朝阳区引进名校、名校长、名师实施效果评估课题

2010年9月—2011年3月，受朝阳区人民政府教育督导室委托承担“朝阳区引进名校、名校长、名师实施效果评估”课题。对朝阳区引进的名校、名校长、名师等实施效果进行效果评估并提出政策改进建议。课题组收集朝阳区教委提供的相关政策、文件及总结材料，引进的名校、名校长、名师资料并进行文本分析。开发设计12套问卷和14套访谈与座谈提纲，对朝阳区教委相关领导，引进名校、名校长、名师及其所在学校领导、教师、学生、家长等进行访谈240余人次，回收各类调查问卷6679份。完成总报告《朝阳区引进名校、名校长、名师工程实施效果评估项目调研报告》和《朝

阳区引进名校工程实施效果评估报告》《朝阳区引进名校长工程实施效果评估报告》《朝阳区引进名师工程实施效果评估报告》三个分报告。

五、中小学校长队伍建设研究

2013 年 3 月—2014 年 4 月，受两委委托承担“北京市中小学校长队伍建设质量评价与优化”研究任务，对北京市中小学校级干部队伍的基本情况、专业发展、工作压力、发展需求与发展规划情况以及校级干部队伍及干部队伍建设中存在的主要问题进行调研，回收校长教师调查问卷 1.46 万份。完成《北京市中小学校长队伍建设质量评价与优化项目研究报告——校长问卷分析报告》和《北京市中小学校长队伍建设质量评价与优化项目研究报告——专任教师问卷分析报告》。

第五节　北京市特级教师史料编纂

2009 年 10 月—2011 年 12 月，受市教委人事处委托承担“特级教师三十年（1979—2009）”相关资料的梳理和编纂工作。查阅、收集新中国成立以来北京市和区县关于特级教师的相关政策，审核所有特级教师的名单，收集、撰写、修订所有特级教师的简介，出版《特级教师三十年（1979—2009）》。

执笔人：郝保伟

审核人：鱼霞

责任编辑：孟佳

第十五章　北京青少年科技创新学院办公室

北京青少年科技创新学院办公室主要职责：全面统筹协调北京市各部门的相关单位，带动各区县中小学校，实施北京市基础教育阶段创新人才培养工作，探索建立学校与社会横向整合，大、中、小学纵向衔接，协同培养创新人才的工作体系和长效机制。创新学院办公室承担市教委委托的“翱翔计划”、市教委和市科委委托的“雏鹰计划”、中共北京市委组织部委托的“青少年创新能力建设工程”、市财政局委托的“北京市基础教育阶段创新人才培养项目”、北京市初中“开放性科学实践活动”等人才培养方式创新专项的具体实施工作。同时开展基础教育阶段创新人才培养的相关研究工作。2011 年，具体实施的“翱翔计划”和“雏鹰计划”成为国家教育体制改革试点项目，写入《首都中长期人才发展规划纲要（2010—2020 年）》。

第一节　沿革

2008 年 3 月，市教委成立北京青少年科技创新学院，市教委副主任罗洁任院长，中国科学院院士陈佳洱任名誉院长，中国科学院院士王绶琯任首席顾问。9 月，在教科院成立北京青少年科技创新学院办公室（以下简称“创新学院办公室”），与课程中心合署办公，张毅任主任。

2013 年 5 月独立设置，张毅任主任，工作人员 6 人。9 月成立党支部，张毅任书记。

截至 2015 年底，创新学院办公室在职职工 7 人，其中中学高级（特级）教师 1 人，博士 2 人。中共党员 5 人、民主党派 2 人（交叉党员 1 名）。

至 2015 年，承担 20 项重要课题和项目的研究任务：北京市教育科学规划课题 1 项、市政府及两委委托的研究任务 1 项、财政专项工作 18 项。提交调研报告和起草文件 19 件，编辑编著 20 本。获北京市教学成果奖 2 项。

第二节　翱翔计划

2008年7月，依托高中课程改革，市教委下发《北京市教育委员会关于印发北京青少年科技创新学院“翱翔计划”项目工作方案（试行）的通知》《北京市教育委员会关于印发北京青少年科技创新学院翱翔计划选修课程方案（试行）的通知》两个文件。翱翔计划旨在充分利用北京丰富的科技、文化与教育等资源，创设高中生“在科学家身边成长”的环境，让学生在参与“微科研”的过程中，激发创新潜能，培养科研兴趣，提高科学素养，增强社会责任感、创新精神与实践能力，在此基础上探索创新高中阶段的人才培养模式。项目采取“政府主导、学校实施、社会参与”的推进机制，开展学员推选、学员培养、学员评价工作。截至2015年，共培养翱翔学员1621名。

一、翱翔学员推选

2008年3月，翱翔计划面向北京市68所示范高中校，按照拔尖创新人才选拔标准推荐学员，每校推荐2名，136名学生作为首批学员参加翱翔计划。2009年1月，面向全市16个区县所有普通高中学校推选产生170名2009级翱翔学员。2010年1月，制定《翱翔计划2010级学员面试评审工作方案》，规范学员面试工作，推选162名2010级翱翔学员。2011年3月，采取实名推荐形式推选产生172名2011级翱翔学员；10月，推选产生171名学生为第五批翱翔学员。2012年—2015年，在已有翱翔学员推选工作基础上增加学生网上申报及专家网上评审的环节，推选出第六批225名学员、第七批172名学员、第八批210名学员、第九批203名学员。至2015年，完成九批学员共1621名学生的推选工作。

二、翱翔学员培养

基地学校及学科领域。翱翔计划确立包括生源基地、培养基地、实践基地（高校、科研院所实验室）共同承担翱翔计划学员培养任务的“三校”管理机制。2008年3月，15所高中学校成为首批翱翔计划培养基地校，分别承担物理、化学、生物、信息技术和地理5个学科领域翱翔学员培养。挑选61个北京高校重点实验室作为实践基地，每个实验室接收2—4名学员。2009年3月，翱翔计划增设数学领域，同时增设5所数学领域基地申报校、30个实验室。2010年5月，对20所基地申报校、80余家实验室进行挂牌确认，正式认定为基地学校和基地实验室。2011年3月，翱翔计划增设人文与社会科学领域，同时增设3所人文与社会科学领域基地学校。2011年9月，将原有的

7个学科领域适度整合为数学与信息科学（包括数学、信息技术等）、物理与地球科学（包括物理、地理、通用技术等）、化学与生命科学（包括化学、生物等）、人文与社会科学（包括语文、外语、历史、政治、音乐、美术或艺术等）4个培养领域。2011年10月—2012年2月，开展新一轮基地学校的申报工作。经过重新评审，市教委认定29所翱翔计划培养基地和31所翱翔计划课程基地，实践基地（高校、科研院所实验室）增至209家。其中，培养基地在创新学院办公室的管理和组织下，协同实践基地按“三校、三师、三类、三段”的翱翔学员培养模式，共同开展基础教育阶段创新人才培养工作。课程基地在创新学院办公室的管理和指导下，根据自身优势联合相关实践基地等，开展创新人才培养课程的设计、实施、评价的等工作。

指导教师。2008年3月，翱翔计划学员培养采取“双导师制”，由高校实验室与培养基地校各派1名教师作为指导教师。学员要在导师指导下完成具有一定探索创新意义的研究课题，形成探究作品。实践基地指导教师为翱翔学员制定个性化的培养和指导方案，指导翱翔学员在本单位开展科研实践。2009年，尝试让学员所在学校配备指导教师，从“双导师制”发展为生源学校指导教师、基地申报校指导教师、高校和科研院所实验室指导教师共同培养翱翔学员的“三导师制”。其中，生源学校指导教师对本校入选的翱翔培养学员提供个性化教学支持和学习辅导，与基地申报校、高校和科研院所实验室指导教师共同指导翱翔培养学员的课程学习和科研实践。

截至2015年，有培养教师共1166名：生源基地和培养基地750名，其中特级教师60余名；实践基地416名，其中有院士30余名。

培养课程。翱翔计划确立包括由生源基地基础性课程、培养基地和课程基地过渡性课程、实践基地熏陶体验课程等构成的三类课程。2008年7月，根据《北京青少年科技创新学院翱翔计划选修课程方案（试行）》规定，翱翔计划选修课程原则上由培养基地结合本领域全市高中资源及对口高校实验室资源进行开发。经培养基地和相关高校认可，学员可申请学习高校开设的相关领域课程，所获学分纳入本领域选修课程学分。2009年12月，翱翔计划的学分包括必修学分和选修学分。翱翔计划纳入高中研究性学习课程，共计15学分；每个学员须至少获得翱翔计划选修课程4学分，获得学分可替代高中课程中该学科选修课学分。

三、翱翔学员评价

过程评价。2009年，研制《翱翔计划学员手册》，通过学员手册记录学员课题研究、选修课程学习、参与各种科研实践活动的过程，实现对学员过程性管理与评价，监控和评估学员培养的实效性，记录从过渡性培养到实践性培养的过程。2009年—2015年，每年组织学员自评、同伴互评、导师评价、基地评价结业评价。在结业阶段，组织学员在北京青少年翱翔科学论坛上汇报和交流自己的探究作品，共同分享成长的收获与感悟，接受专家指导，与到场师生进行互动交流。2009年，举办第一届北京青少年翱翔科学论坛。2010年、2011年，增加数学学科分论坛。2012年开始，按照数学与信息技术、物理与地球科学、化学与生命科学、人文与社会科学研究领域分为4场分论坛。2013年6月，对评价对象、评价程序、工作要求进行规定，为翱翔计划学员的发展性评价提供制度保障。2009年—2015年，共举办七届北京青少年翱翔科学论坛，1394名翱翔学员汇报1189项探究作品。

2009年—2015年北京青少年翱翔科学论坛一览表

届别	时间	分论坛	汇报人	探究作品数
第一届	2009年	物理、化学、生物、信息技术、地理学科论坛	2008级翱翔学员	100项
第二届	2010年	数学、物理、化学、生物、信息技术、地理学科分论坛	2009级翱翔学员	153项
第三届	2011年	数学、物理、化学、生物、信息技术、地理学科分论坛	2010级翱翔学员	130项
第四届	2012年	化学与生命科学领域、物理与地球科学领域、数学与信息技术领域、人文与社会科学领域分论坛	2011级翱翔学员	147项
第五届	2013年	化学与生命科学领域、物理与地球科学领域、数学与信息技术领域、人文与社会科学领域分论坛	第五批翱翔学员	141项
第六届	2014年	化学与生命科学领域、物理与地球科学领域、数学与信息技术领域、人文与社会科学领域分论坛	第六批翱翔学员	254项
第七届	2015年	化学与生命科学领域、物理与地球科学领域、数学与信息技术领域、人文与社会科学领域分论坛	第七批翱翔学员	264项

第三节　雏鹰计划

2009年4月10日，“科技进学校”项目论证会暨北京青少年科技创新雏鹰计划立项会在教科院举行，雏鹰计划在教科院立项。2010年1月8日，市教委、市科委共同启动北京青少年科技创新雏鹰计划。

雏鹰计划旨在充分发挥首都丰富的科技资源优势，采取“政府主导，学校实施，社会参与”的工作机制，将科研院所、高等院校、科普场馆等机构丰富的科技资源转化为中小学创新教育课程资源，引导广大中小学教师在课程体系内，培养学生的社会责任感、创新精神和实践能力。2009年11月，市教委、市科委联合印发《关于实施青少年科技创新雏鹰计划的通知》，规定雏鹰计划的工作由北京青少年科技创新学院具体负责实施。

2010年—2015年，创新学院办公室完成资源教学化开发、组建工作团队、课程实施及搭建交流平台工作。

一、科技成果资源教学化开发

2010年—2011年，组织中小学教师和相关教育专家到提供科技资源的单位进行调研，对科技成果转化为科技创新教育课程的可能性进行评估，遴选出与当前社会经济及日常生活密切相关的10项科技成果：塑料降解与可持续发展、室内空气品质与健康、水资源保护与可持续发展、城市垃圾处理与资源化利用、国花与市花、昆虫资源研究与利用、食品安全与健康、土壤污染与土壤修复、发热患者传染性的早期预警与学校公共安全、新型低谷电蓄能供暖技术与可持续发展。将10项科技成果的转化项目系统梳理成190项资源包、189个内容单元，完成教学案例76个、实践活动案例74个、研究性学习案例55个。

2010年4月和5月，“科技资源转化为创新教育课程资源——塑料降解与可持续发展项目”、“科技资源转化为创新教育课程资源——土壤污染与土壤修复项目”研讨现场会分别在北京市十四中和北京市京源学校召开，通过观课议课研讨交流雏鹰计划初步成果。2011年1月，在北京市第五中学召开雏鹰计划工作总结会暨科技资源转化为创新教育课程——室内空气质量与健康现场会，呈现项目研究成果在课堂中的实践过程。出版《室内空气质量与我们的健康》。

2012年—2015年，拓展5项科技成果：中医药文化、科学探案、探秘免疫学、生活中的营养学、生物材料与我们的生活。形成学科教学设计案例93个、科技实践活动案例46个、研究性学习案例44个、学生创意活动案例26个。35所中小学校的1000余位教师参与课程开发应用。出版《中医药文化与我们的健康》。

二、科普场馆资源教学化开发

2010年起，对中国科技馆数学资源进行教学化开发。2010年底开展前期调研，主要调研中国科技馆的数学资源、中小学教师对资源的需求以及中小学生对资源的兴趣和关注。2011年上半年进行设计开发，通过选定对象、确定主题、查阅资料、搭建框架、跨段评议、研讨确认等过程，形成探究体验素材初稿。下半年进行修改完善，对开发出的素材初稿组织专家讨论，邀请师生试用，在关注学生学习兴趣、重视探究与体验过程方面进一步完善。2012年—2015年，形成73种学生探究体验纸，20家单位的1000余位中小学教师参与开发与应用，近7000名学生应用。2012年10月，出版学生探究体验素材《玩在中国科技馆（数学）》。2015年12月，出版基于教师视角的《伴你玩在中国科技馆》。

三、小创客培育

2015年，确立“小创客”培育为核心任务之一，探索小创客培育机制，举办北京市小创客培育现场会、首届北京青少年创意市集，25名学生小创客以及73家中小学校、高校和科研院所、科普场馆、博物馆以及科学实践协作联盟单位携带创意作品或科研成果参加创意市集。

第四节　青少年创新能力建设工程

2011年6月，受市委组织部委托承担“青少年创新能力建设工程”项目。“青少年创新能力建设工程”同翱翔计划、雏鹰计划并列成为国家教育体制改革试点项目，进入《首都中长期人才发展规划纲要》，以学生、教师、学校为主要对象，开展青少年创新能力培养工作机制、资源支持机制等探究，探索建立青少年创新能力培养的长效机制。

一、雏鹰建言行动

雏鹰建言行动是尝试探索激励学生建言、引导中小学生在自主探究的过程中学会科学表达自己主张的培养方式。

2011年，以建设“人文北京、科技北京、绿色北京”为主题，采取文字建言的方式面向全市中小学生征集建言。2012 年，以“关注健康、关注水资源保护、关注生态环境”为主题，采取图形建言方式征集图形建言 2501 幅，编印系列建言成果“水滴宝宝”《创新无限》。2013 年，以“发热与健康、本草与我们的健康、降解塑料与我们的环境、建筑材料与低碳生活、科学用眼以及科学探案”等为主题，采取文字建言和图形建言，共征集 6021 条。是年，出现实物建言方式，编印系列建言成果“科学探案”《创新无限》。4 月，在东城区少年宫举行雏鹰展翅天地——“多样的物种·唯一的地球·共同的未来”雏鹰建言现场推动会，学生现场汇报关于探索物种多样性保护和绿色生态环境治理等方面的建言作品，发出“爱护地球，保护家园”的倡议。2014 年，在全市范围内开展“未来小侦探”、“营养与我们的健康”、“中国茶·华夏韵”“航天梦·中国梦”、“保护水资源，珍惜身边‘水’”、“食品安全与健康”等主题建言征集，共征集建言 17758 条。2014 年全国两会期间，全国人大代表吴正宪将北京中学生对昆明“3.1 暴恐案”提出加强预警的雏鹰建言带上全国两会。3 月 12 日，《北京晚报》以《中学生建议递到全国人大》为题进行报道。4 月，在中国人民公安大学举办“科学探案与创新人才培养”专题研讨会。12 月，在北京市八一学校举办“科技北京”雏鹰建言推进会，编印系列建言成果“健康娃娃”《创新无限》。

至 2015 年，面向全市各区县近 200 所中小学及幼儿园共征集建言 23000 余条。

二、翱翔工程

翱翔工程旨在使教师结合创新人才培养实践，按照“在实践中研究，在研究中实践”的思路，在科技专家、教育专家组成的专家团队指导下，有计划、有组织地开展翱翔学员典型案例分析，开展创新人才培养经验交流和培养模式研究等课题，促进教师专业发展。2013 年 10 月开始，创新学院办公室组织来自生源基地、培养基地、课程基地、实践基地的教师、专家采用集中研修的组织方式，确定主题，制定研修方案。2015 年 7 月，举办京港台创新人才培养交流研讨会，与香港资优教育学苑、台湾中华医事科技大学等机构共同探索学生成长及教师专业发展路径。

第五节　北京市基础教育阶段创新人才培养项目

2012 年 11 月 2 日，市教委召开北京市基础教育阶段创新人才培养项目工作会，为推进“创新人才培养项目”，市教委要求进一步明确市、区、校三级组织体系。12 月 31 日，市教委、市财政局印发《北京市基础教育阶段创新人才培养项目管理办法（试行）》（以下简称“《项目管理办法》”），确定北京市基础教育阶段创新人才培养项目，项目以翱翔计划、雏鹰计划和“青少年创新能力建设工程”等为依托，开展研究推进、模式探索、课程建设、队伍建设、平台建设等工作，自 2013 年 2 月 1 日起实施。北京青少年科技创新学院负责项目的组织策划、统筹协调工作。组织完成 5 期“北京市基础教育阶段创新人才培养项目”申报工作。来自北京市 16 个区县及燕山的教委、中小学校等单位以及北京大学、清华大学、中国科学院、中国社科院等高校、科研院所、博物馆与科普场馆等参加申报工作。根据《项目管理办法》要求，建立起“创新人才培养协作体”，共同完成创新人才培养项目的各项任务。

至 2015 年，全市共成立 51 个协作体：区县教委牵头协作体 1 个、培养基地牵头的协作体 26 个、课程基地牵头的协作体 8 个、雏鹰基地牵头的协作体 12 个、高等院校和科研院所牵头的协作体 4 个。

第六节　北京市初中开放性科学实践活动

2015 年，北京市启动初中开放性科学实践活动，并将领导小组办公室设在创新学院办公室。

2015 年 7 月开始，组织团队研制和起草征集通知、管理办法、实施指南、评审方案、工作手册等，引领项目推进。组织高等院校、科研院所专家及学校教师多次研讨和探索，经过五审形成“任务单”模式。组织 200 余人次专家对征集到的 300 余家资源单位的 2000 余个活动项目进行评审，确立 200 家资源单位的 851 个活动项目。组建社会督导专家团队对活动项目进行全过程监督，确保项目顺利开展。

附：领导批示

2009 年 5 月 7 日，中共中央政治局委员、国务委员刘延东批示：“拔尖创新人才的发现和培养，是教育领域的重要课题。北京教育系统通过提供特殊条件和改革，对‘超常’学生加强跟踪培养的做法值得总结推介。请酌。”

2011 年 4 月 28 日，中共中央政治局委员、中组部部长李源潮批示：“北京市拓展有科技创新潜质的中学生的学习空间，以培养创新型人才的做法很好，应该扩展到更多的学生中去。创造性人才是从中、小学开始培养的。赞成‘在科学家身边成长’的试验。”

2012年5月16日，刘延东再次批示："北京市采取政府主导、学校实施、社会参与的方式，探索普通高中阶段创新人才培养机制，做法很好。请在总结经验的基础上在一定范围内推广。"

执笔人：张强

审核人：张毅

责任编辑：倪永娟

第十六章　北京市教育督导与教育质量评价研究中心

北京市教育督导与教育质量评价研究中心（以下简称“评价中心”）主要职责：受市教委和市政府教育督导室的委托，开展教育督导与教育质量监测评价的研究工作；研究开发教育质量监控工具；管理和维护北京市教育督导与教育评价数据库，承担市教育督导与教育质量评价研究的事务性工作，为相关部门提供理论和信息咨询服务。

第一节　沿革

2010 年 2 月，市编办批准成立北京市教育督导与教育质量评价研究中心。2011 年 5 月，院长时龙、副院长方中雄兼任评价中心主任。9 月正式挂牌，与基础教育科学研究所合署办公，评价中心共有研究和管理人员 6 人。

2013 年 5 月，基教所的教育评价研究室、教育质量监控与保障研究室和基教研中心的教学质量监控研究室并入评价中心，评价中心独立办公。赵学勤任主任兼党支部书记，杜文平、张咏梅任副主任，下设教育督导研究室、教育评价研究室、教育质量监控与保障室和教学质量监控研究室。

截至 2015 年底，评价中心在职职工 27 人，其中研究员 6 人、副研究员 11 人，博士 6 人。中共党员 22 人。

至 2015 年底，评价中心提交起草文件 6 件。承担全国教育科学规划课题 5 项、北京哲社规划课题 1 项、北京市教育科学规划课题 17 项。发表论文 224 篇，出版书籍 44 本，其中学术专著 8 部、译著 1 部、编辑和编著 35 本。获全国及北京市教育科研和教育教学优秀成果奖 11 项。

第二节　教育督导研究

一、教育督导职能的体制机制研究

2013 年，承担“探索有效履行教育督导职能的体制机制”的研究任务，形成北京市教育督导体制机制现状调研的指标体系与调研问卷。

2014 年，承担“建立具有北京特色的教育督导体制机制研究项目”。完成国家教育体制改革试点项目“探索有效履行教育督导职能的体制机制研究”结题报告，撰写《北京市教育督导体制机制改革：问题、挑战与对策》并被收入《北京教育发展研究报告—2014 年卷》。

二、《北京市教育督导条例》立法调研和研究项目

2013 年，受市政府教育督导室委托，开展《北京市教育督导条例》立法调研。

2014 年，承担《北京市教育督导条例》研究项目。先后对部分区县政府教育督导室领导、北京师范大学法学专家、教育督导领域权威专家等进行深度访谈，进一步了解我国特别是北京市教育督导的现状和存在问题。对天津、上海、重庆三个直辖市的教育督导条例文本内容进行比较研究，形成比较研究报告。起草《北京市教育督导条例（草案）（征求意见稿）》《关于将〈北京市教育督导条例〉纳入 2015 年立法计划的建议报告》，提交市政府教育督导室。

三、义务教育实施情况督导监测研究

2014 年，承担市政府教育督导室委托的“义务教育实施情况督导监测研究”项目。对东城、海淀、顺义等区进行调研，形成《义务教育实施与义务教育均衡发展文献综述》《国外义务教育发展监测指标特点与趋势》《国内 16 个省市义务教育均衡发展评估监测指标对比研究》《北京市及其它省市教育现代化指标文献研究》等研究成果。向市政府教育督导室提交《2014 年北京市义务教育实施情况监测报告》。

四、责任督学挂牌督导实践研究

2014 年，承担市政府教育督导室委托课题“中小学挂牌督导实践研究”，形成《责任督学挂牌督导相关理论及研究综述》。7 月 4 日，组织专家对《北京市普通中小学挂牌督导实践研究》研究计划提出建议，提交市政府教育督导室。11 月 18 日，组织召开北京市中小学责任督学挂牌督导推进工作研讨咨询会。

2015年，承担“责任督学挂牌督导实践研究”项目。项目组对综合督导、专项督导和经常性督导三种形式的督导内容、实施方式、结果应用等方面进行比较研究，对朝阳、海淀、顺义、大兴、怀柔、昌平等区责任督学挂牌督导工作开展情况进行实地调研，协助市政府教育督导室督导一处研究制定责任督学挂牌督导创新区评审标准、市级评审工作方案，全程跟随专家组进行评审和实地考察，对东城、西城、朝阳、海淀、顺义、大兴、怀柔7区推进责任督学挂牌督导工作的具体做法、特色与创新机制进行梳理总结。

2015年，承担两委一室委托课题“责任督学挂牌督导工作标准和创新机制研究”。结合责任督学挂牌督导创新区建设工作需要，研制责任督学挂牌督导工作标准，并对深化挂牌督导工作提出政策建议。

五、国内外教育督导发展前沿与动态研究

2015年承担“国内外教育督导发展前沿与动态研究”项目。按照主题搜集、编译和整理国内外教育督导发展前沿与动态，编纂《教育督导动态》10期、83篇，内容涵盖教育质量监测、教师督导、督政制度、督导基本制度、专项督导、督导信息化及社会参与、督学责任区建设与挂牌督导、学校督导、督学队伍建设9个方面。

六、东城区教育系统学区教育品牌化监测评估

2014年，承担东城区教委、东城区政府教育督导室委托项目“2014—2015学年度东城区教育系统学区教育品牌化监测评估”。于2015年10月形成“盟贯带”改革监测评估总报告、3个分报告和9个学校案例并提交委托方。

七、北京市“十三五”教育督导发展规划研究

2014年，承担市政府教育督导室的委托课题“北京市‘十三五’教育督导发展规划前期研究（2014）”、“十三五”北京市教育督导发展规划前期研究课题，课题组对2011年—2014年北京市教育督导工作的成绩、经验和存在问题进行梳理，撰写北京市“十二五”教育督导发展规划总结。

2015年10月，接受市政府教育督导室有关领导临时交办的任务，研制《北京市“十三五”时期教育督导发展规划》。

八、中小学培育和践行社会主义核心价值观督导研究

2015年，承担两委一室委托课题“中小学培育和践行社会主义核心价值观督导研究”，研制《北京市中小学校培育和践行社会主义核心价值观督导评价方案（含督政和督学指标体系）》。配合市政府教育督导室进行东城、西城、门头沟、房山4个区

的督导调研，并完成相关调研报告。

九、义务教育均衡发展督导评价项目

2007年，受市政府教育督导室委托，承担“北京市义务教育均衡发展督导评价”项目。研制北京市义务教育均衡发展督导评价实施方案、指标体系、评价监测表等。

2008年，收集18个区县及燕山地区义务教育均衡信息数据，建立北京市义务教育均衡发展督导评价市、区两级数据库。

2009年，研究义务教育均衡发展测算办法、程序设计、评价标准。测算18个区县及燕山地区义务教育均衡发展区域内校际、城乡差异数据，撰写《北京市18个区县及燕山地区义务教育均衡发展状况评价报告》《北京市18个区县及燕山地区小学阶段教育均衡发展状况评价分报告》和《北京市18个区县及燕山地区初中阶段教育均衡发展状况评价分报告》，提交给市政府教育督导室。

第三节　教育评价研究

一、学生评价研究

（一）探索研究阶段（1984年—1986年10月）

1984年，根据市委领导的要求，教科所成立课题组，开始“衡量中小学质量高低和学生成绩优劣的标准和方法”研究。

1985年7月，在黑龙江省五大莲池市举办第一次全国性普通教育评价讲习班，开始介绍国外现代教育评价的理论思想。

1986年，北京教科所开始应用现代教育评价理论和方法、技术研究中小学教育评价，将“衡量中小学教育质量高低和学生成绩优劣的客观标准和方法”研究更名为“北京市中小学工作质量综合评价”研究。

（二）全方位研究阶段（1986年10月—1991年）

1986年10月，陶西平（原北京市教育局局长）听取北京教科所关于“中小学工作质量综合评价”研究的情况汇报后，决定在全市开展教育评价研究。12月在怀柔召开北京市第一次普通教育评价研讨会，宣布成立北京市普通教育评价课题组，陶西平担任组长，教科所所长梅克、市教育局副局长汤世雄为副组长，市教科所部分科研人员为主要成员。

1987 年 7 月，召开北京市第二次普通教育评价研讨会，确定包括中小学学生质量评价（德、智、体、美、劳、个性）、学校管理质量综合评价、学科教学评价、课堂教学评价、教师评价、校长评价以及评价方法技术等为内容的 20 余个子课题，开始北京市普通教育评价的全方位研究。

1987 年 12 月，北京市教育督导室成立，各区县教育督导室也先后建立，市、区教育督导部门加入教育评价研究，教育评价研究的范围从中小学内部扩展到中小学以外。

（三）推广应用阶段（1991 年 10 月—1995 年）

1991 年 10 月，北京市教育局推广中国人民大学附属小学“小学生质量综合评价”的经验，在全市逐步推广小学生质量综合评价。

1992 年，北京市教育局把逐步推广小学生质量综合评价纳入年度工作计划，成立由小学教育处牵头、教科所参加的小学生质量综合评价推广小组。

1992 年 9 月—1995 年 9 月，经过三年推广实验，在全市所有小学推广小学生质量综合评价，使用《小学生质量综合评价手册》，代替一直沿用的《小学生成绩册》。1995 年至今，小学生综合评价的内容和《小学生质量综合评价手册》进行过三次（包括 1995 年）较大的研究修改，保证小学生质量综合评价的内容与教育改革的要求基本相适应。

（四）纵深发展阶段（2003 年 5 月—2015 年）

2003 年 5 月，教科院基教所受市教委委托，启动《北京市中小学学生发展评价方案》研究。

2005 年，研制北京市中小学学生发展评价工具，包括思想道德、知识技能、学习能力、学业情感、身体健康、心理健康等维度。

2006 年，受市教委委托承担“北京市中小学生综合素质评价研究”项目。研制《北京市初中学生综合素质评价方案》《初中学生综合素质发展发展评价手册》。

2007 年，研制《北京市普通高中学生综合素质评价方案（试行）》。

2008 年，项目更名为“北京市小学、初中、普通高中学生综合素质评价及数字平台建设”。研发北京市普通高中学生综合素质评价电子平台、《北京市普通高中学生综合素质评价手册》《北京市小学生综合素质评价方案》。

2009 年，项目更名为“北京市基础教育阶段学生综合素质评价研究及数字平台建设”。修订《小学生综合素质发展评价手册》，研制《北京市小学生综合素质评价指导手册》供教师使用，对全市 2000 多名教师实施培训。研制《北京市普通高中毕业生综合素质评价报告册》。

2010年，项目更名为“北京市基础教育阶段学生综合素质评价推进项目”。修订《北京市普通高中学生综合素质评价方案》和《北京市普通高中毕业生综合素质评价报告册》。开展2010年北京市基础教育学生综合素质评价工作先进单位和先进个人评选。

2011年，设计北京市初中学生综合素质评价电子平台，开展北京市初中学生综合素质评价试验工作。启动小学阶段学生综合素质评价先进单位和先进个人评选工作。

2012年，修订《北京市初中学生综合素质评价方案》，完成北京市初中学生综合素质评价电子平台供全市所有初中学生使用。研制《北京市初中学生综合素质评价指导手册》，对各区县初中校相关领导、教务人员、班主任代表、任课教师代表等2650人实施培训。

2013年，启动初中阶段学生综合素质评价先进单位和先进个人评选工作。完成国家体制改革项目中学生综合素质评价的总结，出版《北京市小学生综合素质评价实践探索》《北京市中小学生综合素质评价典型案例集（2013）》《北京市中小学生综合素质评价典型案例集（2012）》和《中小学生综合素质评价纵深推进》等5本书。

2014年，修订《北京市小学生综合素质评价方案》《小学生综合素质评价手册》（1—6年级）。研制《北京市小学生综合素质评价指导手册》，对全市各区县小学干部、教师代表进行培训。

2015年，项目更名为“落实《北京市基础教育学科教学改进意见》，改进中小学综合素质评价及课程网更新”。修订《北京市普通高中学生综合素质评价方案》和高中毕业生报告册。尝试基地校模式探索，在全市15个区县的66所中小学校，实施评价体系、评价机制策略、评价主体、评价方式方法、评价内容、教师评语等专题深化研究和实践推进。开展“我的评价故事”案例评选工作，出版《北京市小学生综合素质评价典型案例集（2014）》《北京市中学生综合素质评价典型案例集（2014）》。

二、学校评价研究

1984年，开展“中小学教育工作质量综合评价”课题研究。

1993年，对《北京市普通中学教育质量综合评价意见（试行）》和《北京市小学教育质量综合评价意见（试行）》作修订，将“意见”改为“方案”。

1997年，参与市政府教育督导室组织制定的《北京市区县政府巩固“两基”、落实“两全”，全面实施素质教育评价方案》《北京市区县教委（教育局）巩固“两基”、落实“两全”，全面实施素质教育评价方案》和《北京市中小学教育质量综合评价方案》。2002年参与上述3个方案修订。2003年5月，受市教委委托启动“北京市中小学学校发展评价方案”研究项目，研究制定《中小学自我评价方案》和《北京市中小学学校评价标准及实施办法》。

2005 年，承担市教委委托项目“北京市初中建设工程数据库建设及学校发展评价研究”，制定《北京市初中建设学校评价标准及实施办法》，包括《北京市初中建设工程评价方案（征求意见稿）》《北京市初中建设工程评价实施办法》和《北京市初中建设工程评价工具》。

2005 年—2007 年，对全市小学、初中、高中实施软件建设内部评价，形成北京市 18 个区县及燕山地区、学校干部、教师、学生、家长学校发展现状评价分报告和总报告。

2009 年 9 月，建立北京市中小学学校发展评价服务平台，采集、分析、反馈每所学校内部评价信息。

2011 年 12 月，出版《北京市初中学校教育质量发展现状评价年度报告（2010—2011）》。2013 年 6 月，出版《北京市小学学校发展评价理论与实践》和《北京市小学学校发展现状评价年度报告（2006—2012）》。2015 年 1 月，出版《北京市高中学校发展评价报告 2007—2013》。

2013 年—2014 年，修订《北京市中小学学校评价方案（征求意见稿）》，依据方案修订干部、教师、学生和家长评价工具，完善北京市中小学学校发展评价服务平台。

2013 年 9 月—2014 年 10 月，承担市教委委托项目“专门教育学校的发展与评价研究”，对北京市 6 所专门教育学校进行调研。形成《专门教育学校评价方案》，并完成《专门学校（工读学校）文献研究报告》。2015 年 3 月研制专门学校评价工具，6 月完成对东城区古城职业高中的评价。

三、中小学课堂教学评价的推广与研究

1990 年 7 月，开始试行北京市教育局教学研究部研制的《北京市中小学学科课堂教学评价试行方案》。1995 年 9 月，北京市教育局在《北京市中学、小学学科教学文件汇编》中将《北京市中、小学课堂教学评价方案》正式公布。2002 年，提出《中小学课堂教学评价方案》。2005 年 9 月，市教委正式公布《中小学课堂教学评价方案》，要求各区县、学校试行。

四、课程网建设研究

2001 年，研制开发义务教育课程网（www.kecheng.net）服务平台。

2004 年 10 月 20 日，对来自各区县教科所、样本校的四十余位教师进行培训。项目组成员就 2004 年 9 月—10 月改版后课程网的栏目、版面内容维护、FTP 工具 FlashFXP 的使用和管理进行培训。

2005 年，受市教委委托启动“北京市基础教育课程改革课程网建设”项目，18 个区县燕山地区以及 41 所样本校参与课程网建设。

2006年11月7日，召开北京市基础教育课程网建设培训及研讨会，通州等6个区县或样本校的代表就课程网栏目建设作典型经验交流。

2007年，建设高中课程网专业网站，18个区县燕山地区以及65所样本校参与课程网建设，建立市、区、校三级共享共建的网络系统。

2009年、2010年，分别召开北京市义务教育课程网建设表彰暨培训会。

2014年，对两网栏目进行调整，义务教育课程网增加教育督导研究、国外监测动态栏目，高中课程网合并信息和简报类栏目。

2015年，课程网建设并入“落实《北京市基础教育学科教学改进意见》，改进中小学综合素质评价及课程网更新”项目。

五、北京市青春期（初中阶段）学生成长问题研究项目

2006年，受市教委委托承担“北京市青春期（初中阶段）学生成长问题研究”项目。对北京市18个区县及燕山地区的初中6337名学生进行调查，形成北京市青春期（初中阶段）学生成长问题调查报告，并面向北京市初中教师开展北京市青春期教育案例征集活动。

2008年，开展第二届青春期教育案例征集活动，出版《北京市青春期教育典型案例分析与研究》和《用爱扬起青春的风帆——北京市青春期教育典型案例分析与研究》。

六、修订《中小学生学业成绩考核管理办法》

2013年9月，受市教委委托，承担“中小学生学业成绩考核管理办法的修订与推广培训”。完善《北京市小学学生学业成绩考核管理办法》《北京市普通高中学生学业成绩考核管理办法》《北京市初中学生学业成绩考核管理办法》。

2014年，研制小学、初中和普通高中学生学业成绩考核管理办法系列培训资料。

七、北京市中小学生奖励和处分机制研究

2015年，承担“北京市中小学生奖励和处分机制研究”，研制《北京市中小学生奖励和处分办法（征求意见稿）》。

第四节　教育质量监控与保障研究

一、北京市基础教育课程改革实验工作监控与评价

2003年起，承担市教委委托专项“北京市基础教育课程改革实验工作监控与评价

项目”，每年的项目研究成果主要包括9个调查工具、12个学年度问卷调研系列专题报告、15期《实验工作简报》《课程教材改革实验论文集》等。

2013年，研制义务教育、普通高中课改监控评价指标体系；首次以专题形式对义务教育和普通高中课改监控评价问卷调研结果进行梳理；在课改监控结果呈现上增加区域间、城乡间、学段间、不同办学水平学校间的差异分析内容。2013年出版《北京市基础教育课程改革实验工作监控与评价专题调研报告（2011—2012学年度）》。

2013—2014学年度，共印制和发放义务教育和普通高中阶段干部、教师、学生、家长问卷27720份，完成12个学年度问卷调研系列专题报告。项目组完成并出版《北京市基础教育课程改革实验工作监控与评价专题调研报告（2012—2013学年度）》《北京市基础教育课程改革实验工作监控与评价专题调研报告（2013—2014学年度）》。受市基础教育课程改革领导小组委托，面向北京市基础教育阶段教师开展课改实验论文征集活动。2013年—2014学年共征集论文11865篇。从一等奖获奖论文中选出51篇收入《课程教材改革实验论文集（2013—2014）》。

二、北京市区县教育工作满意度调查

2009年起，承担市政府教育督导室委托专项“北京市区县教育工作满意度调查项目”。完成2009—2013各年度北京市区县教育工作满意度调研报告及调查总结、2009—2014各年度北京市区县教育工作满意度调查方案和问卷研制设计、2009—2014各年度北京市区县教育工作满意度调研实施、2009—2014各年度北京市区县教育工作满意度调查数据的统计分析、北京市区县教育工作满意度调查的专题研究和成果总结、北京市区县教育工作满意度数据库及平台建设。

2015年，对满意度指标及问卷进行修订，形成2015年满意度入户调查方案、新增5类调查对象的满意度调查方案及问卷工具。10月下旬至11月中旬，完成北京市16个区县及燕山地区1138个居委/村委、11600户学生家长、700名社区工作者的访问工作。人大代表和政协委员、学校干部和教职员、督学及媒体工作者的教育满意度调查采用网络调查的方式，共调查705名人大代表、政协委员，7773名学校干部、教职员，741名督学，39名媒体工作者。在此基础上撰写2015年度6类调查对象（含对学生家长、社区工作者的满意度调查结果对比）的教育满意度报告。开展应用满意度结果改进教育工作的案例征集活动。

三、义务教育阶段学生综合素质发展水平监测与评价

2011年，承担市政府教育督导室的委托专项“北京市义务教育阶段学生综合素质发展状况研究项目”。形成《北京市义务教育阶段学生综合素质发展水平督导评价方

案（征求意见四稿）》《北京市义务教育阶段学生综合素养评价指标框架》和《北京市义务教育阶段学生综合素养评价工具集》。

2015 年项目组完成 2014 年北京市义务教育阶段学生非智力因素、幸福感课业负担和体质健康监测 4 个可视化专题简版报告，撰写 2015 年北京市义务教育阶段学生非智力因素、幸福感和课业负担 3 个专题调查报告，16 个区县及燕山地区反馈报告。出版《北京市义务教育阶段学生学习生活状况调查研究（2013）》。

四、区县级义务教育质量监控与评价项目

2007 年—2010 年，承担市教委委托专项“区县级义务教育质量监控与评价”。项目组完成东城、西城、海淀、朝阳、顺义 5 区的小学教育质量综合测评结果及评价报告、义务教育质量发展水平专项和整体评价报告、义务教育教学质量发展状况的监测报告及相关影响因素的研究报告。项目实施还形成系列研究报告成果，主要包括：5 个实验区项目研究调研报告；监测年级语文、数学、英语等学科质量评价方案、学科质量监测试卷（工具）、学科质量分析报告、学科质量监测与评价结果及其影响因素分析；非学科综合能力测试方案、工具及报告；区县监测结果总报告等。

五、建立北京市中小学生社会大课堂监控评价机制

2009 年，承担市政府教育督导室委托专项“建立北京市中小学生社会大课堂监控评价机制研究项目”。完成北京市中小学生社会大课堂建设监控评价方案；北京市中小学生社会大课堂评价指标体系、评价要素；北京市中小学生社会大课堂运行一年总结报告；北京市中小学生社会大课堂运行一年总结报告——区县工作分报告；北京市中小学生社会大课堂运行一年总结报告——学校工作分报告；编辑印刷《北京市中小学生社会大课堂建设与应用情况的报告》。

六、北京市实施素质教育舆情调研

2008 年，受市政府教育督导室委托，开展基础教育阶段实施素质教育专项调研、撰写调研报告、开展相关理论研究等，修订完善《北京市普通中小学实施素质教育现状学生调查问卷》《北京市普通中小学实施素质教育现状家长调查问卷》《北京市职业学校实施素质教育现状学生调查问卷》《北京市职业学校实施素质教育现状家长调查问卷》4 份问卷。委托北京市社会心理研究所在本市城八区开展市民家庭的抽样调查活动。完成《2007—2008 学年度北京市全面实施素质教育专项调研报告》《2005—2007 年北京市全面实施素质教育调研分析报告》；项目组收集西城、崇文、房山等区县实施素质教育典型案例。

七、北京市义务教育阶段学生情感态度价值观评价研究

2011年初，开展“北京市义务教育阶段学生情感态度价值观评价研究”，完成《开展学业性非智力因素监测的基本框架研究》《中小学生幸福感监测的基本框架研究》。研制学生学习兴趣、学习自信心、学习意志力、幸福感及其影响因素监测工具。抽取朝阳区小学20所、初中11所学校开展问卷调查。

八、中小学生课业负担及影响因素监测与督导评价

2012年，承担市政府教育督导室委托专项 “中小学生课业负担及影响因素监测项目”。项目组构建中小学生课业负担及影响因素监测指标体系、研制中小学生课业负担及影响因素监测调查问卷、设计中小学生课业负担及影响因素监测抽样方案、制定中小学生课业负担及影响因素监测实施方案。对丰台区1所小学、1所初中共计940名学生进行预测试、召开中小学生课业负担及影响因素监测专家咨询会。

2014年，承担市政府教育督导室委托的“北京市中小学生课业负担督导评估研究项目”。项目组将监测与督导有机结合开展相关的项目工作：通过抽样方法进行监测，对监测数据进行统计分析，在此基础上研制课业负担督导评估工具。进行课业负担的下校督导工作，结合监测和督导的结果，构建北京市中小学生课业负担督导评估方案，并进行修订完善。

九、北京市教育督导信息管理平台及数据综合分析系统建设项目

2015年，承担市政府教育督导室委托专项“北京市教育督导信息管理平台及数据综合分析系统建设项目”。完成北京市教育督导信息化管理应用平台原型，按照各级用户（市、区县、学校、督学）工作需求完成相应模块设计。开发北京市教育舆情监测平台（及相关服务）一套，形成界面原型201个、完成一级功能模块8个、代码行数超过30千行、发布版本10个及系列舆情监测报告（周报、月报、专题报告、年报）。

十、北京市 PISA 项目

2014年，承担市教委委托专项“北京市参加PISA测试行动研究项目”。项目组开展全面研究PISA2015的测评框架、测评工具、测评技术和方法等；研究PISA问卷调查框架、数据层次和指标、数据分析技术；学习PISA历年报告；利用房山参加PISA研究性项目的测试结果进行数据分析，并按照PISA历年的官方报告体例撰写研究报告。

2015年，承担市教委委托的“北京市PISA2015测试工作项目”。完成面向北京全市进行通识培训和具体学科的培训、参加OECD和PISA国家中心组织的国际和国内研讨会和培训；完成PISA2015测试工作，全市共涉及10个区县、31所学校、共1162名

学生参加测试。

第五节　教学质量监控研究

一、北京市义务教育教学质量分析与评价反馈系统项目

2003 年，受市教委委托承担北京市义务教育教学质量监控与评价项目。经历三个阶段：

（一）初步建构时期（2003–2006）

2003 年，采用大规模测验与调查相结合的测查方式，对五、八年级语文、数学、历史（社会）、体育学科教学质量进行测评，对影响教学质量的因素进行调查。结合教学视导、教学研究成果评析以及校本教研分析等方式，评价义务教育阶段教学质量的现状及影响因素，发布市义务教育教学质量报告。

2004 年，首次对五年级思想品德、八年级政治、五年级科学、八年级生物学科进行测评，同时继续研发学科基础评价框架，发布市级义务教育教学质量反馈报告，逐步丰富北京市义务教育教学质量监控评价体系。

2005 年，采用测验与调查相结合的测查方式，对五、八年级语文、数学、英语、音乐学科教学质量进行测评。采用教学设计方法进行专题评价研究，在定量研究基础上增加质性研究设计。

2006 年，首次对三年级教学质量进行测评，采用测验与调查相结合的测查方式，对三、五、八年级语文、数学、美术、社会学科教学质量进行测评。在发布市级义务教育教学质量报告的基础上，首次发放北京市区县层面教学质量报告，开展区级层面现场反馈。

（二）以改进教与学质量为目标时期（2007–2010）

2007 年，确定语文、数学、英语学科每 2 年测评一次，其它学科每 3–4 年测评一次。重新建构学科基础评价框架，开发英语学科基线水平卷并进行标准划定。首次采用机读答题卡作答及网上评阅方式，建立基于经典测量理论的等值、分数报告系统。

2008 年，增加预测试环节，开发语文、数学学科的基线水平卷并进行标准划定。开发学校和学生的网上成绩报告单，实现市级、区级、校级和学生四级反馈体系，并且继续开展市级、区级现场反馈指导。

2009 年，项目更名为“北京市义务教育教学质量分析与评价反馈系统项目”。测

试规模扩大，形成年度大样本自愿报名和小样本抽样测评相结合的方式。首次在三年级数学学科实现大样本 6 万余名学生的大规模测评。开发信息技术学科、英语学科的网上测试系统，增加班级报告单，并最终实现市级、区级、校级、班级、学生五级教学质量反馈系统。

2010 年，在各区县自愿报名的基础上，全市 94.5% 的五年级学生参加语文测评；在语文和科学学科首次开展现场实践测试；开发形成具有自动组卷功能的电子题库系统；开展基于测评结果的学科教学改进实验研究。

（三）以改进教学和支持决策为目标时期（2011–2014）

2011 年，首次开发网上报名系统，与北京市中小学生电子化学籍管理系统对接；开发北京市义务教育阶段学科学业标准；研究拟合社会经济地位指数、学业负担指数，提供教育政策研究领域专题报告。

2012 年，重新建构系列背景问卷框架，采用多题本调查设计方式；开发质性研究系统中的课堂教学评价（含录像课编码系统）信息技术平台，加大质性研究力度，在市级、区级现场反馈的基础上深入区县开展报告单解读工作。

2013 年，首次采用在线问卷调查方式；采用多题本矩阵抽样测试设计方式；首次建立基于多维项目反应理论的等值系统、量尺分数报告体系；首次划定办学条件标准，拟合生成办学条件标准指数；首次对各区县学业质量监测工具进行统计评价。

2014 年，减小调研规模，增加实践类型的调研形式和范围，增加录像课收集数量，提高至 300 节课；预测试环节增加口语报告方法；测试环节继续实施矩阵抽样题本设计，增加实践操作；问卷环节增加情景测查环节；问卷部分建立基于项目反应理论拟合指标的标准分数报告体系；在市级、学科、区县层面对区县学业质量监测工具进行反馈。

至 2014 年，在借鉴国内外相关研究经验的基础上，采用定量研究与质性研究相结合的技术路线，基于国家课程标准建立面向学生、班级、学校、区县、市级的多层面、多方式、立体化的教与学反馈系统，已为北京市近 310000 人次学生、14000 人次教师、4100 校次及市区两级教育教学研究部门、教育行政管理部门提供大量以改进与提高教育教学质量为目的、以实证资料为依据的服务。

二、首都义务教育阶段学生学业标准研究项目

2013 年，该项目学科为中学语文、中学数学、中学地理、小学社会学科。2014 年，该项目学科为中学物理、化学、生物、小学科学 4 个学科。两年来总项目组和学科项目组多次分专题研讨，召开学业标准项目的启动培训。组织学科梳理历年监控评价的评价手册以及测试数据，作为研制标准的参照。设计学科学生学业标准的体例。聚焦

学业标准研制重点内容。组织学科专家在学科学业标准的框架构建、学业标准的研制、学业成就水平的描述、多元化评价方法的探讨等方面开展深入研讨。完成并不断研讨学业标准初稿，形成学业标准送审稿，完成专家送审。

三、北京市义务教育教学质量改进项目

2013 年，开展北京市义务教育教学质量改进项目研究，开展缩小城乡学生学业质量差异的实验研究，开展 60 余所学校初中语文、数学、生物和小学语文、英语和科学学科实验研究。开发课堂教学评价信息技术平台，对中小学语文、中小学音乐、物理 5 个学科开展录像课分析与评价。依据测试结果对中小学数学、中小学英语、历史 5 个学科、5 所典型学校观察课堂教学，对教师和学生进行访谈，完成个案研究。与区县合作，指导房山、东城、昌平等区县的学校对部分学科数据进行反思，完成五、八年级数学学科教学问题诊断报告。

四、北京市义务教育教学质量监测题库建设项目

2009 年—2011 年，北京市义务教育教学质量监测学科题库建设在前期研究国内外题库建设大量文献资料基础上，进行流程设计、方案制定，结合北京市义务教育阶段实际情况进行工具开发、测试实施、阅卷分析、入库组卷等工作，研发学科题库管理系统。

五、北京市中小学核心素养评价体系的建构与实施项目

2015 年，开展北京市中小学生核心素养评价体系的建构与实施项目。项目组开展基于 PISA 框架的问题解决能力测查、综合实践活动设计，开发多元化测评调查工具，采用抽样试测的方式对工具进行修订完善，开展小规模试验探究和数据分析，了解北京市学生问题解决能力的水平现状，据此提出相关教学实施的建议。

第六节　中国教育学会基础教育评价专业委员会

中国教育学会基础教育评价专业委员会成立于 2007 年 6 月，隶属于中国教育学会，会员包括全国 20 余个省（市、自治区）教育科学研究院（所）、教育评估院（所）、教育质量监测中心等一大批高层次、高水平的教育评价理论和实践研究工作者，目前有 177 名会员。时龙任理事长，朱铭任秘书长，秘书处设在评价中心。

2008 年 6 月 3 日—4 日，中国教育学会基础教育评价专业委员会在京召开学术年会，

会议由教科院承办。教育部国家总督学顾问、中国教育学会副会长陶西平，中国教育学会常务副会长郭永福、副秘书长马建华、市教委副主任罗洁等出席会议。来自全国20余个省市教育行政部门、教育科研机构、教育督导部门和大中小学校的领导、专家和教师共计120余人参加会议。

2009年4月17日—20日，中国教育学会基础教育评价专业委员会在上海举行“发展性学校评价”专题研讨会。

2010年4月24日—26日，中国教育学会基础教育评价专业委员会第二届学术年会在无锡召开，年会由江苏省教育评估院承办。

2011年4月20日—21日，中国教育学会基础教育评价专业委员会在重庆举办基础教育质量监控专题研讨会，会议由重庆市教育科学研究院、重庆市教育评估院、大渡口区教育委员会承办。

2012年11月30日—12月1日，中国教育学会基础教育评价专业委员会2012年学术年会在京召开，会议由教科院承办。

2013年10月30日—11月1日，中国教育学会基础教育评价专业委员会在天津举办专题研讨会，主题是“一切为了学生发展的评价”，研讨会由天津教育科学研究院承办。

2014年10月30日—11月1日，中国教育学会基础教育评价专业委员会在重庆举办学术年会，主题是“一切为了学生发展的评价”。研讨会由中国教育学会基础教育评价专业委员会主办，重庆市教育科学研究院、重庆市教育学会、重庆市南岸区教育委员会承办。

2015年11月6日—7日，中国教育学会基础教育评价专业委员会2015年专题研讨会在上海召开。

第七节　合作交流

2004年8月1日，邀请美国得克萨斯州立大学教授库姆、加州大学教授安淑华博士和若克大学教授吴忠贺博士就教育评价与教师专业发展进行和学术交流。

2012年2月17日，邀请澳大利亚弗林德斯大学教育学院的Larry owens教授作《教育研究：质的研究与量的研究》专题讲座。

2012年6月8日，邀请澳大利亚弗林德斯大学教育学院的Larry Owens教授作《“漂亮女孩”和“刻薄女孩”——在两所南澳大利亚学校的少女学生中关于受欢迎程度的社会（心理）构建》的学术报告。Larry Owens教授以一个课题的研究设计为案例，介绍课题研究问题、研究方法、对象、研究结论等，并就 Q 分类方法作详细介绍。

2012 年 11 月 27 日—29 日，邀请联合国教科文组织统计研究所教育指标及数据分析部主任莫提万斯先生、奥地利联邦教育研究创新与发展研究所研究员布鲁恩福斯先生和爱茨林格女士，围绕评价的方法和理论（能力领域的评价模型）、评价方法的设计（测试）、数据收集的规范性（抽样）、数据处理的准确性（缺失数据和插值）、数据解释的针对性（为不同主体进行报告）、数据保存的重要性（数据库建立、数据存档），以及相关软件的使用等内容进行讲解。院长时龙致开幕词，副院长方中雄主持开幕式。

2013 年 10 月 25 日，评价中心与培生集团联合举办“基础教育质量监控与评价国际研讨会——以二十一世纪生活技能评价和 PISA 项目为例”学术报告会。

2014 年 3 月 28 日，邀请联合国教科文组织统计研究所数据可视化专家 Patrick Montjourides 博士作题为《数据可视化促进教育数据的交流》学术报告。

2014 年 6 月 17 日—20 日，评价中心与澳大利亚弗林德斯大学（Flinders University）召开首届学术研讨会，探讨未来双方开展合作研究的具体领域与项目。会议包含“大规模教育测评”、“社交健康与心理健康”、“学习、认知与元认知”和“合作研究项目研讨”四个主题。

2014 年 8 月 19 日—28 日，评价中心一行 8 人赴台湾学习、交流和考察。活动分为三个版块：一是参加“评价设计与分析”工作坊；二是参加第十一届海峡两岸心理与教育测量学术研讨会。张咏梅作题为《建设促进学生发展的专业化教学质量评价体系——北京义务教育教学质量分析与评价反馈系统十年回顾与展望》大会专题演讲；三是考察台湾铭传大学，并与台湾“国家教育研究院”测验与评量研究中心的专业人员进行交流。

2014 年 10 月 17 日—19 日，举办关于课程教学中培养和评价 21 世纪核心能力的培训会，邀请培生教育集团英国学校巡视员 Jeremy Curtis 与 James Coyle 作为专家教师。教师采用小组互动方式对学员就 21 世纪的学习机会、学习环境、课程、学习活动，走出课堂，改善学习群体中的沟通能力，21 世纪课堂的评价，制定 21 世纪课堂的评价活动，为学生和教师建立 21 世纪学习文化等方面内容进行培训。

2015 年 4 月 23 日，接待培生集团新兴市场总裁 Tamara. Minick-Scokalo，培生大中华区董事总经理萧洁云、大中华区销售副总裁崇宝欣、大中华区业务发展与战略客户总监桑建平来访。双方重点就“21 世纪能力培养与评价”合作议题进行建设性研讨。

2015 年 11 月 22 日—23 日，举办核心素养专题报告会，邀请台湾国立中正大学教育学院院长蔡清田教授和培生集团创新与研究中心数字化数据、分析与自适应学习中心主任 Johann Ari Larusson 博士就国际上有关核心素养的研究成果和研究进展作专题学术报告。

执笔人：吕晓丽

审核人：赵学勤

责任编辑：佟德

第十七章　社会团体

第一节　北京市教育学会

北京市教育学会（以下简称“教育学会”）成立于1980年3月25日。主办单位：北京市教育委员会。主管单位：北京市社会科学界联合会、北京市民政局、中国教育学会。1996年2月，学会挂靠在北京教育科学研究院。

教育学会是从事基础教育科学研究的群众性学术团体，是经北京市社会团体登记管理机关核准登记的非营利性社会团体法人。第一至三届会长为韩作黎，第四、五届会长为陶西平，第六届会长为倪传荣，第七、八届会长为李观正，第九届会长为罗洁。现有分支机构94个，其中区教育学会17个，学科、专业研究会77个，会员约7.2万人。

教育学会主要开展教育理论研究、学术交流、信息交流、咨询服务、科普宣传、专业培训、编辑专业刊物等。建有北京市教育学会网站、北京市教育学会微信公众平台。1980年6月1日创刊《北京教育教学研究》（双月刊），至今已出版216期。六次获中国教育学会系统先进集体称号，数次被北京市社会科学界联合会评为先进集体，2011年被北京市民政局评为北京市五A级社会组织。

一、开展教育科研

“九五”、“十五”、“十一五”、“十二五”期间，共审批立项课题1327项。承担北京市哲学社会科学规划“八五”、“九五”、“十五”、“十一五”重点项目研究，出版专著和成果丛书25本。2005年完成市教委委托的2项专题调研；2006年—2012年，承担市教委委托的“普通高中新课程资源开发及教材建设项目”等15项研究任务。结合教育改革和发展中的重点、热点问题，召开11次学术年会。

二、开展培训工作

教育学会多次举办中小学青年教师骨干培训班、优秀班主任培训班、中小学骨干班主任研修班、初中英语实验班教师培训班、脑科学在教育中的普及和实践培训班等培训班，举办北京市幼儿园、小学科学启蒙教师培训，针对农村学习困难学生特点的教师培训、音乐教师钢琴即兴伴奏培训等。为朝阳区公办园和社办园教师提供儿童健康指导培训近千人；开展科普专家示范课—现场科学互动式表演活动和讲座 33 场。

三、开展学术活动

1995 年—2005 年，与北京市三友家具公司合作设立“三友杯”山区优秀教育成果奖，共召开 8 次成果表彰会。2006 年，对“十一五”立项的 284 项课题做结题工作，评选出优秀研究成果 177 项。举办三届北京市“智慧教师”和五届“京研杯”教育教学研究征文活动，如特级教师走进京郊农村中小学、一帮一手拉手、首都百名杰出校长访谈、高中新课改选修模块资源开发与实施，组织各种类型的课改研讨交流等 231 次。

主办大型研讨会有：纪念毛泽东同志诞辰 100 周年暨毛泽东教育思想研讨会（1993）、转变教育思想、教育观念研讨会（1997）、第四届中美教育研讨会（2000）、第七届海峡两岸暨港澳地区教育学术研讨会（2001）、纪念建党 80 周年研讨会（2001）、WTO 与中国教育改革发展研讨会（2002 年）、信息技术与学科课程整合研讨会（2003）、中美社区教育研讨会（2003）、纪念邓小平诞辰 100 周年研讨会（2004）、弘扬民族精神研讨会（2004）、海峡两岸和谐教育研讨会（2005）、北京市信息化与课堂教学方式改革研讨会（2009)、第二届中欧基础教育课程发展会议 (2010)、“学习与思维”课题研究 20 年成果汇报会（2010）、第三届关注农村、关爱学生，促进学生与教师共同发展研讨会（2011）、全国首届宏志教育高峰论坛、第十五届海峡两岸暨港澳地区教育学术研讨会（2011）。举办春季校长研修实践班（2012）、北京市教育学会“十二五”教育科研规划课题通州区阶段成果展示会（2013）、全市课外美术教学评优专项教学经验交流会（2013）。开展探索新技术条件下的教学方式研究（2014），启动并实施全国“伴随成长”公益项目（2014），召开生命现象的偶然与必然大型学术报告会（2014）。举办美国教育联合会家庭教育专题讲座（2015）、北京市第二批中小学学校文化建设示范校创建活动总结暨学校文化主题论坛（2015）、北京西藏两地三校同上一节政治课活动（2015）、互联网＋教育高峰论坛（2015）、京津冀学校数字化合作高峰论坛（2015）等。

四、开展国内、国际学术交流

20 世纪 80 年代开始，华北五省市教育学会建立协作会制度，每年召开一次会议交流学会工作经验，并就共同关心问题进行研讨。

1998 年，教育学会与天津、上海、重庆建立四个直辖市教育学会协作关系。近年在北京召开海峡两岸暨港澳地区教育学术研讨会 2 次，派代表出席在各地举办的海峡两岸暨港澳地区教育学术研究会研讨会 14 次，派优秀教师代表赴台湾进行教育交流考察 5 次。邀请瑞士中学校长委员会主席莱辛先生作报告，派代表到瑞士、美国、加拿大等国家进行考察等。

2010年8月，市学会组织7支代表队、28名选手参加在台湾举办的第三届两岸四地“华罗庚金杯”少年数学精英邀请赛。7支代表队共获初中组3枚铜牌、6个一等奖，小学组的金银铜牌全部由北京选手获得，捧回流动“华罗庚金杯”奖。

第二节　北京市高等教育学会

北京市高等教育研究会成立于1981年4月21日。1983年12月23日更名为北京市高等教育学会（以下简称“高教学会”）。高教学会主办单位为原北京市高等教育局。1996年2月15日，撤销北京市高等教育局，高教学会主办单位为北京市教育委员会，接受中国高等教育学会、北京市社会科学界联合会的业务指导，挂靠在北京教育科学研究院。

高教学会由北京地区高等学校和北京市高等教育行政管理部门联合发起成立，是从事高等教育科学研究的群众性学术团体，是北京市社会团体登记管理机关核准登记的非营利性社会团体法人。高教学会第一、二届会长为聂菊荪，第三、四届会长为庞文弟，第五届会长为陈忠，第六届会长为李文海，第七、八、九届会长为耿学超。至2015年，现为第九届理事会，有理事231名，其中有副会长13名、监事长1名、常务理事57名、监事3名。有高校团体会员单位99个、下属研究会62个。学会建有北京市高等教育网，编辑印发《北京市高等教育学会简讯》。学会理事会包括教育行政部门负责人、高等学校负责人、知名教授及从事高等教育研究的专家、学者等，已形成联系北京地区高等学校、覆盖众多学科和管理领域的组织网络。

高教学会坚持遵循宗旨，发挥“研究、咨询、中介、服务”四大功能，并以开展高等教育科学研究为基本功能。30年来，在中共北京市委教育工委、市教委（市高教局）的领导下，始终围绕各个时期高等教育改革与发展重大理论问题和实践问题，积极进行研究和探索，广泛开展学术交流。影响较大的大型学术活动有：纪念毛泽东同志诞辰100周年暨毛泽东教育思想研讨会（1993年）、转变高等教育思想、教育观念研讨会（1997年）、纪念建党80周年理论研讨会（2001年）、学习贯彻江泽民总书记视察中国人民大学重要讲话精神座谈会（2002年）、WTO与中国高等教育改革发展研讨会（2002年）、邓小平与中国高等教育——纪念邓小平诞辰100周年理论研讨会（2004）、加强首都大学生思想政治教育高层论坛（2007年）、纪念新中国成立60周年座谈会（2009年）、北京市高教学会成立30周年研讨会（2011年）、北京市高教学会学习贯彻党的十八大精神座谈会（2012年）等。

多年来高教学会坚持从实际出发，紧密结合自身教育教学或管理工作实际，开展学术理论研究与改革实践探索。这些活动形式多样，内容丰富，既有重大理论问题也有工作中的实际问题，既有学校各项管理工作也有教育教学改革具体措施，既有宏观体制机制等问题也有较微观教学内容、教学方法、课程建设等问题。活动形式也不拘一格，先后组织举办上千次理论研讨会、学术报告会、专题讲座、暑期备课会、讲习班和培训班、社会调查和学术考察、经验交流和工作探讨、观摩教学以及评选优秀科研成果和各种竞赛活动等。通过各具特色的活动推动群众性学术研究的开展，取得大批高质量、高水平和有影响的研究成果，有的被教育行政部门采用，有的在高等学校中应用和推广，促进高等教育管理实际工作和广大教师教学实践。

最近10年，先后承担并组织一批各级“十五”、“十一五”、“十二五”规划重点课题研究，如承担中国高教学会“十一五”规划课题和专项课题共56项、北京市高教学会“十一五”规划课题104项和“十二五”规划课题155项。学会自1991年以来，已举办8次优秀高等教育科学研究成果评选、表彰活动，共有908项成果获奖。学会评出的优秀成果择优限额推荐参评中国高等教育学会先后举办的7次优秀成果评选活动，共有49项成果获奖：一等奖15项、二等奖12项、三等奖14项、成果奖8项。

高教学会为教育行政部门提供咨询服务，积极承担并完成教育行政部门和上级有关部门委托的调查研究、立项课题和各项工作。2005年起，连续多年承担北京市高等学校教育教学改革立项的申报评审组织工作，仅2005年—2008年，就共批准982项。为表彰在学会工作中作出成绩和贡献的学会工作者，30年来共举办6届学会先进集体和优秀工作者评选活动，共评选出学会先进集体114个、优秀学会工作者156名、优秀高等教育研究机构17个。

高教学会为适应北京高等教育事业的深化改革和科学发展的需要，不断扩大高校团体会员单位和新增设或变更改组研究会。30年来，高校团体会员单位从70个增至99个、研究会从28个增至62个。2007年9月底开通北京市高等教育学会网。

北京市高等教育学会已连续三届荣获北京市社科联先进学会荣誉称号。

第三节　北京市成人教育学会

北京市成人教育研究会成立于 1981 年 11 月，1984 年更名为北京成人教育学会，隶属于市委教育工委、市教委，接受北京市社会科学界联合会的业务指导。是全市各类成人教育团体和成人教育工作者自愿组成的群众性学术团体，是北京市社会团体登记管理机关核准登记的非营利性社会团体。1996 年—2013 年挂靠在北京教育科学研究院，秘书处设在职业与成人教育研究所。2013 年至今成人教育学会挂靠在北京开放大学。1981 年—1984 年第一届理事会会长为安汝云，1984 年—2001 年第二、三、四届理事会会长为关世雄，2001 年—2013 年第五届理事会会长为贺向东。2013 年至今第六届理事会会长为赵国森。

成人教育学会宗旨：团结全市各类成人教育团体和成人教育工作者，遵守国家法律和政策，建设学习型社会，构筑终身教育体系和建设学习型城市，促进成人教育改革和发展，为北京成人教育提供科研、咨询、中介和服务等职能作用。

成人教育学会任务：对各类成人教育团体和成人教育工作者进行业务指导；推动和组织市成人教育学术研究交流与合作；促进和加强成人教育学术团体、科学研究与实际工作部门之间的联系与协作；普及成人教育科学知识，推进终身教育体系、终身学习制度和学习型社会的建设；开展成人教育咨询服务推进成人教育科学研究成果的转化。多年来积极开展群众性成人教育科学研究活动，为成人教育改革发展提供理论指导。成人教育学会以及专业研究会和区县成人教育学会，始终把成人教育科学研究特别是推动群众性的研究活动作为中心工作。

组织专题研讨会和论坛。每年举办一次论坛或研讨会，主要有：学习型社会论坛、建设新农村与发展成人教育研讨会、世界城市与成人教育论坛等。专题论坛、研讨会都编译有论文集，为成人教育工作者提供具有一定思想性、学术性的学习资料，对指导成人教育实践起到积极作用。每年 10 月举办全民终身学习活动周，旨在宣传全民终身学习思想，激励全民终身学习热情，动员和组织社会机构和团体积极参与全民终身教育。每届活动主题鲜明，内容丰富，参加人数超过百万，产生良好的社会影响，成为首都教育的品牌，此活动已举办 6 届。每两年组织一次成人教育优秀论文和调研报告的评选活动。评选结束，成人教育学会为获奖者颁发证书。

组织成人教育学术交流活动。成人教育学会与兄弟省市、自治区成人教育学会（协会），与台湾、香港、澳门地区成人教育界有着密切合作关系，与欧、美、日、韩、新加坡等国成人教育非政府组织有往来。北京、天津、上海三市成人教育学会（协会）在北京举办创建学习型城市与发展成人教育论坛，专家、学者们围绕学习型城市与成人教育的关系等议题展开研究与讨论。学会围绕市社科联“建设中国特色世界城市”研究课题，组织研究人员赴上海、广州、深圳等地调研成人教育在城市建设中的有关问题。成人教育学会先后组织专家学者赴台湾考察、交流两地成人教育学术活动信息。组织北京市的社区学院、成人学校领导与教师以及农村基层成人教育工作者赴芬兰、瑞典等国考察成人教育，以开阔眼界、拓宽思路。

组织出版《北京成人高等教育》专著。此专著历时 7 年，共 52 万字。这是一部反映新中国成立 50 年来成人高等教育发展历史的著作，是北京成人高等教育半个世纪的经验总结，是首都几代成人教育工作者实践的历史记录。

学会及其专业研究会、区县成人教育学会积极配合市、区县教委，组织各方面力量参与北京学习型城市建设活动。参与研究制定各类学习型组织规范、标准、评估指标体系和实施方案，参与市、区县教委组织的评估活动，为加速推进首都学习型城市建设发挥积极作用。

第四节　北京市职业技术教育学会

北京市职业技术教育学会（以下简称“职教学会”）于 1993 年成立，史文炳任会长。隶属于市委教育工委、市教委，由北京市职业院校、从事职业技术教育科学研究与实践的社会组织、企事业单位和个人组成的群众性学术团体，是北京市社会团体登记管理机关核准登记的非营利性社会组织。1996 年挂靠在北京教育科学研究院，副院长仉琨兼管。2002 年学会换届，仉琨任会长。职教学会设秘书处（办公室、学术部、编辑部、财务部），下设 31 个分支机构，包括语文教学研究会等 11 个研究会、文秘专业委员会等 20 个专业委员会。职教学会被评为中国职教系统先进单位。

职教学会的宗旨：在市委教育工委、市教委领导下，在教科院管理下，在会员单位大力支持下，团结全市广大职教工作者和社会力量，全面贯彻国家教育方针，尊重职业技术教育规律，开展学术活动，研究职业技术教育的理论与实际问题，繁荣职业技术教育科学，为推进职业技术教育的改革与发展服务。

服务全市职教发展大局。向市委、市政府有关领导反映情况、提出建议，在北京市职业教育改革和发展中发挥积极作用。例如，针对北京市编制《国民经济和社会发展十二五规划》以及《北京市中长期教育发展规划纲要（2010—2020 年》，职教学会都征集会员单位意见、撰写书面报告。配合市教委职成处、德育处推动职业院校的德育工作。按照市教委指示，成立德育与学生管理工作研究会。

开展职业教育专项研究。如开展“借鉴多元智能理论，开发中职学生潜能”、“学生管理理论与方法的研究与实践”等专题研究。职业院校的领导和老师们做大量实证性研究，编辑出版《多元与成才》，在中国职业技术教育学会评选中荣获科研成果奖。

组织专题报告会。每年围绕职业教育发展与改革的主题组织专题报告会，如请陶西平作题为《应对职业教育的机遇与挑战》报告，请线联平作题为《学习和贯彻国家中长期教育发展规划纲要》报告等。

开展群众性教育科研活动。组织学校教职工进行校本研究，将学校发展中、教育教学中具体实际问题作为研究重点进行实践研究，目前已经进行九届。每年与首都文明办、团市委联合主办职业院校学生“文明风采”竞赛活动，展示德育工作成果及广大师生精神风貌，增强德育工作针对性、实效性。

深化职业教育课程改革。探索建立具有职教特色的课程体系，在 17 个专业开展“以工作过程为导向的北京市职业院校课程改革”实验工作，对北京职业教育的课程模式等问题进行改革探索。会同市教委职成处、教科院职成教研中心组织选拔学生参加教育部每年举办的全国职业院校学生职业技能大赛。职教学会下属相关专业委员会承担选拔、培训参赛选手、组织选手参赛等任务。

开展交流活动。学会依靠 31 个分支机构和群众学术团体开展交流活动。主要方式有：召开课改经验交流会，组织课堂教学观摩与研讨，请行业企业专家作专题报告，组织暑期教师技能培训，组织教师编写教材等。与北京市教育国际合作交流中心合作，邀请英国、韩国、香港等国家和地区的职业教育专家在京举办职业教育精品课程研讨会。组织职业院校校长教师团，考察台湾职业教育办学情况，汲取台湾职教体系建设和提高教育质量等方面的经验。参加中国职业技术教育学会组织的全国职教界活动，王振如等 3 位校长荣获“第二届中国职业教育杰出校长”称号，陈秀中等 7 位教师荣获“首届中国职业院校教学名师”称号。组织参加中国职教学会举办的全国职业教育优秀论文评选活动，北京市获奖项目在各省（市、自治区）中名列前茅，市职教学会获得优秀组织奖。

编印《北京职业教育研究》期刊。期刊成为职业院校教职工发表研究成果的平台，共出刊 26 期，约 200 万字。编印《北京职教信息》资料，作为职业院校交流工作平台，共出刊 80 期，约 240 万字。免费赠送市、区县有关部门领导以及职业院校干部和教师。

第五节　北京教育科学研究优秀成果奖励基金会

北京教育科学研究优秀成果奖励基金会（以下简称“基金会”）是经北京市民政局批准的非公募基金会，业务主管单位是北京市教育委员会。其宗旨是为推进教育科研服务、提高教育教学质量服务。通过开展对优秀成果的宣传、传播、推广和奖励工作，鼓励多出优秀的教育科学研究成果，使教育科学研究工作更加有效地为提高教育教学质量服务，为教育决策的科学化、民主化服务，发挥教育科研对教育改革和发展的促进作用。

1993 年 6 月 10 日，北京市教育科学研究所正式成立基金会，注册资金 10 万元，由北京市红庙小学校办厂捐助。

1996 年 10 月 23 日，扩充资金到 200 万元，变更基金会理事会成员，成立第一届理事会，修改章程。

2005 年 5 月 31 日，理事会换届，成立第二届理事会，修改并通过基金会新的章程。2015 年基金会拥有资金 300 万元。

第一届理事会成员名单

名誉理事长：李志坚、胡昭广

理 事 长：徐锡安

常务副理事长：马叔平

副理事长：尹栋年、朱全俊、耿学超、冀党生、文喆、吴世雄、陈锡章、仉琨、廖万才、钟嘉禄、李鸣仁

秘书长：陈锡章

副秘书长：张世安、李铎

第二届理事会成员名单

理事长：耿申

副理事长：李铎

副理事长兼秘书长：李子恒

副秘书长：蔡雁、周春红

第三届理事会成员名单

理事长：耿申

副理事长：李子恒、蔡雁

秘书长：蔡雁

执笔人：各挂靠学会

审核人：郃汉强

责任编辑：郃汉强

第十八章 转出和停办机构

第一节 《北京教育丛书》编委会办公室

1986年8月，成立《北京教育丛书》领导小组和编委会，9月编委会在北京教育学院内设立办公机构。1993年5月4日，杨志彬任编委会办公室副主任，主持日常工作。1993年7月，市编办批准《北京教育丛书》编委会办公室（以下简称“《丛书》办”）独立建制，为市教育局直属单位。1993年12月16日，《丛书》办迁至玉泉路30号。1994年，第二个百本《北京教育丛书》领导小组和编委会成立。1996年3月，《丛书》办调整为隶属北京教育科学研究院，办公地点迁至西城区西长安街7号院。

1996年3月，邹甫昌任常务副主编。

1996年5月—1997年6月，赵毅任《丛书》办主任、杨志彬任副主任。

1997年6月，徐安德任常务副主编。

1998年4月，杨志彬任《丛书》办主任。

2002年10月，张铁道任常务副主编。

2002年12月，孟佳任《丛书》办主任。

曾在《丛书》办工作的在职人员有：张觉民、张鸿敏、崔召云、王明瑞、朱懋勋、王晓春、明立刚、王海芳。

创办《北京教育丛书》是中共市委、市政府尊师重教的重要举措，并组成领导小组和编辑委员会，拨付专款编辑出版优秀教师、优秀教育工作者专著，作为他们十几年、几十年乃至用毕生精力教书育人、探索教育规律的结晶，内容涉及中学、小学、幼儿园、中等职业教育、特殊教育、家庭教育等多学科、多方面，有鲜明实践性和较高学术价值。

1993年，荟萃全市140余位优秀教师的教育、教学和学校管理经验，编辑出版第一个百本《北京教育丛书》105本。第一个百本《北京教育丛书》荣获中宣部1993年度精神文明建设“五个一工程入选作品奖”和北京市1993年版“优秀图书文教类一等奖”。

1996年—2004年，编辑出版第二个百本《北京教育丛书》103本。研究总结北京市基础教育领域教育政策与管理经验，研究探索中小学教育教学改革的理论成果和典型经验。《丛书》办承担《丛书》编辑出版、成果应用与推广等工作中的日常管理和后勤保障工作。

2004 年 12 月，《北京教育丛书》转到北京教育学院。

第二节　北京教育志编纂委员会办公室

1988 年 9 月，市政府成立地方志编委会。1989 年—1990 年，市成人教育局、市教育局、市高教局先后成立本系统的教育志编纂委员会及办公室。1994 年，市高教局成立中专志编委会办公室。

北京教育志编纂委员会办公室前身为市教育局于 1990 年成立的教育志编委会办公室。编委会主任先后为陶西平、陶春辉，办公室主任耿申。办公室挂靠在北京市教育科学研究所，办公地点位于玉泉路 30 号 3 号楼。

1996 年 9 月，市教委成立北京教育志编纂委员会、北京教育年鉴编纂委员会，决定原三个编纂委员会、四个办公室在完成既定任务后自行结束工作。

1997 年，市编办批准成立北京教育志编纂委员会办公室，同时成立北京教育年鉴编辑部。新成立的北京教育志编纂委员会办公室由原市教育局教育志编委会办公室骨干人员和部分修志专家组成，为正处级全额拨款事业单位，挂靠在北京教育科学研究院，办公地点位于前门西大街 109 号。

1997 年—2001 年，主任：仉琨（副院长兼），副主任：孟祥辉

2001 年—2004 年，主任：孟祥辉，副主任：魏强

2002 年—2004 年，支部书记：魏强

2004 年，北京教育志编纂委员会办公室在职职工 5 人，分别是孟祥辉、魏强、任彧、林业、华蕾。

2005 年 3 月，北京教育志编纂委员会办公室变更为市教委直属事业单位。

1990 年—1996 年，北京市教育志编纂委员会办公室共完成以下工作：

编辑出版《北京普通教育年鉴》。自 1991 年，市教育局逐年编写出版《北京市普通教育年鉴》，其中《北京市普通教育年鉴》（1949—1991 卷）全面记述自 1949 年北京和平解放至 1990 年北京基础教育的发展历史。

编辑出版《北京教育史志丛刊》。1990 年 12 月，《北京教育志丛刊》创刊，1993 年更名为《北京教育史志丛刊》，为季刊，16 开，48 页。主要刊登方志学理论、志稿探讨、史料辨析、工作经验交流等文章。至 1996 年共出版 18 期。

编辑出版《北京教育志丛书》。市教育局编委会办公室先后编辑出版《北京古代教育史料》《北京近代小学教育史料》《北京近代中学教育史料》等丛书 7 种、500 万字。

编辑出版《北京市教育工作文件汇编》。1992 年起，市教育局编委会办公室逐年编纂《北京市教育工作文件汇编》。

完成《北京普通教育志稿》终审工作。

1997 年，成立北京教育志编纂委员会办公室。主要职责：负责北京地区教育史、志、鉴编辑出版工作和指导北京地区教育系统（区县、学校、直属直管单位等）志鉴编纂工作，负责汇总全市教育系统史志资料，提供查询服务。具体工作：组织《北京志·教育卷》和《北京教育年鉴》编辑出版工作，编写《北京年鉴》《中国教育年鉴》等北京教育部分，指导各区县教委、学校的志、鉴编纂工作并编辑出版《北京教育史志丛刊》，收集、整理、开发、应用教育文史、文献资料，收集整理教育文物等。

1997 年—2004 年，主要编辑出版的图书：《北京基础教育志稿》《北京普通中等专业教育志稿》《北京普通高等教育志》以及《北京教育年鉴（1997 至 2005 卷）》《北京市教育委员会文件选编（1997 至 2004 卷）》《北京教育档案文粹》《北京教育史志丛刊（季刊）》和《北京市教育委员会政报（双月刊）》等。

1999 年，由耿申担任总编纂，张棣华、魏强等参与编撰的《北京普通教育志稿》获全国优秀教育科研成果二等奖。

第三节　奥林匹克教育办公室

2005 年 5 月，市委教育工委、市教委成立北京市奥运教育工作领导小组，办公室设在北京教育科学研究院，市教委办公室主任郑登文任主任，程晗任常务副主任。

2005 年 12 月，更名为北京市奥林匹克教育工作领导小组办公室（以下简称“奥运办”），主要职责：依据《北京市学校奥林匹克教育行动计划》要求，研究、制定并落实全市年度奥林匹克教育工作计划和项目实施方案，推进北京市学校奥林匹克教育活动开展。12 月 6 日，北京市召开奥林匹克教育工作会议，正式发布《北京市学校奥林匹克教育行动计划》。

2006 年 7 月，耿申担任奥运办主任，奥运办专职人员由 4 人增至 10 人。曾在奥运办工作的有魏强、吕晓丽、张农、王力志、徐念峰、付晨曦、曲怀志、郭冠伟、杨蓓、张蕾。

2008 年 12 月，在全市奥林匹克教育总结大会后，奥运办撤销。

奥运办结合教育行动计划开展具体工作。

奥林匹克教育示范学校。2006 年 4 月，奥运办提出奥林匹克教育示范学校带动办学条件困难学校共同开展奥林匹克教育的工作思路。2007 年 6 月，奥运办在密云县大城子中心小学举办“首都城乡牵手，共享奥林匹克教育活动”的启动仪式。2007 年 11 月，奥运办启动“奥林匹克教育示范学校走进社区”活动。2008 年 5 月，奥运办举办“奥林匹克教育示范学校牵手社区共享奥林匹克论坛”，推广昌平区天通苑学校等 12 所奥林匹克教育示范学校牵手社区共享奥林匹克、共建和谐社区的活动经验。

“同心结”交流活动。2003 年 1 月，根据北京奥组委建议，教科院奥林匹克教育研究小组向市教委提交关于学习日本长野冬奥会的做法、开展“一校一国”项目的建议方案。市教委研究决定将其纳入奥林匹克教育行动计划。2005 年 6 月，教科院相关人员赴日本长野和澳大利亚悉尼考察，并组织翻译从长野和悉尼带回来的“一校一国”资料。5 月，奥运办在全市大、中小学校中公开征集“同心结”交流活动的标识，一个月之内征集 1233 件学生作品。经专家组筛选、初评和复评，确定名为“同心花”的作品为“同心结”交流活动的标识。邀请国内 4 位著名词曲作家为“同心结”交流活动创作主题歌曲。经过北京市中小学音乐教师、学生及相关专家的评审，确定《心连心》为“同心结”交流活动主题曲，《地球的孩子结同心》为副歌。在北京市奥林匹克教育网上设置“同心结”交流活动专栏，为“同心结”学校展示其特色活动和交流典型经验提供平台。2007 年起，与北京人民广播电台外语广播及其网络电台合作，创办“奥运同心结”栏目。

残奥会知识和理念教育。2007 年 12 月，启动奥林匹克教育示范学校与特殊教育学校牵手共享奥林匹克的教育活动。24 所奥林匹克教育示范学校与北京市独立设置的 23 所特殊教育学校携手，签订牵手共享奥林匹克教育协议。为配合“同心结”交流活动顺利开展，奥运办为“同心结”交流活动主题歌《心连心》配上手语。

奥运村欢迎仪式演唱活动。与各区县教委、“同心结”学校精心筹备，组建 36 支学生演唱队。2008 年 7 月 27 日—8 月 9 日，北京 210 所“同心结”学校的师生代表、36 所学校演唱队参加为所有 204 个国家和地区奥运代表团举行的欢迎仪式 62 场。2008 年 8 月 30 日—9 月 17 日，北京 17 所“同心结”学校演唱队的近千名学生参加为参加残奥会的 148 个国家和地区残奥代表团举行的欢迎仪式 46 场。

门票计划及观赛活动。北京市承担 48 万余张门票的观赛组织任务，涉及 22 个比赛项目。奥运办组织观赛活动专项培训，为所有观赛学生配发竞赛项目知识和观赛礼仪手册。

公共资源平台建设。2005 年 4 月，奥运办开始编发《奥林匹克教育工作简报》，至 2008 年 9 月共编写工作简报 118 期，主要呈报北京市委、市政府领导，发送至北京市奥林匹克教育工作领导小组各成员单位。2005 年—2008 年，先后组织编写、出版《北京市奥林匹克教育工作会议文件汇编》《北京“同心结”长野、悉尼经验集》《北京

2008 奥林匹克教育研讨会优秀论文集》《北京市教育系统奥运知识手册》《北京奥运会小学生读本》《北京奥运会中学生读本》《北京奥运会英语口语读本》《小学生礼仪》《中学生礼仪》《城乡学校牵手共享奥林匹克》《同心结故事集》《奥林匹克教育指导手册》等 22 本书。组织录制出版《同在五环旗下》电视专题片，与北京教育音像报刊总社合作创办《奥林匹克教育专刊》。开通北京市奥林匹克教育网。2008 年 3 月，网站新增残奥会教育专栏，并开通北京市奥林匹克教育网英文版。2007 年—2008 年，先后联合多家报社、电视台和广播电台等社会媒体合作开办奥林匹克教育专栏。

师资培训。2005 年—2006 年，奥运办先后举办 4 场奥林匹克教育专题讲座，北京市奥林匹克教育示范学校 1000 余名专职干部和教师参加培训。2006 年—2008 年，奥运办先后举办“同心结”学校项目负责人和中小学礼仪教师及残奥会学生观赛组织管理工作等 7 个培训会。

奥林匹克教育研究。2006 年 5 月完成《奥运会背景下首都教育发展与改革的研究报告》。2007 年—2008 年，奥运办举办三场学术活动：北京 2008 奥林匹克教育示范学校论坛、奥林匹克：教育与人的全面发展、奥林匹克教育示范学校牵手社区共享奥林匹克教育论坛。2007 年 12 月—2009 年，奥运办承担国家社会科学基金资助课题“国际奥林匹克教育中的‘北京模式’研究”项目，出版《国际奥林匹克教育中的“北京模式”研究》等 7 部著作。

荣誉推荐。2008 年 10 月经过教科院党委会讨论决定首都教育系统奥运工作表彰推荐名单，先进单位：北京教育科学研究院；先进集体：奥运教育办公室；先进个人：刘登宽、李子恒、钱伟、蔡雁、刘佳。推荐北京市“三八”红旗集体和“三八”红旗奖章名单，“三八”红旗集体：早期教育研究所；“三八”红旗奖章：吕晓丽、张蕾；奥运巾帼奉献奖：刘卫珍、杨蓓、周春红。

执笔人：孟佳、魏强、耿申

审核人：郃汉强

责任编辑：郃汉强

第十九章　实验学校建设

一、实验学校发展简况

1998年，教科院与朝阳区教委合作创办北京教育科学研究院附属实验中学。2003年，与通州区教委合作建立北京教育科学研究院通州区第一实验小学。2012年，与丰台区教委合作建立北京教育科学研究院丰台实验小学。2014年，相继建立教科院大兴实验小学和丰台实验学校。至2015年，分别与海淀区教委、石景山区教委、平谷区教委、丰台区教委、大兴区教委签署合作协议，成立教科院实验学校育英中学、教科院石景山实验学校、教科院平谷实验学校、教科院丰台第二实验小学、教科院大兴区旧宫实验小学。

二、院实验学校组织管理

（一）专业引领，加速学校发展

教科院努力通过专业引领，在百姓身边普通学校开展不普通的教育，着力建设“高质量有能量生长态的学校”，培养“懂规划、用工具、会学习、善沟通、有动力、有能力、有方法、可持续发展”的学生。设计并推动“学校发展加速计划（SAP）”，以工具和资源包为加速器，将科研引入学校，形成协同发展新常态，在最短时间内让每一个平凡家庭的孩子能够获得教育的享受。项目初期，主要推进了教育性环境建设、动力课程、思维课程以及“A-S-K PROGRAM”

（二）健全组织

先后颁布《北京教育科学研究院教育实验学校管理办法（试行）》和《北京教育科学研究院实验学校指导委员会章程》，2013年成立教科院实验专家指导委员会，方中雄为指导委员会主任，统筹协调指导实验学校发展。在基教所设立实验学校发展专家指导委员会秘书处，负责日常管理运行。秘书处建立协同促进学校发展工作流程（SOP），并在此流程基础上设立实验校联系人制度，专人负责学校日常咨询、沟通、协调与跟进式业务指导。

（三）建立联盟

2013年，教科院实验校联盟成立，随即颁布了教科院实验学校“十大行动纲领”，即“实验探索，荣誉联盟；因材施教，多元适性；安全友好，亲密平等；专业共生，互动协同；品德高尚，未来素养”；推出视觉识别标志——联盟 LOGO；同年出版《学校第一年》，实验校发展形成整体行动框架。等实验内容。

（四）立体推进

在工作中全面设计与重点推进相结合、集体引领与个别指导相结合、内部交流与外部展示相结合、举措实施与效果评估相结合，立体推进实验校建设工作，重点突出对实验校建设的专业化引领，确保所有支持举措均建立在科学的论证基础之上，使学校发展符合基本规律，其过程最大程度理性化。主要建设工作包括直接指导业务工作、为学校提供外联平台、检视学校发展成效三大类。目前，教师全员培训、外出学习考察、教学工作站、学校发展年度测查已成为固定年度工作内容。

三、重大活动

（一）学校发展规划论证

2015 年 4 月 17 日，组织召开教科院实验学校发展规划论证会。教科院大兴实验学校、通州第一实验小学、丰台实验小学、丰台学校以及石景山学校分别介绍学校发展规划情况。实验校发展指导委员会专家们提出，实验学校在课程建设方面还需认真考虑，对未来 6 年规划应征求学校教师、家委会意见，以孩子为中心充分考虑孩子的观点，指出在今后发展中应更加注重将国家的政策、方针与学校发展结合，充分利用学校课程、师资、制度、环境等资源支持学生发展。注重教师队伍建设，让教师在情感上投入，有幸福的工作体验。

（二）今天我们这样教学

2015 年 5 月 9 日，“今天我们这样教学”主题活动在北京教科院丰台实验小学举办，分成 12 个组，涉及语文、数学、英语等 13 个学科。基教研中心派出部分教研员、专家担任评委作现场指导，各实验学校近百名教师参与。此次活动给教师们搭建和专业科研人员展示交流的平台，教师们得到专业指点和提升。

（三）欢庆六一共同成长游学活动

2015 年 5 月 29 日，教科院实验学校联盟在教科院通州第一实验小学举行主题为“快乐六一·共同成长”庆祝活动。教科院有关领导和科研人员、教科院丰台实验小学、丰台学校、大兴实验小学、石景山学校等校领导及 2000 余名学生参加。活动分为古诗联动、风采展示、互赠礼物、同学习共游艺四个环节，为各实验校搭建展示交流平台，促进各校在教科院专业引领下共同成长和发展。活动的设计展示让孩子们在快乐中成长，对学习更多知识充满好奇，为自己取得成绩感到自豪。

（四）年度测查

2014 年 10 月 24 日—25 日，在教科院通州区第一实验小学和丰台实验小学进行院属实验学校第一次发展年度测查。

实验学校年度发展测查工具经过实验学校研究小组 6 次会议讨论，征求专家意见后最终定稿，进入实测阶段。在两天测查过程中，实验学校校长全力支持、相关教师积极配合、学生认真参与、测查人员全程跟进，整个过程顺利、圆满。测查后，研究人员对各校数据进行科学分析，形成学校发展报告反馈给实验学校。

（五）成果展示

2013 年 10 月 17 日，市教委委员李奕赴教科院丰台实验小学进行调研，指出：学校发展有系统思考，在多项目引进后有本土化实施；学校在教科院的支持下发展高起点，希望能够早出经验；学校的环境设计体现了教育理念的新探索，希望能够有经验传播出去。

2015 年 1 月 13 日，市教委教科研机构支持中小学发展研讨会在教科院丰台实验小学举办。教科院副院长褚宏启作《协同创新，以高水平智力支持引领学校内涵发展》主题发言，教科院丰台实验小学祁红校长作《教科院引领　办百姓身边的精品学校》主题发言。市教委副主任付志峰在会上肯定教科院丰台实验小学等学校的发展。

执笔人：张熙

审核人：张熙

责任编辑：郤汉强

第三篇　管理部门

第一章　院办公室（党委办公室）

北京教育科学研究院办公室（党委办公室）是院党委和行政的综合办事机构。主要职责：围绕全院中心工作，发挥院领导的参谋助手、全院的信息枢纽、院内的综合协调、工作的督查检查作用，做好各项综合管理服务和领导交办的工作。主要负责院内政务、党务日常事务性工作及全院管理工作的统筹协调；院长办公会、党委会、党政联席会等会议的组织及会议纪要的起草；重要会议或活动的组织协调；院文件印发与管理；机要文件的管理；会议决议的督办；外联与接待来访；文书档案管理；文印工作等。

1996 年 2 月院长办公室成立，10 月市编办批复正式成立。负责全院对内、对外的主要政务和行政事务统筹协调、重要会议的组织安排。负责全院文秘工作，起草行政工作计划、总结、报告等重要文件，拟定各项规章制度、做好文书档案及保密工作。负责信访、接待及重要事务的催办工作。组织办理人大建议和政协提案及完成院领导交办的其它行政事务。负责全院财务审计工作。负责外联、外事工作。

1996 年 2 月党委办公室成立，10 月市编办批复正式成立，挂纪检、监察、工会牌子。负责党委召开会议的组织安排，起草党委工作计划、报告、总结和决议等，负责党委印章的管理、使用，党内文件、报刊的收发、传阅、保管、归档工作，群众来信来访工作，统战工作，管理共青团、妇女等群众工作。负责党内纪检和行政监察工作，负责全院工会工作，负责宣传工作。

2002 年 9 月，党委办公室部分职能与院长办公室合并，更名为院办公室（党委办公室）。负责院内党务、政务日常事务性工作及全院管理工作的统筹协调；重要会议及活动的组织协调；文秘、信息和宣传工作；外联、接待来访；会议决议的督办、信访及提案办理；文书档案；文印工作；安全保卫；医疗保健；计划生育；院内审计；固定资产的管理和采购以及房屋产权管理等工作。党委办公室另一部分职能与组织部职能合并，成立党委工作部。

2006 年 12 月，院办公室（党委办公室）更名为院长办公室，党委工作部更名为党委办公室，日常党务和宣传工作调至党委办公室。

2009 年 12 月，院长办公室、党委办公室合并，更名为院办公室（党委办公室），组织工作、统战工作调整至党建工作部。

截至 2015 年底，院办公室（党委办公室）在职职工 6 人。中共党员 6 人。

院办公室（党委办公室）干部任职一览表

姓名	职务	任职时间	备注
张世安	院长办公室主任	1996 年 2 月—2002 年 9 月	
	院长办公室党支部书记	1996 年 2 月—2002 年 9 月	
郝淑仪	党委办公室主任	1996 年 2 月—2002 年 9 月	
	院办公室（党办）副主任	2002 年 9 月—2006 年 2 月	正处级
	党委办公室支部书记	1996 年 2 月—2002 年 8 月	
	院办财务联合党支部书记	2002 年 9 月—2006 年 3 月	
李子恒	院长办公室副主任	1998 年 2 月—2002 年 8 月	
	院办公室（党办）主任	2002 年 9 月—2006 年 12 月	
	院长办公室主任	2006 年 12 月—2009 年 12 月	
	院办公室（党办）主任	2009 年 12 月—2013 年 6 月	
	院办财务处联合党支部书记	2006 年 3 月—2013 年 8 月	
齐孝源	院办公室（党办）副主任	2002 年 9 月—2006 年 12 月	
郜汉强	党委办公室主任	2006 年 12 月—2009 年 12 月	
王勤增	党委办公室副主任	2009 年 4 月—2009 年 11 月	
	院办公室（党办）副主任	2009 年 12 月—2013 年 6 月	
李晓旭	院办公室（党办）副主任	2009 年 12 月—2013 年 6 月	
姜丽萍	院办公室（党办）主任	2013 年 6 月—	
	院办公室（党办）党支部书记	2013 年 9 月—	
郑　锋	院办公室副主任	2013 年 6 月—2014 年 6 月	
王永哲	院办公室（党办）副主任	2013 年 6 月—	

第一节 综合协调

一、重要会议协调

完成院常务会、院长办公会、党政联席会、党委会和临时办公会、领导班子务虚会的组织筹备工作、会议记录、会议纪要撰写印发工作以及决议的落实、督办与协调工作。协助完成世界可持续教育大会、公民教育论坛等大型国际会议和北京素质教育大会、北京教育论坛等全国性会议的会务工作。2009 年—2012 年，承担院学术年会的部分会务工作。2013 年起牵头负责院学术年会的会务组织工作。2010 年—2014 年，承担党委理论学习中心组秘书工作。

二、重大活动协调

1999 年 10 月 15 日—2000 年 1 月 20 日，协助开展“三讲”活动。2005 年 9 月—12 月，协助开展“保持共产党员先进性”主题教育活动。2006 年 6 月参与完成院党委、纪委换届选举大会的组织工作。2009 年 4 月—7 月，组织开展科学发展观教育实践活动；2007 年初—2008 年 4 月，迎接《北京市普通高校党建和思想政治工作基本标准》达标检查。2013 年 7 月—12 月，开展党的群众路线教育实践活动。2015 年 5 月—12 月，开展“三严三实”专题教育活动。

三、重点工作协调

2006 年和 2011 年，分别组织全院参加西城区第十四届和第十五届人大代表选举。

2013 年开始，牵头推进北京教科院 OA 办公系统的使用。2014 年 1 月 OA 办公系统试运行， 2014 年 9 月推进 OA 办公系统的全面运行。2014 年 3 月、4 月，分别组织院部机关各处室和业务部门 OA 系统管理员的培训。

2005 年 1 月—2009 年 7 月，牵头协调西长安街 7 号院搬迁工作，联系寻找新的办公地址。

2013 年 6 月—2013 年 12 月，开展建院 20 周年纪念活动调研和方案设计工作。

第二节　文秘工作

一、重要文稿

牵头组织《北京教育科学研究院“十五”发展思路》《北京教育科学研究院“十一五”时期发展规划纲要》《北京教育科学研究院“十二五”时期发展规划》起草工作。

2006年、2013年分别起草院《领导班子任期目标报告书》等。2006年，整理编印《北京教科院为市教育决策服务初步计划及进展情况汇报》，整理上级领导来院调研和指导工作时讲话内容。组织或参与起草院领导出席重要会议的讲话素材，完成院年度工作要点和工作总结的起草，收集整理各部门工作计划、工作总结。

二、公文管理

负责院行政及党委拟发文件的初审、送领导签发、文稿校核和文件印发等工作。1998年、2013年编印《北京教育科学研究院规章制度汇编》。2004年—2007年形成《北京教育科学研究院规章制度汇编（审定稿）》。2014年、2015年分别编印2013年度和2014年度《北京教育科学研究院文件汇编》。

三、机要管理

完成每年各类机要文件、急件的办理以及机要文件的传阅、保存工作，并及时传达、落实院领导的批示。2012年12月，按照市委和机要局的工作部署，建立机要电子传输平台（专线），成立领导小组，确定密码工作人员。

第三节　外联接待

一、上级领导接待

教育部和北京市领导来院调研、视察和指导工作。1997年11月6日，北京市副市长胡昭广来院视察。1999年10月28日，市委常委、市委教育工委书记徐锡安来院视察。2002年2月5日，北京市委副书记龙新民来院视察。2002年3月20日，北京市副市长林文漪来院视察。2003年6月19日、2007年3月26日，市委常委、市委教育工委书记朱善璐两次来院视察和调研。2015年1月26日，教育部副部长刘利民出席我院全国高等教育质量监测评估研究基地研讨会暨签约挂牌仪式，并为基地揭牌。2015 年 1 月 30 日、2015 年 5 月 7 日，市委常委、市委教育工委书记苟仲文来院作专题报告。

两委一室主要领导来院调研、视察和指导工作。2006 年 6 月 26 日、11 月 14 日，市教委主任耿学超来院进行工作调研。2009 年 10 月 14 日、2013 年 8 月 29 日，市委教育工委常务副书记刘建来院作专题报告。2011 年 8 月 25 日、2012 年 8 月，市政府教育督导室主任线联平来院作报告。2013 年 2 月 27 日，市教委主任姜沛民来院开展工作调研。2013 年 8 月 29 日，市教委主任线联平来院作专题报告。2015 年 3 月 20 日，市政府教育督导室主任唐立军带领督导室班子来院进行工作调研。

二、单位来访接待

负责全国各省市教育行政部门、教科院所的来访接待工作。接待广东省教育厅、广西省教育厅、内蒙古教育厅、西藏教育代表团、深圳市教育局、湖北省巴东县教育局等教育行政部门团队的来访。接待中国教育科学研究院、上海市教科院、重庆市教科院、天津市教科院、云南省教科院、海南省教科院、江苏省教科院、广西省教科院、吉林省教科院、武汉市教科院、成都市教科院、沈阳市教科院、厦门市教科院、石家庄市教研院等省市教科院的来访。

三、外事接待

1996 年—2000 年，美国、俄罗斯、英国、日本 4 个国家的教育部门、研究机构等先后 9 次来院访问。2000 年以后，香港特别行政区教育署、香港特别行政区政府教育局、香港教育统筹局来访。协助完成包括美国、英国、日本、丹麦、阿根廷、瑞典、加拿大、德国、印度尼西亚、芬兰、澳大利亚、苏格兰、丹麦、越南、朝鲜、挪威、俄罗斯等 17 个国家地区、41 个教育、行政、研究机构的访问接待任务。

第四节　档案管理

1996 年 5 月 10 日，制定《北京教育科学研究院关于文书档案工作的若干规定（试行）》，明确文书档案工作由院办公室直接负责。

2003 年，建立院档案室，由院办公室负责领导和管理。

2011 年，印发《档案保管期限表》，进一步规范各类档案的保管期限和要求。

2013 年，制定《档案归档立卷实施办法》和《档案管理工作流程及要求》，从操作层面上对档案管理工作进一步规范。

截至2015年底，院档案室存有文书档案千余卷、财务档案6000余册、基建档案500余卷、照片档案近千张、实物档案100余件、科研档案近200个、出版物近200件。

第五节　信息与宣传

1996年以来，完成院年度大事记的收集、编辑工作，负责每年《北京教育年鉴》中教科院内容的组稿、统稿、校核及报送工作。2012年完成北京市教育系统第二轮修志工作部分内容，搜集、整理我院1996年至2010年大事记并上报。

2002年—2009年，负责院《工作动态》和《工作简报》的编辑印制和报送下发，共编发《工作动态》118期、《工作简报》27期。2006年至2014年9月，实行工作周报制度，制发各部门工作周报和院领导工作周报。

2004年，与《现代教育报》合作，陆续发表我院贯彻落实北京市教育大会精神的文章16篇，编辑组稿科教研视点专版6期。

2005年—2014年6月，负责院网新闻栏目内容更新与管理，审核院网新闻稿件的发布，着重对新闻在线栏目中新闻内容的格式进行规范。召开4次信息宣传工作会和宣传员培训会。

建院以来，相继完成4版北京教育科学研究院宣传页设计和修订，协助完成英文版宣传页。2001年，制作建院五周年纪念画册。2008年—2013年制作《北京教育科学研究院工作月历》。2008年—2011年制作《北京教育科学研究院挂历》。

第六节　日常服务

承担两委领导批示和上级临时交办各项工作的组织与协调任务；负责院内各部门报送给主管院领导的请示、报告送审，并将批示结果送达相关部门；负责接传市委教育工委、市教委的电传、电话通知；负责院印章（领导签名章）管理；负责院部及院领导报纸、刊物及机要刊物订阅工作；为院领导做好文件传阅、报刊送递、办公用品购置、办公设备维护；负责院长信箱日常管理。承担信访接待任务。2002年—2009年7月，负责院内会议室使用管理以及院内公务用车调派和管理工作。

执笔人：王永哲　审核人：姜丽萍　责任编辑：马德良

第二章 宣传统战部

建院以来，宣传工作、统战工作相继由党委办公室、党委工作部、党建工作部负责。2014 年 6 月，党建工作部更名为宣传统战部，院办公室的宣传职能划归宣传统战部。坚持以邓小平理论、“三个代表”重要思想、科学发展观和“十五大”、“十六大”、“十七大”、“十八大”精神为指导，负责全院意识形态和统战方面工作，开展政治思想教育、对外对内宣传、文化建设。

2014 年 6 月，郜汉强任部长，郭冠伟任副部长（兼）。截至 2015 年底，宣传统战部在职职工 4 人。中共党员 4 人。

第一节 宣传思想教育

根据中央、市委精神，按照市委教育工委安排，每年有主题、有计划地组织实施宣传思想教育，学习宣传贯彻党的路线方针政策，加强世界观、人生观和价值观教育，加强爱国主义、社会主义教育，提高职工思想政治水平，道德素养和业务能力。

1996 年，以学习贯彻党的十四届六中全会精神为主题，结合办院宗旨和主要任务，开展广泛的宣传教育。4 月 12 日，副院长文喆为全院党员、干部作《关于全国人大、政协八届四次会议及北京市十届人大四次会议精神》报告。

1997 年，以迎接党的“十五大”召开为主线开展学习教育活动。组织全院职工学习邓小平关于“一国两制”构想的论述；组织《香港基本法》知识竞赛，观看大型文献记录片《邓小平》；举办“今日香港”报告会，组织全院职工参加迎香港回归签名活动；在北京市少年宫举行“庆七一、迎回归”联欢会，组织全院职工参观辉煌的五年——“十四大”以来经济建设和精神文明建设成就展。下发《关于学习宣传贯彻党的“十五大”精神的通知》；邀请“十五大”代表、市政协副主任、市委教育工委书记陈大白作出席党的“十五大”会议情况报告，传达会议精神；邀请中央党校政法部副主任王仲田作《我国政治体制改革与民主法治建设问题》报告。院党委转发市委教育工委、市教委《关于开展向刘让贤同志学习活动的通知》的通知。

1998 年，重点学习邓小平教育理论及党的方针政策，加强国内外形势教育、职业道德教育。邀请全国政协委员、教科院副院长文喆作关于全国人大、政协九届一次会议情况的报告；邀请《求是》杂志社经济部副主任马传景作《当前我国经济形式》报告；召开全院科教研职工职业道德建设经验交流会，王宝祥、马超、王玲、张熙等先进典型在大会上发言；组织职工收看全国抗洪抢险总结表彰大会实况；组织全院职工观看文献记录片《周恩来的外交风云》《共和国主席刘少奇》。

1999 年，重点开展唯物主义、无神论教育。党委传达中央取缔“法轮功”组织的决定，各级党组织开展对李洪志歪理邪说批判。结合我国驻南联盟大使馆遭袭、李登辉公然发布“两国论”等重大事件开展爱国主义教育；邀请全国政协委员王浒作“两会”情况报告；组织“我为党旗添光彩、为教科院作贡献”、庆 “七一”活动，推出梁威为代表的一批科教研工作先进典型；举办庆祝建国 50 周年联欢会；下半年开展“三讲”专题教育活动。

2000 年，坚持理想信念教育，突出形势政策教育。上半年集中学习江泽民《关于教育问题的谈话》，针对加强德育、教育是个系统工程、全社会都要关心、支持教育、如何构建新型育人模式全面推进素质教育等问题，开展教育思想大讨论；下半年集中学习江泽民关于“三个代表”的重要思想，开展“四个一”活动，即请一场辅导报告、组织一次参观、召开一次“三个代表”学习座谈会、制定一个教科院行为规范；组织全院职工参观京郊首富村韩村河。制定《北京教科院进一步加强和改进思想政治工作的几点意见》作为全院思想政治工作指导性文件。

2001 年，重点宣传党的十五届六中全会精神和中共中央颁发的《公民道德建设实施纲要》。邀请中国人民大学教授周新城作《从原苏联和东欧解体原因分析看加强党的建设的必要性》报告，邀请中央宣传部理论局副局长黄中平作《公民道德建设实施纲要》辅导报告。分期分批组织职工参观顺义燕京啤酒集团、高科技园区和革命教育基地——地道战遗址，注重思想教育工作实效。

2002 年，重点学习宣传贯彻“十六大”精神。组织收看“十六大”开幕实况转播；邀请市“十六大”宣讲团成员、市委党校教授刘道福作学习辅导报告；院党委集中组织学习北京市第九次党代会报告，邀请中宣部理论局副局长陆建平就如何深入学习江泽民同志“七一”讲话和“五・三一”重要讲话精神作学习辅导报告；召开院全体党员会、全体职工会和全体处级干部会，学习贯彻“三个代表”思想和十五届六中全会精神，开展内部体制改革动员，院长季明明作专题报告。

2003 年，开展“三个代表”重要思想学习。院党委下发《关于兴起学习贯彻“三个代表”重要思想新高潮的安排》；在抗击“非典”时期，组织开展“向基教研中心学习”活动，提出“一手抗击非典，一手抓好业务等各项工作”的“两手抓”策略；组织庆“七一”抗击“非典”英模报告会。

2004年，以加强党的执政能力建设为主线，组织学习贯彻党的“十六大”精神、胡锦涛“七一”重要讲话和十六届三中全会精神，坚持解放思想、实事求是、与时俱进，牢记“两个务必”，按照“八个坚持、八个反对”的要求，提高党员干部、职工的政治思想水平。组织全院职工观看电影《开天辟地》《张思德》。

2005年，以贯彻党的“十六大”、十六届三中、四中全会精神为主线，开展“保持共产党员先进性”主题教育活动。院领导分别在全院党员范围和分管所、中心、部门讲党课19次。

2006年，以落实《中共北京市委关于推进基层党建工作创新的意见》为契机，重点加强组织文化建设，促进教科院的科学发展。坚持学术自由、学术宽容与学术道德和学术责任并重，倡导团队精神、协作精神、追求精品、追求卓越、反对平庸。要求全体党员和职工发扬“团结、敬业、求实、创新”优良院风和“老实、务实、朴实、扎实”工作精神，提出形成“敬业、团结、互信、互助”氛围的组织文化建设目标。党委书记胡晓松就组织文化重要性和共同价值观基本内涵先后两次作报告。院长时龙为全院职工作《学习八荣八耻，树立社会主义荣辱观》辅导报告。

2007年，以学习党的“十七大”报告精神为主线，以多种形式组织全院学习党的“十七大”报告和北京市第十次党代会精神。邀请“十七大”代表、北京师范大学党委书记刘川生作“十七大”学习辅导报告；开展学术道德、学术规范的系列教育活动，召开纪念“五四”青年节报告会，院长助理耿申作《加强学术规范、提高学术道德素养》报告；10月举办新入职职工“教科院人应有的精神面貌”演讲比赛。

2008年，以学习贯彻落实“十七大”精神为指导，以迎接和成功举办奥运会为契机，推进和谐教科院建设。制定《北京教科院学术道德规范（试行）》《党政领导干部联系基层工作的意见》。召开40岁以下单身青年座谈会及司机班职工座谈会，关心他们的“三最”问题，听取他们的诉求。结合纪念改革开放30年组织职工观看《复兴之路》纪录片。吴正宪荣获“北京市人民教师”光荣称号，党委做出《向吴正宪同志学习的决定》，在全院进行先进事迹宣传。

2009年，重点开展科学发展观教育实践活动。制定《加强学术道德建设有关规定》，多种形式开展学术道德建设教育活动。举办系列专题报告会，结合首都经济社会发展形势对教育的要求，先后邀请两委一室线联平、罗洁、郭广生、吴松元、孙善学等领导作专题报告。

2010年，重点围绕学术道德建设开展读书活动。全院下发关于学习《高校人文社会科学学术规范指南》和《学术论文格式规范标准》的通知及相关材料，各党总支、党支部组织学习开展读书活动。学习贯彻《国家中长期教育改革和发展规划纲要》《北京普通高等学校党建和思想政治工作基本标准》。提出建设学习型党组织的号召。

2011 年，以纪念建党 90 周年“学习党史、坚定信念”为主线，开展“创先争优”教育实践活动。以“在党旗下成长”为题开展征文活动。经各支部推荐，共收集征文 39 篇，24 篇获奖。

2012 年，围绕“强组织、增活力，创先争优迎十八大”主题深化“创先争优”。下半年，以迎接北京普通高校党建和思想政治工作《基本标准》检查为契机，以开展基层组织建设年工作为主线，重点抓基层党支部建设。

2013 年，深入学习党的“十八大”精神，推进组织文化建设。全院职工对教科院的组织文化进行广泛讨论，开展大规模调研，初步形成教科院组织文化建设调研报告。下半年，开展党的群众路线主题教育实践活动。

2014 年，学习宣传贯彻党的十八届三中、四中全会精神，把深化教育综合改革、依法治国战略贯穿到教育科研全过程。

2015 年，重点学习“四个全面”战略布局的意义和内涵要求。开展“三严三实”专题教育。组织学习十八届五中全会精神《中国共产党廉洁自律准则》《中国共产党纪律处分条例》。成立“院训”研制小组，经院党政联席会、中层干部会、职代会讨论，12 月底确定院训为“崇德守正 为学强教”。

第二节 理论中心组学习

1997 年，建立理论中心组（以下简称“中心组”）学习制度，党委书记为中心组组长，由党委办公室兼任秘书工作。确立“三固定”原则：成员固定为院级领导和各部门党政一把手，时间固定为隔周一次，内容固定为年度学习计划。采取“三结合”学习方式：自学与集体学习相结合、读书与看视频听报告相结合、重点发言与即兴发言相结合。

1998 年，中心组学习在“三固定”、“三结合”基础上，内容更加紧密结合本职工作实际。

2000 年，学习时间由隔周一次、每次半天改为每月一次、每次一天。原则为“三有”：有主题、有研讨、有中心发言人。

2001 年，党委中心组制度不断完善，以自学和集中研讨相结合方式，根据形势发展需要及时调整学习内容，中心组成员为全体处级以上领导干部，党委工作部兼任秘书工作。

2004 年 9 月，中心组成员调整为院领导、党委委员、纪委委员，各所、中心、部门党政一把手，院国资委副主任，部分所、中心、部门主持实际工作的副职干部。中心组学习原则是“有计划、有考勤、有记录”，提出中心组成员全年出勤率不得低于2/3，年终中心组每名成员提交一篇3000字左右的学习体会文章。

2007年，改变中心组的组织方式，按照每月集中一次原则，中心组学习分为院级和所（中心）级两级。院级中心组由院领导班子成员、党委委员组成，党委职能部门负责人列席。党委中心组组长由党委书记担任，党委副书记任副组长，党委办公室兼任秘书工作。所（中心）级中心组（简称“二级中心组”）由党总支、直属党支部部门的处级以上领导干部、党总支委员及所属党支部书记组成，根据学习需要适当吸收有关人员参加。联合党支部根据需要以所属部门为单位组成理论学习小组。建立两级中心组学习制度，二级中心组组长由各党总支、直属支部书记担任。两级中心组的理论学习统一部署，坚持集中学习研讨、理论辅导和自学相结合。根据具体学习情况，党委中心组理论学习将扩大到二级中心组集中学习。

2014年6月，宣传统战部负责秘书工作。

至2015年，重点抓好院级中心组学习，适时进行中心组扩大会学习，带动二级中心组学习。中心组学习有时是党政领导班子成员学习，有时扩大到中层干部，有时也扩大到全院职工。既有理论务虚，又有联系实际工作的研讨，努力丰富学习内容和形式，增强学习实效性。

1997年—2015年党委理论中心组学习情况一览表

年份	主要内容
1997年	上半年重点学习《邓小平论精神文明建设》，下半年重点学习“十五大”报告。20人作专题发言。
1998年	重点学习邓小平教育理论，分7个专题，每个专题有5-6名重点发言人，共组织16次集中学习讨论。选21人的学习体会汇编成《党委中心组理论学习体会选编》。
1999年	深入学习邓小平教育理论，结合全国第三次教育工作会议精神，组织中心组成员分专题发言，撰写学习体会。
2000年	学习江泽民《关于教育问题的谈话》“三个代表”、“四个认识”的重要论述。3月30日请全国政协委员、副院长文喆作全国人大、政协会议情况报告。5月，中心组成员赴天津参观高新技术经济开发区、平津战役纪念馆、周恩来邓颖超纪念馆。5月26日，请中国人民大学台港澳问题中心主任张同新教授作关于当前台湾问题的形势报告。8月24日请《求是》杂志社马郑刚博士作江泽民“三个代表”论述辅导报告。11月请首都师范大学教授房宁作如何认识资本主义发展的报告。12月15日请中央党校教授陈凯龙作“三个代表”及“中共中央关于制定国民经济和社会发展第十个五年计划的建议”的辅导报告。

2001 年	学习江泽民“七一”讲话、“三个代表”重要思想、党的十五届六中全会通过的《中共中央关于加强和改进党的作风建设的决定》和中共中央印发的《公民道德建设实施纲要》，组织学习 8 次。7 月，组织处级以上干部参观平谷高科技农业工程、现代化村镇建设。
2002 年	进行“十六大”精神专题学习。院长季明明在党委中心组学习时，结合我院“内改”和“创建一流工程”畅谈学习体会。围绕推动“内改”、“创建一流工程”学习“三个代表”重要思想和十五届六中全会精神，组织专题学习市委副书记龙新民、副市长林文漪、市委常委朱善璐等市领导来教科院视察时讲话精神。
2003 年	上半年在抗击“非典”时期，以贯彻“十六大”精神为主题，中心组成员采取分散式学习。下半年中心组成员投入“教育大调研”工作中。9 月 12 日，组织参观北京优秀现代化企业——现代汽车城和顺义汇源果汁厂。
2004 年	4 月 1 日组织“台湾问题”报告会；4 月 15 日组织全院职工参加“两会”精神、《政府工作报告》专题辅导报告。5 月 13 日“科学技术发展”专题讲座。10 月下旬，重点交流学习十六届四中全会《决定》的体会。
2005 年	3 月，组织中心组核心成员、院领导班子成员进行保持共产党员先进性教育活动专题学习（封闭式）。下半年中心组学习与“保持共产党员先进性教育活动”内容相统一，同步进行。
2006 年	3 月 16 日，邀请市委教育工委常务副书记张建民作《北京当前教育形势》报告，4 月 12 日邀请市政府教育督导室主任、市委教育工委副书记线联平作《“十一五”期间北京教育事业发展若干问题》报告。6 月 26 日邀请市教委主任耿学超作《教育发展与教育研究有关问题》报告，中心组成员和全院业务骨干参加报告会。下半年学习《江泽民文选》、干部制度改革有关文件、党建创新有关精神。
2007 年	组织 6 个专题的学习：3 月 23 日党风廉政建设专题；5 月 11 日学习中央、北京市委人才队伍建设专题，邀请市人事局全国利处长介绍事业单位改革；5 月 28 日学习北京市十次党代会精神；10 月 19 日民主建设专题，邀请市教育工会张青山作报告；11 月 2 日学习十七大研讨会，全体中层以上干部参会；11 月 16–17 科学发展观专题培训班，全体中层以上干部参加。
2008 年	2 月结合人事制度改革学习《劳动合同法》。3 月落实北京高校党建《基本标准》专题学习。4 月学习关于岗位设置的有关文件精神。5 月党风廉政宣传月教育专题学习。6 月迎接第二十九届奥运会学习专题。9 月，组织文化建设发展规划学习研究。10 月科学发展观专题学习。11 月人事制度改革学习专题。12 月院、所（中心）两级中心组学习经验交流。
2009 年	2 月学习《胡锦涛总书记在纪念改革开放 30 周年大会上的讲话》和李源潮在福建考察调研时的有关讲话。3 月—6 月结合学习实践科学发展观活动，进行科学发展专题调研、专题学习、专题交流学习心得。下半年结合人事制度改革研讨教科院人才队伍建设；学习领会十七届四中全会精神，分别邀请市委副秘书长张建民、市委教育工委常务副书记刘建作报告。
2010 年	3 月学习主题《中长期教育发展战略规划》，4 月学习主题《廉政风险防范》，11 月学习《北京中长期教育发展规划》制定有关精神。
2011 年	4 月学习国家和北京教育发展规划纲要，7 月学习胡锦涛“七一”讲话精神，12 月专题学习干部人事制度改革。

2012 年	学习国家和北京市教育和人才规划，研究部署院“十二五”发展规划，研究绩效工资和考核办法，干部人事制度改革专题，党的“十八大”和市第十一次党代会精神。
2013 年	学习贯彻中央和北京市关于作风建设的规定，全国两会精神专题，学习党的“十八大”精神，推进事业单位改革，加强院内干部队伍建设。
2014 年	3 月邀请信息中心负责同志讲解 OA 系统的使用方法，4 月学习习近平系列讲话和十八届三中全会《中共中央全面深化改革若干重大问题的决定》和北京市《关于深化改革的实施意见》。9 月到北京工业职业学院考察学习。10 月学习《党政干部选拔任用工作条例》《中国共产党发展党员工作细则》。12 月结合群众路线学习教育活动进行学习交流。
2015 年	3 月学习从严治党有关精神。4 月学习“四个全面”战略思想。5 月邀请市教育纪工委书记王文生作《党风廉政报告》，启动“三严三实”教育工作。10 月学习习近平在中央政治局第 26 次集体学习时的重要讲话、学习李小凡同志的先进事迹、学习研讨《北京市贯彻京津冀协同发展规划纲要的意见》。11 月学习十八届五中全会精神，学习《中国共产党统一战线工作条例》《中共中央关于加强和改进党的群团工作意见》，学习《干部教育培训工作条例》、新修订的《中国共产党廉洁自律准则》、《中国共产党纪律处分条例》。

第三节 宣传报道工作

围绕全院中心工作和党建工作加强宣传报道，通过设立宣传橱窗、制作展板、编印纸质刊物、网络、媒体报道等多种形式拓展宣传渠道，创新宣传手段，搭建新媒体，不断提高影响力。

一、新闻宣传

增进与媒体合作，开展对全院重大工作的宣传报道。1997 年，召开北京素质教育研讨会和六省市教科院院长座谈会，期间邀请中央电视台、人民日报、新华社、光明日报、中国教育报、经济日报、工人日报、中国青年报、北京电视台、北京日报等 13 家新闻单位进行报道。2014 年 10 月，邀请中国教育报、北京日报、北京晚报、现代教育报报道教科院主办的首届北京教育论坛。2015 年，中国教育报、北京现代教育等媒体对教科院高教所全国高等教育质量检测评估研究基地挂牌、教科院育英中学实验校挂牌、教科院与故宫博物院合作框架协议签约仪式、第二届北京教育论坛进行新闻宣传。

二、橱窗宣传

2001 年结合院庆五周年利用宣传橱窗开展宣传工作，各所（中心）在西长安街 7 号院各办公楼橱窗展示工作成果，在 2 号图书馆设置展览馆展示建院 5 年来的全院成就，制作出版建院五周年纪念画册。2008 年北京奥运会期间，定期制作奥运宣传展板和奥运知识橱窗，共编辑奥运知识 34 期，制作宣传展板 4 组，普及北京奥运会相关知识。迎接北京高校党建评估，制作大型宣传展板 40 余块。2015 年下半年在 95 号院设置宣传橱窗，推出报道 2 期。

三、专刊宣传

2002 年—2006 年创办《创建一流工程》，动态报道全院内部体制改革工作，共编发 118 期。

2004 年，党委工作部创办《党建园地》通讯，主要对上级精神、党建工作、业务动态等进行宣传，至 2014 年 7 月共出版 157 期。2014 年 9 月，《党建园地》通讯更名为《宣传园地》通讯，出版 25 期。

2006 年—2009 年编发《信息简报》，对全院各项业务工作进行报道，共编发 27 期。

四、网络宣传

2003 年，创设聚焦两手抓网站，组织党支部开展抗击“非典”表彰先进事迹网上宣传活动，先后登载宣传稿件 59 篇。2005 年，开设保持共产党员先进性教育专题网站，设立理论文萃、工作要闻、图文信息、基层动态、领导讲话、先进典型、心得体会等栏目，编印先进性教育活动工作动态（纸质版）19 期。2006 年，保持共产党员先进性教育专题网站更名为党建频道，对网上内容进行更新，将重要的党字文件、通知、资料、新闻及时上传到党建频道。2013 年，通过网站宣传我院党的群众路线教育实践活动。2015 年 5 月，北京教育科研网首页信息栏目改版，制定并出台《关于加强改进网站信息宣传工作的通知》，设立要闻动态、教育咨询、科研成果、部门信息栏目，承担新版网站“要闻动态”栏目使用维护和监督工作职责。

五、微信宣传

2015 年 12 月 17 日，开通教科院微信公众企业号宣传平台。面向我院职工全方位推进工作信息、上级要求等，提出“教科院人在哪里，我们就延伸到哪里”的宣传理念和工作目标。

第四节　统战工作

统战工作按照“长期共存、互相监督、肝胆相照、荣辱与共”的方针，充分发挥协调关系、化解矛盾、凝聚人心的特点，紧密围绕中心工作调动一切积极因素，建设和谐教科院，为实施人才强院战略服务，为教科院改革、发展和稳定服务。积极主动与民主党派人士广交朋友，密切联系，听取意见，尊重民主党派的权利和义务，协助民主党派搞好自身建设，共同推动教科院改革与发展，建设和谐教科院。

一、党外人士队伍建设

1996年建院初期，全院民主党派人士共21人。其中，民革成员3人、民进成员13人、民盟成员5人，在职人员16人、离退休5人。2004年，配合民主党派组织发展工作进行组织考察，有5人成为民主党派成员。2005年9月22日，西城区委常委、统战部部长姜昕华带队一行8人来院座谈，院长季明明、副书记唐亦勤参加座谈，确定统战人士名单和重点联系对象。2006年，按照北京市委教育工委《关于进一步加强北京高校统战工作的意见》文件要求，建立联系民主人士制度。2007年，派出6人次党外中层领导干部参加市委教育工委举办的政治交接学习培训班，5名无党派人士列为中层后备干部，占中层后备干部的12%。2008年，党委积极推动吴正宪小学数学教师工作站品牌创建工作。2011年，配合民主党派的组织发展工作，加入民盟1名，加入农工党1名，入选第十三届西城政协委员2名，1名被选为民盟西城区委员。

1996年—2015年，先后任命8名党外人士担任处级干部。

2015年12月，全院民主党派总人数40人：在职22人、退休人员18人。其中民革成员5人、民进成员23人、民盟成员11人、农工党员1人，民进支部1个。

二、开展交友联谊活动

建院后，按照中央和市委有关要求，及时向民主党派负责人、无党派人士传达中共中央和北京市委有关文件及会议精神，及时通报党和国家大政方针及社会生活中重大事项，在政治上与中共中央保持一致。主要采取座谈会、走访慰问、个别交流，参观考察等形式进行交友联谊。党委主动了解民主党派人士的工作、生活、思想情况，听取意见和建议，每逢重大节假日到党外代表人士家中走访慰问。

1997年，党委决定建立每年中秋节召开一次民主党派、无党派人士、港澳台胞座谈会制度。1997年—2015年，每年中秋节、教师节之际组织慰问和联谊活动，院党政领导通报教科院各方面工作，听取大家意见。

三、参政议政

1997年—2005年，在涉及群众切身利益重要改革和发展问题、制定“十五”发展规划、“三讲”教育活动、内部管理体制改革、保持共产党员先进性教育活动等工作中，征求民主党派人士的意见。2002年，邀请民进成员作为党外人士代表参与“内改”

工作干部聘任考评小组评委。2005 年，结合先进性教育活动整改工作，组织民主党派、无党派人士代表组成监督小组开展工作。

2006 年—2015 年，落实“四会两评一调研”制度。每年全院大型重要会议、中层干部学习培训会、院领导班子民主生活会征求意见、“三最”问题调查活动、院级领导干部考核考察工作等，邀请民主党派代表、无党派人士代表参加。在党委换届、党建评估、院领导班子整改方案、群众路线教育实践活动、“十一五”、“十二五”发展规划、机构调整、干部职工聘任工作、干部考核测评会议、新址建设等重要会议向民主党派人士征求意见。

四、制度建设

2006 年，认真落实《中共北京市委统战部关于进一步加强党外代表队伍建设的意见》。建立健全联系制度，明确联系人、联系计划和联系内容，加强联系，广交深交朋友、真诚相待。2007 年 –2008 年，相继制定《新世纪新阶段进一步加强统一战线工作的实施意见》《党外代表人士推荐办法》《院领导与党外人士交朋友制度》《向党外人士通报情况和征求意见的规定》《党外人士意见、建议的回复办法》。

执笔人：邰汉强

审核人：邰汉强

责任编辑：邰汉强

第三章　组织人事处

组织人事处主要职责：人事工作、干部工作、党建工作、老干部工作。

1996 年 2 月，人事处成立。主要职责：负责全院机构设置、人员编制、调配等相关工作、劳动工资的管理工作；干部、职工业务培训、年度考核、评优；专业技术职务评聘；人事档案管理和人事规章制度建设；离退休人员审批等。

1996 年 10 月，组织部成立，挂老干部处牌子。主要职责：负责党的基层组织建设工作，指导各支部组织工作及新党员发展工作；负责处级以上干部及后备干部考察、考核工作、党的干部任免手续及党员出国政审手续；负责年度评议党员工作及按照市委要求民主评议领导干部工作。负责离退休干部管理和服务工作，管理老干部活动经费，组织有益于老同志身心健康的活动。

2002 年 9 月，人事处更名为人力资源开发与管理处。组织部与党委办公室部分职能合并成立党委工作部。党委工作部主要职责：负责全院党的组织建设工作；处级以上干部及后备干部考察、考核及任免工作；宣传思想政治教育工作；纪检、监察工作；工会、职代会工作；统战、共青团、妇女、群众、出国政审等工作；离退休人员的管理与服务等工作。

2006 年 12 月，人力资源开发与管理处更名为干部人事处，党委工作部更名为党委办公室，干部工作、老干部工作调整至干部人事处。

2009 年 12 月，党委办公室更名为党建工作部，主要负责基层组织建设、统战工作。

2014 年 7 月，干部人事处更名为组织人事处，党建工作部更名为宣传统战部，基层组织建设工作调整至组织人事处。

截至 2015 年 12 月，组织人事处在职职工 10 名。中共党员 9 人。

组织人事处干部任职一览表

姓名	职务	任职时间	备注
卢　笛	人事处处长	1996 年 2 月—2002 年 9 月	
	党支部书记	1996 年 2 月—2002 年 9 月	
赵　毅	组织部部长	1997 年 6 月—2002 年 9 月	兼老干部处处长

郃汉强	党委工作部部长	2002 年 9 月—2006 年 12 月	
	党建工作部部长	2009 年 12 月—2014 年 6 月	
胡以伦	老干部处处长	2003 年 5 月—2007 年 4 月	兼
谢春风	党支部书记	2003 年 4 月—2005 年 10 月	联合党支部
鱼　霞	人力资源开发与管理处副处长	2002 年 9 月—2007 年 3 月	主持工作
钱　伟	干部人事处处长	2007 年 4 月—2014 年 6 月	兼老干部处处长
	组织人事处处长	2014 年 7 月—	
曹　斌	干部人事处副处长	2008 年 9 月—2014 年 6 月	兼老干部处副处长
	组织人事处副处长	2014 年 7 月—	
	党支部书记	2005 年 10 月—2013 年 9 月	联合党支部
李晓旭	干部人事处副处长	2013 年 7 月—2014 年 6 月	
	组织人事处副处长	2014 年 7 月—	
陈厚林	党建工作部副部长	2013 年 7 月—2014 年 6 月	
郭冠伟	党建工作部副部长	2013 年 7 月—2014 年 6 月	
李　峰	党支部书记	2013 年 9 月—	联合党支部

第一节　人事工作

1996 年以来，教科院按照“加强培训、提高素质，引进人才、完善结构，竞聘上岗、激发活力，科学规划、有序推进”的整体思路，努力打造一支研究能力一流、管理效能优异的人才队伍。主要开展人员编制管理、职称评审、人员聘任及调动管理、人员考核、奖励推优、工资管理、人才培养、人事档案管理、职工社会保险缴费核算及管理、职工退休审批、人员库日常维护等工作。

一、人员编制与人员结构

（一）编制情况

1996 年 10 月，市编办批复教科院事业编制为 483 名。

2000 年，市编办批复由教科院调剂出 49 名编制至北京教育综合服务中心，教科院编制调整为 434 名。

2001 年 11 月，市编办批复从教科院调出编制 5 名到《教育科学研究》杂志社，教科院编制调整为 429 名。

2009 年 3 月，市编办批复从教科院调剂 4 名编制到北京教育志编委会办公室，教科院编调整至425名。

（二）人员结构

1996年，教科院人员总数为338人，以岗位状况区分可划分为三类人员，即业务人员、管理人员、企业与后勤人员。其中，业务人员263人（包括在科研、教研、信息和编辑岗位的人员）、管理人员39人（包括院领导、管理岗人员）、企业与后勤人员36人。学历情况：硕士25人、本科154人、专科72人、中专27人。职称情况：正高2人、副高126人、中级93人。

2015年底，在编人数383人。其中业务人员258人（包括在科研、教研、信息和编辑岗位的人员）、管理人员91人、企业与后勤人员34人。学历情况：博士及以上60人、硕士157人、本科141人、专科9人、中专2人。职称情况：正高25人、副高155人、中级108人。

（三）职称评审

1997年，经原市科干局批准，教科院组建社会科学研究系列及中学教师（包括小学、中专教师）系列中级评委会。评委会负责教科院相应系列中级专业技术职务任职资格的评审工作，同时向高级评委会推荐高级专业技术职务任职资格人选。专业技术职务系列包括：社科研究、中小学教师、会计、经济、工程、出版、图书等系列。社科研究、中小学教师系列专业技术职务采取评聘结合的方式，根据市教委核定的比例数进行评审和推荐工作；其它系列专业技术资格均实行社会化评审，通过以考代评、考评结合的方式取得资格后，根据院岗位设置情况和结构比例择优聘任。

2000年，受市教委委托，教科院专业职务中级评委会第一次评审教委直属单位中级专业技术职务，并推荐高级技术职务。

2001年—2003年，市教委组建中学教师系列中级评审委员会，负责教委直属中学中级教师评审、高级教师推荐工作。市教委人事处委托教科院人事处承办该评审委员会的相关组织评审工作。

2004年，根据市人事局相关规定，中小学教师系列专业技术职务评审实行属地评审，教科院不再具备中学教师系列中级评审权限，中小学教师专业技术资格转由区县代评。从2004年至今，先后由西城区教委、崇文区教委、东城区教委代评。

建院初期建立技术工人技术等级推荐的相关制度，2011年完善相关规定，制定《北京教育科学研究院技术工人职业技能鉴定的规定》，成立技术工人职业资格等级推荐评审小组，根据每年市教委核定的指标，完成技术工人职业资格等级的推荐、上报备案工作。

2014年，制定《北京教育科学研究院专业技术职务评审委员会工作办法（试行）》，各系列专业技术资格评审工作每年一次。

二、人员聘任

1997年、1998年，教科院制定《各处室工作职责》《聘请兼职研究人员办法》《北京教育科学研究院分流人员安置办法（试行）》《关于建立健全工作人员考勤制度的暂行规定》等规章制度，规范管理，合理调配，优化科教研队伍。

2001年，为探索和推进院内部管理体制改革，分别在两个部门进行改革试点。一是新组建的职业教育与成人教育研究所，实行岗位职责、考核标准、岗位工资三位一体的岗位责任制，实行全员岗位聘任，以岗定薪，岗变薪变。二是在基教研中心进行内部管理体制改革试点。在定岗定责的基础上实行两级聘任，采取月考核与学期考核相结合的方式，突出过程管理，促进任职资格、岗位职责、考核标准、岗位工资有机统一。

2002年8月，全院内部管理体制改革启动。根据中央及北京市关于事业单位人事制度改革文件精神，制定《北京教育科学研究院关于内部管理体制改革的实施意见》及8个附件（包括《机构改革方案（试行）》《岗位聘任制办法（试行）》《岗位与绩效津贴分配办法（试行）》《院部机关处级干部岗位聘任工作办法（试行）》《业务单位干部岗位聘任工作办法（试行）》《五—八级职员岗位聘任条件与要求（试行）》《研究岗位聘任条件与岗位要求（试行）》《院属企业改革办法（试行）》。

2002年8月—9月启动首轮全员聘用制。完善全员聘任的相关制度，制定《聘任制合同实施办法》《岗位协议书》《聘用协议书》《病假协议书》《内退协议书》。聘任工作采用两级聘任的方式：中层干部和业务一级岗位人员由院聘任；一般人员，根据编制和岗位设置要求由各部门中层领导聘任，报院长办公会确认。中层干部全部竞聘上岗，实行任期目标责任制，三年一聘；其他人员全部竞争上岗，实行岗位目标管理，一年一聘（从2004年起，其他人员的聘用年限变更为与中层干部的聘期一致）。院成立人才交流中心，挂靠在人力资源开发与管理处，负责对待聘人员的接收、管理，协调分流安置。2002年9月完成45位中层干部聘任。

2003年1月，完成全院一般工作人员各级岗位聘任，共聘任223人。其中业务岗位133人、职员岗位36人、企业岗位23人、物业31人。

2004年7月，完成第二轮全院人员岗位聘任工作并进行一级岗的聘任，一级岗9人。

2007年1月，完成第三轮全院人员的聘任工作：中层干部39位、业务岗位178人、职员岗位41人、企业岗位24人、后勤32人。

2009年，制定《北京教育科学研究院规范在编在职人员岗位津贴方案》，规范在编在职人员岗位津贴，同时提高退休人员共享标准。

2010年，根据市人民政府办公厅《关于印发北京市事业单位岗位设置管理实施意见的通知》、市人事局、市教委《关于印发北京市高等学校、义务教育学校、中等职业学校等教育事业单位岗位设置管理三个指导意见的通知》等文件精神，制定《北京教育科学研究院岗位设置与聘任实施办法》，于年底正式实施。

2013 年 7 月，完成第四轮全院人员的聘任工作：中层干部 48 人、业务岗位 256 人、职员岗位 33 人、企业岗位 14 人、后勤 28 人。

三、人员考核

1996 年，制定《北京教科院工作人员考核办法》，对考核内容和方法、考核结果的使用、考核的组织管理等方面进行规范。每年在年度考核时由院领导组成考核工作领导小组，组长由院长担任；考核领导小组下设办公室，主任由主管人事的院领导担任，成员由人事处、党办、院办、工会及各业务部门负责人组成。1999 年、2000 年修订考核办法。2002 年下半年实行内部体制改革后，进一步明确各类人员分类管理的考核办法。

2003 年 3 月，启动研制北京教科院各级岗位人员考核评价指标体系工作。根据《北京教育科学研究院关于内部管理体制改革的实施意见》文件精神，形成《北京教育科学研究院 2003 年度各级各类岗位人员考核实施意见》及 3 个附件：《2003 年度北京教科院中层领导干部考核方案》《2003 年度北京教育科学研究院各类人员参考考核标准与内容》《2003 年度北京教育科学研究院考核奖励办法》。

2007 年，对考核办法进行修订，形成《北京教育科学研究院中层领导干部年度考核办法》。中层领导干部的考核分转正考核和年终考核。

2015 年 12 月，修订中层领导干部考核办法，印发《北京教育科学研究院 2015 年中层干部考核办法》。根据北京市人力资源和社会保障局《北京市事业单位工作人员考核暂行办法》精神，修订职工考核办法，形成《北京教育科学研究院职工考核办法》。

四、工资分配

1996 年，根据 1993 年工资制度改革相关规定和标准核定全院人员工资，给离退休人员增加离退休费。

2002 年，按照《中共北京市委办公厅、北京市人民政府办公厅关于转发〈中共北京市委组织部、北京市人事局关于深化事业单位人事制度改革的实施办法〉的通知》，制定《岗位与绩效津贴分配办法（试行）》。按照管理、业务、企业与物业四类岗位设立不同的岗位津贴和绩效津贴。以岗位岗级制定分配办法，打破身份管理，注重岗位及实际贡献，向重点岗位、骨干岗位倾斜。

1999 年 7 月、2001 年 1 月、2001 年 10 月、2003 年 7 月根据中央和北京市调整工资标准精神，调整在职人员基本工资标准，提高离退休人员离退休费。

2006年，根据市人事局和市教委的要求完成院工资套改工作。

2009年，制定《关于规范在编在职人员岗位津贴的实施方案》和《关于规范离退休人员院内补贴的实施方案》，规范管理津贴、工勤津贴、直属党支部书记岗位津贴等。

2010年，进一步完善岗位津贴方案。

2007年、2010年、2011年根据市人力资源和社会保障局、市财政局、市教委核增绩效工资精神，结合院实际情况制定在职人员核增绩效工资实施办法，完成核增在职人员绩效工资工作。

2015年，按照《国务院办公厅转发人力资源和社会保障部财政部关于调整机关事业单位工作人员基本工资标准和增加机关事业单位离退休人员离退休费三个实施方案的通知》（国办发〔2015〕3号），完成在职人员基本工资标准调整，增加离退休人员离退休费。

五、人事档案管理

1996年，按照《干部档案工作条例》要求，先后建立《干部人事档案材料鉴别制度》《干部人事档案归档材料制度》《干部人事档案查借阅制度》《干部人事档案保管制度》《干部人事档案保密制度》《干部人事档案转递制度》等规章制度，使院人事档案管理工作逐步规范化、制度化、科学化、现代化。

2002年，按照市委组织部要求，对55名处级领导干部进行学历学位核实工作，整理干部学历情况档案资料。

2006年10月—2007年1月，根据市委组织部《关于开展干部档案审核工作的通知》，市委教育工委、市教委要求，进行干部档案审核整理工作，共整理、打印、装订211份在岗干部档案：一般工作人员171份、中层干部40份，通过上级检查。

2015年，按照市委组织部关于干部人事档案审核工作文件（京组通〔2015〕20号）精神，对48名处级领导干部人事档案进行全面审核，完成整理装订工作。

截至2015年底，组织人事处共管理档案741份，其中在职人员档案383份（由北京市教育系统人才交流服务中心人事代理90份）、离休人员档案9份、退休人员档案295份、死亡人员档案54份。

第二节 培养培训

1996 年以来，教科院不断建立健全各级人才队伍培训机制。根据业务发展和队伍建设需要，按照分级分类的培训原则，以业务、党务、管理为主题，有针对性地进行各类人员教育培训。对在职职工学历进修、岗位培训、继续教育做出规定，鼓励职工利用业余时间进修学习，积极创造条件支持职工参加学术会议、访问学者出访、短期培训进修等多种方式继续教育活动。

一、人才引进与培养

1997 年 11 月 14 日，院常务会提出《关于人事调配工作的具体规定（试行）》，强调在人事调配工作中坚持“两高”（高学历，硕士研究生以上；高职称，副高以上专业技术职务）和精干、高质原则，着重引进学术带头人的人员引进工作思路。

落实优秀人才培养专项。根据市委组织部《北京市优秀人才培养资助实施办法（试行）》文件精神，制定院培养计划和实施措施，支持鼓励优秀中青年骨干人员探索研究领域发展的前沿，不断创新，提高学术水平。按照“优中选优”的原则，严格把关，经过专家选拔，从业绩突出、有发展潜力的业务骨干中筛选。从 1999 年至 2015 年，共有 23 人获得市委组织部优秀青年专项的资助：梁威、张桂芳、刘丽（1999 年）；吴岩（2001 年）；张铁道、徐娅、张咏梅、白文飞（2002 年）；梁威、谢春风、王良娟、胡进、钱丽霞（2003 年）；刘丽、鱼霞（2004 年）；桑锦龙、李岩梅（2008 年）；高振奋（2009 年）；田一（2010 年）；高兵（2011 年）；刘玲（2012 年）；苑大勇（2013 年）。北京青少年科技创新办公室获得集体项目资助（2011 年—2014 年）。

2012 年，推进“十二五”人才培养工作任务，制定《自主研究团队管理办法（试行）》《加强青年研究人员岗位专业成长的意见（试行）》《加强管理人员培养实施意见》等文件。

2013 年，制定《北京教育科学研究院业务部门未来三年人员规模计划》《北京教育科学研究院未来三年机关人员编制计划》等文件。

2014 年 5 月，制定《北京教育科学研究院青年英才奖励计划实施办法（试行）》，当年刘娟、苑大勇、刘玲、蔡歆、张娜、田一、郭秀晶、拱雪、左慧、王新凤、邢利红、黄晓玲、陈惠英、李美娟、赵澜波入选青年英才奖励计划。

2014 年 5 月，制定《北京教育科学研究院“昆玉学者”奖励计划实施办法（试行）》，2015 年 5 月进行修订并组织实施。当年，褚宏启、吴晓川、桑锦龙、耿申、吴正宪、张丹、贾美华、张熙、杨德军、柳燕君入选首批昆玉学者奖励计划。

1996年—2015年引进、调入人员情况一览表

年份	学历情况						职称情况		总计
	调入		接收毕业生		军转		高级	中级	
	研究生	大学	研究生	大学	研究生	大学			
1996年		5	4	2					5人
1997年	3	8	9	1			5	6	24人
1998年	4	4	9				3	6	17人
1999年	1	4	5	1			2	5	12人
2000年	2	2	6				2	2	11人
2001年	1	3	1					4	5人
2002年	2	1	1	2			3	1	7人
2003年	3	4	13				4	2	21人
2004年	1	5	16	1			2	2	23人
2005年		4	2		2	1	3	4	9人
2006年	2	1	1			3	2	2	7人
2007年	3	7	15	3			5	3	29人
2008年	2	13	14	2	2	3	9	5	36人
2009年	5	11	3	2			9	4	21人
2010年		10	3	1		1	5	5	17人
2011年	5	3	5		1	1	5	3	15人
2012年	2	4	6	1	2		5	3	15人
2013年	10	5	5				5	6	20人
2014年	10	13	13	2	1	2	12	3	42人
2015年	5	2	14		2		7	3	25人
总计	61	109	145	18	10	11	88	69	367人

二、人员培训

（一）新入职人员上岗培训

1996年以来，开展多批新入职人员培训，邀请老领导、院内外专家作院改革及发展、职业道德规范、教育研究特点及任务、入职心理调适、科学研究素质培养、科研管理、职业生涯设计等方面报告，使新员工明确自身发展定位，适应岗位要求，尽快转换角色，担当起岗位责任。

（二）在职培训

1997年4月—1998年12月与北京航空航天大学联合举办教育管理专业研究生课程进修班。27人参加学习，获得北京航空航天大学颁发的进修硕士学位课程结业证书。

选派骨干境外培训

2002年9月选派4名业务骨干赴加拿大进行为期3个月的教育培训。

2011年选派25名中青年业务骨干赴英国牛津大学进行为期21天的教育培训。

2012年选派15名中青年业务骨干赴新西兰进行为期21天的教育培训。

2015年选派15名中青年业务骨干到美国进行为期21天的教育培训。

选派骨干赴香港、台湾培训

2009年选派24名中青年业务骨干赴香港大学进行为期14天的教育培训。

2010年选派15名中青年管理骨干赴香港中文大学进行为期14天的教育培训。

2013年选派13名中青年业务骨干赴台湾进行为期14天的教育培训。

2015年选派15名中青年业务骨干赴台湾进行为期14天的教育培训。

2003年—2015年，先后有白文飞、王晓平、谢春风、蒋京丽、查敏、苑大勇6人获得国家留学基金委等机构留学资助项目，分别赴日本、英国、美国留学访学。

（三）支教工作及基层锻炼

1996年以来，根据上级单位干部培养要求和北京市城镇教师支援农村教育精神，根据院干部培训及支教相关工作安排，选派优秀骨干人员到西藏援藏支教，到远郊区县支教、挂职锻炼。

组织基层锻炼。2002年，组织新入职毕业生到学校专职代课。2003年、2004年根据《关于选派国家机关事业单位录用和接收的高校毕业生到村镇锻炼的实施办法》，分别选派1名高校毕业生到顺义北小营镇、房山礼贤镇政府锻炼。2008年、2011年根据《北京市关于开展“人才京郊行”工作的实施意见》，分别选派1名骨干教师到顺义区教育研究考试中心、门头沟区教师进修学校挂职锻炼。

选派农村支教。2005年，根据市教委《关于城镇教师支援农村教育暂行办法》。制定《北京教育科学研究院教研、科研人员支援农村教育暂行办法》及专项经费使用办法，选派、选送教师到远郊区县支教。2005年至2010年，每个学年度分别选派6名、15名、18名、26名、18名教师到延庆、顺义、昌平参加支教。

组织援疆援藏。2014年，根据市委组织部《关于选派北京市中学校长、教师支援西藏工作的通知》，选派教研员陶涛到拉萨北京中学支教。

第三节　干部工作

教科院以提高执政能力和管理水平为目标，以提高干部队伍素质为主题，以调整和优化干部队伍结构为主线，大力加强干部队伍建设。不断完善选拔任用机制、强化管理监督，开展干部教育培训工作，全面提高干部队伍整体素质和管理水平。不断完善后备干部选拔和培养机制，进行后备干部队伍充实和培养。实施“人才强院”战略，为全面推进教科研专业发展提供组织保证。

截至 2015 年 12 月，我院处级干部 50 名（含挂职干部 1 名）：男 29 名、女 21 名，平均年龄 46 岁，硕士以上学历 32 人（其中博士 11 人、硕士 21 人），占 64%；高级职称 36 人（其中正高 13 人、副高 23 人），占 72%。

一、干部选拔任用

干部选拔任用工作坚持党管干部的原则，德才兼备、任人唯贤的原则，群众公认、注重实绩的原则，民主集中制原则和依法办事的原则，努力建设开拓进取、勇于创新、廉洁奉公、结构合理的干部队伍，推动教科院各项事业发展。

1996 年建院之初，党委领导及党办、人事部门组成考察小组，深入各单位，广泛听取意见，分别对全院处、科级以上干部进行全面考察，全面了解干部德、能、勤、绩情况，相继任命干部 26 名，成为组建教科院的第一批处级领导干部。1997 年任命干部 8 名。1998 年任命干部 14 名。1999 年组织院长助理民主推荐工作，任命院长助理 1 名，任命干部 3 名。

2000 年，职教所、成教所合并，组建职业教育与成人教育研究所，干部聘任工作经过民主推荐、民意测验和民主评议等程序，采取院长聘任所长、所长聘任副所长的方式进行。9 月，院长聘任职业教育与成人教育研究所所长 1 名，所长聘任副所长 3 名。

2002 年，教科院实施内部管理体制改革，根据《党政领导干部选拔任用工作条例》，制定干部选拔任用方案，全院中层干部第一次公开选拔竞聘上岗。所有处级干部和企业负责人一律竞聘上岗，实行任期目标责任制，原则上任期三年。9 月底，任命行政、业务干部 45 名，任命企业负责人 12 名。正处级干部交流比例达 68.4%，干部队伍平均年龄由 51 岁降至 45 岁，领导干部职务变动的占 88%。

2006 年底中层干部任期届满，调整任命干部 30 名。2009 年底中层干部任期届满，调整补充干部7名。2013年中层干部任期届满，共聘任处级48人：正处级干部21人、副处级干部27人。

面向全市教育系统选聘干部。2012年，参加市委组织部统一组织的全市公开竞聘选拔干部，调入1名处级干部。2013年9月至11月，在全市教育系统完成财务处长、基建行政处长公开选拔工作，聘任干部2名。

二、干部管理与考核

（一）干部考核

1997年—2001年，每年6—7月，党委组织相关职能部门组成考察小组，分别到各部门就党支部建设和领导班子工作情况进行调研，采取听取领导班子汇报、下发民意测评表方式了解干部工作情况和职工对干部的评价。

2001年为规范处级领导干部的管理，制定《北京教育科学研究院处级干部考核测评标准》。明确提出考核内容为德、能、勤、绩四个方面，注重考核工作实绩，按照业务、行政、企业三类干部不同工作内容细化为20个考核要素指标。干部的年度考核与年终总结一并进行，每年制定考核方案提出具体要求。干部考核内容为德、能、勤、绩、廉五个方面。

2007年，修订《北京教育科学研究院中层领导干部年度考核办法》。

2013年开始，采取中层干部述职总结报告上网公布，院党政领导、中层干部阅读后填写测评表评议，取消全院中层干部述职大会。

（二）干部管理

1998年，出台《关于处级干部的管理办法》。主要内容：干部管理的原则、处级干部任职条件、处级干部任用选拔及交流的程序、处级干部考核方法、新提任干部管理、后备干部管理、干部培训、干部汇报制度、请假制度。

2003年，制定《北京教育科学研究院关于中层领导干部职责及工作规则的暂行规定》。主要内容包括中层党政领导干部工作关系的准则、党政正职领导职责、联席会议制度及议事规则、中层领导干部基本修养、监督与检查制度等。2004年，建立处级干部出国备案信息库，制定干部出国政审工作规程，完善干部出国政审制度。2005年，制定教科院《中层领导干部行为规则》。

三、干部教育培训

（一）制定培训工作文件

1996年—2003年，根据市委教育工委《关于加强和改进高校干部教育培训工作的建议》有关要求，贯彻落实《北京高校干部教育培训“十五”规划》，开展干部教育培训工作。2004年，根据中共中央组织部《关于深入学习贯彻“三个代表”重要思想，做好大规模培训干部工作的意见》和市委教工委指示精神，制定《北京教育科学研究院2003年—2007年干部培训工作实施方案》。2006年，制定《北京教育科学研究院2006年—2010年干部培训工作实施方案》,明确教育培训的工作原则和主要任务和内容。

（二）举办干部培训班

1997年—2015年举办干部培训班情况一览表

年份	主要内容
1997年	举办副处级以上干部“学习贯彻十五大、市第八次党代会精神培训班”。市委常委、市委教育工委书记、市教委主任徐锡安作《北京教育改革与发展》的报告；院长马叔平作《解放思想、更新观念、抓住机遇、开拓进取》发言；党委书记朱全俊作《深入学习邓小平理论，把北京教育科学研究院的工作推向前进》发言。
1998年	举办以“讲学习、讲政治的党风党纪教育”和“如何当好教育科研院所领导干部”干部培训班。市长助理、市教委主任袁贵仁，市委教育工委常务副书记尹栋年作重要讲话。党委书记朱全俊作题为《教育科研院所领导干部的素质要求》报告。
1999年	召开干部大会。邀请市委常委、市委教育工委书记、市教委主任徐锡安作题为《贯彻全教会精神，进一步做好教科研工作》报告，提出“教育科研要领先行政决策半步之遥”。
2000年	举办以学习 “三个代表”重要论述和中央关于加强思想政治工作有关文件为主要内容的暑期干部培训班。《求是》杂志社马郑刚博士作辅导报告。
2001年	邀请中宣部理论局副局长陆建平以《中共中央关于加强和改进党的作风建设的决定》为主要内容，为全体干部作辅导报告，11月邀请中国人民大学前党委书记马绍孟作《“三个代表”与领导科学的报告》。
2003年	举办暑期干部培训班。院长季明明进行学习动员，国家行政学院政治教研部主任许耀桐教授作“三个代表”学习辅导报告。
2004年	举办青年干部培训班。院长季明明作《首都教育现代化背景下北京教科院“创建一流工程”与青年领导干部的历史使命》报告。
2006年	召开干部培训会。党委书记胡晓松以“加强学习，增强党性和责任感，做推进我院党建工作创新的带头人”为题讲党课。
2009年	召开干部学习培训。邀请市委教育工委常务副书记刘建就北京高校党建情况作专题辅导报告。
2013年	在山东省临沂市委党校举办党的群众路线教育处级干部培训班。10月，举办处级以上干部专题培训班，观看党内教育片《苏联亡党亡国20年祭——俄罗斯人在诉说》，邀请中国社科院马克思主义研究院党委书记、院长邓纯东研究员作关于党的群众路线教育实践活动的专题报告。
2014年	举办处级干部培训班。邀请中央党校王天义教授解读十八届三中全会精神，中央党校黄相怀作《统一思想的利器，推进工作的指南》辅导报告，中央党校孙东方讲解中国外交战略及当前地区热点问题。

2015 年	举办“四个全面”战略思想专题培训班。中央党校黄相怀作《从“四个全面”把握治国理政新思路》和《习近平总书记视野中的从严治党新常态》两个专题报告。

（三）干部脱产培训和挂职锻炼

先后派出梁威、王文源、李文义、史枫 4 人到崇文区教委、河北大学、北京职业技能培训指导中心、延庆县教委等单位挂职锻炼。

截至 2015 年 12 月，按照市委组织部、市委教育工委要求，共派出局级干部 54 人次、处级干部 119 人次参加学习培训。

四、后备干部队伍

1998 年，制定《关于处级干部的管理办法》，明确处级后备干部的管理要求，对后备干部实施有计划的培养和锻炼。

2005 年，制定《中层后备干部管理办法》。

2007 年，根据《党政领导干部选拔任用工作条例》和市委教育工委对后备干部培养的要求，建立后备干部人才库，制定《北京教育科学研究院关于民主推荐处级后备干部工作的意见》。

1998 年、2001 年、2003 年、2006 年、2009 年、2015 年协助市委组织部、市委教育工委推荐选拔局级后备干部，并按照后备干部选拔事项程序确定后备人员名单，报市委教育工委。

1997 年、1998 年、2001 年、2005 年、2007 年、2014 年按照市委教育工委关于选拔后备干部有关要求，结合院干部队伍实际，先后开展处级后备干部的民主推荐工作。

截至 2015 年底，共有处级后备干部 64 名，其中正处后备干部 27 名、副处后备干部 37 名。

第四节　党建工作

一、制度建设

（一）《党支部工作条例》

1998 年，根据党章有关规定，结合教科院实际制定并实施《党支部工作条例》。

2003 年完善《党支部工作条例》，增补不同类型的党支部结合自身特点履行其工作职责内容。

2004 年 10 月，形成《北京教育科学研究院党组织工作规范》，共五章、十八条，在《党支部工作条例》基础上增加总则、附则、思想政治工作内容。

（二）《党支部组织生活制度》

1998 年制定《党支部组织生活制度》，主要包括会议制度、党课制度、工作报告制度、党员民主生活会制度、汇报制度、党员联系群众制度、民主评议党员制度、党内监督制度等。2012 年 9 月，根据上级有关精神，在《党支部组织生活制度》八条内容基础上补充缴纳党费制度、入党积极分子培养考察制度内容，形成教科院《基层党组织的基本生活制度》，并对党课学习制度和党员组织生活和党支部委员生活会制度进行完善。

（三）制定颁发《党支部（总支）工作考核评估办法》

主要内容包括指导方针、基本原则、评估内容要素和标准、考核程序和要求等，启用《党支部工作手册》。

2010 年，以“创先争优”活动为载体促进基层党建工作规范化，重新印发《党支部工作职责》和《新编党支部工作手册》，进一步细化支部委员职责，印发《支部委员工作职责》。

2011 年 4 月，印发新版《党支部工作手册》。

2012 年 11 月，编辑《党支部工作指导手册》，内容主要包括党支部地位和作用、党支部设置、党支部基本任务和职责、党支部组织生活，以流程图形式表述的党支部工作程序、常用文书写作方法和参考范本等。

（四）党支部换届方法

2007 年 4 月，制定《中共北京教育科学研究院总支部、支部委员会换届工作办法（试行）》。主要内容有总支部、支部委员会名额确定，党总支、支部委员会产生，选举实施等。年底有 6 个支部进行换届，此后，各基层党支部按照上述办法进行换届选举。

（五）共产党员行为规范和先进性要求

2001 年 9 月，颁发《北京教育科学研究院共产党员行为规范（试行）》，主要内容：学习政治理论，坚定信念方向；执行党的路线，实现服务宗旨；做到爱岗敬业，献身教育事业；坚持实事求是，勇于开拓创新；发扬奉献精神，不计个人得失；密切联系群众，做好党群纽带；坚持党内民主，严守组织纪律；增强党员意识，发挥模范作用。

2005 年 10 月，在保持共产党员先进性教育活动中形成《北京教科院共产党员先进性要求》，主要内容：坚定共产主义理想信念、牢记党的宗旨、认真学习加强党性锻炼、弘扬求真务实精神、团结合作构建和谐教科院、遵守党章履行党员义务、抵制不正之风、讲学习讲政治讲正气。其中，对业务部门、管理部门、企业部门党员提出具体要求。

二、党员教育

根据中央精神和市委部署，认真抓好党员教育活动。2008 年，通过组工专网建立党员信息库。全院党员分别于 2000 年、2005 年、2012 年进行党员民主评议。

1996 年，按照市委教育工委统一部署，在党员中开展学习邓小平建设有中国特色社会主义理论和学习《党章》的“双学”活动，坚定理想信念，树立正确世界观、人生观和价值观。组织“七一”庆祝建党 75 周年和红军长征胜利 60 周年“党在我心中”歌咏比赛，组织党员参观红岩魂、近代中国、红军长征胜利 60 周年、严打斗争纪实展览。

1997 年 5 月，邀请新华社副总编辑闵凡路给全院党员干部作《关于当前国际形势的报告》。12 月召开全院党员大会，邀请北京市第八次党代会代表李芬亲传达市第八次党代会精神。

1998 年 6 月，召开庆祝“七一”暨“争优创先”表彰大会，党委书记朱全俊作《在建设一流水平的教科院中发挥共产党员的先锋模范作用》重要讲话。11 月，邀请中国人民大学教授高放作题为《〈共产党宣言〉发表 150 周年以来的新启示》报告。组织收看《烟草大王的人生悲剧》《枪声响后的思索》《权惑》《冰城反腐行动》教育录像片。组织党员学习《中国共产党党员领导干部廉洁从政若干准则（试行）》和《中国共产党纪律处分条例》。

1999 年 6 月，举办“庆七一为党旗添光彩、为教科院创一流作贡献”报告会，梁威、何引、李春旺、王文源等介绍自己在本职岗位上发挥先锋模范作用的事迹。12 月邀请新华社原副总编辑闵凡路就中美关系和台湾问题、加入世界贸易组织（WTO）对中国的影响、澳门回归等问题作报告。

2000 年 5 月，邀请中国人民大学张同新教授作关于当前台湾问题的形势报告。9 月制定《关于在我院党员中开展“三个代表”大讨论的学习教育计划》，各党总支、党支部按照计划组织党员学习讨论。

2001 年 6 月，召开纪念建党 80 周年大会，党委书记朱全俊作《认真学习江泽民三个代表重要思想，做合格共产党员》报告。组织党员收看《红旗飘飘》《横空出世》影片，参观《北京市纪念中国共产党成立 80 周年展览》。11 月，组织全体党员、入党积极分子到京郊顺义区参观。

2003 年，开展兴起学习实践“三个代表”重要思想新高潮的教育活动。8 月邀请国家行政学院许耀桐教授作“三个代表”辅导报告。11 月邀请国家行政学院韩康教授作党的十六届三中全会《决定》辅导报告。

2004 年 9 月，下发学习贯彻党的十六届四中全会通知，组织党员学习《中共中央关于加强党的执政能力建设的决定》。

2005 年，在市委督导组指导下，全院开展“保持共产党员先进性”主题教育实践活动，采取个人讲、大家评的办法开展党员民主评议。全院党员、党员干部按照要求认真撰写党性分析材料、召开专题组织生活会和民主生活会。

2008 年，组织抗震救灾座谈会、参观抗震救灾展览，组织抗震救灾“特殊党费”的捐献工作，共捐款 170191 元。

2009 年上半年开展深入学习实践科学发展观的主题教育活动。“七一”前夕召开座谈会，原党委书记朱全俊同志作《继承和发扬党的光荣传统和优良作风，弘扬求真务实学术道德规范》报告。9 月召开全院党员大会，听取庆祝建国 60 周年百姓宣讲团演讲报告。组织各支部收看《为你而歌》《建国大业》专题教育片和《反邪教斗争 10 年》警示片。

2010 年，以学习贯彻十七届四中全会精神、建设学习型党组织为主线，开展“创先争优”活动。

2011 年 10 月按照上级要求，将“每名党员每年在线学习时间不少于 12 学时”列为在职党员学习工作要求，此后全体在职党员每年参加市委组织的互联网在线学习 12 学时。

2012 年，开展党员民主评议，党建工作部设计措施方案，各支部组织评议会议，填写《党支部工作测评表》《党支部书记工作和党员发挥作用测评表》。

2013 年，开展党的群众路线教育实践活动。

2014 年，开展教科院组织文化建设研讨。

2015 年，开展“三严三实“主题教育。

三、入党积极分子培养

党委定期举办入党积极分子集中培训班，党委职能部门具体负责组织实施。1997 年至 2008 年，每隔 2—3 年举办一次，每次 1—2 天。2009 年起采取专题系列培训方式，持续教育活动 1—2 个月。至 2015 年，共举办 9 批集中培训班，每批培训配发中组部编写的《入党培训教材》。

教育内容。1997 年—2002 年，入党积极分子教育内容主要有党的基本知识、基本理论、基本路线的教育，还根据入党积极分子的实际情况，进行党的优良传统和作风的教育，怎样争取做一名共产党员的教育，以及其它党的基本知识教育。2009 年，将《中国共产党章程》《共产党宣言》《论共产党员的修养》《关于党内政治生活的若干准则》纳入集中教育培训的必修内容。2010 年，将经典著作《为人民服务》《愚公移山》《纪念白求恩》《反对自由主义》《理想・情操・精神生活》《松树的风格》《中国共产党党员权利保障条例》纳入自学必修内容。

严格规范工作程序。1997 年，党委组织部制定入党积极分子培训计划，设计《入党积极分子培养考察登记表》《集中培训合格证书》，建立入党积极分子档案。1997

年 11 月 11—12 日党委举办第一批入党积极分子培训班，共有 30 余名入党积极分子接受有关党的基本理论知识的培训。

2003 年，制定《北京教育科学研究院入党积极分子培养考察工作规程》《北京教科院入党联系人职责》，形成《北京教科院发展党员材料目录》。由若干支部联合组成 5 个党课学习小组，承担党支部负责的日常学习，党委工作部负责集中培训。

2005 年，制定《北京教科院党课学习小组工作职责》。

2006 年，根据市委组织部有关要求，补充发展党员公示环节。

2010 年，制作《发展党员民主测评表》，修订《北京教科院入党联系人职责》。6 月对培养联系人进行《入党积极分子培养程序》培训，出台《关于设立兼职组织员的意见》。

2011 年，按照入党积极分子队伍分类进行不同内容学习，形成《北京教科院入党积极分子培养教育考察管理工作概览》表。参加集中培训的学员需完成规定的集中培训内容并经考核合格，颁发结业证书。系统梳理入党积极分子学习培训基本学习内容，印制《北京教育科学研究院党课学习读本》，将人生理想、共产主义信念、对党的认识的学习内容加以明确，成为较系统的有机整体。

四、常规工作

党务日常工作。主要包括有党员统计任务、出国政审、领导干部私人护照管理、中层干部收入申报、党员干部个人事项报告收集、按月收缴党费，按有关规定给各支部下拨党费、“党员献爱心”捐款任务。办理组织关系转接、党内统计、党员库日常维护等。2008 年，完成党员信息库建设工作并持续进行维护。

第五节 老干部工作

一、落实待遇

依据上级有关规定落实老干部的各项政治待遇和生活待遇。党总支、老教协组织老同志政治学习、理论研讨、时事讲座、参观工农业改革成果。坚持例会和情况通报制度，每年召开新春团拜会，院领导向老同志拜年祝贺新春并通报一年党政工作。每年定期召开老干部领导小组会议和负责人工作会议，研讨工作通报情况。每年组织一次体检和健康休养，为老干部订阅《北京老干部》《老教育工作者之友》《新天地》《健康时报》等报刊资料。教师节、中秋节、春节等重大节日坚持走访慰问制度，对生病、生活困难、高龄的老干部进行走访、慰问，老同志和在职职工享有同等的困难和慰问补助标准，有重病的发放困难补助。以老教协分会和支部为单位，给老同志集体过生日。

老干部处、离退休党总支、老教协在院党委领导下，认真落实中央、北京市委老干部工作精神，推进各项学习活动，引导老同志政治坚定、思想常新、理想永存。注重发挥各离退休支部自我教育、自主管理功能，组织开展主题党日、社团活动、春秋游等有益于老同志身心健康的活动。

二、开展活动

学习活动。开展以学习贯彻党的“十六大”、“十七大”、“十八大”精神、“喜迎建国60周年”、“学党章、忆党史”、“学习北京精神”、“中国梦”等为主题的知识答卷活动。组织老同志参加院党委“在党旗下”、“纪念建党90周年”、“中国梦我的梦”等主题征文活动；内部出版老同志撰写的回忆录《峥嵘岁月》；相继赴延安、房山霞云岭、井冈山、瑞金、沂蒙山、海尔集团、河北白洋淀及霸州革命老区、东北抗日联军教育基地等地开展活动。

社团活动。老教协每年组织丰富多彩的社团活动，相继组织合唱队、舞蹈队参加市老教协举办的文化艺术节活动，书画摄影组参加北京市教育系统书画摄影展，乐龄金帆艺术团男生小合唱队参加北京市老干部局举办的“祖国在我心中”歌咏比赛。组织迎奥运促和谐牵手万米走、九九重阳节登山及健步行活动，组织参加“创意生活共筑梦想”手工作品展。2000年参加教育系统老干部健身操比赛获“红梅奖”。2002年老干部“太极扇”参加市老教协演出获三等奖。2003年老干部舞蹈队被北京市老教协评为先进社团。2008年老干部柔力球表演获得北京老教协奖项。2009年乐龄金帆艺术团获得“舞台表演奖”。2011年书画摄影组和合唱组被评为优秀文化社团。2013年组织参加北京教育系统高校离退休干部“学习之星”、“健康之星”和“乐为之星”活动，杨忠建荣获“学习标兵”称号，冉乃彦荣获“乐为标兵”称号，武建时荣获“健康标兵”称号。

春游秋游。每年定期组织春游秋，先后组织参观建国50周年成就展、中央电视塔、顺义农业高科技园、国际雕塑园、明城墙遗址、天津杨柳青明清大院、杨柳青年画展、首农集团智能化三元牛奶生产线和牛奶博物馆、中国电影博物馆、中国印刷博物馆、抗日战争纪念馆，游览奥运场馆、奥林匹克森林公园、昌平香堂新村、门头沟赵家台民俗文化村、北京园博园和中国园林博物馆等。

三、发挥余热

2004年，组织张立言、郭正权、李瑛等老同志到刚建校的密云二中支教。2008年

12 月中旬，李凤琴带队前往延庆县四海镇了解农村青年农民培训状况。捐献图书 1800 册，价值 4 万元。2010 年—2015 年，先后组织王宝祥、闵乐夫、杨忠健、冉乃彦等老同志赴顺义百汇演艺学校、顺义区木林小学、房山区、昌平职校、平谷区、通州新城职业学校开讲座。

执笔人：曹斌、郃汉强

审核人：钱伟

责任编辑：马德良

第四章　财务处

1996 年 2 月，教科院设立财务临时工作机构，负责财务管理工作。10 月财务基建处成立，主要承担财务管理和资金核算任务，并主管教科院的日常小型维修工作。2013 年 3 月，财务基建处更名为财务处，主要职责：合理编制财务综合收支计划，如实反映财务状况；严格执行预算，加强经济核算，提高资金使用效益；开源节流，依法多渠道筹集资金，努力节约支出；加强国有资产管理，防止国有资产流失；对财务收支全过程进行管理、控制和监督。财务处的日常工作包括：资金日常核算，费用核销，住房公积金、住房补贴管理，对挂靠机构的财务指导与监督等。

截至 2015 年底，财务处在职职工 12 人。中共党员 4 人、民主党派 1 人。

财务处干部任职一览表

姓名	职务	任职时间	备注
李　铎	处长	1996 年 2 月—2006 年 11 月	
蔡　雁	副处长	1996 年 2 月—2008 年 12 月	
	处长	2008 年 12 月—2013 年 10 月	
魏　筠	副处长	2012 年 5 月—	
刘丽霞	处长	2013 年 11 月—	
	党支部书记	2014 年 5 月—	

第一节　财务制度

1996 年，制定报销流程和办法、个人所得税计税管理办法、住房费用管理办法、预算和决算管理办法等，建立起院财务制度。

2007 年，修订《北京教育科学研究院财务制度》，包括各项费用和票据的报销、核销办法，各项税款的计量办法，职工住房费用的管理办法，各项经费的管理办法等。

2014 年，根据国家和市财政、市教委颁布的关于各项费用新规定及标准，结合内部控制制度要求，修订教科院财务制度汇编，对原制度进行校对整改。增添公务卡报销新制度等，并对其中的预算管理、收支管理、票据管理等相关业务进行全面梳理，查找存在的风险，提出完善意见。按上级管理要求，细化财务核算的各项工作流程，提高办事效率，制定教科院《部门公用经费使用管理办法（试行）》《项目经费使用管理办法》。

2015 年，为规范教科院合同签定行为、防范和控制经济合同风险、有效维护单位合法权益，制定教科院《经济合同管理办法（试行）》。

第二节　经费管理

经费管理内容包括制定经费的预、决算方案，加强资金核算和支付安全，严格现金和公务卡管理，强化政府采购程序，定期通报经费执行进度，做好“三公”等财务数据的统计及分析，为领导决策提供依据。经费管理实行“统一领导、集中管理、人员经费统一核算、基本经费按单位核算、项目经费按项目核算”相结合的经费运行体制，始终坚持科学化、精细化管理。全院各项财务收支活动全部纳入综合预算方案。

教科院经费来源以财政拨款为主，还包括拨入专款、附属单位上缴收入和上述范围以外的其它收入。财政拨款收入是市财政局、市教委拨入的各类教育事业经费，包括基本经费和项目经费。拨入专款是除市财政局、市教委以外其它单位拨入的具有指定用途、并需要单独核算的专项资金。附属单位上缴收入是院属企业按照国有资产管理委员会核定的利润指标上缴的收入。附属单位上缴的收入和上述范围以外的其它收入为自筹资金，从 1998 年开始自筹资金开始纳入全院财务统筹管理。

经费支出主要是围绕开展科教研活动和其它业务活动发生的各项直接和间接的资金消耗，包括教育事业支出和专款支出。教育事业支出纳入年度预算方案，用于开展科教研及其辅助活动支出，包括基本支出和项目支出。专款支出是专门用于指定项目或用途的款项支出。

（一）基本经费的管理

基本经费是保障机构正常运转和事业发展正常需要，用于完成日常办公、业务活动方面任务的经常性资金，内容包括人员经费支出、基本经费支出两部分。根据财政部门的核算定额，结合我院工作任务、收支计划安排和有关财务管理具体规定，统筹安排，量财办事。

基本经费预算管理由财务处根据院年度基本经费总额，结合各部门的人数及业务情况，在全院进行资金分配，经院长办公会批准后年度内执行。

（二）项目经费的管理

项目经费是我院承接市教委下达任务和我院业务发展需要，通过财政项目预算申报程序取得的专项财政拨款，用于完成特定行政任务和特定业务发展目标，在基本经费之外的资金。项目经费实行“统一规划、预算控制、项目管理、单独核算、专款专用、效益优先”的原则。财务处按照上级评审确定的项目经费指标，本着合理、节约、高效、讲求效益的原则进行划拨并控制使用。

项目经费预算管理程序为：

各部门编写预算申报—财务处审核—财务处进行网上申报—上级单位多级审核—财政评审、处室复审—市财政局、市教委下达预算批复、反馈各单位—各单位执行预算。

（三）经费管理方式

自建院起，教科院财务采取一系列经费管理措施，包括会计电算化的推行、天翼财务软件实施、公务卡报销、酬金系统和国库电子支付运行等。

1998 年，财务基建处开始试运行会计电算化管理，为规范管理奠定基础，并在 1999 年正式推行。

2005 年 4 月，进入国库集中支付试点，实行财政统一支付预算管理。

2006 年 1 月 1 日起，开始使用天翼财务核算软件，建立经费管理体系，加强预算控制。开始正式用零余额账户核算项目经费。

2013 年，根据教育部关于《开展“教育经费管理年活动”进一步用好管好教育经费的通知》，结合教科院实际，制定“北京教育科学研究院教育经费管理年”活动方案，成立包括院长在内的领导小组全面统筹开展工作。全面实施公务卡改革，完善报销模式。按照市财政、市教委统一安排，我院在 2013 年率先全面推行公务卡报销制度，减少现金的报销，实现支付信息电子化。同时将公务支出信息统一纳入财政动态监控范围，保证每一笔公务支出都公开透明，确保所有公务卡支付行为都有据可查、有迹可寻。

2014 年 4 月，按市财政国库动态监控要求，将酬金发放方式由现金调整为银行转账方式。5 月，试运行酬金管理系统。7 月，按市财政国库电子支付业务要求，重新界定财务处内部人员国库电子支付权限。9 月，正式运行酬金管理系统。

执笔人：李越

审核人：刘丽霞

责任编辑：郑锋

第五章　对外合作交流处

1996年建院初期，院长办公室负责外事工作。1998年，合作交流处正式成立，与院长办公室合署办公。2000年，合作交流处独立办公，2002年更名为对外合作交流处。对外合作交流处职责：围绕首都教育发展规划与全院核心业务领域，组织实施基础教育学科教育与课程改革、职业与成人教育、高等教育、可持续发展教育、英才教育、教师教育等领域的因公派出和境外培训；组织举办前沿与热点领域的国际学术研讨会；积极与国际组织及境外教育机构合作，引进与开发国际合作研究项目；承担教育国际化相关课题研究。

截至2015年底，对外合作交流处在职职工5人。中共党员5人。

对外合作交流处干部任职一览表

姓名	职务	任职时间	备注
张铁道	处 长	2000年1月—2000年8月	
		2000年9月—2002年9月	副院长兼
王　燕	副处长	2002年9月—2007年1月	
张婷婷	副处长	2009年12月—	

第一节　因公派出

1996年—2015年，派出因公团组238个、1000多人次，覆盖30多个国家和地区，与相关教育部门、学术机构建立合作关系。派出任务包括专项考察、学术交流（出访）、参加国际会议、专题培训等（见附表）。进行专项考察及学术交流的主要出访国家和地区有俄罗斯、美国、日本、乌克兰、印度、香港、澳大利亚、新西兰、英国、台湾、德国、巴西、加拿大、法国、阿根廷、墨西哥等。涉及业务研究领域包括教育改革与发展、教育科研、基础教育、职业教育、成人教育、高等教育、国际教育研究、人力资源管理与开发、应用信息技术教学。2000年5月22日－6月1日，院长马叔平等人赴俄罗斯教育科学研究院参加第二届面向21世纪中俄教育改革和发展研讨会，会上俄罗斯教育科学研究院院长尼康德洛夫宣布马叔平研究员当选为俄罗斯教育科学研究院外籍院士。从2009年以后，先后独立组团和选派人员随团参加培训项目共66个，赴外参加培训共计139人次，赴外培训逐渐成为教科院骨干队伍建设的重要途径。合作培训机构涉及英国、瑞典、德国、新加坡、加拿大、新西兰、澳大利亚、爱尔兰8个国家以及中国香港及台湾地区。

1996年—2015年赴外团组统计表

类别/数量/年份	出访		参加国际会议		专题培训		随团任务				总计	
							出访		培训			
	团组数	人次	团组数	人次	团组数	人次	团组数	人次	团组数	人次	团组数	人次
1996年	1	3									1	3
1997年	1										1	
1998年	3										3	
2000年			1	8							1	8
2001年	21	70	14	21	3	6					38	90
2002年	2	13	2	3	5	8					9	24
2003年	4										4	
2004年	16	55	13	27	3	4	5	5	2	2	39	93
2005年	16	101	5	12	1	1	6	67	0	0	28	181
2006年	9	35	2	2	4	6	5	9	1	1	21	53
2007年	11	75	3	3	1	1	2	3	1	1	18	83
2008年	10	62	1	1	1	1	1	1	2	4	15	69
2009年	4	15	4	7	2	25	5	10	3	5	18	62
2010年	6	30	3	11	2	24	2	2	1	2	14	69
2011年	4	21	2	6	1	25	2	2	1	1	10	55
2012年	5	29	3	9	1	15	3	3	4	7	16	63
2013年	1	5	5	11	3	24	2	2	0	0	11	42
2014年	4	22	6	10	0	0	4	5	0	0	14	37
2015年	4	20	6	21	2	26	2	2	0	0	14	69
总计	122	553	70	152	29	166	39	111	15	23	275	1001

第二节 国际合作项目

建院以来，通过开展国际合作项目形式与联合国教科文组织（UNESCO）、联合国儿童基金会（UNICEF）、世界银行（World Bank）、英国国际合作与发展署（DFID）等国际组织开展教育领域改革与探索。引进并参与国际合作研究项目 21 项，涉及基础教育、早期教育、职业技术教育、成人教育、高等教育等多个领域，涵盖可持续发展教育、学习型城市、信息技术教育、教师培训、农村教育、教育评价、安全教育等专题。合作交流处主要承担或参与项目引进工作，项目研究工作由相关所、中心承担。

1998 年—2011 年境外合作项目一览表

序号	项目名称	项目周期	项目资助方
1	“TI 图形计算器”应用研究 Application of TI Graphic Calculators	1998 年—2002 年	美国德州仪器公司 TI
2	环境、人口与可持续发展教育项目 Education for Environment, Population and Sustainable Development	1998 年至今	联合国教科文组织 UNESCO
3	国际成人教育研究 Study on International Adult Education	2000 年—2002 年	联合国教科文组织教育研究所 Institute for Education, UNESCO
4	城市流动人口子女基础教育项目 Basic Education for Migrant Children in Beijing Municipality	2001 年—2002 年	联合国教科文组织 UNESCO
5	职业技术教育与培训最佳实践个案研究 Best Case Study on Vocational/Technical Education and Training	2002 年	联合国教科文组织 UNESCO
6	农村远距离教育案例研究 Case Study on Long-distance Learning in Rural Areas	2002 年	联合国教科文组织 UNESCO
7	国际教师培训资源库 Repository for International Teacher Training	2002 年	
8	“中国社区学院发展”项目 Development of Community Colleges in China	2002 年	福特基金会 Ford Foundation

9	信息技术与学科教学的整合 Integration of Information technology and subject-based teaching	2002 年—2003 年	英国文化教育协会 The British Council
10	职业技术学校中的环境教育 Education for Environment in Vocational and Technical Schools	2002 年—2003 年	联合国教科文组织 UNESCO
11	终身学习与学习型城市研究 Lifelong Learning and LearningCity	2003 年—2004 年	欧盟 EU
12	中澳中高职衔接比较研究 Sino-Australia Comparative Study on Linkage for Vocational schools and Institutions		澳大利亚国家职业教育研究所 National Institute for Vocational Education, Australia
13	国际终身学习合作研究 Collaborative Study on International Lifelong Learning		国际终身学习合作研究
14	中国农村义务教育发展研究 Development of Compulsory Education in Rural China	2003 年—2004 年	世界银行 The World Bank
15	中国普通高中生能力评价研究 Aptitude Test for International Student Selection	2004 年	澳大利亚教育研究委员会 Australian Council for Educational Research
16	孟加拉国基础教育高级管理人员培训 Female Secondary School Assistance Project: Phase Ⅱ International Training Visit for MTRT	2004 年	世界银行 The World Bank
17	中国少数民族地区义务教育发展研究 Development of Compulsory Education in Minority Areas of China	2004 年—2005 年	福特基金会 Ford Foundation
18	早期教育专项培训 Special Training for Early Childhood Education	2004 年	澳大利亚 BBC 全球有限公司 Australian BBC Ltd. Co.
19	儿童心目中的好教师暨爱生学校教师培训 Teacher Training in Child-friendly School		联合国儿童基金会 UNICEF
20	中国义务教育发展研究 Development of Compulsory Education in China	2005 年—2006 年	英国国际发展部 DFID
21	国际儿童安全教育资源开发 International Resource Development of Education for Child Injury Prevention	2005 年—2011 年	联合国儿童基金会 UNICEF

第三节　国际会议

1996年以来，北京教育科学研究院基于项目研究，先后主办和承办各类国际会议、国际学术研讨会40多场。1999年至2015年年底相关会议情况详见下表：

1999年—2015年国际会议一览表

序号	时间	会议名称
1	1999年	第一届面向21世纪中俄教育改革和发展研讨会
2	2000年	海内外基础教育研讨会
3	2001年	国际终生学习研讨会
4	2003年	中英环境教育研讨会
5		第一届北京可持续发展教育国际论坛
6		澳大利亚教育改革与发展报告会
7		中英职业教育与职业资格证书制度研讨会
8	2004年	高等教育国际论坛
9		职业教育国际论坛
10		学习障碍国际研讨会
11		中美关于教育质量保障的探讨
12		中国·新西兰课程改革研讨会
13		中国·意大利科技教育研讨会
14		中国·澳大利亚课程改革研讨会
15		中国·阿根廷高等教育研讨会
16		中国与澳大利亚民办教育研讨会
17		中德职业教育研讨会
18		中国·经合组织（OECD）民办教育研讨会
19	2005年	中国·印度教育质量研讨会
20		中国·芬兰高中课程改革研讨会
21		第二届北京可持续发展教育国际论坛
22		义务教育的现状、挑战与前景 ——第一届国际义务教育研讨会
23		普及·质量·均衡——第二届国际义务教育研讨会
24		芬兰基础教育课程改革报告会
25		澳大利亚私立职业教育研讨会
26		朝鲜基础教育研讨会

27	2005 年	中伊高等教育研讨会
28		中英基础教育小型研讨会
29	2006 年	美国学习型城市建设报告会
30		第一届北京青少年学生公民教育国际论坛
31		中澳基础教育评价研讨会
32	2007 年	中越高等教育、基础教育座谈会
33	2008 年	第二届北京青少年学生公民教育国际论坛
34	2009 年	第四届北京可持续发展教育国际论坛
35	2010 年	第三届北京青少年学生公民教育国际论坛
36		第五届北京可持续发展教育国际论坛
37	2012 年	第四届北京青少年学生公民教育国际论坛
38	2013 年	联合国教科文组织可持续发展教育与优质教育研讨会
39		第六届北京可持续发展教育国际论坛
40	2014 年	亚太可持续发展教育专家会议暨石景山区可持续发展教育督导评估会议
41	2015 年	加拿大曼尼托巴省与北京教育科学研究院可持续发展教育合作研讨会
42		亚太可持续发展教育第三次专家会议

第四节　项目研究

一、中国义务教育发展研究项目

中国义务教育研究项目于 2004 年 5 月—2006 年期间实施。该项目由英国国际发展部（Department For International Development）资助 25 万英镑（折合约 380 万元人民币），是全国人大教科文卫委员会教育室、北京教育科学研究院和香港大学华正中国教育研究中心三方合作开展的大型研究项目，由北京教育科学研究院承担项目研究工作。

项目研究实行组长负责制。院长季明明任该项目组长，副院长张铁道任执行组长。成立项目协调办公室、项目秘书处、信息室和三个专题研究组，从各部门抽调 26 名科研与管理人员参与项目，其中包括 6 名全职人员承担项目协调、义教网资源建设和总报告的撰写工作。项目活动由课题研究、举办国际研讨会、资源库建设、经费运作四部分组成。

该研究项目组织 50 余位专业人员先后赴 15 个国家及港澳地区实地考察；在全国范围 24 个省、市、自治区实施少数民族义务教育专项调查；先后两次举办大规模义务教育国际会议；依据研究工作需要创建中国义务教育资源库，为各级政府及教育界提供信息与咨询服务。此研究项目共举办工作会、研讨会、专家咨询会、项目中期汇报会、国际研讨会 29 次，编发会议简报 29 期。

研究项目全面总结中国近 20 年来普及义务教育的发展历程与基本经验，全面考察、借鉴国际社会普及义务教育的成功经验。项目分析国际社会和我国普及义务教育的发展特点及其规律，就中国义务教育进一步实现就学机会均等、保障教学质量和实现更高水平义务教育的目标追求，提出“以提高基本标准”为主旨的中国义务教育发展政策建议，为全国人大修改《义务教育法》提供重要建议，为政府制定义务教育政策和战略提供决策参考。作为项目成果出版中国义务教育发展研究项目丛书：《中国义务教育发展研究报告》《国内外义务教育调研报告》《义务教育国际研讨会文集》《普及义务教育之国际视野（英文版）》共 4 卷。围绕《义务教育法》的修订进行三个阶段的研究活动。

第一阶段，2004 年 5 月—2005 年 1 月，文献研究和国内调研，完成国内调研报告 22 个（不含少数民族地区），20 万字。

第二阶段，2005 年 1 月—6 月，专题研究与国外考察，分组对 16 个国家及地区义务教育进行考察，选派骨干研究人员赴世界银行总部、英国伦敦大学教育学院、香港大学培训研修。研究共涉及义务教育十大方面：义务教育的经费投入及分担体制；义务教育的管理体制及监督；1986 年颁布的《义务教育法》不适应及修法构想；国际义务教育发展的经验与典型案例；教师管理及教师专业发展；课程设置与课程质量；义务教育发展指标；流动人口子女和特殊群体学龄儿童接受义务教育问题；义务教育发展的地区差异及均衡化的研究。完成境外考察报告 18 个，共 30 万字。

2005 年 3 月 16 日—18 日，教科院与香港大学联合主办、全国人大教科文卫委员会教育室协办的“普及义务教育——现状、挑战和前景”国际研讨会在北京翠宫饭店召开。全国人大常委会副委员长许嘉璐，市委常委、市委教育工委书记朱善璐，市教委主任耿学超，英国国际发展部（DFID）驻华代表处一等秘书石磊（Peter Shelley）及中国教育学会副会长陶西平出席并致辞。我国及美国、英国、法国、德国、印度、泰国、越南、埃及、古巴、香港 10 个国家、地区和国际组织的代表 100 人参加研讨会。全国人大教科文卫委员会教育室主任侯小娟、国家教育发展研究中心主任张力、北京教育科学研究院副院长张铁道、联合国教科文组织咨询专家柯文、经合组织教育司非经合组织成员事务处处长伊恩·惠特曼、欧盟发展司人类与社会发展处官员白小川作报告。季明明作会议总结。

第三阶段，2005 年 6 月—11 月，完成 30 个专题研究报告与立法论证约 40 万字，国际研讨会论文 25 篇，40 万字，形成《1986 年以来中国义务教育发展经验研究》《义务教育发展国际比较研究》《中国义务教育发展对策研究》3 个分报告及项目的总报告

《中国义务教育发展研究》。

2005年11月24日—26日，以“普及、质量、均衡”作为未来中国义务教育发展主题，召开中国义务教育发展研讨会暨第二届国际义务教育研讨会。会议开幕式在人民大会堂举行。全国人大副委员长许嘉璐、全国人大教科文卫委员会副主任委员邢世忠、全国人大教科文卫委员会主任委员朱丽兰、全国人大常委会常委柳斌、全国人大常委会常委、副秘书长李连宁、全国人大常委庞丽娟、中共北京市委副书记龙新民、中共北京市委常委市委教育工委书记朱善璐、中国教育学会副会长陶西平以及香港大学资深顾问程介明教授等国家领导人以及教育界知名人士参加开幕式，季明明主持开幕式。会上，许嘉璐、邢世忠、朱善璐以及英国国际发展部驻华办事处主任 Andrian Davis 先后在大会上致辞。会议邀请来自亚洲、欧洲、美洲、大洋洲等十余个国家的教育官员、专家以及来自世界银行、联合国教科文组织、联合国儿童基金会等国际组织教育官员，及国内专业机构专家共同参加本次研讨会。

二、促进教育公平的阶段性目标及政策措施的国际比较研究

2008年，合作交流处承担教育部教育改革和发展战略与决策研究重大课题“促进教育公平的阶段性目标及政策措施研究”子课题“促进教育公平的阶段性目标及政策措施的国际比较研究”，课题负责人张铁道。研究收集美国、俄罗斯、芬兰、日本、韩国、巴西、印度等国的实践探索以及联合国教科文组织、经合组织（OECD）等国际组织在促进教育公平上的政策与措施等方面的资料，利用教科院在2004年—2006年间配合全国人大修订《中华人民共和国义务教育法》开展的国外义务教育发展系列研究资料。以案例研究和专题研究为主要方法，通过比较分析，了解各国促进义务教育公平目标的有效实践，包括监测教育公平状况的关键性指标、促进教育公平的政策措施及有效实践，概括出影响教育公平的重要指标。

课题组完成8个专题研究报告:《俄罗斯缩小城乡教育差距的探索与实践》《美国〈不让一个孩子落伍法〉的实施与启示》《国际社会关于教育公平的考察维度与主要指标》《旨在培养英才的印度“新星学校”制度》《公共教育资金的公正分配与高效管理机制——巴西基础教育发展基金会案例研究》《韩国：国家协调保障义务教育公平——从PISA测评结果反观韩国如何推动义务教育公平》《促进义务教育公平的国际实践与启示——芬兰的实践与启示》《提高教师质量是促进教育公平的根本——美国提高中小学教师质量的政策及思考》。

三、北京市留学低龄化现状与发展趋势研究

2008年，由市委组织部牵头，教科院同市教委共同组成调研组，就2000年以来北

京市留学低龄化现状与发展趋势进行专题调研，课题负责人张铁道。课题组采取个别访谈、问卷调查、文献研究及网络检索等方法收集有关材料，并从北京市公安局出入境管理处、北京市部分自费留学中介、北京市 4 所重点中学以及海外小留学生个案四个方面开展调研，了解出国留学低龄化问题的现状、成因和发展趋势，为政府决策、规划及制定可行性举措提供背景参考。2010 年形成研究报告《北京市留学低龄化现状与发展趋势研究》。

四、中小学国际合作交流状况监控与成效评价指标研究

2010 年，受市教委委托开展题为“中小学国际合作交流状况监控与成效评价指标”项目，责任人张铁道。在市教委国际合作交流处支持下，教科院会同西城、朝阳、海淀三区教委以及 15 所中小学（芳草地国际学校、实验二小、人大附中、师大实验中学、师大二附中、十一学校、景山学校、首师大附中、潞河中学、汇文中学、八十中学、牛栏山一中、汇佳学校、世青中学、青苗国际双语学校）共同组成项目组开展专题研究。项目组分别从学校、区县和市级三个层面，就北京市近十年来在基础教育领域开展国际合作交流的实践进行专题调研与梳理，并就中小学国际合作交流的主要领域、开展方式、基本经验与面临问题进行总结。同时，在借鉴国内其它地区经验的基础上，提出首都基础教育国际合作交流工作的成效指标及相应的实践策略与政策建议，为市、区教育相关部门决策提供参考，为中小学有效开展国际合作交流提供实践指南。完成《中小学国际合作交流状况监控与成效评价报告》。

五、留学归国人员子女就学与留学低龄化问题研究

2013 年，受市教委委托承担“留学归国人员子女就学与留学低龄化问题研究”。课题负责人唐亦勤。课题组通过调研了解当前北京市留学归国人员子女的制度环境、发展现状、面临问题与政策需求，为政府制定切实可行且富有前瞻性的留学归国人员子女就学政策提供参考与建议。对留学低龄化问题开展延续研究，通过问卷调查、个别访谈、实地考察、比较研究、专家咨询等多种研究方法，对留学归国人员子女就学以及留学低龄化进行系统地研究与分析。完成研究报告《留学归国人员子女就学与留学低龄化问题研究》。

六、教育国际化背景下的世界城市教育发展与国际课程问题研究

2013 年，受市教委委托承担“教育国际化背景下的世界城市教育发展与国际课程问题研究”课题，负责人唐亦勤。课题组对现有世界城市的教育发展进行比较研究，分析世界城市的教育特点及发展规律，立足北京教育在世界城市教育发展总体格局中的定位，总结北京教育发展的经验与不足。系统了解国际课程特色发展的主要特点、

实践方式及未来趋势，为北京向世界城市发展、提升教育国际化水平提供政策建议。完成研究报告《教育国际化背景下的世界城市教育发展与国际课程研究》。

七、北京市教育系统外事干部队伍建设状况调研

2013年底，受市教委委托承担“北京市教育系统外事干部队伍建设状况调研”课题，负责人唐亦勤。主要研究内容包括：北京高校、中小学、职业学校外事干部队伍基本现状；北京高校、中小学、职业学校外事干部建设的现状（人员规模、入职培训、在职培训、成长机制）；目前北京教育系统外事干部队伍发展中存在的困难和问题；国内外教育系统外事干部机制建设的现状和经验；北京市教育系统外事干部队伍建设与培训体系建立设想和建议。研究摸清当前北京市教育系统外事人才队伍建设培训的现状，分析其存在的主要问题并提出有针对性政策建议与制度设计，形成干部培训机制和方案。完成《北京市教育系统外事干部队伍建设状况调研报告》。

八、中外合作办学对北京市高中教育改革特色发展的促进作用研究

2014年，受市教委委托承担“中外合作办学对北京市高中教育改革特色发展的促进作用研究”课题，负责人唐亦勤。系统梳理中外合作办学及高中教育改革相关政策与法规，从课程、学生培养、学校发展三个方面分析高中中外合作办学对北京市高中教育改革发展的影响，发现、分析存在的主要问题与总结优秀实践经验。完成研究报告《中外合作办学对北京市高中教育改革特色发展的影响》。

第五节　国外及港澳台地区代表团来访

1996年—2015年，教科院接待国（境）外来访团组54个，涉及20多个来访机构，共计百余人次，覆盖20多个国家和地区，与相关教育部门、学术机构建立合作关系。接待的来访机构及主要人员：俄罗斯教育科学研究院学术秘书长尼古拉·涅恰耶夫、俄罗斯教育科学研究院院长尼康德洛夫、副院长包里辛科夫，职业技术教育研究所所长别丽娅耶娃，日本滋贺大学教育部教授木全清，美国哈佛大学教育研究生院院长杰罗米·莫非（Jerome Murphy），香港大学中国教育研究中心主任白杰（Gerard·A·Postiglione）、香港特别行政区教育署策划及研究科策划组主任容宝树、香港大学程介明、香港大学教育学院院长马克贝磊 (Prof. Mark Bray)、香港大学教育学院副院长、学校信息技术和教师教育中心主任罗陆慧英，德国汉堡大学副校长哈特曼教授 (Wilfried Hartmann)、德国巴伐利亚州文教部官员恩斯特·瓦格纳博士 (Dr. Ernest

Wagner)，印度尼西亚教育部教育发展研究中心主任 Boediono，芬兰全国教育事务委员会主任尤卡·萨雅兰（Jukka Sarjala），瑞典国家教育署专家 Gunnar Enequist，澳大利亚教育科学研究委员会副主任彼得·麦格基安 (Peter McGukian)，世界银行驻华代表团人力资源开发部主任 Eduardo Velez，欧盟教育文化总司司长尼古拉斯·帕斯（Nikolaus Van Der Pas），亚洲发展银行 (Asian Development Bank) 潘思（Brajesh P . Panth）与裴思年（Christopher A.Spohr），丹麦黑勒卢德（Hillerod）市教育社会文化事务部主任卢·H·克德森（Leo H. Knudsen），美国乔治华盛顿大学国际教育质量认证中心主任林恩（Dr. Marjorie Lenn），英国威尔士大学卡迪夫艺术设计学院国际部主任鲁斯迪宁（Ruth V. Dineen），日本高等教育学会会长矢野、关西国际大学副校长滨名，芬兰国家教育事务委员会局长克斯林德斯（Ms. Kirsi Lindroos），挪威中挪友好协会副主席 Mr. Rolf Melheim。

1996 年—2015 年到访团组统计表

年份	来访机构
1996 年	俄罗斯教育科学研究院
1997 年	俄罗斯教育科学研究院，美国、台湾学者组成的海外华人基础教育研讨会代表团，日本滋贺大学教育部
1998 年	俄罗斯教育科学研究院职业技术教育研究所
2000 年	俄罗斯教育科学研究院
2001 年	美国北伊利诺斯大学教育评估考察团、丹麦教育大学代表团、韩国汉城市教育代表团、泰国朱拉隆功大学、日本广岛大学国际教育与发展研究生院、联合国教科文组织英国全国委员会、联合国教科文组织驻亚太地区办事处、全美私立学校认可委员会、美国中部各州初等中学学校认可委员会、美国哈佛大学教育研究生院
2002 年	香港大学中国教育研究中心、香港教育署策划及研究科策划组、加拿大尼亚加拉地区教育局、德国汉堡大学、德国巴伐利亚州文教部、印尼教育部教育发展研究中心、芬兰全国教育事务委员会
2003 年	瑞典国家教育署、澳大利亚教育科学研究委员会、香港教育统筹局、日本滋贺大学、澳大利亚韦拉塔太平洋出版公司、澳大利亚新南威尔士州教育国际处、昆士兰州政府贸易投资中国代表处、苏格兰北艾尔郡教育委员会、世界银行驻华代表团、香港大学、日本广岛大学、欧盟教育文化总司、亚洲发展银行
2004 年	丹麦黑勒卢德市教育社会文化事业部、美国乔治华盛顿大学、芬兰赫尔辛基市罗苏高中、英国威尔士大学卡迪夫艺术设计学院、阿根廷贝尔格拉诺大学、OECD 经济合作与发展组织、日本高等教育学会、关西国际大学
2005 年	芬兰国家教育事务委员会
2006 年	越南教育战略和课程研究所、挪威中挪友好协会

2013 年	澳大利亚弗林德斯大学、俄罗斯莫斯科市西南区教育委员会
2014 年	澳大利亚弗林德斯大学、经济合作与发展组织经济部国家研究第三司、芬兰教育代表团
2015 年	北卡罗来纳大学教堂山分校、美国大学理事会、加拿大曼尼托巴省、日本理科教育专家考察团

第六节 日常管理与各项工作

对外合作交流处根据中央、北京市及教科院外事制度及管理的相关要求开展各项日常管理工作，主要包括因公出国（境）（含港澳台地区）任务申报、证照管理、外事接待等方面。为进一步规范教科院外事管理、提升外事服务质量，合作交流处根据国务院、外交部、北京市政府外事办公室、北京市台湾事务办公室、北京市外专局等相关部门的政策要求和文件精神，制定《北京教育科学研究院外事工作规章制度》《北京教育科学研究院加强国（境）外合作交流实施办法》等相关文件，明确部门间分工以及工作流程，加强风险点的防控。

执笔人：戴婧晶

审核人：张婷婷

责任编辑：郑锋

第六章 科教研管理处

科教研管理处主要职责：制定并组织实施、检查全院科研、教研规划和年度工作计划；全院教研课题的管理工作，制订科教研管理的有关规章、制度；管理科研人员业绩档案，协助人事部门做好专业人员考核工作；组织全院有关学术活动；组织科教研成果评价和推广工作，编印全院年度科研成果优秀论文集；承接上级教育行政部门和科研部门下达的研究任务并组织落实；进行科研统计工作；负责组织协调本院与各级教育科研机构的科教研工作、学术交流、合作研究；负责院学术委员会秘书处的日常工作。

1996 年 10 月，科教研管理处设立，与规划办合署办公。

2002 年 9 月，科教研管理处独立办公。

2004 年 10 月，科教研管理处与规划办合署办公。

2013 年 6 月，科教研管理处独立办公。

截至 2015 年底，科教研管理处在职职工 7 人。中共党员 6 人、民主党派 1 人。

科教研管理处干部任职一览表

姓名	职务	任职时间	备注
耿　申	处长	1996 年 12 月—2002 年 9 月	
	处长	2004 年 11 月—2013 年 7 月	
白爱宝	副处长	1996 年 12 月—2002 年 9 月	
	处长	2002 年 9 月—2004 年 10 月	
杨忠健	副处长	2002 年 9 月—2004 年 4 月	
	党支部书记	2003 年 4 月—2005 年 1 月	
郑　锋	副处长	2006 年 12 月—2013 年 6 月	
周春红	处长	2013 年 6 月—	
	党支部书记	2005 年 2 月—	

第一节　课题管理

一、规划课题

各级各类规划课题包括国家社会科学基金课题、全国教育科学规划课题、北京市社会科学基金课题、北京市教育科学规划课题。科教研管理处主要负责院内各级各类规划课题的组织申报工作、立项课题的过程管理、部分立项课题结题工作和对上级主管部门的联系工作、争取科研课题工作等。为提高规划课题申报质量，自2008年起开展课题申报专家预审及指导活动，由科管处对院内科研人员填写的课题申报书进行分类，统一邀请院外相关领域专家对课题申报书提出修改意见，并对申报人进行面对面指导。

1996年-2015年，教科院共承担国家社会科学基金课题6项、全国教育科学规划课题54项、北京市哲学社会科学课题23项、北京市教育科学规划课题191项。

二、院级课题

2006年制定《北京教育科学研究院院级课题管理办法》，对业务部门承担的由教科院提供经费资助的课题进行规范管理。2013年对该办法进行修订完善。2006年—2009年，陆续有6项院级课题立项。2011年开始成批次院级课题立项，第一批立项9项。2013年第二批立项7项。2014年，第三批院级课题分为学术研究类课题和行政管理类课题，共17项：学术研究类课题立项9项、行政管理类课题立项8项。2015年第四批共立项10项：学术研究类7项、行政管理类3项。科管处根据院级课题管理办法规定开展课题立项、中期检查和结题活动的组织工作。截至2015年11月，院级课题共立项49项、结题39项。

2006年—2015年院级课题一览表

年份	课题名称	负责人	所在部门
2006年	北京市中小学实施免费供给教材办法后地方教材使用情况调研	杨德军	课程中心

2008 年	北京市普通高中新课程会考考试说明及北京市 2008 年中考语文、数学、英语、物理、化学五科总复习指导、命题组织、宣讲与各种调研活动	王燕春	基教研中心
	北京市中小学体育师资与场地场馆基本情况的调研与分析	赵宝军	基教研中心
	“小留学生”专项调研	张铁道	院部
2009 年	可持续发展教育学校评价标准和示范学校建设实验研究	史根东	可持续发展教育协会
	“3+2”中高职衔接模式研究	柳燕君	职成教研中心
2011 年	不同类型指导方式对高中学生自主发展能力影响的研究	殷桂金	基教所
	城乡义务教育统筹发展脉络研究——从均衡走向一体化	左　慧	基教所
	中美两国初中学生数学能力培养目标的比较研究	王　薇	基教所
	教师职业认同对教师专业化发展的影响	蒲　阳	基教所
	我国义务教育阶段教材著作权归属与教材多样化发展研究	暴生君	课程中心
	“高等性”和“职业性”二维视域下的高等职业教育质量评价探究	孙毅颖	高教所
	北京民办高等教育存在与发展的影响因素研究	丁秀棠	民教所
	基于校本研究的教师自主发展研究	韩淑萍	教师中心
	北京市幼儿园保育工作现状调研	孙　璐	早期所
2013 年	北京市教育改革和发展规划监测框架的改进策略研究	雷　虹	发展中心
	北京市中小学综合实践活动课程的教师评价问题研究	刘　玲	基教研中心
	普及化阶段首都高等教育质量研究	闫飞龙	高教所
	义务教育财政效率：内涵、度量及影响因素研究	杜玲玲	督评中心
	北京市义务教育阶段学生课业负担的影响因素研究	卢　珂	督评中心
	北京市普通高中学校校训内涵分析	冯丽娜	督评中心
	学校满意度的多水平潜在类别模型研究	张　娜	督评中心
2014 年	以史料教学为载体对历史教师专业成长的研究	王　耘	基教研中心
	新型教学模式下小学劳动技术教师专业发展研究	吴　洋	基教研中心
	普通高中学校核心价值观践行与渗透路径案例研究 ----以北京市 6 所普通高中为例	崔玉婷	基教所
	学生认知风格工具研究	赵艳平	基教所
	普通高中教育经费与经济发展水平的地区差异比较研究	宋　阳	基教所
	北京高等教育的国际化发展——基于亚洲大学的比较研究	王　俊	高教所
	北京市高中中外合作班德育现状调研	秦廷国	德育中心
	社会经济地位对青少年主观幸福感的影响机制研究	王　玥	评价中心
	义务教育阶段非京籍学生学习品质及其影响因素研究	段鹏阳	评价中心

2014 年	教育研究机构行政工作规范化制度化管理研究——基于OA 系统的办公室工作	姜丽萍	院办公室
	北京教科院档案管理模式研究	王永哲	院办公室
	北京教育科学研究院青年职工成长需求调研	钱　伟	人事处
	基于内部控制的项目经费管理研究	魏　筠	财务处
	教科院科研管理系统科学化研究	周春红	科管处
	北京教育科学研究院国外及港澳台培训工作的有效组织与实施	张婷婷	合作交流处
	北京市中小学教育科研成果文本表达调查研究	庞立场	规划办
	教科院后勤服务运行方案研究	何耐铭	基建行政处
2015 年	基于学习进阶的中学物理课堂教学改进研究	张玉峰	基教研中心
	有关表现性写作评价标准的研究	王彤彦	基教研中心
	北京市 4–6 年级小学生创造性思维发展特点的初步探索	张文静	基教所
	北京民办中小学引入国际课程实施现状研究	吴金珂	民教所
	发达地区中小学教师工资水平研究——以北京市为例	周　惠	教师中心
	北京市教师工作投入情况及其影响因素探究	王家祺	评价中心
	基于数据分析的学校学科教学改进研究	郭立军	评价中心
	北京教育科学研究院内部监督机制建设研究	陈俊清	纪监审处
	以制度建设促进管理效能提升——基于对教育规划科研管理相关《项目管理办法》的比较研究	郭秀晶	规划办
	数字教科院信息化总体设计研究	唐　亮	信息中心

三、委托调研课题

2006 年 4 月，教科院面向在京科研机构发布 19 项委托调研课题计划，采用招标的形式，委托中标单位开展北京市教育现状与问题调研。共收到 13 家单位委托调研课题申报评审书 101 份，经专家评议和院办公会讨论，确定立项课题 19 项（含院内 1 项）。12 月，召开调研课题成果汇报会，进行会议鉴定结题，其中 15 项通过结题鉴定、1 项修改后通过鉴定、3 项未通过结题鉴定。

2006 年委托调研课题一览表

课题编号	课题名称	课题负责人	单位	结题情况
1	北京市中小学教师信息素养调查	汪 琼	北京大学教育学院	结题
2	北京市中小学实施免费供给教材办法后地方教材使用情况调研	杨德军	北京教科院基础教育课程教材发展研究中心	结题
3	北京市中学各学科教师队伍专业发展调研	李 方 李 晶	北京教育学院	结题
4	新课程背景下北京市小学各学科教师队伍专业发展调查研究	俞 劼	首都师范大学初等教育学院	结题
5	北京市中学生网络文化现状调查	赵国栋	北京大学教育学院教育技术系	结题
6	北京市农村人口素质及农民教育培训现状的调研	孙 飞	北京百嘉富实投资咨询有限公司	未结题
7	北京市家长对中小学生学习质量的看法	伍新春	北京师范大学心理学院	结题
8	家长对中小学生学习负担的看法	李文岩	首都师范大学初等教育学院	结题
9	偏远农村地区义务教育学校发展状况调查	焦宝聪	首都师范大学管理与决策研究中心	结题
10	北京市小学生上学时间调查	郭 华	北京师范大学教育学院	结题
11	中等职业学校教师素质状况调查	和 震	北京师范大学教育学院职业技术教育研究中心	结题
12	创意产业对教育人才培养模式、学科要求的调研	詹正茂	清华大学新闻与传播学院	结题
13	公众及团体对教育公共服务需求及预期的调研	沈 勇	清华大学公共管理学院	结题
14	人均 GDP5000 美元后的教育体制变革研究	安方明	首都师范大学教育科学学院	结题
15	发达国家教育体制改革的财政基础	李克强	北京师范大学管理学院	结题
16	北京地区高新技术产业发展趋势与人才需求调研	方松海	北京百嘉富实投资咨询有限公司	未结题
17	北京地区人口发展预测及其对教育的需求分析	周 亚	北京师范大学管理学院	结题
18	2000 年以来国际教育政策发展及趋势分析	史静寰	清华大学教育研究所	结题
19	北京培训现状及市场调研	郜全亮	北京百嘉富实投资咨询有限公司	未结题

四、青年专项课题

2008 年 6 月，根据教科院党委人才工作计划，为培养、提高教科院青年科研人员的科研水平，科教研管理处与干部人事处联合开展青年专项课题研究工作，组织青年科研人员对 2006 年我院委托调研课题成果进行拓展深化研究。6 月，组织召开青年专项研究课题的申报立项评审会，经专家评审，共有 8 个部门的 16 位青年科研人员申报的课题予以立项。2009 年 1 月，组织召开教科院青年专项研究（拓展）课题的中期检查汇报会议。2010 年 11 月，组织院青年专项研究课题结题鉴定会，对青年课题进行集中结题。院学术委员会委员、课题负责人、青年研究人员和有关负责同志 70 余人出席会议。

2008 年青年专项（拓展）研究课题目录

序号	课题名称	负责人	工作单位
1	新“两免一补”政策对北京市义务教育课程教材体系的影响研究	王　凯	课程中心
2	人均 GDP5000 美元后美日两国的高等教育投入研究	刘钧燕	发展中心
3	北京市小学教师专业发展现状研究	韩淑萍	教师中心
4	北京市中学教师专业发展问题对策研究	李一飞	教师中心
5	欧洲高等教育区域整合：进程、趋势及反思	王新凤	高教所
6	人均 GDP5000 美元后港台地区教育体制变革研究	刘　娟	高教所
7	北欧四国高等教育政策发展趋势研究	王　俊	高教所
8	教师专业素质对学生课业负担的影响研究	程素萍	基教所
9	2000 年以来国际基础教育政策发展及趋势分析——教育质量	拱　雪	基教所
10	北京市小学品德与社会课程教师专业发展研究	顾瑾玉	基教研中心
11	新课程背景下北京市小学各学科教师专业素质现状的调查研究进一步分析	郝　懿	基教研中心
12	北京市普通高中通用技术学科教师队伍专业发展需求调研	吴　洋	基教研中心
13	美国和日本私立高等教育质量保障体系研究	丁秀棠	民教所
14	新时期北京市教育财政体制改革若干问题研究	王　磊	民教所
15	英国布朗政府的教育理想及实现途径	刘　熙	民教所
16	2010–2015 年北京市中等职业教育教师培训研究	侯兴蜀	职成教所

第二节　学术活动

一、学术年会

1998 年，为加强院内研究成果和研究信息的交流与沟通、提升学术水平，我院建立学术年会制度。1998 年 1 月 10—11 日召开首届学术年会。2003 年、2004 年因“非典”中断 2 次。截至 2015 年 12 月，共举办学术年会 16 次。2009 年，院长办公会决定，学术年会固定于每年 5 月第二周的周三至周五举行。每届学术年会围绕首都教育的重点、难点、热点问题确立主题，会期 2—3 天，采用大会场交流和分会场交流的形式进行。从第一届至今，共交流论文 1381 篇，评出获奖论文 456 篇：一等奖 44 篇、二等奖 113 篇、三等奖 259 篇，中青年优秀论文一等奖 2 篇、二等奖 2 篇、三等奖 4 篇、优秀奖 14 篇、鼓励奖 24 篇。每届学术年会汇编学术成果论文集。

学术年会论文一等奖目录

	年度	题目	姓名
1	1997 年	主体教育：现代教育的新视野与新模式	史根东
2		确立创造为本教育思想，发展小学创造能力	陶文中
3		试析初中地理教学内容和教学要求的调整素质概念分析（获中青年组一等奖）	李岩梅
4		素质概念分析（获中青年组一等奖）	单　鹰
5	1998 年	学生人数锐减与北京基础教育跨世纪改革	商发明
6	1999 年	实施首都教育先导发展战略的思考	吴　岩
7	2000 年	历史课问题探究式学习初步研究	张　静
8		北京市未成年中小学生在校伤害事故处理的法律问题与对策研究	马　莉
9	2002 年	论德性制度与制度德性	张理智
10	2010 年	我国城市流动人口随迁子女高中阶段入学问题初探	桑锦龙 雷　虹 郭志成
11		义务教育课程改革背景下的北京市语文学科中考改革发展研究	王彤彦等

12	2012 年	发展视角与国际视野维度下北京留学生教育的纵横比较研究	李志涛
13		初中英语阅读测验的认知诊断研究	李美娟
14		学生学业成绩差异及其相关因素的实证研究基于北京市 2010 年大规模学业质量监测的多层线性模型分析	张咏梅 李美娟 李英杰
15	2013 年	北京市 2011 年度义务教育教学质量分析与评价反馈系统学业质量监测报告	王燕春 田　一
16		北京市中小学班主任专业发展现状对策调研报告	刘京翠等
17		论学校文化的地域性格——兼析北京地域文化对学校文化地域性格的影响	张　熙
18		关于 Angoff 方法中考生作答数据反馈作用的实验研究	张咏梅 田　一 李英杰
19		“后撤并”时代的农村学校标准化建设——以办学条件为抓手促进基本公共教育服务均等化	杨小敏
20		现代职业教育体系中课程衔接模式的研究	柳燕君
21		异地高考利益相关者的理论探究与机制构建	高　兵
22		北京市小学体育教学质量问题与对策研究	樊　伟
23	2014 年	合理疏解首都教育功能，促进京津冀教育协同发展的初步思考	李　政 雷　虹 高　兵
24		北京市“名校办分校”政策的实施透视与思考	尹玉玲
25		基于学科能力的教学指南研究	贾美华 顾瑾玉
26		2013 北京市中小学生作业现状调查报告——学生问卷分报告	蒲　阳
27		人口调控背景下的首都职业教育：困难、机遇与策略	史　枫
28		职业院校实施行动导向教学的“双师型”队伍建设	柳燕君
29		民办教育顶层制度设计之争	王文源
30		积极完善以可持续发展为导向的教育政策 ——基于世界自然基金会报告的分析与建议	谢春风
31		非京籍学生家长眼中的北京义务教育——基于 2012 年北京市区县教育工作满意度调查结果	赵丽娟 卢　珂 王　玥
32		小学学生与教师性别对学业成绩的影响 ——基于大规模学业质量监测的多水平模型	田　一 李英杰 范存丽
33		学校社会经济地位对青少年主观幸福感的影响——教师支持的多水平有调节的中介作用	王　玥

34	2015年	京津冀区域教育差异测度及协调对策	高　兵
35		中学历史学科课堂教学个案研究报告	王　耘
36		整体建构分数意义的教学行动研究	张　丹 孙京红
37		教育研究，需要破除点原子论思维方式——以一个国家级重点课题研究为例	单　鹰
38		6－9年级学生幸福感追踪研究	曹　飞 袁光秀
39		2014年北京市义务教育阶段入学状况调查研究报告	卢　珂 赵丽娟 王　玥
40		区域基础教育学业成就评价与课程标准一致性分析研究报告	田　一 王晓东 贾福录
41		京津冀协同发展背景下北京市职业院校专业设置调查研究	柳燕君 吕良燕
42		北京市学前教育发展数据分析报告（2011-2013）	叶奕民
43		新高考改革方案中部分科目成绩等级呈现的审视与探讨——基于等级制评价理念和国内外高考成绩等级制分析	李志涛
44		优秀班主任是这样“炼”成的——基于对北京市“紫禁杯”优秀班主任成长轨迹的案例研究	刘京翠 王　飞 李　蒙
45		学校体育伤害事故判例统计与法理分析	郭秀晶 林清华
46		教科院项目经费管理对策分析	魏　筠

二、素质教育研讨会

1997年—2000年，教科院连续召开四届北京素质教育研讨会。会议围绕素质教育与课堂教学、素质教育与教育改革的实践、素质教育的课堂教育策略与学习策略等主题，对第三次全国教育工作会议后如何进一步深化对素质教育的认识、如何进一步总结各地教育改革实践经验等问题进行深入研讨。共有来自北京、上海、天津、重庆、山东、山西、河北、宁夏、甘肃、湖北、四川、贵州、广西、广东、浙江、福建、黑龙江、吉林、辽宁19个省（市、自治区）教育科研、教研机构和大中小学校的1000余人参加会议。

三、北京教育论坛

2014年，与北京师范大学联合举办首届北京教育论坛。以“教育现代化的理论探索与实践进展”为主题，议题包括教育现代化的本质特征、教育现代化水平的监测评估、教育治理体系与治理能力现代化、各级各类教育的现代化、课程与教学的现代化、学习型社会指标体系构建、教育从业人员专业化与教育现代化、教育信息化与国际化的新进展。46家国内教育科研机构及高校的300人参加论坛。

2015年，由教科院主办、国家教育发展研究中心重点支持的第二届北京教育论坛在北京隆重召开。本届论坛采取“1+3”方式举办，大论坛以“面向2020的教育创新”为主题，分设区域教育一体化与京津冀协同发展、学生核心素养与教育综合改革、可持续发展教育三个主题论坛。论坛邀请20余位国内一流教育研究专家、相关学者作主题报告，联合国教科文组织协会世界联合会、国家教育咨询委员会、国家教育发展研究中心、中国科学院、中国教育科学研究院、故宫博物院、培生集团、民政部社会工作研究中心以及来自全国15个省市和台湾地区的教科院（所）、高等学校、相关科研机构的专家、学者、一线教育工作者700余人参加会议。

四、学术交流活动

1996年以来，先后邀请市委教育工委、市教委领导、国内外知名专家学者来院作专题报告百余场。1997年6月15日，举办北京、天津、上海、辽宁、吉林、浙江六省市教科院院长会。1997年10月30日—31日，与北京航空航天大学联合举办全国中青年学者高等教育改革教育研讨会。1998年9月16日，与市委教育工委、市教委联合举办面向21世纪首都教育发展理论研讨会。1999年3月13日，召开北京市落实面向21世纪教育振兴行动计划专家座谈会。2000年10月16日—18日，与北京师范大学联合举办终身学习国际研讨会。2002年10月22日，由市政协、民盟市委、民建市委、民进市委、九三市委、市教委、教科院共同主办的北京职业教育研讨会在教科院召开。2002年12月17日，教科院主办2002年北京基础教育论坛。2003年、2007年、2008年组织青年学术骨干国内学术考察，赴新疆、四川、湖南等地教科所和中小学，了解基础教育改革经验和科研情况。2011年开始，先后组织赴英国、加拿大和台湾地区科研人员的集体汇报交流活动。2014年开始，与中国教科院合作，参与对方组织的学术活动。

五、学术委员会秘书处工作

北京教育科学研究院学术委员会是教科院学术发展和科教研工作的指导、审议、咨询机构。第一届、第二届学术委员会由院长聘任院内外教育科学各领域有影响的学术专家组成，第三届学术委员会是由院内各基层部门民主推荐方式产生的学术委员会委员，学术委员会成员由院内在职研究人员组成。至2015年共成立三届学术委员会。学术委员会秘书处设在科教研管理处，负责学术委员会程序性和事务性工作。

1997 年 12 月 8 日，成立第一届北京教育科学研究院学术委员会。委员会由院长聘任院内外教育科学各领域有影响的学术专家 19 人组成，制定学术委员会条例，负责审议院级课题及院内指令性、招标性课题的选题、立项及成果评估工作，承担本院优秀科教研成果奖励的审定工作，对年会论文进行评审。

2007 年 9 月 25 日，在康铭大厦召开北京教育科学研究院学术委员会成立大会，市委副秘书长李福祥出席大会。大会通过北京教育科学研究院第二届学术委员会章程。第二届学术委员会有学术委员、顾问共计 66 人，其中院外学术委员有 48 名，占总人数的 72%。自委员会建立以来，组织学术委员会全体会议三次，与院学术年会同期召开。经统计，48 名院外学术委员参与我院的学术活动 248 人次。参与活动包括为我院科研人员作学术报告、担任院学术年会点评专家、承担学术年会的优秀论文评审、学术著作奖励评审、参与我院申报全国教育科学“十一五”规划课题预审、参与我院申报北京市第十届哲学社会科学优秀成果评审推荐会、参与我院申报北京市教育科学“十一五”规划课题申报材料预审以及参与我院学术委员会各学科组活动等。

2013 年 3—6 月，完成换届并制定章程。共召开三次学术委员全体会议和一次预评审。内容包括学习《北京教育科学研究院学术委员会章程》，为加强和改进第三届学术委员会工作建言献策；院重点研究方向与品牌项目规划建议；2012 年院学术著作成果奖励评审和 2013 年院级课题申报评审；对申报市委组织部 2013 年度优秀人才培养资助项目进行预评审。

2014 年，共召开五次学术委员会议、一次专家推荐会和院级课题结题、开题的评审。内容包括研讨教科院教育科研学术名家管理办法和青年英才奖励计划；评审我院申报北京市第十三届哲学社会科学优秀成果奖材料；评审“青年英才计划”人选；评审 2014 年院学术著作出版资助申请；2013 年院学术著作奖励评审；对院申报 2014 年度北京市社会科学基金项目进行评审推荐；对 2013 年院级课题结题和 2014 年院级课题开题进行评审。

2015 年，院学术委员会对院内申报 2015 年度北京市社会科学基金项目进行评审推荐；对 2014 年院著作类学术成果奖励评审；对 2015 年学术研究类院级课题进行推荐立项、开题、结题评审；对申报 2015 年学术著作出版资助基金评审等。

第三节　奖励资助

一、奖励

1997 年，教科院制定《北京教科院科教研成果奖励办法（试行）》。2005 年 4 月，在修订原有办法基础上制定《北京教育科学研究院学术成果奖励办法》。2008 年、2011 年和 2012 年进行多次修订。

2001 年 1 月，教科院组织首届优秀教育研究成果奖评选，从申报的 160 项成果中评出一等奖 5 项、二等奖 22 项。

2005 年，《北京教育科学研究院学术成果奖励办法》规定获得奖励的学术成果按照成果性质不同分为三个类别：公开发表教育论文类成果（以下简称“论文类”）、重大教育教学研究成果获奖成果的配套奖励（以下简称“获奖成果配套奖励”）和教育领域著作类成果（以下简称“著作类”）。获奖成果配套奖励由科教研管理处依据奖励办法规定以及院长办公会审批意见实施奖励；学术著作奖励须经院学术委员会议评审，院长办公会审议通过后实施。

2005 年—2015 年，对获得政府教育科研教学奖励的成果进行配套奖励 63 项，奖励公开发表的论文 731 篇，奖励著作类 76 部。

二、资助

2014 年 6 月，出台《北京教育科学研究院学术著作出版资助基金实施办法》。鼓励和支持优秀教育科研成果的出版，推动科研人员学术成长，提升教育科研学术成果的社会影响力。出版资助基金用于支付出版社出版费用。经院学术委员会议评审、院长办公会审议通过，院内科研人员撰写的 5 部学术著作获得 2014 年学术著作出版基金资助，3 部学术著作获得 2015 年学术著作出版基金资助。

2014 年学术著作出版基金资助名单

序号	部门	申报人	著作名称
1	发展中心	杨小敏	办学条件及其对学生成绩的影响——基于中国农村义务教育阶段中小学校的实证研究
2	基教所	单　鹰	破解“减负”难——针对“过重课业负担”问题的新探索

3	基教所	赵艳平	为学而教：课改十年反思与重建
4	高教所	孙毅颖	借鉴历史把握今天：北京高等职业教育改革与发展
5	教师中心	王　婷	课程的变异研究——以德育课程变革为例

2015 年学术著作出版基金资助名单

序号	部门	申报人	著作名称
1	发展中心	高　兵	京津冀教育协同发展战略探究
2	基教所	崔玉婷	普通高中特色发展研究
3	教师中心	周　惠	中小学教师队伍人力资本发展的阶段性

三、北京教育科学研究文库

1997 年，教科院决定收集整理科教研人员的学术论文和专著，具有一定水平的论文专著纳入《北京教育科学研究文库》资助出版。1998 年，成立《北京教育科学研究文库》编委会。1999 年，入选《文库》的书目包括马叔平、吴岩、王文源等个人专著以及《终生教育体系》《第一届北京素质教育研讨会论文选》《第二届北京素质教育研讨会论文选》《第三届北京素质教育研讨会论文选》《第四届北京素质教育研讨会论文选》等图书。2001 年 3 月，制定《〈北京教育科学研究文库〉编辑出版办法》。编委会办公室设在科教研管理处，负责《文库》编辑、出版、发行等工作。

第四节 委托管理

一、首都教育大调研

2003 年，受市委教育工委和市教委委托组织开展“百名领导、专家访谈”活动，征求对新世纪首都教育改革与发展的意见与建议。10 月 28 日—11 月 18 日共组织协调业务部门访谈 76 位领导、专家，并提交访谈报告。

二、《首都教育 2020 年纲要》研究组织工作

2006 年，受市教委委托，全面启动“未来十五年首都教育发展趋势与《首都教育 2020 年纲要》研究项目”，作为 2006 年教科院的重点工作。成立综合研究领导小组，

时龙任组长、吴岩任副组长，其他院领导作为领导小组成员。秘书处设在发展中心，科教研管理处负责组织和协调。

该项目被分解为5大重点研究问题：首都教育发展战略目标研究、构建首都现代化教育体系研究、提升首都教育质量研究、提升首都教育社会服务能力研究和教育改革和发展保障机制研究。并进一步细化为27个研究专题，研究范围基本覆盖首都教育发展的宏观、中观、微观的主要问题。在27个专题研究中，教科院业务部门自行承担其中的21个专题（表1），另外6个专题研究分别委托北京社科院首都发展研究所、北京市经济与社会发展研究所、北京大学教育学院、首都师范大学教育科学学院、北京师范大学教育管理学院、中国传媒大学政策与法规研究中心承担（表2）。

项目研究采取过程管理的措施，即分阶段组织不同类型、不同规模交流与汇报及评议活动等，开展的组织管理活动：综合起草组对各专题研究的初步阶段成果提出意见建议；召开院内21个专题研究的大型汇报会；全体业务院领导听取各专题的研究工作情况汇报；请市教委副主任线联平来教科院，听取院领导及专题研究负责人作专项汇报，听取市教委对研究工作的意见建议；召开院外6个专题研究的大型汇报会。

2007年1月—3月，发展中心在27个专题研究成果基础上开展《2020年首都教育发展纲要》框架提纲草拟工作，向市教委提交《从率先基本实现教育现代化到全面实现教育现代化——首都教育中长期发展战略构想》研究报告。

2008年，在《首都教育2020年规划纲要》前期调研基础上，按照市教委安排，教科院组织开展并完成7个专题的延伸调研工作（表3），成果汇集成《北京市2020年教育改革和发展规划纲要研究资料汇编》报送市教委。

未来15年首都教育发展趋势与《首都教育2020年纲要》综合研究课题一览表

序号	课题名称	负责人	部门
1	近15年来首都教育发展状况研究	徐　娅	发展中心
2	首都各区县教育发展状况研究	赵学勤	基教所
3	2020年首都教育发展总体目标和指标体系研究	李　政	发展中心
4	首都学前教育发展战略和热点、难点问题研究	梁雅珠	早教所
5	首都基础教育发展战略和热点、难点问题研究	张　熙	基教所
6	首都职业与成人教育发展战略和热点、难点问题研究	吉　利	职成教所
7	首都高等教育发展战略和热点、难点问题研究	王晓燕	高教所
8	首都终身教育体系和学习型城市建设策略研究	蔡宝田	职成教所
9	首都教育资源现状及空间布局调整对策研究	徐　娅	发展中心

10	首都全面实施素质教育状况与对策研究	梁　威	基教研中心
11	首都课程改革和教学改革状况与对策研究	钟作慈	课程中心
12	首都未成年人、大学生以及公民思想道德教育状况与对策研究	谢春风	德育中心
13	奥运与首都教育问题研究	程　晗	基教所
14	创新城市与首都教育问题研究	单　鹰	高教所
15	创意产业与首都教育发展研究	桑锦龙	发展中心
16	社会主义新农村建设与首都教育发展研究	邢　晖	职成教所
17	首都办学体制、运行机制改革及民办教育发展研究	王文源	民教所
18	首都教育投资体制改革研究	王　磊	民教所
19	首都教育系统人力资源状况研究	张世安	发展中心
20	首都教育现代化与信息化研究	商发明	信息中心
21	首都教育对外开放研究	桑锦龙	发展中心

2006年北京教育科学研究院委托课题一览表

序号	课题名称	负责人	工作单位
1	未来15年首都教育发展的宏观背景研究	景体华	北京社科院首都发展研究所
2	未来15年首都教育需求状况研究	刘芳华	北京市经济与社会发展研究所
3	北京教育的国内和国际地位研究	施晓光	北京大学教育学院
4	建立健全首都教育公共管理体制研究	傅树京	首都师范大学教育科学学院
5	学校内部管理体制改革研究	程凤春	北京师范大学教育管理学院
6	首都教育发展环境与引导机制问题研究	李丹林	中国传媒大学政策与法规研究中心

《首都2020年教育改革和发展纲要》研究延伸项目一览表

序号	课题名称	负责人	部门
1	北京市中长期教育改革和发展规划纲要	桑锦龙	发展中心
2	全面推进“人人都好、人人不同”的首都素质教育新局面	耿　申	院部
3	高水平普及15年基础教育，让每个学生都成功	赵学勤	基教所
4	首都高等教育发展战略专题报告	王晓燕	高教所
5	深化改革，扩大开放，迈向现代职业教育	吉　利	职成所
6	构建终身教育体系，提升首都教育现代化水平的内在要求和发展方向	吉　利	职成所
7	大力推进教师队伍建设，加快首都教育人才资源开发	鱼　霞	教师中心

三、财政专项管理

1996 年以来，教科院承担多项市委教育工委、市教委、市政府教育督导室委托和下达的财政专项任务。2006 年，为加强对教科院各部门承接的财政专项统筹管理，科教研管理处开始对财政专项进行项目统计。2010 年，由院长时龙带队，业务分管副院长参加，科管处组织开展财政专项业务工作大检查，逐个部门检查工作开展和成果档案，按照工作部署开展“十一五”期间财政专项和两委委托任务成果的收集和整理工作。2013 年，根据《北京市教育委员会关于处室下达任务经费预算管理办法》有关要求，制定《北京教育科学研究院承接北京市教委下达任务的管理办法》，加大对项目经费预算材料审核、项目实施过程、项目完成情况的管理力度。截至 2015 年，教科院各业务单位承接的财政专项共计 732 项。

执笔人：姜继军

审核人：周春红

责任编辑：郑锋

第七章 北京市教育科学规划领导小组办公室

1983年初，北京市教育科学规划领导小组（以下简称“领导小组”）成立，领导小组办公室（以下简称“规划办”）设在北京市教育科学研究所。1996年教科院成立后，领导小组重组，规划办设在教科院。1996年2月，规划办与教科院科教研管理处合署办公。2002年规划办独立办公。2004年10月，规划办与科教研管理处合署办公。2007年9月规划办独立办公。

1996年，规划办作为领导小组的职能部门和办事机构，负责编发《北京市教育科学规划重点课题研究成果公报》。主要职责：制定北京市教育科学发展规划、研究计划及课题指南的具体组织工作；组织规划课题的评审工作；制定北京市教育科学规划课题管理办法及有关规章，编制研究课题经费预算。检查重点课题的研究工作和经费使用情况；北京市教育科学规划课题研究成果的鉴定、验收、推广等具体组织工作；北京市教育科学优秀成果评选和奖励的具体组织工作；协调各学科组的工作，组织开展有关业务活动；举办有关学术研讨活动；负责编制全市教育科学研究年度发展报告；向市教委报告有关教育科学研究及事业发展的最新动态和信息。

2002年6月，修订《北京市教育科学规划课题管理办法》，规定规划办的主要职责是组织规划实施、管理重点课题、组织学术交流、组织科研培训，组织成果评奖，推广科研成果等。2006年3月，修订《北京市教育科学规划课题管理办法》，第六条中将职能之一“管理重点课题”修改为“管理立项课题”，规定规划办的主要职责是组织规划实施，管理立项课题，组织学术交流、科研培训、成果评奖，推广科研成果等。

截至2015年底，规划办在职职工7人。中共党员7人。

规划办干部任职一览表

姓名	职务	任职时间	备注
耿　申	主任	1996年4月—	
白爱宝	副主任	1996年12月—2002年9月	
周春红	副主任	2002年9月—2013年7月	
郑　锋	副主任	2004年5月—2006年12月	
郭秀晶	副主任	2013年7月—	
曹　剑	党支部书记	2013年9月—	

第一节 规划课题管理

1996 年—2015 年，规划办共接受全市近 1.3 万项北京市教育科学规划课题申报，经过专家评审共计 2550 项课题立项，共有近 3 万名北京地区的教育工作者和相关研究机构的研究人员实际参与规划课题的研究工作，产生大量研究报告、著作、论文、课件、教具、数据库等多种形式的研究成果。

一、 组织实施规划

（一）发布规划纲要

北京市教育科学规划课题研究的组织实施按国家五年计划周期进行。分别于 1996 年、2001 年、2006 年、2011 年发布 4 个北京市教育科学规划纲要。

（二）分年度推进规划实施

通过制定年度工作计划、发布年度课题指南、编制年度预算、发布年度公报等工作组织和推进规划实施。

（三）制定管理制度

1996 年 7 月 4 日，领导小组通过《北京市教育科学规划领导小组工作职责》《北京市教育科学规划领导小组学科规划组工作职责》《北京市教育科学“九五”规划课题指南》《北京市教育科学“九五”规划课题申报评审办法》和《北京市教育科学规划领导小组学科规划组建议名单》。据此，规划办制定和发布《北京市教育科学规划课题管理办法（试行）（1996 版）》。此后，分别于 2002 年 6 月 26 日、2006 年 3 月 29 日、2011 年 4 月 26 日对《北京市教育科学规划课题管理办法》修订。

（四）增加立项频次

“九五”期间，规划纲要按五年一次立项方式实施。“十五”期间，规划纲要按五年三次立项实施。从“十一五”开始实施每年一次立项。

北京市教育科学“九五”至“十二五”规划课题申报立项情况统计表

年度		申报数	立项数
“九五”	1996 年	650	200

“十五”	2002 年	1200	364
	2003 年	432	106
	2004 年	38	30
“十一五”	2006 年	1572	168
	2007 年	722	269
	2008 年	638	114
	2009 年	710	142
	2010 年	1019	255
“十二五”	2011 年	1300	180
	2012 年	1201	141
	2013 年	1190	153
	2014 年	1161	191
	2015 年	1020	237

（五）课题类别

“九五”期间，规划课题立项类别主要是重点课题、规划课题。“十五”期间，增加重大课题和中小学幼儿园专项课题，并为青年研究者增加青年专项课题。“十一五”期间，课题类别进一步调整为重大课题、重点课题、青年专项课题、校本研究专项课题、一般课题。“十二五”期间增加优先关注课题。到 2014 年，课题类别为重大课题、重点课题（包括优先关注）、青年专项课题、校本研究专项课题、一般课题五大类。

（六）研究领域

“九五”规划立项课题分为综合理论类、学前教育类、基础教育类、职业教育类、高等教育类、成人教育类、德育类、教育管理类、体育美育师范类 9 个研究领域。“十五期间”，将立项课题领域调整为综合问题、基础教育、学前教育与特殊教育、高等教育、职业教育与成人教育、德育、体育美育与校外教育、教育管理与教育评价、教师与教师教育、教育信息化发展。“十一五”期间，研究领域为教育政策与综合问题研究、基础教育研究、学前教育研究、高等教育研究、职业教育与终身教育研究、德育研究、体育美育与校外教育研究、教育管理与评价研究、教师教育研究、教育信息化发展研究 10 个领域。2008 年，临时增设奥林匹克教育研究领域。从 2012 年度起，增设学校党建研究领域。

（七）管理系统平台

2012年，北京教育科学规划课题管理系统建成。以北京市教育科学规划网站为基础平台，整合课题申报系统、网上评审系统、立项课题管理系统、北京市教育科学优秀成果评奖系统、北京市教育科学成果资源库、北京市教育科学专家资源库等教育科学规划课题管理信息系统。

二、立项课题管理

（一）课题指南

课题指南的拟定，分别征求大中小学、相关领域专家、科研机构、教育行政部门、领导小组成员意见，最后报领导小组组长审批。课题指南通过通知、报纸、网络等形式向社会公布。

“九五”、“十五”期间课题指南在每个五年计划实施的第一年第一季度向全市公布。从“十一五”开始，每年制定和公布一次北京市教育科学规划课题指南。

（二）申报

市规划办在发布指南的同时，向二级科研管理部门（各区县规划办或相应管理机构、高校社科处、直属单位科研处等）发出申报通知，各单位开始组织申报。每年自申报公告发布之日起开始受理课题申报，期限为5—7周。

2010年以前申报采取文本申报形式。2010年规划办建立北京市教育科学规划课题管理信息系统，除重大课题外，采取网上申报与文本申报两种形式。

（三）评审、立项

规划办对申报材料经过资格审查之后，组织同行专家对通过资格审查的课题进行评审。重大课题实行公开招标制度，在经过开标、审阅投标文件、论证、质疑与评议、专家匿名投票等环节之后产生拟立项重大课题。除校本研究专项课题、优先关注课题外，其它专项课题按照研究领域分组，聘请同行专家对活页论证部分进行匿名初评，规划办按初评分值高低选出拟立项数2倍的申请书，进入会议综合评审。校本研究专项课题、优先关注课题直接进入会议综合评审程序。会议以无记名投票方式产生本组拟立项课题。规划办对各组通过的拟立项课题进行审核、汇总，报领导小组审议、批准后正式立项。

（四）经费资助

课题立项后，规划办将科研经费划拨到课题负责人所在单位，由所在单位统一管理。课题资助经费一次核定、分期拨付、包干使用、超支不补。课题负责人按计划自主支配课题资助经费，课题负责人所在单位科研管理部门和财务部门对课题资助经费实施具体管理，并对经费使用情况行使监督、检查职责。

“十一五”期间，共资助614项课题。重大课题与特别委托课题每项资助经费10万元，重点课题每项资助3—4万元，校本研究专项课题每项3万元（2007年，130项校本推进课题每项资助 2 万元），青年专项课题每项资助 2 万元。

“十二五”期间，共资助课题 483 项。2011 年重点课题由 4 万元提至 5 万元，校本研究专项由 3 万元提至 4 万元，青年研究专项由 2 万元提至 3 万元。2013 年 7 月重大课题由 10 万元提至 30 万元，优先关注课题由 8 万元提至 15 万元。

（五）开题

按照分级管理、加强分类指导原则，根据立项课题类别分别提出要求，采取不同形式开题。除重大课题和优先关注课题外，其余课题均委托区县教科所和高校科研处组织开题。

（六）中期检查

依据课题类别、研究时限、经费资助等情况，每年组织对立项课题开展中期检查，根据检查结果，完成经费预算与拨付工作。对未按期上交进展材料或材料不全者，敦促上交或补全；对检查不合格或不按规定按时报送材料的课题，缓拨下期经费。2013 年规划办试行通过北京市教育科学规划课题管理信息系统开展网上中期检查工作。

（七）课题变更

在课题研究过程中，如课题组需要变更课题负责人、改变课题名称、改变成果形式、对研究内容作重大调整、变更课题管理单位、延期结题，或因故中止或撤销课题，须由课题负责人提出书面申请，经二级科研管理部门审核签署意见后，报市规划办审批。

（八）结题验收

课题研究完成后，课题负责人根据结题鉴定的有关要求将装订好的鉴定材料报送市规划办。由规划办组织专家进行结题鉴定。重大课题实行会议鉴定，其它类别课题一般采取集中鉴定或通讯鉴定的方式。对综合专家鉴定意见不予结题但确有修改基础的成果，课题负责人要在规定期限内进行修改，修改后由市规划办组织二次鉴定。首次鉴定为“不合格”且没有修改基础及二次鉴定仍为“不合格”的成果予以撤项，并追回或扣留研究经费，课题负责人三年内不得申请北京市教育科学规划课题。

2011 年，规划办借鉴全国规划办集中结题鉴定的经验，根据北京市规划课题的实际情况，开始试行集中结题鉴定。

截至 2015 年底，“十一五”规划课题共完成结题 768 项，结题率 81.9%（其中 2006 年规划课题已结 138 项，结题率为 82.1%；2007 年规划课题已结 248 项，结题率为 92.2%；2008 年规划课题已结 97 项，结题率为 85.1%；2009 年规划课题已结 103 项，结题率为 72.5%；2010 年规划课题已结 182 项，结题率为 71.4%）。

三、学术交流、科研培训与指导

针对立项课题负责人，尤其是中小学校长、教师及区县科研管理人员，开展专题性研究培训讲座。在开题、中期、结题等不同研究阶段举办培训讲座，围绕提升研究质量设计专题培训。近年来主要开展有关文献综述与概念界定、教育研究的主要方法与应用、教育研究的实验法与调查法、教研论文的撰写等系列主题讲座。

四、成果评奖

教育科学规划组织工作每五年开展评选、表彰北京市教育科学研究优秀成果，至今已经举办六届。

2007 年，北京市第五届教育科学研究优秀成果评选活动共受理申报成果 369 项，经过全体专家初评、复评，并经北京市教育科学规划领导小组审批，共评出一等奖 19 项、二等奖 33 项、三等奖 46 项、基础教育专项奖 50 项，获奖总数 148 项。

2013 年，北京市第六届教育科学研究优秀成果评选活动中共受理申报成果 535 项，评选出一等奖 18 项、二等奖 44 项、三等奖 80 项、基础教育专项奖 79 项，获奖总数 221 项。

五、成果推广

对通过鉴定予以结题的课题，规划办以《研究纪要》形式及时发布研究成果，通过印发《北京市教育科学研究优秀成果集》和《北京市基础教育教学成果集》对北京市优秀成果进行推广，并充分利用报刊网络媒体，建立相对稳定的成果宣传渠道。市规划办不定期召开课题成果报告会，发布研究成果信息，组织多种形式专题培训或学术研讨，促进成果应用推广。

自 2009 年起，规划办对北京市教育科研成果奖、北京市基础教育教学成果奖与各区县教科所合作进行全市范围的成果推广。2009 年，共召开北京市第五届教育科研优秀成果奖、第三届北京市基础教育教学成果奖推广会 19 场，推广成果 67 项，直接参与推广的一线老师近 3000 人。2013 年，联合 16 个区县教科所对北京市第六届教育科研优秀成果奖、第四届北京市基础教育教学成果奖进行会议宣传推广，共推广市、区两级优秀成果 97 项，其中市级获奖成果 80 项。

第二节 受托管理工作

一、全国教育科学规划课题受托管理

1996 年—2010 年，规划办协助全国教育科学规划办公室进行北京市申报全国教育科学规划课题申报工作。“十二五”期间，根据《全国教育科学规划课题管理办法》第三十三条“全国教育科学规划领导小组办公室分别委托省级教育科学规划领导小组

办公室（或省级管理机构）和教育部直属高校科研处、直属单位科研处负责所属范围内各类课题的日常管理”，规划办承担北京市全国教育科学规划课题的申报、组织推荐、审查、宣传以及立项课题的日常管理工作等。具体情况如下：

“十二五”期间北京市承担全国教育科学规划课题情况统计表

项目	2011 年	2012 年	2013 年	2014 年	2015 年	总计
申报数量（项）	325	210	215	135	149	1034
立项数量（项）	40	16	15	16	22	87

二、两委委托课题受托管理

北京市委教育工委、北京市教委委托课题由市教委政策法制处统筹管理，日常管理工作由政策法制处委托规划办开展。规划办的日常管理工作包括课题开题、课题经费资助、签订委托协议、中期检查、课题变更、成果鉴定等。2001 年至 2014 年，两委委托课题立项数、结题项数、结题率详见下表：

2001 年—2015 年北京市委教育工委、北京市教委委托课题情况一览表

立项年度	立项课题数	结题项数	结题率
2001 年	22 项	22 项	100%
2002 年	26 项	26 项	100%
2003 年	26 项	26 项	100%
2004 年	18 项	18 项	100%
2005 年	14 项	14 项	100%
2006 年	14 项	14 项	100%
2007 年	22 项	21 项	95%
2008 年	27 项	27 项	100%
2009 年	19 项	19 项	100%
2010 年	36 项	36 项	100%
2011 年	30 项	30 项	100%
2012 年	62 项	62 项	100%

2013 年	36 项	35 项	97%
2014 年	43 项	41 项	95.3%
2015 年	24 项	暂无	
合计	419 项	391 项	93.3%

三、基础教育教学成果奖受托评审组织工作

规划办从 1999 年起协助市教委组织北京市基础教育教学成果奖的评奖工作，该奖项四年评选一次。北京市基础教育教学成果奖是北京市政府设立的北京市教学成果奖的组成部分。

1999 年，首届北京市基础教育教学成果奖评比，共收到各单位推荐申报的教学成果 407 项，获奖成果 39 项：特等奖 4 项、一等奖 10 项、二等奖 25 项。

2009 年，第三届北京市基础教育教学成果奖评比，获奖成果 155 项：一等奖 46 项、二等奖 109 项。

2013 年，第四届北京市基础教育教学成果奖评比，共收到各单位推荐申报成果 480 项，获奖成果 160 项：一等奖 40 项、二等奖 120 项。

执笔人：王彬

审核人：郭秀晶

责任编辑：耿申

第八章 基建行政处

基建行政处主要职责：院基建工程、车辆管理、固定资产管理、安全保卫、医疗卫生服务及后勤保障服务等工作。

1996 年 10 月，行政处设立，负责全院安全保卫、房产管理、固定资产管理、食堂管理、车队管理及后勤等工作。

1998 年 6 月，院文印中心成立，隶属行政处。文印中心负责全院内部发行的各种刊物、会议材料、论文、文件、信息材料等印刷品。10 月，成立企业性质的北京教科物业管理中心，负责食堂、车队、保洁等后勤工作。

2002 年 8 月，行政处撤销。安全保卫、房产管理、固定资产、医疗保健职能等划入院办公室。北京教科物业管理中心负责后勤服务工作。

2004 年 5 月，北京教科物业管理服务中心更名为后勤服务中心，定性为事业机构，按机关部门管理。

2006 年 12 月，行政后勤处成立，负责安全保卫、房产管理、固定资产管理、食堂管理、车队管理及保洁后勤等工作，指导后勤服务中心工作。房产的日常修缮与维护由财务基建处划入行政后勤处负责。

2013 年 3 月，行政后勤处更名为基建行政处，下设总务部和新址建设办公室，总务部承担原行政后勤处的全部职能。4 月，成立新址建设办公室（副处级），隶属于基建行政处，承担新址建设管理职能。

截至 2015 年底，基建行政处在职职工 71 人：在编职工 25 人，劳务派遣 22 人，物业 24 人。中共党员 13 人。

基建行政处干部任职一览表

姓名	职务	任职时间	备注
刘铁君	行政处处长	1996年12月—2002年8月	
	行政处党支部书记	1996年12月—2002年8月	
	北京教科物业管理中心法人	1998年10月—2002年8月	兼
高瑞成	行政处副处长	1996年12月—2002年8月	
齐孝源	行政处副处长	1998年2月—2002年8月	
	行政后勤处副处长	2006年1月—2009年12月	
	文印中心法人	1998年6月—2009年12月	兼
杨志广	行政处副处长	2000年7月—2002年8月	
	北京教科物业管理中心党支部书记	2002年9月—2003年8月	
李　铎	北京教科物业管理中心党支部书记	2003年9月—2004年5月	兼
朱　铭	后勤服务中心主任	2004年5月—2007年2月	
陈厚林	行政后勤处党支部书记	2008年7月—2009年10月	
何耐铭	基建行政处处长	2013年11月—	
谢　维	新址建设办公室主任	2013年4月—	副处级
张　林	基建行政处副处长	2013年6月—	
	基建行政处党支部书记	2013年9月—	

第一节 基建工作

1996年教科院成立至今长期处于分址办公。基建工作主要负责对全院办公用房进行日常维护及装修改造。2011年经市委、市政府专题会议研究，确定北京电子科技职业学院翠微路校区为教科院新的集中办公地址。2013年4月18日，新址建设工程启动。

一、基建维修

1996年教科院成立时，办公地址分别为西长安街7号院、劲松811楼、北四环95号院，前门西大街109号七层，租用四川饭店部分房间。1998年，基教研中心部分人员从四川饭店租用地搬至天峰宾馆。2009年7月，租用中核宾馆和南礼士路头条3号北楼。2011年，中核宾馆改租真武饭店。基教研中心、教师中心迁至首都体育学院高德写字楼。

1996年，西长安街7号院3号楼及全院热力管道维修。1997年，院礼堂修缮。1999年，西长安街7号院1号楼照明设备及食堂天然气管道等维修。2000年，西长安街7号院北院维修改造。2001年，北四环95号院电力、水路、暖气等维修。2002年，全院消防工程大修。2004年，学术报告厅及基础设施维修改造。2007年，全年完成修缮项目12个。2011年，北四环95号院防水改造。2012年，劲松811楼防水改造。2014年，北四环95号院食堂改造、劲松811楼旧平房拆除。2015年，北四环95号院及劲松811楼办公楼维修。

二、新址建设

2005年3月25日，时任常务副市长翟鸿祥主持召开专题会议，会议决定：为落实“四个服务”支持中宣部新闻应急指挥中心建设，西长安街7号院内包括教科院等4家单位迁出，将西长安街7号院移交给中宣部。

2009年7月，教科院整体迁出西长安街7号院。发展中心、课程中心、高教所、信息中心、早教所、可持续发展教育研究中心、教师中心、少科办搬至南礼士路中核宾馆，院部机关搬至南礼士路头条3号院。

2011年1月6日，市委副书记、市委教育工委书记王安顺，市委常委、常务副市长吉林召开专题会议，确定北京电子科技职业学院翠微路校区（翠微路4号院）为教科院的新办公地址。

2011年11月，教科院设立新址建设工作小组，负责新址建设具体工作的组织、协调、督办和情况汇报。启动翠微路4号院装修改造工程招标代理机构比选工作。

2012年12月，新址装修加固改造工程项目经费得到市教委和市财政局的同意批复。

2013年3月14日，院新址建设办公室成立，隶属基建行政处。

2013年4月18日，新址建设工程启动。

第二节 资产管理

1998年8月，教科院出台《固定资产暂行管理办法》，对固定资产适用范围、出入账及日常管理作出明确规定。2006年12月，教科院管理固定资产账目，全部采用《北京市行政事业单位资产系统》计算机系统进行管理。2008年，教科院《行政事业单位资产管理系统》升级为单机版。2009年7月，制定《北京教育科学研究院固定资产管理办法》，要求职能部门加强固定资产的管理，健全制度，明确责任。12月22日，院长办公会审议并通过《2009 年下半年固定资产报废情况说明》，要求行政后勤处要进一步加强固定资产管理，保证账账相符、账卡相符、账物相符，规范固定资产清理工作程序。

1996 年至 2000 年，计算机由各单位分散购买。2000 年，开始由院部统一购置，对到达使用年限的微机进行淘汰，升级置换。2003 年 2 月，集体一次性购进一批 IBM 笔记本电脑。2003 年，7 号院主机房设备升级置换，将共计 113 台 586PC 机、28 台打印机、打字机、复印机、扫描仪、语音设备等分 3 批次捐赠给延庆县教委。

2002 年，成立由院办、财基处、监察、信息中心四方面组成的采购小组，采取集体购置办法，对已经老化、破损的部分办公设备予以更新。2003 年，成立由院办牵头，财基处、监察部门参加的工作小组，负责办公家具采购工作。逐步购置更新部分所、中心及处室办公家具。2004 年 2 月，为支持贫困地区改善办学条件，将一批置换的办公家具捐赠给河北青龙县教育局。2005 年 10 月，将一批会议桌椅捐赠给河北省阜平县职教中心。

2006 年，教科院清查资产共计 3972.85 万元。2007 年 8 月，教科院 450 余万元的固定资产由市财政局批准报废。2009 年，清查资产共计 31322.47 万元。2011 年，清查账面资产总额为 29950.98 万元，负债总额为 5387.24 万元，净资产为 24563.74 万元。2013 年，登记资产总额 46466.28 万元，负债总额为 1343.77 万元，国有资产总额为 45122.51 万元。2014 年，年检登记资产总额 42120.49 万元，负债总额为 1662.02 万元，国有资产总额为 40458.48 万元。

第三节　后勤服务

一、车辆管理

1997 年，市控办核批汽车编制 17 辆。

1998 年 8 月，出台《院部统管车辆及运行的暂行管理办法》，对各部门用车、车辆调度、机动车驾驶管理等都有明确规定。

2002 年，市控办重新核定全院汽车编制为 24 辆。

2005 年 3 月，为提高办公用车利用率，制定《北京教科院机动车管理办法》。明确规定，院里负责为业务单位及处室配置办公用机动车，院属企业的办公用机动车由企业自行解决。

2014 年，院部机关进行公车改革，院部机关公务用车实行统一管理、统一派车、统一回院停泊的办法。院领导公务用车由车队统一调配。

截至 2015 年，教科院在编车辆 25 辆，非在编车辆 8 辆。

二、食堂管理

1996 年 3 月 15 日，接收原北京市教育局食堂，采用内部食堂代金券方式就餐。1998 年，内部代金券与纸质月饭卡同时使用。2000 年，改用磁卡售饭方式。

1998 年 5 月，7 号院食堂实行经费包干、自主经营、自负盈亏的管理模式。

2000 年 9 月 1 日，建立北四环中路 95 号院食堂，实行自主经营、自负盈亏的管理模式。

2010 年至 2015 年，除北四环 95 号院食堂实行自主经营、自负盈亏的管理模式之外，南礼士路头条 3 号、首都体育学院高德写字楼、真武饭店三处办公点职工用餐委托给租借单位，我院按实际用餐人数交付餐费。其余办公点按标准每人每天给予饭费补助，由各部门自行安排用餐。

三、安全保卫

建立各项安保制度，建立院部与各所、中心之间的安保管理体系，与属地或系统安保管理部门建立联系；每年寒暑假前、敏感时期及重大节日前，跟随院安全检查组对全院各单位进行安全巡查。

1996 年 3 月，教科院安全保卫工作由院长办公室负责。12 月组建院行政处负责内保工作。

1999 年 10 月，为迎接建国五十周年大庆，北京市开展长安街及延长线安全整治活动。教科院圆满完成上级交给的各项安保任务，被评为市安保工作先进单位，高瑞成同志被北京市公安局授予个人三等功。

2007 年，全院实行逐级消防安全责任制和岗位消防安全责任制。3 月，明确单位消防安全的主体责任，法人或单位负责人为消防安全第一责任人。此后每年院长与各单位负责人签订安全责任书，对安全员进行专业知识、操作技能培训。

2009 年 1 月，完成西长安街 7 号院搬迁任务。2 月，制定《北京教育科学研究院火灾隐患排查整治“雷霆行动”工作方案》，成立“雷霆行动”领导小组。谢维因搬迁工作被北京市公安局授予个人三等功。

2013 年 11 月，建立教科院安全台账制度，将安全工作落实到单位、落实到人。

四、医疗卫生

1996 年 12 月 31 日，院医务室成立，承担全院职工常见病、多发病、慢性病的医疗及保健、流感疫苗接种、职工健康体检、公费医疗及医疗照顾管理、组织职工无偿献血、计划生育管理。

（一）公费医疗

1996 年建院后，建立以北京积水潭医院为合同医院的公费医疗管理体系，统一报销标准。1997 年—2011 年，教科院均是公费医疗管理分片组长单位，历年均被评为管理先进单位。2012 年初，在职及退休人员全部纳入医疗保险体系，实现持卡就医、实时结算。

（二）体检保健

职工健康体检每年一次。对体检结果进行统计分析报告，对全院职工的健康状况进行总体评估，对重点人员进行复查诊断及跟踪监测。体检费用由最初的人均 150 元左右提高到 2015 年的近 550 元。

2003 年，北京爆发“非典”疫情期间，实现全员“零”感染的目标。

（三）职工无偿献血

1996 年—2004 年，教科院每年组织适龄职工无偿献血，全院累计无偿献血 110 人次。教科院多次被评为无偿献血先进单位。2008 年，为迎接奥运会、响应北京市献血办公室《应急用血保障预案》，成立应急献血预备队，25 人登记在册。

（四）计划生育

1998 年 4 月 17 日，成立院计划生育领导小组。院长与各单位负责人签定计划生育工作责任书。院医务室负责计划生育日常工作，包括生育指标审批（领取发放《生育服务证》）、独生子女审批表、核准发放“独生子女父母一次性奖励”、生育二胎核准、各种日常报表、计划生育药具发放等。

五、住房管理

（一）住房分配

1996 年 11 月 29 日，院常务会决定，为解决职工住房困难问题，从市教委位于回龙观、大兴环岛及朝阳区单店的康居工程住宅中争取指标，除市教委补贴外，购房单位再补贴每平米 700 元，其余由个人支付，共购置 12 套。1998 年，市教委给教科院位于朝阳区望京小区的康居房 10 套。1999 年，市教委分给教科院位于宣武区马连道的宿舍房 85 套，（其中用于单身宿舍 4 居 1 套、1 居 2 套），并将入住新房后腾退的二轮旧楼房、平房再次分配，共解决 140 名职工住房。2000 年，市教委分配教科院北四环楼房 2 套。2001 年，教科院购置朝阳区望京高教小区经济适用房 9 套。2008 年，教科院有 20 人购置市教委提供房源两限房 20 套。

（二）物业管理

1998 年 8 月，《固定资产暂行管理办法》对单位用房的登记、租用、调出管理作出简要规定。2003 年，教科院统一收取和管理全院物业费。2013 年 12 月，根据北京市财政局关于政府采购物业的相关规定，全院保洁、环境绿化及收发等物业服务工作通过政府采购，全部由北京育新物业公司管理。

2015 年 10 月，依据《关于北京市机关事业单位职工采暖补贴办法的通知》《关于北京市机关事业单位物业服务改革有关问题的通知》文件精神，我院对职工住房物业费发放、职工采暖补贴进行明补。

（三）住房补贴

2005 年对新职工发放住房补贴。2007 年，依据国家发布的《经济适用住房管理办法》文件精神，教科院制定《北京教育科学研究院职工住房管理办法》，对职工住房补贴金额分级别发放。2010 年，进行全院职工房补工作中退休无房户、差额户，在职无房老职工、差额老职工的审核申报发放工作。

六、其它服务

负责各办公点门前三包、保洁、环境卫生、绿化、信件收发。从 1998 年 6 月 1 日起，院文印中心开始工作后，全院各单位凡内部发行的各种刊物、会议材料、论文、文件、信息材料等各种印刷品，统一由院文印中心印制。2002 年 10 月，经院领导研究决定撤销文印中心。2003 年，制定并执行《环境卫生及绿化管理办法》《收发室管理办法》。

执笔人：刘慧媛

审核人：何耐铭

责任编辑：管庆智

第九章　纪检监察审计处

纪检监察审计处由纪检、监察和审计合署办公，在院党委和行政领导下，在上级纪委和审计部门的指导帮助下，坚持“从严治党、着眼防范、综合治理”，全面履行党的纪律检查、行政领导和监察和审计监督三项职能，围绕中心，服务大局，积极工作，为教科研工作顺利开展提供监督保障。

1996 年 10 月，教科院设立党委办公室，纪检监察处与党委办公室合署办公。12 月任命马德良为监察处长。

1997 年 3 月，马德良任纪委副书记。

2002 年 9 月，纪检监察处与党委工作部合署办公，谢春风任纪委副书记。

2013 年 4 月，郃汉强兼任纪检员（正处级）。6 月党建工作部副部长陈厚林负责纪检监察审计工作。

2014 年 6 月，成立纪检监察审计处，陈厚林任副处长、联合党支部书记。7 月聘用专职审计员。

截至 2015 年底，纪检处在职职工 2 名。中共党员 1 人。

第一节　党风廉政建设

认真学习贯彻市委关于党风廉政建设重要文件，进一步建立与完善院党风廉政建设惩治和预防腐败体系，加强院党风廉政建设和反腐倡廉建设，落实党风廉政建设责任制。抓好反腐倡廉建设，制定反腐倡廉建设规划及规章制度，抓好党风廉政建设责任制落实，对反腐倡廉建设状况进行调查研究，提出加强反腐倡廉建设建议；建立中层党员领导干部廉政档案，组织开展领导干部廉洁自律工作。

一、党风廉政宣传教育

维护党的章程和其它党内法规，对党员进行党风廉政教育和遵纪守法教育。

1996 年，建立《院理论中心组学习制度》《领导干部民主生活会制度》《同干部谈话制度》，出台《北京教育科学研究院关于不准接受可能影响公正执行公务的宴请和不准参加用公款支付的营业性娱乐场所的娱乐活动的具体规定》《北京教育科学研究院关于重大决策、重要干部任免、重要项目安排、大额度资金界定范围的规定》等。

1997 年，建立处级以上干部廉洁自律档案。制定《北京教科院贯彻厉行节约、反对奢侈浪费的若干规定》《北京教科院党员干部廉洁自律规定》。

1998 年，对新任干部补填《住房登记表》《公款装修住房登记表》《非同居子女住房登记表》《领导干部个人重大事项报告表》《领导干部收入申报》登记工作。

1999 年，制定《北京教育科学研究院贯彻党风廉政责任制实施细则》，具体规定全院各个岗位领导干部应担负的领导责任和具体责任，细则为责任考核和责任追究提供依据。

2001 年，制定《北京教科院党风廉政责任制考核及责任追究细则（试行）》、《北京教科院党风廉政建设责任制责任分解》和《落实党风廉政建设责任制对党政一把手、领导班子、牵头单位和协办单位的要求》。

从 2002 年至今，每年根据上级要求，结合本院工作实际确定主题，开展党风廉政教育宣传月活动。活动相对集中一天时间进行集体教育，通过讲党课、组织专题报告会、参观廉政警示教育基地等多种形式，组织院领导、党委委员、纪委委员、处级干部、各单位和部门党组织负责人、企业法人、财务人员参加。下发《从政提醒——党员干部不能做的 150 件事》《十八大以来党风廉政建设和反腐败法规制度汇编》和《党政领导干部新规图解》等学习材料。通过学习教育，党员和领导干部廉洁自律意识进一步强化。

2002 年—2015 年党风廉政建设报告讲座一览表

时间	报告（讲座）人	报告（讲座）内容
2002 年	最高人民检察院职务犯罪研究室主任李银山	预防职务犯罪
2003 年	市教委审计处处长曹永模	强化领导干部经济责任
	副院长时龙	领导干部应树立正确的权力观
2004 年	院长季明明	反腐倡廉报告
2006 年	党委书记胡晓松和财务处处长李铎	反对商业贿赂
2007 年	财务处副处长蔡雁	中层干部和企业法人如何履行自己经济责任
2008 年	市委教育纪工委书记周燕	强化经济责任意识
	市教委审计处处长曹永模	强化财务规则意识
2009 年	市审计局副局长宋艾芳	从审计角度看项目经费使用中的问题与风险防范建议
	院长时龙	党风廉政建设与科研经费
2011 年	院长时龙	党风廉政建设与科研经费

2013 年	院长方中雄	开展教育经费管理年活动、进一步用好管好教育经费
2014 年	院长方中雄	教科院经费审计报告整改
	党委书记唐亦勤	落实全面从严治党，进一步加强党风廉政工作
2015 年	市委教育纪工委书记王文生	贯彻落实中纪委十八届五次全会精神，切实加强党风廉政建设
	党委副书记、纪委书记熊红	把守纪律讲规矩摆在更加重要的位置

二、党风廉政制度建设

制定完善党务管理、行政管理和党风廉政建设等一系列相关文件，先后出台《领导干部报告个人事项制度》《实施党风廉政建设责任制》《中共北京教育科学研究院纪律检查委员会会议议事规则》《内部审计工作实施办法》《廉政风险防范工作责任分解与落实》《领导班子关于改进工作作风实施办法》《承接北京市教委下达任务的管理办法》等，修改完善《北京教育科学研究院实行院长负责制的意见》《北京教育科学研究院院长办公会和党委会议事规则》和《北京教育科学研究院完善领导班子“三重一大”决策制度的实施办法》等。

三、落实党风廉政建设责任

执行领导干部“一岗双责”制度，制定完善领导干部廉政档案，在院内设立党风廉政建设建议箱兼举报箱。2003 年 10 月，推进落实院级领导干部党风廉政建设责任。2004 年，制定《北京教育科学研究院实施党风廉政责任分解与落实》，将党风廉政有关工作具体分解到主管领导、牵头部门和配合部门，落实党风廉政建设责任。基层部门按照院党委要求，完成党风廉政建设责任制的二级分解工作。结合院中层干部聘任，院党委、行政与各部门党政领导、企业法人签定《党风廉政建设责任书》，落实党风廉政建设“一岗双责”。2005 年，制定《北京教科院贯彻落实 < 建立健全教育、制度、监督并重的惩治和预防腐败体系实施纲要 > 具体意见》。

四、开展廉政风险防范管理

学习贯彻市委、市政府《关于在全市推进廉政风险管理工作的意见》精神，在全院各个部门和岗位全面开展廉政风险防范管理，查找风险点，提出预防措施。2010 年，开展廉政风险防范管理工作，对照个人思想道德、岗位职责、执行制度等方面查找风险点，共查出党委班子 4 个风险点，制定 4 项改进措施；7 名院级干部查出风险点 34 条，制定措施 22 项；机关查出 8 类 25 个风险点，制定措施 26 项，规范工作流程图 10 项，完善修订制度规定 20 个；16 个业务部门共查找出风险点 38 个，制定措施 26 条。强化领导干部“一岗双责”的责任意识和风险意识，完善廉政建设制度和防范措施，促进全院规范管理和有序运行。

第二节 专项治理及信访案件查处

一、专项治理

按照上级工作部署，先后组织开展清理“小金库”、违规配备电脑、为职工个人购买商业保险、领导干部在企业兼职工作等专项治理。2005年，开展“商业贿赂”问题自查活动。2009年—2011年，教科院先后按市教委要求开展“小金库”和假发票专项治理，固定资产出租、出借、处置的清查等。在落实上级安排专项治理任务的同时，组织对“十一五”财政预算执行的专项检查和固定资产的专项清理。

二、加强对基建工作的重点监督

2011年，教科院新办公楼加固、装修、改造工程启动。院党委和行政高度重视新址建设的廉政监督；实行院长办公会、院基建工作领导小组会、部门联席会议的三级决策管理制度，集体决策，透明公开；配备廉政建设监督员，规范监督工程招标；在院局域网上公示招投标公告，制发《评标委员会成员纪律》和《基建工程项目廉政建设制度》，与新址建设相关人员签定《工程建设保密承诺书》；制定《新址建设项目管理办法》；实行工程全过程审计；建立和落实纪委委员、职代会代表、中层干部、离退休老干部代表到新址建设工地巡视制度。

三、信访及案件查处工作

制定完善《信访工作规范》，加强信访受理、线索排查筛选、案件办理和信访工作，完善查办案件组织协调机制。至2015年，接到反映干部职工经济问题和思想作风、工作作风的来信、来电和电子邮件共54件次、电话举报2件，其中上级转来30件次、院收到26件次、实名举报5件次。对举报线索，按照领导批示和相关要求进行调查核实，及时报送调查审理结果。向上级单位说明情况7件次，二级单位向院纪委说明情况4件次，个人向单位说明情况5件次，纪委和二级单位党组织核实10件次。依规查处违规违纪案件，2003年11月，立案查处院下属企业法人挪用公款案件1件。

第三节　审计工作

一、制度建设

2007 年 10 月，制定《北京教育科学研究院内部审计部门工作职责》，起草《北京教育科学研究院内部审计工作实施办法（建议稿）》。监督和评价本单位及所属单位财务收支、经济活动的真实性、合法性和效益性，促进加强经济管理和实现经济目标。协调上级单位和审计机构开展的审计活动。2014 年 4 月，制定《北京教育科学研究院内部审计工作实施办法（试行）》，推进内部审计的经常化和规范化，规范教科院财务会计工作，提高教育资金使用效益。

二、领导干部离任审计

建立和落实领导干部离任审计制度，加强对领导干部的权力监督。采取请会计师事务所、组织本院审计小组方式，先后对院级领导 1 人、处级干部 11 人、企业负责人 11 人进行经济责任审计。2009 年，对奥运教育专项工作负责人进行离任经济责任审计。

三、专项经费审计

2002 年，对院属 19 个企业和期刊部进行专项审计。2003 年，对教科院（西长安街 7 号院）食堂进行专项审计。2004 年，对院党费进行专项审计。2009 年，对北京市教育委员会奥运教育办公室 2004 年—2008 年度专项经费使用情况进行内部审计。2013 年，院新址建设开工后，招聘会计师事务所对工程建设进行过程审计。2015 年，对预算额度达到 500 万元以上的 2 个财政预算项目开展过程审计，对 2 名企业法人进行离任审计，对基建工程经费进行专项审计。

四、配合做好市教委、市审计局对教科院进行审计

从 2002 年开始，协助市教委、市审计局先后对 2 名院领导进行任期审计。2010 年、2011 年、2014 年，市教委对院预算执行进行审计。2013 年，市教委对院内控审计进行调查，使用公务卡情况进行检查，对名师同步课堂项目进行专项审计。

执笔人：陈厚林

审核人：陈厚林

责任编辑：熊红

第十章　工会、共青团工作

建院以来，相继成立工会、共青团等群团组织，充分发挥群团组织的桥梁纽带作用，反映群众呼声，维护群众合法权益。

第一节　工会

1996 年 9 月 10 日，经北京市教育工会批准，中国教育工会北京教育科学研究院委员会（以下简称“院工会”）正式成立。1998 年 12 月，院工会被市教育工会评为“合格教职工之家”。2002 年 3 月，院工会被市教育工会评为“先进教职工之家”。

一、组织建设

（一）组织架构

院工会的领导机关是院工会会员代表大会，代表为常任制，任期 3—5 年。大会闭幕期间由院工会委员会主持日常工作。委员会设主席 1 人、专职（常务）副主席 1 人、兼职副主席 1—2 人、委员 15 人。

院工会经费审查委员会负责对工会经费收支、使用和财产管理情况进行审查监督。委员会设主任 1 人、委员 2 人。院工会委员会和经费审查委员会由院工会会员代表大会选举产生，任期 3 年—5 年。

院工会委员会下设女职工委员会和组织宣传、文化体育、青年、生活保障等工作委员会。由院工会负责专项工作的委员分别担任主任，各基层工会负责专项工作的委员分别担任以上工作委员会委员。

根据《工会法》规定，结合教科院实际，在有会员 14 人以上的单位建立工会委员会；会员 14 人以下、10 人以上，可根据需要建立工会委员会或建立工会小组；会员 10 人以下组建工会小组；工会委员会由 3—5 人组成，工会小组设工会组长 1 人。工会委员会（工会小组）由所在单位全体会员选举产生，任期 3—5 年，期满改选。选举后报院工会批准生效。

（二）组织沿革

首届工会会员代表大会暨职工代表大会

1997 年 5 月 30 日，召开教科院首届职工代表大会暨工会会员代表大会。大会选举产生院工会委员会、工会经费审查委员会、职代会执委会。工会主席李凤琴，工会副主席艾勇强（专职）、苏学恕（兼职）。工会委员会 11 人、职代会执委会 13 人，执委会主任李凤琴。工会经费审查委员会 3 人，主任杨志广。首届院工会下设 6 个基层委员会、4 个直属工会小组。期间共召开 6 次职工代表大会暨工会会员代表大会，会员总计 355 人。

第二届工会会员代表大会暨职工代表大会

2005 年 1 月 11 日，召开教科院工会、职代会换届大会，选举产生第二届院工会委员会、工会经费审查委员会、职代会执委会。工会主席先后为李凤琴、唐亦勤（2005 年 9 月 6 日补选），副主席胡以伦（专职）、孙伟（兼职）。工会委员会委员 11 人、工会经费审查委员会 3 人、职代会执行委员会委员 11 人，主任李凤琴。女职工委员会委员 5 人、生活福利委员会 5 人、提案工作委员会 3 人。院工会下设 8 个基层委员会、7 个直属工会小组。2009 年 11 月 20 日，增补 1 名工会委员。期间共召开 8 次职工代表大会暨工会会员代表大会。

第三届工会会员代表大会暨职工代表大会

2009 年 12 月 30 日，召开教科院工会、职代会换届大会，选举产生第三届工会委员会、工会经费审查委员会、职代会执委会。选举产生院工会委员会委员 15 人、职代会执行委员会委员 15 人、女职工委员会委员 5 人。院生活保障工作委员会委员 5 人、提案工作委员会委员 3 人。第三届工会主席先后为唐亦勤、甘北林（2010 年 1 月 11 日补选）、熊红（2014 年 12 月 16 日补选），副主席郭冠伟（2014 年 3 月 14 日补选）、贾美华（兼职）；工会经费审查委员会 3 人。院工会下设 12 个基层委员会、6 个直属工会小组。截至 2015 年底，共召开 9 次职工代表大会暨工会会员代表大会。

（三）基层工会建设

2005 年以来，院工会出台《职工小家自查验收标准》《职工小家及工会先进个人评选办法》。组织开展职工小家评选和工会先进个人评选，共评选出模范职工小家 19 个、先进职工小家 24 个、合格职工小家 15 个，评选先进工会工作者 109 人次、职工之友 83 人次、工会活动积极分子 152 人次，评选优秀工会信息员 13 人次。

二、制度建设

1997 年，院工会制定《北京教育科学研究院关于〈北京市高等学校教职工代表大会暂行条例〉实施细则》《中国教育工会北京教育科学研究院委员会选举办法》。制定工会委员会、工会经费审查委员会、妇女委员会职责，制定工会委员会主席、委员职责，基层工会主席、工会小组长任职条件与职责及工会经费管理办法。

2000年，院工会制定《北京教育科学研究院实行院务公开实行办法》《基层工会“先进教职工之家”考核验收条件》。

2001年，院党委下发院工会起草的《北京教育科学研究院关于加强科教研人员职业道德建设的意见》，院工会下发《北京教育科教研究院科教研人员职业道德规范》。

2005年，院工会修定《关于〈北京市高等学校教职工代表大会暂行条例〉实施细则》，制定《职工代表大会工作细则》和《工会工作细则》，制定《职工代表大会执行委员会工作条例》《工会、工会主席、工会副主席、组织委员、宣传委员、妇女委员、文体委员、福利委员、工会小组长职责》《工会女职工委员会工作条例》《生活福利委员会工作条例》《工会经费审查委员会工作条例》。制定《教科院职工困难补助及慰问标准》，建立《基层工会经费保障制度》。

2006年，院工会制定《北京教育科学研究院岗位聘任人事争议申诉、调解办法（试行）》。

2007年，院工会制定《职工代表大会实施细则》《关于建立健全二级单位职工大会制度的意见》《建设“职工之家”工作考核评估办法》《劳务派遣人员加入工会组织的条件及待遇》《优秀提案奖、提案工作优秀组织奖评选条例》《院务公开工作基本规范》《关于建立健全二级单位职工大会制度的意见》《青年工作委员会章程》和《重要院务公开目录》。

2008年，院党委下发《关于进一步加强工会、职代会工作的意见》。

2010年，院工会向各基层工会印发《关于加强工会信息工作的通知》，建立工会信息员库。院工会修订《北京教育科学研究院岗位聘任人事争议申诉、调解办法》，下发《建设“职工之家”工作考核评估办法》。

2015年，制定《北京教育科学研究院工会财务管理办法（试行）》《北京教育科学研究院点题回应办法》。

三、队伍管理

（一）工会干部培训

院工会坚持工会干部培训制度，多种方式开展培训，发放《北京教工》《职工代表培训教材》《工人日报》《劳动午报》《工会博览》《中国教工》《现代教育报》等与工会相关报纸期刊。举办工会干部培训班及研讨会，学习《工会法》、教育部第32号令《学校教职工代表大会规定》等有关工会法律法规和文件，学习中国工会、市总工会和教育工会年度会议精神，掌握工会政策，研讨工会工作，交流工会经验。

2008 年，组织基层工会干部参加市总工会法律服务中心举办的劳动争议调解员培训，有 14 位工会干部通过考试，取得劳动争议调解员上岗证书。2014 年，院工会培训工会干部使用在 OA 环境下的电子提案系统。2015 年培训工会干部，院党委书记马谊平作《贯彻中央关于加强和改进党的群团工作意见精神，努力开创教科院工会工作新局面》报告。

（二）会员信息管理

2009 年 8 月至 12 月，院工会首次开展全院工会会员信息采集报送工作，全院 322 名工会会员信息全部上传到市总工会会员管理平台，对工会会员采取网上动态管理。是年，院工会为全体会员办理“京卡·互助服务卡”，此后院工会每年为新入职会员采集信息，并办理互助卡，实现工会会员的网上动态管理。

四、经费管理

院工会的经费收支预决算均按照规定程序，在工会经费审查委员会监督之下执行，工会经费收支活动运行规范有序。严格经费预决算制度，年初拟定经费预算方案并上会批准，年终编制财务决算报告并报市教育工会核准。预决算工作纳入全院财务预决算管理系统，严格执行经批准的年度经费预算方案，完成工会财务核算管理工作。针对院工会财务核算集中管理，组织活动集中与分散相结合的情况，院工会采取将会员会费全额返还外，为每名会员从院经费中补贴 100 元下拨到各基层工会自主使用（2015 年增加到人均 200 元），做到工会经费条块结合的管理模式，以利于两级工会工作的开展。

五、评比表彰先进

教科院共有国家和市级劳模 17 人。每年元旦、春节两节期间都走访慰问劳模。2010 年，院工会建立劳模电子档案。2012 年开始，市总工会加大对劳模的关心力度，开展劳模体检和发放春节慰问金活动，院工会积极配合完成上级安排的工作。2012 年，实现与总工会劳模管理平台对接，建立劳模网上电子档案。

2004 年开始，评选院级职业道德标兵，每两年评选一次。院工会制定评选条件，各基层工会在民主投票选举的基础上，经基层党支部（总支）同意后，向院工会推荐“职业道德标兵”候选人。院工会专门召开评选会议，各基层工会介绍候选人先进事迹后，院工会委员和基层工会主席（组长）投票推选适度名额，报院党委审批后确定最终人选。各年度分别结合党委表彰或教师节对“师德标兵”称号获得者进行表彰。在院级职业道德标兵评选的基础上，向上级工会推荐市级先进个人。2004 年和 2008 年，同时评选青年职业道德标兵。

六、女职工工作

院工会认真贯彻上级有关女职工工作的方针、政策，关心女职工，维护女职工合法权益。每年组织开展纪念“三八”妇女节活动，先后为女职工发送《女性更年期保健手册》《有氧健身走》《快乐生活一点通》《做阳光女性》和《活出全新的自己》等图书及慰问品，举办女科教研职工形象设计等讲座，普及宣传新婚期、孕产期、育儿期、节育避孕期、更年期的健康知识。开展女职工防癌普查工作，组织女职工参与《女职工安康互助保险》。2007 年，组织实施《在职女职工特殊疾病互助保障计划》。组织院女职工委员会培训，学习《关于保护妇女权益的法律综述》等法规文件。

七、工会活动

（一）文体活动

院工会积极组织全院职工开展各种文体活动，丰富职工生活，创建和谐氛围。克服分址办公集中活动的困难，适应院科教研工作特点，创造条件开展工间操活动，举办爬山比赛、台球比赛、划船比赛、摄影比赛、摄影讲座、组织参观等。院工会每两年举办一次迎春联欢会和职工运动会，联欢会与运动会交替隔年举办。2012 年以后，联欢会和运动会每年都举办。至 2015 年，已举办 10 届全院职工运动会。从 2007 年开始，院工会把文体活动与院学术年会有机结合到一起，每年根据会议场地实际情况开展文艺联欢及“学术杯”系列体育比赛。

1999 年，院工会组织召开全院庆祝建国 50 周年联欢大会、澳门回归知识竞赛。2001 年，组织庆祝中国共产党建党 80 周年文艺演出。2012 年至 2015 年，每年开展职工体质健康测试，并评选健康之星和健康团队。

（二）送温暖工作

院工会坚持全心全意为职工服务，做职工困难的第一知情人、第一协调人和第一落实人，落实“送温暖”制度。院工会生活保障委员会多次修订《北京教育科学研究院关于对职工困难补助及慰问办法》，及时看望生病职工、休产假女职工，慰问献血同志，对去世职工及职工直系亲属进行走访慰问，把党的温暖和单位关怀及时送到职工心坎上。院工会每年元旦、春节两节走访慰问院各类职工代表，集中慰问行政后勤和院部机关职工、劳务派遣工等，走访困病职工及先进职工代表、困难职工代表等各方面人员。每年“六一”儿童节，为职工适龄子女赠送纪念品。每年暑期组织职工赴平谷教工疗养院疗养。对非在编职工一视同仁，为家庭困难职工捐款，中秋节、年终与非在编职工座谈，并送上慰问品。

（三）组织捐款捐物活动

院工会经常组织捐款捐物活动，向社会各界献爱心。1997 年，向贫困地区母亲献爱心捐款1500余元。1998年，洪水灾区捐款28万余元，职工个人捐棉衣被2000余件。1999年，开展“为贫困地区的姐妹们献上一片爱心”活动，捐款1585元；响应市教育工会“烛光工程”号召，为房山区窦店乡中小学捐书4540册。2002年，参加西长安街地区开展的“扶贫济困送温暖”募捐活动，捐款5630元，为贫困地区母亲捐款740元。2010年4月21日至30日，院工会倡议并组织全院职工为青海玉树地震灾区捐款，全院含离退休职工、非在编职工共计400余人捐款92210元。2012年10月，院工会将全院职工捐赠的衣物共1200余件移交北京市“同心希望家园”公益组织。2014年12月，开展以“爱在西城”为主题的募捐活动，各部门捐款2790元，上交到西城区民政局，捐赠物资千余件。

第二节　共青团工作

我院共青团工作充分发挥党委和行政领导联系青年的桥梁和纽带作用，围绕我院发展中心任务，充分把握当代青年特点和青年工作规律，发挥青年作为党的助手和后备军作用，更好地团结青年、教育青年、引导青年、服务青年，维护青年合法权益。

一、组织建设

1997年4月19日，团员大会在平谷教工疗养院召开，42名团员参加大会。大会以无记名投票、差额选举第一届团总支委员会。经院党委批准，团总支书记为谢春风，副书记为姜丽萍。工作经费纳入院党委经费预算。

2007年4月28日至29日，召开共青团换届大会。经上级批准教科院设团委，会议提出团委换届与成立院工会青年工作委员会（以下简称“青委会”）同时进行，实行两块牌子一套人马，共同组织45岁以下青年开展各项有益身心健康和我院发展的工作。与会70余名35岁及以下青年选举成立团委首届青委会。郭秀晶任团委书记（兼任青委会副主任），王磊任团委副书记（兼任青委会主任）。5月，研究制定青委会章程。青委会下设能力发展部、社团部、联络部、公共权益部。

2010年3月15日，召开北京教育科学研究院第三届团委选举大会，选举高兵、苑大勇分别担任团委书记、副书记。

截至2015年，全院团员2人、35岁及以下职工144人。

二、青年思想政治教育

1997年12月9日，召开“纪念一二九，工作创一流”青年团员座谈会。1999年是共青团成立80周年，团总支积极开展系列教育活动，提高青年团员的思想素质，号召大家在教科研工作中建功立业；“五四”期间，举行庆五四运动80周年、我为教科院作贡献座谈会，并举行登长城活动。2001年，召开迎接建党80周年座谈会，了解中国共产党的历史，并要求团员、青年为再创一流工程作 出应有的贡献。2002年，在密云县召开我院团员青年座谈会，学习我院“十五”期间工作思路和市领导视察我院时的讲话等文件，交流如何在我院内部改革和“创建一流工程”中发挥青年人的作用。2011年，按照纪念建党90周年活动的部署，在党委开展的“学习党史、坚定信念”征文活动中，院团委积极组织全院青年干部深入学习我党90年的光荣历史、丰功伟绩、宝贵经验，积极参与“在党旗下成长”主题征文活动。

三、发挥共青团党的助手作用

2005年先进性教育活动中，配合党委的教育专题网站，向青年工作者和共青团员宣传理论文萃、工作要闻、图文信息、基层动态、领导讲话、先进典型、心得体会。团总支深入青年群众和共青团员中去，针对团员、群众提出的意见和建议，坚持边学边议边整边改，特别是对群众反映强烈的、涉及群众利益的问题，区分轻重缓急，立即进行整改，确保先进性教育活动取得实效。在关心群众方面，先后走访慰问困难群众11人。关心共青团员追求进步的要求，配合院党委及各总支、支部，认真做好对入党积极分子的培训和教育。

四、社会活动和考察学习

1997年6月，举行迎香港回归青年诗歌朗诵会。1997年7月，团总支组织团员青年赴京郊边远贫困山区的平谷县罗汉石小学，开展“献爱心捐资助学”活动。1999年8月上旬，组织部分团员青年到国家著名大型企业海尔集团的工业园区参观考察，听取海尔人艰苦创业的情况介绍。2000年，组织部分团员青年赴大西北青海考察。2003年，团总支与工会、科管处联合举办青年研究人员的演讲比赛。2004年7月，组织部分团员青年到东北老工业基地考察。2011年“五四”青年节，面向全院青年职工开展“青年职工走进山村小学”活动，走进密云县不老屯中心小学参观交流，深化青年科研人员对边远农村教育的了解，并向孩子们赠送文体用品、向职工捐赠衣物书籍。2000年、2001年、2002年、2014年，多次组织义务植树活动，营造绿色北京，改善首都生态环境。

执笔人：郭冠伟

审核人：郭冠伟

责任编辑：熊红

第十一章 院属企业

院属企业是教科院事业发展的重要有机组成部分，紧密围绕教科院中心工作，发挥教科院教研科研业务优势、人力智力优势等资源优势，以科教研成果转化和咨询服务为主，开展企业经营活动。特别是在教材发行、学具研发推广、教育培训、实习基地建设等教育公共服务方面，为首都教育事业、经济建设和社会发展作出积极贡献，取得较好的社会效益和经济效益。1996 年，教科院各组成单位所属企业 12 家划转到教科院，至 2003 年共有 24 家企业。此后经过清产核资和企业调整，至 2015 年底，院属企业有 8 家（含 1 家自收自支事业单位），有员工 54 人：在编职工 17 人，非在编职工 37 人。中共党员 8 人。

第一节 沿革

一、管理机构

1996 年 10 月，设立产业管理办公室。

1998 年 4 月，成立全民所有制企业北京希望教育开发中心，与产业管理办公室共同管理院属企业（两块牌子一套人马）。

2002 年 8 月，撤销院产业管理办公室，成立北京教育科学研究院资产经营有限责任公司，与北京希望教育开发中心两块牌子一套人马，负责协调、组织、管理院内各企业运营。公司设立董事会，是公司的决策管理机构；设董事长 1 名，董事长为法定代表人；设总经理、副总经理、办公室主任。办公室负责公司的文秘、劳资、安全、信息、法律咨询、对外联络、日常接待工作。

2003 年 3 月，北京教育科学研究院资产经营有限责任公司更名为教科院国有资产管理委员会（以下简称“管委会”）。管委会下设办公室，设在北京希望教育开发中心。管委会由主任、常务副主任、执行副主任、副主任、委员若干人组成。院长任主任（法人），主管院长任常务副主任，院有关部门负责人任副主任，有关部门代表任委员。分别于 2003 年、2009 年、2013 年换届。

2004 年 10 月，北京希望教育开发中心改组成立北京教科苑投资管理中心。

2007 年 5 月，北京教科苑投资管理中心改制为北京教科苑投资管理有限责任公司（未注册）。

干部任职一览表

<table>
<tr><th>姓名</th><th>职务</th><th>任职时间</th><th>备注</th></tr>
<tr><td rowspan="4">翟燕丁</td><td>产业管理办公室主任</td><td>1996 年 12 月—2002 年 8 月</td><td rowspan="4">正处级</td></tr>
<tr><td>北京希望教育开发中心法人</td><td>1998 年 4 月—2004 年 10 月</td></tr>
<tr><td>院资产经营有限责任公司副总经理</td><td>2002 年 8 月—2003 年 3 月</td></tr>
<tr><td>北京教科苑投资管理中心副总经理</td><td>2004 年 10 月—2006 年 6 月</td></tr>
<tr><td>陈福生</td><td>产业管理办公室副主任兼党支部书记</td><td>1999 年 12 月—2002 年 9 月</td><td>副处级</td></tr>
<tr><td rowspan="3">荣培秀</td><td>院资产经营有限责任公司总经理</td><td>2002 年 8 月—2003 年 3 月</td><td rowspan="3">正处级</td></tr>
<tr><td>管委会（执行副主任兼）办公室主任</td><td>2003 年 3 月—2005 年 3 月</td></tr>
<tr><td>北京教科苑投资管理中心总经理</td><td>2004 年 10 月—2005 年 3 月</td></tr>
<tr><td>杨震滨</td><td>北京教科苑投资管理中心负责人</td><td>2006 年 7 月—2009 年 2 月</td><td>主持工作</td></tr>
<tr><td>吴晓川</td><td>北京教科苑投资管理中心总经理</td><td>2009 年 2 月—</td><td>副院长兼</td></tr>
<tr><td rowspan="5">艾勇强</td><td>院资产经营有限责任公司办公室主任</td><td>2002 年 9 月—2003 年 2 月</td><td rowspan="5">正处级</td></tr>
<tr><td>企业党总支书记</td><td>2002 年 9 月—2005 年 7 月</td></tr>
<tr><td>企业联合党支部书记</td><td>2002 年 8 月—2009 年 11 月</td></tr>
<tr><td>北京教科苑投资管理中心副总经理</td><td>2009 年 2 月—2012 年 3 月</td></tr>
<tr><td>管委会（投资有限公司）办公室主任</td><td>2009 年 2 月—2012 年 3 月</td></tr>
<tr><td rowspan="2">管庆智</td><td>北京教科苑投资管理中心副总经理</td><td>2009 年 2 月—2014 年 1 月</td><td rowspan="2">正处级</td></tr>
<tr><td>企业联合党支部书记</td><td>2009 年 11 月—2013 年 9 月</td></tr>
<tr><td rowspan="2">王勤增</td><td>管委会办公室主任</td><td>2013 年 6 月—</td><td rowspan="2">副处级</td></tr>
<tr><td>企业联合党支部书记</td><td>2013 年 9 月—</td></tr>
<tr><td>蔡　雁</td><td>北京教科苑投资管理中心法人</td><td>2014 年 1 月—</td><td></td></tr>
</table>

二、企业变迁沿革

1996 年建院时，教科院由原“三局一办”所属教育教学研究单位组成。这些单位在建院前为独立的事业法人单位，均根据各自业务领域优势或借助社会力量支持成立一批企业。这些企业通过各自业务活动和资金，成为本单位教育教学研究成果转化的重要支撑，是教科院企业发展的重要基础。1997 年 12 月，经市教委批准，将所属各单位直接管理的 12 家企业划转教科院，由院统筹管理。

建院初期 12 家企业一览表

序号	企业名称	法人	原属部门
1	北京市宣武振兴教育书店	杨震滨	北京市教育局教学研究部
2	北京市远达教育服务公司	杨国新	北京市教育局教学研究部
3	北京持拓兴达中小学教材发行部	张万庆	北京市教育局教材编审部
4	北京市成才教育书店	田国庆	北京市成人教育科学研究所
5	北京科瑞达汽车配件公司	徐　强	北京市高等教育研究所
6	北京金帆实业总公司	陈福生	北京市职业技术教育中心
7	北京金帆歌厅	孙维民	
8	北京兰帆办公设备综合服务部	李焕贵	
9	北京金帆宾馆	陈福生	
10	北京职教旅行社	秦　伟	
11	北京银帆餐厅	王宪民	
12	北京富奇贸易公司	李焕贵	

1997 年—2003 年，根据市教委关于推进国有企业改革和发展精神的工作部署，结合教科院事业发展需要，与院内部管理体制改革统一部署，院属企业有较大变化。先后成立 12 家企业，其中北京教科院培训中心、北京希望教育开发中心、北京育新《班主任》杂志综合服务中心、北京教科物业管理中心、北京教科文印中心、北京望科育潭图文制作中心、北京市中小学教材发行总公司 7 家为全民所有制企业，北京弼挚诚职教服务中心、北京科望教育交流服务中心、北京绿田民办教育咨询服务中心、北京梦想潜能教育研究中心、北京怀德家庭教育研究中心 5 家为股份合作制企业。至 2003 年，有院属企业 24 家。

1997 年—2003 年新增企业一览表

序号	企 业 名 称	法人
1	北京希望教育开发中心	翟燕丁
2	北京育新《班主任》杂志综合服务中心	王宝祥
3	北京教科院培训中心（自支自收事业单位）	赵庭芳、朱铭、程晗
4	北京教科物业管理中心	刘铁君
5	北京教科文印中心	齐孝源

6	北京弼挚诚职教服务中心	董凤雏、谢灵江
7	北京科望教育交流服务中心	张世安、朱铭
8	北京绿田民办教育咨询服务中心	王文源
9	北京梦想潜能教育研究中心	张贵良
10	北京望科育潭图文制作中心	朱 铭
11	北京怀德家庭教育研究中心	闵乐夫
12	北京市中小学教材发行总公司（未注册）	荣培秀（总经理）

2003年—2015年，院属企业经过清产核资，有些企业注销，有些企业停止经营。至2015年，有院属企业8家：北京教科苑投资管理中心、北京市宣武振兴教育书店、北京市远达教育服务公司、北京市希望兴达教育书店、北京育新《班主任》杂志综合服务中心、北京金帆实业总公司、北京市金帆宾馆、北京教育科学研究院培训中心。

2015年现有企业情况一览表

序号	企 业 名 称	法人
1	北京教科苑投资管理中心	蔡 雁
2	北京市宣武振兴教育书店	李云江
3	北京市远达教育服务公司	刘 鹏
4	北京市希望兴达教育书店	谢灵江
5	北京市金帆宾馆	徐 勇
6	北京金帆实业总公司	徐 勇
7	北京育新《班主任》杂志综合服务中心	赵福江
8	北京教科院培训中心	李文义

第二节　企业管理

1996年建院以来，院属企业的管理经历划转企业、统一管理、理顺关系、明晰院企关系、加强宏观管理的历程。

1996年10月，设立产业管理办公室，负责教材发行、管理、教育培训工作，及院办产业开发、利用、管理；组织业务培训，提供教育咨询服务；负责协调、组织、管理院内各企业运营及企业管理规章制度建设。1997年12月，12家企业划转教科院统筹管理。此前以上企业仍分属于有关研究所（中心）自行管理。1998年4月，院产业管理办公室挂牌成立全民所有制企业北京希望教育开发中心，进一步加强对企业经营活动的管理。

1999年6月，针对发行中小学教材市场竞争带来的压力，为避免教材发行经营活动分头管理和重复工作、方便区县和学校工作，经市教委同意，将院属振兴书店、持拓兴达中小学教材发行部、远达教育服务公司等企业经营的中小学教材、学具发行业务合并，对中小学教学用书和教学用具发行业务统一整合，规范管理，有力促进企业发展。

2000年初，根据上级有关精神，教科院试行行政后勤改革，建立“小机关、大实体”后勤管理体制，将文印、膳食、交通、物业管理、保安、招待所等后勤服务工作从行政工作中分离，转制为自主经营、独立核算、自负盈亏的全民所有制经济实体，成立北京教科物业管理中心、文印中心。10月，制定《北京教科院关于加强企业工作的几点意见》，明确院产业管理办公室对全院各类企业进行统一管理，根据各自不同的经营范围和经营特点，对企业领导人实行分类分层管理，建立健全考核和日常管理办法，健全完善企业经营目标和经营业绩考核制度，加强和完善企业监督制约机制。制定印发《北京教科院企业暂行管理办法》，对完成或超额完成各项经济计划指标的企业和法人代表进行奖励，对未完成经营责任指标的企业法人根据实际情况给予适当经济处罚。制定印发《北京教科院股份合作制企业暂行规定》，明确规定教科院发起创办的股份合作制企业的控股比例；规定企业董事长、法定代表人兼经理的委派、变更和撤换；规定股份合作制企业自然人的股份比例；规定院属股份合作制企业在编人员工资等事宜。

2002年8月，成立北京教育科学研究院资产经营有限责任公司，与北京希望教育开发中心两块牌子一套人马。主要职责：代表教科院统一持有全院经营性国有资产的产权、院参股或控股企业和院对外投资的股权，负责经营、管理和监督，承担相应的保值增值责任，并确保完成上缴教科院的利润指标；负责对院属全民所有制企业进行管理和监督，并企业负责人任免；向院控股或参股的股份制企业或股份合作制企业推荐董事和监事人选；受教科院有关职能部门委托，负责对在企业工作的本院职工进行管理与服务。资产经营有限责任公司要按照现代企业制度要求，建立规范的产权关系和法人治理结构，实行独立核算，其组建方案和章程由院长办公室会审核批准。

北京教育科学研究院资产经营有限责任公司下设办公室、财务管理部和资产经营部。

2003 年 3 月，北京教育科学研究院资产经营有限责任公司更名为北京教育科学研究院国有资产管理委员会（以下简称“院管委会”）。院管委会是在院长办公会领导下的非常设机构，主要职责：一是依据国家有关法律、法规和政策规定，监督我院有关部门对院非经营性国有资产的使用管理情况提出建议和作出决定；二是代表我院行使经营性国有资产出资人的职责，建立健全涉及经营性国有资产的管理制度和管理方式，理顺关系，界定我院有形资产和无形资产的使用占用情况，明晰产权，确定各自的责权利，确定经营单位利润上缴指标，通过统计、稽核对所管国有资产的保值增值情况进行监管；三是负责审定我院的重大投资决策，负责审定涉及经营性国有资产变动事项；四是对企业和部门执行国家关于经营政策与财务管理制度情况进行监管，根据有关规定和程序，考核企业负责人经营业绩，向院长办公会提出任免和奖惩的建议，负责审定企业利润分配方案和奖励方案；承办院长办公会交办的其它有关事项。

2004 年 10 月，为进一步加强对国有资产的管理，探索“委托经营、投资管理”的校办企业改革，对院属企业进行清产核资基础上，经北京市教育委员会批准，将北京希望教育开发中心改组成立北京教科苑投资管理中心。该中心负责院属经营性国有资产的投资和管理，持有院办企业及院对外投资形成的股权，并承担相应的保值、增值责任，确保经营性国有资产的安全运营，有效规避企业经营的风险及教科院的连带责任。

2007 年 5 月，北京教科院《关于院属企业改制工作的意见》明确规定，将北京教科苑投资管理中心改制为北京教科苑投资管理有限责任公司，该公司代表教科院行使出资人权力，承担相应的到国有资产保值增值责任。院管委会是北京教科苑投资管理有限责任公司的最高权力机构，对教科院负责。北京教科苑投资管理有限责任公司对院管委会负责，全院所有企业均为北京教科苑投资管理有限责任公司的子公司，不得有以北京教科院冠名的投资、参股等形式的企业存在。北京教科苑投资管理有限责任公司对外未注册，依然沿用北京教科苑投资管理中心名称。

2009 年 6 月，《北京教育科学研究院企业管理机构职责（试行）》明确院管委会的定位是在院长办公会领导下的非常设机构，是院企业的最高权力机构，代表我院对经营性国有资产进行宏观管理，行使出资人职责；代表教科院持有经营性国有资产所有权；依法享有资产收益权；对经营性国有资产重大事项决策权；对经营性国有资产监督权、管理权；对企业高管人员选择权，对我院的国有资产保值增值进行监管。7 月，院管委会制定《北京教科院院属企业贯彻落实〈北京教育科学研究院“三重一大”制度〉的具体实施意见》。

2010 年 6 月，为进一步规范和推进院属企业经营目标管理，院管委会出台《关于院属企业经营业绩考核与利润分配及奖励办法（试行）》。2012 年 1 月形成正式文件。

2013 年 12 月，根据市教委要求，对教科院领导干部在院属企业是否兼职、取酬、插手企业、摊派购车或其它出资供领导使用、谋取个人利益，违反“三重一大”有关制度等情况开展自查工作。

2014 年 1 月，交接和变更北京教科苑投资管理中心、北京市希望兴达教育书店法定代表人。9 月，落实市教委《关于做好 2014 年北京市事业单位所办企业国有资产产权登记工作的通知》，完成院属企业年度财务审计报告、企业国有资产产权登记等工作。

2015 年 6 月，变更北京市宣武振兴教育书店、北京市远达教育服务公司法定代表人。10 月，根据《北京市教育委员会关于开展校办企业国有资产监管自查工作的通知》，成立以主管院领导为组长的自查小组，对院属企业的法人治理结构、制度建立完善实施情况、内控审计评价工作落实情况、违规兼职和廉洁履职情况、资产处置管理情况等国有资产监管情况进行自查自纠。

第三节 现有企业概况

一、北京教科苑投资管理中心

北京教科苑投资管理中心成立于 2004 年 10 月，注册资金 1000 万元，由教科院全额投资，性质为全民所有制，经营范围为投资管理，主要职责为代表教科院对所投资企业的经营性国有资产进行日常管理。受院管委会领导，负责教科院经营性资产的运作，实施对院属企业的监管。

该中心作为母公司，下设 6 个全额投资子公司和 1 个受北京教育科学研究院委托代管自收自支事业单位。全额投资子公司：北京市宣武振兴教育书店、北京市远达教育服务公司、北京市希望兴达教育书店、北京育新《班主任》杂志综合服务中心、北京市金帆宾馆、北京金帆实业总公司（停业待注销）。受托代管的自收自支事业单位是北京教育科学研究院培训中心。

2007 年 5 月，北京教科苑投资管理中心改制为北京教科苑投资管理有限责任公司（未注册）。该公司将代表教科院行使出资人权利，履行出资人义务，负责经营、监督和管理企业工作，承担相应国有资产保值增值责任。

2009 年 2 月，北京教科苑投资管理中心调整新一届董事会、监事会及经理层组成人员。现有在编职工 1 人，返聘职工 3 人。

法人代表任职一览表

序号	法人	时间
1	时龙	2004 年 10 月—2014 年 1 月
2	蔡雁	2014 年 1 月—

二、北京市宣武振兴教育书店

北京市宣武振兴教育书店（以下简称“振兴书店”）成立于 1988 年，原为北京市教育局教学研究部（基教研中心前身）下属教材资料办公室。1993 年 3 月 17 日正式注册为北京市宣武振兴教育书店，主要从事北京市基础教育课程教材改革实验教材及相关教育图书发行工作。1996 年归属于教科院。1999 年 6 月将北京持拓兴达中小学教材发行部和市教委所属长安文教商贸中心经营业务并入振兴书店。

历经 26 年发展，振兴书店成为教科院所属具有图书批发资质的国有独资企业，秉承“发行图书讲政治，市场竞争顾大局，经营过程重细节，科学管理出效益”的企业理念，借助教科院专业团队和各区县培训、研修、科研的力量，形成“策划——研发——组编——培训”的教材组编培训体系，与 24 家出版社教材选题策划、编辑、出版部门建立合作关系，并在 16 个区县形成“直送 + 配送”发行渠道，为北京市中小学生“假前到书”用书提供保证。

振兴书店现有在编人员 6 人、非在编 9 人。

法人代表任职一览表

序号	法人	时间
1	杨震滨	1988 年 9 月—2009 年 2 月

2	胡晓旭	2009 年 2 月—2010 年 1 月
3	康丽敏	2010 年 1 月—2015 年 6 月
4	李云江	2015 年 6 月—

三、北京市远达教育服务公司

北京市远达教育服务公司由原北京市教育局教学研究部于 1992 年 11 月创建。公司成立是根据中小学教学需要，配合现行使用教材，研制中小学活动教材（学具）。1996 年归属教科院。

公司成立以来，坚持以社会效益为主、经济效益为辅，坚持为教学一线服务，坚持遵纪守法、照章纳税，为中小学提供中小学劳动技术、中小学数学、中小学美术配套材料和中小学科学等学具产品。

公司现有员工 7 人，其中在编 1 人。

法人代表任职一览表

序号	法人	时间
1	翟燕丁	1992 年 11 月—1996 年 2 月
2	杨国新	1996 年 3 月—2015 年 6 月
3	刘　鹏	2015 年 6 月—

四、北京市希望兴达教育书店

2000 年 4 月，北京持拓兴达中小学教材发行部更名为北京市希望兴达教育书店（以下简称“书店”），将北京市成才教育书店和北京市职教成教教材发行部的业务统筹经营，承担成教、职教教材发行任务。书店充分发挥职教教材发行主渠道作用，密切同北京地区几十家教育出版基地以及近 100 所中等职业学校合作，确保职业教育国家规划教材规范、管理和使用。书店是中国职教学会教材工作委员会常务理事单位，是教育部职成司全国职业教育教材信息服务网站的优秀网站之一。

书店现有在编职工 2 人、非在编职工 3 人、返聘人员 1 人。

法人代表任职一览表

序号	法人	时间
1	翟燕丁	2000 年 4 月—2002 年 8 月
2	管庆智	2002 年 9 月—2014 年 1 月
3	谢灵江	2014 年 1 月—

五、北京金帆实业总公司

北京金帆实业总公司于 1993 年 5 月 5 日成立，归属北京市职业技术教育中心。该公司取得企业法人营业执照，经营范围：房屋租赁、代售铁路客票。办公地址：朝阳区劲松八区 811 楼。1998 年划归北京教育科学研究院。

法人代表任职一览表

序号	法人	时间
1	陈福生	1993 年 5 月—2002 年 11 月
2	刘铁君	2002 年 11 月—2008 年 3 月
3	徐　勇	2008 年 3 月—

六、北京市金帆宾馆

北京市金帆宾馆于1992年6月25日成立，归属北京市职业技术教育中心。经营范围：住宿服务，企业注册地：朝阳区劲松八区 811 号楼。1998 年上级主管单位变更为北京教育科学研究院。2015 年在编职工 1 人、非在编职工 11 人。

金帆宾馆成立以来，主要是面向社会接待中外宾客住宿，并作为中职校学生实习宾馆服务的场地。本着“以诚待人，以信为本”服务理念，打造“以孝事亲，以诚待人，以信为本，以忍处世”企业文化，狠抓员工自身素质提高，取得良好社会效益和经济效益。2003 年 4 月，金帆宾馆受朝阳区人民政府委托，接待各医院抗击“非典”第一线医护人员，历时 39 天，共接待 3000 余人次。同年 7 月，金帆宾馆被朝阳区人民政府、朝阳区卫生局评为“首都防治非典工作先进单位”。

法人代表任职一览表

序号	法人	时间
1	王绍增	1992 年 6 月—1993 年 5 月
2	陈福生	1993 年 5 月—2002 年 11 月
3	刘铁君	2002 年 11 月—2008 年 3 月
4	徐　勇	2008 年 3 月—

七、北京育新《班主任》杂志综合服务中心

1998 年 9 月 23 日成立，初址设在平谷县第五小学内，2005 年迁至北四环东路 95 号院。该中心为全民所有制企业，实行独立核算，自负盈亏，独立承担民事责任。主营业务为编辑、出版、发行、经营《班主任》杂志。中心实行主任负责制。

该中心成立后，通过固化大客户、发展新客户、发放实体广告、发行日、与各地区、学校联合开展研讨交流活动、及时跟踪培训成效等多种方式，推进杂志发行工作。《班主任》杂志发行量一直保持稳定，2014 年发行量 9 万份。

现有在编职工 1 人、非在编职工 2 人。

法人代表任职一览表

序号	法人	时间
1	王宝祥	1998 年 9 月—2005 年 8 月
2	赵福江	2005 年 8 月—

八、北京教科院培训中心

1996 年 10 月市编办在《关于核定北京教育科学研究院机构设置及人员编制的函》核定院内设机构中包括“合作交流处（挂培训中心牌子）”。1997 年 6 月，培训中心正式成立，以计算机、英语培训和成人自学考试前辅导为主。2001 年 4 月，培训中心获得法人登记。主要任务是面向成人及中小学开展计算机、外语、成人高考、高自考助学、研究生课程进修的学习培训。2004 年 3 月，培训中心纳入企业管理。业务范围：网络教育、普通话测试、英语水平考试、普通话培训测试及相关教材、软件开发及各类教育培训。1997 年至 2007 年，承担中央党校成人函授教学站工作。招收经管专业大专班、经营专业本科班、法律大专班、法律本科班等共 1520 人次；1997 年 –2003 年，举办 4000 余

名小学生参加的小学生英语 1 至 4 等级考试，组织高考复读班招生 80 余人。2003 年组织高职考前辅导班。2005 年—2007 年与北京信息技术职业学院开办《网络技术应用与服务》专业大专班等。2008 年以来，培训中心相继开展的业务范围包括远程学历教育、北京市中等职业学校毕业生审核及证书发放、各类专题培训项目、研修交流项目、学术研讨会。截至 2015 年底，参加各类培训（主要涉及基础教育和职业教育领域）为 35000 余人次。

2015 年，培训中心现有在编职工 4 人，非在编职工 4 人。

培训中心干部任职一览表

姓名	职务	时间	备注
赵庭芳	负责人	1997 年 6 月—2001 年 3 月	
朱　铭	主任	2001 年 4 月—2002 年 8 月	正处级
程　晗	主任	2002 年 9 月—2005 年 1 月	正处级
谢　维	副主任	2002 年 9 月—2004 年 9 月	副处级
		2004 年 9 月—2008 年 3 月	主持工作
李文义	主任	2008 年 3 月—	副处级

执笔人：王勤增

审核人：王勤增

责任编辑：管庆智

附　录

附录一　大事记

一九九六年

1月9日　市委、市政府在东城区少年宫召开北京市教委成立动员大会，市委副书记李志坚讲话，市委组织部常务副部长杨心辉宣布北京教育科学研究院成立。朱全俊兼任党委书记，马叔平兼任院长，文喆兼任副院长，李凤琴任副书记，陈锡章、仉琨任副院长，张定任副局级调研员。

2月15日　北京市教育委员会、北京教育科学研究院、北京市语言文字工作委员会、北京市人民政府教育督导室、北京市联合国教科文组织协会在前门西大街109号举行挂牌揭幕仪式。副总理李岚清打电话表示祝贺，市委书记尉健行、市长李其炎挂牌揭幕，国家教委副主任张天保、市领导李志坚、陈文广、杨朝仕、陶西平、胡昭广、陈大白出席仪式。北京教育科学研究院马叔平、朱全俊、文喆、李凤琴、陈锡章、仉琨和张定出席。

3月13日　市编办制发京编委〔1996〕2号《关于市教委成立北京教育科学研究院、北京教育考试院、北京教育音像报刊总社的批复》。

5月12日—14日　俄罗斯教育科学研究院学术秘书长尼古拉·涅恰耶夫院士应邀来我院访问。

6月28日　成立北京市教育科学规划领导小组办公室。

10月1日　教育信息中心主办的《教育信息参考》第1期出刊。

10月29日　京编办事〔1996〕176号文件《关于核定北京教育科学研究院机构设置及人员编制的函》回复：北京教育科学研究院内设机构18个，其中党政机构9个，科学、教学研究及辅助机构9个，挂靠单位5个。党政机构：党委办公室（挂纪检、监察、工会牌子）、组织部（挂老干部牌子）、院长办公室、人事处、财务基建处、合作交流处（挂培训中心牌子）、科教研管理处（与市科研规划领导小组办公室合署办公）、行政处、产业管理办公室。科学、教学研究及辅助机构：教育发展研究中心、基础教育教学研究中心、基础教育科学研究所、高等教育科学研究所（挂高等学校领导干部培训中心牌子）、职业教育科学研究所（挂职业教育教学研究中心牌子）、成人教育科学研究所（挂成人教学研究中心牌子）、教育信息中心、《北京教育丛书》编委会办公室、教材编审部。挂靠单位：教育史志编修委员会办公室、教育学会、高等教育学会、成人教育学会、职业教育学会。

12 月 完成第一批中层领导干部选拔聘任，任命处级干部 26 名。

是年，获得 2 项北京市第四届哲学社会科学优秀成果二等奖。

一九九七年

1 月 27 日 成立教科院顾问委员会并召开第一次工作会议。

3 月 7 日 召开党员大会，选举产生第一届中共北京教育科学研究院委员会和第一届纪律委员会。朱全俊当选为党委书记，李凤琴当选为党委副书记兼纪委书记。

3 月 11 日 成立北京教育志编纂委员会办公室。

4 月 19 日 召开教科院第一届团员大会，选举产生共青团北京教育科学研究院团总支委员会。

5 月 17 日—27 日 俄罗斯教育科学研究院学术秘书长尼古拉·涅恰耶夫院士一行 5 人两次访问教科院，马叔平、李凤琴、仉琨、张定与客人进行会谈并签订合作交流协议。

5 月 30 日 召开第一届工会会员代表大会，选举产生第一届工会委员会、经费审查委员会、职工代表大会执行委员会。李凤琴当选为工会主席。

6 月 14—18 日 教科院主持召开首届北京素质教育研讨会。北京、贵州、四川、重庆、陕西、辽宁、吉林、黑龙江、浙江 38 人参加会议。

6 月 17 日—18 日 教科院举办全国六省市教科院院长座谈会。

6 月 19 日 北京教育科学研究院培训中心成立。

9 月 5 日 教科院召开第一次全体员工大会。院长马叔平在会上做了全院上半年工作总结及布置下半年工作要点的报告。

9 月 11 日 副市长胡昭广到教科院作题为高举伟大旗帜，实施科教兴国战略，推动北京市的教育改革与发展报告。

10 月 9 日 邀请党的十五大代表、市政协副主席、市委教育工委书记陈大白来院作《学习宣传贯彻党的十五大精神》的报告。

10 月 18 日 举办教科院首届职工运动会。

10 月 30—31 日 教科院和北京航空航天大学联合举办全国中青年学者高等教育改

革教育研讨会。

11 月 6 日　副市长胡昭广带队来我院视察，市教委、市财政局、市计委等单位领导陪同。院长马叔平汇报建院以来的工作。

12 月 8 日　北京教育科学研究院学术委员会成立。马叔平任主任，文吉吉　、王浒任副主任。中国工程院院士、北京工业大学校长左铁镛任学术委员会名誉主任。

一九九八年

1 月 10 日—11 日　召开北京教科院首届学术年会。

4 月 13 日　市教委决定将北京市教育信息化领导小组办公室设在教科院。

4 月，成立全民所有制企业北京希望教育开发中心。

6 月 8 日—11 日　俄罗斯教科院职业技术教育研究所所长别丽娅耶娃为团长的俄罗斯教科院代表团对我院进行为期四天的访问。马叔平、李凤琴、陈锡章、张定及张世安等与代表团进行会谈，签订 1998—1999 年合作交流项目意向书。

6 月 22 日，市教委决定成立北京市职业教育、成人教育教材建设领导小组及其编审委员会。教育教材建设领导小组下设办公室，设在教科院。

6 月 25 日　院党委举行第一次庆“七一”争优创先表彰大会。

8 月 25 日—27 日　举办第二届北京素质教育研讨会，主题为“素质教育与课堂教学”。

9 月 16 日　教科院与市委教育工委、市教委联合举办面向 21 世纪首都教育发展理论研讨会。

上半年，成立合作交流处，负责国际交流与合作、国内学术交流活动。

是年，获得 2 项北京市第五届哲学社会科学优秀成果二等奖。

一九九九年

1 月　院刊更名为《教育科学研究》（双月刊）。

2 月 4 日　教科院老教育工作者协会召开成立大会。

3 月 13 日　召开北京市落实面向 21 世纪教育振兴行动计划专家座谈会，市长助理、市教委主任袁贵仁出席会议并讲话。

5 月 27 日　教科院院中青年教育理论工作者研究会召开第一次会员大会，会议围绕中青年研究人员如何确定科研教研方向和加强院的学术建设工作进行研讨。

6 月 12 日 成立民办教育研究咨询服务中心。

6 月 19 日—22 日 召开第三届北京素质教育研讨会，会议主题是“素质教育与教育改革的实践”。

7 月 8 日 教科院局域网北京教育科研网开通。

10 月 15 启动开展“讲学习、讲政治、讲正气”主题教育活动。

10 月 28 日 市委常委、市委教育工委书记、市教委主任徐锡安来院视察。

11 月 9 日 举办第一届面向 21 世纪中俄教育改革和发展研讨会。

年初，按照“北京市 21 世纪基础教育课程改革方案”组织编写“北京市 21 世纪教材”。

是年，获得 4 项第二届全国教育科学研究优秀成果二等奖。

二〇〇〇年

1 月 20 日 召开院处两级领导班子和领导干部“三讲”教育工作总结会。

3 月 24 日 全国政协常委陈大白、全国政协委员王浒在我院宣讲两会精神。

4 月 21 日 召开北京市基础教育教材编定委员会第二次会议，讨论确定承担各学科教材编定和出版单位，北京市基础教育教材编审委员会主任顾明远教授主持会议，市新闻出版局副局长孙向东参加会议。

5 月 22 日—6 月 1 日 院长马叔平一行 8 人赴俄罗斯教育科学研究院参加第二届面向 21 世纪中俄教育改革和发展研讨会。会上，俄罗斯教育科学研究院院长尼康德洛夫宣布马叔平研究员当选为俄罗斯教育科学研究院外籍院士，并亲自授予外籍院士证书。马叔平在会上作题为《中国教育改革与教育科研》的报告。

6 月 9 日 组建北京教育科学研究院职业教育与成人教育研究所，简称“职成教研究所”。

6 月 23 日 北京教科院学习障碍研究中心成立。

9 月 28 日 副院长陈锡章代表教科院与联合国教科文组织教育研究所签订合作协议书。双方确定在信息交流、人员培训、合作研究等领域开展广泛合作。

10 月 16 日—18 日 教科院与北京师范大学联合举办终身学习国际研讨会。

10 月 17 日 北京教科院家庭教育研究与指导中心成立。

10 月 31 日—11 月 2 日 第四届北京素质教育研讨会在北京大学校长大厦召开，会议主题是“素质教育的课堂教学策略与学习策略”。

11 月 3 日—9 日 俄罗斯教育科学研究院院长尼康德洛夫、副院长包里辛科夫访问教科院，并就 2001 — 2003 年合作事宜签署协议。

11 月 10 日—12 日 高教所在平谷教工休养院召开中国高等教育发展模式高层学术研讨会。聘请潘懋元、杨德广为北京教科院顾问。

12 月 22 日 北京教科院潜能开发中心成立。

是年，获得 3 项北京市第六届哲学社会科学优秀成果奖、5 项北京市首届基础教育教学成果奖。

二〇〇一年

1月6日 开展教科院首届优秀教育研究成果奖评选，评出一等奖5项、二等奖22项。

4 月 第一本蓝皮书《北京教育发展研究报告》由北京教育出版社出版。

6 月 8 日 市委教育工委市教委、《前线》杂志社、教科院主办首届北京教育发展论坛在北京会议中心举行。

9 月 27 日 召开干部任命会议，市委组织部宣布季明明为教科院院长兼党委副书记，主持党委工作。市委常委、市委教育工委书记、市教委主任徐锡安出席会议并讲话。

10 月 8 日 全美私立学校认可委员会执行主席唐・帕特利（Don Petry）与美国中部各州初等中学学校认可委员会主任 F・拉尔德・伊万斯（F Laird Evans）访问教科院。

11 月 15 日 美国哈佛大学教育研究生院院长杰罗米・莫非（Jerome Murphy）博士访问教科院。

是年，完成“北京市 21 世纪教材”编写。

二〇〇二年

2 月 5 日 市委副书记龙新民到教科院视察工作，原市委副书记汪家镠、市委教育工委副书记夏强、市教委副主任李观政陪同视察。同时召开《北京教育丛书》编委会会议。

3 月 20 日 副市长林文漪到教科院视察。

3 月 28 日 教材编审部组织 17 个学科编委对北京市 21 世纪基础教育课程标准上报教育部审查。

5 月 23 日—26 日 教科院与有关单位共同承办“北京教育周”，在军事博物馆举行。

5 月 24 日 教科院主办北京教育论坛。

6 月 14 日 受市教委人事处委托，教科院召开 2002 年度教委直属单位中学教师系列中级专业技术职务评审会议。

7 月 2 日 成立早期教育研究所。

7 月 20 日 《教育快报》分内参专递、领导参阅、普通版发刊。

7 月 21 日—25 日 召开处级干部会和第一届第五次职工代表大会，通过院内部体制改革方案。

8 月 29 日 教科院在首都电影院召开内部管理体制改革动员大会。

8 月 撤销院产业管理办公室，成立北京教育科学研究院资产经营有限责任公司，与北京希望教育开发中心两块牌子一套人马。

9 月 1 日—28 日 完成中层处级干部聘任，任命处级干部 45 名、企业负责人 12 名。

9 月 30 日 全国民办教育工作者联谊会秘书处揭牌，教科院聘请柳斌和陶西平为（全国）民办教育工作者联谊会秘书处顾问。

10 月 10 日 德国汉堡大学副校长哈特曼教授 (Wilfried Hartmann) 来访教科院，副院长陈锡章、张铁道、吴岩接待，并合作事宜进行磋商。

10 月 22 日 由市政协、民盟市委、民建市委、民进市委、九三市委、市教委、教科院共同主办的“北京职业教育研讨会”在教科院召开。

10 月 25 日 芬兰全国教育事务委员会主任尤卡·萨雅兰（Jukka Sarjala）为团长的芬兰率团访问教科院。

10 月 29 日 市委教育工委党风廉政建设工作检查组对院新班子 2002 年贯彻执行党风廉政建设责任制情况进行检查。

12 月 17 日 教科院主办 2002 年北京基础教育论坛在北京青蓝大厦举行。

二〇〇三年

2 月 26 日 瑞典国家教育署专家 Gunnar Enequist 先生及夫人访问教科院。

3 月 3 日 澳大利亚教育科学研究委员会副主任彼得·麦格基安 (Peter McGukian) 与驻华大使馆教育处官员阚培德 (Rod Campbell) 访问教科院。

3 月 14 日 教科院和英国文化委员会举办主题为“可持续发展教育中的环境教育及实施策略”的中英环境教育研讨会。

3 月 北京教育科学研究院资产经营有限责任公司更名为教科院国有资产管理委员会（简称“管委会”）。

4 月 15 日—17 日 市教委和教科院联合举办全国基础教育教学研究工作创新研讨会，在校长大厦召开。

5 月 6 日 基础教育教学研究中心受教育部及市教委委托，开通北京市中小学“课堂在线”。

5 月 7 日 市委书记刘淇、副市长范伯元、教育部副部长周济视察“课堂在线”现场，副院长时龙陪同。

5 月 8 日 国务委员陈至立、教育部部长王湛、市委副书记龙新民、副市长范伯元、孙正才视察北京教科研“课堂在线”工作现场。院长季明明陪同。

5 月 9 日 境外 15 家媒体采访“课堂在线”工作。

5 月 12 日 市委教育工委书记朱善璐、副书记夏强到基教研中心慰问“课堂在线”答疑工作人员。

5 月 22 日 代市长王岐山、市委教育工委书记朱善璐、副市长范伯元、市教委主任耿学超、副主任李观政视察教科院“空中课堂”工作现场。

5 月 26 日 早期教育研究所与北京教育广播电台联合开通“学前家教指导广播课堂”——亲情港湾节目。

6 月 19 日 市委教育工委书记朱善璐、市教委主任耿学超到教科院视察。

6 月 26 日 教科院党委召开庆祝“七一”、抗击“非典”先进表彰大会。

6 月 27 日 教科院党委邀请北京市卫生系统抗击“非典”先进事迹报告团作先进事迹报告。

7 月 16 日 香港大学教授程介明、香港大学教育学院院长马克贝磊 (Prof. Mark Bray)、香港大学教育学院副院长、学校信息技术和教师教育中心主任罗陆慧英来教科院访问。季明明聘请程介明为高级研究员。

8 月 4 日 温家宝总理、陈至立国务委员做出批示，明确要求在全国更大范围内实施环境、健康与可持续发展教育。

9 月 26 日—27 日 教科院培训中心承办的“北京 2008——奥林匹克教育研讨会”在中华世纪坛和京东宾馆举行。国际奥委会副主席何振梁、副市长范伯元致辞祝贺。市委教育工委常务副书记夏强、市教委主任耿学超、副主任杜松彭、张国华，院长院季明明出席研讨会。

10 月 17 日 欧盟教育文化总司司长尼古拉斯·帕斯（Nikolaus Van Der Pas）先生、一等公使约斯·布丹蒙（Jose Bustamante）、欧盟驻华代表团发展合作处处长（一秘）白小川（Uwe Wissenbach）来教科院访问。

10 月 27 日 亚洲发展银行 (Asian Development Bank) 潘思（Brajesh P . Panth）与裴思年（Christopher A.Spohr）来教科院访问，讨论合作开展并资助“中国义务教育发展研究项目”事宜。

10 月 28 日 教科院受市委教育工委和市教委委托进行“百名领导、专家访谈”活动。

11 月 8 日—11 日 召开第一届可持续发展教育国际论坛。

是年，“北京市21世纪教材”封面改由“北京教育科学研究院”署名，通称为“北京市义务教育课程改革实验教材”，即“京版教材”。

二〇〇四年

1月15日 美国乔治华盛顿大学国际教育质量认证中心主任林恩（Dr. Marjorie Lenn）访问教科院。

3月26日 教科院与市科协联合举办中意教育论坛。

4月5日 德育研究中心成立。

4月28日，全国人大教科文卫委员会教育室、香港大学、教科院联合召开中国义务教育发展研究项目签字仪式。

5月11日 设立北京市奥林匹克教育工作领导小组办公室。

7月12—16日 院长季明明、副书记李凤琴、副院长张铁道及中层领导干部24人赴上海教科院访问。

7月14日 OECD副总干事贝格琳（Asgeirsdottir Beiglind）、教育局副局长汉高尼尔（Bernard Hugonnier）及非成员国合作处处长惠特曼（Ian Whitman）访问教科院，教科院总顾问陶西平、院长季明明等10人参加。

9月9日 吴正宪荣获人事部、教育部授予的“全国模范教师”荣誉称号。

9月23日 日本高等教育学会会长矢野、关西国际大学副校长滨名组成的日本高等教育代表团访问教科院。

是月，市教委成立北京市中小学地方教材审定委员会，办公室挂靠在课程中心。

10月9日 家教中心并入德育研究中心。

10月11日—14日 召开芬兰高中课程改革经验报告会，芬兰赫尔辛基市教育代表团与市教委副主任李观政、院长季明明就合作问题进行磋商。

10月18日 《教育科学研究》杂志在市新闻出版局2004年10月11日公布的北京市2003年度市属社科期刊质量评定结果中被评定为市社科一级期刊。

10月 北京希望教育开发中心改组成立北京教科苑投资管理中心。

12月6日—9日 教科院与北京民办教育协会承办北京民办教育周暨2004北京民办教育发展论坛，在北京国际会议中心举行。市教委主任耿学超作主题报告。（全国）民办教育工作者联谊会主席陶西平、国家教育发展研究中心主任张力、厦门大学高等育所教授潘懋元及院长季明明等专家作报告。

12月20日 教科院与宁波职业技术学院合作建立“全国产学研合作教育实验基地”

和“北京教育科学研究院高等职业教育研究基地”，在宁波职业技术学院正式揭牌。

12 月 27 日 全国产学研合作教育研究与推广中心暨北京教科院产学研合作教育发展研究中心成立。

12 月 27 日 《北京教育丛书》转到北京教育学院。

是年，获得 3 项北京市第八届哲学社会科学优秀成果二等奖、4 项北京市第二届基础教育教学成果奖。

二〇〇五年

1 月 21 日—25 日 芬兰国家教育事务委员会局长克斯林德斯（Ms. Kirsi Lindroos）为团长的芬兰访问教科院，并召开芬兰基础教育改革的成功经验报告会。

2 月 19 日 中英基础教育合作项目启动，副院长张铁道与伦敦教育信息资源管理局项目总监朱立安分别代表中英双方签署合作协议。

3 月 1 日 组建期刊部（事业部门），管辖《北京教育科学研究》和《班主任》两个刊物。

3 月 16 日—18 日 教科院与香港大学联合主办、全国人大教育室协办的普及义务教育现状、挑战和前景国际研讨会在北京翠宫饭店召开。

3 月 17 日 北京教育志编纂委员会办公室由挂靠教科院变更为市教委直属事业单位。

5 月 24 日 职成教研中心与职成教材办合署办公，机构名称为职成教学研究中心

9 月 6 日 召开保持共产党员先进性教育活动动员大会，市委督导组组长叶宏开出席会议并讲话。

10 月 29 日—11 月 1 日 召开第二届可持续发展教育国际论坛。

11 月 14 日 国务委员陈至立在中南海召开座谈会，听取关于中国教育发展纲要研究情况的汇报。院长季明明作为《纲要》第二专题研究报告专家组组长，就推进国家终身教育体系建设发言。

11 月 17 日 召开干部任命会议，任命时龙为教科院院长、胡晓松为教科院党委书记。市委常委、市委教育工委书记朱善璐出席并讲话。

11 月 24 日—26 日 在人民大会堂召开中国义务教育发展研讨会暨第二届国际义务教育研讨会。

二〇〇六年

2月 受市教委委托，全面启动“未来十五年首都教育发展趋势与《首都教育2020年纲要》研究项目”。

5月18日—20日 教科院主办北京2006年青少年学生公民教育国际论坛在康铭大厦举行。

6月8日 召开中共北京教育科学研究院党员大会，选举产生新一届党委、纪委。

6月19日，副市长、市委教育工委书记赵凤桐来我院调研。

11月13日 挪威中挪友好协会副主席Mr. Rolf Melheim等5人访问教科院。

12月 完成中层处级干部任期届满考核聘任。

是年，获得3项第三届全国教育科学研究优秀成果二等奖、1项北京市第四届哲学社会科学优秀成果二等奖。

二〇〇七年

1月15日 成立教师研究中心。

2月2日 北京教育科学研究院学习型城市研究中心暨北京市学习型城市研究中心揭牌仪式举行，市教委主任刘利民、委员孙善学，市委教育工委副书记张建明等出席揭牌仪式。

3月26日 市委常委、市委教育工委书记朱善璐到教科院调研，市委教育工委副书记张建明、市教委副主任线联平、委员孙善学陪同。

9月25日 教科院召开第二届学术委员会成立大会。

11月14日—16日 召开第三届可持续发展教育国际论坛。

二〇〇八年

5月21日—6月24日 教科院300名共产党员为汶川地震灾区交纳特殊党费人民币170191元，上交中央组织部和市委教育工委。

6月18日 “吴正宪小学数学教师工作站”在史家小学启动，工作站网站同时开通。市委教育工委副书记刘建、民进市委副主委李焕喜、市教委副主任罗洁，时龙院长、胡晓松书记、张铁道副院长等领导以及教育部课程中心刘兼、北师大周玉仁、中央民族大学孙晓天等专家出席。

9 月 8 日　成立北京青少年科技创新学院办公室，与课程中心合署办公。

12 月　在全市奥林匹克教育总结大会后，奥运办正式撤销。

是年，获得 1 项北京市第十届哲学社会科学优秀成果二等奖。

二〇〇九年

2 月 26 日　召开中层以上干部会议，市委组织部宣布唐亦勤任党委书记，市委教育工委常务副书记张建民、副书记刘建出席会议并讲话。

3 月 12 日　教科院召开学习实践科学发展观动员大会，全院 180 人参加大会。指导检查组组长张来芬出席会议并讲话。

7 月 9 日　教科院与香港可持续发展教育协会在山水宾馆举行终身教育合作研究项目签字仪式。

7 月 13 日　教科院迁出西长安街 7 号院。

10 月 22 日—24 日　召开第四届可持续发展教育国际论坛。

12 月　完成中层领导干部任期届满聘任。

是年，获得 1 项第六届高等教育国家级教学成果二等奖、17 项北京市第三届基础教育教学成果奖、1 项第六届北京市高等教育教学成果一等奖。

二〇一〇年

2 月 9 日　京编办批复同意成立北京市教育督导与教育质量评价研究中心，业务接受市教委和市政府教育督导室的领导。

5 月 4 日　教科院基教研中心的部分教研员及部分区县教研员、一线教师走进四川什邡进行支教活动。

6 月 26 日　由教科院主办的中国高等教育区域发展理论与实践高层研讨会在京举行，中国高等教育学会周远清会长、教育部陈希副部长、教育部高等教育司张大良司长、市教委刘利民主任、江苏省教育厅丁晓昌副厅长、浙江省教育厅李鲁副厅长、重庆市教育委员会牟延林副主任等教育主管部门领导及来自北京、天津、深圳高等学校与科研机构的专家学者出席研讨会。

12 月 20 日—30 日，早期所带领支教教师赴新疆和田地区开展幼儿园双语骨干教师培训活动，组织学员进行两周的集中培训。

是年，获得 1 项北京市第十一届哲学社会科学优秀成果二等奖。

二〇一一年

7 月 17 日—8 月 6 日 教科院组织各业务单位相关成员 25 人赴英国牛津大学进行为期 3 周的项目培训。

9 月 8 日 教科院召开 56 家大课堂基地课程表研制工作会。

9 月 20 日 北京市教育督导与教育质量评价研究中心成立暨揭牌仪式。

10 月 16 日—18 日 召开第五届北京可持续发展教育国际论坛。

是年，获得 4 项第四届全国教育科学研究优秀成果奖。

二〇一二年

5 月 8 日，教科院联合市教委、市教育学会共同主办北京市义务教育课程标准培训会。

10 月 18 日，教科院联合市教育学会召开北京特级教师吴正宪教育思想研讨会。

11 月，完成京版 96 册义务教育教材修订并送教育部审查，送审教材包括小学阶段 5 科 54 册、初中阶段 9 科 42 册。

是年，获得 1 项北京市第十二届哲学社会科学优秀成果二等奖。

二〇一三年

2 月 1 日 市委组织部副部长闫成宣布教科院领导干部任免决定：方中雄任北京教育科学研究院院长。

4 月 2 日 成立新址建设办公室。

4 月 18 日 举行新址建设工程启动仪式。

5 月—6 月 完成中层领导干部届满聘任，聘任处级干部 48 人。

6 月 24 日—26 日 院长方中雄带队到上海市考察，与上海市教育科学研究院就 PISA 项目进行研讨。

6月 成立第三届学术委员会。

6月 在基教研中心成立北京数字学校办公室。

7月—12月 开展党的群众路线主题教育实践活动。

10月22日—24日 召开第六届北京可持续发展教育国际论坛。

是年，获得15项北京市第四届基础教育教学成果奖、1项北京市第一届中等职业教育教学成果一等奖、1项北京市第七届高等教育教学成果一等奖。

二〇一四年

4月10日 举行北京数字学校研究基地建设启动会。

4月16日 扩大优质教育资源座谈会在丰台区政府召开，院长方中雄与丰台区区长冀岩签署教科院与丰台区教育发展战略合作协议。

6月9日 教科院组织教研员及北京市学科骨干教师10人赴四川什邡市开展支教讲学交流活动。

6月26日 成立院志编纂办公室和纪检监察审计处。

9月16日 院办公自动化（OA）系统试，正式运行。

11月5日 教科院与培生集团举行合作交流签约仪式。

11月22日—23日 教科院和北京师范大学在北京万寿宾馆联合主办北京教育论坛，会议主题是“教育现代化的理论探索与实践进展”。

12月8日 北京教育科学研究院儿童数学教育研究所成立仪式暨学术研讨会在京民大厦举行。

是年，获得4项国家级基础教育教学成果奖、2项北京市第十三届哲学社会科学优秀成果二等奖。

二〇一五年

1月20—21日 由教育部主办、教科院承办的2015年全国教研工作会在北京举行，全国各省(区、市)教研系统170余名代表及北京市各区县60余名教研负责人参加大会。

1月26日 教育部高等教育教学评估中心与教科院召开全国高等教育质量监测评估研究基地研讨会暨签约挂牌仪式，教育部副部长刘利民出席。

1月30日 市委常委、市委教育工委书记苟仲文到教科院作专题报告。

3月6日 联合国教科文组织终身学习研究所（UIL）与教科院举行合作协议签署仪式。

4月1日 教科院与石景山区教委举行合作共建北京教育科学研究院石景山学校签约仪式。

4月21日 教科院与平谷区政府举行合作办学协议签字仪式。

5月7日 市委常委、市委教育工委书记苟仲文到教科院作专题报告。

5月15日 教科院与石景山区教委就开展“北京市石景山区“十三五”时期教育事业发展规划”研究合作签约。

5月－12月，以“严以修身、严以用权、严以律己，谋事要实、创业要实、做人要实”为主要内容，开展“三严三实”专题教育活动。

6月16日—18日 院长方中雄、副院长桑锦龙带队赴天津市教育科学研究院、河北省教育科学研究所开展考察交流活动。

6月26日 教科院与丰台区教委在丰台区政府举行扩大合作办学协议签字仪式。

7月10日 院长方中雄代表教科院与北京人富律师事务所签署法律顾问合作协议。

9月7日 召开干部任命会议，市委组织部宣布马谊平任教科院党委书记，市委教育工委副书记张雪出席并讲话。

9月9日 教科院石景山学校、丰台第二实验小学举行实验学校揭牌仪式。

9月25日 召开凝聚力量、团结奋进、开创教科院事业发展新局面座谈会，会上为教科院第一批10名“昆玉学者”颁发荣誉证书，并宣布入选教科院青年英才奖励计划名单。

9月28日 教科院与大兴区教委在旧宫实验小学举行合作共建北京教育科学研究院旧宫实验小学签字和揭牌仪式。

10月8日—10日 基教研中心一行8人赴四川什邡进行为期三天的支教活动。

10月28日 教科院参加“北京－唐山优质教育资源合作”启动仪式。副院长褚宏启代表北京市与唐山市教育局局长刘绍辉共同签署北京—唐山优质教育资源合作框架协议，正式启动北京数字学校平台系统。

11月21—22日 教科院主办、国家教育发展研究中心重点支持的第二届北京教育论坛在北京万寿宾馆召开。

是年，获得1项第七届高等学校科学研究优秀成果二等奖（人文社会科学）。

执笔人：马德良

审核人：郤汉强

责任编辑：郑锋

附录二　先进评选情况

入选国家百千万人才工程并授予“有突出贡献中青年专家”称号：褚宏启（2014）

入选北京市新世纪百千万人才工程市级人选：张毅（2010）

享受政府特殊津贴专家：

黄儒兰（1993）、孟雁君(1994)、董宝华（1997）、梁威（1998）、曹福海（1999年）、张铁道（2000年）、史根东（2000）、吴岩（2002）、吴正宪（2004）、钟作慈（2008）、梁雅珠（2010）、陶昌宏（2012）

北京市有突出贡献的科学技术管理人才：

黄儒兰（1993）、孟雁君（1989）、梁威（2001）、张毅（2013）

北京市哲学社会科学“百人工程”人选：吴岩（2001）

入选北京中青年社科理论人才“百人工程”：王文源（2007）

入选“北京市跨世纪优秀人才工程”人员：

孟雁君（1997）、张静（1997）、邢晖（1997）、梁威（1998）、耿申（1998）、张桂芳（1998）、刘丽（1998）、杨进（1999）

北京市优秀青年知识分子：吴岩(2001)

北京市幼儿园、中小学、中等职业学校骨干教师

时间	姓名	备注
1997年	张静、邢晖、王燕春	
1998年	贾美华、李岩梅	
2001年	商发明、张华、沈玲娣、杨进、王晓东	
2004年	马凌、朱立祥、刘宇新、李通、杨广馨、张杰、张玲棣、唐建华	
2007年	樊伟、王礼新、唐建华、赵薇、程舟、柳燕君、姜丽萍	
2010年	范存丽、杨德军、程郁华、秦晓文、王振强、李青霞、丁明怡、高振奋、吕良燕、赵志磊	
2013年	王晓东、陈新忠、梁烜、郑立新、乐进军、刘卫珍、刘海霞、王春燕	

北京市幼儿园、中小学、中等职业学校学科教学带头人

时间	姓名	备注
2003 年	张静、贾美华、李岩梅、张华、沈玲娣、杨进、吴正宪、陶昌宏	
2004 年	王燕春、刘美伦	
2007 年	贾美华、沈玲娣、马凌、张静、李岩梅、张华、朱立祥、杨进、刘宇新	
2010 年	贾美华、贾福录、樊伟、张立军、李岩梅、朱立祥、刘宇新、赵薇、夏宇、王彤彦、蒋京丽、朱传世、李伏刚、柳燕君	
2013 年	贾福录、张立军、王建平、刘延革、范存丽、程郁华、夏宇、李青霞、王彤彦、蒋京丽、朱传世、李伏刚、乔文军、樊伟、赵薇、王振强、秦晓文、丁明怡、高振奋、柳燕君、吕良燕	

北京市优秀教师

时间	姓名	备注
1997 年	苏效民、李铁铮、曾寿昌、王文源	
2004 年	郭立昌	
2006 年	贾美华	
2009 年	朱立祥	
2013 年	刘卫珍	

北京市特级教师

时间	姓名	备注
1985 年	刘东、祁乃成、李南	
1991 年	孟雁君、宁德琮、曹侠、黄文选、王序良、王玲、黄儒兰、王维翰	
1994 年	徐兆泰、董宝华	
1998 年	曹福海、郭正权、苏效民、孟广恒、王文辉、裘伯川、王占元	
2001 年	苑玉台、郭立昌、李春旺、钟作慈	
2005 年	王燕春、杨广馨、刘美伦、张杰	
2009 年	马凌、张增强、张华	
2014 年	柳燕君、张立军、高振奋、乔文军、王礼新、赵薇	

荣获劳动模范情况一览表

年份	姓名	荣誉称号
1955 年	陈燕慈	北京市劳动模范
1959 年	高凤藻	全国肃反先进工作者
1959 年	王维翰	北京市教育和文化、卫生、体育等方面社会主义建设先进工作者
1959 年	方　明	北京市教育和文化、卫生、体育等方面社会主义建设先进工作者
1959 年	王伯英	北京市教育和文化、卫生、体育等方面社会主义建设先进工作者
1959 年	颜慰庭	北京市教育和文化、卫生、体育等方面社会主义建设先进工作者
1959 年	黄文选	北京市教育和文化、卫生、体育等方面社会主义建设先进工作者
1959 年	吴振麟	北京市教育和文化、卫生、体育等方面社会主义建设先进工作者
1959 年	靳爱香	北京市教育和文化、卫生、体育等方面社会主义建设先进工作者
1985 年	孟雁君	北京市劳动模范
1985 年	张觉民	北京市劳动模范
1989 年	董宝华	全国教育系统劳动模范
1988 年	王　玲	全国中小学德育先进工作者
1988 年	范小韵	全国中小学德育先进工作者
2004 年	吴正宪	全国模范教师

先进个人和先进集体一览表

时间	获奖者	获奖名称
1983 年	张觉民	全国优秀教师
1986 年		北京市模范校长
1991 年	王玲	北京市小学德育改革试验先进个人
1997 年	王宝祥	北京市爱国立功竞赛标兵
	艾勇强	北京市优秀工会干部
	苏学恕、马汝驯	北京市优秀工会积极分子
	财务基建处	北京市教委本级系统财务决算先进单位
1999 年	吴剀	北京市少先队最高荣誉奖
	闵乐夫	北京市爱国立功竞赛标兵
	基教研中心老教协	北京市先进老教协
	高瑞成	北京市 1999 年度安全稳定工作个人三等功
	艾勇强	北京市教育工会宣传工作先进个人
2000 年	苏学恕	北京市优秀工会积极分子
	魏强	北京市修志工作先进个人
	艾勇强	北京市教育工会优秀工会干部
2001 年	基教研中心党总支	北京高校先进基层党组织
	基教研中心离退休党支部	北京市老干部先进党支部
	王玲	北京市小学思想品德学科课程建设教学改革突出贡献奖
2002 年	基教研中心老教协	先进老教协
	吴岩、宗福衡	北京市经济技术创新标兵
2003 年	梁威	北京高校优秀共产党员
	杨广馨	北京首届中青年文艺工作者德艺双馨奖
	梁威、刘铁君	首都防治非典型肺炎工作先进个人
	基教研中心党总支	首都防治非典型肺炎工作先进基层党组织
	基教研中心	首都防治非典型肺炎工作先进集体
	基教研中心离退休党支部	北京高校老干部先进党支部
	财务基建处	2002 年度北京市教委本级系统部门决算评比二等奖

2004 年	王瑛、王礼新	北京市中小学优秀德育工作者
	财务基建处	2003 年度北京市教委本级系统部门决算一等奖
2005 年	梁雅珠	北京高校优秀共产党员
	基教研中心	北京实施《学生体质健康标准》先进单位
	财务基建处	2004 年度北京市教委本级系统部门决算一等奖
	冉乃彦	全国关心下一代先进个人
2006 年	赵学勤	北京市教育系统师德先进个人
	姜丽萍	北京市职业教育先进个人
	孙维民	北京市城镇教师支援农村教育工作先进个人
	基教研中心	全国职工职业道德建设百佳班组
	财务基建处	2005 年度北京市教委本级系统部门决算评比一等奖
2007 年	吴正宪	北京市“三八”红旗奖章
	卫宏	北京市城镇教师支援农村教育工作先进个人
	财务基建处	2006 年度北京市教委本级系统部门决算评比一等奖
2008 年	吴正宪	“北京市人民教师”荣誉称号
	桑锦龙	北京高校优秀共产党员
	曹斌	北京市教育系统师德先进个人
	陶昌宏	首都教育先锋创新个人、教学创新先进个人
	吉利	首都科技创新先进个人
	耿申	首都管理创新先进个人
	赵薇、康杰	北京市城镇教师支援农村教育工作先进个人
	北京教育科学研究院	首都教育系统奥运工作先进单位
	奥运教育办公室	首都教育系统奥运工作先进集体
	早期教育研究所	北京市“三八”红旗集体
	吕晓丽、张蕾	北京市“三八”红旗奖章
	刘卫珍、杨蓓、周春红	奥运巾帼奉献奖
	刘登宽、李子恒、钱伟、蔡雁、刘佳	首都教育系统奥运工作先进个人

2008 年	赵福江	2008 年度北京市新闻出版（版权）创意成果奖——先进个人
	魏强、吕晓丽、张蕾	北京 2008 年奥运会、残奥会奥林匹克教育工作突出贡献奖
	马莉、李震英、戴婧晶	北京市儿童伤害干预项目优秀个人奖
	“儿童安全教育资源的开发与实验”项目组	北京市儿童伤害干预项目优秀集体奖
	财务基建处	2007 年度北京市教委本级系统部门决算评比一等奖
	王宝祥	中国青少年社会教育“银杏奖”终身成就奖
2009 年	吴剀	少先队工作突出贡献奖
	赵福江	2009 年度北京市新闻出版和版权工作先进个人
	基教研中心	首都未成年人思想道德建设工作先进集体
	基教研中心老教协	北京先进老教协
	财务基建处	2008 年度北京市教委本级系统部门决算评比一等奖
2010 年	李政	北京市教育系统师德先进个人
	王云峰	北京高校育人标兵
	基教研中心	全国学校艺术教育先进单位
	基教研中心老教协	北京老教协杰出分会
	马莉、李震英、戴婧晶	北京市儿童伤害干预项目优秀个人奖
	王宝祥、闵乐夫	北京市家庭教育公益之星
	李铁铮	北京家庭教育三十年公益奉献人物
	谢维	2010 年度安全稳定北京市公安局嘉奖
	教科院	北京市 2010 年度人口和计划生育工作先进集体
2011 年	王燕春	首都教育先锋管理育人先进个人
	梁雅珠	北京市“三八”红旗奖章
	贾美华	北京高校优秀共产党员
	王宝祥	北京市教育系统关工委先进个人
	吴剀	少先队工作突出贡献奖
	教科院	北京市教委系统 2009-2011 年度计划生育工作先进集体
	创新学院办公室	市级职工创新工作室荣誉称号
		“教育先锋”先进集体荣誉称号

年份	获奖者	奖项
2012 年	赵福江	北京高校系统优秀共产党员
	徐明	北京市教育系统师德先进个人
	朱传世	市人民防空先进个人
	财务基建处	2011 年度决算编报工作先进单位一等奖
	基教研离退休党支部	北京高校老干部先进党支部
	靳爱香	北京高校创先争优离退休干部优秀党员
	王宝祥	北京高校离退休干部老有所为先进个人
	基教研离退休党支部	北京高校创先争优离退休干部先进党支部
	基教所老教协	北京高校离退休干部老有所为先进集体
	行政处	北京市 2011 年度安全稳定集体三等功
	张学荣、张燕	北京市教委系统 2009-2011 年度计划生育工作先进个人
	谢维	北京市 2011 年度安全稳定工作个人三等功
	张毅	北京市科学技术普及工作先进个人荣誉称号
2013 年	刘卫珍	北京市教育工会先进工作者
	梁雅珠	北京市总工会“五一劳动奖章”
	张毅	首都精神文明建设奖
		“北京市有突出贡献的科学、技术、管理人才”荣誉称号
	韩宝江	北京市小学规范化建设工程先进个人
	王春燕	北京市专业创新团队带头人
	基教研中心	首都未成年人思想道德建设工作先进集体
	课程中心党支部	北京高校党支部活动案例三等奖
	教育信息中心	北京市妇女儿童工作先进集体
	财务处	2012 年度决算编报工作先进单位一等奖
2014 年	刘卫珍	北京高校优秀共产党员
	张咏梅	北京市教育系统师德先进个人
	院党委	党内统计优秀单位
	财务处	2013 年度北京市教委本级系统部门决算工作一等奖
2015 年	基教研中心	首都未成年人思想道德建设工作先进集体
	可持续发展教育研究中心	首都环境保护先进集体
	财务处	2014 年度北京市教委本级系统部门决算工作一等奖
	吴正宪	民进全国先进个人

2015 年	吴正宪小学数学教师工作站	全国教育改革创新先锋教师奖
	张毅	最具影响力入围提名提案奖
	冉乃彦	全国百名优秀志愿者

北京教科院授予“昆玉学者”荣誉称号（2015）：

褚宏启、吴晓川、桑锦龙、耿申、吴正宪、张丹、贾美华、张熙、杨德军、柳燕君。

北京教科院抗击“非典”先进个人（2003）：孟祥辉、邵泽义

教科院职业道德标兵获得者名单

年 份	姓 名	备注
2004 年	张学荣、吴正宪、康丽敏、李晓玲、崔宇澄	5 名
2006 年	王瑛、赵学勤、陶昌宏、王磊、李汉生、李子恒、孙孟侠	7 名
2008 年	郭秀晶、张瑞海、张爱兰、陶昌宏、曹斌、耿申、吉利、苏永昌	8 名
2010 年	郭喜青、王怀宇、高瑞成、张熙、叶振铭、王燕春、沈玲娣、彭香、申炜、黄晓玲、刘熙、赵福江、李文义、商发明、钱伟、李子恒、孙璐、高卫东、柳燕君	19 名
2012 年	徐新容、郭秀晶、张炼、孙燕招、杜文平、蔡歆、贾美华、杨征、程舟、丁秀棠、赵福江、杨国新、唐科莉、陈厚林、崔春艳、张秀琴、徐明、田野、吕良燕、张强	20 名
2014 年	郭喜青、尹玉玲、王怀宇、高瑞成、武进东、张熙、朱立祥、刘玲、沈俊楠、顾瑾玉、黄冬芳、赖德信、乐进军、刘熙、韩梅、赵连柱、李志涛、王永哲、田芳、曹斌、绳世亚、廖丽英、赵志磊、李焕贵、张咏梅、赵丽娟、徐健	27 名

教科院青年职业道德标兵

年份	姓 名	备注
2004 年	桑锦龙、金利、杨德军、叶奕民	4 名
2008 年	李政、张建刚、杜文平、王振强、黄晓玲、刘熙、李晓旭、张凤梅、史枫	9 名

教科院先进基层党组织、优秀党员、优秀党支部书记名单

时间	先进基层党组织	优秀党员名单
1998 年	基础教育教学研究中心总支部	荣培秀、闵乐夫、梁雅珠、陶文中、张秀媛、管庆智、刘卫珍、马超、潘上行、徐娅、徐安德、袁晓、林业、曹斌
2000 年	基础教育教学研究中心总支部 基础教育科学研究所总支部 职业教育科学研究所支部	赵宝军、俞唐、郭立昌、贾美华、靳爱香、刘永玲、王瑛、董凤雏、郃汉强、杨志广、黄铭辉、史根东、董素艳、魏强、艾勇强、李子恒、崔春艳、李政、赵福江
2003 年	基础教育教学研究中心总支部 院办财基联合支部 金帆宾馆支部	张学荣、刘铁君、梁威、李子恒、袁晓、李春旺、桑锦龙、何引
2005 年	基础教育教学研究中心总支部 院办财基联合支部 企业联合党支部 基础教育教学研究中心老干部支部	王瑛、曹斌、李政、肖振霞、张熙、钟作慈、郝淑仪、郭庆兰、梁雅珠、王桂英、马凌、王燕春
2008 年	基础教育教学研究中心总支部 院部机关总支部 教育发展研究中心支部 基础教育科学研究所支部 基础教育教学研究中心老干部支部 基础教育科学研究所老干部支部	马凌、马汝驯、于景玲、王燕春、白平、艾勇强、卢笛、刘卫珍、刘晖、吉利、任燕丽、朱立祥、齐孝源、纪秩尚、孙维民、李通、李子恒、李政、李焕贵、李海波、郃汉强、金利、张杰、张农、张定、张永昌、张秀媛、张慧、杨志文、范金印、周春红、赵宝军、赵学勤、赵敏霞、俞汝霖、徐志芳、郭庆兰、桑锦龙、钱伟、钱丽霞、靳爱香、樊伟、蔡宝田
2010 年	基础教育教学研究中心总支部 教育发展研究中心支部 高等教育科学研究所支部 党建干部人事处联合支部 离退休老干部总支部 基础教育教学研究中心老干部支部	马汝驯、王云峰、王玲、艾勇强、孙孟侠、孙毅颖、任燕丽、刘卫珍、刘晋芳、李一飞、李吉会、李凤琴、李铁铮、苏效民、应承年、杨进、陈厚林、陈秀云、胡玲、郝淑仪、赵福江、桑锦龙、贾美华、秦晓文、徐明、徐应隆、唐科莉、张林、张学荣、张金声、张咏梅、张维、张强、张德文、张慧、张熙、曹飞、曹剑、崔春艳、康丽敏、韩光莹、葛维祯、蔡雁 **优秀党支部书记：**赵宝军、郭秀晶、刘永武、曹斌、赵毅、靳爱香
2012 年	教育发展研究中心支部 基础教育科学研究所支部 基础教育课程教材发展研究中心支部 职业与成人教育教学研究中心支部 科管规划办联合支部 基础教育教学研究中心老干部支部	丁秀棠、马汝驯、王宝祥、王玲、王晓燕、吉利、刘卫珍、刘永武、汤术峰、苏效民、李子恒、杨国新、吴剀、闵乐夫、张林、张金声、张咏梅、陈锡章、周春红、孟佳、赵福江、郝保伟、郭秀晶、郭冠伟、陶昌宏、黄晓玲、靳爱香、蒲阳、蔡歆

2014 年	基础教育教学研究中心总支部 教育发展研究中心支部 基础教育科学研究所支部 北京市教育督导与教育质量评价中心支部 基础教育课程教材发展研究中心支部 干部人事处外事处联合支部 离退休老干部总支部 基础教育教学研究中心离退休老干部支部	马汝驯、王玲、王磊、王桂英、仉琨、艾勇强、刘佳、刘晖、孙璐、佟德、邹敏、苏永昌、苏效民、杜文平、李伏刚、李忠诚、杨蓓、杨征、张学荣、张蕾、张毅、张金声、张翠珠、陈秀云、周春红、鱼霞、姜丽萍、贾美华、贾福禄、钱伟、徐应隆、高兵、高瑞成、曹飞、康丽敏、蒋京丽、暴生君 **优秀党支部书记：**李子恒、张熙、赵学勤、杨德军、赵毅、靳爱香

执笔人：曹斌

审核人：郃汉强

责任编辑：郃汉强

附录三 业务成果

全国和北京市科研成果获奖名单

全国教育科学研究优秀成果奖（12 项）

序号	获奖作者	成果名称	奖项名称	获奖时间	奖励等级
1	梁威等	初中生数学学习障碍研究	第二届全国教育科学研究优秀成果奖	1999 年	二等奖
2	北京教育志编纂委员会编著 编纂：耿申 张棣华 魏强等	北京普通教育志稿	第二届全国教育科学研究优秀成果奖	1999 年	二等奖
3	曹福海等	中小学各科教学中的德育研究	第二届全国教育科学研究优秀成果奖	1999 年	二等奖
4	梅克、李吉会等	中小学教育质量综合评价研究	第二届全国教育科学研究优秀成果奖	1999 年	二等奖
5	张静等	历史学习方略	第三届全国教育科学研究优秀成果奖	2006 年	三等奖
6	马叔平	北京市职业教育改革与发展对策研究	第三届全国教育科学研究优秀成果奖	2006 年	三等奖
7	陶文中、樊玉亭、于桂青、杜文平、胡进	小学生创造能力培养的研究与实验	第三届全国教育科学研究优秀成果奖	2006 年	三等奖
8	张铁道	将个体经验汇聚为群体资源——教师同伴研修的理念与实践策略	第四届全国教育科学研究优秀成果奖	2011 年	二等奖
9	谢春风、叶奕民、郑云宏、郝洁、阎红	儿童学习分化问题的研究与干预	第四届全国教育科学研究优秀成果奖	2011 年	三等奖
10	王怀宇	教授群体与研究型大学	第四届全国教育科学研究优秀成果奖	2011 年	三等奖
11	桑锦龙、雷虹、郭志成	我国城市流动人口随迁子女高中阶段入学问题初探	第四届全国教育科学研究优秀成果奖	2011 年	三等奖
12	褚宏启	教育现代化的路径——现代教育导论（第二版）	第七届高等学校科学研究优秀成果奖（人文社会科学）	2015 年	二等奖

北京市哲学社会科学优秀成果奖（18 项）

序号	获奖作者	成果名称	奖项名称	获奖时间	奖励等级
1	王宝祥	新时期班主任工作研究	北京市第二届哲学社会科学优秀成果奖	1992 年	二等奖
2	陈锡章、黄海泉	关于北京高校教师队伍建设若干问题的研究报告	北京市第三届哲学社会科学优秀成果奖	1994 年	二等奖
3	梁威等	初中生数学学习障碍研究	北京市第四届哲学社会科学优秀成果奖	1996 年	二等奖
4	曹福海	中小学各科教学中的德育研究	北京市第四届哲学社会科学优秀成果奖	1996 年	二等奖
5	史根东	论中学 JIP 实验中的几个关系问题	北京市第五届哲学社会科学优秀成果奖	1998 年	二等奖
6	陈锡章 廖叔俊 管庆智	高等教育应当主动适应社会主义市场经济	北京市第五届哲学社会科学优秀成果奖	1998 年	二等奖
7	文喆、陈境孔、商发明、谢春风、梁威、王唯、李志涛、高卫东、张静、杨妍梅、杨德军、张瑞海、李庆文	北京市 21 世纪基础教育课程改革研究报告	北京市第六届哲学社会科学优秀成果奖	2000 年	一等奖
8	史根东	主体教育概论	北京市第六届哲学社会科学优秀成果奖	2000 年	二等奖
9	吴岩	北京教育产业发展研究	北京市第六届哲学社会科学优秀成果奖	2000 年	二等奖
10	张铁道、邢辉	职业教育最佳实践：北京农校用非正规教育方式推广实用技术案例研究（英文版）	北京市第八届哲学社会科学优秀成果奖	2004 年	二等奖
11	廖丽英	幼儿数学教育	北京市第八届哲学社会科学优秀成果奖	2004 年	二等奖
12	郭志成	普通高等学校招生录取权的司法制约问题	北京市第八届哲学社会科学优秀成果奖	2004 年	二等奖
13	梁威、赵宝军、王燕春、贾美华等	北京市 2006 年度义务教育教学质量监控与评价项目研究报告	北京市第九届哲学社会科学优秀成果奖	2006 年	二等奖
14	张咏梅、李岩梅、郝懿	表现性评定的理论与实验研究	北京市第十届哲学社会科学优秀成果奖	2008 年	二等奖
15	王怀宇	教授群体与研究型大学	北京市第十一届哲学社会科学优秀成果奖	2010 年	二等奖
16	郭秀晶	我国高等教育境外消费出口市场研究	北京市第十二届哲学社会科学优秀成果奖	2012 年	二等奖
17	褚宏启	论教育发展方式的转变	北京市第十三届哲学社会科学优秀成果奖	2014 年	二等奖
18	吴正宪	吴正宪教育教学文丛（四册）	北京市第十三届哲学社会科学优秀成果奖	2014 年	二等奖

北京市教育科学研究优秀成果奖（25 项）

序号	获奖作者	成果名称	奖项名称	获奖时间	奖励等级
1	吴剀、李调琴	小学生全面发展教育实验（第二轮）	北京市第三届教育科学研究优秀成果奖	1996 年	一等奖
2	张静等	学生历史学习心理研究与教学对策	北京市第四届教育科学研究优秀成果奖	2002 年	一等奖
3	梁威	面向未来的数学教育	北京市第四届教育科学研究优秀成果奖	2002 年	一等奖
4	王燕春、张咏梅	北京市 2001 年初中毕业 / 升学考试试题评价方案及其实施情况的研究报告	北京市第四届教育科学研究优秀成果奖	2002 年	二等级
5	白爱宝	幼儿发展评价手册	北京市第四届教育科学研究优秀成果奖	2002 年	二等奖
6	吴岩、单鹰、王晓燕、刘晖	北京高等教育结构调整研究	北京市第四届教育科学研究优秀成果奖	2002 年	二等奖
7	赵学勤、张爱兰、李吉会、刑利红	小学生学业成就评价改革研究	北京市第五届教育科学研究优秀成果奖	2008 年	一等奖
8	钱丽霞	普通学校有特殊教育需要学生有效参与策略研究报告—全纳教育理论与实践研究	北京市第五届教育科学研究优秀成果奖	2008 年	一等奖
9	张静、孙楠、颜世佳、苏万青、李岩梅、金利	中学人文社会科学学科探究教学研究	北京市第五届教育科学研究优秀成果奖	2008 年	二等奖
10	谢春风、叶奕民	小学生学习动荡分化特点与对策研究	北京市第五届教育科学研究优秀成果奖	2008 年	二等奖
11	张咏梅等	表现性评定及其在中学生学业成就评价领域中的应用研究	北京市第五届教育科学研究优秀成果奖	2008 年	二等奖
12	王燕春、王云峰、何光峰、范存丽、沈玲娣、王晓东、蒋京丽、张静、王振强、张磊	北京市 2009 年义务教育教学质量分析与评价反馈系统研究报告	北京市第六届教育科学研究优秀成果奖	2013 年	一等奖
13	贾美华	课程开发实践指南——基于北京市中小学生社会大课堂资源	北京市第六届教育科学研究优秀成果奖	2013 年	一等奖
14	赵学勤、赵丽娟、张娜、程素萍、王海芳	北京市区县教育工作满意度调查研究	北京市第六届教育科学研究优秀成果奖	2013 年	一等奖

15	桑锦龙	教育转型与专科毕业生就业	北京市第六届教育科学研究优秀成果奖	2013 年	二等奖
16	杜文平、黄玉凤、邓宏、李义杰、聂凤霞、王雅丽、穆键、李春超、程素萍、张卫红	小学生数学素养评价研究	北京市第六届教育科学研究优秀成果奖	2013 年	二等奖
17	张熙、李奕、刘藻、张立芳、吴颖惠、蔡歆、拱雪、左慧、陈金香、陈立华	学校发展的动力与路径研究	北京市第六届教育科学研究优秀成果奖	2013 年	二等奖
18	张咏梅、李英杰、王彤彦、李美娟、康杰、沈一民、樊伟、程郁华、梁洪来、李忠诚	学生学业成绩差异及其相关因素的实证研究	北京市第六届教育科学研究优秀成果奖	2013 年	二等奖
19	郭秀晶、桑锦龙、周永源、李政	北京高校留学生教育发展的限制性因素调查研究报告	北京市第六届教育科学研究优秀成果奖	2013 年	三等奖
20	李卫东	课堂教学“节点”价值辨析	北京市第六届教育科学研究优秀成果奖	2013 年	三等奖
21	陶昌宏	物理教学的基本特征	北京市第六届教育科学研究优秀成果奖	2013 年	三等奖
22	崔玉婷	北京市高中样本校课程资源建设情况研究	北京市第六届教育科学研究优秀成果奖	2013 年	三等奖
23	柳燕君、何兵、付宏生、秦涵、李江兰、刘京华、刁景周、杨立平、刘华刚、禹治斌	现代模具实训基地建设的探索与研究	北京市第六届教育科学研究优秀成果奖	2013 年	三等奖
24	赵澜波	北京市中小学生家长参与学校教育的途径——家长教师协会研究报告	北京市第六届教育科学研究优秀成果奖	2013 年	三等奖
25	陈惠英	学生资源与教育智慧	北京市第六届教育科学研究优秀成果奖	2013 年	三等奖

全国和北京市教学成果获奖名单

国家级教学成果奖（5 项）

序号	获奖作者	成果名称	奖项名称	获奖时间	奖励等级
1	吴岩 张炼等	高等职业教育产学研结合中国模式的探索与推广	第六届高等教育国家级教学成果奖	2009 年	二等奖
2	吴正宪、张铁道、李兰瑛、武维民、张秋爽	提高农村教师执教能力的团队研修实践——吴正宪小学数学教师工作站的五年探索	国家级教学成果奖	2014 年	一等奖
3	陶昌宏、秦晓文	实验改变课堂——物理教学改革的实践探索	国家级教学成果奖	2014 年	二等奖
4	杨德军、黄晓玲、程舟、王凯	北京市普通高中整体性课程创新实验研究	国家级教学成果奖	2014 年	二等奖
5	贾美华、刘玲、黄冬芳、金利、顾瑾玉、王颖	基于社会大课堂课程资源开发的实践	国家级教学成果奖	2014 年	二等奖

北京市教学成果奖（44 项）

序号	获奖作者	获奖成果名称	奖项名称	获奖时间	奖励等级
1	梅克、李吉会、张秀媛、赵学勤	中小学教育质量综合评价	北京市首届基础教育教学成果奖	2000 年	特等奖
2	陈金赞、孙国梁、吴凯、李雨龙	小学生全面发展教育实验	北京市首届基础教育教学成果奖	2000 年	一等奖
3	梁威	初中数学分层测试卡	北京市首届基础教育教学成果奖	2000 年	二等奖
4	曹福海、董宝华、闽乐夫、靳爱香	中小学各科教学中的德育研究	北京市首届基础教育教学成果奖	2000 年	二等奖
5	苑玉台、李瑛、郭同珊、马俊明、刘劲武	北京市九年义务教育小学英语教材	北京市首届基础教育教学成果奖	2000 年	二等奖
6	陶文中、杜文平、胡进、樊玉亭、于桂清	小学生创造能力培养的研究与实验	北京市第二届基础教育教学成果奖	2004 年	一等奖

7	张静等	中学历史学科主体探究学习实验	北京市第二届基础教育教学成果奖	2004 年	一等奖
8	吴正宪等	创设建构性学习环境，培养学生创新精神	北京市第二届基础教育教学成果奖	2004 年	二等奖
9	《计算物理基础》教材编委会（杨帆、邵泽义、秦晓文、赵薇等）	“中学计算物理”课程模式和《计算物理基础》教材	北京市第二届基础教育教学成果奖	2004 年	二等奖
10	梁雅珠等	北京市 0–3 岁幼儿亲子教育课程建设与实施（《快乐亲子园实用教材》）	北京市第三届基础教育教学成果奖	2009 年	一等奖
11	史根东、钱丽霞、王巧玲、王桂英、徐新容	北京市中小学实施可持续发展教育的教学改革探索	北京市第三届基础教育教学成果奖	2009 年	一等奖
12	赵宝军、朱立祥、王振强、唐建华、秦晓文	信息技术与中小学各学科教学整合的实践研究	北京市第三届基础教育教学成果奖	2009 年	一等奖
13	贾美华、金利、黄冬芳、赵跃、王礼新	北京市义务教育阶段学科德育的实践	北京市第三届基础教育教学成果奖	2009 年	一等奖
14	王燕春、贾美华、张咏梅、何光峰、胡进	北京市义务教育教学质量监控与评价改革方案的实施	北京市第三届基础教育教学成果奖	2009 年	一等奖
15	杨广馨	北京市中小学《写字》教学实验	北京市第三届基础教育教学成果奖	2009 年	一等奖
16	陶昌宏	高中物理教学理论与实践研究	北京市第三届基础教育教学成果奖	2009 年	一等奖
17	吴正宪	“创建儿童喜爱的数学课堂”的实践探索	北京市第三届基础教育教学成果奖	2009 年	一等奖
18	马凌、黎小抗、沈一民、张静、康杰	探索以优秀教学设计评选和课例研究为载体，提升教师新课程教学实施能力的教研方式	北京市第三届基础教育教学成果奖	2009 年	二等奖

19	张华、张桂芳、沈玲娣、杨进、顾瑾玉	北京市基础教育课程改革中转变教与学方式的实践探索	北京市第三届基础教育教学成果奖	2009 年	二等奖
20	秦晓文、陶昌宏、李子恒、于瑞利、梁学军	促进中学物理有效教学的实践研究	北京市第三届基础教育教学成果奖	2009 年	二等奖
21	谢春风、叶奕民、郑云宏、郝洁、阎红	儿童学习分化问题的早期诊断与教育干预	北京市第三届基础教育教学成果奖	2009 年	二等奖
22	徐明、廖丽英、王瑜元、梁雅珠、沈心燕	构建“幼儿园快乐与发展课程”，深化幼儿园课程改革	北京市第三届基础教育教学成果奖	2009 年	二等奖
23	杨德军、程舟、张瑞海、张杰、李群	北京市义务教育地方课程与校本课程的开发建设	北京市第三届基础教育教学成果奖	2009 年	二等奖
24	马莉、张凤华、于连明、石殿辉、戴婧晶	北京市小学生伤害预防教育资源的开发与实验	北京市第三届基础教育教学成果奖	2009 年	二等奖
25	赵学勤、张爱兰、李吉会、邢利红	小学生学业成就评价改革	北京市第三届基础教育教学成果奖	2009 年	二等奖
26	陶文中	学科教学中创造能力培养的理论构建与实践探索	北京市第三届基础教育教学成果奖	2009 年	二等奖
27	吴岩	高等职业教育产学研中国模式的探索与推广	第六届北京市高等教育教学成果奖	2009 年	一等奖
28	张毅、徐健	让高中生“在科学家身边成长”的“翱翔计划”	北京市第四届基础教育教学成果奖	2013 年	一等奖
29	张熙、拱雪、左慧	北京市中小学特色建设的模型构建与实践推广	北京市第四届基础教育教学成果奖	2013 年	一等奖
30	北京教育科学研究院（杨德军、黄晓玲、程舟、钟作慈）	北京市普通高中自主课程实验研究	北京市第四届基础教育教学成果奖	2013 年	一等奖
31	北京教育科学研究院（贾美华、刘玲、黄冬芳、金利、顾瑾玉）	基于社会大课堂资源课程开发的实践	北京市第四届基础教育教学成果奖	2013 年	一等奖

32	赵宝军、姜丽萍、赵薇、刘卫珍、吴洋	北京市普通高中通用技术课程实施的实践研究	北京市第四届基础教育教学成果奖	2013 年	一等奖
33	陶昌宏、秦晓文	中学物理系列实验教学研究与展示活动的实践探索	北京市第四届基础教育教学成果奖	2013 年	一等奖
34	吴正宪、张铁道、李兰瑛、武维民、张秋爽	小学数学骨干教师团队研修的创新实践研究	北京市第四届基础教育教学成果奖	2013 年	一等奖
35	贾美华、顾瑾玉、刘玲、赵跃、李岩梅	北京地方特色文化系列教材的开发与实践	北京市第四届基础教育教学成果奖	2013 年	二等奖
36	王燕春、张咏梅、范存丽、田一、郝懿	北京市义务教育阶段教学质量监测题库的建设与实施	北京市第四届基础教育教学成果奖	2013 年	二等奖
37	北京教育科学研究院（杨德军、暴生君、程舟、王凯）	首都特色义务教育课程教材体系实验研究	北京市第四届基础教育教学成果奖	2013 年	二等奖
38	杨德军、王凯、程舟、韩宝江、李群	首都特色中小学地方课程教材体系的构建与实施研究	北京市第四届基础教育教学成果奖	2013 年	二等奖
39	谢春风、钱丽霞、王巧玲、王鹏	首都可持续发展教育区域推进策略研究与实践	北京市第四届基础教育教学成果奖	2013 年	二等奖
40	张强、朱世龙、原博	探索丰富基础教育阶段创新教育课程资源的有效途径—北京青少年科技创新“雏鹰计划”	北京市第四届基础教育教学成果奖	2013 年	二等奖
41	赵学勤、邢利红、王薇、杜文平、曹飞	北京市普通高中学生综合素质评价	北京市第四届基础教育教学成果奖	2013 年	二等奖
42	杜文平、黄玉凤、李义杰、邓宏	小学生数学素养评价指标体系和工具的研发与应用	北京市第四届基础教育教学成果奖	2013 年	二等奖
43	柳燕君、吕良燕、金树祥、鄂甜、苏永昌	中高等职业教育衔接模式研究与实践	北京市第一届中等职业教育教学成果奖	2013 年	一等奖
44	吴岩、王晓燕、张炼、王新凤、陈运辉、许一新、刘娟、王秀平、杨鹏、高国华	基于四合作的本科人才培养北京模式理论与实践探索	北京市第七届高等教育教学成果奖	2013 年	一等奖

教育部基础教育课程改革教学研究成果奖（7 项）

序号	获奖作者	成果名称	奖项名称	获奖时间	奖励等级
1	吴正宪	创建儿童喜爱的数学课堂模式的实践探索	教育部基础教育课程改革教学研究成果奖	2010 年	一等奖
2	张静等	中学历史学科主体探究教学实验	教育部基础教育课程改革教学研究成果奖	2010 年	一等奖
3	赵学勤、赵丽娟、邢利红、程素萍、曹飞	北京市普通高中学生综合素质评价研究与实践	教育部基础教育课程改革教学研究成果奖	2010 年	二等奖
4	张爱兰、王薇、李吉会、杜文平、王海芳	构建北京市基础教育阶段学校内部评价机制的研究与实践	教育部基础教育课程改革教学研究成果奖	2010 年	二等奖
5	贾美华、金利、黄冬芳、刘玲、顾瑾玉	北京市义务教育阶段学科德育的实践	教育部基础教育课程改革教学研究成果奖	2010 年	三等奖
6	梁威、范存丽、康杰等	探索有效促进农村中小学生发展的校本研究模式	教育部基础教育课程改革教学研究成果奖	2010 年	三等奖
7	王燕春、贾美华、张咏梅、何光峰、胡进、郝懿	北京市义务教育教学质量监控、评价与反馈系统的研究与实践	教育部基础教育课程改革教学研究成果奖	2010 年	三等奖

教科院承担各级各类规划课题

全国教育科学“九五”规划课题情况一览表 (8 项)

序号	课题名称	课题负责人	课题类别
1	在社会主义市场经济条件下加强高校党的建设研究	朱全俊	教育部重点课题
2	北京 21 世纪基础教育课程改革研究	文　喆	教育部重点课题
3	北京地区社会转型期妇女教育问题对策研究	张　定	教育部重点课题
4	小学生自主性素质的发展与培养实验研究	冉乃彦	教育部重点课题
5	探讨初中数学学习困难学生的认知加工机制的特点	梁　威	教育部重点课题
6	社会主义市场经济条件下北京高等教育改革与发展若干问题的研究	王　浒 陈锡章	教育部重点课题
7	西部少数民族女童教育的质量与效益研究	张铁道	教育部重点课题
8	北京市中等职业学校教学方法与手段的研究	邢　晖	教育部青年专项课题

全国教育科学“十五”规划课题情况一览表 (27 项)

序号	课题名称	课题负责人	课题类别
1	职业教育与劳动准入制度互动性研究	马叔平	国家重点课题
2	迈向普及化的北京高等教育结构调整的理论与策略研究	吴　岩	国家一般课题
3	教育建筑理论与典型案例研究	张立立	教育部重点课题
4	家庭教育跟踪指导实验研究	王宝祥	教育部重点课题
5	小学生学业成就评价改革研究	赵学勤	教育部重点课题
6	民办学校社会评估体系研究	季明明 王文源	教育部重点课题
7	形成中小学学习困难学生的教师因素分析及其对策研究	梁　威	教育部重点课题
8	小学生“阅读学习”实验研究	王俊英	教育部重点课题
9	首都基础教育均衡发展创新策略研究	张铁道	教育部重点课题
10	利用幼儿发展评价信息改进教育实践的研究	白爱宝	教育部重点课题

11	现代信息技术与中小学各学科教学整合的研究	钟作慈	教育部重点课题
12	基础教育课程改革实施中的中小学各科教学方式研究	曹福海	教育部重点课题
13	计算机信息技术在幼儿园游戏课程中的应用研究	汪　荃	教育部重点课题
14	学校发展的动力与策略研究	张　熙	教育部重点课题
15	职业学校学生学习特点研究	陈丹辉	教育部重点课题
16	产学研合作教育的政策法规问题研究	张　炼	教育部重点课题
17	中国大中城市老年教育组织实施的实验性研究	马　超	教育部重点课题
18	中小学学校教育信息化指标研究	王　唯	教育部重点课题
19	我国民办教育发展的相关政策和立法研究	郑　锋	教育部重点课题
20	普通学校有特殊教育需要学生有效参与策略研究	钱丽霞	教育部重点课题
21	社区教育专职工作者的素质与培训研究	高卫东	教育部规划课题
22	教育策划的理论与典型案例研究	程　晗	教育部规划课题
23	以主体教育思想和可持续发展思想为指导创建新型学校育人模式的实验研究	史根东	教育部规划课题
24	教育中介组织研究	桑锦龙	教育部青年专项课题
25	我国经济发达地区教育指标体系的实验研究	徐　娅	教育部青年专项课题
26	幼儿自我价值感的培养研究	刘　丽	教育部青年专项课题
27	义务教育阶段学生体育锻炼习惯培养的研究	白文飞	教育部青年专项课题

全国教育科学“十一五”规划课题情况一览表 (9 项)

序号	课题名称	课题负责人	课题类别
1	国际奥林匹克教育中的“北京模式”研究	耿　申	国家一般课题
2	北京市义务教育学生学业水平城乡差异分析及对策研究	王云峰	国家一般课题
3	首都义务教育阶段不同班额班级中的学生学习现状及对策的比较研究	胡　进	教育部重点课题
4	学校体育伤害事故归责研究	郭秀晶	教育部重点课题
5	北京市中小学体育教师专业技能水平提升的实验研究	甘北林	教育部重点课题
6	职业院校专业教学的行动导向教学模式研究	柳燕君	教育部规划课题
7	友善用脑教育教学实践的基本理论研究	时　龙	教育部规划课题

8	小学生学业成就评价改革研究	赵学勤	教育部规划课题
9	中小学课堂教学问题的案例研究	何光峰	教育部青年专项课题

全国教育科学“十二五”规划课题情况一览表（16项）

序号	课题名称	课题负责人	课题类别
1	我国普通高中教师收入校际差异研究	赖德信	国家青年课题
2	协同创新视角下科学研究与人才培养的互动机制研究	苑大勇	国家青年课题
3	基于学习科学的友善用脑课堂教学实践研究	时　龙	教育部重点课题
4	我国发达地区构建现代化公共教育服务体系政策研究	桑锦龙	教育部重点课题
5	中职行业英语能力需求与教材建设研究	刘卫珍	教育部规划课题
6	基于课程创新的学校改进策略实证研究	王　凯	教育部规划课题
7	区县级小学教育质量监控机制研究——以北京市区县为例	程素萍	教育部规划课题
8	中小学校本研究的组织方法研究	周春红	教育部规划课题
9	以课程建设为核心的学校特色发展研究——以北京市50所自主排课实验学校为对象	黄晓玲	教育部规划课题
10	地方课程规划与管理研究	韩宝江	教育部规划课题
11	高中数学新课程实施中的班级学业水平测试及反馈的研究	康　杰	教育部规划课题
12	促进区域内义务教育均衡发展的教师流动机制研究	郝保伟	教育部规划课题
13	中小学校教育科研绩效指标与评价模型研究	蔡　歆	教育部规划课题
14	专业研究机构组织的中小学学校外部评价机制的研究	陈惠英	教育部规划课题
15	信息化环境下职业院校学生学习方式及影响因素研究	姜丽萍	教育部规划课题
16	低社会经济地位家庭学生抗逆力的保护机制研究－基于PISA数据的国际比较	张　娜	教育部青年专项课题

北京市哲学社会科学“七五”规划项目情况一览表（1项）

序号	项目名称	项目负责人
1	新时期班主任工作研究	王宝祥

北京市哲学社会科学“九五”规划项目情况一览表（2 项）

序号	项目名称	项目负责人
1	适应北京地区经济发展的社区化教育模式研究	马叔平
2	北京市中小学德育工作实效性研究	李铁铮 王　瑛

北京市哲学社会科学“十五”规划项目情况一览表（7 项）

序号	项目名称	项目负责人
1	课堂教学中学生师源性心理困扰调查及其对教师干预实验研究	陶礼光
2	加入 WTO 对首都高等教育的影响及对策研究	吴　岩
3	学科教学中创造能力培养的研究与实践	陶文中
4	北京市民办学校特色发展的理论与实践研究	王文源
5	实现首都教育现代化的理论原理、指标体系与实施策略研究	时　龙
6	北京社区学院办学模式研究	管庆智
7	北京市 21 世纪基础教育课程改革实验调控与评价研究	文　喆

北京市哲学社会科学“十一五”规划项目情况一览表（6 项）

序号	项目名称	项目负责人	项目类别
1	北京市基础教育课程改革监控与评价研究	文　喆	重点项目
2	首都高等教育发展战略创新研究	单　鹰	重点项目
3	构建首都中小学可持续发展意识培养的教育资源整合模式	张铁道	一般项目
4	北京市 3——6 岁幼儿健康状况调查研究	孙　璐	一般项目
5	北京市小学生伤害预防教育资源的深度开发与区域推进策略	马　莉	一般项目
6	新课程背景下农村中小学生学习困难问题及对策研究	梁　威	一般项目

北京市社会科学基金“十二五”规划项目情况一览表（8 项）

序号	项目名称	项目负责人	项目类别
1	北京市教育科研热点、前沿及其演进的图谱可视分析	郭秀晶	重点项目

2	北京市“名校办分校”工程的实施与路径选择研究	尹玉玲	一般项目
3	太阳旗遮蔽下的童年—1935 至 1945 年日伪在北京编写、审查、出版、发行、使用的中小学奴化教科书研究	暴生君	一般项目
4	北京高校教学资源共享机制研究	王新凤	青年项目
5	基于断点回归设计的北京市示范性高中增值效应实证研究	拱　雪	青年项目
6	留学低龄化与北京国际高中发展态势研究	刘钧燕	青年项目
7	京津冀地区高等职业教育专业布局优化研究：基于服务区域产业发展的视角	杨振军	青年项目
8	北京市区县义务教育资源配置及其优化途径研究	杜玲玲	青年项目

北京市教育科学“八五”规划课题情况一览表（2 项）

序号	课题名称	课题负责人	课题年份
1	小学生全面发展教育实验（第二轮）	吴　剀 李调琴	1990 年
2	初中生数学学习障碍研究	梁　威	1991 年

北京市教育科学“九五”规划课题情况一览表（38 项）

序号	课题名称	课题负责人	课题类别
1	北京市 21 世纪基础教育课程改革研究	文　喆	重点课题
2	北京市职业教育改革与发展对策研究	马叔平	重点课题
3	在社会主义市场经济条件下加强高校党的建设研究	朱全俊	重点课题
4	北京市小学群体素质评估研究	梁　威	重点课题
5	小学低年级学生自主性素质的发展与培养的实验研究	冉乃彦	重点课题
6	北京地区社会转型期妇女教育问题对策研究	张　定 吉　利	重点课题
7	北京市中小学德育工作实效性研究	李铁铮 王　瑛	重点课题
8	面向 21 世纪北京高校教师队伍建设研究	陈锡章 裴兆宏	重点课题

9	两个根本性转变与北京市教育事业发展	仉 琨	重点课题
10	深化学校内部管理体制改革研究	邹甫昌 张世安	重点课题
11	北京教育科研管理理论与实践研究	耿 申	重点课题
12	面向21世纪北京市教育信息网建设问题研究	张虹波	重点课题
13	北京城镇地区初中办学质量校内多因素调查	王 唯	重点课题
14	基础教育阶段学校建制与管理模式的实验研究与比较研究	史根东	重点课题
15	新时期如何提高班主任队伍整体素质的调查研究	朱 铭	重点课题
16	小学生及幼儿创造能力培养的研究与实验	陶文中	重点课题
17	中等职业学校教学方法与手段的开发研究	董凤雏	重点课题
18	北京产学研合作教育理论与实践研究	管庆智	重点课题
19	大学生素质及培养模式研究	单 鹰	重点课题
20	北京市民办高等教育管理问题研究	蔡宝田	重点课题
21	面向21世纪北京成人学历教育目标与课程整体改革	尤 文 鱼 霞	重点课题
22	21世纪初北京市企业教育模式及实施中若干问题的研究	祝 军	重点课题
23	学生历史学习心理研究与教学对策	张 静	重点课题
24	中小学《规范码》教学实验研究	宗福衡	重点课题
25	初中英语词—句—文双向教学法实验研究	俞 唐	重点课题
26	中小学多媒体英语教学研究	孟雁君	重点课题
27	中学生语言能力的培养系统的研究	孙荻芬	重点课题
28	九年义务教育活动课程开发研究	陶礼光	重点课题
29	学校艺术教育中的民族民间美术教学研究	祝庆武	重点课题
30	北京市高中教学内容改革研究	陈境孔	重点课题
31	新形势下加强教育科研院所党的建设，推动科研工作发展的研究	李凤琴	一般课题
32	社会转型期教育规划特点与对策研究	高书国	一般课题
33	北京市新建住宅小区中小学教育状况调查研究	王文源	一般课题
34	幼儿家长教育行为指导研究	白爱宝	一般课题
35	幼儿园、小学、初中学生家庭教育特点、发展趋势与规律的调查研究	王宝祥	一般课题
36	幼儿教师工作评价研究	王俊英	一般课题

37	北京市中等职业教育服务体系及其建设研究	曾寿昌	一般课题
38	中国大中城市老年教育研究	张　维	一般课题

北京市教育科学“十五”规划课题情况一览表(40项)

序号	课题名称	课题负责人	课题类别
1	加入WTO背景下北京教育政策研究	吴　岩	重大课题
2	“三个代表”思想与新时代教育改革发展研究	时　龙	重点课题
3	北京市区县推进区域教育现代化的基本理论与指标体系的个案研究和综合研究	史根东	重点课题
4	社区教育与城市外来工社会流动研究	王良娟	重点课题
5	促进学生探究学习的中学化学教学策略与评价研究	马胜利	重点课题
6	中小学教科书评价标准研究	商发明	重点课题
7	中学人文社会科学学科探究教学的研究	张　静	重点课题
8	对社区开展0—3岁儿童早期教育指导的研究	梁雅珠	重点课题
9	北京高新技术产业发展对高级专门人才需求的研究	王晓燕	重点课题
10	北京职业学校职业指导专业化问题研究	吉　利	重点课题
11	老年教育发展的政策研究	沈红梅	重点课题
12	北京市职业教育与都市型农业互动性研究	孙孟侠	重点课题
13	“大职教观”下的首都职业教育发展对策研究	邢　晖	重点课题
14	创建学习型企业与企业教育改革发展研究	张翠珠	重点课题
15	职业教育专业课教学模式创新的研究	普诚雨	重点课题
16	北京市中等职业教育产教结合模式的研究	姜丽萍	重点课题
17	高职课程国际化的理念与实践研究	蒋　莉	重点课题
18	北京市中小学校网络德育的研究	王　瑛	重点课题
19	建立面向首都现代化的北京市中小学教科书制度的对策研究	杨德军	重点课题
20	促进教师专业发展的校本教研模式与策略研究	秦晓文	重点课题
21	现代手持教育技术与中学数学学科整合	郭立昌	重点课题
22	现代信息技术条件下中学物理教学设计的理论与实践研究	杨　帆	重点课题

23	北京教育政策创新中公民参与问题研究	张　熙	青年专项课题
24	北京市民办学校的经济回报问题研究	周　蔺	青年专项课题
25	小学综合课程学习方式的研究	贾美华	青年专项课题
26	北京地区小学中年级学生动荡分化特点与对策研究	谢春风	青年专项课题
27	教师有效课堂教学提问研究	赵敏霞	青年专项课题
28	促进儿童创造性素质发展的幼儿数学教育实验研究	廖丽英	青年专项课题
29	北京高等工科院校专业结构研究	刘　晖	青年专项课题
30	成人学习中认知特点及影响成人学习的相关因素的研究	李　俊	青年专项课题
31	北京市中等职业学校转制综合高中的实践研究	钱丽欣	青年专项课题
32	高等职业院校产学合作教育人才培养模式研究	史士本	青年专项课题
33	社会转型与德育价值理念的比较研究	张理智	青年专项课题
34	表现性评定及其在中学生学业成就评价领域中的应用研究	张咏梅	青年专项课题
35	普通高等学校本专科招生录取权研究	郭志成	青年专项课题
36	我国省市级教育科研院所队伍建设研究	李凤琴	规划课题
37	加强与提高小学生汉字书写规范的实验研究	李春旺	规划课题
38	中学生潜能认知与教育个性化实验研究	郭喜青	规划课题
39	中学物理学科特长生的培养机制和方法研究	李子恒	规划课题
40	北京优秀教师专业发展的生活史研究	鱼　霞	规划课题

北京市教育科学“十一五”规划课题情况一览表（61 项）

序号	课题名称	课题负责人	课题类别
1	学习型城市建设指标体系研究	吴晓川	重大课题
2	课程改革中历史学科教学与评价一体化研究	张　静	重点课题
3	北京市中小学课程教材管理的改革与实施研究	杨德军	重点课题
4	北京农村中小学可持续发展教育资源整合模式的研究	钱丽霞	重点课题
5	数字化学习转变中小学学习方式研究	王　唯	重点课题
6	知识管理与幼儿教师专业发展关系的研究	刘　丽	重点课题
7	老年教育的现状及发展对策研究	沈红梅	重点课题

8	北京市中等职业教育专业课程开发研究	姜丽萍	重点课题
9	北京市中小学校网络德育研究的深入与推广	王　瑛	重点课题
10	北京市心理健康教育目标体系构建的实验研究	郭喜青	重点课题
11	中小学教学有效实施学科德育的研究	贾美华	重点课题
12	北京市民办学校资产与财务监督管理制度研究	王　磊	重点课题
13	北京中小学校内部变革的实践研究	张　熙	重点课题
14	学校科技教育的长效机制的实践探索	张　毅	重点课题
15	北京市基础教育信息资源整合机制研究	商发明	重点课题
16	北京市高中校本课程开发与管理的研究	程　舟	重点课题
17	创造性教学的研究与实践	陶文中	重点课题
18	基于高技能人才培养的高等职业教育评价研究	史　枫	重点课题
19	北京市中小学生家长参与学校教育的途径研究——试点建立家长教师协会	赵澜波	重点课题
20	北京市普通高中体育与健康课程改革实验研究	田　晶	重点课题
21	构建中小学学校自我评价机制的研究	张爱兰	重点课题
22	北京市高中新课程模块学业评价的实验研究	张咏梅	重点课题
23	北京教育信息化与部分国家教育信息化比较研究	李志涛	重点课题
24	北京市示范性普通高中学校特色课程建设研究	钟作慈	重点课题
25	北京市都市型农业人力资源开发、配置模式与途径研究	孙孟侠	重点课题
26	社区教育资源整合机制研究	高卫东	重点课题
27	青少年道德发展的社会支持研究	徐志芳	重点课题
28	以教育戏剧扩展与深化可持续发展教育的实践研究	史根东	重点课题
29	北京市普通高中通用技术必修课程教学研究	赵宝军	重点课题
30	北京高等职业院校特色发展研究	孙毅颖	重点课题
31	中小学校特色建设的路径、指标及方法研究	张　熙	重点课题
32	世界城市视野中的首都高等教育发展	刘继青	重点课题
33	以制度创新提高来京留学效益研究	郭秀晶	重点课题
34	北京市中小学教师区域流动制度研究	郝保伟	重点课题

35	基于中高职一体化发展的北京职业教育重心高移内涵与策略研究	时　龙	重点课题
36	开发与应用低成本物理实验的策略研究	秦晓文	重点课题
37	北京高校留学生教育发展的限制性因素调查研究	郭秀晶	青年专项课题
38	若干发达国家大城市学校危机管理模式及案例研究	刘　熙	青年专项课题
39	若干发达国家大城市学校危机管理模式及案例研究	雷　虹	青年专项课题
40	小学生数学素养评价研究	杜文平	青年专项课题
41	新课程背景下小班化课堂教学方式的转变研究	胡　进	青年专项课题
42	北京市民办高校产权关系现状调查与产权重组模式案例研究	闫彦斌	青年专项课题
43	中小学教研组长职能研究	蔡　歆	青年专项课题
44	首都试点高校研究生导师资助制度的实施研究	尹玉玲	青年专项课题
45	北京学习型乡镇建设研究	卫　宏	青年专项课题
46	小学生阅读素养评价研究	王海芳	青年专项课题
47	北京市中小学教师幸福指数现状调研	李一飞	青年专项课题
48	终身教育背景下首都职业教育体系研究	王宇波	青年专项课题
49	北京市属高校国际化人才队伍建设研究	刘　娟	青年专项课题
50	欧洲研究生联合学位的发展及对首都高校创新型人才培养的启示研究	王新凤	青年专项课题
51	学校内部评价结果的解释模型研究	王　薇	青年专项课题
52	中小学生幸福感评价研究	曹　飞	青年专项课题
53	打造“教育合作圈”——京津冀教育发展模式与空间布局探究	高　兵	青年专项课题
54	北京职业教育国际化新探索——对外合作与交流状况分析（2004–2009）	侯兴蜀 戴婧晶	青年专项课题
55	增强北京职业教育吸引力问题研究	苑大勇	青年专项课题
56	北京市民办中小学教师待遇状况的比较分析	吕贵珍	青年专项课题
57	首都高等教育对经济增长贡献率研究	杨振军	青年专项课题
58	北京市义务教育教学质量监测调查问卷开发及应用	郝　懿	青年专项课题
59	依托特色课程，初步培养高中生生涯规划素养研究	崔玉婷	一般课题
60	影响初中生学习投入的学校因素研究	张　娜	一般课题

61	促进北京市高中数学新课程有效实施的对策研究	康　杰	一般课题

北京市教育科学“十二五”规划课题情况一览表(51项)

序号	课题名称	课题负责人	课题类别
1	北京市义务教育均衡发展的策略研究	时　龙	重大课题
2	北京市创新人才培养模式的实践推动与行动研究	方中雄	重点课题
3	首都义务教育阶段学生学业标准的研究与实践	王燕春	重点课题
4	中小学电子教科书开发与实验研究	杨德军	重点课题
5	社会、学校、家庭协同教育研究	赵澜波	重点课题(优先关注)
6	北京市基础教育质量标准与提升策略研究	赵学勤	重点课题(优先关注)
7	小学生数学能力要素分析及评价研究	杜文平	重点课题
8	可持续发展教育特色学校的质量标准与评估方法	王巧玲	重点课题
9	校园危机事件后师生心理应激反应评估与干预	白玉萍	重点课题
10	北京市义务教育学校标准化建设研究	杨小敏	重点课题(优先关注)
11	北京市中小学教师供给影响因素研究——劳动力市场分割理论的验证	赖德信	重点课题
12	京津冀教育协同发展与资源共享机制研究	高　兵	重点课题(优先关注)
13	北京市中等职业教育质量评价和提升研究	王春燕	重点课题(优先关注)
14	信息化条件下北京市中小学学生学习方式变革实验研究	王　凯	重点课题(优先关注)
15	京版电子教材教学应用研究	乐进军	重点课题
16	北京市义务教育阶段基于证据的课堂教学改进研究	贾美华	重点课题
17	儿童数学教育思想理论内涵与实践创新的研究	吴正宪	重点课题
18	大规模学业水平测试能力量尺的开发与应用	张咏梅	重点课题
19	中学生社会主义核心价值观教育实效性研究	秦廷国	重点课题
20	北京市义务教育教学质量现状、问题及改进策略研究	王燕春	重点课题(优先关注)
21	北京市中小学教师薪酬水平研究	鱼　霞	重点课题(优先关注)
22	国际视野下北京市幼儿园课程的实践与创新研究	苏　婧	重点课题(优先关注)

23	中学生合作性问题解决能力评价研究	张　娜	重点课题
24	北京市普通高中国际课程引入和实施现状研究	黄晓玲	青年专项课题
25	“普惠性”目标定位下的北京民办学前教育发展研究	丁秀棠	青年专项课题
26	北京市属高校科技竞争力分析及发展策略研究	王怀宇	青年专项课题
27	基于生涯发展需求的北京市中学生涯教育实践研究	朱凌云	青年专项课题
28	普通高中学生综合素质评价中班主任评语的实践研究	邢利红	青年专项课题
29	学业水平测验认知诊断功能的应用研究	李美娟	青年专项课题
30	幼儿园情绪教育内容及策略的研究	孙　璐	青年专项课题
31	北京校企联合培养博士生的模式优化研究	刘　娟	青年专项课题
32	北京高职专业布局与产业结构匹配度的定量研究	杨振军	青年专项课题
33	北京市进行大规模教育监测的抽样方法研究——基于 PISA、TIMSS 的经验	杨　潇	青年专项课题
34	基础教育学业评价与课程标准一致性分析模式的开发与应用	田　一	青年专项课题
35	小学课后托管政策与实施的国际比较与借鉴	周红霞	青年专项课题
36	北京市中小学学校效能的影响因素及提升策略研究	卢　珂	青年专项课题
37	中小学生非智力因素自评量表参照性偏差研究	段鹏阳	青年专项课题
38	北京市普通高中通用技术课程实施存在的主要问题及对策研究	赵　薇	一般课题
39	基于教师专业发展的中学语文教学案例研发的行动研究	李卫东	一般课题
40	普通高中学校特色创建模式与案例研究	张瑞海	一般课题
41	北京职业院校实训基地运行模式研究	禹治斌	一般课题
42	北京市教育舆情监测系统研究	赵丽娟	一般课题
43	中学物理探究性教学的策略与实践研究	陶昌宏	一般课题
44	基于教师专业发展的北京市中小学骨干教师制度研究	吕晓丽	一般课题
45	北京市初中语文阅读能力标准研究	刘宇新	一般课题
46	影响中小学教师职业认同的学校因素研究	蒲　阳	一般课题
47	普通高中分类发展模式的研究	殷桂金	一般课题
48	基于名校办分校的校际有效合作机制研究	佟　德	一般课题

49	北京市普通高中通用技术课堂教学策略实践研究	赵　薇	一般课题
50	北京市中小学中华优秀传统文化课程开发研究	李　群	一般课题
51	社会主义核心价值观教育与中学政治课结合的途径与方法研究	刘　媛	一般课题

教科院专著译著一览表（180 部）

序号	作者	著作名称	著作性质	出版社	出版时间
1	王伯英	体育教学论	专著	四川省教育出版社	1982 年
2	徐友标	给小学数学教师的建议	专著	教育科学出版社	1984 年
3	张贵玲	给小学语文教师的建议	专著	北京师范大学出版社	1985 年
4	王伯英	体育理论	专著	北京师范大学出版社	1987 年
5	张秀媛	普通教育评价原理	合著	上海出版社	1988 年
6	张秀媛	中小学教学评价	合著	北京师范大学出版社	1988 年
7	王伯英	初中体育学习目标及检测	专著	中国标准出版社	1988 年
8	吴　剀	怎样做好大中小队工作	专著	中国少年儿童出版社	1988 年
9	徐应隆	家庭教育理论与实践	合著	北京燕山出版社	1989 年
10	王晓春	育病树为良材	专著	光明日报出版社	1990 年
11	范小韵	中小学教育科研方法指导	专著	北京教育出版社	1990 年
12	徐友标	初中数学概念思想与方法	专著	人民邮电出版社	1990 年
13	李调琴	数学趣题与智力开发	专著	教育科学出版社	1990 年
14	陈锡章	智慧的摇篮——创造性思维与教育	专著	教育科学出版社	1990 年
15	李调琴	算得对	专著	中国少年儿童出版社	1991 年
16	徐友标	教学与智能发展	专著	光明日报出版社	1991 年
17	王晓春	教师怎样指导家庭教育	专著	北京教育出版社	1992 年
18	张贵玲	教孩子学语文	专著	首都师范大学出版社	1992 年
19	张秀媛	中小学教育评价实用手册	合著	北京出版社	1992 年
20	王伯英	课外体育	合著	陕西科技出版社	1992 年
21	张觉民	学校管理的方法和艺术	专著	北京教育出版社	1993 年
22	李调琴	小学教学综合训练与指导	专著	首都师范大学出版社	1993 年
23	吴　剀	一年级儿童的家庭教育	专著	北京师范大学出版社	1994 年
24	徐友标	中国超常少儿教育理论与实践	专著	新华出版社	1996 年

25	廖叔俊 王冀生	高等教育与社会主义市场经济基本问题研究	合著	广东高等教育出版社	1996 年
26	鱼　霞	情感教育	专著	教育科学出版社	1997 年
27	孙瑞清 梁　威	数学教育与计算机	专著	北京大学出版社	1997 年
28	梁　威	初中生数学学习障碍研究	专著	北京教育出版社	1997 年
29	李调琴	教你学数学	专著	中国少年儿童出版社	1998 年
30	李调琴	小学四则应用题解题方法与技巧	专著	中国和平出版社	1998 年
31	王伯英	学校体育科学研究方法	专著	科学出版社	1998 年
32	梁　威	初中生数学学习个案研究	专著	北京教育出版社	1998 年
33	王晓春	家教难题会诊	专著	兵器工业出版社	1999 年
34	王俊英	幼儿教师工作评价	专著	学前教育杂志社	1999 年
35	徐　明	幼儿社会教育	专著	中国劳动社会保障出版社	1999 年
36	廖丽英	幼儿数学教育	专著	中国劳动社会保障出版社	1999 年
37	白爱宝	幼儿发展评价手册	专著	教育科学出版社	1999 年
38	王晓春	寻找素质教育的感觉	专著	地质出版社	2000 年
39	王晓春	走进孩子的心灵	专著	人民卫生出版社	2000 年
40	王晓春	家长的位置	专著	长春出版社	2000 年
41	王晓春	做一个聪明的教师	专著	华东师范大学出版社	2000 年
42	梁　威	中小学生群体素质评估研究	专著	北京教育出版社	2000 年
43	王桂英	新型小学教师素质概论	专著	北京师范大学出版社	2000 年
44	吴　岩	中国大学科技体制改革论	专著	京华出版社	2000 年
45	杨　娥	家庭法制教育读本	合著	中国地质出版社	2000 年
46	陈锡章 裴兆宏	永恒的主题——大学教师队伍建设的思考	合著	科学出版社	2000 年
47	方　明	根深才能叶茂	专著	北京师范大学出版社	2000 年
48	吴　剀	幼儿入学准备、儿童入学适应（两册）	专著	和平出版社	2000 年
49	王晓春	开辟素质教育的绿地	专著	长春出版社	2001 年
50	李铁铮 王　瑛	求真求实求新——北京市中小学德育实效性研究	合著	京华出版社	2001 年
51	徐友标	高考中的数学思想方法	专著	龙门出版社	2002 年
52	杜　红	中学古诗文通假字辨析	专著	文化艺术出版社	2002 年
53	王俊英	幼儿园语言活动指导——幼儿的语言素质教育	专著	地质出版社	2002 年
54	王俊英	幼儿园数学活动指导——幼儿的现实数学教育	专著	地质出版社	2002 年

55	张咏梅等	课堂中的多元智能——开展以学生为中心的教学	译著	中国轻工业出版社	2003 年
56	王晓春	家教参谋	专著	中国妇女出版社	2003 年
57	王晓春	孩子，我们一路同行——做学习型家长	专著	中国妇女出版社	2003 年
58	张　静	历史学习方略	专著	高等教育出版社	2003 年
59	秦晓文 邵泽义	信息技术与物理教学整合的模式与策略	合著	中国铁道出版社	2003 年
60	王　磊	公共教育支出分析	专著	北京师范大学出版社	2003 年
61	王晓春	家庭德育实用读本	专著	中国妇女出版社	2004 年
62	杨忠健	成功家长	专著	中国长安出版社	2004 年
63	史根东	可持续发展教育报告 2003 年卷	专著	教育科学出版社	2004 年
64	王晓春	富裕时代的家庭教育	专著	中山大学出版社	2005 年
65	王晓春	今天怎样做教师——点评一百个教育案例（中学）	专著	华东师范大学出版社	2005 年
66	王晓春	教育智慧从哪里来——点评一百个教育案例（小学）	专著	华东师范大学出版社	2005 年
67	王晓春	问题学生诊疗手册	专著	华东师范大学出版社	2006 年
68	吴正宪	吴正宪与小学数学教育	专著	北京师范大学出版社	2006 年
69	苑玉台	高中英语语法	专著	外语教学与研究出版社	2006 年
70	董素艳	在课堂里放飞思想	专著	北京科学技术出版社	2006 年
71	杨忠健	中国家长最关心的 80 个问题	专著	北京出版社	2006 年
72	范存丽	优秀小学数学教师一定要知道的 7 件事	专著	中国青年出版社	2007 年
73	张咏梅	表现性评定的理论及应用研究	专著	北京出版社	2007 年
74	王文源	中国民办教育：在理想与现实之间	专著	北京出版社	2007 年
75	鱼　霞	反思型教师的成长机制探新	专著	教育科学出版社	2007 年
76	耿　申	教育使命感悟	专著	北京体育大学出版社	2007 年
77	钱丽霞	普通学校促进不同学习需要学生有效参与的策略——可持续发展教育视野下的全纳教育实践研究	专著	教育科学出版社	2008 年
78	吴晓川	当代职业教育管理	专著	北京工业大学出版社	2008 年
79	王晓春	做一个专业的班主任	专著	华东师范大学出版社	2008 年
80	桑锦龙	教育转型与专科毕业生就业	专著	社会科学文献出版社	2008 年
81	陶昌宏	高中物理教学理论与实践	专著	北京师范大学出版社	2008 年
82	单　鹰	高等教育原理论	专著	教育科学出版社	2008 年
83	吉　利	职业教育经济效能评价分析	专著	教育科学出版社	2008 年

84	王怀宇	教授群体与研究型大学	专著	华中科技大学出版社	2008 年
85	耿　申	体验奥林匹克	专著	北京体育大学出版社	2008 年
86	王晓春	给教师一件新武器	专著	中国轻工业出版社	2009 年
87	张爱兰	小学生学业成就评价方案研究	专著	北京科学技术出版社	2009 年
88	冉乃彦	成熟路——未成熟主体的特点与教育	专著	中国书籍出版社	2009 年
89	王　凯	发展性校本学生评价研究	专著	华东师范大学出版社	2009 年
90	刘　晖 孙毅颖	从大众化到普及化：北京高等教育发展研究	合著	人民出版社	2009 年
91	邹　敏	论民族区域自治权的源与流	专著	中央民族大学出版社	2009 年
92	谢春风	儿童学习分化问题的研究与干预	专著	北京出版社	2009 年
93	郭喜青	人生发展与心理营养	专著	河南大学出版社	2009 年
94	郭喜青	中学生潜能发展与教育个性化探索	专著	北京出版社	2009 年
95	鱼　霞 夏仕武	吴正宪 人文数学教育思想探究	合著	教育科学出版社	2009 年
96	李一飞 潘新民	胡国燕：让学生在英语中体验成功	合著	教育科学出版社	2009 年
97	申　炜 郑玉飞	张思明：中学数学建模的拓荒者	合著	教育科学出版社	2009 年
98	韩淑萍 郝保伟	李明新：追求实与活的语文教育思想	合著	教育科学出版社	2009 年
99	史根东 王桂英	可持续发展教育基础教程	合著	教育科学出版社	2009 年
100	耿申等	国际奥林匹克教育中的“北京模式”研究	合著	北京体育大学出版社	2009 年
101	王晓春	语文课如何是好	专著	中国轻工业出版社	2010 年
102	王晓春	今天怎样做班主任	专著	教育科学出版社	2010 年
103	王晓春	课堂管理，会者不难	专著	中国轻工业出版社	2010 年
104	郭秀晶	我国高等教育境外消费出口市场研究	专著	光明日报出版社	2010 年
105	贾美华	课程开发实践指南——基于北京市中小学生社会大课堂资源	专著	首都师范大学出版社	2010 年
106	张爱兰	构建中小学学校自我评价机制的研究与实践	专著	北京科学技术出版社	2010 年
107	胡　进	北京市小班化教育教学研究与实践	专著	北京科学技术出版社	2011 年
108	崔玉婷	近代中国乡村教育的不同路向：邹平教育模式与延安教育模式比较研究	专著	教育科学出版社	2011 年

109	单　鹰	中小学教师如何做好课题研究	专著	北京师范大学出版社	2011 年
110	冉乃彦	中小学教师怎样用哲学	专著	教育科学出版社	2011 年
111	冉乃彦	家庭教育基本功	专著	黑龙江教育出版社	2011 年
112	杨忠健	家长是孩子的心理辅导师	专著	电子工业出版社	2011 年
113	杨忠健	家长是孩子的人生规划师	专著	电子工业出版社	2011 年
114	杨忠健	家长是孩子的学习指导师	专著	电子工业出版社	2011 年
115	王　婷	在学校中培养品德：品德教育实践导引	译著	教育科学出版社	2012 年
116	谢春风 谢嘉欣	学习可持续的方法——教育促进人类可持续发展的道与德	译著	北京科学技术出版社	2012 年
117	王晓春	王晓春给青年教师的 100 条建议	专著	中国轻工业出版社	2012 年
118	王晓春	王晓春帮你走出教育误区——评说 100 个教师常用语	专著	中国轻工业出版社	2012 年
119	杨广馨	小学美术课堂有效教学策略研究	专著	北京科学技术出版社	2012 年
120	冉乃彦	给年轻教师的建议	专著	华东师大出版社	2012 年
121	陈秀云	陈秀云教育文集	专著	金城出版社	2012 年
122	李海波	教育资源配置与效益——北京市基础教育资源配置实证研究	专著	北京科学技术出版社	2012 年
123	单　鹰 刘　娟	首都高等教育发展战略创新与探索	合著	中国社会出版社	2012 年
124	梁雅珠	我和幼儿教育	专著	北京出版社	2012 年
125	谢春风	给教育决策注入道德基因——流动儿童视阈下我国教育政策的伦理困境与出路	专著	北京科学技术出版社	2012 年
126	韩淑萍	从“荣耀”到“不甘”：农村学生选择中师教育的社会学分析	专著	知识产权出版社	2012 年
127	赵学勤	普通高中综合素质评价	专著	北京出版社	2012 年
128	王巧玲	可持续发展教育：地方课程的开发与实施	专著	北京科学技术出版社	2012 年
129	钱　伟	邓小平改革开放辩证法思想研究	专著	北京出版社	2012 年
130	王晓春	问题学生诊疗手册（第二版）	专著	华东师范大学出版社	2013 年
131	王晓春	第 56 号教室的玄机——解读雷夫老师的教育艺术	专著	教育科学出版社	2013 年
132	王晓春	发现孩子的潜能 ——辨才与因材施教	专著	中央广播电视大学出版社	2013 年
133	刘延革	我读小学数学教材	专著	北京教育出版社	2013 年
134	杨德军	四论基础教育——权利、对象、工具与载体	专著	北京出版社	2013 年

135	苑大勇	终身学习视角下英国高等教育扩大参与政策研究	专著	高等教育出版社	2013 年
136	柳燕君	现代职业教育教学模式——职业教育行动导向教学模式研究与实践	专著	机械工业出版社	2013 年
137	王春燕	职业教育分级制：珠宝专业的实践探索	专著	高等教育出版社	2013 年
138	王新凤	欧洲高等教育区域整合研究	专著	社会科学文献出版社	2013 年
139	吴岩等	高等教育强国梦：中国高等教育区域发展新论	合著	中国高等教育出版社	2013 年
140	梁雅珠	“研”之有理	专著	北京出版社	2013 年
141	杜文平	小学生数学素养评价研究	专著	北京出版社	2013 年
142	王晓春	今天怎样做教师——点评一百个教育案例（中学）（修订版）	专著	华东师范大学出版社	2014 年
143	王晓春	早恋：怎么看？怎么办？	专著	教育科学出版社	2014 年
144	王晓春	跳出教育看教育	专著	华东师范大学出版社	2014 年
145	王晓春	学生问题个案诊疗 69 例	专著	长江文艺出版社	2014 年
146	王晓春	教师怎样少做无用功——高效能教师必备法则	专著	中国轻工业出版社	2014 年
147	王云峰	义务教育学生学业水平城乡差异分析及对策研究	专著	北京出版社	2014 年
148	张觉民	求索集	专著	时代文化出版社	2014 年
149	吴晓川 张翠珠 杨树雨	学习型城市建设指标体系研究	合著	北京出版社	2014 年
150	王春燕等	我国现代职业教育支撑体系研究	合著	北京大学出版社	2014 年
151	王晓燕	北京高等教育的发展与改革	专著	北京出版社	2014 年
152	王晓燕等	首都高等教育若干问题研究	合著	北京出版社	2014 年
153	秦廷国	人的和谐发展与培育和谐的人	专著	北京科学技术出版社	2014 年
154	何光峰	透视课堂教学问题	专著	北京教育出版社	2014 年
155	张瑞海	普通高中特色发展：理论、实践与政策研究	专著	北京出版社	2014 年
156	郑　锋	民办高校财产权纠纷失范现象研究	专著	现代教育出版社	2014 年
157	褚宏启	中国现代教育体系研究	专著	北京师范大学出版社	2014 年
158	王红丽	家庭作业有学问	专著	华龄出版社	2014 年
159	王晓春	习惯的养成与改变	专著	华东师范大学出版社	2015 年
160	杨小敏	办学条件及其对学生的影响——基于中国农村义务教育阶段中小学校的实证研究	专著	北京师范大学出版社	2015 年

161	王燕春等	义务教育阶段学业标准：研究与实践	专著	北京师范大学出版社	2015年
162	李卫东	二十年后，叩问语文之道	专著	教育科学出版社	2015年
163	冉乃彦	家庭中的自我教育	专著	山西教育出版社	2015年
164	连中国	唤醒生命——每个孩子心中都有一个巨人	专著	中华工商联合出版社	2015年
165	连中国	语文课——让孩子走向成熟并再次天真	专著	中国人民大学出版社	2015年
166	杨德军	整合与超越——三级课程整体建设研究的框架、路径与思考	专著	首都师范大学出版社	2015年
167	柳燕君	中德职业教育课程与教学比较研究	专著	北京出版社	2015年
168	谢春风	教育决策的道德困境与出路——中国流动儿童教育政策伦理问题的理论研究与实证分析	专著	金琅学术出版社（德国）	2015年
169	谢春风	日落帝国的晨曦——英国教育的价值链、道德度和政策维	专著	金琅学术出版社（德国）	2015年
170	孟　佳	求真寻理的“智者”之路——王能教育思想研究	合著	教育科学出版社	2015年
171	鱼　霞 黄　华	尊重差异——曹保义和谐生态教育思想研究	合著	教育科学出版社	2015年
172	申　炜 林艺茹	用研究编织数学教育的经纬——丁益祥教育思想研究	合著	教育科学出版社	2015年
173	李一飞	教学做合一的践行者——周国彪教育思想研究	专著	教育科学出版社	2015年
174	郝保伟	以人为本奠基师生发展——马芯兰人本教育思想研究	专著	教育科学出版社	2015年
175	赖德信 孙　璐	待教育对象为真正的人——沈心燕幼儿教育思想研究	合著	教育科学出版社	2015年
176	韩淑萍	文化立人 文化立校——王欢教育思想研究	专著	教育科学出版社	2015年
177	郝保伟	促进教育均衡发展的中小学教师流动研究	专著	知识产权出版社	2015年
178	王　婷	课程的变异研究：以德育课程变革为例	专著	知识产权出版社	2015年
179	张咏梅	大规模学业水平测试能力量尺的开发与应用	专著	北京师范大学出版社	2015年
180	陈锡章 刘占军	北京高校校园建设	专著	北京艺术与科学电子出版社	2015年

教科院教材教参一览表（382 种）

序号	作者	教材教参名称	性质	出版社名称	出版时间
1	胡玲 等	思想品德（1–12 册）	教材教参	人民教育出版社	1992 年–1998 年
2	苑玉台 郭同珊 马淑英 方世珪	北京市九年义务教育小学英语教材（教科书、指导书、录音磁带、录像带、投影片、挂图、DVD、英文歌曲等）	教材	北京出版社	1992 年–2012 年
3	苑玉台	北京市高中英语选修课教材（3 种）	教材	外语教学与研究出版社	1993 年–2004 年
4	刘丽	幼儿园常规教育参考用书	教辅	华夏出版社	1995 年
5	梁雅珠	我要上学（[我看] 分册）	教材	华夏出版社	1996 年
6	徐明	幼儿园教育活动教学参考用书（自然领域）	教辅	人民教育出版社	1996 年
7	苑玉台（主编）马淑英 郭同珊等	高中英语同步学习辅导	教辅	外语教学与研究出版社	1997 年
8	刘丽	我要上学（[我懂] 分册）	教材	华夏出版社	1997 年
9	徐明	幼儿入学准备教材 · 科学启蒙	教材	中国少年儿童出版社	1997 年
10	徐明	幼儿入学准备教材 · 社会适应	教材	中国少年儿童出版社	1997 年
11	徐明	幼儿入学准备教材 · 手工	教材	中国少年儿童出版社	1997 年
12	廖丽英	幼儿园教育 · 五大领域数学部分	教辅	人民教育出版社	1997 年
13	谢维 等	中学生安全用电问答	教材	中国电力出版社	1998 年
14	谢维 等	小学生安全用电常识	教材	中国电力出版社	1998 年
15	李子恒	全国各类成人高等学校招生统一考试辅导教材（物理）	教材	科学普及出版社	1998 年
16	苑玉台（主编）马淑英等	高考英语强化训练系列丛书	教辅	外语教学与研究出版社	1998 年
17	徐明	幼儿智力训练	教材	晨光出版社	1998 年
18	胡玲 等	中华传统美德	教材	首都师范大学出版社	1998 年–2004 年
19	苑玉台（主编）方世珪 马淑英等	高考英语高分直通车	教辅	首都师范大学出版社	1999 年
20	职成教材办	实用写作（成人高校教材）	教材	北京师范大学出版社	1999 年
21	职成教材办	宝玉石地质基础	教材	地质出版社	1999 年
22	廖丽英	幼儿心理学	教材	北京师范大学出版社	1999 年

23	廖丽英	幼儿数学教育	教材	中国劳动社会保障出版社	1999 年
24	廖丽英	幼儿数学教育	教材	中国劳动出版社	1999 年
25	刘丽	幼儿园教研工作指导	教辅	华夏出版社	1999 年
26	职成教材办	创业教育（通用型）	教材	科学出版社	2000 年
27	徐明	幼儿入学准备·学科学准备	教材	陕西人民教育出版社	2000 年
28	徐明	幼儿入学准备·社会适应准备	教材	陕西人民教育出版社	2000 年
29	徐明	幼儿入学准备·前书写练习册	教材	陕西人民教育出版社	2000 年
30	徐明	幼儿素质教育挂图之“科学教育”	教学挂图	中国大地出版社	2000 年
31	职成教材办	语文 1—4 册（成人高校教材）	教材	开明出版社	2001 年
32	职成教材办	英语 1—4 册（成人高校教材）	教材	外语教学与研究出版社	2001 年
33	职成教材办	数学 1—4 册（成人高校教材）	教材	高等教育出版社	2001 年
34	职成教材办	计算机应用基础（成人高校教材）	教材	高等教育出版社	2001 年
35	职成教材办	创业教育·教学案例选	教材	科学出版社	2001 年
36	职成教材办	小餐饮业创业指导	教材	科学出版社	2001 年
37	职成教材办	小花店创业指导	教材	科学出版社	2001 年
38	职成教材办	小美发厅的创业指导	教材	科学出版社	2001 年
39	职成教材办	小商店的创业指导	教材	科学出版社	2001 年
40	职成教材办	小企业的会计实务与税收实务	教材	科学出版社	2001 年
41	职成教材办	小商店的创业指导	教材	科学出版社	2001 年
42	职成教材办	数学（第一册）	教材	高等教育出版社	2001 年
43	职成教材办	数学（第一册）学生练习册	教材	高等教育出版社	2001 年
44	职成教材办	数学（第一册）教参	教材	高等教育出版社	2001 年
45	徐明	幼儿素质训练家庭课堂	教材	晨光出版社	2001 年
46	廖丽英	幼儿教育五大领域·数学部分	教材	人民教育出版社	2001 年
47	胡玲 等	思想品德（1–12 册）	教材 教参	首都师范大学出版社	2001 年 –2006 年
48	贾美华	品德与生活（社会）1–12 册	教材	河北人民出版社	2002 年
49	赵薇 等	科学（七年级上）	教材	上海教育出版社	2002 年
50	扬帆 秦晓文 邵泽义 赵薇	计算物理基础（第一、二册）	教材	人民教育出版社	2002 年
51	王晓东 等	新起点	教材	人民教育出版社	2002 年
52	苑玉台 穆林华 任真 等	高考英语听力训练	教辅	新时代出版社	2002 年
53	职成教材办	语文（第一、二册）	教材	开明出版社	2002 年
54	职成教材办	语文（第一、二册）学生练习册	教材	开明出版社	2002 年

55	职成教材办	语文（第一、二册）教参	教材	开明出版社	2002 年
56	职成教材办	语文（第一、二册）配套光盘	教材	开明出版社	2002 年
57	职成教材办	数学（第二册）	教材	高等教育出版社	2002 年
58	职成教材办	数学（第二册）学生练习册	教材	高等教育出版社	2002 年
59	职成教材办	数学（第二册）教参	教材	高等教育出版社	2002 年
60	职成教材办	数学（第二册）配套光盘	教材	高等教育出版社	2002 年
61	职成教材办	英语（第一、二、三、四册）	教材	外语教学与研究出版社	2002 年
62	职成教材办	英语（第一、二、三、四册）学生练习册	教材	外语教学与研究出版社	2002 年
63	职成教材办	英语（第一、二、三、四册）教参	教材	外语教学与研究出版社	2002 年
64	职成教材办	英语（第一、二、三、四册）配套录音带	教材	外语教学与研究出版社	2002 年
65	职成教材办	英语（第一、二、三、四册）配套光盘	教材	外语教学与研究出版社	2002 年
66	徐明	新编幼儿入学准备教材・社会适应准备	教材	中国少年儿童出版社	2002 年
67	徐明	新编幼儿入学准备教材・学前书写准备	教材	中国少年儿童出版社	2002 年
68	徐明	手工启蒙	教材	中国少年儿童出版社	2002 年
69	徐明	学语文准备——新编幼儿入学准备教材（上下册）	教材	中国少年儿童出版社	2002 年
70	徐明	学科学准备——新编幼儿入学准备教材（上下册）	教材	中国少年儿童出版社	2002 年
71	刘丽	新世纪婴幼儿成长手册——完全妈妈（认知卷 0–1 岁）	读物	浙江少年儿童出版社	2002 年
72	张静 等	初中历史（六册后改为四册）	教材 教参	北京出版社 北京师范大学出版社	2002 年
73	顾瑾玉 等	品德与社会(教材与教学用书)	教材	河北人民出版社	2002 年 –2005 年
74	唐建华	全日制普通高中教材《化学》第一册	教案	人民教育出版社	2003 年
75	金利	思想品德（七年级上册）	教材	人民教育出版社	2003 年
76	金利	思想品德（教师用书）七年级上册	教材	人民教育出版社	2003 年
77	赵薇 等	物理（8、9 年级）	教材	北京师范大学出版社	2003 年
78	胡玲 等	品德与社会	教材	人民教育出版社	2003 年
79	刘凤翥	大学数学	教材	人民教育出版社	2003 年

80	刘凤翥	小学数学教学与研究	教材	人民教育出版社	2003 年
81	职成教材办	数学（第一册）（修订版）	教材	高等教育出版社	2003 年
82	职成教材办	数学（第三册）	教材	高等教育出版社	2003 年
83	职成教材办	数学（第三册）学生练习册	教材	高等教育出版社	2003 年
84	职成教材办	数学（第三册）教参	教材	高等教育出版社	2003 年
85	职成教材办	计算机应用基础	教材	北京工业大学出版社	2003 年
86	职成教材办	计算机应用基础习题与上机指导	教材	北京工业大学出版社	2003 年
87	职成教材办	计算机应用基础光盘	教材	北京工业大学出版社	2003 年
88	职成教材办	中职预备课本（语文）	教材	开明出版社	2003 年
89	职成教材办	中职预备课本（数学）	教材	高等教育出版社	2003 年
90	职成教材办	中职预备课本（英语）	教材	外语教学与研究出版社	2003 年
91	职成教材办	高等职业院校升学总复习(数学)	教材	高等教育出版社	2003 年
92	职成教材办	高等职业院校升学总复习综合练习册（数学）	教材	高等教育出版社	2003 年
93	职成教材办	高等职业院校升学总复习(英语)	教材	外语教学与研究出版社	2003 年
94	职成教材办	高等职业院校升学总复习综合练习册（英语）	教材	外语教学与研究出版社	2003 年
95	职成教材办	语文（第一、二册）（修订版）	教材	开明出版社	2003 年
96	职成教材办	语文（第一、二册）学生练习册（修订版）	教材	开明出版社	2003 年
97	职成教材办	语文（第一、二册）教参（修订版）	教材	开明出版社	2003 年
98	职成教材办	语文（第一、二册）（修订版）配套光盘	教材	开明出版社	2003 年
99	职成教材办	数学（第一、二册）（修订版）	教材	高等教育出版社	2003 年
100	职成教材办	数学（第一、二册）学生练习册（修订版）	教材	高等教育出版社	2003 年
101	职成教材办	数学（第一、二册）教参（修订版）	教材	高等教育出版社	2003 年
102	职成教材办	数学（第一、二册）（修订版）配套光盘	教材	高等教育出版社	2003 年
103	职成教材办	英语（第一册）（修订版）	教材	外语教学与研究出版社	2003 年
104	职成教材办	英语(第一册)学生练习册(修订版)	教材	外语教学与研究出版社	2003 年
105	职成教材办	英语（第一册）教参（修订版）	教材	外语教学与研究出版社	2003 年
106	职成教材办	英语(第一册)配套录音带(修订版)	教材	外语教学与研究出版社	2003 年

107	职成教材办	英语（第一册）（修订版）配套光盘	教材	外语教学与研究出版社	2003 年
108	刘丽	学前儿童心理素质培养与训练用书	教辅	开明出版社	2003 年
109	廖丽英	幼儿智能绘画丛书：植物、植物的影子 2 册	教材	远方出版社	2003 年
110	廖丽英	幼儿智能绘画丛书：生活用品、生活用品的影子（2 册）	教材	远方出版社	2003 年
111	廖丽英	幼儿智能绘画丛书：动物的影子（2 册）	教材	远方出版社	2003 年
112	王晓东 等	北京市义务教育课程改革实验教材（英语）	教材	北京教育出版社	2003 年–2004 年
113	贾美华 胡玲 顾瑾玉 赵跃 等	品德与生活、品德与社会教材与教学用书（1–12 册）	教材 教参	首都师范大学出版社	2003 年–2009 年
114	金利	思想品德（七年级）	教材	首都师范大学出版社	2004 年
115	金利	思想品德教师用书（七年级）	教材	首都师范大学出版社	2004 年
116	王振强 等	信息技术（1–6 册）	教材	北京出版社	2004 年
117	王振强 等	智能机器人	教材	清华大学出版社	2004 年
118	职成教材办	语文（第三册）	教材	开明出版社	2004 年
119	职成教材办	语文（第三册）学生练习册	教材	开明出版社	2004 年
120	职成教材办	语文（第三册）教参	教材	开明出版社	2004 年
121	职成教材办	英语（第二、三、四册）（修订版）	教材	外语教学与研究出版社	2004 年
122	职成教材办	英语（第二、三、四册）学生练习册（修订版）	教材	外语教学与研究出版社	2004 年
123	职成教材办	英语(第二、三、四册)教参(修订版)	教材	外语教学与研究出版社	2004 年
124	职成教材办	英语（第二、三、四册）配套录音带（修订版）	教材	外语教学与研究出版社	2004 年
125	职成教材办	英语（第二、三、四册）（修订版）配套光盘	教材	外语教学与研究出版社	2004 年
126	刘丽	幼儿情感智力培养方案	教辅	北京出版社	2004 年
127	彭香 等	品德与生活（第三、四册）	教材	首都师范大学出版社	2005 年
128	彭香 等	科学(第三、四册)	教材	首都师范大学出版社	2005 年
129	王礼新	思想品德（第三、四册）	教材	首都师范大学出版社	2005 年
130	王礼新	思想品德教师用书（第四册）	教材	首都师范大学出版社	2005 年
131	苏永昌	电工与电子应用技术	教材	高等教育出版社	2005 年
132	职成教材办	钳工技能训练	教材	高等教育出版社	2005 年

133	职成教材办	数控车床操作与编程技能训练	教材	高等教育出版社	2005 年
134	职成教材办	数控铣床和加工中心操作与编程技能训练	教材	高等教育出版社	2005 年
135	职成教材办	CAD/CAM 建模与操作技能训练	教材	高等教育出版社	2005 年
136	职成教材办	PLC 编程技能训练	教材	高等教育出版社	2005 年
137	职成教材办	旅游文学	教材	北京工业大学出版社	2005 年
138	职成教材办	语文（第四册）	教材	开明出版社	2005 年
139	职成教材办	语文（第四册）学生练习册	教材	开明出版社	2005 年
140	职成教材办	语文（第四册）教参	教材	开明出版社	2005 年
141	职成教材办	数学（第四册）	教材	高等教育出版社	2005 年
142	职成教材办	数学（第四册）学生练习册	教材	高等教育出版社	2005 年
143	职成教材办	数学（第四册）教参	教材	高等教育出版社	2005 年
144	职成教材办	高等职业院校升学总复习(语文)	教材	开明出版社	2005 年
145	职成教材办	高等职业院校升学总复习综合练习册（语文）	教材	开明出版社	2005 年
146	职成教材办	语文（第三、四册）（修订调整版）	教材	开明出版社	2005 年
147	职成教材办	语文（第三、四册）学生练习册（修订调整版）	教材	开明出版社	2005 年
148	职成教材办	语文（第三、四册）教参（修订调整版）	教材	开明出版社	2005 年
149	职成教材办	数学（第三、四册）（修订调整版）	教材	高等教育出版社	2005 年
150	职成教材办	数学（第三、四册）学生练习册（修订调整版）	教材	高等教育出版社	2005 年
151	职成教材办	数学（第三、四册）教参（修订调整版）	教材	高等教育出版社	2005 年
152	梁雅珠	快乐亲子园实用教材	教材	农村读物出版社	2005 年
153	廖丽英	情境互动式幼儿数学教育课程	教材	同心出版社	2005 年
154	赵薇 等	安全应急与人防知识（初中）	教材	首都师范大学出版社	2006 年
155	秦晓文	8 年级物理教师用书	教材	北京师范大学出版社	2006 年
156	秦晓文	9 年级物理教师用书	教材	北京师范大学出版社	2006 年
157	王振强 等	新起点信息技术(初中版 1–4 册)	教材	清华大学出版社	2006 年
158	王晓东 等	北京版小学初中衔接教材	教材	北京教育出版社	2006 年
159	胡祖康 杨德军	北京市义务教育课程改革实验教材《信息技术》(小学 3 册)	教材	北京出版社	2006 年

160	胡祖康 杨德军	北京市义务教育课程改革实验教材《信息技术》(初中3册)	教材	北京出版社	2006年
161	胡祖康	北京市义务教育课程改革实验教材《劳动技术》(小学8册)	教材	北京出版社	2006年
162	胡祖康	北京市义务教育课程改革实验教材《劳动技术》(初中6册)	教材	北京出版社	2006年
163	职成教材办	饭店文化	教材	北京工业大学出版社	2006年
164	职成教材办	车工技能训练	教材	高等教育出版社	2006年
165	职成教材办	铣工技能训练	教材	高等教育出版社	2006年
166	职成教材办	电工技能训练	教材	高等教育出版社	2006年
167	职成教材办	电子技能训练	教材	高等教育出版社	2006年
168	职成教材办	传感器应用技能训练	教材	高等教育出版社	2006年
169	职成教材办	气压与液压传动控制技能训练	教材	高等教育出版社	2006年
170	职成教材办	电工与电子应用技术	教材	高等教育出版社	2006年
171	职成教材办	Auto CAD 2007(初级工程师)(附光盘)	教材	高等教育出版社	2006年
172	职成教材办	农家致富经(上、下)	教材	首都师范大学出版社	2006年
173	职成教材办	巧手做面点(一)	教材	首都师范大学出版社	2006年
174	廖丽英	蒙氏数学教师用书(5册)	教材	湖北美术出版社	2006年
175	刘宇新	初中语文	教材	开明出版社	2007年
176	王礼新	思想品德(九年级)	教材	北京师范大学出版社	2007年
177	赵薇 等	安全应急与自护(小学)	教材	首都师范大学出版社	2007年
178	彭香 等	科学(五、六册)	教材	首都师范大学出版社	2007年
179	马凌 樊伟 田晶	体育游戏	教材	人民教育出版社	2007年
180	柳燕君	型腔模具设计与制造实例	教材	高等教育出版社	2007年
181	职成教材办	机械基础(附光盘)	教材	高等教育出版社	2007年
182	职成教材办	机械基础学习指导与练习	教材	高等教育出版社	2007年
183	职成教材办	机器人	教材	机械工业出版社	2007年
184	职成教材办	农闲手工艺(一、二)	教材	首都师范大学出版社	2007年
185	职成教材办	农家服务经	教材	首都师范大学出版社	2007年
186	职成教材办	农家特色菜(一)	教材	首都师范大学出版社	2007年
187	职成教材办	语文(上下册)("技能+基础"成人学历教育教材)	教材	首都师范大学出版社	2007年
188	职成教材办	语文练习册(上下册)("技能+基础"成人学历教育教材)	教材	首都师范大学出版社	2007年

189	职成教材办	数学（上下册）（“技能＋基础”成人学历教育教材）	教材	首都师范大学出版社	2007年
190	职成教材办	数学练习册（上下册）（“技能＋基础”成人学历教育教材）	教材	首都师范大学出版社	2007年
191	职成教材办	英语（全一册）（“技能＋基础”成人学历教育教材）	教材	首都师范大学出版社	2007年
192	职成教材办	计算机应用基础（修订版）	教材	北京工业大学出版社	2007年
193	职成教材办	计算机应用基计础习题与上机指导（修订版）	教材	北京工业大学出版社	2007年
194	职成教材办	计算机应用基础（修订版）光盘	教材	北京工业大学出版社	2007年
195	贾美华 顾瑾玉 赵跃	我爱北京（小学版）	教材	星球地图出版社	2008年
196	贾美华 李岩梅 高振奋	我爱北京（中学版）	教材	星球地图出版社	2008年
197	徐明 刘丽 廖丽英 孙璐 梁雅珠	幼儿园快乐与发展课程教师教学用书（托班、小班、中班、大班）	教材	北京师范大学出版社	2008年
198	基教研中心	北京情 中国心	教材	星球地图出版社	2008年
199	赵薇	物理实验报告手册	教材	教育科学出版社	2008年
200	赵薇	安全应急与防护（高中）	教材	首都师范大学出版社	2008年
201	孟献军 等	模具制造实训教程	教材	科学出版社	2008年
202	孟献军 等	压铸成形工艺与模具	教材	化学工业出版社	2008年
203	彭香 等	科学（七、八册）	教材	首都师范大学出版社	2008年
204	钱丽霞	小学生道路交通安全读本（1-3年级、4-6年级）（市教委、市公安局、市交管局、教科院合编）	教材	红旗出版社	2008年
205	职成教材办	农家特色菜（二）	教材	首都师范大学出版社	2008年
206	职成教材办	巧手做面点（二）	教材	首都师范大学出版社	2008年
207	职成教材办	农闲手工艺（三）	教材	首都师范大学出版社	2008年
208	杨忠健	中小学专题教育读本（心理健康教育）	教材	中国档案出版社	2008年
209	赵薇 等	物理必修 1、2	教材	教育科学出版社	2009年
210	李忠诚 等	体育与健康（北方版）	教材	北京师范大学出版社	2009年
211	金利	公民与品德 （八年级）	教材	人民教育出版社	2009年
212	金利	公民与品德教师用书（八年级）	教材	人民教育出版社	2009年
213	李忠诚 等	简明体育课程教学论	教材	北京师范大学出版社	2009年

214	李忠诚 等	实用学校体育学	教材	北京师范大学出版社	2009 年
215	李忠诚 等	体育与健康（教学参考）	教材	北京师范大学出版社	2009 年
216	马凌 樊伟	小学体育教学教师用书（水平一，一年级）	教材	龙门书局	2009 年
217	马凌 樊伟	小学体育教学教师用书（一，二年级）	教材	龙门书局	2009 年
218	孟献军 等	模具钳工与装配问答	教材	化学工业出版社	2009 年
219	马开颜	数据库应用基础——Access2007	教材	高等教育出版社	2009 年
220	职成教材办	农闲手工艺 (四)	教材	首都师范大学出版社	2009 年
221	杨忠健	生涯教育（高一全一册）	教材	同心出版社	2009 年
222	杨忠健	生涯教育（高二全一册）	教材	同心出版社	2009 年
223	孟献军 等	模具钳工工艺与技能训练	教材	高等教育出版社	2010 年
224	孟献军 等	机械常识与钳工实训	教材	北京出版社	2010 年
225	职成教材办	农家特色菜（三）	教材	首都师范大学出版社	2010 年
226	职成教材办	农家营销经	教材	首都师范大学出版社	2010 年
227	职成教材办	京白梨栽培技术	教材	首都师范大学出版社	2010 年
228	柳燕君	机械制图（多学时）	教材	高等教育出版社	2010 年
229	柳燕君	机械制图习题集	教材	高等教育出版社	2010 年
230	柳燕君	机械制图教学指导	教材	高等教育出版社	2010 年
231	柳燕君	模具钳工工艺与技能训练	教材	高等教育出版社	2010 年
232	柳燕君	模具制造技术（第二版）	教材	高等教育出版社	2010 年
233	苏永昌	电工技术基础与技能	教材	高等教育出版社	2010 年
234	苏永昌	电工技术基础与技能学习辅导与练习	教材	高等教育出版社	2010 年
235	李岩梅 高振奋 等	北京义务教育《地理》七年级上、七年级下、八年级下	教材	中国地图出版社	2010 年 –2013 年修订版
236	秦晓文	8 年级物理教师用书	教材	人民教育出版社	2011 年
237	郑立新 等	中小学生安全知识读本	教材	科学普及出版社	2011 年
238	梁烜 等	我爱我的家园——环境与可持续发展教育	教材	中国环境科学出版社	2011 年
239	王振强 等	中小学信息技术教学论	教材	清华大学出版社	2011 年
240	孟献军 等	技术与设计 2 教师教学用书	教材	地质出版社	2011 年
241	杨忠健	生涯规划与就业常识	教材	同心出版社	2011 年
242	孙伟 等	体育与健康 1—9 册轮滑	教材	北京出版社	2012 年

243	王礼新	北京精神（高中）	教材	人民出版社	2012 年
244	李岩梅 等	新课标课堂教学设计与案例（必修二、三 人教版）	教材	中国地图出版社	2012 年
245	梁烜 刘玲 等	践行志愿者	教材	星球地图出版社	2012 年
246	金利 梁烜	北京精神（初中版）	教材	人民出版社	2012 年
247	梁烜 等	研究性学习实践与评价（7—9 年级 共六本）	教材	北京出版社	2012 年
248	刘玲 等	研究性学习实践与评价（3—6 年级 共八本）	教材	北京出版社	2012 年
249	刘玲 等	研究性学习实践与评价（10—12 年级 共五本）	教材	北京出版社	2012 年
250	王彤彦	义务教育课程标准教材（语文）	教材	中华书局	2012 年
251	吴正宪 范存丽 贾福录 等	小学数学（1—12 册）	教材	北京教育出版社	2012 年
252	杨广馨	书法（共 18 册）	教材	人民美术出版社	2012 年
253	胡玲 等	小学 法制教育	教材	中国青年出版社	2012 年
254	程晗	中小学生文明礼仪（1—12 年级，共计 12 册）	教材	西南师范大学出版社	2012 年
255	课程中心	新京版教材（173 册）	教材	北京出版社、人民美术出版社、人民音乐出版社、中国地图出版社、北京师范大学出版社、首都师范大学出版社	2012 年
256	马开颜	计算机应用基础综合实训（WindowsXP+Office2003）第 2 版	教材	高等教育出版社	2012 年
257	徐明	甘肃省幼儿园快乐与发展课程资源包（A 版、B 版）	教材	北京师范大学出版社	2012 年
258	刘凤翥	小学数学教学与研究	教材	人民教育出版社	2012 年再版
259	金利	青少年法制教育读本（初中）	教材	法律出版社	2013 年
260	金利	青少年法制教育读本教师用书（初中）	教材	法律出版社	2013 年
261	黄冬芳 李伏刚	九年级化学	教材	北京出版社	2013 年
262	李伏刚	九年级化学实验报告册	教材	北京出版社	2013 年
263	樊伟 等	体育教学指导用书（1—6 册）	教材	北京出版社	2013 年
264	杨广馨	义务教育教科书（美术京版）	教材	人民美术出版社	2013 年

265	王振强 郑立新 张磊 等	信息技术（1—6 册）	教材 教参	北京出版社	2013 年
266	赵薇 等	物理(国标版)8、9 年级	教材	北京师范大学出版社	2013 年
267	蒋京丽 等	义务教育教科书《英语》七—九年级	教材	北京师范大学出版社	2013 年
268	郭井生 等	北京版初中历史(八年级下册)	教材	北京出版社	2013 年
269	赵薇 陶昌宏 等	物理 八、九年级（全一册）(北京版)	教材	北京师范大学出版社	2013 年
270	吴正宪 范存丽 贾福录 等	小学数学（1—12 册）	教参	北京教育出版社	2013 年
271	吴洋	北京市义务教育教材小学劳动技术学科	教材	北京出版社	2013 年
272	李岩梅 高振奋 等	北京义务教育《地理》（七年级上下、八年级上下）	教材	中国地图出版社	2013 年
273	王建平 等	小学英语 3—6 年级教师用书	教师用书	北京师范大学出版社	2013 年
274	康杰 李青霞 丁明怡	数学（七年级上、下册）	教材	北京出版社	2013 年
275	康杰 丁明怡 李青霞	数学（七年级上、下册）	教参	北京出版社	2013 年
276	胡祖康 杨德军	义务教育教科书《信息技术》（小学 3 册）	教材	北京出版社	2013 年
277	胡祖康 杨德军	义务教育教科书《信息技术》（中学 3 册）	教材	北京出版社	2013 年
278	胡祖康	义务教育教科书《劳动技术》（小学 8 册）	教材	北京出版社	2013 年
279	胡祖康	义务教育教科书《劳动技术》（中学 6 册）	教材	北京出版社	2013 年
280	课程中心	我们的城市	教材	北京出版社	2013 年
281	课程中心	经济学	教材	北京出版社	2013 年
282	课程中心	高中生涯与规划	教材	北京出版社	2013 年
283	课程中心	中小学专题教育（8 册）	教材	北京出版社	2013 年
284	课程中心	中小学专题教育教参（8 册）	教材	北京出版社	2013 年
285	职成教研中心	无公害芹菜、生菜生产技术	教材	高等教育出版社	2013 年
286	职成教研中心	农家自制花草茶	教材	高等教育出版社	2013 年
287	职成教研中心	养蜂实用技术	教材	高等教育出版社	2013 年
288	职成教研中心	“巧媳妇”丝网编、绳编工艺品制作	教材	高等教育出版社	2013 年

289	职成教研中心	民俗特色村的创建	教材	高等教育出版社	2013 年
290	梁洪来	音乐教师用书（第 13–18 册）	教参	人民音乐出版社	2013 年 –2014 年
291	梁洪来	音乐教科书（第 13–18 册）	教材	人民音乐出版社	2013 年 –2014 年
292	程郁华	音乐教科书（1–12 册）	教材	人民音乐出版社	2013 年 –2014 年
293	程郁华	音乐教师用书（1–12 册）	教参	人民音乐出版社	2013 年 –2014 年
294	陶涛	义务教育教科书（北京版）美术教科书（第 13–18 册）	教材	人民美术出版社	2013 年 –2015 年
295	陶涛	义务教育教科书（北京版）美术教师用书（第 13–18 册）	教参	人民美术出版社	2013 年 –2015 年
296	李卫东 王彤彦 等	义务教育课程标准教材《语文》	教材	北京出版社	2013 年 至今
297	郭井生 等	历史（七年级上册）	教参	岳麓出版社	2014 年
298	樊伟 等	体育与健康教师教学用书（水平三）	教材	人民教育出版社	2014 年
299	郭井生 等	北京版初中历史九年级上册	教材	北京出版社	2014 年
300	赵薇 孟献军 吴洋 等	内蒙古自治区劳动与技术教材	教材	吉林教育出版社	2014 年
301	胡玲 等	小学品德与生活	教材	首都师范大学出版社	2014 年
302	王建平 等	小学英语 1–6 年级教师用书	教师用书	北京出版社	2014 年
303	李卫东 王彤彦 等	义务教育课程标准教材《语文》七年级教师用书	教材	北京出版社	2014 年
304	康杰 李青霞 丁明怡	数学（八年级上册）	教材	北京出版社	2014 年
305	康杰 丁明怡 李青霞	数学（八年级上册）	教参	北京出版社	2014 年
306	课程中心	初中生涯与规划（2 册）	教材	北京出版社	2014 年
307	课程中心	中国梦（2 册）	教材	北京出版社	2014 年
308	职成教研中心	农家健康凉拌菜	教材	高等教育出版社	2014 年
309	职成教研中心	非物质文化遗产——中幡的传承与发展	教材	高等教育出版社	2014 年
310	职成教研中心	有机蔬菜家里种	教材	高等教育出版社	2014 年
311	职成教研中心	易拉罐金属画制作	教材	高等教育出版社	2014 年
312	马开颜	计算机应用基础综合实训（Windows 7+Office2010）第 3 版	教材	高等教育出版社	2014 年

313	职成教研中心	数控铣床 / 加工中心加工零件	教材	高等教育出版社	2014 年
314	职成教研中心	普通车床加工零件	教材	高等教育出版社	2014 年
315	职成教研中心	普通铣床加工零件	教材	高等教育出版社	2014 年
316	职成教研中心	烫发	教材	高等教育出版社	2014 年
317	职成教研中心	化妆	教材	高等教育出版社	2014 年
318	职成教研中心	银行柜面业务处理	教材	高等教育出版社	2014 年
319	职成教研中心	银行结算与支付	教材	高等教育出版社	2014 年
320	职成教研中心	玫瑰花栽培与产品开发	教材	高等教育出版社	2014 年
321	职成教研中心	货币资金核算与管理	教材	高等教育出版社	2014 年
322	职成教研中心	钢筋混凝土工程施工	教材	高等教育出版社	2014 年
323	职成教研中心	屋面工程施工	教材	高等教育出版社	2014 年
324	职成教研中心	建筑工程资料管理	教材	高等教育出版社	2014 年
325	职成教研中心	装饰工程施工	教材	高等教育出版社	2014 年
326	职成教研中心	中餐宴会服务	教材	高等教育出版社	2014 年
327	职成教研中心	西餐零点服务	教材	高等教育出版社	2014 年
328	职成教研中心	前厅服务	教材	高等教育出版社	2014 年
329	职成教研中心	客房服务	教材	高等教育出版社	2014 年
330	职成教研中心	酒店服务英语	教材	高等教育出版社	2014 年
331	职成教研中心	绿化苗木繁育	教材	高等教育出版社	2014 年
332	职成教研中心	电梯电气系统安装与调试	教材	机械工业出版社	2014 年
333	职成教研中心	电气控制基础电路安装与调试	教材	机械工业出版社	2014 年
334	职成教研中心	电子装置组装与调试	教材	机械工业出版社	2014 年
335	职成教研中心	楼控组件安装与维护	教材	机械工业出版社	2014 年
336	职成教研中心	音视频电子产品制作	教材	机械工业出版社	2014 年
337	职成教研中心	楼宇电子技术应用	教材	机械工业出版社	2014 年
338	职成教研中心	中间画绘制	教材	机械工业出版社	2014 年
339	职成教研中心	三维创作	教材	机械工业出版社	2014 年
340	职成教研中心	CG 设计	教材	机械工业出版社	2014 年
341	职成教研中心	运动规律	教材	机械工业出版社	2014 年
342	职成教研中心	视频特效	教材	机械工业出版社	2014 年
343	职成教研中心	网络布线与测试	教材	机械工业出版社	2014 年
344	职成教研中心	计算机故障检测与排除	教材	机械工业出版社	2014 年
345	职成教研中心	网站规划设计	教材	机械工业出版社	2014 年
346	职成教研中心	通用网络技术	教材	机械工业出版社	2014 年

347	职成教研中心	终端安装与测试	教材	机械工业出版社	2014 年
348	职成教研中心	游览服务	教材	机械工业出版社	2014 年
349	职成教研中心	仓储作业	教材	机械工业出版社	2014 年
350	廖丽英 等	亿童早教蒙氏数学幼儿园特色教材（第 7 册第 8 册）	教材	湖北美术出版社	2014 年
351	庄薇	亚米和亚雪·创意幼小衔接课程	教材	现代出版社	2014 年
352	郭喜青	小学生心理健康（3–6 年级） 中学生心理健康 (7–9 年级)	教材	广东省经济出版社	2014 年
353	朱凌云	生涯规划（高中）	教材	北京师范大学出版社	2014 年
354	李岩梅 等	义务教育教科书《地理》七年级上册、下册，八年级上册	教材	中国地图出版社	2014 年–2015 年
355	课程中心	中华优秀传统文化（小学版、初中版、高中版）（16 册）	教材	北京师范大学出版社	2014 年–2015 年
356	马凌 田晶 李忠诚 樊伟 等	中小学校园足球学生用书（3–4 年级）	教材	人民教育出版社	2015 年
357	马凌 田晶 李忠诚 樊伟 等	中小学校园足球学生用书（5–6 年级）	教材	人民教育出版社	2015 年
358	马凌 田晶 李忠诚 樊伟 等	中小学校园足球学生用书（7–9 年级）	教材	人民教育出版社	2015 年
359	马凌 田晶 李忠诚 樊伟 等	中小学校园足球学生用书（高中全一册）	教材	人民教育出版社	2015 年
360	李卫东 王彤彦 等	义务教育课程标准教材《语文》八年级教师用书	教材	北京出版社	2015 年
361	李卫东 王彤彦 等	义务教育课程标准教材《语文》九年级教师用书	教材	北京出版社	2015 年
362	连中国	语文（八年级上册）	教参	北京出版社	2015 年
363	连中国	语文（九年下册）	教参	北京出版社	2015 年
364	康杰 丁明怡 李青霞	数学(八年级下册、九年级上册)	教材	北京出版社	2015 年
365	康杰 丁明怡 李青霞	数学(八年级下册、九年级上册)	教参	北京出版社	2015 年
366	韩宝江（副主编）	我们的海洋（高中版）	教师用书	中国海洋大学出版社 海洋出版社	2015 年
367	职成教研中心	装卸与搬运作业	教材	机械工业出版社	2015 年
368	职成教研中心	服务器配置	教材	机械工业出版社	2015 年
369	职成教研中心	网络安全配置与测试	教材	机械工业出版社	2015 年
370	刘海霞	中等职业教育课程改革国家规划新教材《英语》（拓展模块）第 2 版	教材	高等教育出版社	2015 年

371	刘海霞	贯通职业英语行业模块—旅游行业	教材	高等教育出版社	2015年
372	马开颜 王浩	网络操作系统	教材	高等教育出版社	2015年
373	职成教研中心	外汇交易与处理	教材	高等教育出版社	2015年
374	职成教研中心	银行大堂服务	教材	高等教育出版社	2015年
375	职成教研中心	贷款发放与回收	教材	高等教育出版社	2015年
376	职成教研中心	认知会计工作	教材	高等教育出版社	2015年
377	职成教研中心	建筑地基基础施工	教材	高等教育出版社	2015年
378	职成教研中心	幸福的脚印—农民搬迁三部曲	教材	高等教育出版社	2015年
379	廖丽英	学前儿童科学教育	教材	高等教育出版社	2015年
380	何桂香	幼儿园主题活动课程经典案例（小班、中班、大班）	教材	世图音像电子出版社	2015年
381	苏婧 何桂香	语言故事真美妙（小班、中班、大班）	教材	北京出版社	2015年
382	苏婧 庄薇	体育游戏真好玩（小班、中班、大班）	教材	北京出版社	2015年

教科院编辑编著一览表（511本）

序号	作者	著作名称	著作性质	出版社	出版时间
1	陈秀云	陈鹤琴教育文集（上、下卷）	主编	北京出版社	1983年
2	陈秀云	怀念老教育家陈鹤琴	主编	四川教育出版社	1986年
3	陈秀云	儿童绘画研究	主编	上海教育出版社	1986年
4	陈秀云	陈鹤琴全集（1–6卷）	主编	江苏教育出版社	1987年–1992年
5	张贵玲	小学生语文教和学目标及检测	主编	人民邮电出版社	1988年
6	张贵玲	小学生语文教学目标及自我检测	主编	北京师范大学出版社	1989年
7	陈秀云	玩具与教育（中国玩具丛书）	主编	云南少儿出版社	1991年
8	陈秀云	为中华儿童尽瘁的教育家陈鹤琴	主编	浙江教育出版社 香港文化教育出版社	1992年
9	王宝祥 牛志强 陈燕慈	实用班主任词典	编著	中国工人出版社	1992年
10	陈秀云	家庭教育—怎样教小孩	主编	教育科学出版社	1994年
11	张静 等	中学文科教材中的名人	编著	知识出版社	1995年
12	梁威	数学分层测试卡	主编	北京教育出版社	1996年
13	鱼霞	日本基础教育概览	编著	中国城市出版社	1997年

14	王宝祥 牛志强 陈燕慈	班主任工作全书	编著	专利文献出版社	1997 年
15	高书国 王文源 王桂英 徐娅	北京市教育跨世纪展望	编著	北京教育出版社	1997 年
16	李子恒 等	初中物理知识掌握与能力发展——初二分册	编辑	北京师范大学出版社	1997 年
17	方明	家园合作提高幼儿素质	论文集	科学普及出版社	1997 年
18	基教研中心	对构建素质教育的课堂教学体系的初步研究	编著	北京教育出版社	1998 年
19	谢维 等	农村电工实用技术	编著	科学出版社	1998 年
20	李子恒	全国各类成人高等学校招生统一考试辅导教材—物理复习指导	编辑	科学普及出版社	1998 年
21	吴剀 李调琴	整体改革之路	编辑	北京教育出版社	1998 年
22	陈锡章	中国教育管理精览·普通高等教育管理卷	编辑	警官教育出版社	1998 年
23	基教研中心	1998–2014 年北京市普通高中会考 9 个学科考试说明（各科每年春夏两版）	编著	华夏出版社	1998 年–2014 年
24	史根东	主体教育概论	编著	科学出版社	1999 年
25	基教研中心	教学研究文萃	编著	北京出版社	1999 年
26	职成教材办	探索与创新	编辑	同心出版社	1999 年
27	谢维等	家庭安全用电与节电	编著	中国电力出版社	2000 年
28	梁威	面向未来的数学家已探索	主编	北京教育出版社	2000 年
29	谯伟	外国语文教育研究	编著	海南出版社	2000 年
30	张熙	德国双元制职业教育概览	编著	海南出版社	2000 年
31	基教研中心	中小学各科教学中的德育研究论文集	编著	华夏出版社	2000 年
32	陈秀云	儿童韵律曲及歌曲集	主编	中国出版社	2000 年
33	马叔平	北京民办教育发展与展望	编著	京华出版社	2000 年
34	刘丽	走进童心世界	成果汇编	北京师范大学出版社	2000 年
35	王宝祥	中小学班主任培训教程（8 本）	编著	知识出版社	2000 年 2004 年修订版
36	张静 等	清官与赃官（古人故事新编）	编著	中国少年儿童出版社	2001 年
37	史根东主编 王桂英 邢晖 副主编	首都教育发展研究报告·2000 年卷：构建首都现代教育体系	编著	北京教育出版社	2001 年

38	职成教材办	探索改革创新	编辑	北京工业大学出版社	2001 年
39	基教研中心	2002—2014 北京市初中毕业会考考试说明（每年 1 本）	编著	北京出版社	2002–2014 年
40	尤文 鱼霞	北京市成人院校课程改革的理论与实践	编著	九洲出版社	2002 年
41	史根东主编 桑锦龙 王桂英 邢晖副主编	北京教育发展研究报告·2001 年卷:积极推进首都教育现代化进程	编著	红旗出版社	2002 年
42	谢维 等	多媒体 CAI 课件制作及实例	编著	人民邮电出版社	2002 年
43	基教研中心	教学个案及评析汇编（2001—2002）	编著	北京教育出版社	2002 年
44	基教研中心	北京市中小学信息技术与学科教学整合调研报告及论文集（一）	编著	北京出版社	2002 年
45	基教研中心	北京市中小学实施素质教育教学案例选编	编著	北京出版社	2002 年
46	张熙	非指导教学论	编著	西苑出版社	2002 年
47	梁雅珠	幼教行为指引手册	编著	中国经济出版社	2002 年
48	徐明 刘丽	走学前教育科学化之路	成果汇编	中国大地出版社	2002 年
49	基教研中心	北京市 2003–2014 年小学毕业考试数学考试说明（每年 1 本，共 12 本）	编著	华夏出版社	2002 年–2014 年
50	程郁华 等	大合唱	编著	南海出版社	2003 年
51	季明明主编 桑锦龙 李政 徐娅副主编	北京教育发展研究报告 · 2002 年卷：率先实现首都教育现代化	编著	红旗出版社	2003 年
52	基教研中心	北京市普通高中会考十年回顾与展望	编著	北京出版社	2003 年
53	基教研中心	新时期教学研究工作的继承与创新	编著	同心出版社	2003 年
54	基教研中心项目组	北京市 2003 年义务教育教学质量监控与评价项目研究报告	编著	北京出版社	2003 年
55	课程中心	芬兰教育体制与基础教育课程改革概况	编著	北京教育出版社	2003 年
56	王晓东 等	小学英语典型课示例	编著	东北师范大学出版社	2003 年
57	王礼新	高中思想政治学科必修课学习指导与检测	编著	中国地图出版社	2003 年
58	秦晓文	初中物理实验探究操作指南	编著	中国铁道出版社	2003 年
59	基教研中心	教学个案及评析汇编（2002—2003）	编著	首都师范大学出版社	2003 年

60	基教研中心	空中课堂—教研创新的思考与实践	编著	华夏出版社	2003 年
61	基教研中心	空中课堂丛书—高中文综	编著	华夏出版社	2003 年
62	基教研中心	空中课堂丛书—高中理综	编著	华夏出版社	2003 年
63	基教研中心	教师反思录	编著	北京出版社	2003 年
64	张铁道	西部少数民族女童教育的质量与效益研究	汇编	甘肃文化出版社	2003 年
65	梁威	信息技术与学科教学整合——信息技术与教师发展	编著	华夏出版社	2003 年
66	梁威	新时期教学研究工作的继承与创新	编著	同心出版社	2003 年
67	梁威	教师反思录	编著	北京出版社	2003 年
68	季明明主编 桑锦龙 李政 副主编	北京教育发展研究报告・2003 年卷：开创首都教育现代化新局面	编著	民族出版社	2004 年
69	基教研中心	北京市义务教育教学质量监控与评价研究（2003 年）	编著	北京教育出版社	2004 年
70	基教研中心项目组	北京市 2004 年义务教育教学质量监控与评价项目研究报告	编著	北京出版社	2004 年
71	徐明 刘丽 廖丽英 孙璐	幼儿园快乐与发展课程教师指导用书（小班、中班、大班）	主编	北京师范大学出版社	2004 年
72	王宝祥	跟踪指导家庭教育（5 本）	编著	中国致公出版社	2004 年
73	梁威	北京市义务教育教学质量监控与评价研究	编著	北京教育出版社	2004 年
74	梁威	信息技术与学科教学整合——信息技术与教学方式转变	编著	北京科学技术出版社	2004 年
75	梁威	新课程下校本教研初探	主编	北京科学技术出版社	2004 年
76	梁威	中小学课程改革回顾与展望	编著	首都师范大学出版社	2004 年
77	梁威	新课程下专题课例研究	主编	首都师范大学出版社	2004 年
78	王礼新	生活的准则——中学生对生活价值观的思考	编著	北京科学技术出版社	2004 年
79	张静 等	探究中国历史高级思维训练	编著	香港文达出版公司	2004 年
80	胡玲 等	小学生日常行为规范二十讲	编著	中少年儿童出版社	2004 年
81	马凌 等	学生体质健康标准智能服务系统指导书	编著	人民教育出版社	2004 年
82	基教研中心	信息技术与学科教学整合研究	编著	北京科学技术出版社	2004 年
83	基教研中心	新课程下专题课例研究（2003—2004）	编著	首都师范大学出版社	2004 年
84	基教研中心	共同的追求（北京市第二届基础教育教学成果奖项目集萃）	编著	首都师范大学出版社	2004 年

85	吴岩主编 张炼 李志宏副主编	必由之路——高等职业产学研结合操作指南	编著	高等教育出版社	2004 年
86	吴岩主编 王晓燕副主编	加强教育科学研究 促进高等教育创新	编辑	北京理工大学出版社	2004 年
87	吴岩主编	首都普通高等学校概览	编著	首都师范大学出版社	2004 年
88	谢春风 时俊卿主编	新课程下的教育研究方法与策略	编著	首都师范大学出版社	2004 年
89	赵澜波	走进未成年人 (丛书)	编著	中国长安出版社	2004 年
90	白玉萍	破译心灵密码	编著	中国林业出版社	2004 年
91	王桂英	中国教育项目教育教学案例选评中学分册	编辑	教育科学出版社	2004 年
92	王桂英	中国教育项目教育教学案例选评小学分册	编辑	教育科学出版社	2004 年
93	基教研中心	2004—2014 北京市初中总复习 (每年 1 本)	编著	北京出版社	2004 年–2014 年
94	课程中心	北京市基础教育课程改革干部培训教材 (46 册)	编著	中国劳动社会保障出版社 首都师范大学出版社	2004 年–2015 年
95	季明明主编 桑锦龙 李政副主编	北京教育发展研究报告・2004 年卷：实施首都教育发展战略	编著	民族出版社	2005 年
96	基教研中心	北京市义务教育教学质量监控与评价研究（2004 年）	编著	北京教育出版社	2005 年
97	基教研中心项目组	北京市 2005 年义务教育教学质量监控与评价项目研究报告	编著	北京出版社	2005 年
98	王宝祥 余凤岗	教师职业道德的建构与修养	编著	中国和平出版社	2005 年
99	梁威	信息技术与学科教学整合——信息技术与学生学习方式转变	编著	首都师范大学出版社	2005 年
100	梁威	新课程下专题课例研究——各学科多种教学方式探讨	主编	首都师范大学出版社	2005 年
101	梁威	教学个案及评析汇编	主编	首都师范大学出版社	2005 年
102	时龙 桑锦龙	面向现代化的首都教育	主编	北京出版社	2005 年
103	张静	高中世界近现代史教案	编著	北京师范大学出版社	2005 年
104	李岩梅 等	中学地理教学理论与实践研究	编著	首都师范大学出版社	2005 年
105	王礼新 胡玲 等	北京市小学生日常行为规范解读	编著	北京科学技术出版社	2005 年
106	王礼新 金利 等	北京市中学生日常行为规范解读	编著	北京科学技术出版社	2005 年

107	金利	民族团结与法制教育读本	编著	内蒙古教育出版社	2005 年
108	贾美华 顾瑾玉 赵跃	小学社会课程教与学方式的研究与实践	编著	首都师范大学出版社	2005 年
109	胡玲	小学生网络安全与道德读本	编著	中国大百科全书	2005 年
110	唐建华 等	中学化学探究学习教学研究与实践	编著	北京师范大学出版社	2005 年
111	唐建华	一课多讲——多角度探究的化学课专家对话	编著	百年树人科教公司	2005 年
112	基教研中心	教学个案及评析（2004——2005）汇编	编著	首都师范大学出版社	2005 年
113	基教研中心	新课程下专题课例研究——各学科多种教学方式探讨（2004—2005）	编著	首都师范大学出版社	2005 年
114	基教研中心	学科德育案例及评析汇编（2004–2005）	编著	首都师范大学出版社	2005 年
115	基教研中心	中小学课堂教学评价方案及实验研究	编著	首都师范大学出版社	2005 年
116	黄晓玲	普通高中新课程改革：操作与借鉴	编著	首都师范大学出版社	2005 年
117	陈锡章主编 王晓燕 刘晖副主编	邓小平与中国高等教育——纪念邓小平同志诞辰 100 周年理论研讨会论文集	编辑	西苑出版社	2005 年
118	王婷	义务教育新课程计划的实施与评价	编著	首都师范大学出版社	2006 年
119	钱丽霞	教育促进可持续发展——国际研究与实践的趋势	主编	教育科学出版社	2006 年
120	时龙 吴岩主编 桑锦龙 李政副主编	北京教育发展研究报告·2005 年卷：首都教育发展回顾与前瞻	编著	民族出版社	2006 年
121	基教研中心项目组	北京市 2006 年义务教育教学质量监控与评价项目研究报告	编著	北京出版社	2006 年
122	梁威	基础教育课程改革实施中的中小学各科教学方式研究	主编	首都师范大学出版社	2006 年
123	梁威	现代信息技术与中小学各科教学整合研究	主编	首都师范大学出版社	2006 年
124	梁威	超越棒杀与棒喝	编著	北京出版社	2006 年
125	徐娅	“十一五”期间北京教育发展规划研究	主编	民族出版社	2006 年
126	王礼新 金利	中小学德育课程教与学方式的研究与实践	编著	首都师范大学出版社	2006 年
127	王礼新	农村中学政治骨干教师的实践与思考	编著	北京出版社	2006 年

128	王礼新 等	考察与思考	编著	中国地图出版社	2006 年
129	马凌 等	小学跳绳	编著	高等教育出版社	2006 年
130	马凌 等	中学跳绳	编著	高等教育出版社	2006 年
131	基教研中心	以制度建设促校本教研的发展——朝阳篇	编著	华夏出版社	2006 年
132	基教研中心	学科德育案例及评析汇编	编著	首都师范大学出版社	2006 年
133	基教研中心	现代信息技术与小学语文教学整合的研究	编著	北京科学技术出版社	2006 年
134	基教研中心	现代信息技术与中小学各学科教学整合的研究	编著	首都师范大学出版社	2006 年
135	基教研中心	基础教育课程改革实施中的中小学各科教学方式研究	编著	首都师范大学出版社	2006 年
136	基教研中心	北京市义务教育教学质量监控与评价研究（2005 年）	编著	北京出版社	2006 年
137	基教研中心	优秀课堂教学设计集锦（2005 年）	编著	首都师范大学出版社	2006 年
138	吴剀 张先翱	为了孩子们的全面发展（第二部）	编辑	红旗出版社	2006 年
139	王文源	北京民办学校特色发展的理论与实践	编著	北京出版社	2006 年
140	梁雅珠	我是家长我怕谁	编著	原子能出版社	2006 年
141	刘立德	新中国扫盲教育史纲	编著	安徽教育出版社	2006 年
142	孟佳	中国家长最关心的 80 个问题	编著	北京出版社	2006 年
143	侯小娟 季明明 张国华主编 张铁道执行主编	中国义务教育发展研究项目丛书——国内外义务教育调研报告	汇编	中国民主法制出版社	2006 年
144	侯小娟 季明明 张国华主编 张铁道执行主编	中国义务教育发展研究项目丛书——中国义务教育发展研究报告	汇编	中国民主法制出版社	2006 年
145	张铁道主编 王燕 张婷婷执行副主编	普及 质量 公平——义务教育国际研讨会论文集（中文版）	汇编	中国民主法制出版社	2006 年
146	时龙 吴岩主编 桑锦龙 雷虹 郭志成副主编	北京教育发展研究报告·2006 年卷：战略与重点	编著	北京出版社	2007 年
147	罗洁 时龙主编 谢春风执行主编	新时期青少年德育的探索与创新——北京 2006 年青少年学生公民教育国际论坛文集	汇编	首都师范大学出版社	2007 年
148	刘宇新	中学语文教学理论与实践研究	编著	科技出版社	2007 年
149	马凌 等	国家学生体质健康标准解读	编著	人民教育出版社	2007 年

150	赵薇	基础教育教材建设丛书——中小学教学辅导材料使用情况的调查报告	编著	人民教育出版社	2007 年
151	唐建华 等	北京市义务教育课程改革实验教材 化学 第二册	编著	北京出版社 北京教育出版社	2007 年
152	基教研中心	北京市 2006 年义务教育教学质量监控与评价研究报告	编著	北京出版社	2007 年
153	基教研中心	教学个案及评析汇编（2006—2007）	编著	首都师范大学出版社	2007 年
154	陈秀云	学前教育家文库—陈鹤琴文集	主编	江苏教育出版社	2007 年
155	黄晓玲	课程设置方案与实验教材比较研究（北京市基础教育课程改革干部培训教材）	主编	首都师范大学出版社	2007 年
156	王文源	开创首都教育的蓝海——北京民办学校特色建设	编著	北京出版社	2007 年
157	梁雅珠	儿童家庭课堂	编著	北方妇女出版社	2007 年
158	孟佳	北京市中小学廉洁教育读本高中分册（试用）	编著	首都师范大学出版社	2007 年
159	赵澜波	北京市中小学廉洁教育读本教师分册（试用）	编辑	首都师范大学出版社	2007 年
160	Xie Chunfeng	Explorations and Innovations on Moral Education for Today’s Children and Youths---Proceedings of 2006 Beijing International Forum on Citizenship education of children and youths(Editor-in-Chiefs,Luo Jie and Shi Long)	Executive Editor-in-Chief	Capital University Press（Beijing）	2007 年
161	时龙 吴岩主编 桑锦龙 郭志成 雷虹副主编	北京教育发展研究报告・2007 年卷：新视野 新问题	编著	北京出版社	2008 年
162	基教研中心项目组	北京市 2007 年义务教育教学质量监控与评价项目研究报告	编著	北京出版社	2008 年
163	吴晓川 马仲良	建设学习型城市	编著	北京工业大学出版社	2008 年
164	王文源	开创首都教育的蓝海——北京民办学校特色建设(二)	编著	北京出版社	2008 年
165	王宝祥	中小学家长学校示范教材（5 本）	编著	中国人口出版社	2008 年
166	王礼新	生活的准则	编著	印刷工业出版社	2008 年
167	吴正宪 张丹	小学数学	编著	华东师范大学出版社	2008 年

168	马凌 等	第三套全国中小学生系列广播体操教师参考书	编著	人民教育出版社	2008 年
169	李忠诚 等	新教材疑难问题研究与解决（小学体育）	编著	东北师范大学出版社	2008 年
170	李忠诚 等	新教材疑难问题研究与解决（中学体育）	编著	东北师范大学出版社	2008 年
171	唐建华	2008 年全国高中化学优质课评比教学案例集	编著	中国学术期刊电子杂志社	2008 年
172	基教研中心	北京市 2007 年义务教育教学质量监控与评价研究报告 共三册	编著	北京出版社	2008 年
173	基教研中心	北京市义务教育课程改革教学研究报告	编著	首都师范大学出版社	2008 年
174	基教研中心	北京市优秀课堂教学设计集锦（2008）	编著	首都师范大学出版社	2008 年
175	基教研中心	中小学教学有效实施学科德育的研究	编著	首都师范大学出版社	2008 年
176	陈秀云	陈鹤琴全集（再版 1–6 卷）	主编	江苏教育出版社	2008 年
177	单鹰	聚焦首都高等教育	编著	教育科学出版社	2008 年
178	黄晓玲	普通高中学校自主安排新课程实验方案汇编（北京市基础教育课程改革干部培训教材）	主编	首都师范大学出版社	2008 年
179	吴岩主编 王晓燕 刘晖副主编	聚焦首都高等教育	编辑	教育科学出版社	2008 年
180	季明明	民办学校社会评估研究	编著	北京出版社	2008 年
181	梁雅珠	聪明妈妈	编著	世图音像电子出版社	2008 年
182	杜文平	北京市青春期学生成长典型案例分析与研究	主编	北京出版社	2008 年
183	时龙 吴岩主编 桑锦龙 郭志成 雷虹副主编	北京教育发展研究报告·2008 年卷：新机遇 新挑战	编著	北京出版社	2009 年
184	基教研中心	北京市 2008 年义务教育教学质量监控与评价研究报告 共三册	编著	北京出版社	2009 年
185	基教研中心项目组	北京市 2008 年义务教育教学质量监控与评价项目研究报告	编著	北京出版社	2009 年
186	贾美华	品德与生活 学习指南	编著	北京出版社	2009 年
187	贾美华	小学品德与生活（社会）教与学方式研究案例	编著	河北人民出版社	2009 年

188	王礼新	高中新课程课堂教学实录——思想政治	编著	首都师范大学出版社	2009 年
189	金利 王礼新	初中思想品德学科主题教学案例研究	编著	首都师范大学出版社	2009 年
190	陶昌宏 等	高中新课程课堂教学实录	编著	首都师范大学出版社	2009 年
191	秦晓文	初中物理学科主题教学案例研究	编著	首都师范大学出版社	2009 年
192	刘宇新 李卫东 王彤彦	初中语文学科主题教学案例研究	编著	首都师范大学出版社	2009 年
193	唐建华	高中新课程课堂教学实录 化学	编著	首都师范大学出版社	2009 年
194	黄冬芳 李伏刚	初中化学学科主题教学案例研究	编著	首都师范大学出版社	2009 年
195	程郁华 等	小学音乐学科主题教学案例研究	编著	首都师范大学出版社	2009 年
196	李忠诚 等	体育教学安全防护技巧与案例	编著	北京师范大学出版社	2009 年
197	李忠诚 等	体育教学计划编制技巧与案例	编著	北京师范大学出版社	2009 年
198	李忠诚 等	体育教学内容选编技巧与案例	编著	北京师范大学出版社	2009 年
199	王振强	高中新课程课堂教学实录信息技术	编著	首都师范大学出版社	2009 年
200	王振强 等	2009 年全国普通高中信息技术优质课集锦	编著	清华同方电子出版社	2009 年
201	王振强 等	书写智慧 共同成长——全国信息技术课堂教学案例大赛点评	编著	北京师范大学出版社	2009 年
202	樊伟 等	小学体育学科主题教学案例研究	编著	首都师范大学出版社	2009 年
203	范存丽 等	新课标小学初中衔接教材：数学	编著	教育科学出版社	2009 年
204	吴正宪 张丹 范存丽	小学数学课堂教学智慧与策略	主编	中国财政经济出版社	2009 年
205	孙伟 等	初中体育学科主题教学案例研究	编著	首都师范大学出版社	2009 年
206	基教研中心	优秀课堂教学设计集锦（2009 年）	编著	首都师范大学出版社	2009 年
207	基教研中心	社会大课堂案例研究（宣武）	编著	首都师范大学出版社	2009 年
208	基教研中心	社会大课堂案例研究（通州）	编著	首都师范大学出版社	2009 年
209	基教研中心	夯实基本功提升教学质量优秀教学方案集	编著	首都师范大学出版社	2009 年
210	科教研管理处 基教研中心	第三届北京市基础教育教学成果奖优秀成果集	汇编	北京出版社	2009 年
211	基教研中心	高中新课程课堂教学实录（数学）	编著	首都师范大学出版社	2009 年
212	基教研中心	高中新课程课堂教学实录（物理）	编著	首都师范大学出版社	2009 年
213	基教研中心	高中新课程课堂教学实录（政治）	编著	首都师范大学出版社	2009 年
214	基教研中心	高中新课程课堂教学实录（地理）	编著	首都师范大学出版社	2009 年
215	基教研中心	高中新课程课堂教学实录（历史）	编著	首都师范大学出版社	2009 年
216	基教研中心	高中新课程课堂教学实录（语文）	编著	首都师范大学出版社	2009 年

217	基教研中心	高中新课程课堂教学实录（化学）	编著	首都师范大学出版社	2009 年
218	基教研中心	高中新课程课堂教学实录（信息）	编著	首都师范大学出版社	2009 年
219	基教研中心	高中新课程课堂教学实录（体育）	编著	首都师范大学出版社	2009 年
220	吉利 侯兴蜀	流动人口子女职业教育需求问题研究——以北京市为案例	编著	未来学习出版社	2009 年
221	吉利 王宇波	职业教育贫困生资助问题研究——以北京市为案例	编著	未来学习出版社	2009 年
222	杨忠健	心育新编	编著	北京出版社	2009 年
223	罗洁 时龙主编 谢春风 孟佳执行主编	公民教育：德育发展的前瞻性探索——2008 年北京第二届青少年学生公民教育国际论坛文集	汇编	首都师范大学出版社	2009 年
224	Xie Chunfeng Tian Yisong	Citizenship Education:The Forecating Explorations on Moral Development---Proceedings of 2008 Beijing International Forum on Citizenship education of children and youths (Editor-in-Chiefs,Luo Jie and Shi Long)	Executive Editor-in-Chief	Capital University Press（Beijing）	2009 年
225	创新学院办公室	创新——让人生插上翱翔的翅膀	论文集	首都师范大学出版社	2009 年
226	杜文平 张理智	教育科研促进学校特色发展——理论与实践探索	主编	北京出版社	2009 年
227	杜文平	用爱扬起青春的风帆——北京市青春期学生成长典型案例分析与研究	主编	北京出版社	2009 年
228	吴剀	学校与少先队教育科研操作方法	编著	中国广播电视大学出版社	2009 年
229	时龙 吴岩主编 桑锦龙 郭秀晶 高兵副主编	北京教育发展研究报告 •2009—2010 年卷：基本问题 重大问题	编著	北京出版社	2010 年
230	李伏刚	九年级化学	编著	外文出版社	2010 年
231	王宝祥	班主任必读—全国著名班主任论工作艺术	编著	教育科学出版社	2010 年
232	张静	历史学科主题教学案例研究	编著	北京教育出版社	2010 年
233	唐建华	北京市高中新课程研究成果	编著	化学教育出版社	2010 年
234	程郁华 等	小学音乐听觉思维训练	编著	北京出版社	2010 年
235	张磊 等	提高信息技术课堂教学实效性	编著	北京大学出版社	2010 年
236	吴正宪 等	吴正宪的儿童数学教育——真心与儿童做朋友	编著	北京师范大学出版社	2010 年

237	张铁道 吴正宪等	团队研修的实践探索——来自吴正宪小学数学教师工作站的报告	编著	北京师范大学出版社	2010年
238	吴正宪 等	小学数学课堂教学策略——师生互动共同创建有效课堂	编著	北京师范大学出版社	2010年
239	吴正宪 范存丽	儿童心中的数学世界——数学日记	编著	北京师范大学出版社	2010年
240	吴正宪 范存丽	翻开数学的画卷——感受数学世界的人、文、情	编著	北京师范大学出版社	2010年
241	吴正宪 贾福录范存丽	数学教师怎样说课——巧在设计（光盘）	编著	北京师范大学出版社	2010年
242	吴正宪 贾福录范存丽	数学教师怎样上课——重在实施（光盘）	编著	北京师范大学出版社	2010年
243	彭香	北京市小学科学教学案例集	编著	首都师范大学出版社	2010年
244	彭香 等	新课程课堂教学实施——疑难与案例评析·小学科学	编著	北京理工大学出版社	2010年
245	胡玲	品德与生活学科主题教学案例研究	编著	北京出版社	2010年
246	顾瑾玉 赵跃	小学品德与社会学科主题教学案例研究	编著	首都师范大学出版社	2010年
247	基教研中心	北京市中小学生社会大课堂课程开发案例研究延庆篇	编著	北京科学技术出版社	2010年
248	基教研中心	北京市中小学生社会大课堂课程开发案例研究朝阳篇	编著	北京科学技术出版社	2010年
249	基教研中心	北京市中小学生社会大课堂课程开发案例研究门头沟篇	编著	北京科学技术出版社	2010年
250	基教研中心	北京市中小学生社会大课堂课程开发案例研究崇文篇	编著	北京科学技术出版社	2010年
251	基教研中心	北京市中小学生社会大课堂课程开发案例研究密云篇	编著	北京科学技术出版社	2010年
252	基教研中心	北京市中小学生社会大课堂课程开发案例研究怀柔篇	编著	北京科学技术出版社	2010年
253	基教研中心	北京市中小学生社会大课堂课程开发案例研究昌平篇	编著	北京科学技术出版社	2010年
254	基教研中心	北京市中小学生社会大课堂课程开发案例研究平谷篇	编著	北京科学技术出版社	2010年
255	基教研中心	北京市中小学生社会大课堂课程开发案例研究海淀篇	编著	北京科学技术出版社	2010年
256	基教研中心	北京市中小学生社会大课堂课程开发案例研究	编著	北京科学技术出版社	2010年
257	基教研中心	优秀课堂教学设计集锦（2010年）	编著	首都师范大学出版社	2010年
258	基教研中心	来自社会大课堂的报告——小学篇	编著	首都师范大学出版社	2010年

259	基教研中心	来自社会大课堂的报告——中学篇	编著	首都师范大学出版社	2010年
260	基教研中心	优秀教学设计集锦——2009年北京市小学教师基本功培训与展示	编著	北京出版社	2010年
261	基教研中心	社会大课堂资源课程开发（管理与评价篇）	编著	北京出版社	2010年
262	基教研中心	历史学科主题教学案例研究	编著	北京教育出版社	2010年
263	黄晓玲	课程建设促进学校特色发展	主编	中国劳动社会保障出版社	2010年
264	吉利 高卫东	北京职业教育发展研究（2006–2009）	论文集	北京出版社	2010年
265	吉利 高卫东	北京学习型城市建设研究（2006–2009）	论文集	北京出版社	2010年
266	吉利 张翠珠 苑大勇	学习型党组织建设的探索与实践	编著	清华大学出版社	2010年
267	吉利 高卫东	北京职业教育与成人教育发展研究（2010–2011）	论文集	北京出版社	2010年
268	吴岩主编 王晓燕 张炼副主编	新理念 新目标 新任务——2009中国产学研合作教育峰会论文集萃	编辑	高等教育出版社	2010年
269	孟 佳	心理健康教育专业手册（高中）	编著	北京科学技术出版社	2010年
270	杨忠健	心理健康教育专业手册（初中）	编著	北京科学技术出版社	2010年
271	郭喜青	心理健康教育专业手册（小学高年级）	编著	北京科学技术出版社	2010年
272	赵澜波	家长参与学校教育的理论与实践探索	编著	北京科学技术出版社	2010年
273	白玉萍	心理健康教育专业手册——小学心理健康教育疑难问题解答	编著	北京出版社	2010年
274	创新学院办公室	我看高中课程改革——来自北京高中生的体验	论文集	北京教育出版社	2010年
275	创新学院办公室 北京市第五中学分校	室内空气质量与我们的健康	论文集	北京出版社	2010年
276	创新学院办公室	我们在科学家身边成长——翱翔计划2008级论文集	论文集	北京科学技术出版社	2010年
277	贾美华	社会大课堂教学实践案例集19个区县	编著	北京出版社 科技出版社	2010年 –2013年
278	蒋京丽 等	北京版初中英语教材课堂活动手册（七—九年级）	编著	北京出版社	2010年 –2013年

279	时龙 吴岩主编 桑锦龙 高兵 郭秀晶副主编	北京教育发展研究报告·2011 年卷："十一五"时期首都教育回顾	编著	北京出版社	2011 年
280	基教研中心	北京市 2009 年义务教育教学质量分析与评价反馈系统研究报告 共三册	编著	北京出版社	2011 年
281	基教研中心项目组	北京市 2009 年义务教育教学质量分析与评价反馈系统研究报告系列	编著	北京出版社	2011 年
282	高振奋 等	新课标课堂教学设计与案例（必修 1）人教版	编辑	人民教育出版社 延边教育出版社	2011 年
283	张立军	新课标教案	编著	人民教育出版社 延边教育出版社	2011 年
284	赵宝军 赵薇 孟献军	北京市普通高中通用技术冬令营（2011 年）	编著	北京科学技术出版社	2011 年
285	基教研中心	优秀课堂教学设计集锦（2011 年）	编著	首都师范大学出版社	2011 年
286	吴剀	少先队教育科研方法与范例	编著	北方妇女儿童出版社	2011 年
287	吴剀 张先翱	少先队活动科研之花	编辑	中国少年儿童出版社	2011 年
288	朱传世	北京市基础教育课程改革干部培训教材：北京市专题教育与三级课程整体推进创新实践案例集	编著	中国劳动社会保障出版社	2011 年
289	吉利 张翠珠 苑大勇	学习型党组织建设的理论与方法	编著	中央编译出版社	2011 年
290	吉利 史枫	职业院校发展：管理的视角与策略	编著	北京出版社	2011 年
291	吉利 田野	职业教育视野下职业指导研究	编著	北京出版社	2011 年
292	吉利 田野	职业道德研究概论	编著	北京出版社	2011 年
293	吉利 王宇波	职业教育体系建设新视角	编著	北京出版社	2011 年
294	郑萼 时龙主编 张铁道等副主编 谢春风 孟佳 张婷婷执行主编 朱凌云 戴婧晶执行副主编	青少年公民教育的实践策略——2010 年北京第三届青少年学生公民教育国际论坛文集	编著	首都师范大学出版社	2011 年
295	Xie Chunfeng,Tian Yisong,Zhu Lingyun	Interventions for Promotion of Citizenship Education for Children and Youths---The papers about Beijing 3rd international forum on citizenship education of children and youths in 2010(Editor-in-Chiefs,Zheng E and Shi Long)	Executive Editor-in-Chief	Capital University Press（Beijing）	2011 年

296	创新学院办公室	我们怎样在科学家身边成长——翱翔计划 数学领域 2009 级论文集	论文集	北京教育出版社	2011 年
297	创新学院办公室	我们怎样在科学家身边成长——翱翔计划 物理领域 2009 级论文集	论文集	北京教育出版社	2011 年
298	创新学院办公室	我们怎样在科学家身边成长——翱翔计划 化学领域 2009 级论文集	论文集	北京教育出版社	2011 年
299	创新学院办公室	我们怎样在科学家身边成长——翱翔计划 生物领域 2009 级论文集	论文集	北京教育出版社	2011 年
300	创新学院办公室	我们怎样在科学家身边成长——翱翔计划 信息领域 2009 级论文集	论文集	北京教育出版社	2011 年
301	创新学院办公室	我们怎样在科学家身边成长——翱翔计划 地理领域 2009 级论文集	论文集	北京教育出版社	2011 年
302	创新学院办公室	我们在科学家身边成长——“翱翔计划”数学与信息科学 2010 级论文集	论文集	现代教育出版社	2011 年
303	创新学院办公室	我们在科学家身边成长——“翱翔计划”物理与地球科学 2010 级论文集	论文集	现代教育出版社	2011 年
304	创新学院办公室	我们在科学家身边成长——“翱翔计划”化学与生命科学 2010 级论文集	论文集	现代教育出版社	2011 年
305	“课改背景下中小学科研人员专业发展的培训与研讨”项目组	北京市区县教育科研人员第三届（2010）学术年会文集	编辑	北京科学技术出版社	2011 年
306	钱丽霞 王鹏 梁烜 等	“留住一桶水”优秀案例选编	编辑	中国环境科学出版社	2011 年
307	吴松元 叶茂林 方中雄主编 鱼霞执行主编	北京市特级教师三十年（1979–2009）	主编	教育科学出版社	2012 年
308	梁洪来	巴赫三部创意曲集（彩色版）	编著	上海音乐出版社	2012 年
309	基教研中心	北京市 2010 年义务教育教学质量分析与评价反馈系统研究报告 共三册	编著	北京出版社	2012 年
310	基教研中心项目组	北京市 2010 年义务教育教学质量分析与评价反馈系统研究报告系列	编著	北京出版社	2012 年
311	贾美华	综合实践活动与评价（1–13）	编著	北京出版社 科技出版社	2012 年
312	贾美华	中小学志愿服务手册教学实践案例	编著	北京科学技术出版社	2012 年

313	王彤彦	新版课程标准解析与教学指导（初中语文）	编著	北京师范大学出版社	2012 年
314	张静 等	新课标课堂教学设计与案例（初中历史）	编著	延边教育出版社	2012 年
315	张静 等	新课标课堂教学设计与案例（高中历史）	编著	人民教育出版社 延边教育出版社	2012 年
316	郭井生 等	图片史料的应用——以《物质生活与习俗的变迁》为例	编著	北京师范大学出版社	2012 年
317	郭井生 等	新课标教案：课堂教学设计与案例	编著	延边教育出版社	2012 年
318	郭井生	历史思维能力与应用	编著	时信出版社（香港）有限公司	2012 年
319	刘宇新 夏宇	专题教学：改变从教师开始	编辑	北京师范大学出版社	2012 年
320	王礼新	新课程课堂教学设计与案例——思想政治必修（2、3、4）	编著	人民教育出版社 延边教育出版社	2012 年
321	陶昌宏 等	实验改变课堂	编著	北京师范大学出版社	2012 年
322	秦晓文	实验改变课堂（初中物理）	编著	北京师范大学出版社	2012 年
323	赵宝军 赵薇 孟献军 吴洋	北京市普通高中通用技术冬令营（2012 年）	编著	北京科学技术出版社	2012 年
324	赵宝军 赵薇 孟献军	高中新课程课堂教学实录——通用技术	编著	北京科学技术出版社	2012 年
325	赵薇	北京市普通高中通用技术优秀教学成果汇编（2008—2012）	编著	北京科学技术出版社	2012 年
326	李伏刚	高中化学实验报告册（必修 1、必修 2 、选修 1-5）	编著	广西出版社	2012 年
327	吴正宪 贾福录	听吴正宪老师上课	编著	华东师范大学出版社	2012 年
328	吴正宪 范存丽	听吴正宪老师评课	编著	华东师范大学出版社	2012 年
329	吴正宪 范存丽	吴正宪老师给小学数学教师的建议	编著	华东师范大学出版社	2012 年
330	范存丽 等	义务教育课程标准（2011 年版）教师学习指导	合编	北京科海电子出版社	2012 年
331	朱立祥 彭香 荆林海 等	“利用北京自然博物馆资源进行教学设计”优秀课例及优秀教学设计	编著	北京科学技术出版社	2012 年
332	顾瑾玉 赵跃 胡玲 刘玲 等	北京精神 （小学）	编著	人民出版社	2012 年
333	基教研中心	北京市课程改革学校教学研究报告集锦	编著	北京科学技术出版社	2012 年
334	基教研中心	市区教研员学科联动的实践与思考——教学设计与论文集	编著	北京科学技术出版社	2012 年
335	基教研中心	同一资源基地多学科课程案例集锦	编著	北京科学技术出版社	2012 年

336	张熙	学校发展的动力与路径研究	编著	北京科学技术出版社	2012 年
337	张熙	特色 评估 超越	主编	北京科学技术出版社	2012 年
338	张熙	义务教育学校发展研究视点评辨	主编	北京出版社	2012 年
339	陈秀云	我所知道的陈鹤琴	主编	金城出版社	2012 年
340	陈秀云	陈鹤琴教育思想读本	主编	南京师范大学出版社	2012 年
341	单鹰	减负新探	编著	北京出版社	2012 年
342	吉利 史枫	职业院校质量发展的工具与方法	编著	北京出版社	2012 年
343	柳燕君 吕良燕 金树祥	中等职业教育和高等职业教育相衔接——模式与课程体系的研究	编著	北京出版社	2012 年
344	柳燕君 吕良燕 鄂甜	职业教育专业教学的行动导向教学模式研究	编著	北京出版社	2012 年
345	柳燕君	职业教育与成人教育教学改革——理论与实践研究	编辑	北京出版社	2012 年
346	柳燕君	中等职业教育实训基地建设研究	编辑	北京出版社	2012 年
347	柳燕君	中等职业学校公共基础课程特色教学模式研究	编辑	北京出版社	2012 年
348	姜丽萍 刘卫珍 赵志磊	北京市农村成人中等学历教育办学模式研究	编著	北京出版社	2012 年
349	梁雅珠	我们怎样践行活教育	编著	北京出版社	2012 年
350	教师中心	北京市特级教师三十年（1979–2009）	编辑	教育科学出版社	2012 年
351	创新学院办公室	中医药文化与我们的健康（少儿版）	论文集	北京出版社	2012 年
352	创新学院办公室	玩在中国科技馆（数学）	论文集	开明出版社	2012 年
353	“课改背景下中小学科研人员专业发展的培训与研讨”项目组	北京市区县教育科研人员第四届（2011）学术年会文集	编辑	北京出版社	2012 年
354	基教所	北京市小学生综合素质评价典型案例集（2011）	编辑	北京出版社	2012 年
355	基教所	北京市初中学生综合素质评价手册	编著	北京出版社	2012 年
356	基教所	北京市普通高中学生综合素质评价典型案例集（2010–2011）	编辑	北京出版社	2012 年
357	北京市基础教育阶段学校评价与数据库建设项目组	北京市初中学校教育质量发展现状评价年度报告（2010–2011）	编辑	北京出版社	2012 年
358	徐新容 钱丽霞	农村中小学可持续发展教育资源开发与利用	编著	教育科学出版社	2012 年

359	时龙 吴岩主编 桑锦龙 郭秀晶 高兵副主编	北京教育发展研究报告·2012年卷：努力推动首都教育科学发展	编著	北京出版社	2013年
360	方中雄桑锦龙主编李政尹玉玲杨小敏副主编	北京教育发展研究报告·2013年卷：首都教育改革的新形势和新任务	编著	北京出版社	2013年
361	基教研中心	北京市2011年义务教育教学质量分析与评价反馈系统研究报告 共三册	编著	北京出版社	2013年
362	基教研中心项目组	北京市2011年义务教育教学质量分析与评价反馈系统研究报告系列	编著	北京出版社	2013年
363	北京市国家级教育体制改革基础教育项目“开展高中特色发展试验”项目组	探寻普通高中特色发展之路（1–4册）	编著	北京出版社	2013年
364	北京市基础教育课程教材改革实验工作领导小组	课程教材改革实验论文集（2012–2013）	编著	北京出版社	2013年
365	桑锦龙 李政	面向世界的首都教育	主编	北京出版社	2013年
366	贾美华	北京精神教学实践案例	编著	科技出版社	2013年
367	高振奋 等	地理填充图册必修1—3（中图）、选修4、6、7（人教）	编辑	中国地图出版社	2013年
368	金利	中学德育课程与教师专业发展	编著	首都师范大学出版社	2013年
369	吴正宪 等	吴正宪课堂教学策略	编著	华东师范大学出版社	2013年
370	吴正宪 等	和吴正宪老师一起读数学新课标	编著	教育科学出版社	2013年
371	张立军	语文课程改革发展与创新	编著	语文出版社	2013年
372	吴正宪 贾福录 范存丽 刘延革 等	数学课程标准（2011版）专题解读	编著	东北师范大学出版社	2013年
373	彭香 等	小学科学课的实践、探索与反思	编著	首都师范大学出版社	2013年
374	李伏刚	新课标课堂教学设计与案例——教案	编著	人民教育出版社 延边教育出版社	2013年
375	甘北林 马凌 樊伟	基于常态教学的中小学体育教师专业技能提升与修炼（小学篇）	编著	北京出版社	2013年
376	赵薇	北京市普通高中通用技术服装及其设计——纸服装设计案例（2013年）	编著	北京科学技术出版社	2013年

377	赵宝军 赵薇	北京市普通高中通用技术课程实践与研究	编著	北京科学技术出版社	2013 年
378	樊伟 马凌 等	2+1 快乐跳绳（小学）	编著	高等教育出版社	2013 年
379	樊伟 马凌 等	2+1 快乐跳绳（中学）	编著	高等教育出版社	2013 年
380	基教研中心	夯实基础提高教学质量——高中教师新课程教学基本功展示优秀说课集	编著	北京科学技术出版社	2013 年
381	基教研中心	城乡教育均衡发展背景下优秀课堂教学设计集锦（小学）	编著	北京科学技术出版社	2013 年
382	基教研中心	优秀课堂教学设计集锦（2013）	编著	北京科学技术出版社	2013 年
383	基教研中心	北京市中小学综合实践活动教学指南（小学篇）	编著	北京科学技术出版社	2013 年
384	基教研中心	北京市中小学综合实践活动教学指南（初中篇）	编著	北京科学技术出版社	2013 年
385	基教研中心	深入挖掘资源多途径促师生成长	编著	北京科学技术出版社	2013 年
386	单鹰	引领与示范——北京市中小学校教育科研实践探索	编著	北京出版社	2013 年
387	殷桂金	探寻普通高中特色发展之路	编著	北京出版社	2013 年
388	朱传世	安全应急与防护（高中版）	编著	首都师范大学出版社	2013 年
389	朱传世	安全应急与民防知识（初中版）	编著	首都师范大学出版社	2013 年
390	吉利 高卫东	北京职成教发展研究（2011-2012）	论文集	北京出版社	2013 年
391	吉利 张贵良	现代职业教育体系研究	编著	北京出版社	2013 年
392	张翠珠 苑大勇 史枫	Towards the Learning City of Beijing	编著	CRLL.UK	2013 年
393	刘丽	北京市以园为本教研制度的探索	汇编	北京出版社	2013 年
394	德育中心	大数据时代首都德育的美丽云朵（谢春风、孟佳主编）	编著	北京科学技术出版社	2013 年
395	郭喜青 陈萱	孩子健康成长必需的 10 种心理营养素	编著	北京科学技术出版社	2013 年
396	鱼霞	以行动研究促进教师成长——项目研究报告分册	主编	北京出版社	2013 年
397	鱼霞	以行动研究促进教师成长——教师与校长分册	主编	北京出版社	2013 年
398	鱼霞	以行动研究促进教师成长——教研员分册	主编	北京出版社	2013 年
399	鱼霞	以行动研究促进教师成长——培训者分册	主编	北京出版社	2013 年

400	创新学院办公室	我们在科学家身边成长——“翱翔计划”2011 级第四批学员探究作品集（一）数学与信息	论文集	北京出版社	2013 年
401	创新学院办公室	我们在科学家身边成长——“翱翔计划”2011 级第四批学员探究作品集（二）物理与地球	论文集	北京出版社	2013 年
402	创新学院办公室	我们在科学家身边成长——“翱翔计划”2011 级第四批学员探究作品集（三）化学与生命科学	论文集	北京出版社	2013 年
403	创新学院办公室	我们在科学家身边成长——“翱翔计划”2011 级第四批学员探究作品集（四）人文与社会	论文集	北京出版社	2013 年
404	北京市教育委员会 北京教育科学研究院	规范 均衡 优质 特色——北京市小学规范化建设工程总结报告	编辑	北京出版社	2013 年
405	基教所	北京市小学学校发展评价理论与实践	编著	北京出版社	2013 年
406	基教所	北京市小学生综合素质评价实践探索	编著	北京出版社	2013 年
407	北京市基础教育阶段学校评价与数据库建设项目组	北京市小学学校发展评价报告（2006-2012）	编辑	北京出版社	2013 年
408	“课改背景下中小学科研人员专业发展的培训与研讨”项目组	北京市区县教育科研人员第五届（2012）学术年会文集	编辑	北京出版社	2013 年
409	督导评价中心	北京市中小学生综合素质评价典型案例集（2012）	编辑	北京出版社	2013 年
410	督导评价中心	北京市中小学生综合素质评价典型案例集（2013）	编辑	北京出版社	2013 年
411	督导评价中心	中小学综合素质评价纵深推进	编辑	北京出版社	2013 年
412	督导评价中心	引领与示范——北京市中小学校教育科研实践探索	编辑	北京出版社	2013 年
413	史根东 王咸娟	正规教育中的可持续发展教育：中国的实践模式	编著	外文出版社	2013 年
414	史根东 王咸娟	在可持续发展教育中推进基础教育优质学校建设	编著	外文出版社	2013 年

415	史根东 王咸娟	推进中国可持续发展教育国家实验区建设研究	编著	外文出版社	2013 年
416	史根东	中国可持续发展教育实验工作手册	编著	外文出版社	2013 年
417	王巧玲	国际环境教育文献汇编	编辑	星球出版社	2013 年
418	王巧玲	教育与可持续发展——首届北京可持续发展教育国际论坛文集	编辑	北京科学技术出版社	2013 年
419	王巧玲	教育与可持续发展——第二届北京可持续发展教育国际论坛文集	编辑	北京科学技术出版社	2013 年
420	徐新容	可持续发展教育最新实践——第三届北京可持续发展教育国际论坛文集（中文版）	编辑	北京科学技术出版社	2013 年
421	王鹏	可持续发展教育国际趋势和中国模式——第四届北京可持续发展教育国际论坛文集	编辑	北京科学技术出版社	2013 年
422	王咸娟	可持续发展的哲学思考与教育变革—第五届北京可持续发展教育国际论坛文集	编辑	北京科学技术出版社	2013 年
423	钱丽霞 王鹏 王咸娟 等	中小学节水知识读本	编著	北京教育出版社	2013 年
424	基教研中心	北京市 2012 年义务教育教学质量分析与评价反馈系统研究报告 共二册	编著	北京出版社	2014 年
425	基教研中心项目组	北京市 2012 年义务教育教学质量分析与评价反馈系统研究报告系列	编著	北京出版社	2014 年
426	赵丽娟 张娜 杜玲玲 卢珂 杨 潇 王玥 段鹏阳 程素萍	北京市基础教育满意度调查研究报告（2012）	编著	北京出版社	2014 年
427	督导评价中心	北京市基础教育课程改革实验工作监控与评价专题调研报告（2012–2013 学年度）	编著	北京出版社	2014 年
428	北京市基础教育课程教材改革实验工作领导小组	课程教材改革实验论文集（2013–2014）	编著	北京出版社	2014 年
429	贾美华	来自区县的教学报告	编著	北京出版社	2014 年
430	金利	社会主义核心价值体系——青少年读本	编著	人民教育出版社	2014 年
431	高振奋 等	在研修中孕育地理课堂教学的智慧	编著	光明日报出版社	2014 年

432	王彤彦	时代语文	编著	华文出版社	2014 年
433	刘宇新	中学语文课程改革实践研究	编著	首都师范大学出版社	2014 年
434	李卫东 王彤彦	语文沙龙：教学内容的行动研究	编著	北京科学技术出版社	2014 年
435	樊伟 等	课外体育活动指导	编著	高等教育出版社	2014 年
436	赵薇	北京市普通高中通用技术服装及其设计——纸服装设计案例(2014 年)	编著	北京科学技术出版社	2014 年
437	赵薇	北京市普通高中通用技术 3d 教学项目汇编（2013 年）	编著	北京科学技术出版社	2014 年
438	赵薇	纸服装设计与制作基础	编著	北京科学技术出版社	2014 年
439	吴正宪 等	小学数学教学基本概念解读	编著	教育科学出版社	2014 年
440	彭香	小学科学有效教学模式	编著	北京师范大学出版社	2014 年
441	彭香	小学生前科学概念研究(上册)(下册)	编著	北京出版社	2014 年
442	贾欣 彭香	小学科学教学策略的研究与实践	编著	北京出版社	2014 年
443	胡玲 等	品德与社会有效教学模式	编著	北京师范大学出版社	2014 年
444	顾瑾玉 等	直击新课程学科教学疑难：品德与生活（社会）	编著	教育科学出版社	2014 年
445	基教研中心	义务教育学生学业水平城乡差异分析及对策研究	编著	北京出版社	2014 年
446	基教研中心	夯实基础，提高教学质量——优秀微格教学展示文集	编著	北京科学技术出版社	2014 年
447	基教研中心	让教育之路常青	编著	北京科学技术出版社	2014 年
448	基教研中心	我爱北京案例集锦	编著	北京科学技术出版社	2014 年
449	基教研中心	深入挖掘资源，打造“五我”特色育人品质	编著	北京科学技术出版社	2014 年
450	基教研中心	城乡教育均衡发展背景下的优秀课堂教学设计集锦	编著	北京科学技术出版社	2014 年
451	基教研中心	优秀课堂教学设计集锦（2014）	编著	北京科学技术出版社	2014 年
452	基教研中心	北京精神案例集锦	编著	北京科学技术出版社	2014 年
453	吉利 侯兴蜀	技能需求早期识别研究	编著	北京出版社	2014 年
454	吉利 高卫东	北京职业教育改革与发展研究（2013-2014）	论文集	北京出版社	2014 年
455	姜丽萍 刘卫珍 赵志磊	北京市农村成人教育模式改革的研究与实践	编著	北京出版社	2014 年
456	刘卫珍 刘海霞	中等职业学校公共基础课程信息化教学的实践研究	编著	北京出版社	2014 年
457	苏永昌 马开颜	中等职业学校信息化教学的实践研究	编著	北京出版社	2014 年

458	谢春风 秦廷国执行主编	社会育人之道——北京市中小学生社会实践大课堂理论与实践	编著	北京科学技术出版社	2014 年
459	苏娜主编 谢春风 华媚执行主编	因信念而坚定为道德而行动——北京市初中生道德赋能行动研究的理论与实践	编著	北京科学技术出版社	2014 年
460	鱼霞	以行动研究促进教师成长——2009 研究报告分册	主编	北京出版社	2014 年
461	鱼霞	以行动研究促进教师成长——2009 小学分册	主编	北京出版社	2014 年
462	鱼霞	以行动研究促进教师成长——2009 中学分册	主编	北京出版社	2014 年
463	鱼霞	以行动研究促进教师成长——2010 研究报告分册	主编	北京出版社	2014 年
464	鱼霞	以行动研究促进教师成长——2010 小学分册	主编	北京出版社	2014 年
465	鱼霞	以行动研究促进教师成长——2010 中学分册	主编	北京出版社	2014 年
466	史根东	走向明天的教育	编著	外文出版社	2014 年
467	徐新容	可持续发展教育最新实践——第三届北京可持续发展教育国际论坛文集（英文版）	编辑	北京科学技术出版社	2014 年
468	王咸娟 徐新容	可持续发展教育：走向明天的教育——第六届北京可持续发展教育国际论坛文集	编辑	北京科学技术出版社	2014 年
469	褚宏启	中国教育管理评论（第 9 卷）	编著	教育科学出版社	2014 年
470	曾晓东 鱼霞 赖德信 周惠	中国中小学教师发展报告（2014）	主编	社会科学文献出版社	2015 年
471	方中雄 桑锦龙主编 李政 杨小敏 尹玉玲副主编	北京教育发展研究报告 •2014 年卷：以改革创新推动首都教育发展	编著	北京出版社	2015 年
472	方中雄 桑锦龙主编 李政 杨小敏 尹玉玲副主编	北京教育发展研究报告 •2015 年卷：首都教育‘十二五’回顾与展望	编著	北京出版社	2015 年
473	督导评价中心	北京市义务教育阶段学生学习生活状况调查研究	编著	北京出版社	2015 年
474	督导评价中心	北京市基础教育课程改革实验工作监控与评价专题调研报告（2013–2014 学年度）	编著	北京出版社	2015 年

475	徐明	用环境和活动引导幼儿发展	编著	北京师范大学出版社	2015 年
476	吕良燕 王春燕 鄂甜	2014 年北京市职业教育教学质量评价研究与实践	编著	北京出版社	2015 年
477	苏永昌	2013 年北京市中等职业学校信息化教学的研究与实践	编著	北京出版社	2015 年
478	苏永昌	2014 年北京市中等职业学校信息化教学的研究与实践	编著	北京出版社	2015 年
479	苏永昌	北京市中等职业学校信息化教学比赛案例与研究	编著	北京出版社	2015 年
480	吴晓川 柳燕君 吕良燕	中等职业学校工作过程导向课程改革的理论研究与实践探索	编著	北京出版社	2015 年
481	刘卫珍	北京市中等职业学校公共基础课程信息化教学研究与实践	编著	北京出版社	2015 年
482	刘卫珍	中等职业学校公共基础课程优秀教学设计	编著	北京出版社	2015 年
483	刘卫珍	农村成人教育培训方式改革与课程开发实践研究	编著	北京出版社	2015 年
484	贾美华	认知——国家博物馆课程学习绘本	编著	译林出版社	2015 年
485	贾美华 等	铭记——中国人民抗日战争纪念馆课程学习绘本	编著	北京出版社	2015 年
486	李卫东	我们一起研修吧	编著	北京出版社	2015 年
487	张静 王耘 郭井生	学科能力标准与教学指南：初中历史	主编	北京师范大学出版社	2015 年
488	李岩梅 等	学科能力标准与教学指南初中地理	编著	北京师范大学出版社	2015 年
489	彭香 等	小学科学课堂的有效教学	编著	安徽教育出版社	2015 年
490	胡玲 等	品德与社会有效教学	编著	北京师范大学出版社	2015 年
491	甘北林 李忠诚 田晶	基于常态教学的中小学体育教师专业技能提升与修炼——北京市体育教师优秀教学案例集锦（中学篇）	编著	北京出版社	2015 年
492	程郁华 等	弹儿歌学钢琴伴奏（一）	编著	现代出版社	2015 年
493	褚宏启	中国教育管理评论（第 10 卷）	编著	教育科学出版社	2015 年
494	褚宏启	教育现代化的理论进展与实践探索	编著	北京师范大学出版社	2015 年
495	褚宏启	城镇化进程与教育管理体制改革	编著	教育科学出版社	2015 年
496	基教研中心	北京市 2013 年义务教育教学质量分析与评价反馈系统研究报告，共二册	编著	北京出版社	2015 年
497	基教研中心	学科能力标准与教学指南	编著	北京师范大学出版社	2015 年

498	基教研中心	城乡教育均衡发展背景下优秀课题教学设计集锦（中学）	编著	北京出版社	2015 年
499	基教研中心	北京市初中开放性科学实践活动项目手册	编著	人民文学出版社	2015 年
500	吉利 王宇波	Study on College Inspection in Scotland 苏格兰职业院校督导评价研究	编著	北京出版社	2015 年
501	吉利 王宇波	职业教育主流思想及价值取向研究	编著	北京出版社	2015 年
502	北京教科院 北京市教委	中高等职业教育衔接办学模式理论与实践探索——数控技术（数控技术应用）专业	成果集	北京出版社	2015 年
503	北京教科院 北京市教委	中高等职业教育衔接办学模式理论与实践探索—市场营销（珠宝鉴定与营销）专业	成果集	北京出版社	2015 年
504	赵澜波	为了儿童——家长教师协会理论、经验与行动	编著	北京科学技术出版社	2015 年
505	朱凌云	中小学生涯教育理论与方法	编著	北京师范大学出版社	2015 年
506	创新学院办公室	伴你玩在中国科技馆	编著	开明出版社	2015 年
507	北京市基础教育阶段学校评价与数据库建设项目组	北京市高中学校发展评价报告（2007—2013）	编辑	北京出版社	2015 年
508	督导评价中心	北京市中学生综合素质评价典型案例集（2015）	编辑	北京出版社	2015 年
509	督导评价中心	北京市小学生综合素质评价典型案例集（2015）	编辑	北京出版社	2015 年
510	督导评价中心	北京市基础教育课程改革实验工作监控与评价专题调研报告（2013-2014 学年度）	编著	北京出版社	2015 年
511	张铁道 张婷婷主编	Access, Quality and Equity——International Perspectives on Compulsory Education Provision	汇编	中国民主法制出版社	2015 年

执笔人：各部门

审核人：郑锋

责任编辑：郑锋

附录四　北京教科院人员名单

1996 年教科院在册人员

马叔平　朱全俊　李凤琴　文　喆　陈锡章　张觉民　潘雪蓉　张世安　张启来
闻卫华　吕　丽　吕晓丽　郝淑仪　马德良　艾勇强　卢　笛　耿　申　白爱宝
李　铎　蔡　雁　张晓燕　孙燕招　刘铁君　高瑞成　徐　勇　赵　培　张学荣
王自军　刘德润　杨小林　唐　棣　张振声　翟燕丁　张　平　赵　毅　杨志彬
王明瑞　张鸿敏　崔召云　明立刚　仉　琨　朱懋勋　王晓春　高书国　王桂英
徐　娅　张立立　王文源　李增宝　张建京　曹福海　董宝华　宗福衡　王占元
郭立昌　王燕春　刘美伦　刘凤翥　王维翰　吴振麟　杨　帆　黄儒兰　张景林
马胜利　张立言　马瑶质　唐建华　张永昌　马雪鸿　莫家瑁　王鸿莲　刘宇新
徐兆泰　郑志侠　时静琪　王礼新　孟雁君　沈玲娣　俞　唐　真炳侠　张玲棣
时　迈　李　南　郭正权　李岩梅　钟作慈　孟广恒　张桂芳　张　静　裘伯川
赵宝军　王文辉　周美瑞　王振强　张　磊　刘英杰　孙　伟　田　晶　朱丽蓉
葛维桢　马兆秋　杨　进　于润发　王永英　鲁若曾　沈一民　王双有　祝庆武
杨广馨　闵乐夫　王　玲　胡　玲　陈起鑫　张义华　郭为民　陈春瑞　李春旺
李爱莲　帅学芬　王春明　康静涵　苏效民　王大光　李廷水　贾美华　陶礼光
马汝驯　韩树德　姚庆丰　王光华　张　定　叶露生　李清俭　王润太　范　宏
刘　东　张建国　张炳学　叶振铭　卢士杰　王秀梅　肖志仲　丰金兰　宋　东
宋　炜　马世士　刘玉花　顾　军　闵乐夫　梁雅珠　姚兵岳　汪　荃　刘　丽
胡　进　李子恒　刘　东　靳爱香　刘嘉琨　陈　捷　乔根惠　祝德海　赵育民
李彩群　查良珍　莫家瑁　韩光莹　徐文龙　单先健　李　媖　李淑敏　李荣芬
平士芳　徐振淑　鲍国舒　王侠帼　曹　侠　奎兆禄　刘光华　王新梅　宁德琮
冯　捷　张　慧　冯树基　刘嘉敏　季魁华　吴　庚　李志清　李家琳　左淑清
马辉霞　王玲莉　徐德临　张光惠　石惠英　于景玲　刘家瑛　梁楚材　祁乃成
陈泽西　攸景法　黄小芬　陈静华　薛仁寿　刘守朴　范玉玺　邓清兰　孟祥辉
刘振华　喻秀芳　郝树强　赵亚蘅　赵维贤　纪秩尚　黄世衡　白　平　俞汝霖

刘梦华　陈秀云　陈燕慈　潘仲贤　印丽雅　方　明　张贵玲　徐应隆　张秀媛
王伯英　赵玉茹　陈浦琦　李调琴　武建时　张棣华　颜慰庭　范小韵　全景堂
王作敏　吴　剀　李吉会　王金月　陈金赞　朱　铭　梁　威　李铁铮　杨　娥
卢　军　马桂玲　张凤梅　吴慧艳　齐新民　达桂祥　金　雷　肖振霞　刘永玲
李绿宁　王宝祥　苏学恕　李汉生　段桂兰　柳凤金　张　农　许志保　武进东
李文敬　龚家军　何　芳　赵维贤　叶奕民　陶文中　吕武平　周　芳　崔宇澄
王国栋　王　瑛　王　唯　马　莉　赵学勤　王俊英　胡　进　周春红　齐孝源
谢春风　李　政　魏　强　李艳梅　徐友标　王金月　李志敏　冉乃彦　武维萍
刘宝明　陈　莉　王晓平　赵福江　肖　波　陈境孔　袁　晓　原新晓　商发明
王序良　曹振宇　苑玉台　胡祖康　于增英　程　舟　李淑琴　杨妍梅　李庆文
张　杰　李志涛　杨德军　张瑞海　杨黎霞　齐树同　王　燕　覃霈文　任　重
张万庆　黄继增　王秀云　杜　红　于　平　李　群　赵毓英　应承年　高凤藻
欧阳璋　华建宁　刘崇兴　张　维　陈光藻　祝　军　马　宣　张德文　徐逢义
杨志文　蔡宝田　林　业　郑　宁　黄媛媛　张秀琴　田　芳　方建华　曹　斌
田国庆　徐　强　耿俊萍　张翠珠　蒋　莉　张淑英　吉　利　钟秋妹　王良娟
马　超　鱼　霞　李　俊　董青青　牟凤英　李树贞　任燕丽　杨志广　赵志中
陈宏君　沈红梅　汪丽萍　戴肖培　常鸣春　王　洵　张凤清　王　君　姚素芬
陈丹辉　李文秀　崔春艳　于洪波　石致玉　郝守本　张金生　李　欣　范金印
王一元　董凤雏　张金声　李树本　刘志平　李春有　孙孟侠　邢　晖　刘卫珍
曾寿昌　文秀兰　吴玉琨　孟令春　王贻彬　姜丽萍　李晓玲　赵书明　李树魁
刘　立　孙贺新　胡以伦　刘　菲　李居平　沈玉清　高和芳　王秀兰　姚玉宏
杨　丹　常京生　杨振美　杨朝杰　张月芬　陈福生　伊长明　孙印瑞　孙维民
李焕贵　王彦清　尹晓晴　高　峻　杨　艳　王绍增　管庆智　郜汉强　单　鹰
王晓燕　张　炼　孙毅颖　郭庆兰　王　琪　郭　亮　刘　生　廖　胤　薛晓华
徐　强　张虹波　潘上行　史陈新　任俊杰　张志霞　任小芳　于志涛

1997 年进入教科院人员

刘　晖　张　熙　谯　伟　徐　辉　谢灵江　冯　慷　黄铭晖　史根东　张理智
徐　明　杜文平　刘宏博　秦晓文　田　晶　赵　跃　黎小抗　张增强　张　华
王　婷　张贵良　何　引　张　舰　杨树林　禹治斌

1998 年进入教科院人员

曹　飞　赵艳华　钱丽欣　普诚雨　高卫东　白文飞　何光峰　廖丽英　赵敏霞

桑锦龙　吴　岩　黄冬芳　金　利　李　通　朱立祥　梁淑芝　倪美娟

1999 年进入教科院人员

陈金芳　覃祖军　申军霞　潘　龙　邵泽义　杨忠健　刘　韬　王大凯　董素艳　王雪涛　苏永昌　华　蕾

2000 年进入教科院人员

张铁道　刘永武　史　枫　梁　芳　范存丽　苏文玉　赵澜波　张咏梅　康　杰　马　凌　赵　薇　刘晋芳

2001 年进入教科院人员

季明明　时　龙　顾瑾玉　曾广平　申　炜

2002 年进入教科院人员

石少岩　汤术峰　程　晗　王晓东　吴正宪　周　蔺　郭喜青

2003 年进入教科院人员

李一飞　李祖超　郭秀晶　尹玉玲　雷　虹　郭志成　闫彦斌　王　磊　吕贵珍　蔡　歆　张爱兰　黄晓玲　卫　宏　李震英　唐科莉　王怀宇　孟　佳　王海芳　王庆军　钱丽霞　徐新容

2004 年进入教科院人员

郑　锋　张婷婷　戴婧晶　王　凯　赵艳平　周金燕　邢利红　李海波　王宇波　侯兴蜀　刘　娟　王新凤　徐志芳　田毅松　丁秀棠　刘　熙　孙　璐　王巧玲　姚春生　韩素玲　韩　梅　陶昌宏　任　彧

2005 年进入教科院人员

胡晓松　唐亦勤　白玉萍　裴晓燕　李晓旭　刘　玲　樊　伟　彭　香　程素萍　范　凯

2006 年进入教科院人员

刘登宽　姜继军　曹　剑　李英杰　陈新忠　柳燕君

2007 年进入教科院人员

吴晓川　刘　佳　钱　伟　张　伟　绳世亚　王　超　王永哲　王　彬　杜玲玲　张　林　韩淑萍　王　薇　拱　雪　崔玉婷　田　野　刘钧燕　高　兵　杨振军

王 俊 王云峰 李忠诚 郝 懿 吴 洋 张立军 丁明怡 佟 德 杨丙涛
孟献军 郭冠伟

2008 年进入教科院人员

任喜波 解 磊 周玉龙 刘志斌 刘建新 费 勇 杨 蓓 陈厚林 付晨曦
李卫东 时 雁 程郁华 高振奋 梁洪来 王彤彦 夏 宇 郝保伟 赖德信
张 毅 张 强 左 慧 赵丽娟 蒲 阳 郭玉婷 邹 敏 周红霞 鄂 甜
马开颜 朱凌云 张 蕾 卞 京 曲怀志 金 平 王 鹏 李文义 周智伟

2009 年进入教科院人员

王勤增 刘继青 张 娜 殷桂金 陈惠英 刘 寅 苑大勇 李伏刚 贾福录
杨 征 李青霞 蒋京丽 沈俊楠 王 飞 田 一 赵志磊 吕良燕 秦廷国
崔 晶 徐 健 胡晓旭

2010 年进入教科院人员

甘北林 李 峰 郑立新 荆林海 陶 涛 暴生君 韩宝江 王红丽 朱传世
王一丹 庞立场 郭 娜 王咸娟 张 燕 冯海波 赵双雪

2011 年进入教科院人员

方中雄 刘新刚 查 敏 梁 烜 郭井生 李美娟 乐进军 闫飞龙 原 博
卢 珂 温 竹 冯丽娜 金树祥 余自洁 丁亦韦

2012 年进入教科院人员

魏 筠 张华丽 杨小敏 王建平 乔文军 刘延革 刘海霞 任敬华 冷雪玲
杨 潇 王 玥 刘京翠 王亚东 张 霞 吕国瑶

2013 年进入教科院人员

马 波 牟 扬 刘丽霞 汪 然 何耐铭 詹伟华 李祥魁 鲍广宇 贾 欣
宋 阳 段鹏阳 唐 亮 王 虹 江 峰 李 敏 王富伟 苏 婧 王春燕
李海英 王君丽 孟宗正

2014 年进入教科院人员

褚宏启 张 军 熊 红 吴 震 韩 潇 李 越 李琛晨 陈俊清 张力天
许志昊 倪永娟 李 端 张 丹 王 盈 王 耘 王 译 傅智斌 连中国
李晓蕾 刘慧媛 耿 鑫 何 煜 郝 庆 庄 薇 周 惠 朱 娜 王家祺

郭立军　纪俊男　李冬梅　王嘉颖　吴金珂　余发碧　古燕莹　何桂香　王志涛
李云江　张鲁静　胡一平　张玉峰　张文静　艾巧珍

2015 年进入教科院人员

马谊平　刘占军　安珊珊　张　虹　李　琳　张筱菁　桂　敏　朱庆环　曹浩文
高保琴　韩亚菲　沈欣忆　李　旭　王　铭　霍丽娟　李　曼　李秀萍　陈黎明
梁　燕　周　镭　陆　莎　李　静　刘　媛　陈　红　张　婧

执笔人：曹斌
审核人：曹斌
责任编辑：邰汉强

后　记

2016年是北京教育科学研究院（以下简称“教科院”）建院20周年。为了总结建院以来取得的辉煌业绩，弘扬和传承教科院优良传统，2013年下半年，院领导班子开始筹划建院20周年系列庆祝活动。编纂《北京教育科学研究院志（1996—2015）》（以下简称“《院志》”）是其中的重要工作之一。

2014年6月26日，成立《院志》编纂办公室（以下简称“院志办”），任命郜汉强为主任、郑锋为副主任，7月初倪永娟调入《院志》编纂办公室。之后编写《院志》这项艰巨而复杂的工作正式启动，历时一年半，数易其稿，终于在建院20周年之际与大家见面了。

《院志》编纂从筹备到完成，经历了前期筹划、材料收集、集中编纂、审改编修、副主编编纂、主编统稿、校对审定出版等阶段。

2014年7月—8月，院志办先后到《房山区教育志》编写组、北京工业大学、北京广播电视大学、北京市地方志编纂委员会办公室、北京教育志编纂委员会办公室进行调研，收集《北京基础教育志》《北京教育学院志》《北京工业大学志》《北京广播电视大学志》《上海基础教育30年》《房山区教育志》等相关志书和文件，院志办同志进行编纂志书方法的学习、鉴赏和借鉴。根据教科院的实际情况，以《北京市第二轮修志指导手册》《地方志工作条例》和《北京市实施〈地方志工作条例〉办法》为指南，完成《院志》篇目的总体设计，起草《北京教科院20年院志编纂工作实施方案》和《院志编纂工作各基层部门主要任务和安排》。8月22日，经院领导班子审议，原则通过《院志》篇目设计总体框架和实施方案，明确了编纂工作的指导思想和目标，确定编纂定位为“机构志”。8月28日，在稻香湖会议中心召开各所（中心）、各部门负责人参加的《院志》编写工作动员部署会，对《院志》的编写原则、内容、完成时间和组织方法提出具体要求。此次会议拉开《院志》编纂工作的帷幕。为规范编写方法和体例，院志办公室编印《北京教育科学研究院志编纂工作培训资料》。9月15日、16日分别组织业务部门和院部机关《院志》编写培训会，编纂工作进入材料收集阶段。

10月13日，召开院志编写篇目设计反馈会，进一步规范篇目设计方法。10月下旬至11月中旬，组织退休老同志分工负责对材料进行审理。11月20日，院志办召开院志资料收集整理意见反馈会，方中雄院长、熊红副书记到会提出指导意见。经资料的磨合与补充，完成资料的初步整理与加工，于11月底形成《院志》第一批材料。12月17日至19日，院志办分别召开各部门意见反馈会，就初稿的资料整理反馈意见、沟通思路，明确编撰的内容与方法，12月底完成第二批资料收集和编辑整理。

2015年1月，进行集中审稿、分工修改、编写，1月25日初步整理成《院志》第一稿，共有1200多页80万字，交副主编、主编审阅。此后，利用寒假再次修改研磨，3月5日完成第二稿，900多页63万字，交主编审阅。此后进入审改编修阶段。

2015年4月初—7月中旬，编纂组成员逐章修改。采取集体讨论的形式，查漏补缺，逐字逐句修订。此间，编写组成员与各部门负责人及撰稿人之间通过电话、面谈等形式反复沟通，随时将修改意见与各相关部门联系沟通，边审边改。7月16日，审改后向全院各部门反馈修改任务。7月中旬—9月底，各部门补充修改。9月30日形成第三稿，共600页、45万字。

2015年10月—11月，副主编分别修改。各副主编每人一篇，分别负责本篇修改工作。期间各副主编召开本篇各章责任人、执笔人会议，集中修改，当场反馈修改意见，或改成花脸稿直接反馈意见。11月中旬，院志办3位副主编集体会稿。至11月30日，形成第四稿，共510页、36多万字（不含研究成果表格）。12月7日，召开院志编写工作会议，党委书记马谊平作重要讲话。会上向各部门再次下发征求意见稿，征求老同志、老领导意见，至2016年1月中旬完成修改意见征集。

2016年1月—3月，根据征求到的意见，各副主编分工编纂。期间院志办整理全书，边补充、边甄选、边调整，3月底完成全书编纂。4月初主编统稿。6月，经党政联席会（编委会）讨论审定后，《院志》提交出版社开始装帧设计和排版，经数次修订校对，交付印刷。

本志的编写包含组建教科院单位的历史沿革，有的组建单位在二十世纪80年代初就已经成立，在编写过程中，由于跨越时间较大，加之教科院长年分址办公，搬迁动荡，材料分散或缺失，给编写工作带来很大困难。但是，参加编写的同志们努力克服种种困难，认真收集整理资料，征求老同志和知情人的意见，反复核实查证，表现出高度的责任感和历史自觉，努力做好这项工作。第一稿形成后，全书又经过多次征求意见和修改，征得各所（中心）、各部门负责人把关，请院领导和离退休老领导把关，形成目前志书稿。

众手修志，众志成书。面对40余万字的志稿，我们心存感动。一是感动于教科院人奋斗的辉煌成就，二是感动于参与编纂志书同志们的辛勤劳动。我们举全院之力编纂的这部《院志》，凝聚了许许多多热爱教科院、关心教科院人们的汗水和智慧，得到了各所（中心）、各部门的鼎力相助。院党政领导多次对《院志》编纂工作进行研究和指导，积极组织编写力量，始终为《院志》编写提供有力保障。院档案室、人事档案室为《院志》提供了大量的重要资料。北京市地方志编纂委员会办公室于冰、北京教育史志办张弛，房山区教育志编写组赵海涛、张红英等为本志编修进行具体指导。有些数据和资料得到市委教育工委组织处的帮助。全书由课程中心韩宝江老师校对。张世安、李子恒、何引、徐勇、许志昊为《院志》的图片采集和资料收集整理作出了积极贡献。在此，我们向所有参与《院志》相关工作的同志们表示衷心的感谢！向在教育战线上书写教科院发展辉煌历史的广大教育工作者表示真诚的敬意！

《院志》问梓，将面临广大职工的检验，经受历史的检验。遗憾的是，材料的分散和缺失使得一些重要事件无法展现，《院志》中必定有个别问题未能得到准确核证与妥善解决。还限于撰稿人和编辑人员自身水平，难免有错误和疏漏之处。对于存在的不妥和疏漏，恳请广大职工给予批评指正，以便有条件时再予以补充和修订。对于《院志》编写过程中提供支持和帮助的单位和个人未能一一列出，也恳请谅解。

《北京教育科学研究院志（1996–2015）》

编纂委员会

2016 年 7 月 16 日